DOMAINE PUBLIC ET ENTREPRISES PRIVÉES

Collection **Logiques Juridiques**
dirigée par Gérard MARCOU

Le droit n'est pas seulement un savoir, il est d'abord un ensemble de rapports et pratiques que l'on rencontre dans presque toutes les formes de sociétés. C'est pourquoi il a toujours donné lieu à la fois à une littérature de juristes professionnels, produisant le savoir juridique, et à une littérature sur le droit, produite par des philosophes, des sociologues ou des économistes notamment.
Parce que le domaine du droit s'étend sans cesse et rend de plus en plus souvent nécessaire le recours au savoir juridique spécialisé, même dans des matières où il n'avait jadis qu'une importance secondaire, les ouvrages juridiques à caractère professionnel ou pédagogique dominent l'édition, et ils tendent à réduire la recherche en droit à sa seule dimension positive. A l'inverse de cette tendance, la collection « Logiques juridiques » des Éditions L'Harmattan est ouverte à toutes les approches du droit. Tout en publiant aussi des ouvrages à vocation professionnelle ou pédagogique, elle se fixe avant tout pour but de contribuer à la publication et à la diffusion des recherches en droit, ainsi qu'au dialogue scientifique sur le droit. Comme son nom l'indique, elle se veut plurielle.

Dernières parutions

Michel FARGE, *Le statut familial des étrangers en France : de la loi national à la loi de la résidence habituelle*, 2003.
Placide MOUDOUDOU, *Droit administratif congolais*, 2003.
Sophie DOUAY, *Travail, avenir et génétique*, 2003
Valérie MICHEL, *Recherches sur les compétences de la communauté européenne*, 2003.
Jean-Claude PLANQUE, *La détermination de la personne morale pénalement responsable*, 2003.
Marcel DAVID, *Le, peuple, les Droits de l'homme et la République démocratique*, 2003.
Najib BOUZIRI, *La protection des droits civils et politiques par l'ONU*, 2003.
Zhuang HAN ? *De l'autonomie des entreprises d'état en droit chinois*, 2003.
Pascal MONTFORT, *Le contentieux de la rétention des étrangers en instance d'éloignement*, 2003.
J. BEMBA, *Devenir avocat dans l'espace francophone*, 2003.
Elisabeth VALLET, *Les correspondants du Trésor*, 2003.
Henri-Philippe SAMBUC, La protection internationale des savoirs traditionnels, 2003.
Jean-Yves MARECHAL, *Essai sur le résultat dans la théorie de l'infraction pénale*, 2003.
Franck ROMANO, *Mondialisation des politiques de concurrence*, 2003.
C. GUETTIER et A. Le DIVELLEC, *La reponsabilité pénale du président de la république*, 2003.

ISBN : 2-7475-4924-0

Catherine MAMONTOFF

DOMAINE PUBLIC ET ENTREPRISES PRIVÉES

La domanialité publique mise en péril par le marché

Préface de
Philippe GODFRIN

C.E.R.J.E.M.A.F
Université de Perpignan

L'Harmattan
5-7, rue de l'École-Polytechnique
75005 Paris
France

L'Harmattan Hongrie
Hargita u. 3
1026 Budapest
HONGRIE

L'Harmattan Italia
Via Bava, 37
10214 Torino
ITALIE

Cet ouvrage est une version remaniée d'une thèse soutenue en mars 1996, à l'Université de Perpignan.[1]

[1] Le jury était composé de : Directeur de recherche, M. J.-P. Henry, Professeur à l'Université de Perpignan. Rapporteurs, M. P. Godfrin, Professeur à l'Université René Descartes, Paris V et M. M. Guibal, Professeur à l'Université Montpellier I. Assesseurs, M. L. Constans, Professeur à l'Université de Perpignan et M. A. Berger, Chargé de recherches au C.N.R.S., Université de Montpellier.

PREFACE

Depuis les « traités » de V. Proudhon[1] et R. de Récy[2], l'intérêt de la doctrine pour le domaine public ne s'est jamais démenti. Les nombreuses thèses soutenues et publiées, tout particulièrement à partir de 1990[3] en témoignent. Cela n'a rien d'étonnant dans la mesure où le domaine public reflète un certain type d'Etat. Un Etat libéral se contentera d'un domaine public restreint dans son étendue mais fortement protégé en raison de son affectation à l'usage de tous. Un Etat interventionniste fera de son domaine un instrument de développement économique, ce qui le conduira à l'accroître tout en le dotant d'un régime juridique moins contraignant au nom de l'efficacité de gestion.

Le monde a profondément évolué depuis le milieu du dix-neuvième siècle et il n'y a rien d'anormal à ce que la domanialité publique, son étendue, son régime juridique aient subi eux-même des transformations considérables. Ce qui est plus surprenant, peut-être, c'est que ces transformations n'aient pas été perçues immédiatement. Il n'y a pas eu en la matière de bouleversements législatifs marquant le début d'une ère nouvelle mais une réflexion doctrinale

---

[1] *Traité du domaine public*, 1883.

[2] *Traité du domaine public*, 1893.

[3] Par exemple et pour ne citer que les plus connues : Brard Y. *Domaines public et privé des personnes publiques*, Dalloz 1994. Brouant J.P. *Le régime domanial à l'épreuve de la valorisation économique*, Thèse Paris I 1995. David-Beauregard-Berthier O. *La justification actuelle de la distinction entre le domaine public et le domaine privé*, Thèse Aix-Marseille III 1994. Moysan H. *Le droit de propriété des personnes publiques*, L.G.D.J. 2001. Yolka P. *La propriété publique, éléments pour une théorie*, L.G.D.J. 1997.

accompagnée d'une jurisprudence évolutive : le droit administratif est, comme chacun sait, jurisprudentiel et ce n'est qu'à partir du dernier tiers du vingtième siècle que le droit légiféré a progressé de façon appréciable jusqu'à transformer notablement sa nature. Dans ces conditions il est logique que la jurisprudence ait donné à la domanialité publique ses traits actuels. S'il fallait ne choisir que trois décisions au sein d'une jurisprudence particulièrement abondante je retiendrais les arrêts *Piccioli*[4](le juge administratif admet sans ambiguïté que l'administration est véritablement propriétaire de sons domaine), *Société Le Béton*[5](domanialité publique de tous les biens affectés aux services publics et aménagés à cet effet) et *Société d'Affichage Giraudy*[6] qui reconnaît la licéité du mobile financier, alors qu'en droit administratif celui-ci, lorsqu'il est exclusif, est constitutif habituellement d'un excès de pouvoir entraînant l'annulation de la décision. Dès lors toutes les conditions d'une profonde évolution de la domanialité publique sont réunies : une extension considérable du domaine public, la condition de l'aménagement spécial n'ayant pas eu l'effet réducteur escompté, une gestion patrimoniale de ce domaine soumise à de fortes préoccupations économiques. La doctrine a bien perçu cette évolution, mais en a-t-elle mesuré l'ampleur ? Rien n'est moins sûr car elle reste imprégnée des analyses anciennes qui n'ont jamais été officiellement contredites, ni par le législateur ni par le juge : les dépendances du domaine public sont toujours affectées à l'utilité générale, qu'elles soient à la disposition du public ou qu'elles concourent au fonctionnement du service public en raison d'un aménagement spécial. C'est cette affectation particulière qui justifie le régime protecteur dont elles bénéficient, au centre duquel figurent l'inaliénabilité et l'imprescriptibilité avec, pour conséquence, la précarité de l'occupation privative. Par rapports aux analyses en vigueur durant le premier tiers du vingtième siècle la seule évolution concerne la nature de l'occupation privative. Présentée originairement comme « anormale » car détournant le domaine public de son affectation au public en général ou au service public, elle est désormais considérée comme légitime, puisque, selon la jurisprudence, elle n'est autorisée qu'à la condition d'être conforme à la destination du domaine ou, tout du moins de lui être compatible. La doctrine, unanime, dans un souci d'efficacité économique, souhaite que l'administration prenne en considération ces occupations privatives qui concourent à une gestion optimale des propriétés publiques. Il n'y a rien là de révolutionnaire. La priorité demeure à l'affectation au public ou au service public, l'occupation privative ne peut être que secondaire, accessoire…

---

[4] C.E. 17 janvier 1923.

[5] C.E. 19 octobre 1956.

[6] C.E. 2 mai 1969.

L'ouvrage de Catherine Mamontoff, issu pour l'essentiel d'une thèse soutenue en 1996 mais actualisée, se veut provoquant, voire blasphématoire... L'auteur entend se dégager des points de vue dogmatique et théorique pour se livrer à une « description de la réalité »[7], par une « immersion dans le contexte domanial » et présenter le domaine public à partir de ce qu'il est et non des règles censées le régir. Cette observation conduit Catherine Mamontoff à affirmer que « l'aspect patrimonial et économique du domaine public a une importance accrue sinon prépondérante ». Pour l'auteur il convient de substituer une grille de lecture économique à celle, traditionnellement, exclusivement juridique. Le domaine ne serait plus qu'un produit, une marchandise : « le domaine public est soumis à la loi du marché, celle de l'offre et de la demande, de même qu'aux rapports de force de celui-ci »[8], « le régime domanial n'est que le résultat des groupes de pression ». A une conception juridique de la domanialité publique, qu'on pourrait qualifier de naïve ou d'angélique, Catherine Mamontoff oppose une vision capitaliste[9]. L'inaliénabilité n'exprime plus un souci de protection de la dépendance domaniale mais constitue un simple moyen d'enrichissement pour son propriétaire. L'administration est de plus en plus conditionnée par des impératifs économiques. « Le domaine public a une fonction de plus en plus utilitaire »[10]. Le domaine public étant « sur le marché », le droit lui-même est devenu une marchandise. La règle de droit conçue pour protéger l'affectation peut être altérée dans le but soit d'accroître les revenus issus du domaine, soit d'attirer un opérateur. « En réalité l'instabilité de l'occupant, l'obscurité des réformes et l'ambiguïté terminologique occultent que l'intérêt économique de la collectivité est omniprésent »[11]. De la confrontation entre le droit et la réalité Catherine Mamontoff constate : « ce qui est affirmé haut et fort ne correspond pas à ce qui est réellement recherché par la puissance publique (...) théoriquement la fonction de protection de l'affectation est le rôle fondamental du régime domanial, et plus particulièrement de l'inaliénabilité. La rentabilité n'est qu'accessoire. Mais dans la réalité il y a un renversement de la situation : la fonction productive devient le fondement du régime et la protection de l'affectation secondaire. Mais ce n'est pas dit. Il en résulte un droit obscur et incompréhensible »[12]. Selon Catherine Mamontoff cette opacité et cet hermétisme du droit domanial résultent des efforts conjugués du législateur, du

[7] P. 44.
[8] P. 268.
[9] P. 381.
[10] P. 324.
[11] P. 373.
[12] P. 416.

juge et de l'administration qui veulent sauvegarder des possibilités de gestion lucrative... L'auteur reconnaît bien, cependant, que ce régime conçu, selon elle, pour un gain optimum, aboutit parfois à une désertification du domaine. Le but n'est donc pas atteint... c'est la loi du marché ! Quand l'offre domaniale est inférieure à la demande car les espaces sont très convoités, le régime produit son plein effet (Aéroport de Paris, SNCF...), en revanche si l'offre domaniale est supérieure à la demande alors le régime conçu pour l'obtention de gains maximum entraîne des effets pervers puisqu'il dissuade les opérateurs de s'installer sur le domaine (zones industrielles portuaires, marchés d'intérêt national...).

Telle est la thèse, étayée par des exemples souvent convaincants, soutenue avec talent par Catherine Mamontoff. On pourra parfois ne pas être d'accord, émettre des doutes sur le bien fondé de telle ou telle affirmation. Catherine Mamontoff voit, par exemple, dans la loi du 28 novembre 1963, relative au domaine public maritime, la volonté de l'administration, appuyée par le législateur, de privatiser les rivages[13] puisque le texte autorise les concessions d'endigage. Mais il n'y a là aucune innovation car les concessions d'endigage avec transfert de propriété étaient consacrées par le droit antérieur. L'usage ultérieur du texte est autre chose et il est hasardeux, me semble-t-il, de voir dans la loi l'aboutissement de projets immobiliers secrets de l'administration... Sans doute la lecture de ce volumineux ouvrage, souvent bien documenté, suscitera des doutes sur les (noirs) desseins de l'administration favorisés par la complicité du juge et du législateur. On pourra reprocher à l'auteur d'avoir forcé le trait, de découvrir des complots là où il n'y a qu'opportunisme. Il n'en demeure pas moins que la thèse, même si elle peut paraître excessive parfois, est fort intéressante.

Que le droit ne soit pas indifférent aux facteurs économiques est une évidence. Toute la question est celle du poids de ces facteurs par rapport aux autres. Il est vrai que le droit domanial est plus imprégné d'économie que par le passé, le souci de protection étant en forte régression, y compris en ce qui concerne le domaine public naturel considéré cependant comme le plus précieux ! La comparaison entre les dispositions relatives aux plages dans le projet de loi littoral et dans la loi elle-même est particulièrement révélatrice. Prenant acte des excès constatés sur les rivages méditerranéens le projet de loi était extrêmement restrictif à l'égard des concessions ou sous-concessions accordées aux plagistes. L'Assemblée Nationale avait même voté le principe d'une interdiction générale quelle que soit la plage, naturelle ou artificielle, assortie de « dérogations éventuelles » pour les plages artificielles ou le

[13] P. 343.

renouvellement des titres existants. A la suite de très fortes pressions au Sénat toutes les limitations ou restrictions ont disparu du texte final promulgué. Les quelques trois cents millions d'euros générés chaque année par l'exploitation économique des rivages dont bénéficient les communes littorales ne sont pas pour rien dans l'abandon des limitations envisagées un temps pour rendre le rivage effectivement utilisable gratuitement pour tous. Le travail de « légitimation » du dispositif sera parachevé par la décision du Conseil d'Etat du 21 juin 2000, *SARL Plage « Chez Joseph »*, dans laquelle la Haute juridiction qualifie la sous-concession de plage accordée par la commune d'Antibes de concession de service public. Il n'y a donc plus comme le pensaient les auteurs du projet de loi littoral (et une majorité de députés à l'Assemblée Nationale) « confiscation » du rivage à des fins mercantiles mais affectation à un service public. Le droit domanial est apparemment respecté alors que les associations écologistes pourront estimer, en accord avec Catherine Mamontoff, qu'il est gravement détourné de ses objectifs officiellement proclamés.[14]

Les évolutions récentes, postérieures à la rédaction de cet ouvrage, confortent la thèse de son auteur. Les réformes du droit domanial sont souvent en contradiction avec les objectifs énoncés. La loi du 5 janvier 1988 d'amélioration de la décentralisation permettant aux collectivités locales de conclure, à certaines conditions, un bail emphytéotique avec l'occupant de leur domaine public et celle du 25 juillet 1994 autorisant l'Etat à conférer un titre d'occupation assorti de droits réels sur son domaine public artificiel ont été conçues pour valoriser le domaine public grâce à des garanties enfin accordées à l'occupant qui lui permettront de réaliser des investissements. Ces objectifs ont-ils été atteints ? Les observateurs émettent des doutes ! En revanche ces textes vont être utilisés pour faciliter... le financement d'équipements publics ce qui, il suffit de se reporter aux travaux préparatoires, n'avait pas été envisagé. Bien plus ils seront aménagés par la loi du 29 août 2002 d'orientation et de programmation pour la sécurité intérieure[15] afin que les projets sécuritaires du gouvernement puissent être menés à bien grâce à un partenariat avec le secteur privé : jusqu'au 31 décembre 2007 les collectivités locales pourront conclure sur leur domaine, public ou privé, un bail emphytéotique pour toute opération d'intérêt général liée aux besoins de la justice, de la police ou de la gendarmerie nationale. Pour des opérations de ce type le code du domaine de

---

14 S'il est vrai que par le passé le Conseil d'Etat avait déjà considéré que les bains de mer constituaient un service public c'était à une époque où la pression économique sur les rivages n'était pas comparable à ce qu'elle est aujourd'hui. Le temps était peut-être venu de reconsidérer cette qualification...

15 Loi 2002-1094, *JO* 30 août 2002, p. 14398.

l'Etat est également modifié pour que l'Etat puisse accorder une autorisation d'occupation temporaire assortie de droits réels sur son domaine public à une personne privée dont il deviendra le locataire jusqu'à l'expiration du titre d'occupation à moins qu'il n'exerce avant le terme du titre son option d'achat. Enfin, le crédit-bail immobilier est autorisé pour financer les ouvrages construits pour les besoins de l'un de ces trois services publics. Dans ces différents exemples le droit domanial n'est pas modifié à des fins domaniales mais pour remédier à l'impécuniosité de l'Etat qui est incapable de financer la politique annoncée sans la participation du secteur privé.

Plus étrange encore, apparemment, l'étendue du domaine public, considérée généralement comme excessive, se restreint enfin... ou va se restreindre. La transformation de France-Télécom d'établissement public en société privée a entraîné le déclassement, par la loi, des biens qui constituaient jusque-là son domaine public ou celui de l'Etat. La loi MURCEF a fait de même pour l'exploitant public « La Poste » alors que, juridiquement, ce déclassement n'était pas indispensable. Le 3 avril 2003 le Premier ministre, dans une intervention télévisée, a annoncé que l'Etat envisage très sérieusement de vendre des immeubles qui, compte tenu de la jurisprudence très extensive du Conseil d'Etat, font certainement partie de son domaine public. La vente porterait sur un million de mètres carrés de bureaux (sur les quatorze millions dont l'Etat est propriétaire – hors ministère de la Défense). Le ministre délégué au Budget, tout en confirmant la nouvelle le 8 avril, précisait qu'il ne s'agissait pas de « vendre des immeubles pour, comme le fait le gouvernement italien, combler le déficit de l'Etat, (...) mais d'une rationalisation à long terme du parc immobilier »[16]. Une fois de plus on constate que le régime de la domanialité publique a été inutile pour ces immeubles, pire, néfaste ! Locaux trop souvent délabrés car l'administration limite les dépenses indispensables d'entretien, les premières à souffrir en période de restriction. Aucune politique anticipatrice, les réparations interviennent au coup par coup, « en catastrophe » ce qui entraîne des surcoûts importants. « L'utilisation des immeubles classés dans le domaine de l'Etat est actuellement gratuite pour les services qui n'ont donc aucun intérêt à ajuster l'espace qu'ils occupent à leurs besoins réels ni à vendre des immeubles puisque le produit de cette cession ne leur serait pas reversé... »[17]

De toute évidence les seules règles de l'inaliénabilité et de l'imprescriptibilité sont tout à fait impuissantes à assurer la protection du domaine public... Des considérations économiques poussent donc l'Etat à

---

[16] Journal *Le Monde* du 15 avril 2003, p. 18.

[17] Ibid.

déclasser et à vendre une partie de son patrimoine. L'opération lui permettra d'encaisser des plus-values, de louer des bureaux au secteur privé... en se montrant exigeant sur les conditions de confort et d'entretien...

Toutes ces situations et quelques autres montrent que les propos de Catherine Mamontoff ne sont pas dénués de pertinence. Mais il ne s'agit pas de s'insurger systématiquement sur la prise en compte de l'économie par le droit, ce qui a été vrai de tout temps et pas seulement en matière domaniale. La loi relative aux droits des malades[18] en a fourni un exemple éclairant en matière de responsabilité médicale. Le dispositif dit « anti-Perruche », du nom du requérant ayant fait l'objet de l'arrêt de la Cour de cassation[19], est un pur produit d'un lobbying associant médecins échographes et compagnies d'assurances prenant appui sur l'émotion légitime des familles ayant mal compris la portée de l'arrêt. Les compagnies d'assurances refusaient en réalité les conséquences de la nouvelle jurisprudence et cessaient de couvrir les praticiens qui de ce fait menaçaient d'abandonner leurs activités et en particulier les examens de dépistage des anomalies des grossesses. On s'aperçoit aujourd'hui que les dispositions adoptées dans la précipitation sont imparfaites... Que dire des projets – très avancés semble-t-il – de réforme du code des marchés pour y réintroduire des dispositions qui en ont été exclues lors de sa refonte complète en mars 2001 ?

Ces constatations remettent sérieusement en cause les modes d'élaboration d'un droit qui devient instable, confus, incohérent ; « d'art qu'il a pu être (...) ne devient-il pas ainsi, progressivement, un recueil de recettes techniques ou de formules de plus en plus difficiles à combiner ? »[20] Faut-il donc parler d'une « crise » du droit administratif dont la « crise » de la domanialité publique ne serait que l'un des éléments ? On a, en d'autres temps, usé et abusé de la formule... crise du service public, de la notion d'établissement public... Périodiquement la « fin du droit administratif » est annoncée. Si on peut douter sérieusement de sa disparition il faut bien, en revanche, prendre acte de sa profonde évolution. Les facteurs de sa transformation sont bien perçus et pour certains dépassent notre cadre national[21]. La « désétatisation » progresse partout

---

[18] Loi 2002-303 du 14 mars 2002 relative aux droits des malades et à la qualité du système de santé, *JO* 5 mars 2002, p. 4118.

[19] Cass., 1ère civ. 17 novembre 2000 *Nicolas Perruche*.

[20] Ch. Lavialle, « Les conventions de financement des équipements publics de sécurité intérieure et la loi n°2002-1094 du 20 août 2002 », *Contrats et marchés publics*, chron. 11 novembre 2002, p. 4.

[21] Cf. Jean-Bernard Auby, « La bataille de San Romano. Réflexions sur les évolutions récentes du droit administratif », *A.J.D.A.* 20 novembre 2001, p. 912.

dans le monde. L'administré exige aujourd'hui d'être considéré par la puissance publique comme un « citoyen » et plus seulement comme un usager. Le droit de la concurrence, tant national qu'européen, impose au droit administratif de réexaminer les rapports entre prérogatives de puissance publique et actes de gestion économique...

Il convient donc de remettre en cause certaines de nos habitudes et d'apporter, enfin, des réponses à des questions qui ne sont pas neuves. Ne faut-il pas réserver le régime de la domanialité publique à un nombre restreint de dépendances, réaffirmer qu'elles sont « hors commerce » et qu'elles doivent faire l'objet de la plus stricte protection ? Pourquoi ne pas admettre que les autres propriétés administratives ont une vocation économique prépondérante et qu'il faut alors les affranchir de règles qui privilégient de manière éhontée le propriétaire public et pénalisent, sans justification véritable, l'occupant ce qui, en définitive peut, dans certains cas, se retourner contre l'administration ? Il est temps qu'un réflexion d'ensemble sur le domaine public et son régime juridique guide le législateur. On ne peut indéfiniment coller des rustines sur la chambre à air, vient un jour où il faut se décider à la changer ! Ce moment me paraît venu pour la domanialité publique. L'ouvrage de Catherine Mamontoff apporte une contribution utile au débat.

INTRODUCTION

Le droit administratif dans son ensemble est un précieux révélateur de l'évolution administrative. C'est ainsi que les adaptations apportées au statut de l'administration par le juge et le législateur depuis le XIXe siècle révèlent la transformation du rôle de l'Etat, notamment dans ses rapports avec l'économie.

Avec le passage de l'Etat gendarme à l'Etat providence, pour utiliser une image largement usitée à défaut d'être tout à fait exacte, on sait bien que l'histoire du droit administratif est celle d'une adaptation constante à l'évolution de la place et du rôle impartis à l'administration dans la société française. Face aux bouleversements apportés par le XIXe siècle, le législateur, et surtout le juge, se sont attachés à prendre en compte les transformations quelquefois considérables auxquelles a été astreinte une administration qui a dû, souvent, renouveler complètement ses structures, ses méthodes d'action et ses objectifs. C'est ainsi que le droit administratif a dû se plier à la multiplication des missions imparties à l'administration -il n'est qu'à songer à l'évolution considérable qu'a connue la notion de service public- et surtout bien entendu à la modification fondamentale des rapports avec la société civile notamment dans le cadre des activités économiques et sociales.

Tous les secteurs du droit administratif ou presque, ont été concernés par ces adaptations ; on sait d'ailleurs les difficultés qui en résultent par le fait que les fondements idéologiques de l'organisation juridique n'ont, quant à eux, pas été remis en cause, la notion de service public demeurant toujours la pierre angulaire du droit public. Mais globalement, c'est peut être la caractéristique essentielle du droit administratif que de constituer un outil incomparable d'analyse des évolutions de la société par sa capacité à intégrer ces évolutions, et surtout les évolutions économiques.

En effet, l'économie joue un rôle fondamental dans l'évolution du rôle de l'Etat, et on ne peut faire abstraction de cette donnée essentielle. Depuis le choc pétrolier, l'économie des pays occidentaux se caractérise par un état de crise chronique qui ne fait que s'aggraver. L'Etat lui-même en subit évidemment le contrecoup, car il a des besoins économiques grandissants en raison de son implication de plus en plus importante dans les secteurs sociaux, économiques, etc. C'est la raison pour laquelle il doit soutenir l'économie, dont il devient fondamentalement dépendant. Aujourd'hui d'ailleurs, avec le recul, il nous apparaît que l'Etat interventionniste vient certes pallier les carences et les insuffisances des entreprises privées ; mais il est indéniable qu'il apporte aussi son aide à celles-ci en raison de certains *goulots d'étranglement* créés par la société industrielle, l'Etat ne pouvant alors que soutenir l'économie privée laquelle a besoin à son tour de celui-ci pour surmonter ses crises de croissance[1].

A la fin du XXe siècle, caractérisée par l'intensification de la crise, l'économie de marché est devenue « le remède miracle », la solution idéale ; le développement de la consommation de biens et des services, propre à cette économie de marché, est devenu l'objectif à atteindre. L'Etat français, mais aussi tous ceux d'économie libérale, et qui y puisent leurs ressources, vont encore lui apporter tout leur soutien ; c'est ainsi par exemple que les frontières européennes vont s'effacer face au mirage des *trois cents millions de consommateurs*, et permettre ainsi la *libre circulation des marchandises* ou l'instauration du *marché unique*. C'est pourquoi les Etats occidentaux vont adopter la monnaie unique. C'est encore la raison pour laquelle on va chercher toujours plus loin des « marchés à conquérir » - par exemple en Asie - avec le soutien, voire l'accompagnement des gouvernements, qui se déplacent, à présent, fréquemment avec des membres du patronat.

Aujourd'hui, les normes juridiques dont le contenu est déterminé par les exigences économiques, sont innombrables. Car, si l'Etat est dépendant de

---

[1] Voir l'analyse de cette question par L. Constans, « Le dépérissement de l'Etat : paradoxe sur la philosophie de l'histoire immédiate » in *L'interventionnisme économique de la puissance publique, Etude en l'honneur du doyen Georges Pequignot,* Montpellier, Ceram, 1984, tome I, p. 119 et s. Pour l'auteur, l'intervention de l'Etat est « *paradoxalement motivée, non par l'hostilité ou l'indifférence à l'égard du système de l'économie de marché, mais bien au contraire par la volonté de préserver celle-ci, que menace sa tendance spontanée et permanente à l'autodestruction.* » Voir également sur cette question, « Les pouvoirs publics et le développement économique (Réflexions critiques sur le néo-libéralisme) », du même auteur, in *Les entreprises publiques au Burkina Faso,* Institut d'Etudes Politiques, Toulouse, 1990, p. 13 et s.

l'économie, forcément le droit qui en émane doit en subir l'influence. Il y a une adaptation, voire une soumission du droit à l'économie, opérant une mutation profonde du droit public[2].

Il est cependant un ensemble constitué qui semble, apparemment, être resté largement en marge de ce mouvement général d'adaptation et de soumission : c'est le droit de la domanialité publique.

Ceci ne veut pas dire que ce droit soit resté totalement immuable ; des réformes ont été introduites, prenant en compte des nécessités nouvelles. Mais en tout état de cause, c'est vraisemblablement le corps de règles qui a toujours été considéré comme le noyau dur de la spécificité du droit applicable à l'administration, règles qui ont bénéficié dans l'ensemble d'un caractère pratiquement inchangé de longue date, présentant des caractéristiques fortes et particulières, dont le principe fondamental de l'inaliénabilité, lequel n'a jamais été remis en cause. Apparemment, le droit de la domanialité publique a bénéficié d'une grande stabilité (Section I).

Mais en même temps, et justement en raison de ce caractère statique, le droit de la domanialité publique se révèle inadapté à la réalité économique contemporaine, inadaptation qui est perçue plus ou moins confusément, et qui est dénoncée aussi bien par la doctrine que par les acteurs ou gestionnaires du domaine public ; c'est elle qui explique les réformes ponctuelles réalisées par le gouvernement ou le législateur, parfois dans une certaine précipitation. Aujourd'hui, le droit du domaine public est manifestement en crise (Section II).

Il apparaît cependant que tous les éléments n'ont pas été pris en compte pour identifier et mesurer cette crise et que dans une large mesure l'appréhension du phénomène est encore tributaire de présentations qui, par habitude ou inertie, continuent de confondre le statut juridique des biens des personnes publiques avec la réalité de leur gestion ; l'analyse de cette question est conditionnée par des appareils conceptuels qui nous empêchent de voir les choses autrement qu'au travers de leur prisme déformant. C'est pour dépasser précisément cette approche commune, que la présente recherche s'est développée selon une méthodologie générale orientée vers l'observation des réalités de la gestion du domaine public, seule capable, selon nous, à faire ressortir clairement la nature et l'étendue du déphasage existant entre un statut juridique apparemment obsolète et une réalité dont le droit devra bien, rapidement, tenir compte ; car l'espace domanial et son régime, insensiblement, subrepticement ont pris une orientation nouvelle, bien loin de la conception initiale et traditionnelle.

---

[2] Voir sur cette question l'analyse faite par J.-P. Henry, « La fin du rêve Prométhéen? Le marché contre l'Etat », *R.D.P.* 1991, p. 631.

En réalité l'apparence statique du droit domanial est trompeuse ; elle occulte que le droit domanial est en pleine mutation (Section III), mutation qui n'est que l'illustration de ce qui se passe d'une façon plus générale au niveau de tout le droit public : c'est l'assujettissement de la gestion administrative aux exigences de l'économie ; mais cette mutation, qui est à l'origine de la crise, est, pour l'heure, insuffisamment analysée.

SECTION I

LE DROIT DE LA DOMANIALITE PUBLIQUE EST APPAREMMENT STATIQUE

Le droit de la domanialité publique, globalement, est apparemment affecté d'une parfaite solidité. Les principes jurisprudentiels, qui sont à la base de l'existence même du domaine public ont bénéficié d'une stabilité remarquable (§I) et ils n'ont jamais été remis en cause par les textes (§ II).

§ I – DES PRINCIPES JURISPRUDENTIELS STABLES

Il est bien connu que la conception moderne du domaine public apparaît grâce à la doctrine à compter de la fin du XIXe siècle, début du XXe siècle et l'on sait que par influence de celle-ci, depuis longtemps, l'objectif jurisprudentiel des principes domaniaux est la protection de l'affectation (A). L'admission d'une idée d'un domaine public, propriété de l'administration, correspondant à l'évolution des pouvoirs de gestion de l'administration n'est pas venue altérer cette idée (B).

A – Un objectif inchangé de protection de l'affectation

On sait que l'existence même du domaine public et du régime qui a été conçu progressivement par le juge administratif, proviennent de la volonté de mettre « hors commerce » un certain nombre de biens, au sens où ceux-ci ne doivent pas disparaître du patrimoine de la collectivité publique en raison de leur utilité publique, et qu'ils ne doivent pas être soumis aux règles de la propriété privée, de son commerce.

Dans la conception initiale d'un Etat libéral qui ne devait en rien perturber le libre jeu de l'économie de marché ouverte aux seuls entrepreneurs privés, toute la sphère d'action de la puissance publique devait précisément échapper à la logique économique ; c'est par une distinction que l'on voulait radicale que devaient être séparés le monde de l'intérêt privé, largement animé par la recherche légitime du profit maximum et l'intérêt général, devant faire l'objet d'une action volontariste indépendante de toute préoccupation économique.

Quelles que soient les limites d'une distinction largement formelle, il reste que c'est elle qui a animé la mise en place de deux régimes juridiques distincts et se trouve donc à l'origine du droit public en France. Appliquée aux biens affectés à l'utilité publique et conçus en conséquence comme devant relever de la domanialité publique, c'est par une logique aussi évidente que radicale que ces biens se sont trouvés soustraits au jeu de l'économie de marché et que leur statut protecteur s'est trouvé fondé sur la règle ancienne, mais régénérée pour les besoins de la cause, qui est celle de l'inaliénabilité. C'est cette règle, érigée en principe absolu, qui a, depuis, constitué tout à la fois le révélateur et l'élément essentiel de la spécificité du caractère non économique des biens du domaine public.

Identifiée dans son principe, la nécessité de soumettre à un régime dérogatoire du droit commun les biens affectés à l'utilité publique a pu s'accommoder d'une certaine évolution de la conception de l'utilité publique : de l'usage par le public à l'utilisation dans le cadre d'un service public. Il reste que, toujours, la protection des biens concernés a été formellement liée à la mise « hors commerce », conçue comme le seul moyen de préserver l'affectation d'intérêt général.

C'est ainsi que de longue date, le juge place hors du circuit économique de type privé un certain nombre de bien affectés à l'usage du public comme la voirie[3], un cimetière[4], les halles et marchés[5], les édifices de cultes[6]. C'est encore en raison de ce critère que le juge étend la domanialité publique au *« Bois de Boulogne* [qui] *constitue une promenade publique affectée à l'usage du public*[7], à *l'immeuble dit "Dalle centrale" de la place de la Défense* [qui] *a été construit*

---

[3] Par exemple, voir C.E., 28 janvier 1910, *Robert, Leb.* p. 84. Ou encore, C.E., 14 décembre 1910, *Commune de la Brosse-Monceaux, Leb.* 944, concernant l'affectation à la circulation publique ; C.E., 19 mai 1975, *Sté Coop.* « *La léonard* », *D.A.*, 1976, p. 184.

[4] C.E., 28 juin 1935, *Mougamadousadagnetoullah*, dit *Marécar, Leb.* 734 ; *D.* 1936, III, 1, note Waline ; *S.* 1937 III, 43, concl. Latournerie.

[5] Cons. de préf., Lille, 13 juin 1950, *Leroy, D.* 1950, 588, note Waline.

[6] C.E., 18 nov. 1949, *Carlier, S.* 1950, 3, 49.

[7] C.A.A. Paris, plénière, 6 juin 1989, *S.A. Le Pavillon Royal, C.J.E.G.*, 1989, p. 366, note P. Sablière.

pour être affecté à l'usage direct du public »[8] ou à *« l'ensemble de l'île du Grand Lac »*[9].

Cependant, c'est essentiellement l'affectation au service public, qui va transformer profondément l'image du domaine public. Conformément à l'évolution du droit administratif, cette affectation au service public devient également un critère de domanialité publique, et elle fonde aussi et surtout le caractère « hors commerce » du bien. Il va donc apparaître un deuxième critère, extrêmement solide, parfaitement en accord avec le droit public, qui légitime le caractère non marchand de certains biens et s'impose inéluctablement à tous.

C'est l'arrêt *Société Le Béton* de 1956[10] qui établit clairement l'orientation définitive prise par la jurisprudence dans ce sens, des terrains d'une zone industrielle portuaire étant intégrés au domaine public du fait de leur affectation à l'objet d'utilité générale. Cette jurisprudence restera globalement inchangée. Depuis, le juge a utilisé continuellement ce critère pour retenir la domanialité publique d'un bien. Ainsi, les stades municipaux font partie du domaine public en raison de leur *affectation* au service public du sport[11]. De même un théâtre-casino acquis dans l'intérêt du maintien et du développement des activités culturelles de la ville a eu ainsi pour but d'assurer un service public auquel elle a *affecté* ce bâtiment, et fait donc partie du domaine public[12]. L'église achetée par une commune pour en faire un lieu de manifestations culturelles et le conservatoire du patrimoine ethnologique *« a été ainsi affectée à un service public de caractère culturel en vue duquel elle a été restaurée et spécialement aménagée »*[13]. La sauvegarde de l'affectation impose de même que toutes les parcelles comprises dans un aéroport fassent partie du domaine public[14]. Ou encore, un lac, plan d'eau réalisé pour réguler le débit de la Seine est *affecté* à un service public et fait partie de ce fait du domaine public[15].

En conséquence, c'est cette idée de protection de l'affectation - à l'usage du public ou à un service public- qui a prévalu jusqu'à présent dans la jurisprudence, cette conception étant d'ailleurs constamment affirmée par la

---

[8] C.E., 21 mars 1981, *Mansuy*, T. p. 2843.

[9] C.E., 25 mars 1988, *Société Anonyme les Ibis, D.A.*, 1988, n°243.

[10] C.E., section, 19 oct. 1956, *Leb.* p. 375 ; concl. M. Long *D.* 1956, J. 681.

[11] C.E., 13 juillet 1961, *Ville de Toulouse, Leb.* 513 ; *A.J.D.A.* 1961, I, p. 467 et II, p. 492.

[12] C.E., sect. 18 mai 1979, *Association « urbanisme judaïque Saint-Seurin », Leb.* p. 218

[13] C.E., 21 juillet 1989, *M. Gindre*, n° 73198, *R.D.P.* 1991, p. 278.

[14] C.E., 25 mars 1988, *Consorts Demereau, Leb.* 1988, p. 778.

[15] C.A.A. de Nancy, 22 avril 1993, *Institution interdépartementale des barrages-réservoires du bassin de la Seine et époux Torchia, Leb.* 1993, p. 759.

majorité des auteurs depuis l'apparition du critère moderne. Le régime domanial et l'inaliénabilité qui le caractérise, garantissent que le bien restera en dehors du circuit économique, pour assurer précisément la sauvegarde de sa destination[16].

Enfin, on sait que la détermination du champ d'application du régime a connu une évolution considérable. En effet, le juge traditionnellement a eu une conception très large du service public, au sens où il retient l'activité d'intérêt général, placée sous l'autorité de la personne publique. Il a étendu la notion de service public à un nombre très important d'activités. Ceci a eu alors comme conséquence d'opérer un élargissement considérable du champ d'application du régime de domanialité publique. Certes, par influence de la doctrine, la jurisprudence a introduit la notion d'aménagement spécial, dans le but d'éviter un agrandissement trop important du domaine public. Mais l'on sait que finalement, cette notion n'a pas eu un rôle réducteur. En conséquence, le droit de la domanialité publique a connu une évolution considérable dans son champ d'application. Cependant, cette évolution n'a pas réussi à remettre en cause les principes fondamentaux du régime de domanialité qui restent basés sur la volonté de placer les dépendances du domaine public en dehors de tout négoce.

B – Un objectif inaltéré par la reconnaissance du droit de propriété

Aujourd'hui, certes, le domaine public est devenu, aussi, au terme d'une évolution jurisprudentielle bien connue, une propriété exploitable ; en effet, le juge a été amené à prendre en compte de plus en plus les aspects financiers de la gestion, et le domaine public a été progressivement considéré comme une richesse collective que les personnes publiques propriétaires ont la mission de

---

[16] C'est en raison de la préservation de l'affectation *à l'utilité publique* que Hauriou affirmait à l'époque qu'il y avait « *impossibilité des aliénations volontaires... par les modes de la vie privée* ». *Précis élémentaire de droit public*, 4ème éd., 1938, Sirey, p. 396. L'auteur affirme, dans le même sens : « *les aliénations du droit civil sont impossibles tant que dure l'affectation de la chose, si petite soit la parcelle qu'il s'agirait de distraire du domaine...* » p. 396. Pour Waline, certains biens nécessitent une protection particulière, « *parce qu'ils sont nécessaires : il ne faut pas que la moindre parcelle soit enlevée à son but d'utilité publique* ». *Précis de droit administratif*, Montchrestien, 1970, p. 128. Pour l'auteur, le régime de la domanialité publique est une protection contre un certain nombre de dangers dont la propre imprudence de l'administration qui procéderait à *des aliénations imprudentes ou intempestives, précité*, p. 128. Ces idées sont réaffirmées continuellement. Ainsi, D.G. Lavroff reprend dans ce sens : « *il s'agit d'abord d'empêcher que le bien disparaisse du patrimoine de la personne publique dans lequel il se trouve, pour passer dans celui d'une personne privée, puisque cela aurait pour effet d'enlever ce bien du besoin public auquel il est affecté ; les règles d'inaliénabilité et d'imprescriptibilité sont destinées a éviter ce risque.* » *Le domaine des collectivités locales*, sous la direction de F. Bénoit, Dalloz, 1990, p. 65. Pour R. Chapus, « *ce régime tend à garantir que les dépendances domaniales répondront toujours, et le mieux possible, aux besoins auxquels elles sont affectées* ». *Droit administratif général*, Montchrestien, 15ème édition, tome II, p. 422, n° 501.

faire fructifier. En raison de cette évolution, l'administration accorde des titres d'occupation privative en fonction de *l'intérêt de la gestion* et de *l'affectation*[17] ; ou dans le cadre *de la meilleure utilisation possible du domaine public*[18], ou en considération *tant de l'intérêt général que de l'intérêt dudit domaine*[19]. Mais cette évolution n'a jamais été jusqu'à remettre en cause les conséquences concrètes du sacro-saint principe de l'inaliénabilité, élément clef de la protection de l'affectation. La conséquence est que la propriété administrative des biens du domaine public doit toujours être conciliée avec le respect de l'affectation.

C'est pourquoi ce droit de propriété se caractérise par des sujétions particulières, imposées à l'administration, garantissant toujours cette protection : la collectivité gestionnaire du bien a l'usus, le fructus, mais non l'abusus ou faculté de disposer du bien, de l'aliéner tant que dure l'affectation. L'inaliénabilité garantit que le bien à protéger restera hors commerce tant que durera l'affectation. On connaît bien toutes les analyses doctrinales qui ont tenté de définir cette propriété, qui serait *grevée d'une servitude d'affectation* ou *propriété limitée* ou encore qui serait *une propriété sociale ;* la plupart des auteurs retiennent finalement qu'il s'agit d'une propriété à part entière, mais *propriété d'affectation, une propriété administrative ou de droit public*[20]. En tout état de cause, il ne s'agit pas d'une propriété privée[21], car elle doit rester en dehors des mécanismes économiques qui la soustrairaient à son but d'intérêt public.

C'est encore la volonté de garantir l'affectation par l'inaliénabilité qui engendre le régime très spécifique des autorisations d'occupation privative accordées aux particuliers, aux entrepreneurs privés : le titre d'occupation est précaire, révocable à la première réquisition de l'administration et c'est cette instabilité de l'occupation qui constitue la première garantie que le bien en

---

[17] Par ex. voir C.E., 21 mars 1990, *Commune de la Roque d'Anthéron, n° 76765, R.D.P.* 1992, p. 1179. C.E., 7 janvier 1987, *Ville de Bordeaux, A.J.D.A.* 1987, p. 428, note X. Prétot.

[18] C.E., *Sieur Caillon-Société « Montparnasse-pressing », A.J.D.A.* 1964, P. 377, note P. Laporte. C.E., 14 oct. 1991, *M. Helie*, n° 95857, *R.D.P.* 1992, p. 1179.

[19] C.E., 17 janvier 1990, *S.A.R.L. Etablissements Boennec, D.A.*, juin 1990, n°12.

[20] Ou encore une propriété « *sublimée par l'affectation à l'intérêt général* », J. Morand-Deviller, *Cours de droit administratif des biens*, Montchrestien, 2ème éd. 2001, p.27.

[21] Pour de Laubadère « *la propriété du domaine public ne pouvant être saisie indépendamment de l'affectation, se révèle marquée de ce particularisme qui empêche de l'assimiler à une propriété privée* » « Domanialité publique, propriété administrative et affectation », *R.D.P.* 1950, p. 24 et s. Pour C. Lavialle l'affectation « *suffit à en faire un bien différent des autres* », *Droit administratif des biens*, P.U.F., 1996, p. 37, n°26.

question restera *hors du commerce de la vie privée* pour reprendre l'expression de M. Hauriou.

Ainsi, le domaine public n'est pas dénué de toute commercialité au sens précisément où il peut faire l'objet d'implantations d'entreprises privées, développant elles-mêmes une activité industrielle ou commerciale ; mais l'administration sera toujours assurée de retrouver son bien dès que l'intérêt général l'exigera, en faisant jouer la précarité inhérente à la domanialité publique, à laquelle elle ne pourra d'ailleurs jamais renoncer. C'est pourquoi Waline affirme que « *la règle de la précarité des occupations du domaine public est d'ordre public, et il ne peut y être dérogé par contrat* »[22]. Pour M. R. Chapus, la précarité « *traduit la préoccupation d'assurer la protection de ce domaine et de faire en sorte que l'administration soit toujours en mesure d'en avoir la disposition* ».[23]

Preuve encore de la permanence des principes domaniaux dont l'affectation reste le fondement, c'est que malgré l'admission des pouvoirs de gestion de l'administration, les règles domaniales n'ont pas pour finalité de protéger la propriété rentable ; ceci est constamment affirmé par la doctrine. M. J. Dufau invoque par exemple dans ce sens que l'inaliénabilité moderne contrairement à l'inaliénabilité de l'époque royale « *n'a pas pour objectif d'assurer la protection des patrimoines productifs de revenus* »[24]. M. D.G. Lavroff soutient de la même façon que « *l'inaliénabilité n'est pas destinée à protéger le domaine en tant que richesse contre les dilapidations possibles... L'inaliénabilité a pour but d'assurer le maintien du bien dans l'affectation qui lui est donnée* »[25]. Ou dans le même sens M. P. Delvolvé tenait les propos suivant sur l'inaliénabilité : « *Ce principe est lui-même établi, non dans l'intérêt propre de la personne publique propriétaire du domaine public, mais dans celui du service public ou du public auquel ce domaine est affecté* »[26]. De façon récente Mme J. Morand-Deviller confirme que « *la raison d'être de l'inaliénabilité est l'affectation donnée au bien domanial. Le lien entre inaliénabilité et affectation est fort.* »[27]

L'admission de la gestion patrimoniale ou la nécessité de développement économique du domaine, n'a pas eu pour effet d'effacer, ni même d'affaiblir le

---

[22] *Précis de droit administratif*, précité note n°16, p. 164.

[23] *Droit administratif général*, précité note n°16, p. 509, n° 612.

[24] *Le domaine public*, Edition du Moniteur, 3ème éd., p. 236.

[25] *Le domaine des collectivités locales*, précité note n°16, p. 67

[26] « Chronique à propos de l'arrêt de la Cour de cassation du 3 mai 1988 : La question du statut des biens d'E.D.F. » *C.J.E.G.*, 1989, p. 37.

[27] *Cours de droit administratif des biens*, précité note n°20.

concept d'affectation qui est toujours réaffirmé. Ainsi, malgré l'évolution de la gestion du domaine public, la sauvegarde de l'affectation est restée la priorité à observer : la rentabilité du domaine, même si elle est devenue d'intérêt général, reste subordonnée à la protection de l'affectation. On ne pourrait imaginer par exemple une gestion domaniale patrimoniale allant à l'encontre de la sauvegarde d'un service public quelconque. MM. A. de Laubadère, J.-C. Vénézia, Y. Gaudemet affirmaient dans ce sens : *« on s'est avisé qu'il est juste et opportun de favoriser une exploitation économique* [du domaine public] *dans la mesure où l'affectation du bien est respectée »*[28] ; ou encore : *« L'administration peut retirer de son domaine toutes les utilités économiques compatibles avec l'affectation du bien »*[29] ; dans le même sens, ces auteurs soutiennent que le domaine est *« dans toute la mesure où* ***son affectation n'est pas contrariée****, une richesse à exploiter, un bien objet de gestion économique »*[30]. C'est dire que le concept d'affectation à l'usage du public et surtout au service public, est fortement ancré dans tout le droit de la domanialité publique, la protection de l'affectation légitimant, seule, le caractère hors commerce du bien.

§ II – DES PRINCIPES CONFIRMES PAR LES TEXTES

Le législateur, d'une part, adhère parfaitement à la conception jurisprudentielle de protection de l'affectation. Cela transparaît dans le fait qu'il n'a pas remis en cause globalement la protection du bien, liée à l'affectation au service public ou à l'usage du public[31]. Le critère de domanialité selon lequel font partie du domaine public les biens, propriété de l'administration, dès lors qu'ils sont *affectés* au service public ou à l'usage du public s'ils sont spécialement aménagés, s'est imposé définitivement : l'absence de remise en cause de sa part conforte donc ce critère jurisprudentiel moderne et constitue une approbation tacite.

D'autre part, le pouvoir politique corrobore le caractère « hors commerce » du domaine public de différentes manières. Par exemple, il le fait implicitement par le décret-loi du 17 juin 1938, devenu l'article L. 84, qui stipule que *« les litiges relatifs aux contrats comportant occupation du domaine public, quelle que soit leur forme ou dénomination, passés par l'Etat, les établissements*

---

[28] *Manuel, Droit administratif,* L.G.D.J., 14ème éd., 1992, p. 356.

[29] *Précité* note n°28, p. 357.

[30] *Précité* note n° 28, p. 363. Caractères gras ajoutés.

[31] Section du Rapport et des Etudes du Conseil d'Etat, *Le droit des propriétés publiques,* 31 octobre 1986, p. 21.

publics ou leurs concessionnaires, sont portés en premier ressort devant le tribunal administratif ». Il est bien connu que derrière une question de compétence juridictionnelle, il y avait essentiellement la volonté d'exclure du droit privé les actes d'occupation du domaine public[32] : impossibilité de conclure des contrats tels que les baux commerciaux, les baux d'habitation, les baux emphytéotiques etc., tous de nature à faire entrer dans le commerce la propriété domaniale, et lui conférer une valeur vénale certaine.

Le caractère « hors commerce » du domaine public est repris, mais d'une façon explicite par le Code du domaine de L'Etat qui stipule en son article L. 52 que *« les biens du domaine public sont inaliénables et imprescriptibles ».* D'une façon plus récente, le législateur confirme qu'il entend ne pas soumettre au commerce de la propriété privée le domaine public, en confirmant le principe d'inaliénabilité par la loi du 5 janvier 1988[33], puisqu'il est dit dès les premières lignes du texte que *« les biens du domaine public des collectivités territoriales, de leurs établissements publics et de leurs groupements, sont inaliénables et imprescriptibles ».* Certes, ce même texte instaure la possibilité d'établir un bail emphytéotique sur le domaine public. Mais la majorité des auteurs sont d'accord pour affirmer que le droit public reste à *l'arrière garde des opérations*, la loi faisant en sorte que *le principe n'en souffre pas trop*[34]. Le bail emphytéotique de la loi de 1988 est encore très loin de soumettre le domaine public aux rapports marchands tels que nous les connaissons.

La loi de 25 juillet 1994 complétant le code du domaine de l'Etat et relative à la constitution de droits réels sur le domaine public[35], malgré l'instauration

---

[32] Waline établit par exemple sur ce texte : « ... *sous l'apparence d'une modification des compétences contentieuses* [il] *a en réalité manifesté l'intention du législateur d'exclure tout contrat de droit privé sur le domaine public.*» *Précis de droit administratif*, précité note n° 16, p. 164.

[33] N° 88-13, d'amélioration de la décentralisation, *J.O.* du 8 janvier 1988, p. 208, art. 13.

[34] Voir par exemple R. Chapus, *Droit administratif général*, précité note n°16, p. 429, n° 509.

[35] N° 94-631, *J.O.* du 26 juillet 1994, p. 10749. Voir sur les différentes analyses de ce texte, Mme Marie-Joseph Aglaé, « La loi du 25 juillet 1994 complétant le code du domaine de l'Etat et relative à la constitution de droits réels sur le domaine public », *L.P.A.*,1994, n° 155, p. 4 et s. E. Fatôme et P. Terneyre, « La loi du 25 juillet 1994 : observations complémentaires », *A.J.D.A.* 1994, p. 780 ; de ces mêmes auteurs, « Droits réels sur le domaine public de l'Etat : clarification ou multiplication des interrogations ? » *A.J.D.A.*, 1995, p. 905. C de Bernis, Pietri G., « Domaine public et droits réels- La nouvelle loi va-t-elle reposer sur une équivoque ? » *L.P.A.*, 1994, n° 66 p. 4 ; des mêmes auteurs, « Quelques réflexions complémentaires sur la réforme des droits réels et son incidence sur la gestion du domaine public », *L.P.A.*, 1994 n° 17, p. 16. A. Fournier et H. Jacquot, « Un nouveau statut pour les occupants du domaine public », *A.J.D.A* 1994, p. 759 et s. P. Godfrin, chronique, Une prudente audace : la loi du 25 juillet 1994 relative à la constitution de droits réels sur le domaine public, *C.J.E.G.*, 1995, p. 1. J. Lachaud, « Des droits réels sur le

d'un droit réel, ne va pas entamer non plus le caractère non aliénable et donc non marchand du domaine, car ce droit réel va rester encore enfermé dans des conditions sévères de droit public. Le Conseil constitutionnel, saisi par l'opposition qui voyait dans ce droit réel une grave atteinte au principe d'inaliénabilité, a d'ailleurs affirmé clairement qu'il n'y avait pas une telle atteinte, l'article premier de la loi de 1994 n'ayant pas pour objet « *de permettre ou d'organiser l'aliénation de biens appartenant au domaine public ; que par suite, le grief manque en fait»*[36]. Seules les dispositions d'une phrase du texte sont invalidées, et non pas pour atteinte au principe d'inaliénabilité mais pour atteinte à la protection due à la propriété publique.

Enfin, il faut encore remarquer que si les réformes, qui prennent en compte les impératifs de développement économique, sont enfermées dans des conditions de droit public, il apparaît que c'est dans une optique de nécessaire protection de l'affectation. Cela transparaît dans les débats parlementaires des lois de 1988 et 1994 précitées. Ainsi, par exemple, lors de son élaboration, des modifications avaient été apportées au texte de 1988, introduisant de nouvelles conditions dérogatoires du droit commun, afin que la collectivité publique ne se trouve pas dans une situation difficile du fait de « *garanties incompatibles avec le bon fonctionnement du service public ou la poursuite de son exécution.* »[37]

S'agissant de la loi de 1994, lors des débats parlementaires, cette obligation de sauvegarde et de protection du domaine fut invoquée à différentes reprises ; par exemple le ministre du budget rappela dans ce sens : « *le droit domanial est un des piliers de notre droit administratif. En effet, le domaine public est le lieu où s'exerce le service public. Il doit donc faire l'objet* ***d'une protection particulière*** ».[38] Ou encore : « *l'enjeu -et j'espère m'être bien fait comprendre-*

---

domaine public », *Le trait d'union de l'expertise agricole, foncière, immobilière, et forestière*, n°1, 1995, p. 19 et s. C. Lavialle, « La constitution de droits réels sur le domaine public de l'Etat », *R.F.D.A.*, 1994, p.1106 et s. M.-C. Rouault, « Commentaire du décret n° 95-595 du 6 mai 1995 complétant le code du domaine de l'Etat relatif à la constitution de droits réels sur le domaine public », *R.D.I.*, 1995, p. 518. Voir du même auteur, « La constitution de droits réels sur le domaine public-Loi du 25 juillet 1994 », *R.D.I.*, 1995, p. 27 ; J. Dufau, « La loi n° 94-631 du 25 juillet 1994 relative à la constitution de droits réels dans le domaine public » *J.C.P.* 1995, éd. N, I, 3210 ; M. Lombard, « La constitution de droits réels sur le domaine public, expression d'un compromis ambigu entre protection et valorisation des propriétés publiques, *ALD*, 1994, p. 183.

[36] 21 juillet 1994, n° 94-346 D.C. Voir le commentaire de cette décision par J. Aglae, « La loi du 25 juillet 1994 complétant le code du domaine de l'Etat relative à la constitution de droits réels sur le domaine public », *L.P.A.*, 28 déc. 1994, n°155, p. 4. *C.J.E.G.*, 1995, p. 16, commentaire P. Godfrin. *A.J.D.A.*, 1994, p. 786, note G. Gondouin.

[37] *J.O.* doc. A.N., rapport fait par M. D. Perben, séance du 10 décembre 1987, n° 1128, p. 108.

[38] *J.O.* doc. A.N., 17 mars 1994, p. 1714. Caractères gras ajoutés.

consiste à favoriser ce nécessaire essor économique, cette dynamisation du domaine public, tout en maintenant ***son indispensable protection*** *».*[39]

Il faut remarquer également que le Conseil constitutionnel confirme, à l'occasion de ce texte, cette nécessaire protection de l'affectation : *« qu'il incombe au législateur lorsqu'il modifie les dispositions relatives au domaine public de ne pas priver de garanties légales les exigences constitutionnelles qui résultent de l'existence et de la continuité des services publics auxquels il est affecté. »*[40]

Quant à l'utilisation par le public des rivages de la mer, le législateur conforte encore le juge en affirmant que *« l'usage libre et gratuit par le public constitue la destination fondamentale des plages au même titre que leur affectation aux activités de pêche et de cultures marines ».*[41]

On ne peut donc que constater que le droit de la domanialité publique est remarquablement stable : l'affectation est toujours présente dans les décisions jurisprudentielles ou dans les textes ; et c'est cette affectation qui interdit la soumission du bien à la propriété privée et surtout à son commerce, grâce à l'inaliénabilité, indissociable de la domanialité, car la disparition du bien impliquerait l'impossibilité de la réalisation du but d'intérêt général. C'est cette conception qui s'est instaurée progressivement depuis la fin du XIXe siècle, qui s'est ancrée dans tous les esprits et qui est restée inchangée.

SECTION II

LE DROIT DE LA DOMANIALITE PUBLIQUE EST MANIFESTEMENT EN CRISE.

Le régime actuel du domaine public laisse transparaître cependant un malaise profond. En effet, il apparaît une crise de la gestion qui prend de l'ampleur, liée à l'occupation privative du domaine (§1) et certains auteurs signalent une crise affectant aujourd'hui la notion même de domaine public (§II).

---

[39] Doc A.N., note 38, p. 1714. Caractères gras ajoutés.

[40] Décision précitée note n°36.

[41] Art. 30 de loi n° 86-2 du 3 janvier 1986 relative à l'aménagement, la protection et la mise en valeur du littoral, *J.O.* du 4 janvier 1986.

§ I – UNE CRISE DE LA GESTION

La crise de la gestion apparaît du fait de l'inadaptation du droit domanial à la réalité économique, entraînant des difficultés grandissantes (A). La crise transparaît encore du fait de l'incursion du droit de la concurrence dans le droit domanial à la fin du XXe siècle, remettant en cause la gestion traditionnelle du domaine (B).

A – L'inadaptation du droit domanial à la réalité économique

Le droit jurisprudentiel est dénoncé aujourd'hui comme étant de plus en plus un frein au développement économique, en raison de l'aggravation de l'insécurité juridique du titre d'occupation (I). Diverses pistes de réflexion de règlement de la crise ont été proposées (II). Mais pour l'heure, seuls des aménagements législatifs superficiels ont été effectués (III).

I – L'insécurité juridique du titre d'occupation

Si cette question semble être devenue plus pressante ces dernières années, et les difficultés liées à la gestion du domaine public dénoncées de plus en plus, la rigidité du Conseil d'Etat a déjà été signalée dans le passé comme étant un obstacle au développement économique du domaine public par les entreprises privées. Des événements clefs marquent l'intensification de la prise de conscience des problèmes domaniaux.

Déjà, dès l'arrêt *Le Béton* précité, le Commissaire du gouvernement, qui pourtant préconise une domanialité d'ensemble, pose le problème qui va s'instaurer du fait même de cette précarité. « *Nous ne nous dissimulons d'ailleurs pas les difficultés que peut faire naître l'exécution de contrats semblables, impliquant pour les industries que l'on veut attirer dans le port, la garantie d'un établissement de longue durée, d'une situation stable, au moins relativement ; nous voyons bien les conflits qui risquent de s'élever entre leurs intérêts légitimes et le principe fondamental suivant lequel l'Administration doit pouvoir, en tout temps disposer d'un domaine conformément aux exigences de son affectation* ».

Mais pour lui, il ne s'agit pas de difficultés insurmontables, et il rappelle que le juge a su concilier les intérêts en présence pour la concession de service public : « [Ces problèmes] *ne nous paraissent cependant pas insolubles : vous avez bien su concilier l'intérêt financier des concessionnaires des services publics avec la règle d'après laquelle l'Administration doit pouvoir leur imposer toutes les obligations nouvelles qui sont nécessaires pour assurer le fonctionnement du service au mieux des besoins changeants des usagers. »*[42]

Les problèmes de la gestion domaniale n'en étaient qu'à leurs débuts au moment de ces conclusions. Le Commissaire du gouvernement appelait de ses vœux le juge administratif à concilier les intérêts de chacune des parties sur un domaine public qui apparaissait déjà à cette période comme étant le *« siège d'une industrie dont l'exploitation offre au public les services »*[43]. Or nous savons qu'il n'en fut rien ; bien au contraire, il est bien connu que le juge a précarisé toujours davantage la situation de l'entreprise, les larges pouvoirs en matière économique étant un point clef dans l'instabilité aggravée de l'opérateur privé.

Certains auteurs ont dénoncé rapidement le risque inhérent à la précarité. M. P. Godfrin a fait état de la complication née de la jurisprudence *Le Béton* : *« Le Conseil d'Etat en classant les zones industrielles portuaires dans le domaine public par la décision Société Le Béton... a considérablement compliqué la gestion portuaire. Sans doute les ports sont-ils assurés que leur expansion territoriale ne se trouvera pas entravée, mais les règles de la domanialité publique sont lourdes et bien des industriels, découragés par les lenteurs que nécessitent les autorisations, ont préféré s'installer dans d'autres ports de la Communauté économique européenne. »*[44]

L'auteur qualifie par ailleurs de *« peu opportune »* la décision *Sieur André et Manuel Koeberlin*[45] établissant l'intransmissibilité d'une autorisation d'occupation du domaine public portuaire ; il signale également les risques liés aux caractères précaire et personnel du titre, qui engendrent également l'insécurité juridique de l'organisme financier, et par-delà le risque d'absence d'investissement : « *Le caractère précaire des autorisations s'oppose à l'obtention facile de crédits de la part des sociétés bancaires pour le financement des investissements. Affirmer le caractère personnel des autorisations d'occupation, alors que les circonstances étaient particulièrement favorables à la solution inverse, n'est-ce pas aussi limiter les garanties que l'occupant du domaine peut présenter aux établissements de crédit ? Des installations non transmissibles ont évidemment une moindre valeur comme gage d'une créance.* »

---

[42] Concl. de M. Long, précitées note n°10.

[43] Concl., précitées note n°10.

[44] Observations sous C.E., section, *Sieur André et Manuel Koeberlin*, 21 nov. 1969, *A.J.D.A.* 1979, p. 160.

[45] Observations précitées, note 44.

Compte tenu des considérations indiquées, M. P. Godfrin termine en souhaitant que la décision précitée *« ne soit pas un arrêt de principe tendant à interpréter restrictivement la règle de l'imprescriptibilité du domaine, mais seulement un coup de semonce adressé à l'autorité portuaire pour qu'elle se montre plus vigilante dans la gestion d'un domaine qui ne cesse de s'étendre ».*[46] Mais, nous savons qu'il n'en fut rien.

M. Liet-vaux affirmait dans le même sens : « *A force d'entacher de précarité les contrats passés avec les administrations publiques ou les concessionnaires de services publics, on risque de ne plus trouver de "clients". Pour que les commerçants évincés des galeries de la gare du Montparnasse... reviennent signer des engagements pour les locaux de la gare du Maine, et pour permettre le "montage" de ce vaste ensemble, il a fallu qu'une loi spéciale assure des protections élémentaires contre les dangers créés par le Conseil d'Etat ».*[47]

M. Lebreton remarquait également que le droit n'était *« pas toujours parvenu à assurer un équilibre satisfaisant entre le pouvoir discrétionnaire de l'Administration et une protection satisfaisante des investissements privés ».*[48]

Une partie de la doctrine a continué de dénoncer l'inadaptation de la domanialité publique à la réalité économique de l'entreprise ; M. R. Rézenthel et Mme. G. Mattei-Dawance déclaraient dans ce sens : « *...la précarité demeure un sérieux handicap pour la gestion du domaine public...* » ou encore « *un tel principe vide les investisseurs de garanties leur permettant d'emprunter, et va à l'encontre du dynamisme économique nécessaire à la valorisation du littoral* ».[49]

M. P. Godfrin a réaffirmé récemment : *« Une zone industrielle ne sera une richesse pour la collectivité qu'à la condition que des industriels s'y installent et y développent des activités. Ils ont besoin pour ce faire d'une certaine stabilité des autorisations d'occupation dont ils sont titulaires, condition indispensable à l'amortissement des installations et à l'obtention des crédits bancaires. »*[50] Dans le même sens, il remarque encore qu'il n'est pas certain

---

[46] Observations précitées, note 44.

[47] Note sous C.E., 28 janv. 1970, Consorts Philip-Bingisser, « Hypertrophie pathologique de la notion de domaine public », *A.J.D.A.* 1970, p. 297.

[48] *Le domaine public, Documents d'étude, droit administratif, La documentation française,* avril 1982, n° 2.12, p. 26 ; voir également p. 35 les analyses de l'auteur sur cette question.

[49] « La loi du 3 janvier 1986 relative à l'aménagement, la protection et la mise en valeur du littoral », *R.D.P.* 1987, p. 735 et s.

[50] *Droit administratif des biens,* Masson, Paris, 1994, p. 129. Ou encore : « ... *on peut émettre des doutes sur la parfaite adaptation du régime juridique des autorisations d'occupation à l'évolution des conceptions relatives au domaine. Tant que le domaine ne fut pas considéré*

«que le régime de la domanialité publique soit le plus favorable au développement des activités industrielles dont on souhaite encourager l'installation à proximité de nos grands ports ».[51]

Bien que certains auteurs aient dénoncé depuis longtemps l'inadaptation du régime domanial à la réalité économique, non seulement la question n'a pas reçu de réponse satisfaisante, mais elle est aujourd'hui au cœur des débats.

L'arrêt *Eurolat*[52] a été probablement un détonateur ; le juge à cette occasion avait déclaré la nullité des conventions établissant un droit réel sur un terrain appartenant à une collectivité locale, affecté à un service public, et destiné par les parties à être aménagé à cet effet. Certains élus des collectivités locales firent état à ce moment-là des difficultés d'investissement sur le domaine public, difficultés clairement établies lors des travaux parlementaires de l'article 13 de la loi de 1988, portant amélioration de la décentralisation, intervenant pour contrecarrer cette jurisprudence. Ainsi, sur l'impossibilité de conclure des baux de longue durée sur le domaine public, on a pu dire à cette occasion : *« cela nuit à l'évidence à la rationalité des réserves foncières constituées par les collectivités locales, puisque les moyens juridiques dont celles-ci disposaient jusqu'ici pour en assurer leur mise en valeur, qui n'étaient déjà que fort mal adaptés aux impératifs de l'économie contemporaine viennent d'être encore restreints par cette jurisprudence ».*[53]

Parallèlement, le document sur le droit des propriétés publiques, d'octobre 1986, établi par la Section du Rapport et des Etudes du Conseil d'Etat, dont Mme Latournerie, Conseiller d'Etat, fut un des principaux rédacteurs, fait état

---

comme une richesse économique, la précarité des occupations privatives était justifiée. L'absence d'indemnité en cas de retrait était légitime, dans la mesure où la décision s'appuyait sur des motifs de police ou tirés de la conservation du domaine public. A partir du moment où on estime, légitimement que l'administration doit chercher à mettre en valeur son domaine, la notion de meilleure utilisation économique implique un régime plus protecteur des utilisateurs des dépendances domaniales. La collectivité propriétaire ne peut pas enjoindre à la fois aux candidats d'investir sur le domaine, en vue de l'intérêt général, et ne leur accorder aucune garantie » ; précité, p. 142. Il soutient encore dans le même sens : « *Le régime de domanialité publique qui interdit à qui que ce soit des droits réels sur le domaine public, rend extrêmement délicate la réalisation de tels projets. Comment financer des investissements importants sans recourir à l'emprunt qui nécessite des garanties financières? Comment persuader les grandes entreprises d'installer leur siège social dans des bureaux qui ne bénéficieraient pas de la législation protectrice des baux commerciaux? » précité*, p. 138.

[51] *Précité* note n°50, p. 39.

[52] 6 mai 1985, *Leb.* p. 141 ; *A.J.D.A.* 1985, p. 620, note E. Fatôme et J. Moreau. *R.F.D.A.*. 1986, p. 26, concl. B.Genevois ; *L.P.A.*, 23 oct. 1985, p. 4, note F. Llorens ; *R.D.S.S.*, 1986, p. 296, note E. Alfandari.

[53] *J.O.* doc. Sénat, n° 26, 7 oct. 1987, p. 63.

explicitement du fait que le régime de la domanialité publique peut être à l'origine de la complication du financement des investissements recherchés par la collectivité, le droit domanial risquant alors de se retourner contre l'administration.[54] Selon ce rapport, il ne peut plus être fait abstraction de ce type de difficultés auxquelles sont confrontés les acteurs de la gestion domaniale[55].

Le colloque « *Domaine public et activités économiques* » tenu en 1990[56], faisant intervenir des personnalités telles que des Conseillers d'Etat, différents auteurs bien connus du droit administratif, des praticiens du domaine public, met en évidence encore une fois l'inadaptation du droit domanial au développement économique. On a pu parler à cette occasion du *choc des droits* sur le domaine public, du *choc entre les droits de la puissance publique et les droits de l'exploitant* et *du conflit de droit, au sens de conflit entre le droit administratif et le droit privé, le droit administratif et le droit commercial, le droit public et le droit privé*[57]. Il est fait état de même, de la difficulté d'investir sur le domaine public en raison de l'absence de garantie au profit des organismes financiers[58], et de l'absence de garantie au profit de l'occupant lui-même. Un intervenant faisait remarquer avec beaucoup de réalisme que lorsqu'un opérateur privé est sollicité pour réaliser une opération d'un milliard de francs d'investissement, la notion de précarité et de révocabilité exclusive de toute indemnisation *ne peut le laisser indifférent*[59]. Sont soulevés également le problème de l'inadaptation des règles domaniales pour la transmission des titres d'autorisation[60], et celui de la rigidification d'un droit *à une époque où au contraire, sur le plan économique, on aurait sans doute besoin de plus de souplesse,*[61]etc. En juillet 1992, Le Conseil des communautés portuaires, dans un document intitulé « *Aspects domaniaux et procédures foncières* »[62], fait état de la rigidité des règles domaniales, très contraignantes pour l'opérateur privé.

---

[54] « *... le régime de la domanialité publique... peut dans certains cas, compliquer le financement des investissements escomptés par la collectivité publique de son cocontractant et finalement se retourner contre elle.* » p. 24

[55] P. 24.

[56] *C.J.E.G.*, oct. 1991, n° hors série.

[57] Intervention de J.-J. Israel, *C.J.E.G.*, précité note n°56, p. 83.

[58] Intervention de P. Delvolvé, « *Les investissements du maître du domaine* », *C.J.E.G.*, précité note 56, p.103 et s.

[59] Intervention de M. Beysson, *C.J.E.G.*, précité note n°56, p. 129.

[60] Intervention de P. Godfrin, *C.J.E.G.*, précité note n° 56, p. 91.

[61] Intervention de Y. Gaudemet, *C.J.E.G.*, précité note n° 56, p. 35.

[62] Président Y.Marchand, rapporteur M. Liabastre ; source : Secrétariat d'Etat à la mer, Direction des ports et de la navigation Maritime.

La rigueur jurisprudentielle des règles domaniales entraîne un certain nombre de conséquences ; c'est d'abord l'absence d'investissement par l'occupant. Par exemple, la Cour des comptes, dans son rapport de 1994 signale le problème posé par l'instabilité juridique des occupants du marché d'intérêt national de RUNGIS, qui précisément n'investissent plus sur ce marché, alors que celui-ci aurait besoin de moderniser ses équipements, l'Etat, actionnaire principal, se caractérisant par la faiblesse de ses participations à la modernisation.[63] Une autre conséquence de la rigueur jurisprudentielle est ensuite le fait que l'opérateur privé choisit de s'implanter sur des sites de pays étrangers, dont le régime est plus stabilisateur ; c'est la cas par exemple des opérateurs portuaires qui préfèrent Anvers, Rotterdam, etc.[64]

Mais l'inadaptation du droit domanial entraîne de plus la multiplication de pratiques de contournement, preuve encore que le droit est en crise. La difficulté d'investissement en raison de l'instabilité de l'occupation domaniale, contraint les opérateurs à avoir recours à des montages dont la légalité parfois est très contestable. Cette situation est dénoncée de plus en plus. Par exemple, en 1994, la Cour des comptes relève sur le marché d'intérêt national de RUNGIS des pratiques contraires au droit domanial[65]. M. M. Querrien, Conseiller d'Etat honoraire, qui a joué un rôle important dans la réflexion sur la loi de 1994, dénonce également les contournements de l'inaliénabilité, et de l'impossibilité de constituer des droits réels : *« Cette approche théorique est quelque peu détournée par la pratique. On triche »*[66]. Lors de la tenue du colloque précité, certains praticiens font connaître la nécessité pour eux d'avoir recours à des montages juridiques dont la légalité est des plus incertaines ; cela a été le cas par exemple de l'Assistance publique des hôpitaux de Paris[67].

Mais cette situation est d'une particulière gravité car elle comporte des risques importants pour les intervenants. M. M. Querrien signalait à ce propos avec beaucoup de réalisme, qu'en cas de contentieux *« les montages plus ou moins orthodoxes s'écrouleraient comme un château de cartes car le Conseil d'Etat trancherait de manière impassible et nécessaire dans le sens de la nullité de tout ce qui serait allé à l'encontre de l'inaliénabilité du domaine ».*[68] La

[63] P. 447.

[64] Voir sur cette question, M. Querrien, « Domaine public, Protection, redéploiement, partenariat », *Etudes foncières* n° 62, mars 1994, p. 12 et s.

[65] P. 447.

[66] « Domaine public, protection, redéploiement, partenariat », *précité* note n°64, p. 13.

[67] Actes du colloque, *C.J.E.G.*, précité note n° 56, p. 30.

[68] *Précité* note n°64, p. 13.

rigueur jurisprudentielle dans ce type d'affaire est illustrée d'ailleurs par l'arrêt *Eurolat*, précité.

Enfin, les praticiens ont soulevé à différentes reprises la difficulté pour eux de connaître de façon précise le droit domanial, en raison de l'obscurité et l'ambiguïté des décisions jurisprudentielles, de l'insuffisante précision des règles de fond, la méconnaissance du droit conduisant parfois à de véritables impasses ; ceci a été affirmé vivement lors de la tenue du colloque précité[69]. Une question parlementaire dans ce sens avait été posée en 1990 auprès du ministre de l'intérieur sur les importantes difficultés auxquelles se heurtent notamment les maires des communes rurales dans la connaissance et la maîtrise des règles domaniales, et de la nécessité d'élaborer un code des propriétés publiques recensant clairement en un seul ouvrage les règles « *éparses* » d'un régime juridique « *disparate* » [70]. Cette situation avait été signalée déjà par certains auteurs. M. J. Dufau, éminent spécialiste de la domanialité publique tient les propos suivants à ce sujet : « *...le droit administratif du domaine public apparaît bien souvent comme une matière complexe, touffue, dénuée de clarté et de rigueur... La jurisprudence relative à la réglementation administrative de l'utilisation du domaine public, notamment, pose des problèmes d'interprétation extrêmement délicats en raison de son caractère hermétique, qui est une source de confusions et d'ambiguïtés. Elle a d'ailleurs suscité des prises de position doctrinales opposées que la plus subtile dialectique ne parviendra jamais à concilier. Enfin, la domanialité publique est l'une des matières dans lesquelles le vocabulaire juridique laisse souvent à désirer* ».[71]

Le document de la Section du Rapport et des Etudes du Conseil d'Etat fait état de la difficulté à maîtriser le droit domanial, la raison étant attribuée alors à la difficulté de collecter la jurisprudence des sections administratives en matière domaniale des trente dernières années[72].

Tout cela révèle l'existence d'une crise profonde, crise qui met directement en cause les rapports entre les collectivités gestionnaires et celles qui sont de plus en plus leurs partenaires sur le domaine, les entreprises privées.

---

[69] Voir par exemple l'intervention de M. Beysson, p. 127.

[70] La réponse fut la suivante : « *...les textes réglementant le domaine public sont peu nombreux et les règles de la domanialité publique ont, pour l'essentiel, été fixées par la jurisprudence. Face à ce régime juridique disparate, la mise en place d'un code fixant un ensemble de règles communes applicables tant aux biens de l'Etat qu'aux collectivités locales et aux établissements publics paraît effectivement opportune. Une réflexion interministérielle est actuellement engagée dans ce sens.* » *J.O.* doc. A.N., 22 avril 1991, p. 1644, question n° 35561.

[71] *Le domaine public*, précité note n°24, tome 1, p. 32.

[72] *Le droit des propriétés publiques*, précité note n°31, p. 13.

Aujourd'hui il y a donc une prise de conscience qu'un malaise s'est instauré sur le domaine public. Pour trouver un remède au problème de l'inadaptation des règles domaniales à la réalité économique, des pistes de réflexion ont été tracées.

II – Des pistes de réflexion de règlement de la crise

La Section du Rapport et des Etudes, dans son document précité, proposait un règlement du conflit à partir de ce qui lui apparaissait comme la cause du problème : le champ d'application du régime du domaine public, en raison du critère jurisprudentiel de la domanialité publique, (font partie du domaine public les biens, propriété de l'administration, affectés à un service public ou à l'utilisation collective et spécialement aménagés à cet effet). Mme Latournerie préconisait la réduction du champ d'application du régime de la domanialité publique par voie législative, avec maintien des règles domaniales à *un noyau dur* déterminé par le législateur, noyau dur qui serait constitué des grands domaines classiques. Il y aurait donc d'une part, un domaine public, où les règles domaniales actuelles seraient impérativement maintenues ; d'autre part des immeubles dont le régime juridique permettrait plus de liberté aux collectivités locales dans le choix de leur contrat. Ce deuxième domaine ne ferait donc plus partie du domaine public, il serait pour ainsi dire intégré au domaine privé, mais en même temps, à l'intérieur de ce deuxième domaine, des règles distinctes seraient instaurées en fonction de chaque catégorie de biens, ce qui reviendrait à dire qu'il y aurait disparition de la double distinction domaine public/domaine privé, et des règles adaptées, différentes en fonction de chaque bien. On en arriverait donc à une sorte d'échelle de domanialité, préconisée par L. Duguit et J.-M. Auby. Cette nouvelle conception remettrait en cause la jurisprudence unitaire *Le Béton*.

Ces idées ont fait apparaître de nouveaux problèmes : ce sont les difficultés à déterminer les biens entrant dans chacune des deux catégories. Par exemple, pour M. M. Querrien, les domaines portuaires et aéroportuaires doivent donc faire partie de ce noyau dur.[73] En revanche, M. J. Dupuydauby, Président du Conseil National des Communautés Portuaires préconise la domanialité publique pour les terrains bordant les plans d'eau et le transfert au domaine

[73] On déduit cela de l'article de l'éminent Conseiller d'Etat honoraire, précité note n°64, p. 14 : *« Ne continuer d'appliquer les contraintes traditionnelles qu'au noyau dur, aux grands domaines classiques, ne résoudrait rien. Car il se trouve que ce sont précisément ceux où les solutions sont à trouver de manière pressante : domaine portuaire, aéroportuaire, etc. »*

privé des terrains plus éloignés de ceux-ci et ayant de ce fait un moindre intérêt stratégique pour le fonctionnement portuaire[74].

D'autres pistes de réflexion ont été proposées lors de la tenue du colloque précité. Des propositions de solutions ont été avancées à partir de l'instauration d'une garantie réelle. Ainsi pour M. D. Labetoulle, Conseiller d'Etat, le problème essentiel et difficile à surmonter proviendrait de *la non-existence de droits réels sur le domaine public ;* pour l'éminent spécialiste, « *c'est là le véritable cœur des difficulté essentielles, et c'est là que si l'on pense pouvoir trouver des solutions il faudra de plus faire preuve d'imagination* »[75].

Inversement pour MM. Delvolvé et Charlot, la solution pourrait être recherchée à partir, non pas de garanties liées à un droit réel quelconque, mais plutôt à partir de garanties indemnitaires en cas de réalisation de certains risques.[76]

Des propositions de règlement du conflit sont proposées à partir de l'idée de propriété de l'administration. M. Delvolvé préconise encore par exemple que la collectivité ne devienne pas propriétaire du bien quelle que soit l'affectation de l'ouvrage, puisque, ce qui soumet ce bien aux règles contraignantes de la domanialité publique c'est la propriété publique et l'affectation, critères de domanialité. Autrement dit, l'absence d'un des critères de domanialité publique empêcherait l'application de ses règles contraignantes.[77] L'administration n'étant pas propriétaire du bien, il n'y aurait pas domaine public.

J.-M. Auby relance l'idée de ne plus fonder la domanialité publique sur la propriété publique mais sur l'affectation en affirmant que finalement « *l'essentiel est l'affectation, la protection d'un but d'intérêt général, l'élément propriété n'est peut-être pas indispensable* ». Il préconise d'adopter ainsi une conception qui fut développée à l'occasion de l'arrêt *Commune de Barran* [78]: le domaine public serait aliénable, mais non son affectation ; autrement dit, on pourrait vendre le domaine public, mais celui-ci devrait rester affecté, quel qu'en soit le propriétaire[79].

---

[74] *Une volonté portuaire pour une ambition maritime*, rapport sur la filière portuaire remis à B. Pons, Ministre de l'Aménagement du Territoire, de l'Equipement et des Transports par J. Dupuydauby, Président du Conseil National des Communautés Portuaires, 30 septembre 1995, p. 20.

[75] Actes du colloque, *C.J.E.G.*, précité note n°56, p. 138.

[76] *Précité* note n°56, p. 110, 132 et s.

[77] *Précité* note n°56, p. 105.

[78] C.E. 17 fév. 1933, *D.* 1933. 3. 49, note René Capitant.

[79] Actes du colloque, *C.J.E.G.* précité note n°56, p. 45.

En 1994, M. M. Querrien proposait des solutions différentes à celles établies par la Section du Rapport et des Etudes du Conseil d'Etat, précité. Il préconisait le maintien de la jurisprudence *Le Béton* : c'est-à-dire que tout ce qui a vocation à être le support d'un ensemble concourant au service public ou à l'usage du public fait partie du domaine public ; un assouplissement du régime serait apporté au profit de l'occupant lui permettant d'investir ; mais en même temps, les prérogatives régaliennes classiques de l'administration seraient maintenues. De ce fait, le domaine public ne subirait aucune diminution quantitative, les critères traditionnels étant conservés[80]. Par la loi de 1994, le législateur s'est orienté dans ce sens.

La question est toujours d'actualité et elle suscite d'intéressantes études doctrinales. Ainsi, M. P. Yolka affirme que c'est « *dans la conception même de la propriété publique que gît la source d'un certain nombre de difficultés pratiques...* ». L'auteur estime que la redéfinition de la notion de « propriété publique » permettrait de régler certains problèmes de mise en valeur des patrimoines publics. Cette redéfinition se caractériserait par son seul rattachement aux personnes publiques ; elle permettrait d'intégrer à la propriété publique l'ensemble des biens publics, y compris le domaine privé, considéré traditionnellement la propriété privée de l'administration, mais elle aurait toutefois un contenu distinct de la domanialité publique. La domanialité publique ne devrait protéger que l'affectation et elle se superposerait éventuellement à la propriété publique. L'auteur considère qu'une « *dissociation des éléments de propriété et d'affectation... autoriserait une protection plus souple des biens publics, centrée sur leur affectation, sans remettre en cause le principe d'une propriété publique.* »[81]

M. H. Moysan propose que la domanialité privée, qui constitue précisément un régime de propriété publique, « *propriété véritable et néanmoins spécifique* » soit étendue à l'ensemble des biens publics. Il préconise de prendre appui sur la définition civiliste de la propriété et il considère que « *la propriété des personnes publiques... peut donc légitimement recouvrir la définition générique de la propriété donnée par la doctrine civiliste, mais en tant que ce droit a pour titulaire une personne publique et, sans préjuger de ses éventuelles*

---

[80] « Domaine public, protection, redéploiement, partenariat », *précité* note n°64.

[81] *La propriété publique – Eléments pour une théorie*, préface Y. Gaudemet, L.G.D.J., 1997, plus particulièrement pp. 3, 10, 16 et 578. L'auteur précise : « *les enjeux de la recherche sont à la fois théoriques et pratiques ; il s'agit de préciser à quoi correspond l'expression « propriété publique » en droit administratif français, et de résoudre, à travers cette question de définition, certaines difficultés que soulève la mise en valeur des patrimoines publics.* » *Précité* cette note, p. 3.

spécificités. » Pour l'auteur, la domanialité publique constitue l'obstacle majeur à l'exploitation économique du patrimoine de l'administration.[82]

Enfin, M. C. Lavialle voit dans l'arrêt d'Assemblée du Conseil d'Etat, du 23 octobre 1998, *EDF*, les prémices d'une évolution possible au terme de laquelle le juge administratif exclurait la domanialité publique des biens des établissements publics industriels et commerciaux du fait de la *commercialité* de leur mission. L'éminent auteur propose alors de recentrer la domanialité sur les biens affectés à l'usage du public[83].

III – Des aménagements législatifs superficiels

On évoquera seulement ici pour mémoire les réformes qui devaient avoir normalement pour objet de permettre une adaptation du droit de la domanialité aux exigences d'une gestion moderne : le bail emphytéotique de la loi de 1988 (1) et le droit réel de la loi de 1994 (2).

1 – Le bail emphytéotique de la loi du 5 janvier 1988

On sait qu'en 1988, est adoptée une loi instaurant pour la première fois un *droit réel* sur le domaine public[84], droit pourtant banni de tout temps par le juge, s'agissant d'implantations privatives par les entreprises. Ce texte apparaît en réaction à l'arrêt *Eurolat,* précité, très contraignant pour l'opérateur privé et par delà constituant un frein au développement économique. Ce texte cherche à stabiliser l'occupant, par la possibilité d'instituer un bail emphytéotique sur le domaine public ; or, il n'a pas eu le succès escompté car finalement il a donné lieu à un nombre très réduit d'utilisations pratiques, preuve qu'il n'a pas été la solution aux problèmes des exploitants privés sur le domaine public. Enfermé dans des conditions de droit public très strictes, il n'a pas apporté finalement la sécurité juridique escomptée.

---

[82] *Le droit de propriété des personnes publiques*, préface D. Truchet, L.G.D.J., 2001, p. 12, p. 37 et ses développements p. 181 et s. L'auteur soutient que « *...l'abandon de la domanialité publique... est la conséquence logique de la volonté des pouvoirs publics d'adapter le régime du domaine public aux besoins des acteurs publics et privés intervenant en matière domaniale.* » Précité cette note p. 5.

[83] « *Le domaine public : une catégorie juridique menacée ? A propos de l'arrêt, Assemblée, 23 octobre 1998, EDF* », *R.F.D.A.*, 1999, p. 579 et s. Du même auteur, « Services publics et entreprises privées industrielles et commerciales implantées sur le domaine public affecté aux transports en France » in *Les mutation du droit domanial et le régime des infrastructures de transport en France et en Espagne,* dir. C. Lavialle, L'Harmattan/P.U.P., 2001, p. 13 et plus particulièrement p. 25.

[84] Précitée note n°33.

2 – Le droit réel de la loi du 25 juillet 1994

En 1994, le législateur, entend ouvrir la possibilité de créer une autre catégorie de droit réel sur le domaine public *« conférant les prérogatives et obligations du propriétaire »*[85], aboutissement de plusieurs années de réflexions sur la question ; initié par la gauche, le texte voit le jour sous un gouvernement de droite. Pourtant, la montagne n'a accouché que d'une souris, et visiblement les résultats ne sont pas à la hauteur des problèmes et des espoirs. En effet, la sécurité juridique de l'entreprise est encore loin d'être acquise, car ce texte, comme le précédent, est encore enfermé dans des conditions de droit public très rigides. De plus, si l'obscurité du droit domanial jurisprudentiel a été très critiquée, le texte de 1994 ne procède pas à une clarification et apporte dans certains cas des confusions supplémentaires. C'est la raison pour laquelle la rédaction même des titres qui doivent être régis par cette loi, pose problème ; en raison du caractère ambigu des termes de la loi, les praticiens sont confrontés non plus seulement à l'obscurité de la jurisprudence mais aussi à celle de la loi.

Le texte ne semble pas avoir soulevé un grand enthousiasme de la part des intervenants privés, preuve encore une fois que le texte n'a pas répondu aux attentes. Le Président du Conseil National des Communautés Portuaires, M. J. Dupuydauby, dans un rapport qualifié d'explosif[86] propose rapidement d'établir une nouvelle réforme[87]. Pour lui, « *la loi actuelle, ses décrets d'application publiés ou en cours de préparation et l'interprétation qui est faite de ces textes par l'administration n'apportent pas les améliorations attendues pour accroître les garanties qui devaient être à l'origine accordées aux investisseurs privés contribuant à l'équipement de nos ports »*[88]. Il considère que *« l'avancée juridique »* aura bien du mal à être exploitée commercialement pour le futur ; quant aux titres d'occupations antérieurs à la loi, l'interprétation du texte faite par l'administration risque à terme de compromettre la pérennité des entreprises existantes[89]. Et plusieurs années après la parution de la loi, on dénonce toujours les insuffisances du texte et les difficultés d'application, celui-ci utilisé surtout pour des investissements à finalité publique et non pas tellement pour des investissements privés, ce qui constitue un éloignement du but initial de la loi.[90]

---

[85] Texte précité note n°35.

[86] Claude Barjonet, « Ports : un rapport explosif », in *La Tribune*, 5 oct. 1995, p. 12.

[87] Précité note n°74, p. 19.

[88] Rapport précité note n°74, p. 19.

[89] Précité note n°74, p. 18.

[90] Voir par exemple O. Raymondie, « Domaine public. La loi sur les droits réels à l'épreuve des faits », *M.T.P.*, 3 nov. 2000, p. 94 et s. G. Arzul, « Voies navigables de France : trois exemples d'utilisation de droits réels », *M.T.P.*, précité cette note, p. 94 et s.

Ce texte suscite par ailleurs une certaine réserve de la doctrine ; pour Mme M.-C. Rouault l'avancée législative est qualifiée de timide, si tant est que cette avancée existe[91]. M. J. Lachaud parle d'ambiguïté, de dispositions législatives restrictives et complexes[92]. MM. E. Fatôme et P. Terneyre font état de l'extrême complexité, les ambiguïtés et l'enchevêtrement des régimes juridiques que cette loi induit[93]. Pour M. P. Godfrin la loi de 1994 est une « *prudente audace* », la réforme étant *« modeste dans son objet »* et *« modeste dans son champ d'application »*[94].

B – L'incursion du droit de la concurrence dans le droit domanial

La gestion domaniale apparaît encore en crise du fait du droit de la concurrence intégré à la légalité administrative, l'arrêt *Société Eda*[95] marquant le point de départ de cette évolution. En effet, le domaine public est un espace affecté et théoriquement « hors commerce ». Pourtant, de façon paradoxale, les droits interne et communautaire de la concurrence investissent le droit domanial, droits propres aux rapports marchands. Cela oblige alors l'administration à prendre en compte des règles non habituelles dans un espace de domanialité publique. Des notions inaccoutumées dans le droit domanial ont fait leur apparition, comme celles d'infrastructure essentielle, de position dominante, d'abus de position dominante, etc., obligeant le maître du domaine à modifier son approche relative à l'occupation privative. Et à présent, du fait précisément de l'incursion des droits de la concurrence dans les actes

---

[91] « La constitution de droits réels sur le domaine public, loi du 25 juillet 1994 », *précité* note n°35, p. 28.

[92] « Des droits réels sur le domaine public », *Le trait d'union de l'expertise agricole, foncière, immobilière et forestière,* mars 1995, n° 1, p. 20 et 21.

[93] « La loi du 25 juillet 1994 : observations complémentaires », *A.J.D.A.* 1994, p. 780.

[94] « Une prudente audace : la loi du 25 juillet 1994 relative à la constitution de droits réels sur le domaine public », *précité* note n°35, p. 1.

[95] C.E., sect., 26 mars 1999, *Leb.* p. 95, concl. Stahl. ; *C.J.E.G.*, 1999, n°556, p. 264 et s. *D.A.*, 1999, n° 130. *A.J.D.A.* 1999, p. 427 concl. Sthal et note Bazex. *R.D.P.*, note S. Manson, p. 1545. L. Richer, « Le juge économiste », *A.J.D.A.*, 2000, p. 703 et s. *D.*, 2000, p. 204, note J.-P. Markus. *R.D.I.*, 1999, p. 630, obs. C. Lavialle. G. Simon, « Application du droit de la concurrence dans le cadre d'une convention d'occupation du domaine public », *Revue Lamy Droit des affaires*, 1999, n°16, p. 31 et s. P. Storrer, « Le Conseil d'Etat, juge de la concurrence (à propos des arrêts Eda, Interbrew et Coca-Cola) », Lamy droit économique, 1999, n°117, p. 1 et s. C. Maugüé, P. Terneyre, « Le droit de la concurrence s'impose-t-il aux personnes publiques dans la gestion du domaine public qui leur est affecté ? », *Bulletin juridique des contrats publics*, 1999, n°5, p. 462 et s.

[95bis] G. Gonzalez, « Utilisations commerciales du domaine public », *Juris-Classeur*, Propriétés publiques, fasc. 79-50, n° 34 et 35.

domaniaux, un nouveau problème se pose, celui de la nature de l'acte de gestion domaniale : est-ce une prérogative de puissance publique ? Est-ce un acte commercial ? La jurisprudence sur ce point est subtile et nuancée, certains auteurs faisant état de résistances et d'incohérences qui apparaissent[95bis].

L'inadaptation du droit domanial à la réalité économique, l'incursion récente et inédite du droit de la concurrence dans les actes domaniaux traduisent indéniablement une crise de la gestion. Celle-ci se double aujourd'hui d'une crise de la notion jurisprudentielle de domaine public.

§ II – UNE CRISE DE LA NOTION

La crise de la notion de domaine public est illustrée de façon récente avec les biens de France Télécom, La Poste et EDF. Il convient de rappeler les données du problème. France Télécom et La Poste ont été institués par la loi du 2 juillet 1990[96]. France Télécom a été transformé ensuite en société anonyme à capitaux publics majoritaires par loi du 26 juillet 1996[97], soumise à des obligations de service public. Les biens faisant partie du domaine public de l'exploitant public ont été déclassés et la propriété de ceux-ci transférée à titre gratuit à la S.A. France Télécom[98]. Cependant, en raison du service public dont elle a la charge, cette société de droit privé est soumise à des contraintes particulières dans la gestion de ceux-ci. Ainsi, la loi précitée donne le pouvoir à l'Etat, lorsqu'un élément d'infrastructure des réseaux de télécommunication est nécessaire à la bonne exécution par France Télécom des obligations de son cahier des charges, et notamment à la continuité du service public, de s'opposer à une cession ou à un apport ; l'Etat peut encore subordonner la cession ou

---

[96] N° 90-568 relative à l'organisation du service public de la poste et des télécommunications, *J.O.*, 8 juillet 1990, p. 8069. *J.C.P.*, 1990, éd. G., III, 64031. J. Chevallier, « Les mutations des postes et télécommunications », *A.J.D.A.*, 1990, p. 667. J.-F. Lachaume, « Personnes publiques, service public, droit administratif, compétence du juge administratif dans le régime juridique de la gestion de La Poste et des télécommunications issu de la loi du 2 juillet 1990 », *Etudes offertes à J.-M. Auby*, Dalloz 1992.

[97] N° 96-660, J.O. 27 juillet 1996, p. 11398. *J.C.P.* 1996, Ed. G. III, 68089. C. Boiteau, Aperçu rapide sur la loi, *J.C.P.*, 1996, Ed. G., Act. n°37. C. Boiteau, « L'entreprise nationale France Tlécom (Commentaire de la loi n°96-660 du 26 juillet 1996) », *J.C.P.*, Ed. G., 3965. Décision 96-380, DC, *J.O.*, 27 juillet 1996, p. 11408. M. Verpeau, « Décision 96-380, DC, *J.O.*, 27 juillet 1996, loi relative à l'entreprise nationale France Télécom », *L.P.A.*, 1997, n°70, p. 19 et s.

[98] A l'exception des biens, droits et obligations de la personne morale de droit public France Télécom nécessaires aux missions de service public d'enseignement supérieur des télécommunications, qui sont transférés à l'Etat. Cette situation n'est nouvelle dans le droit, la loi du 30 sept. 1986 ayant prévu le transfert des biens du domaine public de Télédiffusion de France au profit de la société de droit privé T.F.1.

l'apport à la condition qu'ils ne portent pas préjudice à la bonne exécution desdites obligations, compte tenu notamment des droits reconnus à France Télécom dans la convention passée avec le cessionnaire ou le destinataire de l'apport.

La Poste a été soumise à une évolution similaire malgré quelques différences. Elle est restée un exploitant public, c'est-à-dire un établissement public industriel et commercial. Elle est soumise également à des obligations de service public. La loi Murcef[99] a institué le déclassement de ses biens immobiliers relevant du domaine public, lesquels peuvent être librement aliénés et gérés dans les conditions de droit commun. Cependant, le texte prévoit que lorsque les conditions de la cession ou de l'apport d'un bien compromettent la bonne exécution par La Poste des obligations de son cahier des charges ou des engagements pris dans le cadre de son contrat de plan, en ce qui concerne notamment la continuité du service public et la politique d'aménagement du territoire, l'Etat s'oppose à la cession ou à l'apport ou subordonne leur réalisation à la condition qu'ils ne portent pas préjudice à la bonne exécution desdites obligations. La Poste doit informer l'Etat du projet de cession ou d'apport. Le non-respect de cette obligation entraîne la possibilité pour l'Etat de demander au juge la nullité de l'opération.

M. C. Lavialle fait remarquer avec justesse à l'occasion des biens de France Télécom qu'il y a une privatisation du domaine public qui pourtant est le support d'un service public. Il s'agit de biens privés, grevés par la volonté du législateur d'une affectation à un service public, avec une extension de la règle de l'inaliénabilité à une propriété privée, jusqu'alors réservée au domaine public ; cela revient à appliquer des éléments de domanialité publique à un patrimoine privé[100]. Pour l'auteur, les biens de cette société sont soumis à un régime domanial « *ou plus exactement un quasi-régime domanial, aggravé même puisque leur aliénation n'est possible qu'avec l'accord d'un tiers, l'Etat, alors que le domaine public est lui aliénable après désaffectation par son propriétaire.* »[101] L'auteur considère que cette évolution réduit l'originalité du

---

[99] N° 2001-1168 du 11 déc. 2001 portant mesures urgentes de réformes à caractère économique et financier, *J.O.*, 12 déc. 2001, p. 19703. F.-J. Pansier, C. Charbonneau, « Présentation de la loi Murcef du 11 décembre 2001 », *L.P.A.*, 2001, n° 251, p. 4 et plus particulièrement p. 10. E. Delacour, « La loi Murcef, aspects de droit public », *D.A.*, mars 2002, n°5. Décision n° 2001-452 DC du 6 déc. 2001, *J.O.* 12 déc. 2001, p. 19712.

[100] C. Lavialle, « L'ouverture minoritaire du capital de France Télécom au secteur privé, le domaine public et la propriété privée », *R.F.D.A.*, 1996, p. 1124 et plus particulièrement p. 1126. Dans le même sens, v. J.-M. Peyrical, « A propos de la création de l'entreprise nationale France Télécom : réflexions sur le devenir du statut de ses biens immobiliers », *R.D.P.*, 1997, p. 783 et s.

[101] « Le domaine public : une catégorie juridique menacée ? A propos de l'arrêt, Assemblée, 23

domaine public puisque la propriété privée peut recevoir une affectation imposée par la puissance publique, qu'il y a là un certain rapprochement des régimes de la propriété privée et du domaine public, faisant perdre sa spécificité au domaine public[102]. Il considère encore que l'accent ici est mis sur l'affectation et non plus sur la propriété, la protection des biens affectés pouvant concerner des patrimoines publics ou privés, et il affirme que *« l'extension éventuellement aux biens des personnes privées affectés à un service public enlèverait toute signification à l'expression « domanialité publique » qui prend sa source autour du domaine public lui-même lié exclusivement aux personnes publiques. »*[103]

La même remarque doit être faite pour les biens de La Poste, soumise au même régime pratiquement que celui de « *son frère jumeau* », bien que son patrimoine soit soumis à la domanialité privée et non à la propriété privée. Force est de constater ici que les biens de la Poste sont la propriété d'une personne publique, affectés pour la plupart à un service public et spécialement aménagés. Pourtant ils ne font pas partie du domaine public. Ceci amène à revoir donc la définition jurisprudentielle du domaine public.

Quant aux biens d'Electricité de France l'arrêt d'assemblée du Conseil d'Etat du 23 octobre 1998, *EDF,* suivant les conclusions de M. J. Arrighi de Casanova[104], soustrait les biens d'EDF de la domanialité publique par application de la loi, l'inaliénabilité ne concernant que le capital. Ici encore, comme les biens de La Poste, ceux d'EDF sont la propriété d'une personne publique, affectés à un service public et spécialement aménagés. Pourtant, ils ne font pas partie du domaine public.

M. C. Lavialle considère que l'arrêt *EDF* est emblématique des contradictions qui mine le domaine et ne fait que révéler la crise de la notion. Pour l'éminent auteur, soit on revient à des bases plus saines, soit il y a un risque de disparition du domaine public « *à travers les multiples travestissements dont il fait l'objet* ».[105]

---

octobre 1998 *Electricité de France* », *précité* note n°81, p. 585.

[102] « L'ouverture minoritaire du capital de France Télécom au secteur privé, le domaine public et la propriété privée », *précité* note n°98, p. 1126.

[103] « Le domaine public : une catégorie juridique menacée ? A propos de l'arrêt, Assemblée, 23 octobre 1998, *Electricité de France* », *précité* note n°81, p. 586.

[104] *C.J.E.G.*, 1998, p. 490.

[105] « Le domaine public : une catégorie juridique menacée ? A propos de l'arrêt, Assemblée, 23 octobre 1998 *Electricité de France* », *précité* note n°81, p. 579.

SECTION III

LE DROIT DE LA DOMANIALITE PUBLIQUE EST EN PLEINE MUTATION

Aujourd'hui la crise de la domanialité publique est clairement établie et reconnue. Des pistes de réflexion ont été émises à un haut niveau, des propositions de solutions diversifiées ont été avancées ; mais les réformes intervenues ces dernières années concernant les occupations privatives inspirent un sentiment d'échec. Manifestement, le problème est toujours présent et ne semble pas en passe d'être réglé. C'est que la chose est difficile et les enjeux probablement importants.

Peut-être aussi le problème devrait-il être analysé sous un autre angle. Peut-être le droit du domaine public est-il encore par trop considéré comme un ensemble réputé tellement cohérent que l'on a oublié d'observer suffisamment ce qu'en était la réalité, la pratique contemporaine, quotidienne sur le terrain. Aujourd'hui, l'observation de cette pratique s'impose (§ I), avec des principes méthodologiques précisément adaptés (§ II).

§ I – LA NECESSITE DE PRENDRE EN COMPTE LA REALITE DES PRATIQUES CONTEMPORAINES SUR LE DOMAINE PUBLIC

Le droit domanial en raison de l'évolution, ne peut plus être étudié, analysé, à partir des seuls concepts théoriques ; en effet non seulement l'application de ce droit a pris une ampleur considérable, mais de plus, cette application concerne des secteurs économiques fondamentaux du pays ; de plus l'application du droit ne peut plus être uniforme en raison de la diversité des situations rencontrées relatives à la consistance du domaine, à la nature des occupations, des opérateurs, etc.

Mais il apparaît notamment que l'une des composantes devenue essentielle aujourd'hui dans la gestion du domaine public est restée largement occultée : la pratique du domaine public par les acteurs mêmes du développement économique, les entreprises privées.

Il est vrai qu'à s'en tenir à une approche classique et théorique, le domaine public par la nature de son affectation est principalement utilisé par l'administration ou ses collaborateurs directs ou par le public lui-même, les entreprises n'étant admises à s'implanter que marginalement et dans la mesure ou la compatibilité de cette implantation avec l'affectation des biens ne gène pas leur utilisation. Mais c'est bien un constat d'évidence que cette présentation des choses est aujourd'hui surannée et que les entreprises privées sont omniprésentes sur le domaine public, développant leur activité en vertu de titres juridiques dits d'«occupation privative». Il y a là, de notre point de vue, un phénomène important qui influence considérablement la réalité de la gestion du domaine public.

Ce phénomène constitue un champ d'observation extrêmement instructif sur ce qu'est devenu insensiblement le domaine public, et que l'on s'interdit de considérer par le fait même que l'on est souvent aveuglé par les clichés théoriques qui sont encore unanimement dispensés.

Cette réalité exige alors selon nous que l'on ne s'en tienne pas à disserter une fois de plus sur les fondements et techniques du droit de la domanialité publique mais bien que l'on parte d'abord de la réalité des rapports qui se développent aujourd'hui entre les administrations gestionnaires du domaine public et les entreprises privées qui ont à y développer leur activité.

Aujourd'hui, la recherche de solutions impose la mise à plat des véritables problèmes ; et ceci passe impérativement par l'examen du réel. Autrement dit, la recherche dans le droit de la domanialité publique ne doit pas laisser de côté la pratique de ce droit mais doit au contraire s'orienter vers l'observation de cette pratique, au sens où cette recherche doit capter la réalité objective. Toute science commence d'ailleurs par l'observation de la réalité[106], impliquant la nécessité de cimenter les bases méthodologiques de cette observation[107]. Le droit, en tant que science juridique, ne doit pas être exclu de l'observation surtout dans un secteur tellement riche en participation de différents acteurs économiques, comme l'est le domaine public ; pas plus qu'il ne doit être exclu des bases méthodologiques adaptées à cette observation, et à la particularité de la matière objet de cette recherche.

C'est cette observation qui permettra seule de mesurer avec exactitude l'origine et l'étendue du déphasage entre le statut juridique du domaine public et les exigences incontournables de la gestion de ses dépendances par les

---

[106] Mme Maria Teresa Anguera, *Metodologia de la Observacion en las Ciencias Humanas*, Editiones Catedra, Madrid, 1978, p. 19.

[107] Mme Maria Teresa Anguera, *précité* note n°104, p. 18. Voir également sur les méthodes d'observation de la réalité : Ruth C. Kohn et Pierre Nègre *Les voies de l'observation, repères pour les pratiques de recherches en sciences humaines*, Nathan, 1991.

collectivités. C'est de cette observation que dépendent, en toute hypothèse, toutes réflexions et toutes propositions de réformes de la domanialité publique.

§ II -LES EXIGENCES METHODOLOGIQUES D'UNE TELLE ANALYSE

Nous reprendrons ici la conception de MM. R. Quyvy et L. Van Campenhoudt, selon laquelle « *L'observation comprend l'ensemble des opérations par lesquelles le modèle d'analyse (constitué d'hypothèses et de concepts) est soumis à l'épreuve des faits, confrontés à des données observables* »[108].

La spécificité de notre travail de confrontation des concepts à la réalité a fait que notre recherche repose en grande partie sur l'enquête. Les principes méthodologiques qui ont guidé cette recherche, ont orienté à la fois la recherche (A) et l'analyse de l'information (B).

A – La méthode de recherche

Notre méthode de recherche ou méthode de recueil de données a dû reposer sur diverses démarches.

I - Elle s'appuie, d'une part, sur le recensement de documents : textes législatifs et réglementaires, ainsi que décisions jurisprudentielles, et avis doctrinaux, comme il est habituel dans toute recherche juridique ; en outre elle comporte des documents, recueillis systématiquement sur le terrain, au cours des entretiens : autorisations, contrats, cahiers des charges, procès-verbaux, délibérations, comptes-rendus de réunions, etc.

II - Elle s'est, d'autre part, appuyée sur une étude de terrain basée sur l'entretien.

1) Les concepts théoriques de base qui ont été le point de départ de notre recherche et qui ont guidé nos entretiens ont été : a) l'affectation et sa nécessaire protection, garanties par l'inaliénabilité ; b) la rentabilisation de la propriété administrative ; c) la précarité de l'occupant. A partir de ces concepts théoriques, nous avons tenté d'établir avec nos interlocuteurs quels étaient les rapports entre les partenaires privés et publics du domaine public, les conflits nés d'une telle situation et la gestion de ces conflits.

---

[108] *Manuel de recherches en sciences sociales*, Dunod, 1988, p. 147.

2) Par emprunt aux sciences sociales, ces entretiens ont été de type semi-directif[109] : des questions précises sont élaborées à l'avance et posées au sujet ; tout en laissant ce dernier s'exprimer librement sur celles-ci, il est recentré périodiquement dès qu'il s'éloigne de la question[110]. Cette technique nous a permis d'obtenir un maximum d'informations, rendant possible la découverte de situations et de faits qui ne sont pas explicitement formulés, et qui en conséquence ne pouvaient faire l'objet de nos questions.

3) Le public rencontré a été constitué de personnes concernées par le domaine public : élus des collectivités locales, fonctionnaires d'Etat, fonctionnaires territoriaux. De même ont été interrogés des responsables d'établissements publics ou privés concessionnaires de service public, des chefs d'entreprises (sociétés commerciales, entreprises individuelles), de tailles économiques différentes, implantées sur le domaine public. Nous avons cherché à diversifier les catégories de personnes rencontrées, afin de comparer les avis de chacun des intervenants et avons ainsi constitué un échantillonnage d'environ 150 personnes.

4) Les entretiens ont été pour la plupart individuels ; parfois nous avons été autorisés à assister à certaines réunions de l'administration où devait être débattue une question domaniale, ce qui nous a permis de nous imprégner de l'esprit de celle-ci.

III - Elle repose sur une délimitation du champ d'observation

1) En raison de l'extension très importante du domaine public et de son caractère très varié, nous avons circonscrit notre recherche aux sites économiquement significatifs et faisant l'objet d'implantations privatives ou susceptibles de faire l'objet de telles occupations ; nous avons donc retenu d'une part le domaine public naturel, lequel est loin d'être dénué de rentabilité, et ceci justement à raison de son caractère naturel. Ensuite, nous avons retenu le domaine public artificiel à forte incidence économique tels que les ports autonomes, les marchés d'intérêt national, les aéroports de Paris, les sites d'aquaculture ; au niveau des villes, ont fait l'objet également de notre recherche le fonctionnement des halles et marchés, la situation des bâtiments superposés au domaine public, les implantations privatives sur la voie publique.

Nous avons estimé que notre recherche imposait de nous immerger dans le contexte domanial pour l'observation du lieu même où se développent les

[109] Voir par exemple sur cette question, Alain Blanchet et AL. *L'entretien dans les sciences sociales, L'écoute, la parole et le sens,* Dunod, Paris, 1985.

[110] Par opposition à l'entretien libre et à l'entretien directif.

pratiques, c'est pourquoi nous nous sommes rendus personnellement sur ces différents sites.

2) De plus nous avons limité notre étude aux autorisations et contrats (ou concessions) d'occupation du domaine public sans service public, à l'exclusion des concessions de service public, lesquelles sont fondamentalement différentes et en raison du service public concédé sont soumises à un régime beaucoup plus favorable.

B – La méthode d'analyse

Notre méthode d'analyse des données s'est développée en deux étapes.

I - La première étape a été basée sur l'analyse des matériaux précités, récoltés ; nous avons, de façon systématique, mesuré la correspondance ou l'écart entre les pratiques et les rapports prévus par le droit, et tenté de comprendre les raisons des déphasages éventuels, lesquels, nous le verrons sont nombreux. Nous avons analysé également les conséquences engendrées par ce déphasage, par la distorsion entre théorie et pratique.

Ceci a été réalisé en prenant comme point de départ l'analyse des textes, de la jurisprudence, ainsi que les propos doctrinaux ; puis nous avons analysé les données recueillies au cours des entretiens, ainsi que le contenu des autorisations, contrats, cahiers des charges, etc. ; nous avons effectué alors une analyse comparative des objectifs recherchés théoriquement par le droit ou qui auraient dû être atteints, puis des buts réellement recherchés et atteints dans la pratique, et des nouvelles conséquences.

II - Ce travail systématique nous a amené à dégager une idée-force qui nous a permis d'effectuer alors une relecture des sources jurisprudentielles, législatives, et des pratiques administratives, avec une optique autre que celle inculquée par la répétition des concepts théoriques, forts du droit administratif. Cette relecture constitue la deuxième étape de notre méthode d'analyse.

Il ne s'agit pas dans cette recherche de s'attacher à présenter une controverse doctrinale sur la légitimité du régime de la domanialité publique par rapport aux principes fondamentaux du droit administratif et de l'action des pouvoirs publics ; cette étude est basée au contraire sur l'observation de la réalité des rapports entre les intervenants dans l'utilisation réelle du domaine public et sur l'analyse des conséquences que cela entraîne sur la lecture des évolutions législatives et jurisprudentielles.

C'est ce travail systématique qui a permis de mettre en relief le constat tellement évident que l'on peut s'étonner que les certitudes juridiques l'aient jusqu'ici occulté, constat selon lequel le domaine public est devenu aujourd'hui un espace où le comportement des intervenants est soumis en majeure partie aux impératifs du marché. C'est ce constat qui relativise considérablement les données ordinaires du domaine public et qui permet d'expliquer les dérives actuelles du régime de la domanialité publique.

Ainsi, la conception de la domanialité publique qui a prévalu sans partage jusqu'ici, au moins dans la lettre du droit et dans les présentations de la doctrine, est de soustraire à la logique et aux exigences de la loi commune du marché, certains biens, réputés être essentiels à la vie de la collectivité, de les laisser « hors commerce » ; c'est cette conception qui est supposée animer le régime applicable à un nombre de biens publics devenu absolument considérable aujourd'hui, aussi bien du point de vue quantitatif que qualitatif. C'est cette approche de la domanialité publique qui s'est reproduite par inertie ; pourtant elle est erronée. En effet, on constate une double évolution. Espace théoriquement affecté, en fait il est le lieu de développement d'activés privées industrielles et commerciales. L'observation de la réalité des rapports qui se développent aujourd'hui sur le domaine public révèle **que le domaine public est un espace marchand (Partie I).**

Mais, les propriétés domaniales ne sont pas toutes attractives pour l'opérateur privé et le domaine public suscite une demande plus ou moins importante de la part des entreprises privées en fonction précisément la rentabilité de celui-ci. Quant au maître du domaine, il est bien connu qu'il recherche de longue date la productivité de son domaine, laquelle n'est possible dans la plupart des cas que par l'intermédiaire de l'opérateur privé. L'administration va alors chercher à attirer l'entrepreneur sur son domaine. En réalité il y a une offre et une demande du domaine public, instaurant un jeu entre opérateurs privés/publics, des rapports nouveaux, entraînant une évolution sur le domaine public. Insensiblement **le domaine public est devenu un espace dominé par le marché (Partie II).** Cette double évolution a obligatoirement une incidence sur le droit domanial lui-même lequel n'est pas resté hermétique à cette transformation. Pourtant, cela est occulté par la force de la répétition des concepts.

PREMIERE PARTIE

LE DOMAINE PUBLIC, ESPACE MARCHAND

Le domaine public est un espace où se développent aujourd'hui habituellement le commerce, l'industrie ; c'est un lieu d'activités d'achat, de vente, d'échange de marchandises, de services, de production de biens. Toute analyse sur ce sujet doit partir de cette donnée. La domanialité publique est un concept qu'il faut appréhender dans sa dimension économique. Ne pas en tenir compte c'est refuser de voir une réalité, ce qui fausserait toute recherche.

Nous citerons quelques chiffres à titre d'exemple. La SNCF gère 112.000 hectares de domaine public ferroviaire. On recense 22.000 occupations hors bâtiments voyageurs qui lui fournissent plus de 330 millions de francs de redevances chaque année ; 6.000 concessions dans les bâtiments voyageurs et 222 occupations de buffets et buffets hôtels, qui lui rapportent au total environ 200 millions de francs de redevances[111]. Les marchés d'intérêt national sont aussi à n'en pas douter des plates-formes économiques ; le seul Marché de Rungis regroupait en 1994 à lui seul sur une surface de 232 hectares, 1710 entreprises, dont le chiffre d'affaires annuel était de soixante milliards de francs, pour un flux annuel de marchandises de 2.300.000 tonnes[112] ; de même les Aéroports de Paris sont de vastes espaces marchands, regroupant des commerces de tous genres (hôtels, restaurants, buffets, boutiques, etc.) sur une surface totale au sol de 6527 hectares, sans compter les surfaces créées par les édifications en volumes, affectées pour partie aux activités commerciales[113].

Les espaces domaniaux maritimes, naturels et artificiels sont eux aussi des espaces marchands, des espaces de production, où se développent tous types d'activités économiques, industrielles et commerciales. En 1986, le nombre d'emplois directement liés à la mer est estimé à 500.000[114]. Les ports maritimes

---

[111] *J.O.* doc A.N., 17 mai 1994, p. 1715, intervention de M. Mercier, rapporteur. Voir également, la Section du Rapport et des Etudes du Conseil d'Etat, *Le droit des propriétés publiques,* 31 octobre 1986, annexe 5, p. 12, pour les redevances perçues en 1984.

[112] Source : renseignements fournis par les gestionnaires de ce M.I.N.

[113] Source : Aéroports de Paris, 1993. Ces 6527 hectares sont répartis de la façon suivante : 3 109 hectares pour l'aéroport Charles de Gaulle ; 1536 hectares pour Orly ; 548 hectares pour le Bourget, le reste étant réparti entre plusieurs petits aéroports. V. également Cons. conc. 15 déc. 1998, décis. n° 98 - D - 77 relative à des pratiques mises en œuvres par ADP dans le secteur de l'hôtellerie à la périphérie de l'aéroport de Paris Roissy-Charles de Gaulle sur C. M., P. T. « Le droit de la concurrence s'impose-t-il aux personnes publiques dans la gestion du domaine public qui leur est affecté ? », *Bulletin juridique des contrats publics,* 1999, n°5, p. 462 et s., faisant état d'un chiffre d'affaires de 264,5 millions de francs des hôtels Sofitel, Ibis, Novotel et Hilton, implantés sur le domaine public des Aéroports de Paris, donnant lieu au paiement de redevances.

[114] Rapport de J. Lacombe, au nom de la commission de la production et des échanges sur le projet de loi relatif à l'aménagement, la protection et la mise en valeur du littoral, *J.O.* doc. A.N., n° 3084, p. 3.

ne sont plus exclusivement des lieux de passage de produits d'importation ou d'exportation par voie maritime ; des entreprises industrielles s'implantent à proximité des lieux de chargement et déchargement. En 1994, 84% de l'industrie française de raffinage sont situés sur le domaine public portuaire. 300.000 emplois directs ou induits sont concernés par la seule activité portuaire.[115] Le rapport Dupuydauby signalait cependant que les conséquences en matière d'emploi des ports français dépassent largement les quelques 300.000 emplois car « *outre son poids économique* [le secteur portuaire] *participe à la compétitivité de l'ensemble des entreprises importatrices et exportatrices françaises, notamment de nos plus importants groupes industriels.* »[116]

L'aquaculture développe des techniques nouvelles de production, de diversification et d'intensification des exploitations dans le but de donner aux entreprises privées un caractère industriel et non plus artisanal et familial. Des techniques de pointe sont employées avec l'aide d'organismes scientifiques pour améliorer la production et la qualité ; de nouveaux types d'occupation apparaissent comme les récifs artificiels, les fermes aquacoles, occupant des espaces domaniaux de plus en plus importants ; à titre d'exemple un extrait d'une commission des cultures marines fait état de demandes de renouvellement d'exploitations de concessions en mer de superficies allant de près de 300 hectares à 1000 hectares[117].

L'immobilier a été très certainement une des activités marchandes les plus lucratives, avec ses vastes opérations de construction d'habitat privatif, ses réalisations hôtelières, ainsi que de plaisance.

Le domaine public, théoriquement hors marché, devient un espace marchand. Les entreprises y sont créatrices de richesses, de biens, de services. Ce point, longtemps ignoré par le droit, intègre progressivement la jurisprudence du fait de la pression des droits interne et communautaire de la concurrence. Et l'arrêt *Eda*[118] est remarquable car il a une approche

---

[115] Discussion du projet de loi complétant le code du domaine de l'Etat et relatif à la constitution de droits réels sur le domaine public, intervention de N. Sarkozy ministre du budget, porte-parole du Gouvernement, *J.O.* doc. A.N., 16 mai 1994, p. 1715.

[116] *Une volonté portuaire pour une ambition maritime*, rapport sur la filière portuaire remis à B. Pons, Ministre de l'Aménagement du Territoire, de l'Equipement et des transports par J. Dupuydauby, Président du Conseil National des Communautés Portuaires, 30 septembre 1995, p. 1.

[117] Rapport de la réunion du 30 janvier 1985, de la commission des cultures marines de Port-Vendres, préfecture de Perpignan.

[118] C.E., sect. 26 mars 1999, *A.J.D.A.*, 1999, p. 427, concl. Stahl, note Bazex. *D.A.*, 1999, n°130. *C.J.E.G.*, 1999, p. 264, concl. Sthal. S. Manson, *R.D.P.*, 1999, p. 1545. *D.* 2000, p. 204, note

particulièrement réaliste du domaine en affirmant que le domaine public d'Aéroports de Paris est *le siège d'activité de production, de distribution ou de services.* Ici pour la première fois, le juge appréhende le domaine en tant qu'espace marchand et non plus seulement en tant qu'espace affecté.

Cet espace marchand comprend deux grands types d'acteurs. Nous avons d'une part les opérateurs privés, (entreprises individuelles ou sociétés commerciales), titulaires d'un titre d'occupation, autorisation ou contrat d'occupation du domaine public, appelé parfois aussi concession ; nous insistons sur le fait que nous traitons ici des concessions sans service public, à l'exclusion des concessions de service public ; lorsque nous parlerons de ces dernières, ce sera pour mieux les opposer aux concessions sans service public, dont elles diffèrent profondément.

Nous avons d'autre part l'administration, qui, seule, peut être propriétaire du domaine public, même lorsque c'est une personne privée qui en assure la gestion. L'autorité qui délivre les titres d'occupation privative, permissions et concessions de voirie, est en principe l'administration propriétaire, au titre de ses pouvoirs de gestion sur son domaine. Cependant cela peut être aussi l'autorité gestionnaire du domaine bénéficiant d'une mise à disposition ou concessionnaire d'un service public ou exploitant d'un service public affectataire, qui n'est pas pour autant propriétaire de celui-ci. En conséquence, l'opérateur privé peut se trouver face à l'Etat, à une collectivité territoriale, à un établissement public, à un concessionnaire de service public, parfois dans ce dernier cas, personne de droit privé. Mais dans toutes les hypothèses, la propriété administrative est omniprésente, car il ne peut y avoir de domaine public s'il n'y a pas propriété d'une personne publique.

En raison de la diversité de situations relatives aux personnes gestionnaires du domaine, le terme de « *maître du domaine* » est employé de plus en plus[119]. Pour l'opérateur privé, le type de personne qui lui octroie le titre n'a aucune incidence. C'est la raison pour laquelle, dans toute cette étude, on utilisera le terme d'« administration » pour désigner indifféremment les personnes propriétaires ou gestionnaires du domaine public, avec lesquelles les entreprises privées se trouveront en relation.

Malgré la diversité possible de partenaires, le domaine public reste soumis pour l'entreprise privée à un régime exorbitant du droit commun. Le décret-loi

---

Markus. *R.D.I.*, 1999, p. 630, obs. C. Lavialle. *R.J.D.A.*, 10/99 n°1139, p. 903. *R.J.D.A.*, 10/99 n° 1070, p. 858.

[119] Voir par exemple les actes du colloque « Domaine public et activités économiques », *C.J.E.G.*, n° hors série, oct. 1991, p. 103, intervention de P. Delvolvé.

du 17 juin 1938[120] soumet au droit public et aux juridictions administratives les contrats comportant occupation du domaine public quelle que soit leur forme ou dénomination, passés par l'Etat, les établissements publics ou leurs concessionnaires. Il faut ajouter à ces personnes les collectivités locales, leurs établissements publics et leurs concessionnaires[121].

Nous retenons donc sur l'espace marchand de domanialité publique, deux grands types d'acteurs : l'un, l'entreprise commerciale, individuelle ou société commerciale, de droit privé ; l'autre, l'administration, soumise évidemment au droit public. Et nous verrons que l'entreprise a, sur cet espace marchand, une logique économique naturelle (Titre I) ; quant à l'administration elle a sur ce même espace marchand, une logique économique induite (Titre II).

---

120 Devenu l'article L. 84 du Code du domaine de l'Etat.

121 Voir par exemple dans ce sens C.E., 8 janvier 1967, *Epoux Berthot*, *Leb.* p. 3, ajoutant les communes et les départements au nombre des personnes publiques dont les contrats portant occupation du domaine sont soumis aux juridictions administratives.

TITRE I

LA LOGIQUE ECONOMIQUE NATURELLE DE L'ENTREPRISE PRIVEE

Le domaine public est un espace marchand au sens où l'opérateur privé y implante une entreprise industrielle ou commerciale avec comme objectif celui de faire des bénéfices ; l'entreprise par définition va faire du commerce sur le domaine public. Elle va réaliser des tractations, des accords impliquant un échange à titre onéreux de biens ; elle va proposer des services. Nous dirons de façon très prosaïque que l'opérateur privé vient gagner de l'argent sur le domaine public.

Certes, on définit le domaine public comme un lieu affecté au service public et à l'usage du public. Mais l'affectation n'est pas exclusive d'occupation privative. D'ailleurs, les juges ont mis en place des notions pour légitimer l'occupation privative, laquelle peut être normale, anormale, compatible, conforme.

Les accords ou conventions, quels qu'ils soient, seront effectués avec d'autres entreprises, elles-mêmes implantées ou non sur le domaine public. Par exemple, un grossiste en fruits et légumes sur un marché d'intérêt national (lequel fait partie du domaine public) achètera ses produits à un producteur pour les revendre ensuite aux détaillants. Il s'agit là d'un marché des plus courants entre personnes privées, et qui ne présente aucune particularité pouvant intéresser cette recherche. Par contre, ce qui intéresse notre recherche c'est que ce marché se réalise sur le domaine public.

En effet, les entreprises ont une situation sans équivalent sur la propriété privée, le domaine public étant un espace marchand, dominé par l'insécurité de l'entreprise (chapitre I) ; cela peut sembler paradoxal que l'occupant s'implante sur le domaine public en raison de l'instabilité qui domine l'occupation domaniale, car force est de constater qu'il y a des entreprises sur le domaine public. Il convient donc de s'interroger sur les raisons qui conduisent l'opérateur privé à s'installer sur le domaine.

Celles-ci en réalité répondent aux seules préoccupations économiques. En effet, l'opérateur privé établit une sorte de bilan coûts/avantages, bilan qui, dans la mesure où il fait ressortir la rentabilité escomptée, est à l'origine du fait que l'opérateur privé s'établit sur le domaine public, malgré l'insécurité (chapitre II).

Il ne s'agit pas d'aborder ces deux points pour une question de pure forme mais bien pour une question de fond car l'un et l'autre, nous le verrons, ont un lien étroit avec le fait que le domaine public se transforme en espace dominé par le marché.

CHAPITRE I

L'INSECURITE DE L'OCCUPATION

Un certain nombre de remarques préliminaires, concernant l'instabilité de l'opérateur privé doit être fait sur le régime de l'occupation privative. L'occupant du domaine public, est par principe, dans une situation instable ; cela résulte des règles traditionnelles de la domanialité publique.

Mais au cours du XXe siècle l'occupant du domaine public, déjà instable, a vu l'instabilité de sa situation s'aggraver, car la jurisprudence a évolué dans un sens de plus en plus rigide à son encontre. Un exemple bien connu et cité souvent par la doctrine est l'augmentation du nombre des finalités d'intérêt général justifiant le retrait, la résiliation ou le non-renouvellement des titres. Mais on peut en outre observer que lorsque le juge administratif a été amené à préciser ce qu'est l'inaliénabilité, il avait le choix : soit concevoir le principe avec une certaine souplesse, soit imposer une inaliénabilité stricte ; il a opté pour une position de plus en plus dure face à l'entreprise, ce qui est particulièrement perceptible depuis une quinzaine d'années. M. Y. Gaudemet dit d'ailleurs dans ce sens que « *jamais par le passé, la domanialité publique n'était apparue à ce point envahissante et totalitaire dans ses exigences* »[122]. Il y a donc une rigidification de la jurisprudence à l'encontre de l'exploitant

[122] « La domanialité replacée dans le contexte de la loi de 1994 », *J.C.P.*, Ed. N., 2001, plus particulièrement p. 691.

privé, dont il est utile de faire le point aujourd'hui en raison des controverses qui s'élèvent sur la réalité de l'instabilité.

Bien plus, à l'instabilité s'est ajoutée une autre insécurité : celle de l'incertitude sur le droit applicable. Aujourd'hui, dans une situation donnée, les partenaires en présence ne sont pas en mesure de savoir si certaines clauses insérées dans un contrat d'occupation sont légales ou non, et si en cas de contentieux, elles seront ou non sanctionnées par les juges. L'hésitation sur le droit applicable résulte soit d'une jurisprudence peu claire, pouvant donner lieu à deux interprétations contraires, soit à une absence de décision sur un point précis. Mais l'incertitude du droit applicable doit être considérée dans cette évolution globale de la jurisprudence administrative de plus en plus pénalisante pour l'entreprise.

On peut donc affirmer que le domaine public est un espace marchand où l'entreprise peut être anéantie à tout moment. Certes, certains textes sont venus atténuer l'insécurité qui la menace. Mais dans l'ensemble, ces textes, ponctuels, ne confèrent pas la stabilité attendue pour sécuriser l'entreprise. Par ailleurs, ils sont peu clairs et suscitent des interrogations importantes. On peut donc dire qu'il y a d'une part le droit jurisprudentiel, de plus en plus contraignant et incertain pour l'entreprise, et d'autre part des textes particuliers semblant atténuer cette rigidité, mais largement insuffisants et qui laissent subsister des problèmes importants pour celle-ci. Nous verrons que le domaine public est un espace marchand dominé par des incertitudes sur la pérennité de l'implantation de l'entreprise (section I) ; c'est un espace marchand dominé par des incertitudes sur la disponibilité de l'entreprise (section II) ; enfin, c'est encore un espace marchand dominé par des incertitudes sur les garanties d'investissement (section III).

SECTION I

INCERTITUDES SUR LA PERENNITE DE L'IMPLANTATION DE L'ENTREPRISE

L'opérateur privé a besoin d'avoir la certitude de pouvoir perdurer dans l'emplacement où il va implanter son entreprise ; il ne peut courir le risque d'édifier des réalisations parfois très coûteuses et de se voir expulser ensuite. Le juge a été très souvent confronté à l'entreprise, à la recherche d'une stabilité sur le domaine public ; mais il a toujours protégé l'affectation au service public et l'usage du public face à l'occupant privatif en lui déniant toute stabilité. Dès lors que l'entreprise se situe sur le domaine public, elle est soumise à un régime exorbitant : l'opérateur privé ne peut être titulaire de droits réels de type civil (§ I), pas plus qu'il ne peut avoir de fonds de commerce (§ II).

§ I - L'IMPOSSIBILITE DE CONSTITUER DES DROITS REELS DE TYPE CIVIL

L'impossibilité de constituer des droits réels est affirmée depuis très longtemps par la jurisprudence (A). Le législateur a instauré toutefois des droits réels sur le domaine public, mais enfermés dans des conditions de droit public (B).

A - L'impossibilité jurisprudentielle de constituer des droits réels

Nous aborderons cette question à partir de problèmes qui se posent dans l'actualité et de certaines nuances qui apparaissent relatives à la propriété sur le domaine public. En effet, une distinction semble s'établir entre le sol d'implantation et les constructions édifiées par l'occupant sur le domaine public. De plus, la question de la superposition de volumes, imbriquant propriétés publiques et privées est soulevée fréquemment.

Il est bien connu qu'il y a une impossibilité de constituer des droits réels sur le sol d'implantation de l'entreprise ; c'est pourquoi nous ne ferons que rappeler cette question (I). La notion de « propriété des constructions » apparaît de plus en plus sur le domaine public ; mais nous verrons qu'il est illusoire d'affirmer qu'un tel droit existe sur le domaine public (II). Enfin, il y a une grande incertitude sur la possibilité de superposer au sein d'un même ensemble des biens soumis à la domanialité publique et à la domanialité privée ou à la propriété privée, en raison de la jurisprudence contradictoire (III).

I - L'impossibilité de constituer des droits réels sur le sol d'implantation

Il est établi de longue date qu'il ne peut y avoir sur le domaine public création de droits réels au sens civiliste du terme (1) ; quant à la théorie des droits réels administratifs, elle a montré ses limites (2).

1 - L'absence de droits réels civilistes sur le domaine public

Le droit réel « *est la forme la plus ancienne de l'accaparement des richesses : on s'empare des choses ayant une existence matérielle pour les soumettre à son pouvoir »*[123]. Le droit réel porte sur une chose : il met en présence une personne et cette chose directement, sans intermédiaire ; il confère la maîtrise de la chose. Il est absolu : opposable à tous, son titulaire peut exiger le respect de son droit à quiconque[124].

La référence fondamentale du droit réel est le droit de propriété : il est bien connu qu'il s'agit là de la forme la plus complète d'utilisation du bien, conférant la maîtrise la plus étendue sur la chose : l'usus, le fructus, l'abusus. Ce dernier attribut est particulièrement important car il permet au propriétaire de réaliser des opérations juridiques comme la vente, l'hypothèque, le démembrement, librement, sans intermédiaire, sans autorisation. De plus, il lui permet d'exercer des prérogatives comme celle de disposer matériellement du bien, le propriétaire pouvant en modifier les structures, le détruire. Il peut en changer la destination, élément particulièrement important pour l'opérateur privé ; en effet l'évolution du commerce peut l'obliger à transformer profondément son entreprise. Enfin, le propriétaire a un droit perpétuel : il en bénéficie pendant toute la durée de sa vie et il le transmet pour cause de mort[125].

Les autres droits réels dérivent du droit de propriété. Ils consistent en une décomposition, un démembrement du droit de propriété. On distingue traditionnellement l'usage, l'habitation, les servitudes. Le bail emphytéotique est érigé par la loi en droit réel en raison des droits très importants qu'il confère au preneur ; le bail à construction doit lui être rapproché en raison de sa similitude.

On sait que l'affectation interdit la création de droits réels sur le domaine public. D'abord parce que le bien sortirait du patrimoine de l'administration propriétaire, alors qu'il est affecté soit à un service public, soit à l'utilisation collective, et rentrerait dans le patrimoine d'une personne privée pour une destination d'intérêt privé : l'inaliénabilité garantit le bien contre l'administration elle-même. Ensuite, parce que le droit réel confère des prérogatives inconciliables avec l'affectation (par exemple, la stabilité, la durée pour le droit de propriété.) L'affectation impose des règles exorbitantes, inconciliables avec les prérogatives du droit réel.

---

[123] C. Larroumet, *Droit civil,* Economica, 1990, p. 300.

[124] *Traité de droit civil,* dir. J. Ghestin, L.G.D.J., 1994, p. 174 : « *Les droit réels sont ceux qui portent sur des biens matériels, des choses (en latin res d'où l'expression « droit réel »).* Il comporte le droit de suite : le titulaire du droit réel exerce son droit sur la chose en quelque main qu'elle se trouve ; à titre d'exemple, si le bien est volé, le propriétaire pourra exercer l'action en revendication ; ou encore le créancier hypothécaire conserve sa sûreté sur le bien, même s'il est vendu. Il comporte le droit de préférence : le titulaire du droit réel est protégé par rapport à celui qui prétend avoir un droit autre que le droit réel.

[125] Il exerce évidemment tous ces droits sous réserve des limitations apportées à celui-ci (urbanistiques, etc.)

La jurisprudence a affirmé l'impossibilité de constituer des droits réels sur le domaine public[126]. En conséquence, l'entreprise sur le domaine public ne peut jamais être propriétaire du sol sur lequel elle est implantée, pas plus qu'elle ne peut avoir un autre droit réel ou un démembrement d'un droit réel. Certes, la loi du 5 janvier 1988 a instauré la possibilité d'établir un bail emphytéotique sur le domaine public communal[127] ; certes la loi 25 juillet 1994[128] permet également la constitution d'un nouveau type de droit réel ; mais ces droits réels sont enfermés dans des conditions très strictes de droit public.

2 - L'insuffisance de la théorie des droits réels administratifs

La question des droits réels administratifs sur le domaine public est bien connue et très largement commentée par la doctrine ; nous ne nous y attarderons donc pas. Nous rappellerons toutefois que certains auteurs ont imaginé cette théorie au profit de l'occupant, en soutenant que celui-ci bénéficiait d'une stabilité face aux tiers puisque l'occupation leur était opposable[129]. Mais cette théorie a vite trouvé ses limites, car l'occupation n'est jamais opposable à l'administration[130].

Certains auteurs ont déjà fait remarquer le danger de faire appel à la notion de droit réel en droit administratif en raison de la confusion que cela peut entraîner. En effet, parler d'un tel droit c'est donner l'impression d'une stabilité. Or on est obligé de se rendre à l'évidence que ce droit réel, inopposable à l'administration est instable et donc très éloigné de la notion du droit réel[131].

II - L'illusion d'un droit de propriété des constructions

L'entreprise implantée sur le domaine public n'est jamais propriétaire du sol sur lequel elle s'implante. Qu'en est-il des constructions édifiées par l'occupant?

---

[126] C.E., 6 mai 1985, *Assoc. Eurolat*, *Leb.* p. 141 ; *A.J.D.A.* 1985, p. 620 note E. Fatôme et J. Moreau ; *L.P.A.* 23 octobre 1985, p. 4, note F. Llorens ; *R.D.S.S.* 1986, p. 296, note E. Alfandari ; *R.F.D.A.* 1986, p. 21, concl. B. Genevois.

[127] Art. 13 de la loi n° 83.13, d'amélioration de la décentralisation, précitée.

[128] N° 94-631, *J.O.* du 26 juillet 1994, p. 10749.

[129] Voir dans ce sens, Hauriou, *Précis élémentaire de droit administratif*, 12ème éd., Sirey, p. 178 ; L. Rigaud, *La théorie des droits réels administratifs*, thèse Toulouse, 1914 ; Y. Lenoir, *Les domaines de l'Etat et des autres collectivités publiques*, Sirey, 1966, p. 193 ; J.-F. Denoyer, *L'exploitation du domaine public*, L.G.D.J., 1969, p. 103 et s.

[130] Sur cette question v. par ex. J. Morand-Deviller, *Cours de droit administratif des biens*, précité note n°20, p. 268.

[131] Voir par exemple sur cette analyse L. Trotabas, *De l'utilisation du domaine public*, thèse Paris, 1924, p. 90 ; A. de Laubadère, *Traité de droit administratif*, 6ème éd., tome 2, p. 211 n° 384.

Autrement dit, le problème se pose en ces termes : l'opérateur privé détient un titre d'occupation du domaine public, autorisation ou contrat. Le domaine public, par définition, est affecté. Pour les besoins de son entreprise, l'opérateur privé édifie une construction, avec l'assentiment de l'administration. A-t-il un droit réel de propriété sur ces édifications, sans pour autant avoir un droit réel sur le sol ?

La logique conduit dans un premier temps à affirmer que non. En effet nous savons que les juges refusent le droit réel de propriété sur le domaine public ; la propriété des constructions opérerait un partage du droit réel entre deux personnes : le sol au profit de l'administration, les constructions au profit de l'opérateur privé ; admettre un tel droit semble donc a priori contraire au principe d'inaliénabilité.

Cependant, certains auteurs considèrent qu'il y a un tel droit de propriété. C'est le cas par exemple de M. J. Dufau qui affirme que la propriété des constructions proviendrait d'une « *dissociation entre la domanialité publique du sol et celle de l'ouvrage auquel il sert d'assise* [et]*constitue la transposition en droit administratif de la notion civiliste du droit de superficie* ». Dans le même sens, Mme M.-C. Rouault considère « *qu'en application d'une jurisprudence bien établie, le titulaire d'une autorisation d'occupation temporaire du domaine public est propriétaire des immeubles qu'il y édifie* ». D'ailleurs, pour cet auteur, la loi de 1994 accordant un droit réel sur les constructions aurait *pour origine une méconnaissance des textes et règles en vigueur*, car l'idée que l'occupant n'a pas une telle propriété *est fausse*[132]. De même MM. E. Fatôme et P. Terneyre estiment qu'avant l'entrée en vigueur de la loi de 1994 « *les titulaires d'AOT sur le domaine public qui ne sont pas en même temps concessionnaires de service public ou de travail public étaient bien propriétaires des constructions qu'ils édifiaient sur le domaine public* ».[133]

Cet avis doctrinal provient de l'analyse d'une jurisprudence ambiguë, admettant apparemment un droit de propriété sur les constructions (1) ; toutefois ce droit est illusoire car il ne confère qu'une « propriété précaire » des constructions (2).

1 - L'apparente admission jurisprudentielle d'un droit de propriété des constructions

Nous insistons sur un point important : il ne s'agit pas ici d'un droit de propriété portant sur le terrain d'assiette où est implantée l'entreprise ; il s'agit

[132] «La constitution de droit réels sur le domaine public, loi du 25 juillet 1994», *R.I.*, 1995, p. 27.
[133] «La loi du 25 juillet 1994 : observations complémentaires», *A.J.D.A.*, 1994, p. 780 et s.

uniquement de la propriété des constructions édifiées par l'occupant, à l'exclusion du terrain sur lequel l'entreprise est bâtie. L'opérateur privé ici détient simplement un titre d'occupation sur le domaine public, par définition affecté.

Dans quelques décisions, la Haute Juridiction admet la propriété des constructions au profit de l'occupant. Sur un litige relatif à la propriété d'embranchements particuliers situés sur le domaine public, le juge administratif admet la propriété des installations au profit de l'occupant : *« Cons. que* ***la propriété des installations superficielles*** *sises sur le domaine public* ***n'est incompatible ni avec l'inaliénabilité*** *de ce domaine ni... avec la sécurité du trafic ferroviaire. »*[134]

Dans une autre affaire portant également sur la propriété des embranchements particuliers, le Conseil d'Etat admet à nouveau que *« l'inaliénabilité n'est pas incompatible avec l'appropriation privative des installations superficielles d'un embranchement particulier ».*[135] Dans une autre décision, le Conseil d'Etat reconnaît la propriété des installations au profit de l'occupant : *« Mme P. était* ***propriétaire*** *d'un ponton situé sur le domaine public »* ; ou encore, *« cette démolition devait nécessairement intervenir aux frais* ***du propriétaire*** *».*[136] Une autre décision fait référence à la propriété des constructions conférée à l'occupant par voie contractuelle : *« Considérant qu'aux termes du traité de concession... la Société Pomona* ***sera propriétaire des constructions,*** *pendant toute la durée de la concession, des constructions qu'elle aura édifiées et des transformations, améliorations et impenses qu'elle aura apportées aux bâtiments anciens ».*[137] Plus récemment, le juge décide qu'est légale la disposition du titre d'occupation prévoyant la propriété des constructions et installations édifiées par le permissionnaire[138]. Ou encore, la décision laisse entendre par interprétation a contrario que l'occupant peut être propriétaire des constructions sur le domaine public : *« Le locataire d'installations qui n'est pas responsable de leur implantation sur le domaine*

---

[134] C.E., section 3 juillet 1959, *Ministre des travaux publics et S.N.C.F. c/société des produits alimentaires et diététiques et association nationale des propriétaires et usagers d'embranchements particuliers, Leb.* p. 423 ; *R.D.P.* 1960, p. 665 ; caractères gras ajoutés

[135] C.E., 1er juillet 1960, *Etablissements Soulat, Leb.* p. 442.

[136] C.E., 4 mars 1991, *Mme Palanque, Leb.* p. 939.

[137] C.E., 4 avril 1990, *Société Pomona, Leb.* p. 282.

[138] C.E., 21 avril 1997, *Min. Budget c/ Sté Sagifa, M.T.P.*, 11 juillet 1997, note J. Dufau. *D.A.*, 1997, n°316, note C. Lavialle. *R.F.D.A.*, 1997, p. 935, note Fatôme et Terneyre. J.-B. Auby, C. Maugüé, *R.D.I.*, 1997, p. 418. Dans le même sens, voir C.A.A. Bordeaux, 7 juillet 1998, S.A.R.L. *Transfesa France, Rev. Dr. Fisc.* 1999, n° 247, p. 516.

public, et qui, n'en étant pas propriétaire, ne peut être condamné à les démolir, ne peut être poursuivi pour contravention de grande voirie ».[139]

D'autre part, un autre élément fait penser que l'occupant est le propriétaire des installations édifiées par lui : c'est la formule jurisprudentielle employée habituellement sur le sort des installations à l'issue du titre. Traditionnellement, le juge établit que les constructions édifiées par le bénéficiaire du titre, doivent être démolies à la fin du titre. Ce n'est que si l'administration l'y autorise qu'il en est dispensé ; dans ce cas, l'administration devient propriétaire des constructions, gratuitement. Si l'administration *devient* propriétaire au moment où elle autorise la non-démolition, c'est bien qu'elle ne l'était pas auparavant.

La décision très ancienne de la Cour de cassation *De Kerveguen c. Desahayes*[140] semblait admettre également la propriété des constructions, en admettant l'hypothèque de celles-ci. En effet, l'hypothèque ne peut être consentie que par celui qui a la capacité d'aliéner le bien [141]; reconnaître qu'une personne de droit privé peut hypothéquer une construction c'est reconnaître qu'elle a sur ce bien un droit réel. Il y a donc quelques décisions qui semblent admettre un droit de propriété sur les constructions du domaine public.

2 - La « propriété précaire » des constructions

En réalité, le terme propriété est parfaitement illusoire : il ne s'agit pas d'un droit réel de propriété. Ce terme induit en erreur.

En effet, la propriété des constructions trouve son fondement juridique dans un titre qui est précaire, personnel et révocable. Les constructions suivront alors le sort du titre et seront soumises au régime de précarité, révocabilité, et de caractère personnel du titre sur lequel elles ont leur assise.

La « propriété » supposée des constructions ne confère pas la stabilité attachée au droit de propriété ; pendant la durée du titre, la propriété des constructions n'empêchera pas l'administration de retirer ou de résilier celui-ci. A l'issue de la durée du titre, l'occupant n'aura jamais droit au renouvellement. L'opérateur privé ne pourra pas vendre librement ses édifications, ni en changer librement la destination. Nous voyons donc que ce droit de propriété est très relatif.[142]

---

[139] C.A.A. de Paris, 24 septembre 1993, *S.A.R.L. Socaco*, *Leb.* p. 764.

[140] Cass. req. 10 avril 1867, *D.*, 1867, I, 397.

[141] Art. 2124 du Code civil : *Les hypothèques conventionnelles ne peuvent être consenties que par ceux qui ont la capacité d'aliéner les immeubles qu'ils y soumettent.*

[142] Il faut d'ailleurs noter que dans la décision précitée note n°140, *de Kerveguen*, de la Cour de

Pendant la durée du titre, ce droit se traduit en réalité pour l'occupant en l'obligation d'assumer les charges pesant sur la propriété. En réalité, il n'a pas les avantages de ce droit mais seulement les contraintes. A ce titre il doit par exemple entretenir les ouvrages, assumer la responsabilité des dommages provoqués par ceux-ci, payer les taxes foncières. Dans ce sens l'arrêt *Sagifa* décide que l'occupant doit payer la taxe foncière parce qu'il est propriétaire des installations pendant la durée du titre, de même que l'arrêt *S.A.R.L. Transfesa France*[143]. Dans cette dernière affaire, le requérant invoquait la documentation administrative fiscale aux termes de laquelle en cas de construction sur le sol d'autrui - propriété privée - lorsqu'il existe dans le bail une clause de retour gratuit, le propriétaire du sol a la propriété de la construction et il est redevable de la taxe foncière. L'arrêt décide que ces dispositions ne sont pas applicables à l'occupant du domaine public malgré l'existence d'une clause de retour gratuit dans le titre, celui-ci restant redevable de la taxe[144].

A la fin du titre, la propriété se traduit pour l'occupant par l'obligation d'une remise des lieux dans l'état où il les avait trouvés avant l'édification des constructions ; en l'absence de démolition, c'est l'administration qui le fera aux frais de l'opérateur privé[145]. La jurisprudence est constante à ce sujet et ceci qu'il s'agisse d'un retrait, d'une résiliation ou d'un non-renouvellement.

Cette obligation de remise en état des lieux ne s'impose d'ailleurs qu'au seul propriétaire des constructions. Si l'administration est devenue propriétaire des bâtiments par accession, elle ne pourra plus exiger la démolition à l'occupant qui a édifié les ouvrages.[146]Le juge décide dans le même sens que l'administration ne peut exiger la démolition, à l'héritier de l'occupant, lorsque ces constructions ont été édifiées par son prédécesseur et que l'autorité octroie

---

cassation semblant admettre le droit de propriété des constructions en admettant l'hypothèque de celles-ci, le juge soumet les édifications à la précarité, puisqu'il établit que les biens peuvent être valablement *transmis, hypothéqués, et saisis comme tels, sous la condition résolutoire qui affecte leur existence.*

[143] Précité note n° 138.

[144] Précité note° 138.

[145] C.E., 4 mars 1991, *Mme Palanque*, 79 526, *Leb.* p. 930 : *« Mme P. était propriétaire d'un ponton situé sur le domaine public... le tribunal administratif de Montpellier a enjoint à Mme P. de libérer les lieux et autorisé à défaut, l'autorité publique à procéder elle-même à la démolition de l'installation. Cette démolition devant nécessairement intervenir aux frais du propriétaire... »*

[146] C.A.A. de Lyon, 20 mai 1992, *Torre*, *Leb.* p. 960 : *«les ouvrages de caractère permanent à destination de mouillage de quelques bateaux de plaisance* [ont été] *incorporés au domaine public de l'Etat par voie d'accession...Il en résulte que le cocontractant de l'administration ne pouvait être condamné par le juge des contraventions de grande voirie en raison de son refus de démolir à ses frais les ouvrages construits, ce que l'autorité lui demandait de faire à la suite du non-renouvellement de l'autorisation susvisée».*

une nouvelle autorisation d'occupation, pour ces mêmes édifications, à cet héritier.[147]

En résumé nous pouvons dire que la propriété des constructions sur le domaine public se traduit pour l'occupant par l'obligation d'assumer les contraintes de la propriété pendant son occupation et de démolir ce qu'il a construit à la fin du titre. Le terme propriété employé dans ce contexte produit très certainement une méprise dans l'esprit de l'opérateur privé et est parfaitement illusoire. Il est en tout cas inopportun car il ne comporte pas les attributs de ce droit. Il est enfermé dans des conditions de droit public qui le dénaturent profondément. Il s'agit en réalité d'une propriété des plus précaires. M. Y. Gaudemet parle d'ailleurs d'un « *droit de propriété peut-être mais tellement mutilé* »... Ou encore d'un droit de propriété « *amputé de beaucoup, sinon de l'essentiel, puisqu'entièrement conditionné par une autorisation administrative* »[148]. Nous voyons donc que le domaine public est un espace marchand qui continue d'être dominé par la précarité malgré l'emploi du terme « propriété ».

Nous rappellerons pour finir que si parfois la jurisprudence a admis une propriété certes illusoire des constructions, il y a également tous les autres cas où elle refuse cette propriété même précaire au profit de l'occupant ; le juge applique pour cela la théorie de l'accessoire qui permet d'intégrer au domaine public des biens soit simplement parce qu'ils sont situés sur le domaine public, en l'absence d'affectation (lien géographique), soit parce qu'ils ont une utilité pour l'affectation (lien fonctionnel).

III - La contradiction relative à la superposition des propriétés publiques et privées

Le rétrécissement des surfaces urbaines constructibles a développé les techniques d'édification en hauteur, abritant au sein d'un même ensemble des propriétés publiques et privées, (exemple parkings souterrains, locaux à usage

[147] C.E., sect. 21 novembre 1969, *Sieur André et Manuel Koeberlin*, *A.J.D.A.* 1970, II, p.160, note P. Godfrin : *«Considérant... que la clause de remise en état des lieux prévue dans cette nouvelle autorisation ne pouvait avoir pour effet que d'obliger les titulaires à restituer, à l'expiration de leur permission, la parcelle dans l'état où elle avait été remise et non de contraindre à démolir des installations industrielles édifiées par leur prédécesseur».*

[148] « Les constructions en volume sur le domaine public », *C.J.E.G.*, 1991, p. 297 et s. Voir également Y. Gaudemet, « Ouvrage complexe et domanialité publique », *R.D.I.*, 1999, p. 507 et s. et plus particulièrement p. 511.

de bureaux, d'habitations, commerces, etc.). Il s'agit de la question bien connue et souvent évoquée par la doctrine des grands ensembles modernes.[149]

La question qui se pose est la suivante : l'entreprise privée, située dans un tel ensemble (par exemple localisée au-dessus d'un parking souterrain concédé) est-elle soumise au régime précaire de la domanialité publique ou bien bénéficie-t-elle du statut stable du droit privé (propriété privée, fonds de commerce) ? L'article 552 du code civil établit que *« la propriété du sol emporte la propriété du dessus et du dessous »*. Ce texte, de droit privé, doit-il être appliqué au domaine public régi par des règles de droit public exclusivement ? Ce qui est au-dessus et au-dessous du domaine public doit-il être soumis globalement à la domanialité publique ou bien simplement entraîner la propriété publique sans pour autant comporter les règles très contraignantes de la domanialité publique ? Ces différentes questions ont déjà été soulevées par la doctrine.[150]

Pour M. Y. Gaudemet, partisan de la cohabitation de domanialités publique et privée au sein d'un même ensemble, l'article 552 du code civil ne doit pas être appliqué sur le domaine public ; la domanialité publique, régime d'exception, ne doit être étendue que si le bien est affecté et spécialement aménagé ; en l'absence de ces deux éléments le bien ne doit pas être soumis à la domanialité publique[151].

Dans le même sens, M. J. Dufau affirme : *« la circonstance qu'un bâtiment a été implanté sur le domaine public n'implique nullement qu'il fasse lui-même partie du domaine public, la domanialité publique n'étant pas incompatible avec l'appropriation privative des installations édifiées avec l'autorisation de l'administration sur les dépendances domaniales »*[152].

Le document établi par la Section du Rapport et des Etudes du Conseil d'Etat[153], de 1986, dans la rédaction duquel Mme Latournerie, Conseiller d'Etat, intervint en grande partie, établissait : « *Il ne s'agit pas de faire de l'immeuble en cause un bien de mainmorte. Il s'agit seulement de défendre l'affectation du*

---

[149] Voir par exemple P. Sablière «A propos de quelques arrêts récents : réflexions sur les critères et le régime de la domanialité publique», *C.J.E.G.*, novembre 1989, chr., p. 357. Ou encore, P. Terneyre, «Conditions de l'appartenance d'un bien au domaine public», *R. A.*, 1987 p. 549

[150] Voir par exemple Y. Gaudemet, « La superposition des propriétés privées et du domaine public », *D. S.*, 1978, chronique, p. 293 ; du même auteur, «Les constructions en volume sur le domaine public», *C.J.E.G.*, 1991, p. 297 ; « Ouvrage complexe et domanialité publique », *précité*, note n°148 ; « L'avenir des propriétés publiques », in Mélanges F. Terré, p. 567.

[151] V. par ex. articles Y. Gaudemet, précités note n°150.

[152] *Le domaine public*, éd. Le Moniteur, 3ème éd., tome II, p. 283

[153] *Le droit des propriétés publiques*, 31 oct. 1986, p. 21.

bien à l'usage du public ou d'un service public, parce qu'elle répond à la mission même des personnes morales de droit public.

C'est pourquoi le régime de la domanialité publique n'est pas applicable à la totalité du tréfonds d'une parcelle ni automatiquement à la totalité des constructions édifiées sur cette parcelle. ***Ainsi, il ne met pas radicalement obstacle par lui-même à la cession de volume en pleine propriété qui peut être nécessaire pour la réalisation de grandes opérations d'urbanisme.*** *»*[154]

Mais un autre courant semble apparaître au sein du Conseil d'Etat, puisque M. M. Querrien, Conseiller d'Etat qui intervint dans l'élaboration de la loi de 1994, affirmait dans le sens contraire : *« Le domaine est inaliénable et imprescriptible, ce qui entraîne deux catégories de conséquences. La première,* ***c'est qu'il avale en quelque sorte tout ce qu'on pose dessus : c'est la théorie de l'accession et cela va très loin.*** *La seconde, c'est qu'il est interdit de constituer sur le domaine des droits réels même touchant les installations qu'on y édifie puisque, compte tenu de l'accession, elles font partie du domaine public et que créer des droits réels c'est démembrer, donc aliéner. »*[155]

Nous verrons que la jurisprudence, contradictoire, oscille entre ces deux positions, avec toutefois une tendance très marquée pour l'extension de la domanialité publique ; la décision *Société Heliantal*[156] en est un exemple. Majoritairement, il y a une extension jurisprudentielle de la domanialité publique aux éléments superposés (1) ; mais il y a également des décisions infirmatives, d'absence d'extension de la domanialité publique aux éléments superposés (2). Cette contradiction laisse planer une incertitude très grande sur le régime applicable à l'entreprise dans ces circonstances.

1 - L'extension de la domanialité publique aux éléments superposés

Une jurisprudence ancienne étend le régime de la domanialité publique aux éléments superposés au domaine (a) ; malgré les critiques d'une partie de la doctrine, et les nécessités de l'urbanisme moderne, une jurisprudence actuelle persiste dans cette même ligne (b).

a - Une jurisprudence ancienne

Il est bien connu que pour retenir la domanialité publique, les juges prennent en compte l'affectation, l'utilité ou la nécessité du bien à l'affectation, notions

---

[154] Caractères gras ajoutés.

[155] *Etudes foncières,* n° 62, mars 1994, p. 13 et s. ; caractères gras ajoutés.

[156] C.E., 4 nov. 1994, n° 107.010.

largement entendues. Ceci est parfaitement conforme au droit public et aux règles de la domanialité publique.

Mais il est fréquent que la domanialité publique soit étendue même en l'absence d'affectation. Ainsi, le juge étend également la domanialité à des biens situés au-dessus ou au-dessous du domaine public, et ceci en raison du caractère indivisible du domaine. Malgré l'absence d'affectation, l'entreprise sera quand même soumise aux règles contraignantes de la domanialité publique. C'est le cas d'un entrepôt frigorifique exploité par un particulier et situé dans un abattoir municipal.[157] C'est encore le cas du commerce faisant corps ou indissociable de la chapelle absidiale d'une église. Les juges reconnaissent la domanialité publique d'une dalle sur laquelle sont implantés des locaux commerciaux au motif que cette dalle recouvre une voûte qui se situe elle-même au-dessus d'un canal collecteur d'égouts[158]. Dans une autre affaire, le Conseil d'Etat ne s'interroge pas plus sur la destination d'un chalet, édifié sur un parc public : il fait partie du domaine public, dès lors qu'il est édifié sur le domaine public, bien qu'il soit utilisé privativement comme café, restaurant et salle de danse.[159] Le juge retient encore la domanialité publique de locaux commerciaux situés dans un parc de stationnement souterrain au motif que ces locaux annexes sont situés dans les dépendances immédiates de ce parc.[160]

La justification de cette jurisprudence c'est la volonté des juges de ne pas soumettre un même bien à des régimes distincts : le domaine public doit être indivisible dans un but de clarification, de simplification de sa gestion. Déjà l'idée d'homogénéité, d'ensemble indissociable, apparaît dans le célèbre arrêt le Béton, lequel étendait la domanialité publique aux entreprises privées sur un port : « *considérant que... la partie des terrains que groupe le port industriel constitue l'un des éléments de* ***l'organisation d'ensemble*** *que forme le port* ».[161]

---

[157] T.A. de Nantes, 8 mars 1957 *Sté Seguin et Cie, Leb.* p. 730 : *«considérant que les installations de l'abattoir municipal, propriété de la ville de Nantes sont affectées à un service public ; ..qu'un entrepôt frigorifique dépendant de l'abattoir n'est pas utilisé en vue d'un service public mais par la société Seguin qui l'exploite dans un but d'intérêt privé et dans les conditions ordinaires du commerce, que, cependant, cet entrepôt ne peut être matériellement distingué de l'ensemble des installations de l'abattoir qui forme un tout homogène ; qu'il fait donc partie également du domaine public».*

[158] T.A. de Marseille, 10 juillet 1968, *commune d'Avignon c/ consorts Couston-Boucher, A.J.D.A.* 1968, II, p.584, note A. de Laubadère, confirmé par C.E., 28 janvier 1970, *Consorts Philip-Bingisser, R.A.* 1970, p.297, note G. Liet-Vaux.

[159] C.E., 13 juillet 1961, *Lauriau, A.J.D.A.* 1961 pp. 469 et 492 ; *R.D.P.* 1962, p. 530, note Waline.

[160] C.E., 24 Janvier 1973, *sieur Spiteri et époux Krehl, A.J.D.A.* 1973, II, p. 497, note J. Dufau.

[161] C.E., section, 19 octobre 1956, *Leb.* 375 ; concl. de M. Long, in *Dalloz,* 1956. J. 643 ; *A.J.D.A.*, 1956, II, p. 472 et 488, concl. Long et chronique Fournier et Braibant. Caractères gras

Cette idée est parfaitement synthétisée par M. Galmot, Commissaire du gouvernement, lors d'un litige sur le domaine public de la S.N.C.F. ; il retenait la nécessité que le domaine public constitue un « *tout homogène* »... « *sans qu'il soit besoin de s'interroger sur l'affectation précise de chacune des parcelles qui le constituent. Juger autrement ferait de chaque gare une mosaïque de parcelles enchevêtrées qui relèveraient les unes du domaine public, les autres du domaine privé, et dont la gestion deviendrait pratiquement impossible* ».[162] C'est pourquoi dans cette même affaire le juge va étendre également la domanialité publique à l'opérateur privé situé sur la propriété administrative, mais à l'extérieur d'un bâtiment administratif. Ainsi pour un garage implanté dans les dépendances d'un hôtel terminus à proximité de la gare (et non dans la gare même), il décide que le garage fait partie du domaine public au motif qu'il est « *à proximité immédiate de la gare* »... et qu'il « *contribue à améliorer la qualité du service de transport* ».

Ce type de décision suscite les réactions d'une partie de la doctrine : à l'occasion de l'affaire *Commune d'Avignon*[163], A. de Laubadère critique le fait que les juges n'aient pas pris en compte la destination réelle de la partie supérieure de la dalle : celle d'une activité privée qui aurait dû normalement soustraire l'occupant à la domanialité publique. L'auteur ironise d'ailleurs sur l'absence de lien d'utilité entre la partie supérieure de cette dalle et le canal : « *on voit mal comment on pourrait soutenir sans provoquer le sourire, qu'un café puisse être même indirectement, l'accessoire d'un égout* ». Pour l'auteur « *par la destination que lui avait donnée la commune, celle d'une location à usage privé commercial, l'immeuble en question constitue un exemple type de dépendance du domaine privé de l'administration.* »

M.G. Liet-Vaux émet les mêmes critiques. A l'occasion de l'affaire *Philip-Bingisser*[164], il considère que le tribunal en reconnaissant la domanialité publique de la dalle située au-dessus du canal collecteur d'égouts, « *s'en était tenu à la considération simpliste d'un surplomb du domaine public* », alors qu'en réalité, « *la condition juridique de cette chaussée* [devait] *dépendre de sa propre utilisation, de sa propre affectation* ».

M. J. Dufau, commentant l'affaire *Eidel* où les juges intègrent un pavillon à usage d'habitation dans le domaine public au motif qu'il se situe sur cette propriété, tout en ne contestant pas à proprement parler la décision, remarque

---

ajoutés.

[162] C.E., 5 février 1965, *Sté lyonnaise de transports*, *R.D.P.* 1965, p. 492 et s.

[163] Précitée note n°158.

[164] Précitée note n°158.

tout de même que la jurisprudence étend la domanialité publique à des biens qui « *ne répondent nullement à la destination du bien principal.* »[165]

b - Une jurisprudence persistante

De nombreux arrêts de ces dernières années sont fidèles à cette ligne d'homogénéité du domaine. Par exemple le juge retient la domanialité publique d'un bien en invoquant la théorie de l'accessoire indispensable (autrement dit, il retient l'idée de l'utilité ou de la nécessité du bien à l'affectation)[166].

Mais la domanialité publique est retenue aussi, même en l'absence de toute idée d'affectation ou de nécessité du bien pour l'affectation, et ceci en raison de la domanialité d'ensemble. Ainsi, un arrêt du Conseil d'Etat décide que les locaux du rez-de-chaussée d'un parking public, qui avaient été destinés aux services publics municipaux et au stationnement de camions mais qui finalement n'avaient jamais été affectés à cette destination, *« sont indissociables de l'ensemble de l'immeuble et font, à ce titre, partie du domaine public municipal ».*[167]

Dans l'arrêt *Nivose* du 11 mars 1987[168], il s'agissait d'un logement situé dans une mairie et occupé à titre privatif ; face au refus de l'occupant de libérer les lieux, les juges retiennent la domanialité d'ensemble du bâtiment. Quelques mois plus tard, dans l'affaire *S.A. Le Sully d'Auteuil*, les juges décident que des locaux commerciaux appartiennent au domaine public au motif qu'ils sont situés sous la gare[169]. Dans l'arrêt *S.A. le Pavillon Royal* de 1989,[170] la Cour administrative de Paris, en formation plénière, retient qu'un restaurant situé dans le Bois de Boulogne fait partie du domaine public, même si « *cette parcelle n'a fait l'objet d'aucun aménagement spécial à destination du public*[et que...] *la société requérante n'est investie d'aucune mission de service public* ».

---

[165] C.E. 14 juin 1972, *Leb.* 443 ; *A.J.D.A.* 1973, II, p. 496, note J. Dufau.

[166] C.E., 31 juillet 1991, *Association des ouvriers plombiers couvreurs zingueurs et Pernod, Leb.* p. 1045 : « *fait partie des magasins ou dépendances situés sur les rives du canal de l'Ourq et compris dans le bassin de la Villette à Paris...et destiné à permettre le déchargement des marchandises apportées par les péniches navigant sur le canal de l'Ourq. Cet immeuble constitue ainsi un accessoire indispensable de la voie d'eau faisant partie du domaine public*».

[167] C.E., 25 janvier 1985, *Ville de Grasse, D. A.* n°142 ; *D.S.* 1985 p. 466 note Gilli ; *J.C.P.* 1985, II, 205 15, note Chenevoy.

[168] C.E., *Leb.* 1987, p.91

[169] C.E., 2 octobre 1987, *Leb.* 726 ; *R.D.P.* 1988, p 575.

[170] 6 juin 1989, *C.J.E.G.*, novembre 1989, p. 366, note P. Sablière.

L'arrêt *Société Heliantal* de 1994[171], montre clairement que le juge entend appliquer encore cette idée de domanialité d'ensemble. Aux termes de cette décision le juge décide de façon très restrictive à l'encontre de l'entreprise privée que la dalle de béton devant recouvrir un parc public de stationnement, sur laquelle devait être implanté un hôtel, fait partie intégrante du parc de stationnement souterrain dont elle constitue la couverture, alors même que les travaux de construction du parc de stationnement n'étaient pas encore achevés à la date de la demande de permis de construire. Nous sommes ici dans le cas d'un grand ensemble, puisque qu'il y avait d'une part un parc de stationnement souterrain, et d'autre part un hôtel situé au-dessus, dont les volumes se distinguaient parfaitement. L'activité hôtelière sur une place de la ville de Saint-Jean-de-Luz, manifestement n'est pas une activité affectée[172] ; il faut en déduire que le juge, encore une fois, prend en considération la domanialité d'ensemble ou l'indivisibilité du domaine public. Nous voyons donc qu'il ne prend pas en compte les nécessités nouvelles d'urbanisme vertical. Dans cette décision, le domaine public emporte non seulement la propriété de ce qui est au-dessus, mais aussi la domanialité publique, contrairement à ce que préconise une partie de la doctrine.

Cette décision est intéressante à un autre point de vue : elle intervient au lendemain de la loi de 1994, admettant un droit réel conférant les prérogatives et obligations du propriétaire. On aurait pu penser que compte tenu des problèmes des entreprises privées soulevés à l'occasion de ce texte, le juge aurait pu avoir une attitude plus conciliante à l'égard des occupations privatives. Or, il marque bien sa volonté de conserver une domanialité restrictive, chaque fois que le domaine n'est pas concerné par un aménagement législatif ou réglementaire.

En conséquence, l'entreprise privée peut se voir soumise à un régime exorbitant dès lors qu'elle est implantée sur la propriété publique, quelle que soit son activité. Force est de constater que le juge refuse de façon courante la cohabitation des régimes de droit public et de droit privé au sein d'un même ensemble soit parce que le bien est affecté, soit en dehors de toute idée d'affectation.

---

171 C.E., 4 nov. 1994, n°107.010.

172 Dans une autre affaire où il était question d'une activité d'hôtel-restaurant, le Tribunal des conflits décide que les terrains loués par la commune dans le but de cette exploitation, ne font pas partie du domaine public ; c'est donc bien qu'il considère que l'activité hôtelière n'est pas affectée ; T.C., 30 mars 1992, *Sté Le Joli Bois, Quot. jur.* 1er déc. 1992, p. 8.

2 - L'absence d'extension de la domanialité publique aux éléments superposés

Une jurisprudence infirmative a admis parfois, la propriété privée ou la domanialité privée au-dessus ou au-dessous du domaine public. L'admission d'une superposition de propriétés n'est donc pas nouvelle. Mais le nombre de décisions restreignant la domanialité publique est infiniment moins important que les arrêts l'étendant, à un point tel que l'on aurait pu affirmer que l'extension du régime exorbitant aux éléments superposés au domaine public était la règle et la non-extension l'exception. Cependant, depuis 1987, les juges semblent prendre en compte de plus en plus l'idée d'une absence d'affectation et introduisent une certaine divisibilité au sein d'un même ensemble (a) ; mais nous verrons que des problèmes importants subsistent pour l'entreprise (b).

a - La prise en compte par les juges de l'absence d'affectation et d'une divisibilité

Les juges reconnaissent la propriété privée d'un pont, bien qu'il soit édifié au-dessus d'une rivière, parce que celui-ci n'est pas l'accessoire d'une rivière mais qu'il est destiné à la continuité du passage d'une voie ; en l'occurrence, le pont a une destination d'intérêt privé : il dessert une exploitation privée, a été construit par l'exploitant et trouve assise sur la propriété privée de celui-ci.[173]

L'arrêt bien connu de section, *sieur Vericel*[174], établit dans le même sens : « *les tronçons de galeries situées dans le sous-sol des voies publiques, en admettant qu'ils soient devenus propriété de la ville de Lyon, n'étaient en rien compte tenu de leur profondeur et de leur destination, des éléments ou des accessoires de ces voies et n'ont donc pas été incorporés dans le domaine public de la ville de Lyon* ».

Mais, nous l'avons déjà dit, les décisions limitant la domanialité publique jusqu'en 1987 sont en nombre extrêmement restreint par rapport à celles l'étendant. Toutefois, à partir de 1987, on va avoir l'impression d'une certaine évolution des juges puisqu'il va y avoir une augmentation du nombre des arrêts admettant la superposition de propriétés.

En 1987, l'arrêt du Conseil d'Etat, *Chambre de commerce et d'industrie de Bordeaux c/Le Sauvage et Clémence*[175] admet une divisibilité au sein d'un même

---

[173] C.E.,27 mai 1964, *Chervel, R.D.P.* 1965, p. 116.

[174] C.E. 17 déc. 1971, *sieur Véricel et autres, A.J.D.A.*, 1972, p. 124, note Labetoulle et Cabannes.

[175] C.E., 4 novembre 1987, *Leb.* p. 343 ; *R.A.*, 1987, p. 549, note P. Terneyre. Caractères gras

édifice, au motif qu'une partie du bâtiment n'est pas affectée : « *L'immeuble dans lequel se trouvent les locaux occupés au rez-de-chaussée par MM. L. et C., est la propriété de la chambre de commerce et d'industrie de Bordeaux... Même s'ils sont situés dans un immeuble* ***partiellement*** *occupé par les services publics, ces locaux, qui ne sont pas l'accessoire du Palais Consulaire, n'ont* ***jamais été affectés*** *ni à l'usage du public ni à un service public en vue duquel ils auraient été spécialement aménagés.* ***Par suite ils ne présentent pas le caractère d'une dépendance du domaine public.*** »

L'arrêt *Mme Boulier*[176], postérieur, admet également la divisibilité au sein d'un même immeuble, dès lors que la partie occupée privativement n'est pas affectée : « *Considérant que si le rez-de-chaussée... est affecté à un service de protection maternelle et infantile, le logement occupé par Mme Boulier est situé* ***dans une autre partie*** *de cet immeuble composée exclusivement de logements d'habitation* ; *que cette partie de l'immeuble,* ***divisible*** *des locaux de la protection maternelle et infantile,* ***n'est pas affectée*** *à l'usage du public et n'est pas aménagée en vue d'un service public* ; *que le logement..* ***ne saurait être regardé comme un accessoire de ce centre*** ; [et n'est donc pas] ***une dépendance du domaine public.*** »[177]

La même année, dans l'arrêt *ministre de l'urbanisme, du logement et des transports de Paris c/ville de Paris*[178], sur la question de savoir si la superficie d'une parcelle où était enterrée une canalisation d'eau potable, appartenait ou non au domaine public, le Conseil d'Etat décide qu' « *il ne ressort pas des pièces du dossier que la superficie des dites parcelles ait reçu à cette fin un aménagement spécial ni qu'elle constitue un accessoire nécessaire des ouvrages domaniaux de la ville qui y sont enterrés.* » Dans une autre décision le juge décide qu'une canalisation d'alimentation en eau d'usines privées, à partir d'une source privée et implantée à une profondeur variant de 550 à 49 mètres ne pouvait être considérée « *de part sa situation et sa destination... comme un accessoire de la voie communale qui la surplombe et avec laquelle elle n'a aucun lien de dépendance fonctionnelle ni même physique étroit* ».[179]

---

ajoutés.

[176] C.E., 24 janvier 1990, *C.J.E.G.*, 1990, p. 238, note P. Sablière.

[177] Caractères gras ajoutés. Voir dans le même sens C.A.A. Paris, 18 mars 1999, *Région Ile-de-France, R.F.D.A.*, 1999, p. 1069.

[178] C.E., 8 août 1990, *C.J.E.G.*, 1991, p. 166.

[179] C.A.A. de Lyon, 28 janvier 1993, *Société fr. de chasserie, req.* n° 91LY00144.

Dans le même sens, une décision de la Cour administrative d'appel de Nancy[180] décide : « *le requérant n'apporte pas la preuve que la propriété ou la jouissance de la cave dans laquelle il stockait ses bouteilles de champagne, qui existait antérieurement à la création de la rue passant au-dessus d'elle, aurait été réservée à ses auteurs lors du classement dans la voirie communale du chemin privé d'exploitation préexistant.* »

Une décision de la Cour administrative d'appel de Paris,[181] en formation plénière refuse la domanialité publique à un appartement constituant une annexe de la direction des services fonciers, propriété de l'administration, affecté et aménagé à cette fin, au motif que, situé dans une copropriété, il y a impossibilité d'appliquer les règles de la copropriété à la domanialité publique. Le Conseil d'Etat, dans un arrêt de section, adoptera la même position.[182]

b - Les incertitudes subsistant pour l'entreprise

L'admission d'une divisibilité peut paraître comme étant une évolution pour l'entreprise privée, puisqu'elle opère une réduction de la consistance du domaine public, l'opérateur privé n'étant plus soumis de ce fait à la précarité ; mais une analyse plus approfondie laisse apparaître deux types d'incertitudes, l'une relative à la divisibilité même (1), l'autre relative à l'affectation (2).

(1) Sur la divisibilité

Le problème posé est le suivant : à quels biens peut-on appliquer la divisibilité ? S'agit-il uniquement de la division « en volumes » des grands ensembles ? Ou s'agit-il aussi de la division de terrains ou parcelles ? Pourrait-on par exemple distraire une parcelle de terrain du domaine public pour y implanter une seule entreprise privée constituant un « îlot » soumis au droit privé ?

Si nous considérons le seul cas de grands ensembles, sur plusieurs niveaux, une deuxième incertitude apparaît : l'arrêt *Boulier* précité admet la domanialité privée d'une partie de l'immeuble parce que les locaux litigieux étaient

---

[180] *Fuselier*, 19 décembre 1991, *Leb.* p. 926.

[181] C.A.A. de Paris, 20 juin 1989, *Ministre de l'Economie et de Finances c. Société La préservatrice Foncière*, *R.D.P.* 1990, p. 555, note F. LLorens.

[182] C.E., 11 fév. 1994, *Compagnie d'assurances préservatrice foncière*, *C.J.E.G.*, 1994, p. 197 et s., note M. Pierre Sablière : «*Considérant que les règles essentielles du régime de copropriété telles qu'elles sont fixées par la loi du 10 juillet 1965...sont incompatibles tant avec le régime de la domanialité publique qu'avec le caractère des ouvrages publics ; que, par suite, des locaux acquis par l'Etat, fût-ce pour les besoins d'un service public, dans un immeuble soumis au régime de la copropriété n'appartiennent pas au domaine public...*»

divisibles du reste de l'immeuble ; on en conclut alors qu'une partie non divisible, objet d'une utilisation privative doit faire partie du domaine public, et ceci, même si elle n'est pas affectée.

Mais alors, dans un immeuble de plusieurs étages, quand doit-on considérer qu'il peut y avoir divisibilité suffisante d'une partie du domaine public, dont l'absence d'affectation permettrait alors de la soustraire au régime exorbitant ? La jurisprudence ancienne, pas plus que l'actuelle, ne nous donne d'indication ; l'arrêt *Vericel* précité exclut de la domanialité des galeries souterraines en raison de leur profondeur, ce qui ne donne pas une réponse satisfaisante à cette question.

Dans l'arrêt *Nivose* précité, la domanialité privée avait été refusée pour un appartement situé dans une mairie. Le commissaire du gouvernement, M. Van Ruymbeke[183], dans cette affaire, précisait que dès lors que le bâtiment dans son ensemble avait été affecté « *peu importe que l'appartement loué ait une utilisation privative non liée au service public... il n'en aurait été différemment que dans la seule hypothèse* ***d'une divisibilité nette*** *des locaux et dans le cas où l'affectation aux services publics ne concerne qu'une partie de l'immeuble :* ***vous ne pouvez en effet qualifier d'immeuble appartenant au domaine public l'ensemble d'une tour dont un seul étage serait affecté à un service public et le reste loué par la collectivité locale »***.[184]

Selon ce raisonnement, le critère à retenir doit-il être une proportion entre espaces affectés et non affectés ? Autrement dit, si les locaux affectés occupent la plus grande partie, à l'instar de l'arrêt *Nivose*, ce serait le régime de la domanialité publique qui serait appliqué à l'ensemble ; à l'inverse, si les locaux affectés occupent la plus petite partie, la domanialité privée serait applicable à la partie non affectée, la domanialité publique à celle affectée.

Si on prend en compte le critère précité de proportion, il faudrait appliquer l'un ou l'autre des régimes en fonction des surfaces occupées par l'affectation. Cela ne nous semble pas opérationnel sur le plan pratique. Nous imaginons par exemple un bâtiment occupé principalement par des entreprises commerciales et en moindre partie par une activité affectée. Qu'adviendrait-il par exemple en cas de surélévation de l'immeuble pour une activité de service public ? Les surfaces non affectées devenant minoritaires, les entreprises privées se verraient-elles soumises alors à une modification de régime ?

---

[183] Cité dans la note de P. Sablière , *C.J.E.G*, 1990, p. 239.

[184] Caractères gras ajoutés.

Quel régime doit-on appliquer aujourd'hui à une galerie commerciale qui serait implantée dans un parking concédé ? Doit-on appliquer la jurisprudence *sieur Spiteri et époux Krehl* de domanialité d'ensemble ou doit-on appliquer celle de la divisibilité de l'arrêt *Boulier* ? Cela dépendra de chaque cas d'espèce, dira-t-on. Mais cela comporte une insécurité juridique pour l'occupant privatif.

A quel régime doit-on soumettre d'anciennes halles et marchés, modernisés, réaménagés pour répondre aux normes actuelles d'hygiène et de sécurité ? La question qui semble s'imposer de prime abord c'est évidemment la soumission à la domanialité publique car l'activité, malgré les aménagements, est la même que celle, précédente, des halles et marchés. Mais il faut dire que bien souvent, les aménagements réalisés transforment ces anciennes structures en des biens plus proche des galeries commerciales que des marchés comme nous les connaissions il y a quelques années. Il n'est pas rare de voir jouxter des boutiques de vêtements, un coiffeur, etc., sans aucun lien avec l'activité initiale de vente de produits alimentaires du marché. Doit-on considérer la domanialité d'ensemble, comme dans les gares ? Un coiffeur par exemple, sera alors considéré comme un occupant du domaine public parce qu'il est simplement situé sur un bien faisant partie du domaine public.

Peut-on au contraire considérer la destination privée de ces biens et établir une certaine divisibilité de celui-ci avec application des règles de droit commun ? (arrêt *Boulier*). Nous avons vu la complication qui peut naître avec l'arrêt *Héliantel*, précité, puisque le juge ne semble pas avoir admis l'idée d'une divisibilité alors qu'il y avait deux volumes distincts, l'un constitué par le garage souterrain, l'autre par l'hôtel construit au-dessus.

Une incertitude existe donc sur le droit applicable. Il ne faut pas oublier par ailleurs que le fait de qualifier formellement l'acte en contrat de droit privé, est sans incidence sur la domanialité publique, dont les règles continuent de s'appliquer dans toute leur rigueur[185]. Une erreur d'interprétation peut donc être très préjudiciable à l'opérateur privé. L'admission d'une divisibilité dont on n'établirait pas clairement les bases de détermination, laisse donc entier le problème de l'instabilité de l'entreprise. Mais ce n'est certainement pas le problème le plus important ; l'affectation nous paraît être une question infiniment plus délicate.

---

[185] T.A. de Marseille,10 juillet 1968, *commune d'Avignon c/consorts Couston-Bouchet*, *A J.D.A.* 1968, II, p.584, note A. de Laubadère. T.A.de Paris, 9 mai 1967, *époux Brun c/département de la Seine*, *A.J.D.A.* 1968, II, p. 353. C.E.,3 mars 1958, *Demoiselle Pitié*, *Leb*. p. 143.

(2) Sur l'affectation

Pour M. Yves Gaudemet, défenseur de la cohabitation de domanialités publique et privée au sein d'un même ensemble, le critère de référence est l'affectation : le régime de la domanialité publique ne s'explique que parce que le bien est affecté ; les volumes affectés doivent être soumis au droit public, les volumes non affectés doivent bénéficier d'un statut de droit privé. Mais nous avons vu qu'une parcelle, même non affectée, est soumise couramment à la domanialité publique. Cette question a été largement évoquée précédemment, nous n'y reviendrons pas.

Par ailleurs, une question reste en suspens : quand doit-on considérer qu'il y a affectation ? Parfois cette question aura une réponse très claire ; d'autres fois la solution ne sera pas évidente. Toute la difficulté, nous semble-t-il, réside là.

En effet, il ne faut pas oublier qu'une affectation de fait, sans classement préalable, est suffisante pour que le bien intègre la domanialité publique : on ne déclare pas une affectation, on constate tout simplement qu'elle existe. En réalité, dans beaucoup de cas, on découvre un jour que le bien était affecté. En effet, le juge a étendu à beaucoup de secteurs la notion de service public. Par exemple le juge a décidé que la création d'ateliers-relais par les communes, relevait du service public[186], soumettant de ce fait les entreprises concernées à la précarité.

Il s'agit là évidemment de **l'affectation principale** du domaine public : le bien fait partie du domaine public parce qu'il est affecté fondamentalement à telle ou telle activité (portuaire, etc.) Mais le bien peut se voir reconnaître également la domanialité publique en raison d'une **affectation secondaire**, subsidiaire[187]. La doctrine parle même parfois d'affectation « *marginale* ».[188]

Dans l'affaire *Société Lyonnaise de Transports*[189], l'entreprise de garage automobile située dans les dépendances de l'Hôtel Terminus de la gare de Lyon-Perrache s'est vue reconnaître la domanialité publique au motif qu'elle *« contribue à améliorer la qualité du service de transports »* ; située à proximité immédiate de la gare, elle *« offre ainsi des commodités particulières aux voyageurs »*.

Mais, à partir de cette analyse, n'importe quelle activité privée, implantée sur la propriété publique peut constituer une amélioration du service public.

---

[186] C.A.A. de Paris, 7 nov. 1989, *S.A.R.L. Pardon Création, Leb.* p. 519.

[187] C.E., 5 fév. 1965, *Société lyonnaise de transports, R.D.P.* 1965, p. 493, concl. M. Galmot.

[188] M. Gros , *«L'affectation, critère central de la domanialité publique»* , *R.D.P.* 1992, p. 749.

[189] Précitée note n° 187.

Ainsi par exemple, des commerces dans un parking souterrain, même s'ils sont situés dans une partie divisible, peuvent constituer une amélioration du service public : ils apportent des commodités supplémentaires aux usagers, ils constituent une animation dans la galerie améliorant la sécurité, etc. Mais évidemment ceci place l'entreprise privée, située sur la propriété publique dans une très grande insécurité juridique puisqu'en cas de contentieux, on peut lui reconnaître une affectation secondaire qui va la plonger dans la précarité.

Un autre problème se pose également : en raison du flou de la notion de service public, la collectivité propriétaire peut ne pas savoir si l'activité relève ou non du service public. Il n'est certainement pas fantaisiste d'affirmer que la collectivité, en toute bonne foi, classe dans le domaine privé ce qui relève du domaine public, (nous pensons par exemple à l'administration communale). En effet, parfois, il a fallu attendre une décision jurisprudentielle pour savoir clairement si un bien faisait partie du domaine public ou du domaine privé (exemple, les halles et marchés, les ateliers-relais).

Par ailleurs, nous savons que si un bien fait partie du domaine public et que la collectivité le classe dans le domaine privé, celui-ci ne cesse pas d'appartenir au domaine public[190]. Pas plus d'ailleurs que n'a d'incidence sur la domanialité publique le fait pour la collectivité de faire un contrat de droit privé sur le domaine public[191].

Un autre problème peut apparaître encore. Ainsi la collectivité peut classer le bien dans son domaine privé dans le souci d'attirer l'entreprise ; puis pour reprendre le bien, elle peut invoquer que celui-ci fait partie du domaine public. L'entreprise court alors le risque de voir le juge requalifier le bien en domaine public. C'est bien d'ailleurs ce qui était arrivé dans l'affaire *Commune d'Avignon c/ consorts Couston-Bouchet* (précité) : la ville avait donné en location une maison, servant à l'exploitation d'un café, pour une durée de neuf ans dans les conditions de droit commun ; le contrat avait été prorogé par divers avenants ; un jour la ville décide de reprendre l'immeuble ; elle invoque alors la domanialité publique du bien et sera suivie dans ce sens tant par le Tribunal administratif que par le Conseil d'Etat.

---

[190] C.E., sect. 22 avril 1977, *Michaud, Leb.* p. 185, concl. Franc. *A.J.D.A.* 1977, p. 441, note A. de Laubadère ; *R.A.*, 1977, p. 376, obs. G. Darcy : Fait partie du domaine public la halle centrale lyonnaise» *nonobstant la délibération en date du 22 juillet 1968 par laquelle le conseil municipal de la ville de Lyon a décidé de la classer dans le domaine privé de la ville.»*

[191] T.A. de Marseille, 10 juillet 1968, *Commune d'Avignon c/consorts Couston-Bouchet, A.J.D.A.*, II, p. 584, note A. de Laubadère.

De plus, des biens qui ne font pas partie habituellement du domaine public, peuvent le devenir par la suite. Nous savons que pendant longtemps les bois étaient inclus traditionnellement dans le domaine privé. Puis le juge en a intégré certains au domaine public.[192] Ceci est encore un élément d'insécurité pour l'entreprise.

Parfois, les juges donnent une double affectation principale à un bien : le service public et l'utilisation collective[193]. Si à cette double affectation principale on ajoute une affectation secondaire (celle d'améliorer le service public), l'entreprise peut être alors précarisée à partir de plusieurs approches qui s'ajoutent les unes aux autres.

Ce que nous avons voulu établir c'est que l'affectation comporte un flou à différents points de vue ; dès lors que l'entreprise est implantée sur la propriété publique, elle risque de se voir reconnaître l'instabilité propre aux occupations du domaine public pour différentes causes. Et l'introduction d'une certaine divisibilité n'est pas de nature à apporter réellement une sécurité juridique à l'occupant privatif.

En tout état de cause, si une certaine divisibilité a été admise, il existe également une jurisprudence inverse illustrée par l'arrêt *société Héliantal,* précité. Cette décision montre le caractère de plus en plus restrictif de la jurisprudence par rapport à l'entreprise privée implantée sur le domaine public. Et l'analyse d'ensemble de la jurisprudence sur cette question ne nous apporte pas de réponse claire.

B - Des droits réels d'origine législative, enfermés dans des conditions de droit public

Deux types de droits réels d'origine législative ont été admis sur le domaine public : le bail emphytéotique (I) et le droit réel sur les ouvrages, constructions et installations à caractère immobilier réalisés par l'opérateur privé conférant les prérogatives et obligations du propriétaire (II). Mais ces deux textes sont encore loin de conférer la stabilité nécessaire au développement de l'entreprise

---

192 Voir par exemple pour les bois de Vincennes et de Boulogne : C.E., 21 février 1921, *Sté protectrice des animaux, Leb.* p. 24 ; C.E., 24 juin 1972, *Eidel, Leb.* p. 442, *A.J.D.A.* 1973 II p. 495, note Dufau ; C.E., 23 février 1979, *Gourdain, Leb.* p.78 ; *A.J.D.A.* 1979, II p. 49 ; *D.S.*, 1979 inf. rap. p. 263, note P. Delvolvé.

193 C.E., 23 juin 1986, *Thomas, Leb.* 1986, p. 167 : «*que les biens immobiliers du jardin des plantes attribués au Muséum sont soit attribués à l'usage direct du public soit affectés au service public que gère cet établissement public et spécialement aménagés à cet effet ; qu'ils font partie du domaine public de cet établissement et que les locaux faisant l'objet du contrat sont l'un des éléments de ce domaine*».

privée. Une précision s'impose ici : nous aborderons ces deux textes dans les grandes lignes pour mettre en évidence de façon rapide l'instabilité qui continue de dominer l'occupation. Cependant, nous analyserons ultérieurement avec plus de détails ces deux textes au fur et à mesure de la nécessité de nos développements.

I - Le bail emphytéotique de la loi du 5 janvier 1988

La loi du 5 janvier 1988 a institué la possibilité d'établir un bail emphytéotique sur le domaine public des collectivités territoriales, tout en rappelant que le domaine public est inaliénable et que l'occupation privative ne confère pas de droit réel à l'occupant, sous réserve des dispositions de cette même loi. En même temps elle introduit des conditions de droit public qui redonnent une instabilité certaine à l'opérateur privé.

D'abord, n'est concerné que le domaine public des collectivités locales, à l'exclusion du domaine public de l'Etat et de ses établissements publics. La réforme est donc déjà restreinte dans son champ d'application. Ensuite, ce bail ne peut être conclu que sur les dépendances demeurant hors du champ d'application de la contravention de voirie ; cela diminue encore le champ d'application du texte.

Ce qui est important pour l'opérateur privé, c'est que ce bail continue d'être affecté d'instabilité : s'agissant d'un contrat administratif, la résiliation est toujours possible. Le Conseil d'Etat d'ailleurs, dans un arrêt de section, est venu confirmer la faculté de résiliation de l'autorité : « *que si contrairement aux dispositions de l'article L.451-5 du code rural, le bailleur a en l'espèce le droit de résilier unilatéralement la convention dans certaines hypothèses, une telle stipulation exorbitante du droit commun, peut être insérée dans un bail souscrit en application des dispositions précitées de l'article 13 de la loi du 5 janvier 1988, sans que le contrat ainsi passé perde sa qualité de bail emphytéotique.* » Il s'agit donc là d'un bail emphytéotique précaire et révocable.[194]

Les droits résultant du bail ne peuvent être librement cédés, l'agrément de la collectivité territoriale étant nécessaire. De plus, le droit réel conféré au titulaire du bail, de même que les ouvrages dont il est propriétaire sont susceptibles d'hypothèque ; mais le contrat d'hypothèque doit, à peine de nullité, être approuvé par la collectivité territoriale. Les droits et ouvrages ne peuvent être hypothéqués que pour garantir les emprunts contractés en vue de financer la réalisation ou l'amélioration des ouvrages situés sur le bien loué.

---

[194] C.E., 25 fév. 1994, *Sofap Marignan Immobilier, Leb.* p. 94, ,*A.J.D.A.* 1994, p. 550, note Hugues Périnet-Marquet ; *D.S.*, 1994, p. 550, note Lombard ; *D.A.*, 1994, n° 198.

Compte tenu de toutes ces restrictions, la plupart des auteurs s'accordent à dire que ce bail est enfermé dans des conditions de droit public.

II - Le droit réel de la loi de 1994

La loi du 25 juillet 1994[195], complétant le code du domaine de l'Etat et relative à la constitution de droits réels sur le domaine public instaure un *droit réel conférant les prérogatives et les obligations du propriétaire.*

Ce texte apparaît en raison de l'inadaptation des règles de la domanialité publique à la réalité économique de l'entreprise. Mais il ne fait que légaliser en partie la pratique administrative existant de longue date, admettant un droit de propriété sur les constructions. Afin d'attirer les entreprises privées sur le domaine public portuaire, les autorités, avec une hardiesse qu'on ne peut qu'approuver, avaient mis en place des actes-types admettant la propriété des constructions au profit de l'occupant, l'admission de la présentation d'un successeur, l'hypothèque des constructions, le crédit-bail ; les aéroports de Paris ont utilisé largement ces clauses. Mais on pouvait s'interroger sur la légalité de ces clauses, d'autant plus que, comme nous l'avons déjà dit, le droit domanial d'origine jurisprudentiel, s'est considérablement rigidifié au détriment de l'entreprise.

Le texte de 1994, légalisant donc une pratique existante, crée un droit réel, mais limité à différents égards. D'abord, il est bien connu qu'il est limité par son champ d'application. Ensuite, les *prérogatives* du propriétaire sont considérablement restreintes. En effet, le législateur n'emploie pas les termes « droit réel de propriété » car il n'est pas un tel droit ; il n'est qu'un droit réel *conférant les prérogatives et obligations du propriétaire.* Le droit en cause serait donc proche du droit de propriété sans pour autant être le droit de propriété.

C'est un droit réel qui semble ne porter que sur les constructions édifiées et éventuellement sur le terrain sur lequel elles sont implantées[196]. En revanche, nous pensons que le droit réel ne porte pas obligatoirement sur l'ensemble du terrain objet de l'autorisation, qui peut être plus grand que celui qui reçoit les

---

[195] Précitée.

[196] C. Lavialle considère que le droit réel conduit à consacrer un droit de superficie au profit de l'occupant sans porter directement sur le domaine public ; *Droit administratif des biens*, P.U.F., 1996, p. 149, n° 149. E. Fatôme et P. Terneyre estiment que le décret d'application de ce texte a levé l'ambiguïté en qualifiant de droit réel le droit d'occuper le domaine ; « Droits réels sur le domaine public de l'Etat : clarification ou multiplication des interrogations ? » *A.J.D.A.* 1995, p. 905 et s.

constructions[197]. L'opérateur privé ne peut réaliser une activité autre que celle autorisée par l'administration, pas plus qu'il ne peut réaliser de constructions qui n'aient reçu l'agrément de l'autorité.

Il ne peut non plus céder librement son droit réel, la cession restant soumise à l'agrément de l'administration. Il n'y a donc pas de caractère automatique dans la cession, laquelle reste subordonnée à une autorisation administrative, à la différence du droit de propriété dont l'abusus permet à son titulaire de vendre librement son bien sans intermédiaire, sans intervention d'une autorité quelconque. La même situation se présente en cas de décès de la personne physique, titulaire de l'autorisation : le titre ne peut être transmis au conjoint survivant ou aux héritiers, que sous réserve que ceux-ci désignent un bénéficiaire qui doit être agréé par l'administration. Le décret d'application de ce texte du 6 mai 1995 précise la procédure, au demeurant lourde, de cession et de transmission de droit réel.[198]

Le titulaire de l'autorisation peut hypothéquer les constructions mais ici une limitation intervient également : cette sûreté ne peut être consentie que pour garantir les emprunts contractés par le titulaire de l'autorisation en vue de financer la réalisation, la modification ou l'extension des ouvrages. Le nouveau texte admet l'action des créanciers chirographaires, mais uniquement si la créance est née de l'exécution des travaux précités.

C'est un droit réel limité dans le temps à 70 ans ; mais l'administration peut conférer une durée inférieure ; c'est l'administration qui apprécie seule la durée à attribuer au droit réel, *en fonction de la nature de l'activité et de celle des ouvrages autorisés, et compte tenu de l'importance de ces derniers, sans pouvoir excéder soixante-dix ans.*

Ce droit réel est inopposable à l'administration ; il continue d'être dominé par la précarité puisqu'il peut être retiré pour tout motif d'intérêt général ; certes, le texte prévoit que dans ce cas, le titulaire est indemnisé du préjudice direct, matériel et certain né de l'éviction anticipée ; cette formule rappelle celle de l'indemnisation pour expropriation. Mais compte tenu de la nature particulière du domaine public, le calcul de l'indemnisation pose un certain

---

[197] Le décret d'application du texte (art. R. 57-2, C. domaine) semble aller dans ce sens puisqu'il institue que ce texte fixe les conditions de constitution du droit réel « *sur tout ou partie de la dépendance domaniale dont l'occupation est autorisée* ».

[198] N° 95-595, *J.O.* du 7 mai 1995, p. 7489 ; art. R. 57-8 pour la transmission au conjoint survivant ou à l'héritier du titulaire du droit réel. Voir l'analyse de ce texte par Mme Marie-Christine Rouault, «Commentaire du décret n° 95-595 du 6 mai 1995 complétant le code du domaine de l'Etat relatif à la constitution de droits réels sur le domaine public», *R.D.I.* 1995, p. 518. Art. R. 57-7-I, II, et III pour la cession du titre.

nombre de problèmes que nous aborderons ultérieurement. Cette indemnisation n'est pas due en cas de retrait pour inexécution des clauses et conditions générales.

Ce texte légalise une pratique administrative antérieure, et pour certains articles, il peut être considéré comme un recul par rapport à cette pratique ; il comporte une certaine lourdeur, pour des entreprises privées qui au contraire, ont besoin d'une rapidité d'action. Par exemple, s'agissant des ports autonomes, jusqu'à présent, c'était l'autorité gestionnaire qui attribuait les titres d'occupation, y compris lorsqu'il y avait création d'un droit de propriété des constructions ; nous savons que la constitution d'un tel droit est une pratique ancienne et relativement courante. Or, le décret d'application précité pose des bases nouvelles. S'agissant du domaine public de l'Etat, géré par un établissement public ou un autre organisme, ce décret prévoit que la demande de délivrance du titre est adressée au préfet[199], et relève de sa compétence, après instruction par le chef de service déconcentré de l'Etat concerné[200] ; elle n'est adressée à l'établissement public ou autre organisme gestionnaire de ce domaine que s'il tient expressément du texte qui lui en confie ou concède la gestion ou d'une disposition réglementaire générale, le pouvoir de délivrer des titres constitutifs de droits réels sur ce domaine[201]. Autrement dit, l'autorité gestionnaire ne peut délivrer un titre constitutif de droits réels que sur son domaine propre ; s'il ne s'agit pas de son domaine propre, elle doit avoir des pouvoirs spéciaux à cet effet.

Par ailleurs, qu'il s'agisse du domaine propre de l'établissement public (ou de l'organisme gestionnaire) ou du domaine public de l'Etat, la décision nécessite l'accord préalable de l'Etat lorsqu'il apparaît que tout ou partie des constructions envisagées sont nécessaires à la continuité du service public concerné. La demande ici est soumise à un accord ministériel préalable, si les travaux sont supérieurs à 3 000 000 d'euros hors taxes ; en dessous de cette somme, c'est l'accord préalable du préfet qui doit intervenir après avis des directeurs des services fiscaux. Il s'agit là d'exigences nouvelles qui n'existaient pas avant la parution de la loi.

La loi introduit une ambiguïté importante du fait que l'on ne sait pas avec exactitude ce que signifie « la continuité du service public » pour des occupations privatives du domaine public, lesquelles, situées par exemple sur des zones industrielles des ports, ne peuvent concourir que sous cette forme au

[199] Art. 57-3-I.
[200] Art. 57-4-I.
[201] Art. 57-3, al 2 et 3.

fonctionnement du service public, depuis l'arrêt *Le Béton*. Cette disposition risque de soumettre à une autorisation préalable des services de l'Etat un nombre important d'entreprises et par-delà, freiner les investissements du fait de la lenteur de la procédure. Il est indéniable que cette procédure risque d'alourdir considérablement les démarches des entreprises privées dont la rapidité d'action, nous l'avons déjà dit, est pourtant une condition de leur réussite. Elle est en recul par rapport à la pratique administrative antérieure sur les ports autonomes. Dans tous les cas, elle introduit une incertitude nouvelle - et donc une fragilisation supplémentaire - pour l'opérateur privé dont le titre pourra être déclaré nul, lorsque, pris par exemple par l'autorité portuaire, en cas de contentieux le juge décide que l'entreprise privée participe à la continuité du service public et de ce fait l'occupation a été autorisée par une autorité incompétente.

Enfin, il faut remarquer le caractère restrictif du texte à l'encontre de l'entreprise, puisqu'en cas d'absence d'obtention de l'accord préalable dans un délai de deux mois à compter de la saisine du préfet ou de quatre mois à compter de la saisine des ministres, lorsqu'il s'agit de travaux nécessaires à la continuité du service public, l'autorité administrative compétente de l'établissement public ou autre organisme gestionnaire est tenue de refuser le droit réel.

Il est donc clair que le droit réel de la loi de 1994 est bien loin du droit réel de propriété du droit privé, tel qu'on le connaît. A l'instar du bail emphytéotique de la loi de 1986, le droit public reste omniprésent.

§ II - L'IMPOSSIBILITE DE CONSTITUER UN FONDS DE COMMERCE

L'entreprise implantée sur la propriété privée a recours de façon courante au contrat de bail commercial ; sa technique, bien connue et éprouvée de longue date, lui donne toute la stabilité indispensable à son développement. Le bail commercial constitue la forme la plus courante d'occupation d'un local commercial. En effet, l'opérateur privé préférera avoir recours au bail commercial plutôt qu'à la propriété privée car celui-ci lui évite des investissements coûteux d'achat de la propriété, pour une sécurité juridique tout aussi importante : pendant la durée du bail il est assuré de la stabilité et surtout à l'issue de celui-ci, il est garanti du renouvellement.

Le législateur est venu corriger une situation qui était contradictoire : les nécessités du commerce qui impliquent une stabilité et le contrat de location qui est temporaire ; en effet, le locataire, au terme de son contrat risquait de ne pas voir celui-ci renouvelé. Dans ce cas, il était tenu de quitter les lieux ce qui était une perte irréparable pour lui et surtout faisait disparaître une unité économique ; cela était donc contraire au commerce.

Le législateur va favoriser le développement économique en instaurant un droit au renouvellement au profit du preneur, sans quoi le bailleur est tenu de lui verser une indemnité d'éviction, très importante, dissuasive, correspondant au préjudice subi du fait de l'éviction[202]. Le preneur bénéficie donc d'une très grande stabilité, ce qui fait dire qu'il a la propriété commerciale ; ceci est impropre car le locataire n'a pas un droit réel de propriété.

Les juges ont toujours refusé la stabilité du fonds de commerce sur le domaine public avec toutefois des nuances entre juridictions administratives et juridictions judiciaires (A). Quant au législateur et au gouvernement, ils ont instauré parfois la possibilité d'un fonds de commerce sur le domaine public, mais encore une fois enfermé dans des conditions de droit public (B).

A - L'impossibilité jurisprudentielle de constituer un fonds de commerce stable.

Le juge administratif a toujours refusé l'instauration du bail commercial sur le domaine public (I) ; le juge judiciaire a une position plus nuancée puisque dans certaines conditions il admet un fonds de commerce, qui reste toutefois soumis à l'instabilité (II).

I - Le juge administratif : l'interdiction du fonds de commerce

L'occupation privative sur le domaine public se caractérise par une instabilité juridique de principe, l'opérateur privé n'ayant jamais un fonds de commerce (1) ; toutefois, l'administration peut être tentée de conférer une stabilité dans l'acte d'occupation ; mais dans ce cas, la permanence conférée dans le titre est sans effet (2).

1 - L'instabilité juridique de l'occupation

L'impossibilité de bénéficier d'un bail commercial sur le domaine public a été affirmée depuis très longtemps, la propriété commerciale étant contraire à l'instabilité. Pendant la durée du titre, l'occupant ne bénéficie jamais de la stabilité propre au fonds de commerce. Il détient soit une autorisation d'occupation temporaire, soit un contrat ou concession. Qu'il s'agisse de

---

[202] Le texte de base en la matière est le décret du 30 septembre 1953.

l'autorisation ou de la convention, le Conseil d'Etat a toujours admis le retrait et la résiliation motivés par l'intérêt général, intérêt général, au demeurant, entendu de plus en plus largement. Et à la fin du titre, autorisation ou contrat, l'occupant n'a jamais droit au renouvellement, propre au fonds de commerce.

Le domaine public a vu le développement de la technique contractuelle ; le contrat toutefois ne confère pas plus de stabilité à l'occupation que l'autorisation. Mais le terme « *contrat* » a prêté à confusion plus d'une fois. En effet, il n'est pas rare que l'occupant du domaine public se soit mépris, qu'il ait cru qu'il était titulaire d'un bail commercial et qu'il se rende compte qu'il était soumis à la précarité lorsqu'il demandait le renouvellement de ce qu'il croyait être un bail commercial. Le nombre important de décisions sur cette question l'atteste.

Pour refuser le renouvellement, le Conseil d'Etat invoque le décret-loi de 1938 qui établit que *les litiges relatifs aux contrats comportant occupation du domaine public, quelle que soit leur forme ou leur dénomination, passés par l'Etat, les établissements publics ou leurs concessionnaires, sont portés en premier ressort devant le tribunal administratif*[203]. Les auteurs sont d'accord pour affirmer que l'apparente question juridictionnelle de cet article, traduit en réalité un problème de fond, celui de l'inapplicabilité de la législation de droit privé sur le domaine public : tout contrat passé sur le domaine public est administratif et entraîne de ce fait l'inapplication des baux de droit commun[204].

L'impossibilité de faire bénéficier l'occupant du domaine du droit au renouvellement ou au maintien dans les lieux, propre à la législation des baux commerciaux, a été très souvent affirmée ; par exemple, le juge décide dans ce sens : « *Cons. d'une part, que le contrat invoqué par le sieur Lafon comportant occupation du domaine public,... ledit sieur Lafon n'est pas fondé à se prévaloir de la législation sur la propriété commerciale pour soutenir qu'il avait droit, à l'expiration de son contrat, au maintien dans les lieux* »[205]. Cette jurisprudence est constante et inchangée[206].

---

[203] Devenu l'artcle L.84 du Code du domaine de l'Etat.

[204] Nous reprendrons toutefois ici l'analyse pertinente de R. Chapus qui affirme que le caractère administratif des contrats d'occupation du domaine empêche l'application des législations de droit privé comme celle sur la propriété commerciale. Cependant, en dernière analyse, c'est sur le principe de précarité que repose l'interdiction de la constitution de baux de droit privé comme le fonds de commerce. *Droit administratif général,* précité note n° 16, p. 510, n°613.

[205] C.E. 8 janvier 1960, *Sieur Lafon, Leb.* p.14. Voir dans le même sens, Conseil de préfecture de Lille, 13 juin 1951, *Leroy c. Ville de Lille, D.*, 1950 p. 958, note M. Waline.

[206] C.E. 8 janvier 1967, *Epoux Berthot, Leb.* p. 3. Voir également C.E., 12 juin 1963, *Ville de Nice, R.D.P.* 1963, p. 1215 ; C.E., 12 juin 1963, *Georges et Emile Turbet, R.D.P.* 1963, p. 1215 ;

Les juges contrôlent la légalité du non-renouvellement du contrat[207]. Mais l'administration dispose de larges pouvoirs en cette matière : les motifs d'intérêt général susceptibles de justifier le non-renouvellement doivent être entendus aussi largement qu'en matière d'autorisation. Au terme d'une jurisprudence bien connue, le juge admet la légalité du non-renouvellement pour motif économique[208], ce qui à l'évidence est de nature à précariser l'occupation.

La résiliation d'un contrat entraîne des effets en chaîne : si l'administration résilie le contrat passé avec l'occupant, les sous-contrats, conclus par celui-ci avec l'autorisation de l'administration au profit de personnes privées, se trouvent à leur tour rompus[209]. Il y a lieu de penser à plus forte raison que le non-renouvellement entraîne la même conséquence.

2 - L'absence d'effet de la stabilité conférée dans le titre

L'administration peut-elle s'engager dans l'acte d'occupation à garantir une certaine stabilité à l'occupation ? Peut-elle s'engager à ne pas résilier le titre avant le terme prévu ou à le renouveler au terme de celui-ci ? Les clauses non conformes à la domanialité n'ont aucune portée et donc ne comportent aucune garantie pour l'occupant : les clauses interdisant la résiliation sont nulles (a) ; celles assurant un renouvellement sont sans effet (b).

a - La nullité des clauses interdisant la résiliation

La Haute Juridiction s'est prononcée très clairement dans l'arrêt *Eurolat* bien connu, en affirmant l'impossibilité pour l'administration de s'engager à ne pas résilier un contrat avant le terme prévu. Dans cette affaire, il s'agissait d'un syndicat intercommunal qui avait confié à l'association *Eurolat* la création et la

---

C.E. 6 janvier 1967, *Adda*, *Leb.* 417. Toujours dans le même sens, C.E. 28 janvier 1970 *Consorts Philip-Bingisser*, *R.A.*, 1970 p.297, note G. Liet-Vaux ; *D.* 1970.372, note J.-F. Lachaume. C.E. 25 mars 1988, *Consorts Demereau*, *R.D.P.* 1988, p.1406 : « *La convention d'exploitation du bar-restaurant, établi sur le terrain de l'aéroport, comportant occupation du domaine public, a le caractère d'un contrat de droit public* ».

[207] Par exemple, voir C.E., 18 mai 1960, *Sté les Dragues Blésoises*, *R.D.P.* 1960, p. 1062 ; ou encore, dans le même sens, C.E., 10 mai 1963, *Dame Porcher*, *R.D.P.* 1963, p. 823 ; C.E., 12 juin 1963, *VIlle de Nice*, *R.D.P.* 1963, p. 1215 ; C.E., 24 nov. 1965, *Sté des établissements Jacob*, *R.D.P.* 1966, p. 624 ; C.E., 10 juin 1966, *Doré*, *R.D.P.* 1967, p. 197.

[208] C.E. 18 mars 1963, *sieur Cellier*, req. n° 57715, *A.J.D.A.* 1963 II p. 484 ; dans le même sens : C.E. 18 janvier 1963, *sieur Baud et autres*, *Leb.* p. 32 ; C.E. 8 janvier 1960, *A.J.D.A.* 1960, II p. 183 note Gardies. Dans le même sens, les juges décident qu'est légale la décision de non-renouvellement motivée par le refus de l'exploitant d'accepter l'augmentation de la redevance, C.E., 8 janvier 1960, *Lafon*, *Leb.* p. 15.Cette jurisprudence est restée inchangée ; dans le même sens, C.E., 23 juin 1986, *Thomas*, *Leb.* p. 167 .

[209] C.E., 21 septembre 1990, *M. Remia et autres*, *R.D.P.* 1992, p. 1551.

gestion d'un foyer-logement pour personnes âgées par bail emphytéotique ; une des clauses du contrat interdisait la résiliation du bail avant le remboursement complet du prêt. Les juges décident que cette clause est nulle, car incompatible avec les principes de la domanialité publique.

b - L'inapplication des clauses assurant le renouvellement

La Haute Juridiction décide également qu'est sans effet l'engagement pris par l'administration de renouveler l'acte : *« considérant que si le requérant se prévaut d'un prétendu engagement souscrit par la S.N.C.F. de renouveler à son profit la convention... l'existence de cet engagement n'aurait pu faire obstacle au droit de la S.N.C.F. de reprendre la disposition des lieux ».*[210]

Le juge établit que dans le cas où l'administration aurait prévu par voie contractuelle les règles protectrices du fonds de commerce au profit de l'entreprise sur le domaine public, celles-ci ne pourront être appliquées : *« les règles du droit commun, en matière de loyer, ne lui sont pas applicables, nonobstant les clauses contraires »* que peut contenir le contrat.[211]

Dans le même sens, le juge décide qu'est un contrat administratif celui par lequel a été louée une dépendance du domaine public nonobstant la circonstance que le contrat ait comporté des termes juridiques pouvant *« être interprétés comme définissant une situation de droit privé ».*[212]

Une autre décision antérieure était aussi intervenue dans le même sens ; certes l'occupant n'invoquait pas le bail commercial mais un bail à loyer d'habitation de la loi du 1er septembre 1948 qui prévoyait le maintien dans les lieux du locataire ; la Haute Juridiction décide que la circonstance que l'occupant soit titulaire d'un bail lui donnant à loyer une maison, *« n'est pas de nature à lui retirer le caractère de dépendance du domaine public... ni à conférer le droit au maintien dans les lieux prévu à la loi du 1er septembre 1948, laquelle n'est pas applicable aux biens du domaine public »*[213].

Un autre arrêt fait du non-renouvellement un principe général de la domanialité : *« il résulte... des principes généraux de la domanialité publique*

---

[210] C.E. 18 mars 1963, *Cellier, A.J.D.A.* 1963, II , p .485 note J. Dufau.

[211] T.A. de Marseille, 10 juillet 1968, *commune d'Avignon c/consorts Couston-Bouchet, A.J.D.A.* 1968, II, p.584, note A.de Laubadère.

[212] T.A. de Paris, 9 mai 1967, *époux Brun c/département de la Seine, A.J.D.A.* juin 1968, II, p. 353.

[213] C.E., 3 mars 1958, *Demoiselle Pitié, Leb.* p. 143.

que les titulaires d'autorisation n'ont pas de droit acquis au renouvellement de leur concession ».[214]

En conséquence doivent être considérées comme nulles les clauses garantissant une stabilisation sur le domaine public au moyen d'un renouvellement ou d'une absence de résiliation garantis, comme étant contraires aux principes généraux de la domanialité publique.

Enfin, il faut remarquer que si l'opérateur privé détient un bail commercial sur une portion du domaine classée indûment dans le domaine privé, il reste soumis quand même aux règles de la domanialité publique.[215]

Enfin, il faut rappeler ce que la doctrine a affirmé souvent : c'est l'aggravation de la précarité de l'occupant par l'évolution des pouvoirs de gestion de l'administration. Au début du siècle, l'occupant était juridiquement instable, mais stable en fait, car l'administration ne pouvait lui retirer son acte que pour des motifs de police. Progressivement, les juges ont étendu le nombre de cas, d'intérêt général justifiant un retrait, (une résiliation ou un non-renouvellement), l'intérêt économique étant au nombre de ceux-ci (non-acceptation de l'augmentation de la redevance). Ainsi, bien que le juge contrôle la légalité des motifs, l'autorité a, à présent, de très larges pouvoirs de retrait ou de non-renouvellement. En cette période de difficultés économiques où les administrations cherchent à rentabiliser au maximum leur domaine, le non-renouvellement pour motif économique constitue un risque accru d'instabilité très important pour l'opérateur privé, implanté sur le domaine public.

II - Les juges judiciaires : les nuances

Les juges judiciaires ont une position plus nuancée sur la question du fonds de commerce sur le domaine public. Ils refusent le fonds de commerce (1), mais dans certaines circonstances ils admettent une propriété commerciale instable (2).

1 - L'absence de fonds de commerce

Pour refuser le fonds de commerce, les juges civils se basent sur un autre critère : c'est l'absence de clientèle propre de l'occupant du domaine public.

---

[214] C.E.,14 octobre 1991, *Helie*, *Leb*. p. 927.

[215] Le Conseil d'Etat, dans l'arrêt de section *Michaud, précité* note n° 190, décide qu' « *une halle, affectée au service public pour lequel elle a été spécialement aménagée, fait dès lors partie du domaine public communal, nonobstant une délibération du conseil municipal la classant dans le domaine public de la ville. Par suite, la ville ne pouvait légalement louer par bail commercial un emplacement dans cette halle.* »

En l'absence de définition légale, la doctrine définit le fonds de commerce comme l'ensemble des éléments mobiliers, corporels et incorporels, qu'un commerçant affecte à l'exercice d'une activité commerciale en vue d'attirer une clientèle[216]. La clientèle, qui fait partie des éléments incorporels du fonds de commerce, constitue dans la jurisprudence dominante l'élément essentiel du fonds de commerce[217]. La Cour de cassation considère que, pour qu'il y ait fonds de commerce, il doit y avoir une clientèle propre attirée par les différents autres éléments du fonds de commerce.

Or, le juge décide que l'occupant sur le domaine public n'a pas de clientèle propre ; ainsi sur une exploitation dans un marché il décide qu'il n'y a pas fonds de commerce au motif *« que la clientèle... n'a été ni achetée par le titulaire de la concession, ni créée par son travail, son industrie, son sens des affaires et de la concurrence, ayant comme source l'achalandage, assuré initialement par le monopole de fait résultant du privilège d'exploitation accordé à un nombre limité de concessionnaires et qui est uniquement le fait de l'autorité concédante ».*[218]

Dans une autre décision, la Cour de cassation décide en assemblée plénière qu'une concession exclusive d'installation et d'exploitation de buffets-buvettes et comptoirs sur un champ de courses n'a pas de fonds de commerce et ne peut donc bénéficier du renouvellement, parce que l'occupant *« ne s'était pas constitué une clientèle personnelle distincte de celle de la société des courses ».*[219]

2 - L'admission d'un fonds de commerce instable

Inversement, le juge judiciaire reconnaît le fonds de commerce sur le domaine public, lorsque celui-ci attire une clientèle propre, même en l'absence de tout droit au bail ; cela revient à dire qu'il admet un fonds de commerce précaire. La Cour d'appel de Poitiers avait décidé dans ce sens que *« si une concession sur le domaine public n'a pas juridiquement le caractère du bail, l'ensemble des autres éléments concourant à l'exploitation n'en est pas moins susceptible de constituer un véritable fonds de commerce ; qu'en effet, par le fait même de l'exploitation, le commerçant devient propriétaire d'une clientèle*

---

[216] *Jurisclasseur commercial,* Fonds de commerce, fasc. 1060.

[217] Voir par exemple Paris, 18 mars 1925, *S.* 1925, 2, 93, note Rousseau. Cass. req. 15 fév. 1937, *D.P.* 1938, 1, note Cordonnier ; *S.* 1937, 1, 169, note Rousseau. Ou encore, Cass. soc. 4 juillet 1972, *Bull. civ.* V, n. 490.

[218] Cass. com. 3 fév. 1970, *D.S.*, 1970, p. 626.

[219] Cass. ass. plén. 24 avril 1970, rec. *D.S.*, 1970, p. 381, note R.L.

qui lui est personnelle »[220]. Malgré la reconnaissance d'un fonds de commerce, le même arrêt rappelle l'instabilité de celui-ci puisqu'il est affirmé en même temps que l'occupant n'a *« aucun droit au bail »*.

Dans une autre décision, la Cour de cassation censure la décision des juges du fonds par laquelle ils décident qu'un manège forain ne constituait pas un fonds de commerce, *« sans rechercher si le manège en cause ne pouvait pas par sa nature, comporter une clientèle indépendamment des emplacements susvisés »*.[221] Postérieurement, la Cour de cassation réaffirme que les bénéficiaires d'une concession au profit d'un marchand ambulant sur un marché municipal sont détenteurs d'un fonds de commerce auquel est attachée une clientèle.[222]

Dans les deux cas, l'occupant a toujours un statut instable : si l'exploitation attire une clientèle propre (exemple, un restaurant renommé dans une gare), le fonds de commerce que les juges reconnaissent est soumis à l'instabilité ; si elle n'attire pas de clientèle propre parce que la clientèle ne vient que parce que l'entreprise est implantée sur le domaine public (exemple une buvette sur un champ de courses), dans ce cas il n'y a pas de fonds de commerce, et de ce fait, l'entreprise est également dans une situation instable.

Les juridictions civiles et administratives arrivent au même résultat par des cheminements distincts : c'est l'instabilité de l'entreprise sur le domaine public. En effet, qu'on lui refuse le fonds de commerce en raison de l'inaliénabilité ou qu'on l'admette assorti de la précarité, dans les deux cas le titre est soumis à l'insécurité.

B - La reconnaissance par les textes de la possibilité de constituer un fonds de commerce enfermé dans des conditions de droit public

La réglementation sur les marchés d'intérêt national emploie le terme de «fonds de commerce» et «nantissement du fonds de commerce». L'article 12 de l'ordonnance du 22 septembre 1967[223] stipule par exemple que *« les inscriptions prises en application de la loi du 17 mars 1909 relative à* ***la vente et au nantissement du fonds de commerce conservent de plein droit leurs effets*** *en cas de déplacement dans l'enceinte d'un marché d'intérêt national d'un fonds de*

[220] 3 juillet 1963, *D.* 1964, sommaire, p. 23 ; *Rev. trim. dr. com.* 1964, 525, n° 11, obs. A. Jauffret.

[221] Cass. com. 1er fév. 1966, *Gaz. Pal.* 1966, jur. p. 13, note anonyme.

[222] Cass. com. 7 mars 1978, *Bull. civ.* IV n° 84.

[223] N° 67-808, portant modification et codification des règles relatives aux marchés d'intérêt national, *J.O.* du 27 sept. 1967, p. 9501.

commerce... Pour l'application de la même loi, ***le droit d'occupation privative*** *d'emplacement dont dispose un commerçant établi dans l'enceinte d'un marché d'intérêt national* ***est susceptible d'être compris dans le nantissement de son fonds de commerce ».*** Le décret du 10 juillet 1968 fait état encore du fonds de commerce en son article 31.[224]

Mais ce fonds de commerce sera encore une fois enfermé dans des conditions de droit public puisqu'il n'a pas l'élément indispensable lui conférant la stabilité propre à la propriété commerciale de la propriété privée. En effet, le titulaire d'une concession sur un M.I.N., à l'instar de tout autre occupant de n'importe quel site domanial, n'a jamais droit au renouvellement, et est soumis aux conditions habituelles de résiliation.

SECTION II

INCERTITUDES SUR LA DISPONIBILITE DE L'ENTREPRISE

L'entreprise sur la propriété privée peut être vendue, cédée ; elle est évaluée, elle fait l'objet d'un prix de vente. Le titulaire d'un fonds de commerce peut vendre celui-ci, lequel, cessible et transmissible, a une valeur marchande. L'immeuble, s'il est la propriété de l'exploitant, peut être également vendu et transmis. Or sur le domaine public, l'occupant fait l'objet de règles particulières en cette matière. Le titre d'occupation, autorisation ou contrat, en plus de la révocabilité, de la précarité, a un caractère **personnel**. De la signification que l'on va donner à ce caractère personnel, vont dépendre les possibilités de cession et de transmission sur le domaine public.

Différentes remarques s'imposent ici :

La première remarque : c'est celle de savoir s'il peut y avoir cession sur le domaine public ; dans l'affirmative, il faut identifier l'objet de cette cession. En effet, nous savons que le domaine public est inaliénable, ce qui comporte l'interdiction de constituer des droits réels. En conséquence l'occupant ne pourra vendre un droit que, par définition il ne possède pas.

Nous savons, par ailleurs, que le titre traditionnel ne confère pas la propriété des constructions à l'occupant ; toutefois nous avons vu que parfois la

---

[224] N° 68-659, portant organisation générale des marchés d'intérêt national, *J.O.* du 16 juillet 1968, p. 6788 : *« Lorsque le titulaire de la concession d'emplacement désire céder son fonds de commerce... ».*

jurisprudence a admis un droit de propriété à celui qui a édifié les constructions. Mais ce droit de propriété, précaire et révocable n'entraîne pour l'occupant que les charges et obligations inhérentes à la propriété, et non pas les avantages. Ce droit supposé de propriété ne comporte certainement pas la possibilité d'être cédé ou transmis.[225]

De plus, l'occupant, au terme de la jurisprudence administrative n'a pas non plus de fonds de commerce ; il ne pourra donc pas disposer de quelque chose qui juridiquement n'existe pas. Toutefois, nous avons vu que la Cour de cassation admet dans certains cas l'existence d'un fonds de commerce, précaire et révocable ; celui-ci est-il alors cessible et transmissible ? C'est un des points que nous allons voir dans nos développements ultérieurs.

Le titre même détenu par l'occupant - autorisation ou contrat - est-il cessible et transmissible ? Mais le domaine est inaliénable : on ne vend pas le domaine public, on n'hérite pas du domaine public ; inaliénable, le domaine public est dépourvu de valeur de négociation (théoriquement.) Mais il existe la pratique de présentation d'un successeur qui consiste pour l'opérateur à faire agréer par l'administration une personne qui se substituera dans l'occupation du domaine public, moyennant le paiement d'une somme d'argent. Que cède alors l'occupant ? Il cède son titre, autorisation ou contrat ; mais par-delà il cède son emplacement. Cette pratique est-elle légale ? Où doit-on considérer qu'il y a là un contournement à l'inaliénabilité ?

En matière de cessibilité du titre, peut-on appliquer des régimes différents à l'autorisation et au contrat ? Ou au contraire doit-on considérer que l'inaliénabilité, d'ordre public, comporte dans tous les cas l'incessibilité du titre, quel qu'il soit ? C'est donc la cession et la transmission d'un titre d'occupation du domaine public que nous aborderons également, que nous appellerons aussi présentation d'un successeur.

La deuxième remarque : soit on conclut à l'incessibilité et dans ce cas la question est close ; soit on admet la cessibilité et il faut alors s'interroger sur les modalités de celle-ci : la cession est-elle libre ? Nécessite-t-elle une autorisation administrative ou une simple notification à l'administration ? Ceci va permettre un contrôle plus ou moins poussé de l'administration et parallèlement restreindre plus ou moins la liberté de l'occupant.

La troisième remarque : c'est celle de l'échange d'argent auquel donne lieu la transaction. Parler de cessibilité, de transmissibilité, c'est aborder la question de

---

[225] Y. Gaudemet, par exemple affirme que le droit de propriété des constructions, conditionné par une autorisation administrative, ne peut être de ce fait cédé. *C.J.E.G.*, 1991, préc.

la valeur de l'échange, de la valeur marchande car la cession n'existe que parce que le cédant va percevoir une somme d'argent, sans quoi cette transaction n'aurait pas lieu. Percevoir une somme d'argent à la suite de la vente d'un fonds de commerce est l'opération la plus normale sur la propriété privée. Plus l'entreprise est rentable, importante, saine, plus son prix de vente est élevé.

Or, sur le domaine public, la perception d'une somme d'argent par le cédant est critiquée, parfois très vivement, par une partie de la doctrine administrative. Si l'opération est parfaitement admise et protégée par la loi sur la propriété privée, elle apparaît comme étant sinon malhonnête, tout du moins comme étant le fait d'un vil profiteur. La doctrine n'a-t-elle pas dénoncé les beati possidentes du droit administratif ?[226] Waline ne parlait-il pas d'*abus proprement scandaleux* ?[227]

La doctrine administrative renvoie donc d'emblée au cédant sur le domaine public, une image dégradante de lui-même, image qu'il n'a pas sur la propriété privée où il peut céder en toute quiétude son entreprise ; certes, il ne s'agit là que d'un aspect psychologique de la question mais qui a tout de même son importance : d'une part ceci n'est pas moralement satisfaisant pour le chef d'entreprise, d'autre part il ne comprend pas bien souvent pourquoi on lui colle cette image, car bien souvent il est perdu dans les méandres et les subtilités du droit.

Quant au cessionnaire, habitué à la technique d'achat de fonds de commerce sur la propriété privée, le paiement pour prendre la suite d'une entreprise sur le domaine public lui paraît normal. Or, il peut découvrir un jour, avec étonnement pour sa part, qu'il est une victime «*rançonnée* » (Waline précité). Cela ne va pas sans créer des tensions et des conflits. Ainsi voit-on le cessionnaire, après avoir payé une somme d'argent pour prendre la suite d'un prédécesseur sur le domaine public, intenter à ce dernier une action en justice pour récupérer les fonds qu'il considère avoir indûment payés[228]. Une

---

[226] R. Savatier « Beati possidentes!», *D.*, 1937, chronique, p. 61 et s. F. Bataillier, *Les «beati possidentes du droit administratif (Les actes unilatéraux créateurs de privilèges)»*, *R.D.P.* 1965, p. 1051 et s.

[227] Ainsi affirmait-il également : «*Le droit du permissionnaire est-il cessible? La Cour de cassation l'a admis, pour les chauffeurs de taxis(...). Il s'ensuit des abus proprement scandaleux : des chauffeurs de taxis, qui ont obtenu un permis gratuit le revendent très cher, réalisant ainsi un enrichissement sans cause. Ceux qui ont été ainsi rançonnés revendront à leur tour ces permis, et cette fois avec meilleure conscience, puisque eux-mêmes auront payé ce qu'ils revendent. La situation est devenue aujourd'hui très difficile à corriger». Précis de droit administratif*, précité note n° 16, p. 160

[228] Cass. com., 7 mars 1978, *Bull. civ.* IV n° 84. Dans cette affaire, il s'agissait des époux Leclerc qui avaient donné en location-gérance aux époux Pestel le fonds de commerce ambulant qu'ils

clarification du droit applicable en la matière est donc nécessaire pour donner certes une sécurité juridique aux cédants et aux cessionnaires mais aussi pour permettre une certaine sérénité sociale.

Le droit administratif ignore le plus souvent l'aspect économique de la cessibilité ; le reconnaître serait quelque part gênant puisque le domaine public est inaliénable. M. P. Godfrin soutient d'ailleurs avec beaucoup de réalisme qu'il y a «*une hypocrisie à dire que ces occupations ne sont pas transmissibles, puisqu'en fait on sait très bien qu'elles sont transmises et qu'elles donnent lieu à des paiements dans la réalité des choses*».[229] La Cour de cassation dans l'arrêt *Valenti*[230] a fait référence cependant explicitement au caractère patrimonial de l'autorisation.

Ces différentes remarques effectuées, nous verrons à présent les avis de la doctrine laquelle établit une distinction entre la cession de l'autorisation et celle du contrat (§ I) puis la position divergente des juges administratifs et judiciaires sur la disposition du titre (§ II). Enfin, nous verrons les nuances apportées par les textes particuliers (§ III).

§ I - LA DOCTRINE : LA DISTINCTION ENTRE AUTORISATION ET CONTRAT

La doctrine traite séparément, la plupart du temps, autorisation et contrat. Nous aborderons donc cette question à partir de cette double distinction. Nous verrons les avis divergents sur la cessibilité de l'autorisation (A) et l'opinion majoritaire sur la cessibilité du contrat (B). Toutefois quelques précisions s'imposent.

M. P. Godfrin soulignait que « *Le caractère personnel de la permission de voirie est rarement affirmé par les auteurs qui passent le plus souvent la question sous silence* »[231], propos qui sont toujours d'actualité. Si la précarité du titre a suscité de très nombreux articles, en revanche, le caractère personnel n'a donné lieu qu'à peu de développements doctrinaux ; il est vrai que cette question n'a pas soulevé un contentieux important, surtout en droit

exploitaient sur un marché et ses environs ; ils avaient cédé également la clientèle par un contrat annexe pour une somme de 20 000 francs. Mais postérieurement, les époux Pestel, acquéreurs de la clientèle, tentent d'obtenir le remboursement de cette somme en invoquant l'absence de clientèle et par-delà de fonds de commerce sur le domaine public.

[229] *C.J.E.G.*, préc. n° 37, p. 91.

[230] Cass. civ. 27 déc. 1963, *A.J.DA.* 1963, II, p. 240, note H.L.

[231] Obs. sous C.E., section, *Sieurs André et Manuel Koeberlin*, précité, p. 160.

administratif. Pourtant la cession du titre d'occupation est une pratique qui existe.

Par ailleurs, cette question de la disponibilité est importante à deux points de vue. Sur le plan théorique, elle permet de savoir si l'inaliénabilité permet la disposition du titre d'occupation. Sur le plan pratique, il est important pour l'occupant du domaine public de savoir s'il est en droit d'escompter un prix de vente et s'il peut transmettre le bien à ses héritiers.

Enfin il convient de rappeler ici que les titres d'occupation sont soit des autorisations d'occupation temporaire, soit des contrats **sans** concession de service public. La concession de service public comporte également l'occupation du domaine public, mais en raison justement de la mission de service public dont l'occupant a la charge, celui-ci bénéficie de conditions particulièrement avantageuses. Nous avons déjà dit que la concession de service public ne fait pas l'objet de notre étude. Mais parfois nous la prendrons comme exemple et comme point de référence pour mieux l'opposer à l'autorisation et au contrat sans service public.

A - La cessibilité de l'autorisation : des avis divergents

La doctrine a un avis divergent sur la cessibilité de l'autorisation. Certains auteurs préconisent la cessibilité de celle-ci (I) ; d'autres auteurs retiennent l'incessibilité du titre (II).

I - La cessibilité de l'autorisation

Une distinction est à effectuer ici : une partie de la doctrine opte pour la libre cessibilité de l'autorisation, sans autorisation de l'administration (1). Une autre partie soutient qu'elle est cessible mais qu'une autorisation administrative est nécessaire (2). Parler de cession c'est aborder également la question de la valeur de l'autorisation ; nous verrons le point de vue de la doctrine sur cette question (3).

1 - La libre cessibilité de l'autorisation

M. Carayon admet la libre cessibilité de l'autorisation, sans intervention administrative car pour lui, à la différence de la concession, il n'y a pas d'intuitus personae dans la permission de voirie[232].

---

[232] *« La nature même du titre, la protection des intérêts que l'Administration a en vue quand elle l'octroie, n'exigent pas l'approbation de la cession de la permission.*[...]*le bénéficiaire d'une autorisation d'occuper le domaine public[...] n'est pas choisi en raison de son aptitude*

M. P. Godfrin préconise de longue date la libre cessibilité et transmissibilité de l'autorisation : «*On ne voit pas en réalité les raisons juridiques ou d'opportunité qui interdiraient nécessairement la cession ou la transmission par succession d'une autorisation d'occupation.*»[233] L'auteur rappelle l'intérêt du caractère personnel dans la concession de service public lequel se justifie non pas parce qu'il y a occupation du domaine public mais parce qu'il y a gestion d'un service public qui nécessite un contrôle de l'administration ; pour l'éminent auteur, cet intérêt n'existe pas dans la simple autorisation d'occuper le domaine public. Lors de l'arrêt *Koeberlin*, il soutenait qu'à la différence du contrat d'occupation du domaine public, la cession d'autorisation ne nécessitait pas l'agrément administratif.[234]

Pour M. P. Godfrin, l'évolution des pouvoirs de gestion de l'administration ne s'oppose pas à la libre disposition de la permission, l'administration pouvant retirer l'autorisation à tout moment pour motif d'intérêt général : «*Il est vrai qu'à partir de 1932 et de la jurisprudence ultérieure bien connue, la notion et l'utilisation de la permission de voirie se sont beaucoup transformées. Ce procédé n'est plus utilisé dans le seul intérêt privé de son bénéficiaire, il doit aussi favoriser la réalisation de l'intérêt général largement entendu. Mais cette évolution ne s'oppose pas à la transmission automatique de la permission. En effet, la situation de l'occupant est précaire, il peut y être mis fin à tout moment et pour tout motif tiré de l'intérêt général*».[235]

---

personnelle, mais en considération d'une situation matérielle. La personnalité du titulaire de la permission est étrangère à la délivrance du titre. »Thèse précitée p. 87.

[233] Obs. sous arrêt *sieur André et Manuel Koeberlin*, précité note n° 44, p. 161. Voir du même auteur cette question dans *Le droit administratif des biens*, précité, 4ème éd., p. 124.

[234] « *Sans doute tous les auteurs signalent-ils l'importance du facteur personnel dans le choix par l'administration d'un concessionnaire de service public (...) or, celui-ci est très fréquemment amené à bénéficie , pour l'exploitation de sa concession, d'une autorisation d'occupation du domaine public. Mais ce n'est pas l'occupation du domaine qui impose l'intuitus personae : c'est d'une part le fait que l'administration confie à une personne privée la gestion d'un service public pour lequel elle exige le maximum de garanties de bon fonctionnement et, d'autre part, la théorie générale des contrats. C'est cette même théorie qui permet d'expliquer le caractère personnel d'une concession d'occupation du domaine public sans concession de service public. On comprend que l'occupant ayant signé un contrat avec l'administration, il ne puisse sans l'accord de celle-ci se substituer une tierce personne.*
Le cas de la permission de voirie est tout différent, et, a priori, ***rien ne s'oppose, en droit ou en fait , à ce qu'elle se transmette automatiquement, soit par vente, soit par succession.*** » Obs. précitées note n°44, p. 161.

[235] Obs. précitées note n°44, p. 161.

2 - La cessibilité avec autorisation de l'administration

Certains auteurs admettent la cessibilité de l'autorisation avec toutefois l'agrément de l'autorité. J.-M. Auby et M. P. Bon affirment : « *La permission de voirie constitue en principe un titre personnel qui ne peut être cédé ou transmis, sinon avec l'accord de l'administration.* »[236]

Mme J. Morand-Deviller semble aller dans le même sens puisqu'elle affirme que le titre d'occupation « *ne saurait, en principe, être cédé à titre gratuit (succession) ou onéreux sans l'accord de l'administration* ». Elle affirme en même temps qu'en cas de changement d'occupant, la délivrance d'un nouveau titre est nécessaire[237].

M. J.-F. Dénoyer opte également pour la cessibilité de l'autorisation, avec l'accord de l'administration. L'auteur qui veut établir que l'occupant bénéficie d'une certaine stabilité sur le domaine public, invoque le «droit réel administratif», lequel est, *dans certains cas, transmissible.*[238] Ou encore il affirme : « *Le principe est que la cession est possible mais qu'elle doit faire l'objet d'une autorisation préalable de l'administration compétente (...) Elle ne peut d'ailleurs intervenir que dans certaines conditions, fixées en général dans le cahier des charges(...)*

La cession non autorisée est inopposable à l'administration ; elle peut entraîner le retrait de la permission de voirie (...) ou la résiliation de la concession »[239].

M. Lenoir veut prouver également que l'occupant bénéficie d'une certaine permanence ; il invoque aussi la théorie du droit réel administratif qui est « *sous des formes et dans une mesure variable, transmissible* ».[240]

3 - La valeur de l'autorisation cédée

En acceptant la cession de l'autorisation, il en découle qu'il faut lui reconnaître une valeur. Les auteurs qui veulent affirmer que l'occupant a une certaine permanence invoquent le droit réel administratif et la valeur de celui-ci.

---

[236] *Droit administratif des biens*, précité, p. 131.
[237] *Cours de droit administratif des biens*, précité note n°20, p. 268.
[238] *L'exploitation du domaine public*, précité note n° 129, p. 129.
[239] *Précité* note n° 129, p. 131 et s.
[240] *Les domaines de l'Etat et des autres collectivités publiques*, Editions Sirey, Paris 1966, p. 201.

Ainsi M. Lenoir affirme que «*la valeur économique du droit* [réel administratif] *est reconnue tantôt quand la limitation des autorisations conduit à l'existence d'un droit de présentation, par exemple pour le nombre des taxis dans une ville, tantôt lorsque la concession du droit réel comporte un élément personnel d'exploitation et de mise en valeur par le concessionnaire.* [...] *Cela existe surtout en matière de concession de service public situé sur le domaine public, car si le concessionnaire n'a pas la propriété de sa concession, elle constitue un élément économique de son patrimoine.*»[241] La critique que nous effectuons ici, c'est qu'il traite indistinctement l'autorisation et la concession de service public en les plaçant sur un pied d'égalité alors qu'il s'agit de deux choses extrêmement distinctes, relevant de régimes très différents.

M. Dénoyer admet également la valeur économique du droit réel administratif, dans un chapitre qu'il intitule *«La valeur économique du droit réel administratif des particuliers»* ; nous formulerons la même critique que pour M. Lenoir : pour asseoir sa thèse de la théorie des droits réels administratifs ayant une valeur économique, il cite l'autorisation et la concession de service public, qui pourtant diffèrent profondément l'une de l'autre.

Certains auteurs critiquent le fait de percevoir de l'argent à l'occasion du transfert d'une autorisation, les titulaires de la permission étant dénoncés comme les *«beati possidentes»* du droit administratif. Waline voit un abus proprement scandaleux dans l'échange monnayable des permis de stationnement des chauffeurs de taxis.[242] Une partie de la doctrine civiliste admet que la valeur de l'autorisation, controversée, est contestable. Mais elle considère cette autorisation comme une «*valeur nouvelle*» à intégrer dans le fonds de commerce. Autrement dit, l'autorisation d'occuper le domaine public est un élément du fonds de commerce, comme la clientèle, l'enseigne etc., avec un caractère de patrimonialité.[243]

---

241 *Précité* note n°240, p. 201,

242 *Précis de droit administratif*, précité n° 16, p. 160.

243 *Jurisclasseur commercial :* fonds de commerce, fasc. 1040, n° 37.-« *Les droits d'occupation accordés aux entreprise... sur le domaine public... sont des éléments entrant dans la composition du fonds de commerce* »..

n° 32 *: « L'évolution des méthodes de production, le changement des structures de la distribution commerciale, l'accentuation du rôle de l'Etat dans la direction ou l'orientation des activités économiques ont déterminé l'apparition de nouveaux biens ou de nouvelles valeurs dont l'insertion dans le fonds de commerce a été discutée.* [...] *Ces éléments nouveaux du fonds de commerce jouent un rôle de plus en plus important. Il s'agit parfois des éléments qui possèdent la valeur patrimoniale la plus élevée* ».

n° 33 *: « L'insertion des autorisations administratives nécessaires à l'exercice de nombreuses activités industrielles ou commerciales dans les éléments du fonds de commerce soulève deux*

II - L'incessibilité de l'autorisation

D'autres auteurs soutiennent que l'autorisation est incessible. A l'occasion de l'arrêt *Koeberlin*, le Commissaire du gouvernement M. Kahn déclarait : « *il est certain... que les autorisations de permission données sur le domaine public ont un caractère personnel et qu'elles ne peuvent être transmises par voie de succession non plus d'ailleurs que par aucun autre moyen*».[244]

M. Dufau affirme : «*Les autorisations d'occupation étant strictement personnelles (...), elles ne sont pas en principe transmissibles à des tiers.*»[245] A. de Laubadère et J.-C. Vénézia considèrent qu'*en principe, les autorisations administratives sont accordées intuitus personnae. Elles ne peuvent donc pas faire l'objet d'une cession.* Et si dans certains cas les autorisations peuvent être cédées -en cas par exemple d'admission de la cession par un texte- ces éminents auteurs estiment qu'elles doivent l'être à titre gratuit[246]. M. C. Lavialle considère également que le titre ne peut être cédé car il n'appartient pas à l'occupant privatif[247].

Les propos divergents de la doctrine résultent très certainement d'une jurisprudence incertaine et évolutive. Cependant, en matière contractuelle, les avis coïncident plus.

B - La cessibilité du contrat : l'avis majoritaire

La doctrine soutient de façon majoritaire que le contrat sur le domaine public est cessible avec l'autorisation de l'administration, en se basant sur la théorie générale des contrats.

Ainsi, à l'occasion de l'arrêt *Koeberlin*, précité, M. P. Godfrin affirme que le contrat sur le domaine public est cessible avec l'autorisation de l'administration; il soutient que c'est la théorie générale des contrats qui « *permet d'expliquer le caractère personnel d'une concession d'occupation du domaine public sans concession de service public. On comprend que l'occupant ayant signé un contrat avec l'administration, il ne puisse, sans l'accord de celle-ci, se substituer une tierce personne*»[248]. De façon paradoxale, l'éminent auteur rend

---

problèmes : celui de leur patrimonialité tout d'abord ; celui de la liste des autorisations susceptibles d'être considérées comme faisant partie du fonds de commerce. »

244 Cité par P. Godfrin, dans obs. sous arrêt *Koeberlin*, précité note n°44, p. 161.

245 *Le domaine public*, précité, p. 525, n°666.

246 A. de Laubadère, J.C. Vénézia, *Traité de droit administratif*, Les grands services publics, L.G.D.J., tome 3, 4ème éd. , 1990, p. 24.

247 *Droit administratif des biens*, précité, p. 145, n°136.

248 Note sous arrêt *Koeberlin*, C.E. 21 nov. 1969, *A.J.D.A.* 1970, II, p. 161. De même, il affirme :»

la cessibilité du contrat plus incertaine que celle de la simple permission, puisque, nous l'avons vu précédemment, il préconise la libre cessibilité de l'autorisation, alors qu'il soumet le contrat au contrôle de l'administration. Or la technique du contrat est censée donner à l'occupant une sécurité juridique plus grande que celle de l'acte unilatéral. La notion même de «contrat» laisse supposer des avantages que n'aurait pas la permission. Si on prend en compte cette analyse, le contrat serait en régression par rapport à l'autorisation ; en effet, l'occupant contractuel, dont la cessibilité de l'acte serait soumise à contrôle, ne serait pas certain de la suite réservée à sa demande d'agrément de successeur, alors que le simple permissionnaire aurait une totale liberté pour céder son titre. Cette différence de traitement des deux actes au détriment du contrat ne nous semble pas satisfaisante.

J.-M. Auby et M. P. Bon affirment dans le même sens : «*...le contrat est considéré comme conclu intuitu personnae et il ne peut être cédé ou transmis sans l'accord de l'administration.*»[249] Ceci revient à dire qu'il est cessible et transmissible avec l'accord de l'administration. Nous avons vu précédemment que ces auteurs soumettent à autorisation la cession de la permission. Ils établissent donc un régime identique pour les deux actes, à la différence de M. Godfrin qui préconise un régime plus favorable au profit de l'autorisation.

MM. M. Guibal et L. Rapp soutiennent que l'occupant contractuel «*ne peut pas renoncer à sa situation sans l'accord de la collectivité propriétaire et ne peut pas céder ses droits(...) car le contrat est conclu intuitu personnae*».[250]

Pour MM. de Laubadère, F. Moderne et P. Delvolvé, **tous les contrats administratifs** sont cessibles dès lors que l'autorisation de l'administration intervient[251]. Ces auteurs vont très loin puisqu'ils affirment qu'il faut appliquer au bénéficiaire d'un contrat quel qu'il soit les mêmes règles qu'au concessionnaire de service public, dès lors qu'il y a des droits patrimoniaux en jeu ; l'administration ne pourrait donc refuser le cessionnaire de l'occupant bénéficiant d'un contrat d'occupation du domaine public que pour des motifs tirés de l'incapacité technique et financière, dès lors, par exemple, qu'il aurait réalisé des investissements sur le domaine public : «*Dans tous les contrats où*

Le contrat est toujours conclu intuitu personae. S'il y a eu discussion sur le point de savoir si une autorisation unilatérale pouvait faire l'objet d'une cession, on admet unanimement que le cocontractant ne peut se substituer une tierce personne». Droit administratif des biens, précité, 4ème éd. p. 136.

[249] *Droit administratif des biens. Domaine, travaux publics, expropriation pour cause d'utilité publique*, Dalloz, 2ème éd. 1993, p. 139.

[250] *Contrat des collectivités locales*, Ed. F. Lefebvre, 1995, p. 480, n°10013.

[251] *Traité des contrats administratifs*, tome 2, L.G.D.J., 1984, p. 19.

l'intuitus personnae se combine avec d'importants droits patrimoniaux pour le cocontractant comme la concession de service public, les restrictions au pouvoir discrétionnaire de l'administration exposées à propos de la concession ont lieu de s'appliquer ; des motifs autres que l'incapacité technique et financière ne pourraient être retenus » ;[252] ils établissent de façon explicite que cette règle doit s'appliquer à l'héritier du titulaire d'un contrat d'occupation du domaine public, de la même façon qu'au cessionnaire : *«Lorsque le contrat prévoit la nécessité d'un agrément par l'administration des héritiers du concessionnaire, l'administration ne dispose pas plus qu'en matière de cession de la concession... d'un pouvoir discrétionnaire pour refuser l'agrément* ; *elle ne peut, ici aussi opposer un refus que dans le cas d'absence de qualités techniques nécessaires pour poursuivre la concession* ; ...***Ces principes doivent s'appliquer dans les contrats présentant certaines analogies avec la concession de service public...*** [dont] ***les contrats portant occupation du domaine public ».***[253]

Cependant Mme Morand-Deviller semble être plus nuancée lorsqu'elle affirme que *« le contrat est conclu intuitu personnae »*. En se basant sur la jurisprudence Eurolat elle rappelle que la clause contractuelle autorisant le cocontractant à céder ses droits, par avance, à une personne de son choix, est nulle[254].

§ II - LA JURISPRUDENCE : LES DIVERGENCES ENTRE JURIDICTIONS ADMINISTRATIVES ET JUDICIAIRES

L'analyse de la jurisprudence fait état d'un durcissement, d'incertitudes à l'encontre des entreprises privées de la part du Conseil d'Etat (A). Quant à la Cour de cassation, elle a une position plus nuancée (B).

A - Le juge administratif : durcissement, incertitudes

La rigidification de la jurisprudence administrative est très claire sur la question de la disponibilité du titre d'autorisation (I) ; quant à la disponibilité du contrat, nous verrons que des interrogations apparaissent (II)

---

[252] *Précité* note n° 251, p. 32.

[253] *Précité* note n° 251, p. 48.

[254] *Cours de droit administratif des biens*, précité note n°20, p. 282.

I - L'autorisation : durcissement

Le Conseil d'Etat a rigidifié sa position à l'encontre du permissionnaire, sur la cession de l'autorisation. La Haute Juridiction a admis la cessibilité (1) ; puis elle a franchement opté pour l'impossibilité de disposer de la permission (2).

1 - La cessibilité de l'autorisation

Le juge administratif admet d'abord la libre cessibilité de la permission (a) ; puis il semble s'orienter vers une cessibilité avec autorisation de l'administration (b).

a - La libre cessibilité

L'arrêt ancien *Ministre des travaux publics c. Brunel*[255] admet la libre cessibilité de l'autorisation. Certes, dans cette affaire, il ne s'agissait pas de la cession d'une autorisation d'exploiter une entreprise, mais de la cession d'une autorisation ayant pour but de desservir une entreprise. Mais il n'empêche que l'on aboutit à la libre cessibilité d'une permission.

D'autres décisions du Conseil d'Etat sont intervenues dans le même sens, admettant la libre cessibilité de la permission liée à une exploitation, sans autorisation administrative. Tel est le cas dans l'arrêt de section *sieurs Gerzenberg et Sape*[256]. Le juge, dans cette affaire, affirme explicitement que la

---

[255] C.E., 11 fév. 1887, concl. Marguerie, *Leb* p. 149 ; il est intéressant de reprendre les conclusions du commissaire du gouvernement : pour lui, si l'autorisation a un caractère réel, elle est cessible ; si elle a un caractère personnel, elle est incessible : *Pour savoir si une autorisation a le caractère personnel ou réel, il faut, suivant nous, rechercher quel a été son objet, et dans quel but et pour quel usage elle a été réclamée. Or dans l'espèce actuelle, l'autorisation accordée par le préfet avait pour objet l'établissement d'une estacade soutenant un chemin de service destiné à relier au fleuve l'établissement industriel ; elle a été sollicitée dans le but de créer une installation immobilière à titre de dépendance de l'établissement industriel, le caractère réel de l'autorisation nous apparaît de la façon la plus nette et la plus incontestable*[...] *Aucune disposition n'empêchait le sieur Brunel de céder l'estacade, et n'obligeait le cessionnaire à se munir d'une nouvelle autorisation.* Le Conseil d'Etat le suivra dans ses conclusions en décidant : « *Cons. qu'il a été reconnu par le cons. de préf. Et qu'il n'est pas contesté par l'administration que depuis le 6 mars 1884 le sieur Brunel avait cessé d'être propriétaire de l'usine et de l'estacade qu'il avait vendues au sieur Girault ; que dès lors, c'est avec raison que le cons. de pref. a décidé que la contravention reprochée au sieur Brunel n'était pas de son fait et l'a renvoyé des fins du procès verbal dressé contre lui.* »

[256] C.E., 22 oct. 1937, *Leb.* p. 854 « *Considérant qu'il résulte de l'instruction que les permissions de voirie accordées au Syndicat des taximètres marseillais en vue de l'établissement d'un poste de distribution d'essence, étaient étroitement liées à l'exploitation du garage dont ce syndicat était propriétaire ; que leur bénéfice a, par suite, été transféré au sieur Sape, qui a acheté et exploité ce garage et qui, en l'absence de leur retrait régulier, pouvait maintenir les installations*

cession de la permission ne nécessite pas d'autorisation administrative : *«qu'il en résulte que, sans qu'il y ait lieu de rechercher si ces permissions ont été expressément confirmées aux requérants, il y a lieu de déclarer que c'est illégalement que le maire de Marseille a prescrit l'enlèvement de ces installations comme constituant un empiétement sans titre sur la voie publique...»*[257] Dans une autre décision, la Haute Juridiction décide que « *l'autorisation antérieurement accordée a été transmise au sieur Tossounian par le fait même de la vente dudit fonds...»*[258]

b - La cessibilité avec autorisation de l'administration

Une décision sanctionne à l'inverse le défaut d'occupation personnelle, et en conséquence l'absence d'agrément du cessionnaire ; le juge décide : *« qu'il n'est pas contesté que des ouvrages ont été édifiés sur une parcelle habituellement recouverte par le plus grand flot d'hiver et que, si les prédécesseurs du requérant avaient été autorisés à occuper temporairement la parcelle en cause, aucune autorisation n'avait été accordée à ce dernier».*[259]

Dans un autre arrêt, *sieur Marcy,* le juge affirme que l'occupation doit être personnelle ; toutefois il faut remarquer qu'il décide que cette obligation ne résulte pas de la domanialité publique mais d'un arrêté ; mais il semble admettre une certaine atténuation au caractère personnel, prévue à l'arrêté[260].

2 - L'indisponibilité de l'autorisation

Le Conseil d'Etat va affirmer de plus en plus le caractère personnel de l'autorisation, et par-là, l'incessibilité et l'intransmissibilité de la permission. Dans l'arrêt *Dame Veuve Arquier*[261], la Haute Juridiction affirme que l'autorisation d'exploitation d'un taxi, comportant l'occupation du domaine public, est *exclusivement personnelle et non transmissible.* Il faut remarquer toutefois que l'arrêt précise encore une fois que ce caractère découle de l'arrêté municipal d'autorisation, les règles de la domanialité publique n'étant pas invoquées. Dans l'arrêt de section bien connu, *sieur André et Manuel*

---

effectuées par son prédécesseur conformément à leur disposition. »

257 Décision précitée note n° 256.

258 C.E., 4 juin 1958, *Sieur Tossounain, Leb.* p. 307.

259 C.E., 5 juillet 1933, *Burgess-Moore, Leb.* p 742.

260 C.E., 7 mars 1956, *Leb.* p. 519.

261 C.E., 9 oct. 1963, *A.J.D.A.* 1064, II, p. 241 : *«Considérant qu'aux termes de l'article 3, alinéa 3, de l'arrêté municipal du 5 novembre 1955, en vigueur à la date de la décision contestée : «Cette autorisation, exclusivement personnelle et transmissible, sera toujours révocable devant la commission de discipline suivant la gravité des fautes commises par le titulaire».*

Koeberlin[262], le Conseil d'Etat décide que l'autorisation délivrée aux héritiers de l'occupant est un titre nouveau et n'est pas la continuation de la permission délivrée au prédécesseur, l'autorisation étant intransmissible.

Dans une autre décision, le juge administratif établit qu'un permis d'occupation d'un poste de mouillage dans un port peut être légalement retiré dès lors que l'occupant n'a pas respecté l'incessibilité : *«... la disposition d'un poste de mouillage étant strictement personnelle, elle ne peut en aucune façon donner lieu à cession sous quelque forme que ce soit»*[263]. Mais il faut remarquer toutefois que l'occupant est sanctionné au titre de l'inobservation d'un article de l'arrêté et non pour manquement aux règles de la domanialité publique.

Le juge décide que la cession à un tiers d'une permission devient un motif de non-renouvellement[264]. Enfin, le cessionnaire qui ne bénéficie pas d'un titre personnel est un occupant sans titre, passible de poursuite.[265]

Dans la plupart des décisions précitées, il s'agissait d'occupations qui avaient été cédées sans autorisation de l'administration. Mais la question de savoir si l'occupant pouvait valablement disposer de sa permission dès lors que l'administration l'y autorisait, restait posée. En d'autres termes : la cession de la permission, sans autorisation de l'administration, ne semblait plus admise. En revanche, pouvait-on considérer qu'était légale la cession de la permission lorsque l'administration l'autorisait ? La pratique de la «présentation d'un successeur» était-elle régulière ?

Dans l'arrêt *M. Claude Munoz,* le Conseil d'Etat s'est prononcé clairement dans un sens très restrictif à l'encontre de l'entreprise, puisqu'il affirme que l'administration ne peut accorder l'autorisation de transférer le titre, l'autorisation étant strictement personnelle et révocable : « *Considérant qu'il n'appartient pas à l'administration de donner au titulaire d'une autorisation d'occupation du domaine public maritime laquelle est, en raison de la nature même du domaine public, strictement personnelle et révocable, l'autorisation*

---

[262] C.E., 21 nov. 1969, précité note n°44.

[263] C.E., 1er déc. 1982, *Commune d'Arcachon, Leb.* p. 1677

[264] C.E., 26 déc. 1988, *Mme Facco*, n° 82194, *R.D.P.* 1989, p. 1521 : « *Considérant que la décision du maire d'Antibes refusant de renouveler l'autorisation d'occupation du domaine public accordée à Mme Facco, est motivée par le fait que celle-ci avait laissé à des tiers la disposition de l'emplacement qui lui avait été réservé et fait exploiter par ceux-ci le commerce pour l'exercice duquel l'autorisation avait été accordée ; qu'un tel motif est de nature à justifier légalement un refus de renouvellement d'une autorisation d'occupation du domaine public...* »

[265] C.E., 25 nov. 1981, *Commune de la Roche-sur-Foron*, n° 20539, *Leb.* p. 745 ; dans cette affaire il s'agissait d'une occupation contractuelle ; mais il y a lieu de penser que la même solution s'applique en cas de simple permission.

de transférer cette autorisation ; qu'il s'ensuit que la direction départementale de l'équipement était tenue de refuser à M. Munoz l'autorisation de transfert qu'il a sollicitée le 10 septembre et le 4 octobre 1983 ; que dès lors, celui-ci n'est pas fondé à soutenir que c'est à tort, que par le jugement attaqué, le Tribunal administratif de Bastia a rejeté sa demande tendant à l'annulation du refus opposé par cette administration. »[266]

Une décision ultérieure confirme cet arrêt. Ainsi, le juge décide qu'en soumettant à une *procédure d'agrément* les remplaçants éventuels, qui doivent justifier de leur affiliation à la sécurité sociale, le maire a entendu s'assurer que les bouquinistes exercent leur activité en conformité avec les règles régissant les activités commerciales et la sécurité sociale. Si la rédaction de cette partie de l'arrêt peut laisser penser qu'il y a une ouverture vers la cessibilité du fait que la procédure d'agrément n'est pas condamnée, il faut remarquer que le juge retient qu'elle est instituée pour que l'administration vérifie la conformité de l'occupation au droit commercial et à la sécurité sociale. Et dans le même arrêt il est précisé que « les autorisations accordées aux bouquinistes sont personnelles et ne comportent aucun droit de cession ou de sous-location »[267].

Il est donc clair que le permissionnaire n'a aucun droit à céder son titre. Le Conseil d'Etat a donc singulièrement rigidifié sa position face à l'opérateur privé qui se voit interdire de disposer de son entreprise par quelque mode que ce soit. Le juge administratif semble vouloir donner un coup de frein aux pratiques courantes de présentation de successeur et de monnayabilité du titre. M. P. Godfrin analysant l'arrêt *Munoz,* relève que le titre d'occupation n'est pas un élément pouvant être intégré dans le patrimoine de l'opérateur privé, dans son fonds de commerce. En réalité du fait de cette décision, l'autorisation n'a plus - théoriquement du moins - de valeur d'échange, elle n'est pas une valeur monnayable[268].

Le droit d'occupation du nouvel occupant provient donc d'un titre délivré personnellement et non de la continuation d'un précédent titre. Sur le plan pratique, l'administration devra donc octroyer une nouvelle autorisation et non délivrer un simple avenant au précédant titre.

La rigidité de la jurisprudence sur l'indisponibilité du titre - cession ou transmission - a provoqué les critiques d'une partie de la doctrine. Par exemple,

---

[266] C.E.,10 mai 1989, n° 73146, *R.D. P.*, p. 1805.

[267] C.E., 6 nov. 1998, *Association amicale des bouquinistes des quais de Paris*, n°171.317, *Gaz. Pal.* 1998. I, panor. adm. p. 80, *D.* 1999. I. R. 6.

[268] «Une prudence audace : la loi du 25 juillet 1994 relative à la constitution de droits réels sur le domaine public», *C.J.E.G,* 1995, p. 12.

M. P. Godfrin, à l'occasion de l'affaire *Koeberlin* précitée, sur l'intransmissibilité de la permission, qualifie cette décision de «*peu convaincante sur le plan juridique* » et peu opportune sur le plan pratique car les lourdeurs des règles domaniales n'incitent pas les investisseurs à s'implanter dans les ports français. Il rappelle le peu de valeur des installations non transmissibles et la difficulté d'obtenir des crédits bancaires à partir d'autorisations précaires[269].

II - Le contrat : incertitudes

Le contrat sur le domaine public est-il cessible, transmissible ? Dans le cas d'une réponse affirmative, quelles en sont les modalités ? Nous avons vu précédemment que la doctrine affirme qu'il est cessible avec l'autorisation de l'administration, en se basant sur la théorie générale des contrats. Mais nous verrons que cette analyse n'est pas satisfaisante.

Il est utile d'effectuer ici une double comparaison : d'une part avec la concession de service public, laquelle comporte nécessairement l'occupation du domaine public et d'autre part avec l'autorisation d'occupation temporaire. Le concessionnaire de service public bénéficie de conditions particulièrement avantageuses, en raison de la mission de service public dont il a la charge : malgré l'intuitu personae qui domine l'octroi de la concession, la jurisprudence admet la cession et la transmission de la concession, en imposant toutefois l'autorisation administrative. Mais celle-ci est enfermée dans des conditions relativement strictes pour refuser le cessionnaire : le refus ne peut être motivé que par l'absence de surface financière ou de technicité.

A l'inverse, le titulaire d'une autorisation d'occupation temporaire est soumis à des conditions particulièrement strictes, puisque, nous l'avons vu, la jurisprudence administrative lui refuse aujourd'hui explicitement la cession (arrêt *Munoz* précité)et la transmission (arrêt *Koeberlin* précité).

Doit-on rapprocher l'occupant contractuel **sans concession de service public** du concessionnaire de service public, et admettre la cessibilité et la transmissibilité du contrat avec l'autorisation de l'administration ? Ou doit-on au contraire le rapprocher du permissionnaire et lui refuser la disponibilité du titre ? L'analyse des arrêts sur la disponibilité des contrats fait apparaître une ambiguïté jurisprudentielle (1) ; mais comme nous pensons que le contrat est plus proche de la permission que de la concession de service public, il convient

---

[269] Voir également les critiques de l'auteur sur l'intransmissibilité des permissions et l'arrêt *Munoz*, « Actes du colloque domaine public et activités économiques », *C.J.E.G.*, précité note n° 56, p. 91

alors de se poser la question de savoir si le durcissement jurisprudentiel en matière d'autorisation, illustrée par l'arrêt *Munoz* précité, doit trouver application également en matière contractuelle (2).

1 - L'ambiguïté jurisprudentielle

Le juge, dans l'arrêt ancien *Hamiot*[270], décide que la mise en gérance libre sans autorisation de la commune constitue une faute de nature à justifier la résiliation, un article de la convention prévoyant que le titulaire de l'emplacement ne pouvait «*ni céder en tout ou partie, ni sous-louer son droit au bail sans autorisation expresse et écrite de la commune*». Il faut remarquer cependant que dans cette décision la résiliation est motivée par l'inobservation des règles contractuelles ; toute autre clause non observée par l'occupant aurait justifié de la même manière la résiliation.

La même année, l'arrêt *société des autocars garonnais*[271] établit que : «*les contrats* [...]*étaient personnels auxdites entreprises et que les droits en résultant ne pouvaient être cédés qu'avec l'autorisation écrite de ladite société nationale.*» Cet arrêt admet donc la cession du contrat dès lors que l'administration donne son accord.

Dans l'arrêt bien connu *Association Eurolat-Crédit foncier de France*, l'association Eurolat avait été autorisée par des clauses de conventions « *à céder librement son droit au bail à toute personne de son choix que le syndicat s'engageait par avance à agréer et qui lui succéderait de ce fait dans la gestion du service, sans autre formalité qu'une consultation préalable du syndicat* » ; le Conseil d'Etat décide que « *ces clauses, incompatibles avec les principes de la domanialité publique comme avec les nécessités du fonctionnement d'un service public, doivent être regardées comme nulles*». Une chose est donc certaine, l'occupant contractuel ne peut céder librement son droit au bail sans autre formalité qu'une consultation préalable de l'administration, laquelle ne peut s'engager par avance à agréer un cessionnaire quelconque.

Le cessionnaire qui n'a pas fait l'objet d'un nouveau contrat devient un occupant sans titre, passible de poursuites et justifiant son expulsion[272]. Ici la situation est identique à celle de l'occupant titulaire d'une autorisation. Est-ce à dire que le contrat est cessible dès lors que l'administration agrée le successeur ?

---

[270] C.E., 1 oct. 1958, *Leb.* p. 906.

[271] C.E., sect., 3 oct. 1958, *Leb.* p. 468.

[272] C.E., 25 nov. 1981, *commune de la Roche-sur-Foron*, *Leb.* p. 745.

Dans l'arrêt *Ville de Châlon-sur-Marne*[273], le juge, pour refuser une indemnité à l'occupant suite à une résiliation de son contrat, invoque : *«aucune stipulation du contrat passé entre une commune et une société* [...] *n'autorisait le titulaire à céder à un tiers les droits qu'il tenait de ce contrat».* L'arrêt semble laisser entendre a contrario que le contrat aurait pu prévoir légalement la cession au profit d'un tiers.

Enfin, l'arrêt de section, *Ministre de l'Economie c/ Société X*[274], est de nature à susciter des interrogations. Dans cette affaire, il s'agissant d'une société anonyme qui avait conclu avec la S.N.C.F. en 1962, une convention l'autorisant à utiliser un emplacement du domaine public pour une durée de vingt ans, soit jusqu'en 1982. En 1972, la société commerciale résilie la convention ; l'administration octroie un nouveau titre à une autre société, laquelle, ayant été présentée à son agrément par la première, avait versé à celle-ci la somme de 400 000 francs. Un litige naît avec l'administration des impôts. Comment devait s'analyser fiscalement cette somme ? Le Conseil d'Etat, contrairement au Tribunal administratif décide *«qu'il résulte du régime même de la domanialité publique de l'emplacement litigieux qu'une somme d'argent versée par le titulaire d'une autorisation d'occupation dudit emplacement au précédent occupant ne saurait, en aucun cas, être regardée comme le prix de la cession d'un prétendu élément d'actif immobilisé.»* Autrement dit, le juge décide que l'emplacement domanial n'est pas un élément de nature à figurer dans l'actif du bilan de l'entreprise ; l'indemnité perçue par le cédant ne constitue pas la cession d'un élément d'actif. L'actif constitue, dans un bilan, l'ensemble des bien matériels et immatériels détenus par une entreprise ; les immobilisations sont les éléments non circulant de l'actif d'une entreprise (bâtiments, terrains, machines et matériels, brevets, fonds de commerce, etc.), ensemble de biens ayant une valeur patrimoniale. Compte tenu de la rédaction employée, doit-on voir dans cette décision la volonté du juge de se prononcer simplement sur la nature de l'occupation domaniale par rapport au bilan ou doit-on voir également une volonté d'affirmer également que la convention d'occupation est incessible et qu'elle ne peut avoir aucune valeur patrimoniale du fait de l'inaliénabilité ?

2 - Les interrogations sur l'application de l'arrêt Munoz *au contrat*

Nous avons vu qu'il y a une rigidification de la jurisprudence pour la cession et la permission. Ne doit-on pas considérer qu'il doit y avoir également un durcissement en matière de contrat ?

---

[273] C.E., 2 fév. 1979, *Leb.* p. 732.

[274] 21 déc. 1977, *Leb.* p. 522 et s.

Autrement dit, du fait de l'évolution jurisprudentielle, l'administration aujourd'hui doit refuser le successeur d'un occupant titulaire d'une permission en raison de l'inaliénabilité qui impose que l'autorisation soit strictement personnelle et révocable ; l'inaliénabilité n'impose-t-elle pas la même règle au titulaire d'un contrat ? Peut-on admettre que le fait d'être en matière contractuelle permette une aliénation de l'acte dès lors que l'administration donne son accord ? Il faudrait alors en conclure qu'il y a une domanialité publique à deux vitesses, selon que l'on est en présence d'une permission ou d'un contrat.

Les règles de la domanialité publique, d'ordre public, ne peuvent être contournées par le contrat. L'inaliénabilité comporte-t-elle la possibilité de céder le contrat d'occupation du domaine public ? de présenter un successeur ?

Nous pensons pour notre part que cette question doit être analysée dans le contexte global de la jurisprudence administrative, de plus en plus rigoureuse face à l'entreprise. Et affirmer de façon catégorique que le contrat d'occupation sur le domaine public est cessible est des plus hasardeux. Nous pensons que les solutions données au contrat sans concession de service public, en matière de cessibilité et de transmissibilité, doivent être les mêmes que celles de l'autorisation (c'est-à-dire l'indisponibilité du titre), dans le cadre d'une analyse rigoureuse du principe de l'inaliénabilité, dans le cadre de la position de plus en plus stricte de la jurisprudence, et ceci pour différentes raisons.

D'abord parce que d'une façon générale, et à quelques nuances près, les juges appliquent les mêmes règles à la permission et au contrat, qui sont mis sur un pied d'égalité. Ainsi, par exemple, les motifs de refus d'octroi, de résiliation ou de non-renouvellement sont les mêmes. Peut-on considérer qu'il en va différemment pour la cessibilité ? Cela n'est pas sûr.

Ensuite parce que l'occupant contractuel sans service public n'est jamais assimilé par la jurisprudence à un concessionnaire de service public. Les titulaires d'une autorisation et d'un contrat forment une catégorie juridique distincte du concessionnaire de service public qui est soumis à un régime juridique très différent. Certes, celui-ci est implanté sur le domaine public ; mais il bénéficie d'un régime de faveur justement en raison du service public.

Quant à l'occupant contractuel, il a certes un contrat ; mais il ne faut pas oublier qu'il s'agit d'un contrat **sur le domaine public,** et qu'à ce titre les règles de la domanialité publique et de l'inaliénabilité, affirmées comme un principe fondamental, doivent être appliquées. Il ne faut pas oublier non plus que le contrat est une convention mais qu'il comporte **l'autorisation** d'occupation du domaine public ; nous pensons donc que l'occupant ne peut se soustraire aux règles de l'autorisation. Une partie de la doctrine administrative critique la cession des autorisations sur le domaine public et la perception d'argent à cette occasion. Pourtant, elle admet la cession des contrats. Il faut donc croire que les critiques s'évanouissent du fait que l'on est en présence d'un contrat. Cependant, le contrat comporte aussi l'autorisation d'occupation du domaine public.

Il faut remarquer par ailleurs que des textes particuliers sont intervenus, admettant la cessibilité du contrat avec l'autorisation administrative, (décrets sur les cultures marines, lois admettant le bail emphytéotique ou le droit réel conférant les prérogatives et obligations du propriétaire[275]) ; ce dernier d'ailleurs unifie les règles en matière de cessions des autorisations et des contrats. Quant au décret d'application de la loi de 1994, il met en place une procédure d'agrément qui est minutieusement organisée et lourde[276]. Ces textes se veulent être une ouverture à l'inaliénabilité, un régime plus favorable à l'occupant. Ne doit-on pas voir dans ceux-ci la volonté du législateur d'exclure la cessibilité dans tous les autres cas ?

Par ailleurs, le juge n'est jamais tenu par l'intitulé de l'acte ; il peut le requalifier ; au sein d'un même arrêt, il utilise indistinctement le terme contrat ou autorisation, ce qui ne clarifie pas la question. Cette incertitude constitue un terrain très mouvant pour l'opérateur privé qui peut ne pas savoir s'il est en présence d'un contrat ou d'une autorisation.

De plus, le juge judiciaire, pourtant plus libéral pour l'entreprise que le juge administratif, refuse généralement la cessibilité du titre, autorisation ou contrat, sur la base de l'inaliénabilité du domaine public[277]. La Cour de cassation prend soin de préciser que la concession est incessible[278].

Le juge administratif va-t-il alors, à la différence de la Cour de cassation, admettre la cessibilité du titre contractuel, lui qui traditionnellement est si rigoureux dans le maintien du principe fondamental de l'inaliénabilité ? Cela serait paradoxal. Mais en admettant la cession du contrat, que cède-t-on exactement ? En réalité un marché généré par une clientèle. N'est-ce pas alors

---

[275] Précités.

[276] Précité, art. R. 57-7 pour la cession, R. 57-8 pour la transmission aux héritiers ou au conjoint survivant.

[277] Voir ci-après.

[278] Cass. com. 7 mars 1978, *Bull. civ.* IV, n° 84 : *«...la concession d'un emplacement sur un marché (est) un bien hors commerce ni cessible ni saisissable»* ; ou encore Cass. com. 3 fév. 1970, *D.S.*, 1970, p. 626 «... *la concession ne confère à son titulaire aucun droit susceptible d'une cession...* »

réintroduire la notion de propriété commerciale sur le domaine public puisque «*le fonds de commerce n'est pas autre chose que le droit à une clientèle*»[279] ?

Nous avons voulu établir ici l'incertitude qui existe pour l'entrepreneur privé détenant un titre contractuel sur la possibilité légale de céder ou non son entreprise sur le domaine public. Mais d'autres incertitudes demeurent : en admettant que l'occupant contractuel puisse légalement présenter un successeur, il ne bénéficie pas des conditions avantageuses du concessionnaire de service public, qui ne peut se voir refuser le cessionnaire qu'à des conditions strictes. Ces mêmes conditions n'existent pas pour l'occupant contractuel sans service public ; si l'administration a de très larges pouvoirs pour résilier ou ne pas renouveler le contrat, on ne voit pas pourquoi elle n'aurait pas les mêmes pouvoirs pour ne pas agréer le successeur. Ceci constitue une très grande incertitude pour l'occupant sur la possibilité de cession.

B - Le juge judiciaire : les nuances

Traditionnellement, le juge judiciaire est plus clément à l'égard des entreprises que le juge administratif. Nous verrons qu'il emploie un jeu de mots subtil, qui traduit son embarras pour tenter de maintenir l'inaliénabilité, tout en essayant de donner une réponse juridique à la question de la présentation de successeur.

Il n'établit pas de différence entre l'autorisation et le contrat d'occupation du domaine public, auxquels il réserve le même sort en ce qui concerne la cession, la transmission. Il s'attache plutôt à l'existence du fonds de commerce (ou à son absence) pour retenir ou non la disponibilité de l'occupation sur le domaine public.

Toutefois, certains arrêts ne font pas référence à cette notion de propriété commerciale. C'est le cas de l'arrêt *de Kerveguen contre Deshaye*s où le juge admet la transmission de bâtiments du fait qu'ils sont des immeubles *dans le commerce... sous la condition résolutoire qui affecte leur existence*[280].

---

[279] Georges Ripert, René Roblot, *Traité de droit commercial,* Tome I, 13ème édition, L.G.D.J., Paris 1989, p. 429. Dans le même sens, L. Vogel, *Traité de Droit commercial,* G. Ripert, R. Roblot, dir. M. Germain, Tome 1, vol.1, 18e éd., L.G.D.J., 2001, p. 329.

[280] Dans l'arrêt ancien *de Kerveguen contre Deshayes,* Cass. req. 10 avril 1867, *D.* 1867 I. 397, la Cour de cassation s'attache à la notion d'immeuble ; elle admet les immeubles construits sur le domaine public, sur la base d'une simple permission : «*Attendu que les bâtiments et constructions élevés en vertu de cette permission, constituent, par leur nature, des immeubles, en tant qu'ils adhèrent au sol, encore bien que la permission eût été révocable ; qu'ils peuvent être mis, comme tels, dans le commerce, et, par suite, être valablement transmis, hypothéqués et saisis comme tels sous la condition résolutoire qui affecte la durée de son existence*». En l'espèce, les bâtiments

Postérieurement, dans l'affaire dame veuve *Alfred Valenti c/ sieur Marcel Valenti,* la Cour de cassation admet le transfert de l'autorisation à un tiers ; il s'agissait de l'exploitation d'un taxi et aucune référence n'est faite non plus au fonds de commerce.[281]

Plus généralement, le juge judiciaire s'est prononcé sur la cessibilité de l'entreprise sur le domaine public à partir de la notion de fonds de commerce : s'il y a fonds commerce, celui-ci est cessible (I) ; s'il n'y a pas fonds de commerce, il ne peut y avoir cessibilité (II) ; mais dans l'un et l'autre cas, le titre (contrat ou autorisation) est incessible.

I - Un fonds de commerce incessible et un titre incessible

Dès lors qu'il n'y a pas fonds de commerce, par définition il ne peut y avoir cessibilité (1) ; quant au titre, il est en lui-même incessible (2).

1 - L'absence de fonds de commerce cessible

Nous avons vu précédemment que la Cour de cassation refuse l'existence d'un fonds de commerce sur le domaine public sur la base d'un raisonnement qui diffère de celui des juges administratifs : l'occupant n'a pas de fonds de commerce sur le domaine public car il n'a pas une clientèle propre, personnelle, attirée par ce commerce. Ceci a été clairement affirmé dans les deux arrêts *Bayet c/ Société des courses rouennaises*[282] et *Consorts Le Roux c/ Epoux Espagne*[283]. Dans l'arrêt de la Cour de cassation du 20 décembre 2000, *Sté Quimper Plaisance c/ SCI Odyssey*[284], le juge établit clairement que le statut des

---

litigieux étaient un ensemble de locaux commerciaux et d'habitation.

[281] « *Attendu que l'avantage pécuniaire résultant, pour l'exploitant d'un taxi, de l'usage permettant de demander, moyennant rémunération, le transfert à un tiers de l'autorisation de stationner à un emplacement déterminé constitue une valeur patrimoniale qui doit figurer dans la masse successorale, à laquelle il est éventuellement rapportable*» Cass. civ. 27 déc. 1963, *A.J.D.A.* 1964, II, p. 240.

[282] Cass. Ass. plén., 24 avril 1970, *D.S.*, 1970, p. 381, note R.L. : «*Mais attendu que... l'activité de Bayait devait être limitée, conformément à l'accord originaire, à l'enceinte du champ de courses et réduite aux seules journées de réunions hippiques ;...qu'ainsi Bayait ne s'était pas constitué une clientèle personnelle distincte de celle de la Société des courses*».

[283] Cass. com., 3 fév. 1970, *D.S.*, 1970, p. 626 : les juges du fond peuvent décider qu'il n'y pas fonds de commerce sur un marché, la clientèle ayant comme source «*l'achalandage, assuré initialement par le monopole de fait résultant du privilège d'exploitation accordé à un nombre limité de concessionnaires et qui est uniquement le fait de l'autorité concédante*».

[284] Cette affaire présentait la particularité qu'il s'agissait de deux personnes privées qui avaient conclu ce bail sur le domaine, le juge décidant alors qu'il y avait nullité. Sur la question v. M. Kéita, « Bail commercial conclu entre personnes privées sur un bien du domaine public », *L.P.A.*, 24 août 2001, n°169, p. 10. Obs. P. Chauvel, *Droit et Patrimoine*, n°91, 2001, p. 107. R.

baux commerciaux ne s'applique pas aux conventions ayant pour objet des biens dépendant du domaine public.

S'il n'y a pas fonds de commerce sur le domaine public, il est d'une logique absolue qu'on ne peut le céder. Par définition il ne peut y avoir cession d'une chose qui n'existe pas.

2 - L'incessibilité du titre

S'il n'y a pas de fonds de commerce cessible, peut-on imaginer que le titre en lui-même est cessible ? Dans l'affaire précitée *Consorts Le Roux c/ Epoux Espagne,* il est précisé que l'occupant était titulaire d'une concession (ou contrat). On aurait donc pu imaginer que s'agissant d'un contrat administratif, l'occupant avait le droit de le céder comme le soutient la doctrine administrative, et ceci en l'absence même de fonds de commerce. Or dans ce même arrêt, la Cour de cassation prend soin de préciser que ***«la concession ne confère à son titulaire aucun droit susceptible d'une cession... »*** ; en conséquence, pour le juge judiciaire, non seulement il n'y a pas fonds de commerce cessible, mais le contrat en lui-même est incessible. Dans une autre affaire, la Cour d'appel de Paris, appelée à se prononcer dans le domaine des pratiques anticoncurrentielles dans le cadre d'un recours formé contre une décision du Conseil de la concurrence, semble affirmer indirectement l'incessibilité des titres d'occupation domaniale de fréquences radioélectriques. Dans cette affaire, le requérant soutenait qu'il y avait un marché des autorisations d'émettre, la Cour se bornant alors à dire que « *les fréquences font l'objet d'une procédure administrative d'attribution par le C.S.A., autorité indépendante...* »[285]. Le droit de la concurrence qui se met progressivement en place, apportera peut-être dans l'avenir des solutions nouvelles du fait qu'il institue le libre accès au marché, et que l'incessibilité du titre peut être une forme de restriction à ce libre accès.

II - Un fonds de commerce cessible malgré un titre incessible

Le juge judiciaire établit une nuance subtile ; dans certains cas il peut y avoir sur le domaine public un fonds de commerce cessible (1), bien que le titre demeure incessible (2).

Rézenthel, « L'avenir du bail commercial et le déclin de l'exception de la domanialité publique », *J.C.P.* Ed. E., 2001, p. 1807 et s.

[285] Paris, 18 sept. 2001, *S.A.R.L. Sud Bretagne Diffusion et a. c/ S.A.Vortex, L.P.A.*, 1er nov. 2001, n°218, p. 8.

1 - Un fonds de commerce cessible

La Cour de cassation, nous l'avons vu précédemment, admet dans certains cas un fonds de commerce, même précaire et révocable. Dans ce cas là, ce fonds de commerce précaire et révocable est-il cessible ?

Dans l'affaire *Alaux contre Bruneau*, la Cour d'appel d'Aix avait décidé que la vente d'un manège forain de scooters implanté sur le domaine public ne constituait pas une cession de fonds de commerce au motif que la vente n'avait pas porté sur aucun local ayant permis la création d'une clientèle et que l'occupant n'avait pu céder les emplacements qui lui étaient accordés par l'autorité administrative, toujours à titre précaire et provisoire ; en conséquence il n'y avait eu que cession d'un matériel et non d'une clientèle. Mais la Cour de cassation casse et annule cette décision au motif que les juges du fond auraient dû *«rechercher si le manège en cause ne pouvait pas, par sa nature comporter une clientèle indépendamment des emplacements susvisés... »*[286] Au terme de ce raisonnement, s'il y a une clientèle propre attirée par le savoir-faire de l'occupant, malgré la précarité de l'occupation il y a fonds de commerce ; le fonds de commerce, même précaire, est alors cessible.

La Cour d'appel de Poitiers, antérieurement avait jugé dans le même sens : *«attendu que si une concession sur le domaine public n'a pas juridiquement le caractère du bail, l'ensemble des autres éléments concourant à l'exploitation n'en est pas moins susceptible de constituer un véritable fonds de commerce ; qu'en effet, par le fait même de cette exploitation, le commerçant devient propriétaire d'une clientèle qui lui est personnelle»*[287]. Dans cette même décision, le juge admet la présentation d'un successeur, monnayable : *«les concessionnaires conservent toutefois la faculté dont ils usent couramment, de monnayer amiablement leur départ avec leur successeur éventuel»*. Cette présentation de successeur est soumise à l'agrément de l'autorité, laquelle conserve de très larges pouvoirs pour refuser le successeur : *«attendu que cette constatation certaine* [celle d 'admettre le fonds de commerce sur le domaine public] *n'enlève rien aux pouvoirs des municipalités de concéder ou non les bancs aux cessionnaires desdits commerçants qui n'ont effectivement aucun droit au bail...»*

Par la décision *dame Pestel-Cullerier* la Cour de cassation admet encore la cessibilité du fonds, dès lors que celui-ci existe : *«Mais attendu que les premiers juges ont déduit qu'en agissant de la sorte, les époux Pestel avaient*

---

[286] Cass. com., 1 fév. 1966, *Gaz. Pal.*, 1966 -2-13.

[287] 3 juillet 1963, *D.* 1964, Somm. 23 ; *Rev. trim.dr. com.* 1964, 525, n° 11 note A Jauffret.

montré sans ambiguïté qu'ils entendaient acquérir la clientèle... qu'en confirmant cette décision, dont les motifs ne sont pas dubitatifs, la Cour d'appel, qui ne s'est pas contredite, ***a admis l'existence d'une clientèle pouvant faire l'objet de divers contrats*** ; [...] *la Cour d'appel a pu retenir que les bénéficiaires d'une telle concession n'en étaient pas moins* ***détenteurs d'un fonds de commerce*** ; »[288]

Mais en admettant l'existence d'un fonds de commerce cessible, même précaire, sur le domaine public, la Cour de cassation admet implicitement la valeur de celui-ci. La précarité en diminue très certainement la valeur mais celle-ci existe quand même. Dans cette conception, le domaine public, théoriquement inaliénable, acquiert une valeur de cession. C'est en partie cette jurisprudence qui fait dire parfois à une partie de la doctrine civiliste que le droit d'occupation sur le domaine public constitue un élément du fonds de commerce.[289]

2 - Un titre incessible

Tout en affirmant qu'il y a fonds de commerce cessible, les juges judiciaires prennent soin de préciser que le titre, autorisation ou concession, est incessible.

La Cour d'appel de Poitiers, dans l'arrêt précité admet la cession d'un fonds de commerce mais précise que « *les bancs des halles sont inaliénables comme faisant partie du domaine public* ». La Cour de cassation comme dans l'affaire dame *Pestel-Cullerier* précitée, admet la cession du fonds de commerce sur le domaine public tout en réaffirmant qu' «*une concession d'un emplacement sur un marché était un bien hors commerce ni cessible ni saisissable*». L'impossibilité de céder le titre d'occupation implique pour le juge judiciaire l'absence de valeur de celui-ci : «*la concession ne confère à son titulaire aucun droit susceptible d'une cession et donc présentant une valeur ou un intérêt*».[290] Toutefois, antérieurement, la Cour de cassation avait jugé différemment en admettant la cessibilité de l'autorisation de stationnement d'un taxi et la valeur patrimoniale de l'autorisation[291].

---

[288] Cass. com.,7 mars 1978, *Bull. civ.* IV n° 84, p. 60 ; caractères gras ajoutés.

[289] «*Les droits d'occupation accordés aux entreprises... sur le domaine public... sont des éléments entrant dans la composition du fonds de commerce. Tel est le cas pour le droit d'occupation privative dans un marché d'intérêt national... ou encore, bien que la solution soit discutée en doctrine et en jurisprudence... des différentes permissions d'occuper le domaine public*». *Jurisclasseur commercial,* Fonds de commerce, fasc. 1040, n. 37.

[290] Précité note n°283, Cass. com. 3 fév. 1970, *Consorts Le Roux c/ Espagne.*

[291] Cass. civ. 27 déc. 1963, *A.J.D.A.* 1963, II, p. 240, note H.L. Dans cet arrêt, la Cour de cassation avait établi : «*Attendu que l'avantage pécuniaire résultant, pour l'exploitant d'un taxi,*

Il est certain que la jurisprudence judiciaire est plus clémente que la jurisprudence administrative à l'égard de l'occupant. Mais un certain nombre de problèmes demeurent. La première difficulté qui se pose est celle de savoir si l'occupant bénéficie d'un fonds de commerce ou non, une solution uniforme ne pouvant pas être donnée mais seulement des réponses au cas par cas. De plus l'issue du procès sera différente en fonction de la juridiction saisie. Ainsi, nous savons qu'en cas de litige relatif à la cessibilité d'une autorisation, le Conseil d'Etat décide que l'administration est tenue de refuser le successeur présenté à son agrément (arrêt *Munoz*, précité). En revanche, dans ce même genre d'affaire, les juges judiciaires décideront s'il peut légalement y avoir cession ou non, en fonction de l'existence d'un fonds de commerce ou de l'absence de fonds de commerce (arrêts précités). Le fait que l'acte soit une autorisation ou un contrat n'a aucune incidence sur la cessibilité de celui-ci, car dans tous les cas ces deux actes sont incessibles.

La deuxième difficulté est que, occupant et administration, très souvent peuvent ne pas savoir avec exactitude s'il y a fonds de commerce ou non, puisque c'est au cas par cas, en fonction de la nature de l'activité que cela pourra être déterminé. La Cour de cassation, dans des affaires à peu près identiques, rend deux décisions différentes. Ainsi, dans l'arrêt *consorts Le Roux c. Epoux Espagne*, elle décide que la concession d'emplacement *sur un marché* ne constitue pas un fonds de commerce parce que la clientèle a comme source l'achalandage assuré par le monopole de fait résultant du privilège d'exploitation accordé par l'autorité concédante à un nombre limité de bénéficiaires. Dans l'affaire dame *Pestel-Cullerier*, il s'agissait d'une concession d'emplacement de commerce ambulant, également *sur les marchés* de Rennes et des ses environs. Ici, la Cour de cassation admet par contre, comme la Cour d'appel qu'il y a fonds de commerce.

En résumé, il règne donc une grande insécurité juridique sur la question de la cessibilité et la transmissibilité des titres d'occupation : pour les juridictions administratives, l'autorisation est incessible ; on peut s'interroger sur celle du contrat. Pour les juridictions judiciaires, la cession dépend de l'existence d'un fonds de commerce, existence laissée à l'appréciation des juges du fond. Mais, quand bien même on admettrait la cession, une grande incertitude demeure

---

de l'usage permettant de demander moyennant rémunération, le transfert à un tiers de l'autorisation de stationner à un emplacement déterminé constitue une valeur patrimoniale qui doit figurer dans la masse successorale à laquelle il est éventuellement rapportable». Il est à noter que dans cette affaire la Cour de cassation avait jugé contrairement à la Cour d'appel laquelle retenait que l'autorisation était personnelle, essentiellement précaire et d'essence purement gratuite, se trouvait hors de commerce et ne pouvait constituer une valeur patrimoniale.

puisque l'administration au terme de la décision du 3 juillet 1963 a toujours le pouvoir de refuser le cessionnaire de l'occupant, lequel n'a jamais un droit au bail.[292]

§ III - LES TEXTES PARTICULIERS : LES NUANCES

Quelques textes sont intervenus pour atténuer la rigueur jurisprudentielle de l'inaliénabilité et ont abordé la question de la disponibilité du titre d'occupation. La cession et la transmission de l'autorisation et du contrat sont admises dans certains cas, mais l'agrément de l'administration est requis (A) ; ceci imprime donc une insécurité non pas au plan de la disposition du titre, mais sur le plan de la réponse administrative qui peut toujours refuser le cessionnaire pour des motifs d'intérêt général. Une exception existe toutefois ; s'agissant de la *«présentation d'un successeur»* sur les marchés d'intérêt national, l'administration est tenue d'agréer le successeur, dès lors que celui-ci remplit les conditions requises par la loi pour s'implanter sur le marché (B).

A - La nécessité d'un agrément pour la cession de l'autorisation ou du contrat

La loi de 1988 d'amélioration de la décentralisation, admettant le bail emphytéotique sur le domaine public, reconnaît explicitement la cession du bail en son article 13, III, 1° ; mais les droits de l'occupant ne peuvent être cédés qu'avec l'agrément de l'autorité. Une libre cessibilité du contrat, telle qu'elle est prévue pour ce droit réel dans l'article l. 451-1 du code rural, n'est pas possible sur le domaine public.

De même, la loi du 25 juillet 1994 admet que les droits, ouvrages, constructions et installations à caractère immobilier peuvent être cédés dans le cadre de mutations entre vifs ou de fusion, absorption ou scission de sociétés, pour la durée restant à courir dans le titre ; ils peuvent être également transmis au conjoint survivant ou aux héritiers sous réserve que ceux-ci désignent un bénéficiaire. Mais ce texte subordonne la cession et la transmission à l'agrément de l'administration[293]. Il faut remarquer que le décret d'application de ce texte établit une procédure lourde[294].

---

[292] Cour d'appel de Poitiers, précité note n° 220 : le juge décide que le fait pour l'occupant d'être propriétaire d'une clientèle qui lui est personnelle et en conséquence d'avoir un fonds de commerce, *«n'enlève rien aux pouvoirs des municipalités de concéder ou non les bancs aux cessionnaires desdits commerçants qui n'ont effectivement aucun droit au bail... »*

[293] art. L 34-2 al. 1 et 2.

[294] Précité, Art. 57-7- I, II et III; art. 56-8.

Le décret du 22 mars 1983[295], fixant le régime de l'autorisation des exploitations de cultures marines, admet également la cession du titre : «*le titulaire d'une concession peut demander que lui soit substitué dans ses droits, jusqu'à l'échéance de la concession, un tiers, personne physique ou morale, sous réserve de satisfaire aux conditions prescrites par les articles 12.1 à 12.5.*»[296] Ce texte admet également la transmission aux héritiers en ligne directe ou au conjoint qui doivent désigner un bénéficiaire pour demander le transfert de la concession à son nom. La cession et la transmission ne sont pas automatiques, l'autorité opérant un contrôle sur le nouveau cessionnaire. Elle n'est pas tenue de l'agréer dès lors qu'il y a un motif d'intérêt général.

Il n'y a donc rien d'automatique dans la cession ou la transmission du titre, à la différence du droit de propriété ou du bail emphytéotique civils, droits réels qui se transmettent librement, sans intermédiaire, sans autorisation administrative. Cela imprime une grande incertitude à l'opération, car l'administration n'est pas tenue d'agréer le cessionnaire. Elle n'a aucune obligation juridique de le faire. Il faut remarquer d'ailleurs que les textes précités ne font aucune allusion aux motifs justifiant le refus d'agrément du cessionnaire. Ils n'établissent pas que l'autorité administrative ne peut opposer un refus qu'en raison de conditions techniques ou financières, lorsqu'il y a, par exemple des investissements importants. Cela donne une très grande marge de manœuvre à l'administration, qui pourra invoquer tous motifs d'intérêt général pour ne pas agréer le cessionnaire ; inversement, l'opérateur privé se retrouve dans une situation particulièrement fragile.

Une remarque s'impose concernant la loi de 1994, relative à la constitution de droits réels, et le décret de 1983 sur les cultures marines, précités. Ces deux textes établissent un régime uniforme concernant les cessions des autorisations ou des contrats, qui sont en fin de compte soumis aux mêmes conditions. En effet, la loi de 1994 admet la cession des droits, ouvrages, etc. par le titulaire d'une autorisation d'occupation temporaire du domaine public[297]. Mais le même texte stipule que les dispositions précitées sont également applicables aux conventions de toute nature ayant pour effet d'autoriser l'occupation du domaine[298]. Autrement dit, la cessibilité du contrat, sous réserve d'agrément est également admise. Manifestement, ces deux types d'actes sont soumis au même

---

[295] n° 83-228, modifié par le décret n° 87-756, du 14 septembre 1987.

[296] Art. 12.

[297] Art. L.34-2, combiné à l'article L. 34-1.

[298] Art. L. 34-5.

régime, qu'ils s'intitulent contrat ou autorisation. Quant au décret précité, il emploie indistinctement le terme autorisation ou concession[299].

Ces textes nous amènent à reconsidérer la situation de l'occupant du domaine non soumis à des textes particuliers. Il ressort d'abord de l'esprit du législateur qu'il n'entend pas établir de distinction entre autorisation et contrat sur la question de la disponibilité. Mais ensuite, si la permission et la convention sont cessibles avec autorisation de l'administration sur certains domaines publics et qu'il s'agit là d'un régime plus favorable que celui traditionnel, il s'ensuit que sur le domaine non soumis à ces textes, le régime de la cession ne peut être que moins favorable et il ne pourra être que l'indisponibilité du titre de la jurisprudence *Munoz* et *Koeberlin,* qu'il s'agisse de l'autorisation ou du contrat.

B - L'obligation de l'administration d'agréer le cessionnaire

Le décret du 10 juillet 1968 portant organisation générale des marchés d'intérêt national a instauré pour le titulaire d'une autorisation d'occupation privative la possibilité *de présenter au gestionnaire un successeur qui sera subrogé dans ses droits*[300].

Il faut remarquer ici une particularité qui est exceptionnelle sur le domaine public : c'est que l'occupant a un droit très fort, *teinté de droit réel,* puisque le décret prévoit expressément que *le gestionnaire ne peut refuser à la personne présentée comme successeur l'autorisation de s'établir à titre privatif dans un emplacement du marché si cette personne a obtenu l'autorisation préfectorale portée au titre II ci-dessus et remplit les conditions prévues par le présent décret et le règlement intérieur pour exercer une activité conforme à la destination de cet emplacement*[301]. Quant au préfet, il ne peut s'opposer à la délivrance du titre, le texte prévoyant que celui-ci « *ne peut refuser cette autorisation, ou s'opposer... si le demandeur satisfait aux obligations législatives et réglementaires* »[302]. Les conditions que doit remplir le cessionnaire sont essentiellement à caractère professionnel, de nationalité, de moralité. Cependant cette obligation d'agrément ne constitue qu'une exception à la règle.

---

[299] Par exemple voir le 1° et 2° de ce texte.

[300] n° 68-650 du 10 juillet 1968, *J.O.* du 16 juillet 1968, p. 6788, art. 31.

[301] Art. 31.

[302] Art. 23-2°.

SECTION III

INCERTITUDES SUR LA GARANTIE DES INVESTISSEMENTS DE L'ENTREPRISE

L'entreprise a besoin de crédit pour son implantation, son développement, sa transformation car l'époque où l'opérateur privé investit ses propres capitaux est révolue : il a toujours recours à un organisme de crédit ; mais celui-ci à son tour, a besoin de sécurité juridique. Les techniques habituellement utilisées sur la propriété privée en garantie du crédit sont l'hypothèque et le nantissement ; le crédit-bail est également un moyen de financer le crédit. Or, nous verrons les difficultés d'origine jurisprudentielle de réaliser ce type d'opération sur le domaine public (§ I). Le législateur est venu consolider progressivement les droits des créanciers du domaine public ; mais des conditions de droit public sont encore une fois présentes (§ II).

§ I - LES DIFFICULTES D'ORIGINE JURISPRUDENTIELLE DE GARANTIR LE CREDIT

Nous aborderons successivement l'hypothèque (A), le nantissement (B), puis le crédit-bail (C) du domaine public à proprement parler, mais aussi des édifications faites sur le domaine public par l'occupant puisque doctrine et jurisprudence font une telle distinction.

A - L'impossibilité d'hypothéquer le domaine public et les constructions édifiées sur le domaine public

L'hypothèque est une sûreté réelle n'entraînant pas la dépossession du propriétaire du bien grevé. L'article 2114 du Code civil établit de façon expresse que l'hypothèque est «*un droit réel sur les immeubles affectés à l'acquittement d'une obligation*». C'est un droit réel parce que le créancier hypothécaire a un droit de suite et un droit de préférence. C'est un droit réel accessoire car elle est l'accessoire d'une obligation dont le but est la garantie d'un paiement[303]. L'hypothèque est immobilière ; l'hypothèque conventionnelle ne peut être consentie que par celui qui a la capacité d'aliéner les immeubles

[303] Henri et Léon Mazeaud, Jean Mazeau, *Leçons de droit civil, sûretés, publicité foncière*, Monchrestien, sixième édition, 1988, p. 241 ; voir également *Encyclopédie Juridique*, Dalloz, droit civil, V. M. Cabrillac, C. Mouly, *Droit des sûretés*, Litec, 6e éd., 2002, n° 779 et 780, p. 767 et s.

qu'il y soumet.[304] En cas de manquement à ses obligations, l'emprunteur voit son bien vendu aux enchères publiques, l'organisme financier se payant alors sur le prix de vente.

Une telle garantie réelle n'est pas possible sur le domaine public, car elle est incompatible avec les règles domaniales (I). Certains auteurs semblent admettre l'hypothèque des constructions, or ce terme est équivoque (II).

I - L'impossibilité d'hypothéquer le domaine public

Nous verrons successivement l'avis de la doctrine (1) et la position jurisprudentielle sur cette question (2).

1 - La doctrine

Dans l'ensemble, la doctrine est d'accord pour affirmer que le domaine public ne peut faire l'objet d'hypothèque. Déjà au début du siècle, Barthélémy affirmait l'impossibilité d'hypothéquer le domaine public, du fait du droit instauré au profit du créancier de vendre le bien en cas de non-paiement par le débiteur[305]. La plupart des auteurs actuels ont un avis qui va dans le même sens. Ainsi pour J.-M. Auby et M. P. Bon *«le domaine public est insusceptible des hypothèques légales ou conventionnelles. Cette solution résulte tant de l'article 2118 du Code Civil que du principe d'inaliénabilité».*[306] M. J. Dufau a la même analyse.[307] MM. M. Guibal et L. Rapp affirment de même que les biens du domaine public, faisant l'objet d'une utilisation privative ne peuvent être *nantis, gagés ou hypothéqués.*[308]

En effet, l'hypothèque suppose la préexistence d'un droit réel ; or, nous savons que traditionnellement l'occupant n'a pas de droit réel de type civiliste sur le domaine public. L'hypothèque suppose la capacité d'aliéner, capacité que le titulaire du titre d'occupation n'a pas, par définition.

En cas de non-paiement du débiteur, l'hypothèque implique une vente aux enchères publiques au profit d'un adjudicataire ; ceci va à l'encontre du caractère personnel de l'occupation. On ne pourrait envisager que

---

304 Art. 2124 du Code civil.

305 *«Il ne peut y avoir d'hypothèque sur des biens inaliénables, puisque l'hypothèque est le droit, conféré au créancier de faire vendre les biens hypothéqués pour se payer sur sa créance». Traité élémentaire de droit administratif,* 7ème éd., 1913, p. 420.

306 *«Droit administratif des biens*, précité, p. 89.

307 *«Il ne semble pas non plus que le domaine public soit susceptible des hypothèques légales ou conventionnelles.» Le Domaine public*, précité, 3e éd.

308 *Contrats des collectivités locales*, précité note n° 250, p. 427, n°8863.

l'administration se voit imposer un adjudicataire par l'aléa d'une vente aux enchères, qui ne remplirait pas toutes les conditions relatives au bon fonctionnement du service public. On ne pourrait imaginer que les droits de créanciers stables empêchent l'existence du service public ou en limitent le fonctionnement.

L'article 2118 du code civil établit que seuls sont susceptibles d'hypothèque «*les biens immobiliers qui sont dans le commerce*». Or le domaine public n'est pas dans le commerce au sens civiliste du terme ; il est inaliénable et insaisissable ; il ne peut donc être vendu aux enchères.

Si on admettait la possibilité d'hypothéquer le domaine public, il faut remarquer que cette opération aurait peu d'intérêt ; car en supposant que l'adjudicataire soit agréé, rien n'empêcherait l'administration ensuite de lui retirer le titre pour un motif d'intérêt général (et nous savons que ces motifs sont très nombreux). L'instabilité de l'adjudicataire diminue de façon très importante la valeur de l'occupation et par-delà ôte tout intérêt à l'hypothèque.

2 - La jurisprudence

La jurisprudence administrative actuelle s'est clairement prononcée dans ce sens. Les juridictions civiles arrivent au même résultat par des cheminements distincts.

Le Conseil d'Etat se fonde sur la protection de l'affectation. Dans l'arrêt *Eurolat* bien connu, une hypothèque avait été constituée sur un bien du domaine public ; le Conseil d'Etat décide qu'il s'agit là d'une clause incompatible avec «*les principes de la domanialité publique comme avec les nécessités du fonctionnement du service public*».[309] Si l'administration venait quand même à établir une hypothèque, la clause conférant un tel droit devrait être regardée comme nulle.[310]

La Cour de Cassation a affirmé également l'impossibilité de constituer une sûreté réelle sur le domaine public mais elle décide que les biens frappés d'inaliénabilité ne sont pas susceptibles d'hypothèque en raison du fait qu'ils ne se trouvent pas dans le commerce au sens de l'article 2118 du Code civil.[311] Cet article stipule que «*sont seuls susceptibles d'hypothèques : 1°les biens immobiliers qui sont dans le commerce, et leurs accessoires réputés immeubles...*»

---

[309] Précité note n° 52.
[310] Décision Eurolat précitée note n°52.
[311] Cass., 3ème civ., 29 juin 1983, Bull. cass., III n°152.

II - L'équivoque de l'hypothèque des constructions

Le domaine public ne peut faire l'objet d'une sûreté réelle ; ceci est clair. Mais il convient de se poser la question de savoir si les *constructions* édifiées par l'occupant peuvent bénéficier de cette garantie. Si cette idée semble avoir été admise parfois (1), dans la pratique, cette hypothèque n'a aucune efficacité (2).

1 - L'admission de l'hypothèque des constructions

Une partie de la doctrine semble admettre l'hypothèque des constructions (a) ; la Cour de cassation s'était prononcée clairement dans ce sens dans une décision ancienne (b).

a - Par la doctrine

Certains auteurs, en se basant sur un arrêt ancien, admettent l'hypothèque des constructions sur le domaine public. Auby et M. Bon disent, en se référant à la décision précitée, que « *l'hypothèque conventionnelle semble cependant possible pour les bâtiments construits sur le domaine public.* »[312] Ces auteurs affirment encore par ailleurs : « *...l'occupant, s'il ne peut hypothéquer le terrain domanial, peut hypothéquer les constructions ou installations qu'il a édifiées.* »[313]

M. Dufau, tout en affirmant que l'hypothèque légale ou conventionnelle ne semble être possible sur le domaine public, ajoute : « *Toutefois, la Cour de cassation a admis la possibilité de constituer des hypothèques sur les constructions édifiées sur le domaine public.*»[314] Cet auteur rappelle d'ailleurs que «*... la circonstance qu'un bâtiment a été implanté sur le domaine public n'implique nullement qu'il fasse lui-même partie du domaine public ; la domanialité publique n'étant pas incompatible avec l'appropriation privative des installations édifiées avec l'autorisation de l'administration sur les dépendances du domaine...*»[315] L'appropriation privative permettrait donc la constitution d'une hypothèque.

M. Lebreton soutient que, s'agissant du «*cas des occupations ordinaires*», « *le gage est admissible mais il suit le sort de l'occupation : il est donc*

---

[312] *Droit administratif des biens*, précité, p. 89, n°75.

[313] *Droit administratif des biens*, précité, p. 139, n° 117.

[314] *Le Domaine Public*, précité, 3e éd., p. 251, n° 359.

[315] *Précité*, 3e éd., p. 251, n°359, avec renvoi à note de bas de page.

précaire. »[316] Il distingue toutefois le titre d'occupation à proprement parler des constructions : le titre d'occupation ne peut être hypothéqué à la différence des constructions, lesquelles, étant la propriété de l'occupant qui les a édifiées, peuvent être hypothéquées.[317]

Pour M. P. Godfrin, l'hypothèque des constructions est possible par application de l'article 35-II de la loi du 7 juin 1977, portant diverses dispositions d'ordre économique.[318]

b - Par le juge judiciaire

La Cour de cassation s'est prononcée une fois sur cette question. La décision *De Kerveguen c. Deshayes*[319], à laquelle se réfèrent couramment les auteurs, avait admis l'hypothèque des constructions édifiées sur le domaine public. Il s'agissait dans cette affaire, d'une maison d'habitation, de divers magasins et de deux débarcadères qui avaient été construits sur le domaine public et avaient fait l'objet d'une saisie immobilière. Le requérant invoque la nullité de l'hypothèque du fait que, construites sur le domaine public, les édifications n'avaient pas le caractère d'immeubles et ne pouvaient donc être hypothéquées, *« le domaine public ne pouvant pas être affecté à titre de propriété, à de simples particuliers».*

Il ne faut pas oublier qu'à l'époque des faits, le domaine public n'était pas encore clairement défini comme une propriété de l'Etat à part entière, lequel n'avait qu'un rôle de garde et de surintendance, pas plus qu'il n'appartenait à quiconque. La demande du requérant à l'époque, était donc logique : seuls pouvaient être hypothéqués les biens immeubles ; or, un bien du domaine public ne pouvait être un immeuble, objet de propriété.

---

[316] *Les occupations du domaine public*, thèse Paris, 1976, tome II, p. 203.

[317] *«Naturellement, l'occupation elle-même ne peut faire l'objet d'un gage. En admettant même qu'elle soit un droit réel* [...],*l'occupation du domaine public ne saurait constituer un droit réel civil susceptible de sûreté, puisqu'elle a un caractère précaire et qu'elle est inopposable à l'Administration propriétaire ; par conséquent, l'occupant ne peut* [...] *hypothéquer le titre*[...] *Il n'en est pas de même pour les installations aménagées et l'activité poursuivie par l'occupant. Ce dernier a la pleine et entière propriété de ses installations* [...] ; *il peut normalement les hypothéquer ; la Cour de cassation l'a d'ailleurs explicitement reconnu dans un arrêt ancien* [...], *mais elle constate aussi que l'hypothèque ne survit pas au terme normal ou anticipé du titre d'occupation.»*Thèse précitée, p. 204. Dans le même sens, voir N. Bergouniou, *Les investissements sur le domaine public*, thèse Toulouse, 1978, p. 266 : *«Les installations édifiées par l'occupant du domaine public demeurent la propriété de ce dernier. Il peut donc parfaitement les hypothéquer... »*

[318] *Droit administratif des biens*, 4ème éd., précité, p. 129.

[319] Cass. req. 10 avril 1867, *D*.1867, I. 397.

Le Tribunal de Saint-Denis, dans son jugement du 7 février 1865 ne retient pas cette argumentation ; il décide que « *ce droit privatif est évidemment immobilier, comme le sol même sur lequel les établissements et leurs constructions sont assis* ; *que si, vis-à-vis du gouvernement, il a les caractères d'une cession personnelle et mobilière, il n'en constitue pas moins, tant qu'il existe, par rapport aux tiers,* ***une propriété immobilière dans le commerce, et partant, susceptible d'hypothèque.*** »[320] Cette décision est confirmée en appel puis en cassation.

Les juges de la Cour de cassation décident que les bâtiments édifiés en vertu d'une permission de voirie « *constituent, par leur nature, des immeubles, tant qu'ils adhèrent au sol, encore bien que la permission eût été stipulée révocable* ; *qu'ils peuvent être mis comme tels, dans le commerce, et, par suite,* ***être valablement [...]hypothéqués et saisis comme tels****, sous la condition résolutoire qui affecte leur existence.* »[321]

2 - L'inefficacité de cette hypothèque

L'arrêt précité laisse subsister un problème important à propos de cette hypothèque. La plupart des auteurs ont dénoncé qu'elle était de peu d'efficacité pour l'organisme financier, puisque la décision même affirme que cette sûreté est valable sous la condition résolutoire qui affecte l'existence du titre d'occupation. Ceci revient à dire que dès lors que l'acte est retiré ou qu'il arrive à son terme, l'hypothèque tombe, le créancier perdant alors sa garantie.

La décision précitée de la Cour de cassation est ancienne ; il n'est pas sûr qu'elle reflète l'état du droit actuel. Il n'est pas certain que les juges administratifs l'adoptent, compte tenu du durcissement de la jurisprudence administrative par rapport à la situation des entreprises implantées sur le domaine public.

Le Conseil d'Etat ne s'est pas prononcé sur l'hypothèque des constructions, propriété d'un particulier, dont nous savons par ailleurs que ce droit a été parfois admis. Toutefois, nous l'avons déjà dit, il s'agit là d'une propriété limitée, ne présentant pas les caractères de la propriété privée telle qu'on la connaît. Doit-on en conclure que cette propriété, même limitée, peut être hypothéquée ? Nous n'en somme pas certains.

En dehors du fait que l'hypothèque, telle qu'elle a été décrite précédemment est de peu de portée pratique, deux objections juridiques peuvent être faites.

---

[320] Cité dans note Cass. req. 10 avril 1867, I. 397 ; caractères gras ajoutés.

[321] Précitée note n° 320, caractères gras ajoutés.

La première objection se rapporte à la propriété des constructions :

Quels sont les éléments qui permettent d'affirmer clairement que l'occupant a la propriété des ouvrages ? Car pour pouvoir hypothéquer la construction édifiée par lui sur le domaine public, encore faut-il que le titulaire du titre soit certain qu'il a bien cette propriété, même précaire. Or celle-ci est loin d'être systématique. En effet, nous avons vu précédemment que la jurisprudence étend couramment la domanialité publique aux ouvrages situés au-dessus ou au-dessous du domaine public par application de la théorie de l'accessoire, que les ouvrages soient affectés ou non ou qu'ils n'aient qu'une affectation secondaire. Cela revient à dire que l'occupant du domaine public qui a édifié une construction n'est pas obligatoirement propriétaire de celle-ci ; cela imprime donc une très grande insécurité juridique pour l'occupant et pour l'organisme financier. Ces opérateurs peuvent tout simplement découvrir un jour que le bien était affecté, l'opération étant nulle, à l'instar de ce qui était arrivé à l'occasion de l'arrêt *Eurolat* précité.

La deuxième objection est relative au transfert du titre :

En effet, il est d'une jurisprudence constante que l'occupant doit être personnellement titulaire de l'emplacement qu'il occupe, sans quoi il devient un occupant sans titre, passible de poursuites. Le nouvel adjudicataire doit donc obtenir de l'autorité un titre d'occupation à son profit, sans quoi il est lui-même un occupant sans titre.

Par ailleurs, nous savons qu'il s'est instauré une pratique de «présentation de successeur», pour pallier l'impossibilité de vendre un emplacement sur le domaine public. Le Conseil d'Etat a décidé que lorsque l'administration était confrontée à une présentation de successeur, elle était tenue de le refuser (arrêt *Munoz*, précité).

En admettant la propriété des constructions, leur hypothèque et une vente aux enchères de celles-ci, deux cas de figures peuvent alors avoir lieu :

1°-soit l'administration accepte l'adjudicataire et dans ce cas elle va à l'encontre de l'arrêt *Munoz* précité ; en raisonnant par analogie, on déduit que l'administration est tenue de refuser l'adjudicataire. En effet, si l'interdiction d'accepter un successeur de l'arrêt *Munoz* était faite dans l'idée d'empêcher une vente détournée, quelle différence existe-t-il entre une vente à l'amiable et une vente forcée ? par rapport à l'inaliénabilité, aucune ; si l'administration veut appliquer le droit dans toute sa rigueur, elle doit refuser l'adjudicataire. En tout état de cause, l'acceptation d'un adjudicataire serait contraire au caractère personnel du titre.

C'est pourquoi, sans préjuger des décisions qui pourraient être rendues par le Conseil d'Etat dans cette matière, nous ne pouvons affirmer catégoriquement qu'une hypothèque des constructions édifiées par l'occupant aurait l'assentiment de la Haute Juridiction, en tenant compte de la position de plus en plus restrictive du Conseil d'Etat face à l'occupant privatif du domaine public.

2°-soit l'administration refuse l'adjudicataire et dans ce cas l'hypothèque n'a aucun sens.

Enfin, nous avons dit qu'il a été parfois affirmé que la loi du 7 juin 1977 portant diverses dispositions d'ordre économique instituait la possibilité d'hypothéquer les constructions sur le domaine public. Or, à notre sens, ce texte n'établit pas une hypothèque, mais un droit au profit des créanciers sur l'indemnité due en cas de retrait avant le terme prévu. En effet, ce texte n'instaure pas la possibilité d'une vente aux enchères du bien. Par ailleurs, l'article 2124 du code civil stipule que « *les hypothèques conventionnelles ne peuvent être consenties que par ceux qui ont la capacité d'aliéner.* » Cependant, sur le domaine public, l'occupant ne peut, par définition, aliéner librement une construction dont il n'a pas la propriété ; et quand bien même on admettrait une propriété des édifications, nous avons déjà dit que celle-ci, précaire, est *mutilée* et est très loin de posséder les caractéristiques de la propriété privée. En conséquence, on ne peut parler d'hypothèque des constructions au sens traditionnel du droit privé.

Parler d'hypothèque des constructions comme le fait la doctrine, prête à confusion car celle-ci est loin d'apporter les garanties auxquelles sont habituées les entreprises implantées sur la propriété privée.

B - L'impossibilité de nantissement sur fonds de commerce du domaine public

L'article 2071 du code civil donne la définition suivante du nantissement : c'est *un contrat par lequel un débiteur remet une chose à son créancier pour sûreté de la dette.* Le fonds de commerce apparaît comme étant un bien ayant une valeur et peut alors devenir un gage pour les créanciers. Différents textes organisent le nantissement sur fonds de commerce, afin de faciliter ce type de garantie, sans dépossession de la part du débiteur. Le nantissement du fonds de commerce comporte des effets proches de ceux de l'hypothèque, comme le droit de préférence (sous réserve du privilège du Trésor) et le droit de suite.

Certains auteurs ont affirmé la possibilité de nantir l'activité ou le fonds de commerce sur le domaine public. Ainsi M. Lebreton soutient : « ... *l'occupant peut mettre en nantissement un fonds de commerce qui peut résulter d'une activité sur le domaine public»*[322]. Mme Nadia Bergouniou a la même analyse[323]. D'autres auteurs soutiennent en sens inverse l'impossibilité de nantir un bien du domaine public. C'est le cas par exemple de MM. M. Guibal et L. Rapp.[324]

Différentes objections doivent être soulevées ici sur la possibilité de nantir un fonds. L'objet du nantissement est évidemment le fonds de commerce : cette garantie n'est valable que si le fonds de commerce existe. Or le Conseil d'Etat a toujours refusé la constitution d'un fonds de commerce sur le domaine public, en raison de la stabilité qu'il confère au preneur. On ne pourra donc constituer un nantissement sur un fonds qui par définition n'existe pas sur le domaine public.

En revanche, nous savons que la Cour de cassation a admis parfois l'existence d'un fonds de commerce précaire et révocable. Peut-on considérer alors que celui-ci, précaire et révocable puisse être nanti ? Différentes remarques doivent être faites ici.

La première est celle relative à l'existence du fonds de commerce, même précaire ; en effet le juge judiciaire décide s'il y a fonds de commerce ou non en fonction de la clientèle qui peut être propre au domaine public ou attirée par l'activité. L'existence du fonds relèvera donc d'une appréciation du juge au cas par cas et non de circonstances clairement établies ; en conséquence une incertitude peut apparaître sur la question de savoir si on est en présence ou non d'un tel fonds et donc sur la possibilité de le nantir ou non : l'occupant peut ne pas être certain de détenir la propriété commerciale, même précaire.

La deuxième est celle relative à l'instabilité. Le fonds de commerce est fondamentalement une valeur patrimoniale, valeur donnée de façon importante par la stabilité qui lui est propre, par le droit au bail ; or, l'instabilité inhérente au domaine public diminue considérablement cette valeur, l'occupant n'ayant jamais droit au maintien dans les lieux ; ceci ôte alors beaucoup d'intérêt au nantissement.

Sur le plan juridique, certains problèmes se posent également. En cas de vente aux enchères du fonds, l'attribution à un nouvel adjudicataire est contraire au caractère personnel du titre, et les objections formulées précédemment au sujet de l'hypothèque peuvent être appliquées au nantissement.

---

322 *Les occupations du domaine public*, thèse Paris 1976, p. 204 et s. Toutefois l'auteur ajoute : *«il est évident que la révocation du titre d'occupation dévalorise considérablement le fonds.»*

323 *Les investissements sur le domaine public*, thèse Toulouse 1978, p. 266.

324 *Contrats des collectivités locales*, précité note n° 250, p. 427, n°8863.

En résumé, le nantissement n'est pas possible sur le domaine public selon la jurisprudence du Conseil d'Etat. Et quand bien même on l'envisagerait, il est de peu d'intérêt pour le créancier en raison de l'instabilité qui l'affecte.

C - L'impossibilité d'opérations de crédit-bail sur le domaine public

Une autre technique de financement des investissements est celle du crédit-bail, présentant une très grande sécurité juridique pour l'organisme financier. Le crédit-bail est une opération complexe, difficile à qualifier : il s'agit d'une technique de crédit assortie d'une sûreté originale, la location d'un bien[325]. Le crédit-bail met en présence trois personnes : le crédité, utilisateur du bien qui désigne le bien, l'organisme financier qui achète le bien et le loue à l'utilisateur pour une période correspondant à la durée de l'amortissement, enfin, le vendeur du bien. Au terme de la durée de la location, l'utilisateur a la faculté de racheter le bien pour une somme résiduelle déterminée à l'avance ; il peut également restituer le bien ou demander le renouvellement de la location. Les rapports entre le crédité et l'organisme financier sont ceux de bailleur et locataire mais avec la particularité que ce dernier peut devenir propriétaire du bien loué au terme de la location.

Cette technique est particulièrement protectrice des intérêts de l'organisme de crédit puisque les rapports entre celui-ci et l'utilisateur sont ceux d'un bailleur et d'un preneur. Propriétaire, il n'a pas les inconvénients de la lourdeur de l'hypothèque en cas de non paiement de l'utilisateur. Quant à l'utilisateur, c'est un moyen qui lui permet l'autofinancement par une épargne à réaliser, sans apport personnel.

Cette technique de financement est impossible sur le domaine public car le crédit-bail est contraire au caractère précaire (I), et au caractère personnel du titre d'occupation (II).

I - Le crédit-bail est contraire au caractère précaire

Le crédit-bail est impossible sur le domaine public car il établit au profit de l'organisme financier un droit réel de propriété. En effet, le crédit-bailleur devient propriétaire du bien qu'il loue à l'utilisateur. Or, un tel droit est impossible sur le domaine public. Il faut d'ailleurs noter, qu'interrogé sur cette possibilité de financement des travaux du T.G.V. Sud-Est, dans un avis rendu

---

[325] *Rep. civ.*, 1982, v. Crédit-bail par Cabrillac ; *Rep. com.* 1981, v. Crédit-bail par Calais-Auloy ; *Droit civil, les contrats spéciaux*, Ph. Malaurie, L. Aynas, éd. Cujas 1992. M. Cabrillac, C. Mouly, *Droit des sûretés*, Litec, 6e éd., 2002, p. 542, n° 534.

en 1989, le Conseil d'Etat établit clairement que l'autorité administrative ne peut recourir à cette technique.[326]

Il convient toutefois de s'interroger sur la question suivante : nous avons dit que parfois le Conseil d'Etat a admis un droit de propriété des constructions au profit de l'occupant qui les a édifiées. Pourrait-on envisager alors d'attribuer la propriété des biens édifiés à l'organisme financier ? En réalité, cette possibilité aurait peu de portée pratique car la propriété, dépendante du titre d'occupation, reste précaire et révocable. Ce droit supposé est alors vidé de sa substance et il ne présente aucun intérêt pour l'organisme financier. Le crédit-bail, dans de telles conditions est dénué de tout intérêt.

II - Le crédit-bail est contraire au caractère personnel

Le contrat à proprement parler (1), ainsi que l'issue de celui-ci (2), est contraire au caractère personnel du titre.

1 - Le contrat entre le crédit-bailleur et l'utilisateur

Un des intérêts du crédit-bail est de permettre au preneur l'utilisation de son bien, ce qui sera possible grâce au contrat de location qui lui sera consenti par l'organisme financier, propriétaire. Or, sur le domaine public, ceci pose problème. En effet, l'organisme financier, titulaire du titre d'occupation, devra sous-louer le bien à l'utilisateur. L'organisme financier, détenteur de l'autorisation, ne gère pas l'entreprise. Ceci est contraire au caractère personnel du titre, à l'obligation d'exploitation personnelle de l'occupation.

2 - La promesse de vente

L'issue du contrat de crédit-bail est également contraire au caractère personnel du titre. En effet, à la fin de celui-ci, l'utilisateur doit pouvoir racheter le bien, il bénéficie d'une promesse de vente. Sur le domaine public, l'utilisateur ne peut évidemment racheter le bien, qui par définition est inaliénable ; tout au plus, l'administration pourra lui concéder un nouveau titre

---

[326] Avis du Conseil d'Etat, 30 mars 1989, n° 345.332, section des travaux publics : *« En, vertu des principes généraux relatifs à l'organisation du service public ferroviaire, confirmés par le 1er alinéa de l'article 20 de la loi d'orientation des transports intérieurs du 30 décembre 1982, les infrastructures du «T.G.V. Sud-Est» seront des biens immobiliers affectés à ce service public et aménagés spécialement à cette fin feront ainsi partie du domaine public de l'Etat et ne pourront par suite, faire l'objet, même de façon temporaire, de quelque appropriation privée que ce soit. Leur financement ne peut donc, en l'état actuel du droit, être assuré selon la technique de crédit-bail qui implique que les biens ainsi financés demeurent, jusqu'au terme du contrat, dans le patrimoine de l'organisme de crédit.»*

à l'issue du contrat de crédit-bail ; l'autorité administrative devrait donc, théoriquement, s'engager à agréer le sous-locataire à la fin du contrat, lequel, doit devenir le nouveau titulaire du titre. Mais le fait que l'administration s'engage par avance à agréer le sous-locataire est contraire au caractère personnel. Cela va à l'encontre des arrêts *Eurolat* et *Munoz*[327], ce dernier établissant qu'en cas de présentation d'un successeur, l'administration est tenue de refuser celui-ci. Juridiquement, il n'y a aucune différence entre l'agrément d'un successeur ou celui d'un sous-locataire.

Quant à l'occupant, l'engagement pris par l'administration de l'agréer en fin de crédit-bail, n'est pas pour lui une réelle garantie. D'abord, parce que ceci est illégal, nous l'avons vu. Ensuite, parce que l'autorité, malgré une stipulation écrite pourra toujours refuser l'octroi d'un nouveau titre au sous-locataire en raison des pouvoirs très importants de gestion qui lui ont été reconnus par la jurisprudence. L'administration a, à sa disposition, un très large éventail de motifs justifiant le refus d'octroi d'un titre, qui n'est jamais un droit. En cas de refus de l'administration d'établir un nouveau titre au profit du sous-locataire, celui-ci perdra toutes les sommes d'argent investies sur le domaine public. Il deviendra un occupant sans titre, passible de poursuites. Et en cas d'acceptation par l'administration, il sera de toutes les façons soumis à la précarité.

§ II - LA CONSOLIDATION PAR LES TEXTES DES DROITS DES CREANCIERS, DANS DES CONDITIONS DE DROIT PUBLIC

La loi va infirmer progressivement l'impossibilité de garantir les investissements sur le domaine public, par des textes particuliers. Nous verrons les garanties apportées par les trois textes en la matière qui sont l'article A26 al. 2 et 3 du code du domaine de l'Etat (A), puis la loi de 1994 donnant des garanties supplémentaires aux organismes financiers des entreprises implantées sur le domaine public de l'Etat et de ses établissements publics, tant pour le domaine public de l'Etat qui leur est confié que pour leur domaine propre (B) ; enfin le bail emphytéotique de la loi de 1988, pour le domaine public des collectivités territoriales (C). Certes, les créanciers auront des droits de plus en plus solides ; cependant les garanties seront également enfermées encore une fois dans des conditions de droit public.

---

[327] Précités notes n° 52 et 266.

A - La garantie apportée par l'article A26 al. 2 et 3 du code du domaine de l'Etat.

L'article A26 al. 2 et 3 est le premier texte qui apparaît pour garantir les investissements. Il va permettre le paiement d'une indemnité dont le calcul, précisément établi, correspond au remboursement des emprunts contractés pour la réalisation des constructions édifiées par l'occupant sur le domaine public, en cas de retrait motivé par l'intérêt général.

Mais il s'est avéré insuffisant ; l'indemnité étant payée à l'occupant, l'organisme financier n'était pas assuré d'être remboursé. C'est pourquoi, la loi du 7 juin 1977[328] va donner une garantie supplémentaire aux organismes financiers en établissant que l'indemnité due à l'occupant sera payée directement au créancier régulièrement inscrit. Les droits de celui-ci seront encore consolidés, le texte prévoyant en plus qu'en cas de *difficultés ou d'obstacles au paiement, le règlement sera effectué par l'intermédiaire de la caisse de dépôt et de consignation.*

B - La garantie apportée par la loi du 25 juillet 1994

Les deux textes précités s'avérèrent encore insuffisants, un certain nombre de problèmes restant encore en suspens ; cette insuffisance fut à l'origine de pratiques administratives dont la légalité était des plus incertaines (hypothèque des constructions, crédit-bail, sur différents sites domaniaux) ; ces pratiques ont été légalisées pour la plupart par la loi précitée de 1994, pour les titres d'occupation délivrés à compter de l'entrée en vigueur du texte.[329]

Ce texte admet l'hypothèque mais uniquement pour garantir les emprunts contractés par le titulaire de l'autorisation en vue de financer la réalisation, la modification ou l'extension des ouvrages, constructions et installations à caractère immobilier situés sur le domaine public[330]. L'hypothèque n'est valable que pour la durée du titre et elle prend fin au plus tard à l'expiration de celui-ci, quels qu'en soient les circonstances et les motifs[331].

---

[328] N° 77-574, portant diverses dispositions d'ordre économique, *J.O.* du 8 juin 1977, art. 35 II.

[329] Pour les autorisations ou conventions en cours, voir l'article 3 de la loi. Pour une analyse de cette question, voir C. Mamontoff, « L évolution de l'hypothèque sur le domaine public en France » in *Les mutations du droit domanial et le régime des infrastructures de transport en France et en Espagne*, dir. C. Lavialle, L'Harmattan/PUP, 2001, p. 89 et s. J. Gauthier, « Hypothèque et domaine public », *Droit et patrimoine*, 2001, n°93, p. 52 et s.

[330] Art. L. 34-2, al. 3.

[331] Art. L. 34-2, al.5.

Afin de garantir les droits des créanciers en cas de retrait non motivé par l'intérêt général, la loi précitée établit que *deux mois au moins avant la notification d'un retrait pour inexécution des clauses et conditions de l'autorisation, les créanciers régulièrement inscrits sont informés des intentions de l'autorité compétente à toutes fins utiles, et notamment pour être mis en demeure de proposer la substitution d'un tiers au permissionnaire défaillant*[332].

En cas de retrait motivé par l'intérêt général, l'occupant perçoit une indemnité ; *les droits des créanciers régulièrement inscrits à la date du retrait anticipé sont reportés sur cette indemnité*[333]. Cependant, le nouveau texte supprime le II de l'article 35 de la loi du 7 juin 1977[334] et ôte du même coup la garantie qui prévoyait qu'en cas de difficultés ou d'obstacles au paiement de l'indemnisation aux créanciers pour le retrait motivé par l'intérêt général, le règlement était effectué par l'intermédiaire de la caisse des dépôts et consignations.

La loi de 1994 admet les créanciers chirographaires, mais seulement ceux dont la créance est née de l'exécution des travaux de réalisation, modification ou d'extension des ouvrages, constructions et installations à caractère immobilier sur le domaine public. Ils peuvent pratiquer des mesures conservatoires ou des mesures d'exécution forcée sur ces droits et biens[335]. En cas de réalisation de leur sûreté par les créanciers, le nouvel adjudicataire est soumis à l'agrément de l'autorité compétente.[336]

Le législateur va admettre également le crédit-bail sur le domaine public, soumis cependant à autorisation administrative[337]. Une double limitation est imposée toutefois : sont exclus de cette possibilité les ouvrages affectés à un service public et aménagés à cet effet ou affectés directement à l'usage du public ainsi que des travaux exécutés pour une personne publique dans un but d'intérêt général. Par ailleurs la conclusion de tels contrats de crédit-bail au bénéfice d'organismes dans lesquels l'Etat ou l'établissement public gestionnaire

---

332 Art. L. 34-3, al. 4 ; le décret d'application du 6 mai 1995 établit que l'information des créanciers régulièrement inscrits, du retrait envisagé, motivé pour l'inexécution des clauses et conditions de l'autorisation, est faite par l'autorité qui a délivré le titre, par pli recommandé avec demande d'avis de réception postal ; (art. R.57-6-II).

333 Art. L. 34-3, al. 3.

334 N° 77-74, précitée.

335 Art. L. 34-2, al. 4.

336 Art. L. 34-2, al.1. Voir également le décret complétant ce texte, précité, sur les modalités d'agrément du nouvel adjudicataire, art. R.57-7-IV et R. 57-7-V.

337 Art. L.34-2 al. 1 de la loi.

du domaine apporte un concours financier ou détient, directement ou indirectement, une participation financière permettant d'exercer un pouvoir prépondérant de décision ou de gestion, est soumise à un agrément de l'Etat. Cet agrément peut être refusé si l'opération se traduit par un accroissement des charges ou une diminution des ressources de l'Etat. Les modalités de cet agrément sont précisées par décret en Conseil d'Etat[338].

C - La garantie apportée par la loi du 5 janvier 1988

La loi précitée du 5 janvier 1988 institue la possibilité d'hypothéquer, sur le domaine public des collectivités territoriales, *le droit réel conféré au titulaire du bail de même que les ouvrages dont il est propriétaire.* Toutefois cette hypothèque n'est valable que pour garantir les emprunts contractés par le preneur en vue de financer la réalisation ou l'amélioration des ouvrages situés sur le bien loué, et pour la durée du titre. Seuls les créanciers hypothécaires, dont le contrat a été approuvé par la collectivité, peuvent exercer des mesures conservatoires ou des mesures d'exécution sur les droits immobiliers résultant du bail. En conséquence, la loi exclut expressément tous les autres créanciers, quels qu'ils soient.

En cas de non-paiement, le créancier hypothécaire pourra exercer des mesures conservatoires ou d'exécution. Le bien pourra être vendu aux enchères mais dans ce cas, la collectivité doit agréer le cessionnaire ; cette disposition très certainement, est de nature à enlever une partie de l'intérêt de l'hypothèque puisque l'organisme financier peut toujours se voir refuser l'adjudicataire. Le texte prévoit que la collectivité a la faculté de se substituer au preneur dans la charge des emprunts en résiliant ou en modifiant le bail et le cas échéant les conventions non détachables.

Globalement, il ressort des différents textes que les nouveaux droits des créanciers sont enfermés encore dans des conditions de droit public. Mais il est certain que ceux-ci voient progressivement leurs droits se consolider.

Nous avons établi tout au long de ce chapitre l'instabilité juridique à laquelle est soumis l'opérateur privé implanté sur le domaine public. Cependant, malgré cette situation désavantageuse, il faut constater tout de même qu'il y a des entreprises sur le domaine public. Il convient donc d'analyser les raisons qui poussent l'acteur privé à s'y implanter. C'est ce que nous verrons dans le chapitre suivant.

---

[338] Art. L-34-7. Sur les raisons ayant motivé cette limitation, voit l'article de A. Fournier et H. Jacquot, «Un nouveau statut pour les occupants du domaine public», *A.J.D.A.* 1994, p. 759. Sur les modalités de cet agrément, voir le décret d'application précité, art. R.57-9.

CHAPITRE II

L'IMPLANTATION MALGRE L'INSECURITE

Malgré des conditions juridiques désavantageuses, l'occupant s'implante sur le domaine public en raison de considérations économiques, car financièrement le domaine public peut être attractif (Section I). Mais en même temps et paradoxalement, ce même opérateur privé peut être captif du domaine public (Section II).

SECTION I

LE CARACTERE ATTRACTIF DU DOMAINE PUBLIC

Le domaine public est attractif pour l'occupant parce que l'opérateur privé est conditionné par une logique de rentabilité (§I), et que le domaine public dans beaucoup de cas, est le moteur de l'activité marchande (§II).

§ I - L'OPERATEUR PRIVE EST CONDITIONNE PAR UNE LOGIQUE DE RENTABILITE

Le domaine public est un lieu dont l'affectation doit faire l'objet d'une protection particulière et l'autorité administrative doit garder toujours présent cet objectif. Mais l'opérateur privé dans la plupart des cas ne connaît même pas la signification de l'affectation ni les subtilités de cette protection. Pour lui, cette protection de l'affectation est loin d'être sa préoccupation. Il ne fait qu'un froid calcul économique, en dehors de toute idée de sauvegarde du service public ou de l'usage du public.

L'occupant du domaine public est avant tout une entreprise privée, individuelle ou sociétaire. A ce titre, il est motivé par sa logique d'entreprise qui est la recherche de rentabilité.

Ce qui est important pour l'entreprise privée, ce sont les gains, les profits qui vont être tirés de l'exploitation et ce, quelle que soit l'importance de ses structures. C'est là le point commun à toutes les entreprises commerciales, implantées ou non sur le domaine public : depuis la plus petite buvette jusqu'à la plus grande unité industrialo-portuaire. L'entreprise privée, quelle qu'elle soit, sera toujours conditionnée par cette logique car l'opérateur privé est toujours à la recherche de l'enrichissement personnel.

Depuis longtemps, d'une façon générale, le droit met d'ailleurs au service de cet enrichissement privé tout un arsenal juridique, de plus en plus élaboré, de plus en plus pointu : le droit commercial par exemple instaure la notion de fonds de commerce, le droit des sociétés celle de partage des bénéfices entre associés (ou la réalisation d'une économie), qui devient un des éléments constitutifs de la société commerciale. Aujourd'hui, la mondialisation des échanges commerciaux permet de repousser plus loin les frontières dans la recherche du client, lequel permet que le marché existe.

Comme sur la propriété privée, l'opérateur privé, sur le domaine public, est avant tout à la recherche d'une clientèle, d'un marché ; le marché est entendu ici au sens d'échange marchand, d'échange à titre onéreux, de biens ou de services aboutissant à un gain, au sens de commerce ; et ce qui est important pour l'opérateur privé du domaine public, c'est la rentabilité de ce domaine. Dans un premier temps, c'est cette rentabilité qui va l'attirer et ceci, d'ailleurs, en dehors de tout problème d'instabilité, de précarité, d'inaliénabilité. L'opérateur privé cherche avant tout le profit et il voit ensuite comment il va s'accommoder des contraintes juridiques.

L'occupant est à la recherche d'un enrichissement personnel, et le domaine public peut le lui procurer. En effet, le domaine public est le lieu géographique qui permet le développement du commerce ; très souvent, le domaine public devient même le moteur de l'activité marchande.

§ II - LE DOMAINE PUBLIC, MOTEUR DE L'ACTIVITE MARCHANDE

Le domaine public peut être attractif pour l'opérateur privé car dans certains cas il est le moteur de l'activité marchande tant pour les espaces domaniaux artificiels (A), que pour les espaces domaniaux naturels (B).

A - Le domaine public artificiel

Le domaine public artificiel peut être très rentable pour l'occupant. Traditionnellement, on définit le domaine public comme la propriété administrative, affectée au service public et à l'usage du public et spécialement aménagée à cet effet. La réalisation du service public est donc un des buts à atteindre dans la théorie du domaine public. Ainsi, il y a un domaine public portuaire ou aéroportuaire parce qu'il y a un service public portuaire ou aéroportuaire. Il s'agit là de l'activité principale de service public. Mais ce service public dans beaucoup de cas va pouvoir procurer des avantages économiques à l'opérateur privé ; le service public crée une dynamique économique autour de lui, profitable à l'opérateur privé. Il devient un élément générateur de l'activité économique (I) et par-delà le domaine devient le creuset de l'activité marchande. Mais on va assister également à un effet de synergie entre les activités de service public et les activités marchandes (II), profitables pour les opérateurs privés et publics, et suscitant de plus en plus le commerce sur le domaine public, et créant de nouvelles vocations à l'implantation.

I - Le service public, générateur de l'activité marchande

Dans sa logique de rentabilité, l'occupant est à la recherche d'une clientèle potentielle qui peut lui être procurée par le service public (1) ; le domaine public est d'autant plus attractif que dans certains cas les investissements peuvent être insignifiants (2).

1 - L'occupant est attiré par la clientèle potentielle du service public

Certaines activités de service public vont générer un passage de personnes très important. L'action administrative va donc créer un potentiel de marché. Ce qui est important pour certains types de commerces, c'est la clientèle qui peut être appréhendée du fait de l'emplacement du local qui permet le ralliement de cette clientèle[339]. Le fonctionnement du service public va être à l'origine de

---

[339] Une partie de la doctrine civiliste a d'ailleurs retenu la notion d'achalandage dans le fonds de commerce sur la propriété privée, achalandage considéré comme une «*forme de clientèle. C'est une possibilité d'affaires qui tient davantage à la situation du fonds, laquelle entraîne une*

l'apparition d'une clientèle potentielle, d'un type particulier. L'exemple le plus caractéristique est celui de l'établissement public des Aéroports de Paris. Ce service public de transport aérien draine des passagers nationaux et internationaux en nombre très important ; c'est une clientèle potentielle pour l'opérateur privé. Celle-ci a parfois des moyens financiers très importants : elle est solvable ; c'est le voyageur, en transit ou dans l'attente de prendre son avion, qui circule dans l'aéroport. Cette clientèle exerce un effet attractif sur le domaine public, elle devient un élément attirant pour l'opérateur privé à la recherche de gains. Ainsi, un groupe hôtelier international avait décidé d'implanter un hôtel en zone aéroportuaire parisienne, l'emplacement privilégié de l'hôtel permettant d'escompter une *rentabilité exceptionnelle*, et ensuite une vente qui serait à l'origine d'une *opération patrimoniale intéressante.*[340]

Le même phénomène apparaît, mais en moindre mesure, sur le domaine public ferroviaire qui draine des passagers en nombre important que l'opérateur privé va tenter de capter. Ou encore, de façon identique, sur un port de plaisance, l'opérateur privé va tenter de profiter du passage des plaisanciers.

L'aspect de solvabilité est évidemment important. En effet, un service public peut être l'occasion d'une fréquence de passage relativement importante ; mais les moyens des usagers peuvent être beaucoup plus restreints ; ceci est dissuasif d'implantation privative. C'est le cas par exemple du port autonome de Marseille, qui accueille entre autres des passagers des pays d'Afrique, mais dont les moyens sont souvent restreints.

Quel que soit le domaine public, il suffira alors, à l'opérateur privé d'évaluer les besoins de ces passagers, voire de créer le besoin. C'est pourquoi on verra la multiplication de tous types de commerces sur les domaines publics ferroviaires, aéroportuaires : boutiques de luxe (bijouteries, parfumeries), cafés, restaurants, agences de location de voitures, de voyages, etc. Certes,

---

clientèle virtuelle... qu'à la personnalité du commerçant». Traité de droit commercial, M. de Juglart, B. Ippolito, Emmanuel de Pontavice, J. Dupichot, 4ème édition, Monchrestien, Paris, 1988, tome I, p. 552. D'autres auteurs considèrent que l'achalandage et la clientèle sont deux termes qui ont exactement le même sens ; sur la controverse doctrinale voir C. Lebel, *Juris-Classeur Commercial*, Entreprise individuelle, fonds de commerce, fasc. 1040, n°8 et s. En tout état de cause, l'emplacement du local peut être déterminant pour appréhender la clientèle ; voir par ex. D. Legeais, *Droit commercial et des affaires*, 14e éd., 2001, p. 59 n°129, disant que la clientèle du fonds de commerce ne peut exister que parce que d'autres éléments permettent sont ralliement, l'emplacement du local étant un de ceux-ci.

[340] Mme A. Feits, « Une déconsolidation exemplaire », *Entreprises*, 2 oct. 1995, qui cite les propos du directeur des financements spécialisés de la Citibank à Paris, conseil du groupe hôtelier.

l'occupation est précaire ; mais qu'importe finalement la précarité si l'occupation est productive.

2 - L'occupant est attiré par l'absence d'investissement

Il est certain que parfois l'entreprise privée peut être obligée d'envisager des investissements très coûteux, avec tous les problèmes de financement et de garanties à apporter aux organismes de prêt que nous avons évoqués précédemment. Mais il est vrai aussi que ce n'est pas toujours le cas ; ainsi parfois l'occupant trouve une structure toute prête, parce que l'Etat (ou la collectivité locale ou l'établissement public) a effectué les aménagements préalables (par exemple certains marchés ou les marchés d'intérêt national dans le passé). Il faut remarquer toutefois que cette situation est de plus en plus rare ; le désengagement financier de l'Etat et des collectivités locales est bien connu avec la nécessité de plus en plus fréquente du recours à des financements privés.

L'occupant peut trouver également une structure ne nécessitant pas ou peu d'investissement, simplement parce qu'il prend la suite d'un précédant occupant qui avait lui-même investi dans l'entreprise et se trouve évincé du fait que son titre est arrivé à son terme. En effet, il est d'une jurisprudence constante qu'en fin de durée du titre, le titulaire d'une autorisation ou d'un contrat n'a jamais droit au renouvellement, qu'il n'a jamais la propriété commerciale. L'administration alors a deux solutions : soit elle exige la démolition des constructions édifiées par l'occupant ; soit elle dispense de la destruction et dans ce cas elle en devient propriétaire. Elle peut alors désigner un autre bénéficiaire, distinct du précédent. Dans ce cas, le nouvel occupant bénéficiera d'une occupation pour laquelle il n'aura pas eu besoin de réaliser d'investissements ou qui ne nécessitera que peu d'aménagements.

Malgré la précarité, quel est alors le risque encouru par le nouvel occupant ? Il n'a réalisé aucun investissement ou bien des investissements minimes et par contre l'occupation est productive. Finalement bien qu'instable l'occupation lui est des plus favorables. Et en admettant même qu'on ne lui renouvelle pas son titre ou qu'on le lui retire, du point de vue économique, il n'aura rien perdu, bien au contraire. Certes, pour lui, cette situation avantageuse aura une incidence au niveau de la redevance qui sera alors nettement plus élevée que celle de son prédécesseur. Mais il aura eu évidemment l'avantage de ne réaliser que peu d'investissements, voire aucun.

De plus, il existe la pratique de présenter un successeur s'il veut abandonner l'exploitation ; autrement dit, il peut monnayer son départ. Il percevra alors une somme d'argent correspondant au prix de cession de son titre alors que l'administration le lui a cédé gratuitement. Certes, nous l'avons vu, cette pratique est contestée par une partie de la doctrine administrative et sa légalité est douteuse si on examine la jurisprudence administrative. Mais il n'empêche que le juge civil admet dans certains cas la vente d'un fonds de commerce précaire sur le domaine public ; et même si elle est contestée, cette pratique existe.

II - L'effet de synergie des activités publiques et privées

Ainsi, le domaine public ne voit pas que le développement de l'activité principale de service public. Autour du service public en question, vont se développer des activités connexes ou annexes ; celles-ci vont constituer une amélioration du service public du fait de l'occupant privatif. Lorsque l'Etat, les collectivités publiques prennent en charge une activité, souvent ils ne se limitent pas à développer cette seule activité : ils créent et favorisent tout un environnement autour de cette activité qui apporte indéniablement un confort supplémentaire à l'utilisateur. Il est certain que le parking et l'hôtel dans l'enceinte de la gare ou de l'aéroport, la buvette, le restaurant ou le kiosque à journaux, constituent une nette amélioration du service public de transport ; aujourd'hui, ce type de service public ne pourrait plus s'envisager seul, sans le soutien apporté par l'exploitant privé.

Il en résulte alors un effet de synergie. Les effets additionnés des partenaires publics et privés vont multiplier la fréquentation du domaine public affecté au service public ce qui va développer de plus en plus les activités économiques sur le domaine public. Cela va être évidemment profitable à l'opérateur privé qui verra alors son commerce fonctionner de mieux en mieux.

L'opérateur privé, sans le service public, ne constitue pas grand chose en lui-même ; ainsi, la boutique installée sans le service public de transport ne réalisera pas le même bénéfice ; de même, un service public de transport qui ne fonctionnerait pas ou fonctionnerait de façon défectueuse aurait une incidence immédiate et négative sur la rentabilité de l'exploitant privé. Autrement dit, le service public génère un marché potentiel profitable pour l'exploitant privé, d'autant plus rentable pour celui-ci que le service public fonctionne bien : plus il y a d'usagers du service public, plus l'opérateur privé aura des retombées économiques.

Mais à son tour, l'action des exploitants privés autour du service public est un plus pour ce service public, lequel se verra enrichi, amélioré par l'action de l'occupant privatif. Certes, la SNCF pourra fonctionner sans la buvette, les restaurants, les hôtels ou le kiosque à journaux. Mais cet ensemble de moyens privés va être à son tour un élément favorisant le service public : l'usager est incité à voyager parce que les conditions d'accueil sont bonnes ; les compagnies internationales privées de transport sont incitées à développer des lignes supplémentaires ou nouvelles sur un aéroport possédant des structures d'accueil favorables. Il faut bien constater d'ailleurs que dans toute société civilisée, les usagers d'un service public de transport ne pourraient plus envisager un déplacement sans le confort supplémentaire apporté par l'exploitant privé ; l'absence de cette amélioration serait de nature à susciter les plus vives critiques non pas à l'encontre de la personne privée mais l'encontre des pouvoirs publics. Il est donc de l'intérêt du service public qu'il y ait une multiplication de commerces et d'activités qui l'améliorent.

Il faut remarquer d'ailleurs que les juridictions administratives et judiciaires ont admis de longue date le caractère de confort supplémentaire ou d'amélioration apportés par les activités connexes au service public. Le Conseil d'Etat décide qu'un garage *contribue ainsi à améliorer la qualité du service de transport*[341]. Dans le même sens le juge judiciaire décide que *la construction d'un hôtel dans une gare... est le développement naturel et l'amélioration* du service public[342].

Une partie de la doctrine note avec justesse que l'exploitation commerciale jadis « anormale » a intégré progressivement l'idée de normalité. L'existence de boutiques dans certaines enceintes domaniales n'est plus considérée comme anormale et c'est précisément leur absence qui semblerait anormale[343].

L'action administrative est donc le creuset de l'activité marchande ; mais l'activité privative à son tour favorise le service public ; celui-ci, enrichi de l'action privée va de même profiter d'une clientèle supplémentaire et ainsi de suite ; l'action conjuguée du partenariat public/privé va donc multiplier la fréquentation ou l'utilisation du service public ; elle sera profitable aux deux partenaires privé/public et en conséquence, augmentera la rentabilité de l'entreprise, ce qui créera alors de nouvelles implantations privatives, attirées par l'essor du domaine public.

---

[341] C.E., 5 fév. 1965, *Société lyonnaise de transports, R.D.P.* 1965, p. 493, concl. M. Galmct.

[342] C.A. Aix, 15 Fév. 1882, *Chemins de fer de Lyon c/Julien et Blanc, S.* 1882. II. 169, note Lyon-Caen, décision confirmée par Cass. Req. 19 déc. 1884 *Julien et Blanc c/ P.L.M., S.* 1884. I 433, avec observations du rapporteur.

[343] S. Manson, « Dépendances du domaine public, pouvoirs de gestion domaniale et libertés économiques (C.E., Sect., 26 mars 1999, Société Eda) », *R.D.P.* 1999, p. 1545 et s., plus particulièrement p. 1565.

B - Le domaine public naturel

Le même phénomène apparaît sur le domaine public maritime : l'espace côtier est générateur d'activités marchandes (I), mais en même temps un effet de synergie va apparaître, profitable aux deux partenaires, et suscitant de plus en plus l'attrait de l'opérateur privé (II).

I - L'espace côtier, générateur d'activité marchande

Le domaine public maritime est inoccupé au XIXe siècle et se caractérise à cette époque par l'absence d'intérêt. Les ressources côtières se sont appauvries, la destruction étant attribuée principalement à l'action dévastatrice des chaluts. De plus, la pêche est devenue hauturière et océanique grâce à l'évolution des techniques de navigation.

Cet ensemble d'éléments conduit donc au désintéressement du domaine public, à l'exception d'une population défavorisée de pêcheurs qui l'utilise à des fins alimentaires. L'espace côtier en cette période est synonyme de milieu hostile, inquiétant par les dangers qu'il recèle.

Inoccupé au XIXe siècle, le littoral est surpeuplé au XXe. Des faits nouveaux voient le jour ; des changements profonds vont s'opérer au sein de la société, entraînant un bouleversement de l'utilisation des rivages. La généralisation des congés payés, l'engouement pour le littoral vont être à l'origine de l'apparition du tourisme de masse sur les côtes. Le rapport de M. Lacombe[344] sur la loi dite *littoral* faisait état du chiffre de 18,5 millions d'estivants sur les plages françaises, attirés par *la ligne magique* où se rencontrent la terre et la mer ; la densité de la population dans certaines communes littorales est estimée à cette époque à neuf fois la moyenne nationale en été, population concentrée sur les sites les plus attractifs[345]. De plus, un nouveau phénomène voit le jour sur le littoral : certaines populations désormais y vivent toute l'année. En 1985, le littoral regroupait 12% de la population française[346] ; cette population permanente se concentre sur certains sites.

Le littoral en tant qu'espace naturel apparaît comme étant de plus en plus un lieu de détente pour les populations soumises au stress de la vie urbaine. Ces populations permanentes ou saisonnières sont des demandeurs de biens et services divers : elles créent alors un marché potentiel : habitat, loisirs,

---

[344] *J.O.* doc. A.N. n° 3084, séance du 19 nov. 1985, p. 3.

[345] Projet de la loi précitée, *J.O.* doc. A.N. n° 2947, 5 sept. 1985, présenté par M. Guy Langagne, p. 2.

[346] Rapport de M. Lacombe, précité note n° 114.

commerces, etc. à évaluer par l'opérateur privé qui est à la recherche de profit. Il s'agit là du marché généré par les activités nouvelles touristiques et immobilières sur le domaine public.

Ces activités nouvelles cohabitent avec les activités traditionnelles qui continuent de s'exercer sur le domaine public, d'exploitation de ressources alimentaires : la pêche, l'aquaculture. Mais le domaine public recèle d'autres richesses à exploiter comme le sel, les algues mais aussi les hydrocarbures ; c'est également une zone d'agriculture, de sylviculture.

Le littoral apparaît de plus en plus au XXe siècle comme étant un patrimoine économique recelant des richesses exceptionnelles, et dont certaines ne seraient pas encore connues. Il exerce alors un effet attractif auprès de tous types d'opérateurs privés, lesquels, nous l'avons déjà dit sont à la recherche de profit.

II - L'effet de synergie des activités publiques et privées

Comme sur le domaine public artificiel, un effet de synergie va s'établir sur le domaine public naturel, entre l'activité de l'opérateur privé et celle de l'Etat, des collectivités locales ; les effets additionnés des partenaires publics/privés vont multiplier la fréquentation des espaces domaniaux maritimes et par-là promouvoir de façon de plus en plus intense le commerce.

Toutefois les causes qui sont à l'origine d'une synergie sur le domaine public maritime sont extrêmement distinctes de celles qui motivent une synergie sur le domaine public artificiel, et ceci en raison de la nature très différente des deux domaines.

L'Etat va favoriser l'activité marchande sur le domaine public naturel par un certain nombre de réalisations qui vont inciter davantage les populations à fréquenter les côtes ; à titre d'exemple nous citerons les routes. Il est évident qu'une plage sans accès présente peu d'attrait pour le vacancier. L'Etat va alors procéder au désenclavement des plages par des voies piétonnes et carrossables ; il établit des servitudes de passage sur les propriétés privées riveraines des plages lorsque les propriétés privées font obstacle à la continuité du cheminement des piétons et à leur libre accès à la mer[347].

---

[347] Loi du 31 décembre 1976, art. 52 : *«Les propriétés privées riveraines du domaine public sont grevées sur une bande de trois mètres de largeur d'une servitude destinée à assurer exclusivement le passage des piétons»*. La loi littoral vient aussi renforcer la servitude longitudinale en admettant une servitude y compris sur les propriétés non riveraines (article 4), et en créant une nouvelle servitude transversale (article L. 160 du code de l'urbanisme) .

Dans le but d'une mise en valeur des espaces côtiers, l'Etat améliore et développe les liaisons entre la périphérie maritime et l'arrière pays mais aussi avec l'Europe. Mme M. Dejeant-Pons ne rappelle-t-elle pas à cet égard que «*la déclaration de Galway, adoptée le 16 octobre 1975 par la conférence des pouvoirs locaux et régionaux de l'Europe, reconnaît ainsi qu' " une politique de mise en valeur de la façade côtière ne peut se concevoir qu'en liaison avec un développement des communications et transports terrestres assurant les relations avec l'hinterland régional et national, mais aussi européen" et que " c'est par ces liaisons en profondeur entre pôles maritimes des régions périphériques et zones développées de l'Europe médiane que nombre de régions continentales enclavées seront associées à l'effort de développement* »[348]. «*La charte européenne du littoral indique également qu'un choix sélectif des activités devant être implantées sur les zones côtières "n'est véritablement possible que si on améliore considérablement les liaisons entre les zones littorales et le reste du territoire européen, à la fois par terre, par mer et par air ainsi que par la voie des télécommunications* »[349].

« *La qualité des liaisons des régions côtières (routes, voies ferrées, voies fluviales, chemin de fer, dessertes aériennes, pipe-line, mais aussi téléphone, réseaux informatiques, etc.) joue un rôle essentiel dans leur développement et notamment dans la fonction que peuvent avoir les ports maritimes vis-à-vis de leur arrière pays* ».[350] Il est évident que la mise en valeur de l'espace côtier par l'Etat, les collectivités locales, est de nature à attirer les populations et par-delà, favorise les échanges économiques.

De même, la lutte pour l'amélioration de la qualité des eaux de baignade avec la lutte contre la pollution marine, l'organisation de la surveillance des plages, l'installation de cabines téléphoniques à proximité des plages, etc. sont autant de mesures destinées à attirer les estivants sur le domaine public. Et il est certain que toutes ces améliorations apportées par les autorités administratives vont profiter automatiquement à l'entreprise privée qui s'implante sur le domaine public maritime ; par exemple, le restaurant sur une plage va avoir une fréquentation d'autant plus importante qu'il y a des moyens de communications

---

[348] Conseil de l'Europe, Conférence des pouvoirs locaux et régionaux de l'Europe, première convention des autorités régionales de l'Europe périphérique, Galway (Irlande), 14-16 oct. 1975, p. 4, cité par M. Déjeant-Pons dans *La loi littoral*, Paris, Economica, 1987, p. 78.

[349] Charte Européenne du littoral du 8 octobre 1981, citée par M. Déjeant-Pons dans *La loi littoral*, Paris, Econnomica, 1987, p. 78.

[350] Résolution relative aux politiques d'aménagement des régions maritimes, C.E.M.A.T., sixième cession, Torremolinos (Espagne), 19-20 mai 1983, cité par M. Déjeant-Pons, in *La loi littoral*, Paris, Economica, 1987, p. 78.

adaptés. Toutes les réalisations et infrastructures (routes, autoroutes, voies ferrées, ports, aéroports, réseaux de télécommunication, etc.) facilitant la circulation des personnes vers le littoral, constituent un facteur de productivité des entreprises ; le gain est d'autant plus important que les réalisations sont nombreuses et de qualité.

Mais en même temps, l'action de l'ensemble des entreprises privées va générer alors une clientèle supplémentaire bénéfique à l'Etat, aux collectivités locales puisque les infrastructures mises en place vont être à leur tour utilisées davantage. On peut donc dire qu'un effet de synergie s'établit entre activités publiques et privées.

En résumé, le domaine public naturel attire à partir du milieu du XXe siècle «une clientèle», qui devient une source de marché pour l'opérateur privé. L'espace côtier naturel suscite le marché. Mais parallèlement, l'Etat favorise ce marché en mettant en place des structures, des moyens qui vont augmenter la fréquentation du littoral.

L'opérateur privé à son tour va améliorer le sort de cette «clientèle» en lui apportant un confort supplémentaire, ce qui va alors attirer une clientèle supplémentaire et susciter des implantations nouvelles de la part d'entreprises privées. C'est une sorte de boule de neige de plus en plus importante où chacun des acteurs publics et privés bénéficie de l'action de l'autre. Ces structures, conjuguées, suscitent l'attrait grandissant des opérateurs privés, à la recherche de profit.

Car, si le domaine public maritime naturel est attractif pour les populations qui cherchent à s'évader de l'enfer des agglomérations, cette même nature, dénuée d'un certain confort et d'une sécurité, présenterait beaucoup moins d'intérêt (c'était le cas par exemple du domaine public maritime du XIXe lequel à l'état de nature pure renvoyait une image d'insécurité et d'hostilité.) Certes, la population est attirée par la nature mais elle doit se sentir entourée et encadrée par la protection de la civilisation rassurante et son confort. Le vacancier moyen n'a certainement pas envie d'être un Robinson Crusoé sur une île déserte. Seuls quelques rares adeptes de la nature à l'état sauvage s'isolent dans la jungle, les immensités marines ou les cimes de l'Himalaya, encore que pour beaucoup, ils bénéficient à l'heure actuelle du confort de la technologie de pointe des télécommunications.

L'action conjuguée de l'Etat, des collectivités publiques et du partenaire privé vont permettre d'attirer la «clientèle» et en conséquence susciter de plus en plus le commerce sur les espaces domaniaux du littoral, commerce profitable aux acteurs publics et privés.

SECTION II

LE CARACTERE CAPTIF DE L'OCCUPANT DU DOMAINE PUBLIC

L'occupant du domaine public est attiré par le domaine public en raison de la productivité que celui-ci peut lui générer. Mais en même temps, il y a un deuxième phénomène qui apparaît sur le domaine public : c'est que l'occupant peut être **captif** du domaine public, prisonnier de ce domaine ; autrement dit, il est parfois obligé de s'implanter sur le domaine public. Certes, il est toujours conditionné par une logique de rentabilité ; et dans la mesure où il considère que le gain escompté est insuffisant, il est libre de ne pas s'implanter sur le domaine public. Mais nous verrons que dans beaucoup de cas, dès lors qu'il veut exercer un certain type d'activité, l'occupant ne peut que s'implanter sur le domaine public. Cette situation se vérifie sur le domaine public artificiel (§ I), sur le domaine public naturel (§ II).

§ I - L'OCCUPANT EST CAPTIF DU DOMAINE PUBLIC ARTIFICIEL.

Le fait que l'occupant soit captif du domaine public s'explique par deux causes : d'abord en raison de l'extension quantitative très importante du domaine public (A) ; ensuite parce que l'Etat oblige, directement ou indirectement l'opérateur privé à s'y implanter (B).

A - Le caractère extensif du domaine public artificiel

Le domaine public s'est exagérément étendu en raison du critère jurisprudentiel de la domanialité publique. Des remarques préliminaires doivent être faites ici. On constate de façon récente une certaine diminution de l'espace domanial avec la loi du 26 juillet 1996, transférant à la S.A. France Télécom les biens déclassés de l'ancien exploitant public France Télécom, et ayant appartenus au domaine public. De même, le déclassement des biens de La Poste intervenu avec la loi « Murcef » du 11 décembre 2001 restreint le domaine public. L'arrêt d'assemblée du Conseil d'Etat du 23 octobre 1998, *EDF*, soustrait également de la domanialité publique les biens de cet établissement. La décision *Compagnie d'assurances préservatrice foncière*[351] ne soumet pas à la domanialité publique un immeuble affecté au service public et spécialement

[351] 11 fév. 1994, n° 109564. *C.J.E.G.*, 1994, p. 197 et s., note M. Pierre Sablière. Dans le même sens, C.A.A. , Plénière, 20 juin 1989, *Ministre de l'Economie et des Finances c. Société La préservatrice Foncière, R.D.P.* 1990, p. 555, sous note F. Llorens.

aménagé, situé dans une copropriété. Il y a donc actuellement un certain décroissement du domaine public. Or, il faut constater aussi que cette réduction touche très peu les entreprises privées car elle ne concerne pas les domaines traditionnels objet d'implantations privatives nombreuses, comme les ports, aéroports, M.I.N. etc., qui continuent aujourd'hui d'être soumis à la domanialité publique.

Et malgré cette diminution, l'espace de domanialité publique continue d'être très étendu en raison du critère jurisprudentiel de domanialité publique, la notion d'aménagement spécial, créée dans le but d'éviter une expansion du domaine, n'ayant pas joué son rôle réducteur, de façon bien connue. En effet, l'entreprise privée a été de plus en plus confrontée à la domanialité publique en raison de l'extension du domaine public. On lit couramment que le domaine public fait l'objet d'un nombre grandissant d'implantations privatives ; il nous semble qu'il serait plus juste de dire que le domaine public s'est amplifié de façon tentaculaire, figeant en son sein un nombre grandissant d'entreprises. Il y a là une nuance importante pour l'entreprise. En effet, il faut constater que le domaine public artificiel s'est extraordinairement développé en raison de l'extension de la notion de service public (I), mais aussi par l'admission d'activités privées annexes au service public (II).

I - L'augmentation du domaine public artificiel par extension de la notion de service public

Le domaine public s'est exagérément étendu en raison du critère jurisprudentiel traditionnel de domanialité publique, depuis l'arrêt le Béton qui relie définitivement la domanialité publique au service public. Aujourd'hui, l'affectation au service public conditionne l'appartenance d'un bien au domaine public. Mais compte tenu de l'extension de la notion de service public, le domaine s'est considérablement développé.

En effet, l'Etat, interventionniste, s'est immiscé de plus en plus dans des activités qui relevaient du secteur privé et les érige en activités de service public. Le droit ne s'organise plus autour de la notion de puissance publique mais de service public.

Nous ne ferons que rappeler une situation qui est bien connue : le service public assure la réalisation d'une mission d'intérêt général ; mais l'intérêt général est une notion incertaine et évolutive. De ce fait, le service public dépend de l'idée qu'ont les pouvoirs publics de cette notion ; l'apparition d'un service public dépend alors de la pression des gouvernés, ainsi que de la situation socio-économique à un moment donné.

Le nombre d'activités de service public a été très important car le juge a étendu de plus en plus cette notion de service public. Cette extension a une incidence directe sur la domanialité publique : dès lors qu'une activité a été érigée en service public et qu'elle se réalise sur la propriété administrative, cette propriété est devenue le domaine public.

En élargissant la notion de service public, le domaine public s'est trouvé extraordinairement augmenté. Chaque fois qu'une collectivité publique assure une mission de service public sur une propriété administrative, celle-ci est intégrée au domaine public. Aujourd'hui des secteurs particulièrement importants sur le plan économique au niveau national ou local sont des activités de service public : ports autonomes, ports d'intérêt national, ports de commerce, de pêche, aéroports, marchés d'intérêt national, etc.

La simple lecture de décisions jurisprudentielles fait apparaître l'extension et l'évolution de la notion de service public, intégrant alors dans le domaine public des biens les plus variés. Les halles et marchés sont l'exemple même de cette évolution. Au XIXe siècle, les halles et marchés font partie du domaine privé de la commune[352]. Puis au milieu du XXe siècle, une décision du Conseil de préfecture de Lille classe de façon explicite les halles dans le domaine public, en raison de leur affectation à l'usage du public[353]. Puis le Conseil d'Etat les intègre dans le domaine public en raison de leur affectation au service public[354].

Progressivement, un nombre croissant d'activités vont devenir des activités de service public. Les caisses de crédit municipal sont des établissements publics d'aide sociale, chargés d'un service public ayant pour objet de combattre l'usure[355]. L'exploitation en régie du Grand Hôtel des Thermes de Bribes-les-Bains est un service public industriel et commercial[356]. Un village de vacance appartenant à une commune constitue un service public[357]. Les stades

[352] Cass. req., 12 mai 1875, *S.*, 1875, I, 327.

[353] *Leroy c/ ville de Lille, D.* 1950, 588 : « *Considérant... que ce marché est donc affecté à l'usage direct du public* ».

[354] C.E., section, 22 avril 1977, *Michaud, A.J.D.A.* 1977, p. 441 concl. M Franc, note A. de Laubadère. *Leb.* 185 : « *Cons. qu'il résulte de l'instruction que la ville de Lyon a transféré dans une nouvelle halle, dite " Halle centrale lyonnaise", le service public qu'elle exploitait... que la "Halle centrale lyonnaise" est ainsi affectée au service public pour lequel elle a été spécialement aménagé ; que dès lors elle fait partie du domaine public communal* ».

[355] T.C., 15 janv. 1979, *Caisse de crédit municipal de Toulon c/ Creus*, 02090, *T.* p. 1267.

[356] T.C., 13 fév. 1984, *Pomarèdes*, 02318, *T.* p. 1269.

[357] T.C., 4 juillet 1983, *Préfet commissaire de la République du département de la Haute Corse c/ Cour d'appel de Bastia, Leb.* p. 540.

municipaux sont affectés au service public du sport[358]. Une commune qui a acquis un théâtre-casino dans l'intérêt du maintien et du développement des activités culturelles de la ville a eu ainsi pour but d'assurer un service public auquel elle a affecté ce bâtiment[359]. La ville de Toulouse par l'organisation et la gestion du théâtre municipal et de l'orchestre régional du Capitol, assume une mission de service public[360]. (Antérieurement le juge avait jugé en sens contraire dans un domaine proche de celui du théâtre, ce qui marque bien l'évolution jurisprudentielle vers l'accroissement du service public : il décide que la location à un entrepreneur de spectacles cinématographiques d'un immeuble municipal, déjà aménagé en vue de représentations cinématographiques, ne constitue pas un service public[361]). Un château, acquis par la commune, qui a été ouvert aux visites du public est affecté à un service public à caractère culturel[362]. Les campings municipaux sont également des services publics administratifs[363]. Les abattoirs publics départementaux et communaux sont des services publics à caractère industriel et commercial[364]. De plus font évidemment partie du domaine public tous les biens spécialement aménagés en vue des services publics, tels que les mairies, les palais de justice, les hôpitaux, les établissements scolaires, universitaires, etc.

Le fait qu'une activité privée s'exerce sur le domaine public ne soustrait pas la propriété au régime de la domanialité publique ; cela résulte de l'arrêt bien connu Le Béton : *«que la circonstance qu'à la différence des autres terrains aménagés en vue d'une utilisation commune par les usagers de ce port, les terrains dont s'agit font l'objet de contrats d'utilisation privative, au profit de particuliers ou de sociétés exerçant des activités purement privées, ne saurait avoir pour conséquence de les soustraire au régime de la domanialité publique,*

---

[358] C.E., 13 juillet 1961, *Ville de Toulouse, Leb.* 513 ; *A.J.D.A.* 1961, I, p. 467 et II, p. 492.

[359] C.E., sect. 18 mai 1979, *Association «urbanisme judaïque Saint-Seurin», Leb.* p. 218.

[360] T.C.,15 janv. 1979, *Dames le Cachey et Guigère et autres c/ Ville de Toulouse, Leb.* p. 561.

[361] C.E., 30 mai 1951, *Société des Casinos de Saint-Aubin-sur Marne, Leb.* p. 296.

[362] C.E., 11mai 1977, *Delle Coste,* 00764, *T.* p. 1237.

[363] T.C., 14 janv. 1980, *Mme Le Crom c/ comune de Saint-Philibert (Morbihan),* T. p. 1260 : « *Il entre dans les attributions d'une commune d'aménager et de mettre à la disposition des campeurs des aires de stationnement et d'hébergement. De tels services, créés dans l'intérêt général, n'ont de caractère industriel et commercial que dans le cas où les modalités particulières de leur création et de leur gestion impliquent que la commune a entendu leur donner ce caractère. En l'espèce, l'agent qui exerce à la fois les fonctions de gardienne et de régisseur des recettes du camping municipal participe ainsi au fonctionnement d'un service public administratif de la commune».* Voir également dans le même sens C.E. 3O juin 1976, *Carrier, Leb.* 341. A propos d'une piscine *Epoux Hebert,* Sect. 14 juin 1963, *Leb.* p. 364.

[364] T.C., 8 nov. 1982, *S.A. Maine-Viande et autres, Leb.* 460, voir dans le même sens C.E., 25 fév. 1983, *Mme de Stéfano,* T. p. 1255.

dès lors qu'il est dans leur nature même de ne concourir que sous cette forme au fonctionnement de l'ensemble du port... »[365]

Pour affirmer la domanialité publique des terrains, le Conseil d'Etat retient en outre dans cette décision l'idée d'une homogénéité du domaine public : *«la partie des terrains que groupe le port industriel constitue l'un des éléments de **l'organisation d'ensemble** que forme le port de Bonneuil-sur-Marne **; qu'elle est, dès lors, au même titre que les autres parties de ce port, affectée** à l'objet d'utilité générale qui a déterminé la concession à l'Office national de la Navigation de la totalité de ces terrains et en raison duquel ceux-ci se sont trouvés incorporés, du fait de cette concession, dans le domaine public de l'Etat. »*

Cette jurisprudence reste inchangée aujourd'hui ; dans l'arrêt *consorts Villedieu et S.A.R.L. Villedieu Pneus,* de 1993[366], le juge décide que *«la parcelle sur laquelle est implantée une station service, contiguë et non détachable des bureaux de contrôle du port autonome de Papeete, constitue **l'un des éléments de l'organisation d'ensemble** que forme le port. Elle concourt dès lors, au même titre que les autres parties de ce port, à l'utilité générale qui a déterminé l'affectation de ce terrain portuaire».* Cette parcelle fait donc partie du domaine public.

Pour qu'un bien fasse partie du domaine public, il doit être affecté de façon effective et non pas seulement formelle et spécialement aménagé[367]. Or, parfois le juge admet la domanialité publique, malgré l'absence d'affectation effective. Ainsi, font partie du domaine public aéroportuaire des terrains en l'absence de tout déclassement *«bien qu'en raison des circonstances de guerre, ils n'aient pas été utilisés comme aéroport et aient été loués pour être mis en culture »*, et que les travaux d'aménagement n'aient pas été achevés.[368] Ceci étend évidemment le domaine public.

Il faut remarquer par ailleurs que l'affectation au service public résulte de l'affectation matérielle et non seulement de la simple affectation formelle, laquelle est insuffisante pour faire entrer le bien dans le domaine public ; une

---

[365] C.E., 19 oct. 1956, *Leb.* p. 375 ; concl. M. Long *R.D.P.* 1957, p. 311.

[366] C.E., 8 mars 1993, *Leb.* p. 759.

[367] T.C. 15 janvier 1979, *Payan, R.D.P.* 1979, p. 1759 : *«Considérant que les terrains en cause ont été apportés par l'Etat à la Société des autoroutes du Sud de la France... en vue de leur utilisation éventuelle pour l'aménagement de cette autoroute, il est constant qu'ils n'ont, en fait, pas été utilisés à cette fin ; qu'ils n'ont été l'objet d'aucun aménagement particulier ni d'aucune affectation au service public ou à l'usage du public ; qu'ils ne font donc pas partie du domaine public».*

[368] C.E., 1er oct. 1958, *Hild, Leb.* 905.

affectation formelle non suivie d'effet ne classe pas le bien dans le domaine public. De prime abord, cette nécessité peut donner l'impression qu'il s'agit là d'un élément réducteur du domaine public. Mais cela revient à intégrer de façon extrêmement facile un bien dans le domaine public : en dépit de l'absence d'acte décidant le classement d'un bien dans le domaine public, le bien sera intégré automatiquement dans le domaine public du fait de son utilisation à un service public.

Une affectation envisagée de façon certaine pour l'avenir intègre le bien dans la domanialité publique. C'est ce que les auteurs ont appelé « la domanialité publique virtuelle ». Ceci a évidemment pour conséquence d'augmenter la surface domaniale.[369]

A l'inverse, le juge rend difficile la sortie du bien du domaine public puisque le bien continue de faire partie du domaine public même s'il n'est plus affecté à un service public, dès lors qu'il n'a pas fait l'objet d'un déclassement formel par l'autorité compétente.[370]

La création avec la région d'un niveau supplémentaire de décentralisation doit logiquement augmenter le domaine public, de même que l'augmentation des pouvoirs des collectivités locales en matière économique locale, la loi de décentralisation créant un service public du développement économique. Ainsi, des ateliers-relais sont affectés à un service public et de ce fait intégrés au

---

[369] Arrêt *Eurolat*, précité note n° 52. C.E., avis du 19 janv. 1995, *A.J.D.A.*, 1997, p. 145. C.A.A., Marseille, 21 juillet 2000, *Girard*, req. n° 10-525, *L.P.A.*, 25 juillet 2001, n°147, p. 11 et s. : une propriété ne fait pas partie du domaine public car il n'apparaît pas qu'elle *ait été destiné dans des projets* de mise en valeur et d'ouverture au public du Parc du Château à recevoir un aménagement spécial. C.A.A., Paris, 27 sept. 2001, *Institut de France*, sur note V.H., *D.A.*, 2001, n°28 : les décisions d'étude préalable et l'approbation du projet ne font pas entrer le bien dans le domaine public, du fait de leur imprécision, alors qu'aucun des travaux n'ont été commencés ; elles ne peuvent être regardées *comme prévoyant de façon certaine* l'incorporation dans le domaine public. Sur cette question, voir L. Rapp « La domanialité publique peut être virtuelle », *Droit et Patrimoine*, 1997, n°55, p. 82 et s. Sur la notion de domanialité publique virtuelle, voir E. Fatôme, P. Terneyre, « Le financement privé de la construction d'ouvrages publics, en particulier sur le domaine public », *A.J.D.A.* 1997, p. 126. L. Eisenman, « Propriété privée et domanialité et domanialité publique virtuelle », *L.P.A.*, 18 août 1997, n° 99, p. 4. Y. Gaudemet, « La domanialité publique replacée dans le contexte de la loi de 1994 », *J.C.P.*, éd. N., p. 690.

[370] Voir par exemple une décision dans ce sens : C.E., 2 oct. 1987, *S.A. le Sully d'Auteuil*, *Leb.* p. 726. Ou T.A., Nice, 6 fév. 1997, *Ass. rég. des œuvres éducatives et de vacances de l'Education nationale de l'académie de Versailles c/ Préfet des Alpes-Maritimes*, *R.F.D.A.*, 1997, p. 1182 et s. concl. A. Poujade. C.A., Nancy, 16 fév. 1998, *J.C.P.* 1999, IV. 1541. Confirmant cette jurisprudence, à l'exception toutefois de certaines portions de la voirie routière, C.A.A. Lyon, 8 juillet 1997, *M. Imbert c/Ministre de l'équipement, du logement, des transports et du tourisme, n° 96LY00473, Gaz. Pal.* 1998.2, panor. adm. p. 182. Pour une analyse de cette question voir S. Duroy, « La sortie des biens du domaine public : le déclassement », *A.J.D.A.*, 1997, p. 819 et s.

domaine public : « *La construction par la ville de Saint-Denis d'ateliers-relais destinés à favoriser la création et l'implantation définitive d'entreprises artisanales sur le territoire de la commune, a ainsi pour objet de* ***favoriser le développement économique de la commune conformément aux dispositions de l'article 5 de la loi du 5 mars 1982*** *relative aux droits et libertés des communes. Ces ateliers-relais, par-là même affectés à un service public et aménagés spécialement à cet effet, font partie du domaine public communal.* »[371]

De même, l'admission bien connue par la jurisprudence d'un domaine public, propriété des établissements publics, augmente logiquement le domaine public. Nous avons vu précédemment que la loi a diminué le domaine public en déclassant les biens de La Poste, en privatisant ceux de l'exploitant France Télécom au profit de la SA France Télécom et que l'arrêt d'assemblée du Conseil d'Etat du 23 octobre 1998, *EDF*, intègre au domaine privé les biens immobiliers d'EDF, par application de la loi. Mais, malgré cette diminution, les biens des établissements publics continuent d'être très étendus en raison du critère jurisprudentiel encore aujourd'hui, surtout ceux qui sont très significatifs sur le plan économique en raison de leur rentabilité.

En conséquence, l'opérateur privé, du fait de l'ampleur du domaine axée sur l'existence d'un service public, s'est retrouvé confronté de plus en plus à la domanialité publique. Ce même phénomène se reproduit parce que le juge invoque l'existence d'activités privées *annexes* au service public.

II - L'augmentation du domaine public artificiel par l'admission d'activités privées annexes au service public

Le domaine public a été augmenté encore parce que le juge admet la légalité d'activités annexes au service public, ayant un lien avec celui-ci (1) ou même n'ayant aucun lien (2). Mais ici encore, l'occupant va être confronté au domaine public du fait de son extension.

1 - Activités privées présentant un lien avec le service public

Si le domaine public s'est agrandi considérablement par le développement de la notion de service public en tant qu'activité principale, le domaine public a été augmenté par l'admission jurisprudentielle d'activités connexes ou complémentaires au service public. Ainsi, l'activité principale de la SNCF, concessionnaire de service public ferroviaire est celle évidente du transport.

---

[371] C.A.A. de Paris, 7 nov. 1989, *S.A.R.L. Pardon Création*, *Leb.* 1989, p. 519 ; caractères gras rajoutés.

Toutefois, les juges judiciaires et administratifs ont admis les activités annexes à celles du transport comme celles d'hôtellerie, de garage etc., activités réalisées directement par le concessionnaire du service public ou par une entreprise privée. Ainsi, l'arrêt *Société lyonnaise de transports*[372] décide que le garage exploité par un particulier et installé sur un terrain appartenant à la SNCF «*permet aux usagers du chemin de fer d'entreposer leurs véhicules automobiles pendant la durée de leur déplacement ferroviaire ; qu'il contribue ainsi à améliorer la qualité du service de transport de voyageurs que la S.N.C.F. a pour mission d'assurer et doit être regardé, de ce fait, comme affecté au service public du chemin de fer ; que d'autre part, ledit garage est situé à proximité immédiate de la gare et offre ainsi des commodités particulières aux voyageurs*». (Cette jurisprudence a été analysée plus longuement dans le chapitre précédent, sur le point de l'accessoire).

Le Conseil d'Etat dans une autre affaire avait admis également l'adjonction d'une station service à un parc de stationnement[373]. Ou encore, la Haute Juridiction établit que la cité universitaire de Paris est un complément du service public de l'enseignement[374].

La même solution avait été apportée antérieurement par les juridictions judiciaires, s'agissant de la construction et de l'exploitation par les concessionnaires des chemins de fer, d'hôtels dans les gares : «*la construction d'un hôtel dans une gare, loin d'être de la part de la compagnie une violation des conditions auxquelles le monopole du transport des voyageurs lui a été concédé, n'est au contraire que le développement naturel et une amélioration de ce service*»[375]. Dans le même sens le tribunal civil de Bordeaux établit que «*l'installation d'un hôtel à l'une des gares principales de la ligne procure aux voyageurs un avantage incontestable*».[376] Nous avons déjà dit précédemment que le juge soumet de telles édifications au régime de la domanialité publique ; mais l'admission d'activités annexes au service public entraîne l'augmentation de la consistance du domaine.

---

[372] C.E., 5 fév. 1965, *R.D.P.* 1965, p. 493, concl. Galmot.

[373] 18 déc. 1959, *Delansorme, D.* 1960, note Lesage ; *A.J.D.A.* 1960, II, p. 213, concl. Mayras.

[374] C.E., 27 fév. 1942, Mollet, *S.*,1942.5.45, note P.L.

[375] C.A. Aix, 15 fév.. 1882, *Chemins de fer de Lyon c/Julien et Blanc, S.* 1882. II. 169, note Lyon-Caen, décision confirmée par Cass. Req. 19 déc. 1884 *Julien et Blanc c/ P.L.M., S.* 1884. I 433, avec observations du rapporteur.

[376] 12 janv. 1898, *Syndicat des hôteliers de Bordeaux c/ Chemins de fer du Midi, D.* 1900.II.484.

2 - Activités privées ne présentant aucun lien avec le service public

La jurisprudence ne retient pas toujours la domanialité publique du bien en raison de l'affectation secondaire de l'occupation privative ; même en l'absence de tout lien avec le service public, le juge retient la domanialité publique de l'entreprise du seul fait de l'implantation géographique de celle-ci sur le domaine public en invoquant la théorie de l'accession et surtout celle de l'accessoire et une idée d'indivisibilité des biens affectés ; nous avons abordé longuement cette question ainsi que celle de l'admission parfois par le juge d'une divisibilité du domaine public et des problèmes qui restent en suspens nous n'y reviendrons donc pas.

Le domaine public va donc se trouver augmenté par l'effet conjugué du développement de la notion de service public, activité à titre principal, mais aussi par les activités annexes qui vont apporter un confort supplémentaire à l'usager dès lors que celles-ci se trouvent sur ou sous la propriété administrative ou même en l'absence de toute affectation.

Quelles sont les dimensions exactes du domaine public artificiel ? C'est impossible à chiffrer en raison de son caractère évolutif, en raison de la multiplicité des personnes propriétaires. En revanche, quelques chiffres peuvent être donnés relatifs à des propriétés précises. Ainsi, le domaine public géré par la S.N.C.F. a été de 112 000 hectares[377]; celui des aéroports de Paris, de 6 527 hectares[378]. En 1991, les surfaces totales du domaine du Port Autonome de Fos/ Marseille sont de 8 500 hectares approximativement, réparties entre Marseille et la zone industrielle de Fos. Cependant, le domaine privé est compris dans ces superficies ; par exemple, sur la zone de Fos, le domaine privé est approximativement de 6100 hectares, alors que le domaine public est de 1200 hectares environ[379]. Mais, en raison de la jurisprudence *Société Le Béton*, il n'est pas certain que les zones classées par l'administration dans le domaine privé ne fassent pas partie du domaine public[380]. Toujours en 1991, le Port autonome du Havre gère environ 6500 hectares de domaine de l'Etat, dont 4800 hectares de domaine public et 1 700 hectares de domaine privé [381] (la même remarque doit

---

[377] *J.O.* doc A.N., 17 mai 1994, p. 1715, intervention de M. Michel Mercier, rapporteur. Voir également, la Section du Rapport et des Etudes du Conseil d'Etat, *Le droit des propriétés publiques,* 31 octobre 1986, annexe 5, p. 12.

[378] Source : A.D.P., 1993.

[379] Renseignements fournis par les gestionnaires du Port Autonome de Marseille, 1993.

[380] Voir par exemple sur cette question l'avis de M. P. Godfrin, *Droit administratif des biens*, précité, 4ème éd., p. 38.

[381] Renseignements fournis par les gestionnaires du Port Autonome du Havre, 1994.

être faite sur l'incertitude de l'appartenance du bien au domaine privé) ; le port est également propriétaire de 360 hectares. Le domaine public du M.I.N. de RUNGIS est de 232 hectares à cette époque.

Certes, la domanialité privée, la propriété privée occupent encore des espaces importants ; mais les espaces du domaine public sont pour la plupart des espaces économiquement très significatifs (ports, M.I.N., etc.)

B - Le caractère obligatoire de l'implantation privée sur le domaine public artificiel

Le domaine public, comme nous l'avons vu précédemment s'est extraordinairement développé depuis les dernières décennies. La jurisprudence, rend très précaire l'occupation privative et sur de nombreux points des incertitudes sur le droit existant persistent. Mais compte tenu du durcissement jurisprudentiel, on peut imaginer sans trop de craintes de se tromper que l'on doive donner une réponse défavorable à l'entreprise.

On est tenté alors de se dire que, dans ces conditions, l'entreprise n'a qu'à ne pas s'implanter sur le domaine public ; et que si elle s'y implante c'est qu'elle y trouve un intérêt. Certes, l'entreprise sur le domaine public, comme sur la propriété privée est guidée par l'impératif de profit et l'opérateur privé n'est conditionné que par cette logique. Mais il y aura des situations où l'opérateur privé n'a pas d'autre choix que celui de s'implanter sur le domaine public ; cela résulte soit d'une contrainte indirecte (I), soit d'une contrainte légale (II).

I - Une contrainte indirecte

Il n'est pas rare que l'opérateur n'ait pas d'autre possibilité ni d'autre choix que de s'implanter obligatoirement sur le domaine public, dès lors qu'il exerce un certain type d'activité. Souvent en pratique l'occupant doit impérativement s'installer sur le domaine public, se plier aux contraintes imposées et subir toutes les conséquences de la domanialité publique. Inversement, s'il ne s'implante pas sur le domaine public, il ne peut exercer l'activité projetée et n'a plus qu'à exercer un autre métier. Autrement dit, c'est la politique du tout ou rien : ou bien l'activité s'exerce sur le domaine public ou bien alors elle n'aura pas lieu. L'occupant peut être captif du domaine public, c'est-à-dire qu'il peut être prisonnier du domaine public artificiel : son implantation résulte d'une contrainte, d'une obligation. L'opérateur privé devient un *usager forcé,* qui n'a pas d'autre choix que de s'y installer.

En réalité, l'Etat (mais aussi les collectivités locales et leurs établissements publics) détiennent des sites très significatifs sur le plan de la productivité. Il y a en réalité des espaces publics économiques, monopolistiques (1), qui ont donné lieu aujourd'hui à la notion nouvelle issue du droit communautaire « *d'infrastructures essentielles* » (2), et à la théorie du même nom, tentant d'atténuer quelque peu les contraintes imposées à l'occupant potentiel du fait du monopole détenu par l'administration.

1 – Des espaces publics économiques, monopolistiques

La personne publique contrôle une propriété devenue immense, sans équivalent dans beaucoup de cas sur la propriété privée ou sur le domaine privé. Ainsi, en érigeant en service public les activités portuaires, l'Etat détient tous les espaces portuaires. On sait bien que les ports ne sont plus simplement des lieux de transit des marchandises exportées ou importées, les industriels cherchant depuis longtemps à s'implanter à proximité des lieux de chargement et déchargement. Mais dès lors que l'opérateur privé veut se rapprocher un tant soit peu des voies d'eau, il est confronté à la propriété administrative.

Certes, le domaine portuaire comprend un domaine privé, et l'opérateur privé peut toujours s'y implanter ; mais nous avons déjà souligné la difficulté relative à l'affectation : malgré un contrat de droit privé sur le domaine privé, l'occupant peut voir son acte requalifié en contrat ou autorisation d'occupation du domaine public si le juge estime qu'il y a affectation principale ou amélioration du service public ou en l'absence d'affectation s'il considère qu'il y a indivisibilité ; et si l'activité s'exerce sur le domaine privé du port, l'opérateur doit assumer une part de risque, d'incertitude. La loi de 1994, nous l'avons vu n'apporte pas de réelles garanties à l'opérateur privé, qui est encore loin d'avoir les garanties de la propriété privée.

Quelles autres possibilités a un opérateur privé qui refuserait de s'implanter sur la propriété portuaire ? Il peut opter pour la propriété privée, en dehors de l'enceinte portuaire ; mais en raison de l'éloignement du port, impliquant de nouveaux problèmes (coûts des transports, augmentation des ruptures de charges avec une augmentation des coûts, un allongement des délais de livraison, etc.), celle-ci bien souvent se révèle inadaptée. Il peut opter encore pour une implantation dans un port étranger, ce qui semble être le cas de plus en plus fréquemment. L'activité industrialo-portuaire est l'exemple type de celle qui ne peut se réaliser pratiquement que sur le domaine public. Il n'y a pas d'obligation juridique pour l'opérateur privé de s'y implanter. Mais s'il ne le fait pas, il n'a plus qu'à exercer un autre métier ou bien quitter la France et rechercher un port dans un autre pays possédant des conditions de stabilité plus avantageuses pour lui. Il s'agit là d'une obligation indirecte, détournée.

Le même problème se pose par exemple pour l'opérateur privé qui veut s'installer sur les Aéroports de Paris pour profiter du passage de la clientèle du service public de transport : il ne peut s'installer que sur le domaine public aéroportuaire, car toutes les parcelles sont affectées à ce service public ; pourtant le domaine public des Aéroports de Paris est immense. Mais il n'empêche qu'il est affecté dans sa totalité, et en conséquence est soumis à la domanialité publique en totalité. Par ailleurs, lorsqu'une entreprise privée veut s'exonérer des règles contraignantes de la domanialité en s'installant à l'extérieur du domaine public aéroportuaire mais qu'elle profite de façon habituelle de la clientèle d'A.D.P., l'autorité portuaire peut soumettre son activité à autorisation. Dans ce cas il n'y a certes pas extension du domaine public ; en revanche l'administration étend certaines contraintes domaniales à des entreprises qui pourtant auraient dû normalement en être soustraites.

Un problème identique se pose pour les occupants du domaine public de la SNCF dont le domaine public est encore une fois immense ; de la même façon, l'opérateur privé qui veut profiter de la clientèle de ce service public est confronté à la domanialité de la propriété administrative, imposée par la jurisprudence.

Dans beaucoup de cas, l'opérateur privé ne peut que s'installer sur le domaine public. Cette situation est appréhendée à présent dans le cadre du droit de la concurrence à travers la notion *d'infrastructure essentielle*, issue du droit européen.

2 – La notion nouvelle d'infrastructure essentielle

Question longtemps ignorée par le droit, c'est par le biais du droit européen de la concurrence qu'apparaît indirectement aujourd'hui que l'occupant peut être captif du domaine public. En effet, la détention exclusive ou monopolistique par l'administration d'espaces économiques a donné lieu à la notion européenne d'infrastructure essentielle ou facilité essentielle. Celle-ci se définit comme l'installation indispensable pour accéder à un marché, du fait qu'il n'existe pas d'alternative viable pour les concurrents potentiels d'accéder au marché en question, en raison des caractéristiques particulières de l'installation. C'est l'infrastructure que l'on ne peut dupliquer, substituer, du fait notamment de son coût prohibitif ou du temps requis pour sa reproduction[382]. C'est le cas des Aéroports de Paris, le juge européen les ayant

---

[382] T.P.I.C.E., 15 sept. 1998, Affaires jointes T 374/94, T 375/94, T 384/94 et T 388/94, *European Night Service, Eurostar Ltd, Union Internationale des chemins de fer, NS, SNCF contre Commission*, point 209. La notion semble avoir été utilisée pour la première fois dans la décision Comm. *Sealink contre B&I*, 11 juin 1992, Com. (92) 123 final, point 41, aux termes de laquelle une infrastructure essentielle est *« une installation ou une infrastructure sans laquelle des concurrents ne peuvent pas fournir des services à leurs clients »*. Pour une analyse de cette notion voir F. Weingarten « La théorie des infrastructures essentielles et l'accès des tiers aux

qualifié expressément de « facilité essentielle »[383]. C'est le cas encore d'un port[384] ou du tunnel sous la Manche[385].

C'est précisément parce que certaines installations sont uniques en leur genre qu'il apparaît que l'occupant du domaine est captif, qu'il ne peut s'implanter ailleurs. Cette notion d'infrastructure essentielle été reprise par le droit national[386]. Elle permet de mettre en lumière aujourd'hui le caractère captif de l'occupant –caractère longtemps ignoré par le droit– du fait de la détention monopolistique ou exclusive par l'administration de certains espaces domaniaux économiques, *non duplicables*. Une partie de la doctrine souligne d'ailleurs aujourd'hui toute l'importance de la théorie de la facilité essentielle du fait qu'elle fait apparaître que l'administration détient des espaces économiques qui n'ont pas leur pareil sur le territoire national[387], avec le problème mis en lumière aujourd'hui des conditions d'accès à cette facilité.

II - Une contrainte juridique

L'Etat utilise un autre procédé pour contraindre l'opérateur privé à s'implanter sur le domaine public : c'est l'instauration de périmètres de protection autour de certains domaines publics. C'est le cas des marchés d'intérêt national, autour desquels sont instaurés des périmètres de protection dits positifs et négatifs.

---

réseaux en droit communautaire », *C.J.E.G.*, 1998, p. 461 et s. Pour une analyse des biens rares et l'incidence en droit communautaire et interne, v. J.-L. Calmette, *La rareté en droit public français*, Thèse Toulouse, 2002.

[383] T.P.I.C.E., 12 déc. 2000, *Aéroports de Paris*, Aff. T-128/98, *D.A.*, avril 2001, n°87, point 122.

[384] Décis. Comm. *Sealink contre B&I*, précitée note n° 382.

[385] Décis. Comm., *Eurotunnel*, 13 déc. 1994, *JOCE*, L. 354/66 du 31 déc. 1994. *European Night Service, Eurostar Ltd, Union Internationale des chemins de fer, NS, SNCF contre Commission, précitée* note n°382.

[386] Voir par ex. C.A., Paris 30 juin 1998, *SARL Heli-Inter Assistance*, sur commentaire M. Malaurie-Vignal, *Contrats-Conc-Consom*, 1998, n° 162, p. 11 et s. : « *...l'hélistation ...était une installation essentielle...* » ou encore «*...lorsque l'exploitant monopolistique d'une infrastructure essentielle est en même temps le concurrent potentiel d'une entreprise offrant un service exigeant le recours à cette facilité, cet exploitant pouvait...restreindre ou fausser le jeu de la concurrence sur le marché...en abusant de sa position dominante* ». *BOCC*, 16 juillet 1996, p. 396. Sur cette question, v. encore G. Gonzalez, « Domaine public et droit de la concurrence, *A.J.D.A.*, 20 mai 1999, p. 392. M. Bazex, « Entre concurrence et régulation, la théorie des facilités essentielles », *Revue de la concurrence et de la consommation*, n°119, 2001, p. 37 et s. Pour la réception en droit interne de cette notion, v. G. Gonzalez « Utilisations commerciales du domaine public », *Juris-Classeur*, Propriétés publiques, fasc. 79-50, n° 68.

[387] J.-B. Auby, « Domaine public, concurrence, non-discrimination ou le droit de la concurrence au service des valeurs du droit administratif », *Lettre Juris-Clas. Dr. Pub. des Aff.*, mars 2001, p. 2.

Il est utile ici de rappeler les fonctions des marchés d'intérêt national. Ils constituent un outil d'interventionnisme économique très poussé des pouvoirs publics en matière de vente en gros de produits alimentaires périssables. Des activités de gros de vente de produits frais, soumises traditionnellement à un simple pouvoir de police de surveillance, deviennent des activités de service public soumises à une police spéciale à caractère économique. Le marché en lui-même, spécialement aménagé, est alors soumis au régime de la domanialité publique.

La création des M.I.N. est une réponse à un certain nombre de problèmes posés au lendemain de la seconde guerre mondiale. Il s'agissait d'abord de résoudre des problèmes d'urbanisme et de nuisance créés par les halles et marchés de gros et demi-gros qui se tenaient dans les centres des villes. De plus les pouvoirs publics tendaient à supprimer un maximum d'intermédiaires entre le producteur et le grossiste afin d'abaisser les prix des denrées alimentaires, baisse se répercutant sur la consommation de détail. La diminution des frais était recherchée également par l'aménagement d'installations nouvelles adaptées, évitant la multiplication des ruptures de charges, ainsi que par l'amélioration de la logistique du transport.

Enfin et surtout, ces structures devaient assurer la concentration de l'offre des produits périssables pour assurer une plus grande transparence du marché, le marché ici étant entendu au sens de lieu où se concentrent l'offre et la demande. Par définition, les produits périssables ont un prix qui fluctue en fonction de l'offre et de la demande, entraînant une variation des cours ; les cours des produits de gros devaient être portés à la connaissance des acteurs (acheteurs et vendeurs) des différentes filières, pour chaque produit, afin de faire jouer la libre concurrence entre les produits au profit des moins coûteux[388]. Les cours devaient se substituer à la fixation anarchique des prix par discussion entre acheteur et vendeur[389]. Les marchés d'intérêt national devaient avoir un rôle moteur, de dynamique économique et commerciale à un niveau régional, tout en assainissant la distribution des denrées périssables[390].

---

[388] D'où la création du service des nouvelles dont l'objet est l'information des opérateurs.

[389] Selon l'exposé des motifs du décret du 30 sept. 1953 il s'agissait de rechercher «*un prix à la fois le plus bas possible pour le budget du consommateur et procurant au producteur une juste rémunération de son travail* ».

[390] Voir l'exposé des motifs du décret du 30 sept. 1953 «*L'objet du présent décret est de permettre, après examen des intérêts légitimes des collectivités locales, de promouvoir certains principes généraux auxquels ne pourront faire obstacle les réglementations particulières restées en vigueur jusqu'à ce jour, et de doter ainsi progressivement la France d'un véritable réseau de marchés modernes capables de rivaliser avec ceux des pays étrangers qui ont déjà accompli en cette matière un effort considérable...* »

Mais la discipline et les contraintes des marchés d'intérêt national n'avaient pas un caractère à attirer les opérateurs privés. En effet la réglementation des opérations commerciales limitait leur liberté ; la concentration d'entreprises en un même lieu facilitait les contrôles administratifs, les règles domaniales étaient contraignantes ; c'est pourquoi les pouvoirs publics vont obliger l'opérateur privé à s'y implanter en créant un double périmètre, positif et négatif, de protection autour des M.I.N.

Le périmètre positif est une zone autour du M.I.N. où toute activité de gros est interdite[391] ; le périmètre négatif est la zone autour du M.I.N. où l'extension, le déplacement ou la création de tout établissement sont interdits[392]. Le périmètre positif vise l'activité (exemple, vente sur quai ou sur véhicule, vente sur échantillon), tandis que le périmètre négatif vise l'établissement en tant qu'unité technique de production ; le périmètre négatif cristallise, fige, les entreprises existant au moment de l'entrée en vigueur du périmètre, leur interdisant d'étendre leur activité ou de les développer et interdisant la création d'entreprises nouvelles, sauf à s'implanter sur le M.I.N. ; le but de ces périmètres était à terme de centraliser sur les M.I.N. la vente en gros des produits périssables.

Le législateur oblige donc l'opérateur privé à s'implanter sur le domaine public ; il y est contraint, il n'a pas d'autre possibilité, car les pouvoirs publics ont décidé que ce type d'activité ne pouvait se réaliser que sur les M.I.N.[393]

Il faut remarquer que les périmètres de protection peuvent être parfois très importants ; nous citerons quelques chiffres significatifs établis en 1990 : le M.I.N. de Grenoble, portant sur les fruits et les légumes, les produits laitiers et les produits de la pêche recouvre 31 communes ; ce qui revient à dire que les

---

[391] L'article de l'ordonnance du 22 sept. 1962 établit : « *le décret instituant le périmètre de protection peut interdire, dans sa totalité ou dans une ou plusieurs parties du territoire qu'il délimite, l'activité de toute personne physique ou morale, constituant à pratiquer, de quelque manière que ce soit, à titre autre que de détail, soit des ventes, portant sur les produits, soit des opérations accessoires à ces ventes, dont les listes sont fixées par arrêté interministériel* ».

[392] L'article 5 de l'ordonnance du 22 septembre 1967 dispose : « *le décret instituant le périmètre de protection interdit, à l'intérieur de celui-ci, l'extension, le déplacement ou la création de tout établissement dans lequel une personne physique ou morale pratique, à titre autre que de détail, soit des ventes portant sur les produits, soit des opérations accessoires à ces ventes, dont les listes sont fixées par arrêté interministériel.* »

[393] Mais qui plus est, les opérateurs privés des M.I.N. se transforment eux-mêmes en agents traquant ceux qui enfreignent les dispositions sur les périmètres de protection, en exigeant des pouvoirs publics qu'ils fassent respecter ces périmètres. Le juge décide d'ailleurs que le défaut de mise en oeuvre par l'Etat d'un périmètre de protection est susceptible d'engager sa responsabilité. (C.E., 30 nov. 1983, *Sté d'établissement Eischer et a.*, *D.S.* 1985 inf. rap. p. 206).

grossistes dans ces produits sont interdits d'exercer leur activité sur trente et une communes, sauf à les exercer sur le M.I.N. Le M.I.N. d'Agen-Boé est entouré d'un périmètre de protection couvrant une vingtaine de communes pour la commercialisation des fruits et légumes. Le périmètre de protection du marché de Lyon recouvre 45 communes du Rhône, 6 communes de l'Ain et 5 communes de l'Isère pour une gamme de produits très étendue. Le marché de Lille, portant sur les fruits et légumes et les produits laitiers a un périmètre de protection limité aux communes de Lille et Lomme. Le périmètre du marché de Montauban est également en 1990 de 63 communes, celui de Nantes de 18 communes, celui de Nice couvre l'ensemble du département, celui de Rouen 24 communes[394]. Il s'agit là de quelques chiffres destinés à établir un ordre de grandeur de quelques marchés d'intérêt national, dont la liste n'est pas exhaustive.

En réalité, il n'y a aucune différence entre une obligation d'implantation instituée par l'instauration de périmètres de protection et une obligation imposée parce que l'Etat monopolise certaines zones comme les espaces portuaires, etc. : d'une façon ou d'une autre l'occupant doit impérativement s'installer sur le domaine public.

§ II - L'OCCUPANT EST CAPTIF DU DOMAINE PUBLIC NATUREL

Nous retrouvons une identité de situation à celle décrite sur le domaine public artificiel. L'occupant du domaine public naturel, dès lors qu'il veut exercer un certain type d'activité, ne peut que s'implanter sur le domaine public ; il est captif, prisonnier également du domaine public naturel (A), et ceci en raison de l'extension de celui-ci, qui n'a pas d'équivalent sur la propriété privée (B).

A - Le caractère extensif du domaine public naturel

L'ordonnance de Colbert d'août 1681, dite de la Marine définit ce que sont les rivages de la mer : «*Sera réputé bord et rivage de la mer, tout ce qu'elle couvre et découvre pendant les nouvelles et pleines Lunes et jusqu'où le grand flot de Mars se peut étendre sur les grèves.* »[395] Ce texte délimitait donc le

[394] Inspection Générale des Finances, Conseil Général du Génie rural des eaux et des forêts, *Annexes sur les marchés d'intérêt national*, nov. 1990.

[395] Commentée par René-Josué Valin, avocat et procureur au Siège de l'Amirauté de la Rochelle, livre quatrième, titre VII, p. 527 ; pour M. Valin, commentateur de l'ordonnance, la référence au plus grand flot de mars correspondait au fait que le plus grand flot de l'année se situait en mars. Il motive de la façon suivante cet article en affirmant «*qu' il ne faut pas porter atteinte au droit de*

domaine public selon des méthodes naturelles. Cependant, cette frange de domanialité publique va être étendue par la loi (I) ainsi que par la jurisprudence (II).

I - L'augmentation du domaine public naturel par la loi

La loi étend le domaine public du côté de la mer (I) ainsi que du côté de la terre (II).

1 - L'extension du côté de la mer

L'augmentation du domaine public se fait d'une part au moyen de la mer territoriale. La mer territoriale est la partie submergée de l'Etat riverain sur laquelle celui-ci exerce sa souveraineté. Au début du XXe siècle, elle ne fait pas partie du domaine public[396]. Le législateur va l'inclure dans le domaine public puis étendre progressivement les dimensions de celle-ci.

La loi du 28 novembre 1963[397] en son article premier décide que *sont incorporés, sous réserve des droits des tiers, au domaine public maritime... le sol et le sous-sol de la mer territoriale.* Un décret puis une loi porte l'extension de la mer territoriale d'abord à trois milles marins[398], puis à 12 milles marins[399] (soit 5,5 kilomètres puis 22,5 kilomètres approximativement[400]). Une bande

---

pêcher, ni au droit de la navigation, que les rivages sont des choses publiques avec faculté à chacun d'en user selon la destination et qu'il n'est donc pas permis à l'un d'en jouir au préjudice des autres en s'y attribuant un droit exclusif et permanent».

[396] C.E., 24 mai 1934, *Thireaut, S.* 1936 III. 1, note Rousseau : *«Considérant qu'il résulte de l'instruction et du procès-verbal dressé le 21 juin 1932 que le point où était mouillé le radeau du requérant était en dehors du rivage de la mer ; que la rade où il se trouvait ne formait pas une dépendance du port et ne faisait par suite, pas partie du domaine public maritime ; que, dans ces conditions, s'il appartenait à l'administration de prendre toutes les mesures nécessaires pour empêcher que ledit radeau ne constituât un obstacle ou une gêne à la navigation dans la partie des eaux territoriales où il se trouvait, c'est à tort que par l'arrêté attaqué le conseil de préfecture interdépartemental de Nice a décidé que le fait par le sieur Thireaut de l'avoir réinstallé au mois de juin 1932 malgré le refus d'autorisation qui avait été opposé à sa demande par les services des ponts et chaussées constituait une contravention aux lois et règlements sur la voie maritime...»*

[397] N° 63-1178 relative au domaine public maritime, *J.O.* du 29 nov. 1963.

[398] Décret n° 66-413 du 17 juin 1966 portant application de la loi n° 63-1178 du 28 novembre 1963 relative au domaine public maritime (*J.O.* du 23 juin 1966). La règle des trois milles marins, coutumière, trouvait son origine dans la portée du boulet de canon, tiré depuis le rivage.

[399] Loi n° 71-1060 relative à la délimitation des eaux territoriales françaises (*J.O.* du 30 déc. 1971, p. 12899).

[400] *«Le mille vaut par convention 1852 m, sauf dans les pays du Commonwealth, où il vaut 1853,18m» : Dictionnaire Encyclopédique,* Larousse, 1991.

d'une largeur beaucoup plus importante du côté de la mer va donc être soumise au régime de la domanialité publique. (En revanche, les eaux de la mer ne font pas partie du domaine public. La loi de 1963 les exclut implicitement en précisant que sont incorporés au domaine public *le sol et le sous-sol* de la mer territoriale. Une décision du Conseil d'Etat viendra le confirmer[401]).

2 - L'extension du côté de la terre.

L'extension du domaine public se fait également au moyen des lais et relais. Traditionnellement les lais et relais faisaient partie du domaine privé de l'Etat. Les lais sont des terrains formés par des dépôts marins et qui ne sont plus recouverts par la mer ; les relais sont des zones du littoral que la mer ne recouvre plus ; c'est la raison pour laquelle ceux-ci n'étaient pas inclus dans le domaine public. La loi de 1963, précitée va incorporer dans le domaine public les lais et relais *futurs*, c'est-à-dire ceux formés postérieurement à 1963, sous réserve des droits des tiers. Quant aux lais et relais formés antérieurement à 1963, ils continuent d'être soumis au régime de la domanialité privée mais ils *peuvent* être incorporés au domaine public maritime, sous réserve des droits des tiers également.

Il est indéniable que ce texte augmente le domaine public. En 1973, soit dix ans plus tard, le ministre de l'aménagement du territoire, de l'équipement, du logement et du tourisme fait état de 6.697.433 mètres carrés de lais et relais anciens incorporés au domaine public et de 1.654.875 mètres carrés en cours d'incorporation[402].

L'extension se fait aussi par l'intermédiaire des concessions d'endigage. Les concessions d'endigage étaient rapprochées des lais et relais en ce sens que les terrains endigués, soustraits à l'action des eaux, sortaient du domaine public et pouvaient donc être aliénés. Il s'agissait là des concessions d'endigage translatives de propriété, faites sur la base de l'interprétation contestable d'un texte ancien dont l'objet était la mise en valeur, l'assainissement des terres incultes et insalubres[403].

---

[401] C.E., 27 juillet 1984, *Ministre de la Mer c/ Mme Galli et autres, A.J.D.A.* 1985, p. 47 note R. Rézenthel et F. Pitron : «*Considérant que, l'émissaire n'étant pas situé sur le domaine public maritime et les eaux de la mer ne faisant pas partie de ce domaine...* ».

[402] *Rapport de la Cour des comptes*, 1973, réponse du ministre, p. 129

[403] Loi du 16 septembre 1807, devenue l'article L. 64 du code du domaine de l'Etat : «*l' Etat peut concéder aux conditions qu'il aura réglées les marais, lais et relais de la mer, le droit d'endigage, les accrus, les atterrissements et alluvions des fleuves, rivières et torrents, quant à ceux de ces objets qui forment la propriété publique ou domaniale*».

La loi de 1963 décide que sont incorporés, sous réserve des droits des tiers, les terrains qui seront artificiellement soustraits à l'action des flots. Par cette disposition, le domaine public se trouvait du coup, augmenté. La construction d'endigages à cette époque n'est pas encore interdite ; elle est admise mais les terrains endigués doivent être incorporés au domaine public. Avant 1963, les terrains endigués faisaient partie du domaine privé ; à partir de 1963 ils doivent être incorporés au domaine public. Le domaine public se trouvera donc augmenté des concessions d'endigage qui auraient été normalement incluses dans le domaine privé de l'Etat avant la parution de la loi.

Une autre possibilité d'augmenter le domaine public avait été introduite par la loi de 1963 : c'était la faculté de constituer une réserve sur les propriétés privées riveraines du domaine public. L'article 4 de la loi précitée établissait que des *terrains privés* [pouvaient] *être réservés, en vue de la satisfaction des besoins d'intérêt public d'ordre maritime, balnéaire ou touristique.* Ce même article prévoyait que le propriétaire [pouvait] *demander l'acquisition par l'Etat du terrain réservé et que les terrains acquis par l'Etat* [étaient] ***incorporés au domaine public maritime***. Le ministre de l'aménagement du territoire, de l'équipement, du logement et du tourisme fait état de la réservation de terrains en 1973, dans le cadre de la loi de 1963, de 250 000 mètres carrés dans le Var, et de la prévision d'une réserve de 1.112.775 mètres carrés dans les départements des Alpes-Maritimes, de la Corse, des Pyrénées-Orientales, de la Loire-Atlantique et des Côtes-du-Nord.[404]

La loi littoral augmente également le domaine public dans les départements d'outre-mer par deux moyens. D'abord elle étend à ces territoires la loi de 1963, précitée, territoires qui en avaient été expressément exclus[405] ; en conséquence, toutes les dispositions sur l'incorporation au domaine public des lais et relais, sur la mer territoriale, etc. doivent s'appliquer également à ces territoires.

Ensuite la loi littoral réincorpore au domaine public la zone des cinquante pas géométriques. Cet espace, appelé à l'origine de la colonisation, les cinquante pas du roi, était une bande littorale de 81,20 mètres qui devait rester libre d'occupation privée dans le but d'installation d'ouvrages de défense, d'utilisation par les troupes en vue de la défense contre les incursions ennemies. Les cinquante pas du roi devinrent les cinquante pas géométriques puis furent incorporés au domaine public au XIXe. Un décret de 30 juin 1955[406] incorpora

---

[404] *Rapport* précité de la Cour des comptes note n° 402, p. 127.

[405] Loi de 1963, art. 7.- La présente loi n'est pas applicable aux départements d'outre-mer. La loi littoral établit en son article 36 que l'article 7 de la loi n° 63-1178 du 28 nov. 1963 relative au domaine public maritime est abrogé.

[406] Pris sur la base d'une loi du 2avril 1955 accordant au gouvernement des pouvoirs spéciaux en

au domaine privé de l'Etat cet espace. Avec la loi littoral, la zone des cinquante pas géométriques passe à nouveau dans le domaine public maritime[407]. Toutefois la loi du 30 décembre 1996, relative à l'aménagement, la protection et la mise en valeur de la zone dite des cinquante pas géométriques,[408] intéressant essentiellement les départements de la Guadeloupe et de la Martinique, semble opérer un certain rétrécissement du domaine public maritime dans ces départements du fait qu'elle permet un déclassement du domaine public des zones urbanisées. Les zones non urbanisées restent en revanche dans le domaine public. Cette législation répondrait à la volonté des pouvoirs publics de permettre aux autorités de remettre de l'ordre à une urbanisation anarchique.[409]

II - L'augmentation du domaine public naturel par la jurisprudence

Le juge va participer également à l'augmentation du domaine public par différents moyens ; l'extension du domaine public naturel est réalisée par les règles de délimitation (1) ; mais elle se fait également par l'application de la notion d'affectation et d'aménagement spécial (2), ainsi que par l'interprétation rigoureuse des actes domaniaux (3).

1 - L'extension par les règles de délimitation

Il est bien connu que le Conseil d'Etat va unifier les règles de délimitation sur toutes les côtes françaises, ceci ayant pour conséquence d'accroître le domaine public maritime. En Méditerranée, les limites du domaine public

---

matière économique, sociale et fiscale ; l'arrêt *Pajaniandy* affirme la légalité de ce décret ; C.E., Ass., 13 juin 1975, *Leb.* p. 350 ; *D.* 1977.J.74, note Chr.Bidegaray.

[407] art. 87.- *La zone comprise entre la limite du rivage de la mer et la limite supérieure de la zone dite des cinquante pas géométriques définie à l'article L.86 du présent code fait partie du domaine public maritime. Ces dispositions s'appliquent sous réserve des droits des tiers...*Voir sur cette question M. J.-C. Douence « La loi "littoral" dans les départements d'outre-mer » in *La loi littoral*, Paris, Economica, 1987, p. 37. Voir également du même auteur *Le régime juridique général des départements d'outre-mer, Encyclopédie Dalloz des collectivités locales*, p. 1905-1 et s.

[408] *J.O.*, 1er déc. 1997, p. 24. Pour une analyse de l'application de la loi, v. note J. Larrieu, sous Commission de vérification des titres de la Martinique, 17 sept. 2001, *D.*, 2002, n° 39, p. 2977 et s.

[409] Sur cette question voir P. Godfrin, *Droit administratif des biens - Domaine, travaux, expropriation*, Armand Colin, 6ème éd. 2001, p. 29. F. Priet, « Le nouveau régime de la zone de cinquante pas géométriques dans les départements d'outre-mer », *R.F.D.A.*, 1997, p. 1166. J. Larrieu, « Le changement de statut de la zone des cinquante pas du Roi dans les D.O.M. », *L.P.A.*, 12 déc. 1997, p. 8.

maritime étaient fixées par une règle de droit romain tirée des Institutes de Justinien, le plus grand flot d'hiver délimitant le domaine public maritime ; mais ce plus grand flot d'hiver n'était pas forcément le plus grand flot de l'année. Sur le reste du littoral (mer du Nord, Manche, Atlantique[410], mais aussi dans les départements d'outre mer[411]) on appliquait les règles de l'ordonnance de la Marine de Colbert d'août 1681, qui stipulent que «*sera réputé bord et rivage de la mer tout ce qu'elle couvre et découvre pendant les nouvelles et pleines lunes et jusqu'où le plus grand flot de mars peut étendre sur les grèves*».[412] L'arrêt *Kreitmann* juge que ces dispositions doivent être entendues comme fixant la limite du domaine public maritime, quel que soit le rivage au point jusqu'où les plus hautes mers peuvent s'étendre, en l'absence de perturbations météorologiques exceptionnelles[413]. Cette décision avait comme objectif d'élargir le plus possible la consistance du domaine public maritime afin de protéger la Méditerranée contre le bétonnage[414].

L'augmentation de la consistance de la propriété publique peut résulter également de la délimitation incertaine du rivage qui dépend de l'action des flots. Lorsque l'administration procède à la délimitation des rivages de la mer, cette délimitation ne fixe pas de façon définitive la ligne de partage entre le domaine public et le domaine privé. Selon la jurisprudence «*le décret* (portant délimitation du rivage de la mer) *est un acte déclaratif qui se borne à constater les limites du rivage de la mer, telles qu'elles résultent des phénomènes naturels observés*»[415]. L'administration ne fait qu'établir qu'à un moment donné la limite haute du rivage se trouve à un endroit précis, limite qui pourra être modifiée par la suite en fonction du balancement des marées.

Mais alors, dès qu'une propriété privée est recouverte d'une façon habituelle par l'effet naturel de la mer, elle entre automatiquement dans le domaine public, l'Etat en devient immédiatement *propriétaire*, et ce, sans indemnité au profit de

---

[410] C. E. 1 oct. 1971, *Sté Nouvelle foncière du cap Ferrat, Leb.* p.576.

[411] C. E. 31 janvier 1968, *Ministre d'Etat chargé des D et T d'Outremer/Sieur Plissoneau-Duquesne. Leb.* p.783.

[412] Titre VII, livre IV, art.1.

[413] C. E., Ass., 12 octobre 1974, *Leb.* p.563 - *A.J.D.A.* 1973 p.586, chron. Franc et Boyon - *R.D.P.* 1973 p.1150, concl. Genevois.

[414] Selon M. Querrien, Conseiller d'Etat, «*la méthode suivie en méditerranée est préhistorique, conduit à des erreurs d'une centaine de mètres quant à la délimitation, et ceci, malgré la faible amplitude des marées c'est trop peu eu égard à la vocation actuellement reconnue au littoral méditerranéen et aux pressions qui s'y exercent en conséquence*». Cité par Langavant, «Le littoral, les mesures de protection et de mise en valeur», *R.A.*, 1976, p. 25.

[415] C. E. 26 juillet 1991, *Crts Lecuyer, A.J.D.A.* 1992, p.92, observations G. Teboul. *Leb.* p. 306.

l'occupant évincé[416]. De plus, le propriétaire limitrophe du domaine public maritime est dans l'impossibilité de réparer un ouvrage de protection contre la mer, dès lors que sa propriété est immergée : un propriétaire qui avait vu sa parcelle inondée à la suite de la destruction d'une protection naturelle par une tempête avait tenté de reconstruire cette protection par l'extraction de sable sur ce qu'il croyait être sa propriété immergée ; le Conseil d'Etat, saisi, juge *«qu'aux termes de l'article 1 titre VII livre IV de l'ordonnance d'août 1681 il est défendu de faire sur le rivage de la mer aucun ouvrage qui puisse porter préjudice à la navigation ; qu'il appartient au préfet d'interdire... d'effectuer dans la zone récemment incorporée au domaine public les extractions de sable indiquées, la circonstance que lesdites extractions seraient destinées à permettre à l'ancien propriétaire de reconstituer le rivage tel qu'il se comportait antérieurement n'étant pas de nature à priver l'administration des pouvoirs qu'elle détient de la disposition ci-dessus rappelée. »*[417]

Dans l'arrêt *Bessière*[418], il s'agissait de terrains du domaine public maritime qui avaient fait l'objet d'une vente de biens nationaux pendant la période révolutionnaire ; par conséquent la propriété en avait été transmise aux acquéreurs (la vente des biens nationaux étant un des rares cas d'aliénation admis par la jurisprudence). Ce bien avait fait l'objet d'une submersion par la mer, puis la commune y avait procédé à un assèchement et à un endigage ; M. Bessière, faisant valoir ses droits fondés en titre provenant de la vente des biens nationaux, en revendique alors la propriété. La Haute Cour décide d'une part que la submersion des terrains met fin à l'irrévocabilité attachée à la vente des biens nationaux et que les travaux d'endiguement qui ont mis fin à la submersion n'ont pas eu pour effet de soustraire ces terrains à la domanialité et de leur rendre leur caractère de propriété privée ; les juges invoquent la loi du 28 novembre 1963 classant d'office dans le domaine public maritime les lais et relais «futurs ».

Enfin, la Haute Cour juge que le bien entre automatiquement dans le domaine public maritime alors que c'est l'Etat lui-même qui provoque la submersion de la propriété privée : «*font partie du domaine public maritime des terrains habituellement recouverts par le plus haut flot à la suite de la destruction d'une digue de défense contre la mer sans qu'y fasse obstacle la circonstance que la démolition de cet ouvrage... aurait été le fait de l'administration*»[419].

---

[416] Par exemple, C.E., 18 juin 1976, *Ménard et Pujol, Leb.* p. 332, concl. Genevois.

[417] C. E. 16 janvier 1935, *Société des anciens établissements de Courbet, Leb.* p. 63.

[418] C. E. 29 novembre 1978, *Leb.* p. 478.

[419] C. E. 18 juin 1976, *Ménard et Pujol,* précité note n° 416.

2 - L'extension au moyen de l'affectation et de l'aménagement spécial

L'arrêt *Dame Gozzoli*[420] illustre encore la volonté du Conseil d'Etat d'augmenter le domaine public maritime afin de soustraire certains espaces naturels à l'appropriation privée, qui pourtant ne devaient pas être inclus dans la domanialité publique par application de l'ordonnance de Colbert. En l'espèce, il s'agissait d'une commune propriétaire des lais et relais d'une plage, entre le rivage de la mer et une route nationale, qui avait autorisé par contrat un particulier à occuper une partie de cette plage pour y louer des cabines, des sièges et exploiter un restaurant pour une durée de 9 ans ; au terme de cette durée, la commune décide de ne pas renouveler le contrat. L'exploitant invoque la domanialité privée des lais et relais[421]. Pour classer cette partie de plage dans le domaine public, le Conseil d'Etat juge que la plage est affectée à l'usage du public et qu'elle est spécialement aménagée à cet effet ; en l'occurrence, l'aménagement spécial étant constitué par l'obligation faite à l'exploitant de nettoyage et de nivellement de la plage.

3 - L'extension par l'interprétation rigoureuse des actes domaniaux

Le juge va encore étendre le domaine public en interprétant de façon stricte les actes consentis sur le domaine public. Ainsi, la constitution de droits réels n'est admise que si ceux-ci ont été consentis à une époque antérieure à l'ordonnance de Moulins de février 1566 ayant posé la règle d'inaliénabilité ou encore s'ils ont été opérés pendant la période révolutionnaire en exécution des lois sur la vente des biens nationaux. Mais les titres anciens sont souvent d'interprétation difficile ; lorsque le titre de propriété n'est pas clairement établi, la Haute Cour juge dans un sens favorable à la domanialité publique[422].

Quant aux concessions d'endigage, le transfert de propriété répond à des conditions rigoureuses, ce qui aboutit la plupart du temps à classer le bien litigieux dans le domaine public maritime. Ainsi les juges décident que *«si un arrêté du préfet de la Gironde en date du 20 août 1859 a autorisé les auteurs de la société du domaine des prés salés à endiguer ces mêmes parcelles, aucune concession d'endigage ne leur a été régulièrement accordée par décret en Conseil d'Etat dans les formes prévues par l'article 41 de la loi du 16 septembre 1807 et l'ordonnance du 23 septembre 1825 ; ainsi et alors même*

---

[420] C.E. 30 mai 1975, *Leb.* p. 325.

[421] Les lais et relais « futurs » depuis la loi de 1963 relèvent de la domanialité publique, mais ils peuvent faire également partie du domaine privé, s'ils sont antérieurs à la loi précitée et ne sont pas incorporés au domaine public.

[422] C.E., sect., 10 juillet 1970, *Société civile du domaine de Suroit, Leb.* p. 480.

que, postérieurement au décret du 14 juin 1859, les autorités publiques ont autorisé sur ces parcelles divers travaux, renoncé à plusieurs reprises à revendiquer la domanialité desdites parcelles et confirmé des bornages anciens qui ne correspondaient pas aux limites établies par ledit décret, les auteurs de la société de domaine des prés salés n'ont pu, de même que ladite société, acquérir aucun droit de propriété sur ces parcelles qui, faisant partie du domaine public, étaient inaliénables et imprescriptibles. »[423].

B - Le caractère obligatoire de l'implantation privée sur domaine public naturel

Du fait de l'extension du domaine public maritime par les textes et par le juge, l'occupant privatif se trouve confronté au même problème que sur le domaine public artificiel : l'occupant qui exerce certains types d'activité n'a pas d'autre possibilité que se s'implanter sur le domaine public maritime car il n'y a aucun équivalent sur la propriété privée. Tous les métiers de la mer comme la pêche, l'aquaculture de type traditionnel mais aussi de type plus élaboré comme les fermes marines, les récifs artificiels, dont certains occupent des surfaces importantes et qui reçoivent d'ailleurs l'aide d'organismes scientifiques dans le but d'un meilleur développement, ne peuvent avoir lieu que sur le domaine public et subir les contraintes du régime. Ces activités s'implantent en mer évidemment mais aussi sur l'estran (zone de balancement des marées) ainsi que sur le côté terrestre du domaine public maritime ; elles nécessitent l'édification de constructions qui doivent être naturellement le plus près possible de la mer et qui sont localisées forcément sur le domaine public maritime.

De même, d'autres types d'activités, (immobilières, touristiques, agricoles, sylvicoles, etc.) se sont trouvées confrontées à la domanialité publique naturelle du fait de l'extension, ce domaine n'ayant pas de correspondant sur la propriété privée. Ainsi, paradoxalement, le gouvernement dans les années 60/70 n'est pas contre le développement de l'urbanisme côtier puisque nous savons qu'il l'a largement favorisé. Mais paradoxalement, il le soumet à la domanialité publique du fait de l'extension du domaine opéré par les textes.

---

[423] C. E. sect., 13 octobre 1967, *Caseaux*, *Leb.* p. 369 ; *R.D.P.* 1968, p. 887.

CONCLUSION DU TITRE

L'observation du domaine fait ressortir que celui-ci est devenu un vaste espace marchand, où se développent tous types d'activités économiques, commerciales et industrielles, grâce aux entreprises privées -entreprises individuelles ou sociétaires-, créatrices de biens et de services. L'analyse des textes confirme cette observation et prouve l'instauration de plus en plus marquée des actes caractéristiques de l'activité commerciale, qui s'infiltrent progressivement sur le domaine public. Le vocabulaire propre au commerce pénètre insidieusement et progressivement les textes législatifs et réglementaires.

C'est ainsi que les rédacteurs de la réglementation des marchés d'intérêt national ne parlent pas de vente du domaine public ou de vente de l'entreprise sur le domaine public, ni même de cession du titre d'occupation, car on ne vend pas le domaine public, l'inaliénabilité étant continuellement affirmée ; on ne fait que *présenter un successeur*[424] ; la même remarque doit être faite au sujet du décret relatif aux cultures marines qui n'emploie pas non plus le mot de «vente» mais celui plus discret de *substitution*[425].

Mais postérieurement, les lois de 1988[426] et de 1994[427] sont plus en accord avec la conception économique qui régit le domaine. Dans le premier texte, il est admis ouvertement que les droits résultant du bail sur le domaine public peuvent être cédés de même que dans le deuxième texte il est dit explicitement que les droits, ouvrages, constructions et installations à caractère immobilier peuvent être cédés et transmis. Il apparaît encore dans le droit de la domanialité publique des notions telles que droits réels, bail emphytéotique, fonds de commerce.

Le domaine public est un espace d'activités commerciales ; mais le commerce ne peut pas fonctionner sans crédit ; les organismes financiers seront

---

[424] Ordonnance du 22 sept. 1967 ; décret du 10 juillet 1968.

[425] Décret du 22 mars 1983, modifié, précité.

[426] D'amélioration de la décentralisation, permettant la création d'un bail emphytéotique sur le domaine public, art. 13, précitée.

[427] Complétant le code du domaine de l'Etat et relative à la constitution de droits réels sur le domaine public, précitée.

alors progressivement admis. Dans un premier temps, il s'agit de façon discrète du droit à indemnité qui est reporté sur le créancier ; puis apparaît la notion de «droit du créancier inscrit», créancier qui va être payé par priorité en cas de retrait motivé par l'intérêt général. Enfin, ce sont des notions telles que : hypothèque des droits et constructions, créancier chirographaire, crédit-bail qui vont se développer, toutes ces notions à caractère économique, inimaginables il n'y a pas si longtemps sur un domaine public, théoriquement inaliénable. Certes, elles sont enfermées dans des conditions rigoureuses de droit public, et par-delà elles sont obligatoirement limitées. Mais il n'empêche que le droit de la domanialité publique apparaît de plus en plus imprégné et indissociable de ces nouveaux concepts. Aujourd'hui, l'arrêt *Eda* est à l'origine d'une représentation plus réaliste du domaine public : celle d'un *espace marchand* puisque le domaine public y est abordé ici en tant que siège « *d'activités de production, de distribution ou de services* », avec intégration du droit de la concurrence à la légalité administrative, droit de la concurrence qui représente les rapports marchands par excellence. Or, jusque là, la jurisprudence administrative n'avait pas cette conception du domaine, le juge véhiculant fondamentalement l'idée d'un domaine *espace affecté*.

Mais en même temps une énorme contradiction apparaît : l'entreprise a besoin de sécurité juridique pour se développer ; pourtant elle est soumise à une instabilité juridique d'origine jurisprudentielle de plus en plus importante ; quant aux aménagements législatifs, nous venons de dire qu'enfermés dans des conditions sévères de droit public, ils sont restreints.

Mais en réalité, l'opérateur privé, qui n'est conditionné que par une logique de rentabilité, s'implantera sur le domaine public en raison du profit que celui-ci peut lui générer. Il va établir un bilan coûts/avantages qui va déterminer son implantation ou son absence d'implantation. Dans beaucoup de cas, le domaine public est attractif pour l'acteur privé, en raison du service public qui devient une source de clientèle et il peut devenir de ce fait le creuset d'activités commerciales. La même situation se retrouve sur le domaine public naturel qui peut devenir de même le creuset d'activités marchandes.

Enfin, s'il est bien vrai que l'opérateur privé n'est conditionné que par un calcul économique, et qu'il a une liberté absolue de développer ou non l'activité projetée, il n'empêche qu'il y a des situations où, dès lors qu'il décide d'exercer un certain type d'activité, il ne pourra le faire que sur le domaine public. Cette situation est due d'abord au fait que le service public s'est étendu de façon tentaculaire opérant une extension très importante du domaine public ; elle est due ensuite au fait que l'Etat oblige, parfois, directement ou indirectement l'opérateur privé à s'implanter sur le domaine public : indirectement lorsque la propriété publique n'a pas d'équivalence sur la propriété privée, car l'Etat monopolise des espaces très significatifs économiquement ; directement, en instaurant des périmètres de protection autour du domaine public, périmètres qui contraindront une certaine catégorie d'opérateurs à s'implanter impérativement sur le domaine public. Cette situation, non lue pendant longtemps par le droit interne, est mise en lumière aujourd'hui avec la notion d'infrastructure essentielle issue du droit européen.

Le domaine public est une source de profit pour l'entreprise privée ; cette situation ne peut pas laisser insensible la personne publique dont nous avons dit qu'elle avait toujours un besoin pressant d'argent. Nous verrons donc dans le titre II tous les moyens mis à sa disposition pour profiter économiquement de cet espace marchand.

TITRE II

LA LOGIQUE ECONOMIQUE INDUITE DE L'ADMINISTRATION

En raison de l'évolution économique du domaine, l'administration prend conscience rapidement que celui-ci est une source d'enrichissement pécuniaire pour l'opérateur privé ; et elle voudra sa part dans le profit généré sur le domaine. La transformation du domaine public en un espace marchand entraîne donc la conséquence suivante : l'administration devient un autre agent économique du domaine, elle devient un partenaire dans la recherche de la rentabilité. Cette idée a fait son chemin aujourd'hui dans les analyses doctrinales et M. P. Godfrin parle dans ce sens de « *partenariat économique* », l'occupant, du fait de son activité, participant à l'enrichissement de la collectivité publique[428]. Le Rapport public de 2002 du Conseil d'Etat affirme clairement que l'aspect patrimonial et économique du domaine public a une « *importance accrue, sinon devenue prépondérante* ».

La rentabilisation sera atteinte grâce au droit de propriété. Ce droit n'est plus à démontrer. Admis par la Cour de cassation, le Tribunal des conflits, le Conseil d'Etat, par le Conseil constitutionnel, il a largement intégré tous les

[428] *Droit administratif des biens. Domaine, travaux, expropriation*, préc., éd. 2001, p. 125.

esprits. Nous ne ferons que retracer rapidement les raisons bien connues qui ont valu son apparition.

Nous savons qu'à la fin du XIXe siècle, ce droit de propriété n'est pas admis ; nous citerons à titre d'exemple R. de Récy qui affirmait : «*Le domaine n'est pour personne, pas même pour l'Etat, un domaine de propriété* » ; ou encore : « *Par cela seul que le domaine public n'est pas susceptible de propriété, il est nécessairement inaliénable, toute aliénation étant consécutive au droit de propriété* » [429] ; le domaine est réduit à sa plus simple expression ; il est improductif ; cette improductivité est d'ailleurs pour certains auteurs un *critère* de domanialité publique. L'Etat n'a qu'un rôle de garde et de surintendance, correspondant à ses fonctions réduites d'Etat gendarme. L'Etat ne peut donc utiliser son seul pouvoir de police pour tirer des revenus du domaine.

Cependant, très vite, le domaine apparaît comme une source de revenus et non plus comme un lieu stérile. Mais pour tirer un revenu d'une propriété, encore faut-il qu'il y ait un propriétaire. C'est pourquoi la théorie d'un domaine public, propriété de l'administration se met progressivement en place. C'est Hauriou qui instaure cette idée d'une propriété de l'administration[430] ; les auteurs postérieurs adopteront la même attitude. Toutes les analyses doctrinales très importantes à partir du XXe siècle, concernant l'admission d'un droit de propriété de l'Etat (et des collectivités locales), tendent à légitimer l'action de l'administration qui tire profit de son domaine. On va s'attacher à faire ressortir tout ce qui milite dans le sens d'un tel droit ; c'est le fait pour la collectivité par exemple de pouvoir exercer l'action en revendication, les actions possessoires ; ou encore le droit d'acquérir la mitoyenneté ou le droit d'acquérir les biens par accession. Au terme d'une jurisprudence bien connue sur laquelle nous ne reviendrons pas, le droit de propriété est admis.

C'est une propriété qui se caractérise par l'usus et le fructus, mais par l'absence d'abusus : l'affectation interdit que l'administration ait la libre disposition du domaine public, tant que dure l'affectation. Mais il faut remarquer que le fructus va compenser très souvent l'absence d'abusus. Autrement dit, l'administration n'a pas la faculté de disposer de son domaine public tant qu'il est affecté ; mais elle aura des possibilités d'instauration de redevances qui vont très largement atténuer les inconvénients des limitations de cette propriété. Le droit de propriété de l'administration est sans commune mesure avec celui de n'importe quel propriétaire privé : le droit va largement favoriser la perception de tous types de revenus sur le domaine public, dans une

---

[429] *Traité du domaine public*, tome I, Paris, Paul Dupont, 1893, p. 184.

[430] *Précis de droit administratif et de droit public*, précité, 1e éd., 1882.

proportion inimaginable pour un simple propriétaire privé. Ceci va permettre à l'administration d'optimiser ses profits (Chapitre I).

L'optimisation des profits s'entend au sens où l'administration va percevoir une rétribution en numéraire du fait de l'occupation. Mais il y a un autre moyen de réaliser des profits ; et nous faisons référence ici au droit des sociétés selon lequel la notion de participation aux résultats, condition nécessaire pour la constitution de la société commerciale signifie une participation aux bénéfices, le bénéfice étant un gain pécuniaire ou matériel qui s'ajoute à la fortune des associés. Mais par extension, la participation aux résultats peut être constituée également par la réalisation d'une économie, autrement dit, par le fait de *permettre à leurs membres d'éviter des dépenses à l'exclusion de toute recherche de gain positif*[431].

Le droit domanial, en plus de favoriser un gain pécuniaire, va également permettre une optimisation des économies (Chapitre II), au sens où l'administration va pouvoir éviter un certain nombre de dépenses, supporté par l'occupant.

[431] *Sociétés commerciales*, Mémento pratique Francis Lefebvre, 2002, p. 73, n°707. Ou D. Vidal, *Droit des sociétés*, 3e éd., 2001, L.G.D.J., p. 36 et s.

CHAPITRE I

LA RECHERCHE DE L'OPTIMISATION DES PROFITS

Il est bien connu que dans l'économie de marché, non seulement les clients doivent être nombreux, mais de plus ils doivent être solvables ; ceci signifie qu'ils doivent être en mesure de payer le prix demandé pour l'acquisition du bien ou la prestation d'un service. En d'autres termes, l'absence de moyens financiers des consommateurs potentiels est de nature à être un empêchement dirimant à l'échange marchand, au commerce.

La même situation va se retrouver sur le domaine public. L'administration veut rentabiliser son domaine public. Mais pour cela, il lui faut que les occupants soient en mesure de payer des redevances. Cela va donc passer par une évolution dans la clientèle ciblée : le droit va être à l'origine d'une désocialisation du domaine public (Section I), pour s'orienter de plus en plus vers une rentabilisation maximum du domaine public (Section II).

SECTION I

LA DESOCIALISATION DES ESPACES DOMANIAUX

L'Etat veut un domaine public rentable. La meilleure façon d'y parvenir c'est de favoriser, dans l'attribution des titres, les opérateurs privés susceptibles d'être les plus productifs (§II) ; mais cela passe d'abord par le rejet du critère social comme motif unique d'attribution (§I).

§ 1 - LE REJET DU CRITERE SOCIAL COMME MOTIF UNIQUE D'ATTRIBUTION DES TITRES

On voit toute l'évolution qui s'est réalisée sur le domaine public à travers les priorités d'attribution depuis la fin du XIXe siècle. Il n'était pas rare au début du siècle et même après la deuxième guerre que l'administration favorise l'implantation sur le domaine public des personnes les plus démunies et nécessiteuses (A) ; aujourd'hui, le critère social, à titre exclusif, n'est plus admis (B).

A - L'admission originaire du critère social.

L'attribution d'autorisations aux aquaculteurs à la fin du XIXe siècle et pendant une partie du XXe siècle avait un caractère social marqué. Le décret du 1er juin 1955[432], modifiant le décret du 28 mars 1919 sur la concession des établissements de pêche maritime privilégiait l'attribution de concessions aux personnes les plus défavorisées. Un ordre de priorité était établi au profit des inscrits maritimes puis des ostréiculteurs *n'ayant jamais possédé de concession* ; venaient ensuite dans l'ordre les inscrits maritimes *ayant possédé ou possédant des concessions.* Etaient placées en dernier rang «*toutes autres personnes présentant les garanties exigées des concessionnaires* »[433].

Ces dispositions favorisaient prioritairement une première accession au profit des plus démunis et des couches économiquement les plus faibles, n'ayant pas ou peu d'expérience professionnelle, les ostréiculteurs étant souvent eux-mêmes d'ailleurs d'anciens pêcheurs reconvertis. Le fait de se regrouper en société ne leur faisait pas perdre le bénéfice des priorités pas plus qu'il ne leur faisait perdre l'ordre des priorités établi, dès lors que la société était constituée

---

[432] Décret n° 55-759, modifiant le décret du 28 mars 1919, modifié, *J.O.* du 4 juin 1955, p. 5692.

[433] Art. 1.

exclusivement d'inscrits ou d'ostréiculteurs. Le texte précité établissait dans ce sens : *«le bénéfice des dispositions qui précèdent* [c'est-à-dire celles de l'ordre des priorités], *n'est acquis aux sociétés ou collectivités d'inscrits maritimes ou ostréiculteurs que si tous les membres de ces sociétés ou collectivités sont inscrits maritimes ou ostréiculteurs »*[434]. L'ensemble de ces dispositions montre également que l'administration voulait attribuer principalement les ressources de la mer à une catégorie déterminée de personnes économiquement faible. Le texte prévoit d'ailleurs expressément la possibilité d'attribuer la concession à titre gratuit.[435]

Dans le même sens, une ordonnance du 1er février 1957 sur l'occupation des trottoirs par les petits commerçants non sédentaires, stipulait que les autorisations étaient réservées *«aux victimes des événements de guerre dans le besoin, aux personnes chargées de famille, aux personnes nécessiteuses, incapables de se procurer autrement leurs moyens d'existence »*. Le même texte prévoyait que *«lorsque certains signes évidents prouveront que le marchand ne peut plus être considéré comme nécessiteux, son autorisation lui sera automatiquement retirée »*. Le texte établissait que le fait de posséder un immeuble ou une voiture devait être considéré comme étant des signes évidents d'enrichissement.[436] Ainsi, non seulement le fait d'être démuni économiquement était un motif d'attribution d'autorisation sur le domaine public, mais de plus, le fait que l'occupant se soit enrichi devenait une cause de retrait.

Dans le même sens, un arrêté du 9 juillet 1958 du préfet de la Seine avait *«réservé en permanence le cinquième des emplacements de vente du marché de la ville de Paris dénommé Marché Xavier aux marchands ayant la qualité de victimes militaires ou civiles des deux guerres, pensionnées sur la base d'un taux d'invalidité minimum de 25%. »*[437]

---

[434] Art. 1 in fine.

[435] Art. 2 in fine : «*Si la concession est attribuée à titre gratuit par application de l'article 48 de la loi du 13 décembre 1932, la demande doit en faire la mention.* « Voir sur cette question Mme. Marie-Christine Miner, «L'aquaculture : le régime juridique de l'exploitation aquacole «, in *Le droit du littoral et de la mer côtière*, sous la direction de J.-M. Becet et D. Le Morvan, Economica 1991, p. 300.

[436] Eléments pris dans les concl. de M. Jean-Claude Bonichot, C.E., 18 déc. 1985, *M. Sylvain Legendre, A.J.D.A.* 1986, II, p. 112.

[437] Voir T.A. de Paris, 19 nov. 1961, *Fédération nationale des syndicats des commerçants non sédentaires c/ préfet de la Seine, A.J.D.A.* 1962, II, p. 244, note J.D.

B - Le refus jurisprudentiel du critère social à titre exclusif.

Confrontée à l'attribution des titres d'occupation sur le domaine public basée sur des critères sociaux, la jurisprudence aujourd'hui les rejette lorsque ces critères ciblent exclusivement des personnes défavorisées.

Le juge administratif s'était prononcé clairement pour une gestion économique et avait censuré la décision à caractère social par laquelle «*le préfet de la Seine avait réservé le cinquième des emplacements de vente du marché de la ville de Paris dénommé "Marché Xavier" aux marchands ayant la qualité de victimes militaires ou civiles des deux guerres, pensionnées sur la base d'un taux d'invalidité de 25%.* » Il établit que «*le préfet... ne peut... que se fonder sur des motifs tirés des intérêts domaniaux et patrimoniaux de cette ville ainsi que du bon fonctionnement du marché* ».[438] Autrement dit, au terme de cette décision, le critère social, celui de réserver 20% des emplacements sur un marché est illégal en raison notamment de la gestion économique que l'autorité doit avoir de son domaine public. L'attribution des titres dans une optique de bienfaisance en dehors de toute optique de patrimonialité, est donc ici remise en question.

Dans l'arrêt *M. Sylvain Legendre*[439], M. Legendre avait demandé l'autorisation de s'installer sur un trottoir du Boulevard Saint Michel pour y vendre des bijoux. Le préfet de police rejette cette demande au motif qu'une ordonnance du 1er février 1957 avait établi qu'une telle autorisation ne pouvait être accordée qu'aux nécessiteux et aux personnes incapables de se procurer autrement leurs moyens d'existence et résidant depuis plus de trois ans à Paris. Legendre conteste cette décision.

Dans cette affaire, le Commissaire du gouvernement rappelle que l'arrêt de section *Société nationale d'éditions cinématographiques,* avait établi «*qu'il appartient à l'autorité chargée de la gestion du domaine de fixer,* ***tant dans l'intérêt du domaine et de son affectation que dans l'intérêt général****, les conditions auxquelles elle entend subordonner les permissions d'occupation.* »[440] Des arrêts successifs sont venus confirmer cette jurisprudence. L'administration a de très larges pouvoirs d'appréciation pour octroyer les titres d'occupation. La recherche d'un objectif social faisait-elle partie des cas d'intérêt général que l'administration pouvait poursuivre ? Outre l'atteinte à la liberté d'utilisation et à l'égalité dans l'octroi des autorisations, le

---

[438] T.A. de Paris, 19 nov. 1961, *fédération nationale des syndicats des commerçants non sédentaires c/ préfet de la Seine*, précité note n°437.

[439] C.E., 18 déc. 1985, req. 48293, *A.J.D.A.* 1986, p. 112, concl. M. J.C. Bonichot.

[440] 20 déc. 1957, *Leb.* p.707. Caractères gras ajoutés.

commissaire du gouvernement voyait dans l'ordonnance une interdiction générale, prohibée par la jurisprudence, «*assortie d'une dérogation très limitée pour les seules personnes nécessiteuses* [...] *L'objectif social recherché pouvait parfaitement être atteint en réservant aux personnes défavorisées une partie des autorisations d'occupation ou en leur donnant un droit de préférence* ». Il soutient qu'il était « *excessif d'avoir réservé exclusivement aux personnes nécessiteuses la possibilité d'obtenir une autorisation* ».

Le Conseil d'Etat le suivra dans ses conclusions : «*que* [si le préfet] *peut notamment fixer des critères de priorité entre les demandeurs en se fondant sur leur ancienneté de résidence à Paris et sur leurs ressources ou leur réserver des contingents, il n'a pu réserver de manière exclusive... l'octroi des permis de stationnement aux victimes d'événements de guerre dans le besoin, aux personnes chargées de famille, aux personnes nécessiteuses incapables de se procurer autrement les moyens d'existence.* » Autrement dit, au terme de cet arrêt, contrairement à la décision du tribunal administratif du 19 novembre 1961[441], la prise en compte de caractères sociaux dans l'attribution est admise, dès lors qu'elle n'occulte pas une interdiction à caractère général d'implantation sur le domaine public. Doit-on voir là une volonté de protéger la liberté d'utilisation du domaine et l'égalité dans l'attribution des titres ou bien doit-on y voir le remplacement en grande partie des exploitants économiquement faibles au profit des entreprises plus rentables ? Ce qui est en tout cas certain, c'est que l'administration ne peut plus attribuer exclusivement des emplacements domaniaux dans une optique de bienfaisance à des personnes nécessiteuses.[442] Le Conseil d'Etat a par ailleurs affirmé explicitement qu'un principe de gratuité est inapplicable aux autorisations d'occupation privative du domaine public[443].

§ II - LA PRIORITE AUX OCCUPANTS SUSCEPTIBLES D'ETRE LES PLUS PRODUCTIFS.

La meilleure façon d'être assuré de la productivité du domaine, c'est d'attribuer les emplacements aux opérateurs privés les plus productifs (A) et de les expulser s'ils ne sont pas productifs (B), situation que l'on retrouve sur le domaine public.

---

[441] Précité note n° 437.

[442] Voir le commentaire de cette décision par M. P. Godfrin, *Droit Administratif des biens*, 4ème éd., précité, p. 120 et s. Pour l'auteur « *Sans contester l'intérêt général qui s'attache à la protection sociale de ces personnes (et qui aurait sans doute justifié un droit de préférence), le juge estime qu'il n'était pas assez impérieux pour exclure tous les autres demandeurs.* »

[443] C.E., 11 fév. 1998, *Ville de Paris c/ Association pour la défense des droits des artistes peintres sur la place du Tertre*, n°171792.

A - La priorité à l'opérateur le plus rentable

Le droit favorise les opérateurs productifs en privilégiant ceux qui ont une capacité professionnelle (I), les porteurs de capitaux (II).

I - L'accent sur la capacité professionnelle

L'analyse des textes fait constater que le professionnalisme s'impose sur le domaine public. Ainsi, le décret de 1983[444] fixant le régime de l'autorisation des exploitations de cultures marines modifié par celui de 1987, va apporter une désocialisation progressive des espaces maritimes.

Le décret de 1983 impose pour les personnes physiques qu'elles détiennent soit un titre de formation professionnelle soit qu'elles aient une expérience suffisante. Le décret établit un nouvel ordre d'attribution faisant primer incontestablement le caractère économique des occupations, en favorisant les demandes de renouvellement des personnes déjà en place ou les demandes de personnes morales de droit public, organisations professionnelles ou organisations de producteurs, ainsi que les techniques de pointe et l'extension des exploitations[445].

---

[444] Précité.

[445] L'ordre des priorités est ainsi établi :

1- les demandes de renouvellement par des exploitants déjà en place.

2 - les demandes de personnes morales de droit public, organisations professionnelles relevant de l'ordonnance du 14 août 1943 ou organisations de producteurs relevant de l'application du règlement C.E.E. – n° 3791-81 du 29 décembre 1981, portant organisation commune des marchés dans le secteur des produits de la pêche.

3 - les demandes d'exploitants dont les concessions ont été retirées pour motif d'utilité publique ou pour une cause ne leur étant pas imputable et demandes d'exploitants acceptant un changement de concession pour la mise en oeuvre d'un plan de modification de l'utilisation de l'espace établi conformément à l'article 4 ci-dessus.

4 - les demandes portant sur un site nouveau et déposées par une personne mettant en oeuvre une technique ou un procédé dont les caractéristiques sont reconnues innover par un organisme scientifique relevant du ministère de la mer.

5 - les demandes émanant d'exploitants de moins de cinquante cinq ans dont l'exploitation, grâce à l'attribution d'une nouvelle concession, peut atteindre la dimension minimale de référence;

6 - les demandes émanant de personnes de moins de trente cinq ans remplissant l'une ou l'autre des conditions professionnelles de l'article 5 (c'est-à-dire détenir un titre de formation professionnelle ou une expérience professionnelle)

7 - les autres demandes.

Le décret de 1987, modifiant celui de 1983 va aller plus loin. L'article 5 établissant un ordre de priorité va être supprimé ; l'accent va être mis davantage sur la capacité professionnelle de l'occupant[446].

Quant au juge, il a admis la légalité des titres d'occupation qui prévoyaient des critères d'attribution fondés sur les qualités professionnelles, la spécialité et l'ancienneté, ce qui montre la faveur du juge pour la productivité. Il s'agissait dans cette affaire de bouquinistes implantés sur les quais de la Seine[447].

Un autre procédé pour favoriser la productivité de la propriété administrative est d'interdire à l'occupant d'exercer le même métier objet du titre, ailleurs que sur le domaine, ce qui a pour conséquence de centraliser toute son activité sur le site domanial. Une décision du Conseil de la concurrence fait apparaître que le groupe Accor, exploitant un hôtel sur le domaine public d'Aéroport de Paris, s'était engagé à ne pas exploiter d'autres hôtels à la périphérie du domaine public d'ADP pendant six ans[448]. Dans une autre affaire, le gestionnaire avait interdit aux bouquinistes implantés sur les quais de la Seine d'avoir la même activité en boutique. Le juge a admis la légalité de cette disposition de l'autorisation[449].

II - La faveur aux porteurs de capitaux

Il est évident qu'une société a une surface financière plus importante qu'un simple particulier, le regroupement de capitaux étant un des avantages de la société commerciale. En conséquence les investissements seront plus importants, et la productivité meilleure.

S'agissant des concessions de cultures marines, le décret de 1983, fixant le régime d'autorisation des exploitations des cultures marines, précité, admet les personnes morales de droit privé, dès lors que la *majorité* du capital social est détenu par des personnes remplissant les conditions de nationalité et de capacité professionnelle prévues pour les personnes physiques, un nombre minimal de dirigeants étant obligatoirement des personnes remplissant ces

[446] Le décret prévoit la nécessité d'une formation dans ce secteur d'activité ou alors une expérience professionnelle.

[447] C.E., 6 nov. 1998, *Association amicale des bouquinistes des quais de Paris,* n°171.317, *Gaz. Pal.* 1999. I, panor. adm. p. 80, *D.* 1999, I.R. 6.

[448] Cons. conc. 15 déc. 1998, décis. n° 98 - D - 77 relative à des pratiques mises en œuvres par ADP dans le secteur de l'hôtellerie à la périphérie de l'aéroport de Paris Roissy-Charles de Gaulle sur C. M., P. T. « Le droit de la concurrence s'impose-t-il aux personnes publiques dans la gestion du domaine public qui leur est affecté ? », *Bulletin juridique des contrats publics,* 1999, n°5, p. 462 et s.

[449] Arrêt précité du 6 nov. 1998, note n°267.

mêmes conditions[450]. Il y a donc là une ouverture aux porteurs de capitaux puisque le texte antérieur de 1955, précité, privilégiait les regroupements des inscrits maritimes et ostréiculteurs. Enfin, le texte de 1987, précité, va apporter encore une innovation pour ouvrir le domaine public maritime à un maximum d'investisseurs : nous avons vu que lorsque le demandeur est une personne morale de droit privé, la majorité du capital social doit être détenue par des personnes physiques remplissant les conditions de nationalité et de capacité professionnelle, un nombre minimum de dirigeants étant obligatoirement des personnes remplissant ces mêmes conditions. Toutefois, une personne morale de droit privé qui ne remplirait pas les conditions édictées précitées pourra être agréée par le Ministre si les conditions de nationalité et de capacité professionnelle sont remplies par des personnes physiques préposées simplement de cette personne morale exerçant effectivement la conduite technique de l'exploitation.

On voit donc à travers l'attribution des concessions de cultures marines dans les différents textes l'évolution dans la gestion du domaine public maritime qui se veut être de plus en plus optimale. Au travers de l'analyse des textes on voit la volonté de l'Etat de transformer les activités traditionnelles par la modernisation, la concentration économique, la transformation industrielle des productions. Il arrive d'ailleurs dans la pratique qu'une période probatoire de 3 ans soit instaurée afin d'évaluer les capacités professionnelles de l'occupant.

Enfin, s'agissant du domaine public autre que celui réservé à l'aquaculture, on constate encore une évolution des pratiques dans l'attribution des titres lorsque le domaine public est très rentable. Le bénéficiaire de l'occupation n'est plus l'exploitant traditionnel, commerçant ou prestataire de services gérant son entreprise y compris sous forme de société de capitaux. Il s'agit au contraire de puissants groupes financiers internationaux, avec des filiales nationales. C'est le cas par exemple d'un hôtel sur les aéroports de Paris dont la construction et la gestion devaient être assurées par un groupe international hôtelier.[451] Parfois, ce sont les banques mêmes apportant leurs financements à l'opération qui contrôlent les sociétés titulaires du titre d'occupation. Ainsi, l'opération précitée faisait intervenir deux sociétés, une S.A. et une S.C.I., la première, étant détenue à 100/100 par la seconde, laquelle était dans sa totalité possédée par des banques[452].

---

[450] Art. 5.

[451] Voir « Une déconsolidation exemplaire », in la revue *Entreprises*, précitée note n° 340, p. 18.

[452] « Une déconsolidation exemplaire », *précité* note n° 340.

B - L'obligation d'une production minimum

L'occupant est instable ; il est soumis à une précarité aggravée bien connue. Mais son exploitation doit être rentable. L'exploitant sur le domaine public doit obligatoirement être performant sur le plan économique. En effet, l'administration impose dans beaucoup de cas une productivité minimum obligatoire de l'entreprise, au-dessous de laquelle l'opérateur privé peut être contraint d'abandonner son exploitation.

Nous citerons par exemple encore le décret fixant le régime de l'autorisation des exploitations de cultures marines[453]. Ce texte prévoit comme motif de retrait l'inexploitation ou l'insuffisance d'exploitation de l'occupation pendant une période de trois ans.[454] Afin de pouvoir contrôler que les concessions sont suffisamment exploitées, ce même texte prévoit l'obligation d'une déclaration annuelle de la production à l'administration[455].

Le gouvernement a institué la même obligation pour les occupants des marchés d'intérêt national ; le décret portant organisation générale de ces marchés établit que *le gestionnaire détermine chaque année, par nature de produit et par type d'emplacement, l'importance minimale des activités qui doivent y avoir été effectuées*[456]. Comme pour les cultures marines, une occupation inexploitée ou insuffisamment exploitée peut faire l'objet d'une résiliation. En effet, le texte prévoit que *les emplacements sont soit réduits, soit remplacés par des emplacements plus petits, soit supprimés, lorsque le titulaire a, trois années de suite, réalisé une activité inférieure à la limite minimale afférente à son type d'emplacement*[457]. L'arrêté du 14 mars 1969, portant règlement intérieur type des marchés d'intérêt national reprend les mêmes termes du décret[458]. Le gouvernement veut éliminer du domaine public des

---

[453] n° 83228, du 22 mars 1983 modifié par le décret n° 87756 du 14 sept. 1987, précité.

[454] Art. 15 du décret du 1983, modifié : «Les autorisations accordées au titre du présent décret peuvent être modifiées, suspendues temporairement ou retirées à tout moment par décision motivée du commissaire de la République, sans indemnité à la charge de l'Etat : 1°) pour défaut de paiement de la redevance; 2°) en cas d'infraction à la réglementation générale des cultures marines ou aux clauses du cahier des charges annexé à l'acte de concession; 3°) **si l'emplacement concédé est resté inexploité ou insuffisamment exploité pendant une période de trois ans...** » Caractères gras ajoutés.

[455] Art 2.- « ...L'acte de concession qui ne vaut pas engagement de l'Etat sur la capacité productive de la concession...**comporte l'obligation d'une déclaration annuelle de la production** et de la situation des cultures marines en cours ainsi que du personnel employé ».Caractères gras ajoutés.

[456] n° 68-659 du 10 juillet 1968, *J.O.* du 16 juillet 1968 , p. 6788, art. 33.

[457] art. 33 de la loi de 1986, précitée.

[458] *J.O.* du 9 avril 1969, art. 15.

marchés d'intérêt national les petites entreprises qui doivent laisser la place aux grosses unités, puissantes économiquement.

En dehors des cas précités des marchés d'intérêt national et du domaine public utilisé à l'exploitation des cultures marines, il n'est pas rare de voir dans un titre d'occupation du domaine public l'obligation pour l'occupant d'avoir une production ou une rentabilité minimum, sans quoi, son titre lui est retiré. La jurisprudence d'ailleurs nous en donne des exemples. Ainsi dans l'arrêt *Société intercontinentale commerciale et industrielle*[459], le Conseil d'Etat admet la légalité de la résiliation d'un contrat sur le domaine public ferroviaire, motivé par le manquement du cocontractant privé, à ses engagements d'assurer un trafic ferroviaire minimum.

Dans l'arrêt précité *société intercontinentale commerciale et industrielle*, le juge admet la légalité de la résiliation pour manquement aux obligations contractuelles, du fait qu'une production minimum était *prévue* dans le titre. Mais dans l'arrêt *Hélie*[460], le juge va aller plus loin dans la gestion patrimoniale. Dans cette affaire, il s'agissait d'un exploitant d'établissements de pêche sur le domaine public qui demande le renouvellement de plusieurs autorisations sur le domaine public maritime ; le juge décide qu'est légal le non-renouvellement de six des neuf autorisations, motivé par l'insuffisance de d'exploitation, l'administration appréciant sous le contrôle du juge les garanties que présente la demande pour *la meilleure utilisation possible* du domaine public[461]. Cependant, l'insuffisance d'exploitation qui est à l'origine du non-renouvellement n'a plus comme fondement l'inexécution d'une clause prévue dans le titre, ni un texte, mais devient une règle de gestion optimale propre à la domanialité publique.

La lecture des différents contrats d'occupation du domaine public révèle qu'il n'est pas rare que l'administration prévoit une production minimum obligatoire même si aucun texte ne l'a spécialement stipulée ; c'est par exemple le cas du port autonome du Havre qui a établi dans une convention d'autorisation d'occupation temporaire du domaine public portuaire[462] : *«Sur le*

---

[459] 27 nov. 1974, *Leb.* 594.

[460] C.E.,14 octobre 1991, *Helie, Leb.*927.

[461] C.E., 14 oct. 1991, *Leb.* 927 : « *Il appartient à l'administration, sous le contrôle du juge, d'examiner chaque demande de renouvellement en appréciant les garanties qu'elle présente pour la meilleure utilisation possible du domaine public... l'administration s'est fondée sur ce que les parcelles en cause étaient insuffisamment exploitées . Ce motif...est de nature à justifier légalement les décisions par lesquelles le directeur des affaires maritimes de Normandie-Nord lui a refusé le renouvellement des concessions de parcs à huîtres.* »

[462] Art. 4. Convention remise en 1993.

terrain visé à l'article 2 ci-dessus, l'industriel installera et exploitera une usine dont l'activité principale sera consacrée à...

L'exploitation des installations devra engendrer un trafic maritime par le port du Havre de... tonnes au ***minimum par an à l'importation*** *et de... tonnes* ***minimum à l'exportation*** *que l'industriel s'engage à réaliser.* ***Si cette condition n'est pas remplie,*** *le port autonome du Havre pourra* ***soit résilier*** *l'autorisation d'occupation temporaire* ***soit augmenter*** *de...* ***le montant de la redevance*** *prévu à l'article 6, ci-après.»*[463]

Il est évident que cette obligation de production favorise les opérateurs les plus puissants économiquement. Par ce mécanisme, seules subsistent sur le domaine public les entreprises productives, ce qui est très certainement bon pour le développement économique. Mais cela profite directement à l'autorité administrative puisque, nous le verrons, la redevance est fonction de la production.

SECTION II

LA RENTABILISATION DES ESPACES DOMANIAUX

L'autorité tend à rentabiliser au maximum son domaine. M. P. Godfrin note dans ce sens que le maître du domaine a une politique de véritable gestion patrimoniale de perception de revenus, ce qui a entraîné une augmentation substantielle des redevances et l'auteur précise d'ailleurs dans ce sens que lorsque la dépendance domaniale est convoitée parce qu'elle est rare, les prétentions du maître du domaine *deviennent astronomiques*[464]. En tout état de cause cette valorisation économique est, pour la doctrine, tout à fait souhaitable[465], Mme J. Morand-Deviller affirmant dans ce sens qu'il s'agit d'un « impératif indiscutable »[466].

---

[463] Caractères gras ajoutés.

[464] *Droit administratif des biens*, éd. 2001, précité, p. 126 et p. L'auteur précise encore que si par le passé le caractère faible des redevances a existé, aujourd'hui il semble qu'elles aient été fortement augmentées dans un objectif de valorisation du domaine, *précité*, p. 156.

[465] P. Godfrin, *Droit administratif* des biens, précité, éd. 2001, p. 132. M. Querrien, « La nouvelle gestion du domaine public immobilier de l'Etat, *R.F.A.P.* », 1996, p. 675.

[466] « La valorisation économique du patrimoine public », in *Mélanges en hommage à Roland Drago*, Economica, 1996, p. 273.

La nature de la redevance a donné lieu à d'abondantes analyses doctrinales[467]. Il semble acquis en droit interne qu'elle est un revenu du domaine qui relève en principe du juge administratif, qu'elle n'a pas un caractère fiscal. Le Conseil d'Etat s'est prononcé sur cette question[468], le Tribunal des conflits[469] ainsi que le Conseil constitutionnel[470]. La décision du Tribunal de première instance des Communautés européennes, *Aéroports de Paris*, confirmée par la Cour de justice des Communautés euroépennes[471] peut relancer le débat sur sa nature ; mais nous verrons ultérieurement que la lecture attentive de cette jurisprudence laisse penser que le juge européen semble aller dans le sens du droit interne sur le caractère non fiscal de la redevance.

La conséquence directe de cette jurisprudence est que le maître du domaine, pour en établir le montant, n'a pas les contraintes liées à la fixation de l'impôt. Ceci allège alors considérablement la procédure et laisse une marge de manœuvre au gestionnaire, ce qui va dans le sens d'une rentabilisation accrue,

---

[467] Sur la nature de la redevance voir J.-L. Autin, « Les redevances d'occupation à titre privatif des dépendances du domaine public », in *Les mutations du droit domanial et le régime des infrastructures de transport en france et en Espagne*, dir. C. Lavialle, P.U.P./L'Harmattan, 2001, p. 113 et s. Sur le caractère non fiscal de la redevance, v. J. Morand-Deviller, *Cours de droit administatif des biens*, précité, p. 267. V. également V. Dufau, « A propos de la notion de redevance (II) », *D.A.*, 2000, n°12. C. Nzaloussou, « A propos des redevances d'utilisation des fréquences UMTS en France », *Rev. Int. Dr. Econ.*, n°2, 2001, p. 225 et s. Y. Brard, « Redevance pour occupation du domaine public : certitudes et incertitudes de la jurisprudence », *D.* 1999, chron. p. 19 et s.

[468] Sect. 22 déc. 1989, *CCI du Var, Leb.* p. 268. Dr. Fisc. 1990, n°19, comm. n°978, concl. Fouquet. *R.F.D.A.*, 1990, p. 649, concl. Fouquet. C.E., 5 mai 1993, Cne de Montrouge, *Leb.* tables, p. 675. Relèvent cependant du juge judiciaire les contestations qu'un texte a intégré dans les taxes fiscales assimilées à des contributions indirectes, comme les droits de place perçus dans les halles, foires et marchés. V. C. Lavialle, *Droit administratif des biens*, précité, p. 143.

[469] 20 oct. 1997, *SA Papeteries Etienne, Dr. Fisc.* 1998, n°12, comm. 229 : « *...la taxe sur les titulaires d'ouvrages de prise d'eau...ne peuvent être rangées ni parmi les contributions indirectes ni parmi les impôts directs et... ne constitue pas davantage une redevance pour service rendu...* ».

[470] Décision n° 2000-442 D.C. du 28 déc. 2000 relative à la loi des finances pour 2001 : « *...l'utilisation des fréquences radioélectriques ...constitue un mode d'occupation privatif du domaine public de l'Etat ;... la redevance est un revenu du domaine qui trouve sa place dans les ressources de l'Etat prévues au 2ème alinéa de l'article 5 de l'ordonnance... du 2 janvier 1959* » J.-E. Schoettl, « La loi des finances pour 2001 devant le Conseil constitutionnel » *L.P.A.*, 4 janv. 2001, n° 3, p. 13 et s. Voir également décision n° 2001-456 D.C. du 27 déc. 2001 relative à la loi des finances pour 2002, cons. n°28 : « *Considérant que le montant de la redevance ne doit pas être fixé par le législateur* ».

[471] Décision du T.P.I.C.E. du 12 déc. 2000, précitée note n° 383 et décision de C.J.C.E, 24 octobre 2002, *Aéroports de Paris c/ Commission et Alpha Flight SAS*, aff C-82/01 P, sur note S. Poillot-Peruzzetto, *Cont., conc., cons.*, janv. 2003, p. 15 et s.

d'autant plus que le juge n'exerce qu'un contrôle restreint pour le calcul de la redevance et la détermination de son taux[472].

Par ailleurs, s'agissant par exemple du domaine public communal, l'incidence électorale des personnes mécontentes du montant de la redevance est de peu de portée par rapport au nombre global de votants. Ceci va donc permettre à l'autorité d'être particulièrement rigoureuse dans la recherche du profit sur le domaine public. Les villes par exemple cherchent à faire occuper au maximum les voies par des terrasses de cafés, restaurants, etc., dès lors que la sécurité est respectée. Un fonctionnaire chargé de la gestion du domaine public communal soutenait d'ailleurs qu'il ne voyait pas pourquoi il allait affecter un trottoir d'une largeur de 20 mètres au seul usage du public, dès lors que la circulation des piétons pouvait se faire sur un couloir plus étroit sans trop de gêne et que le reste du trottoir pouvait être productif pour la ville grâce à des occupations privatives. Certaines de ces occupations ne sont même plus repérables car le bâtiment implanté sur le domaine public ne fait plus qu'un seul corps avec celui implanté sur la propriété privée.

Le droit met à la disposition de l'autorité de nombreux moyens pour qu'elle puisse profiter au maximum du développement économique sur son domaine public, ainsi, le paiement d'un droit d'entrée sur le domaine public (§I) ou de larges possibilités d'optimiser la redevance (§II).

§ I - LE PAIEMENT D'UN DROIT D'ENTREE

L'article 29 du décret du 10 juillet 1968 portant organisation générale des marchés d'intérêt national [473] stipule que « *tout usager qui désire bénéficier d'une occupation privative doit obtenir du gestionnaire une concession d'emplacement et acquitter* ***le droit de première accession*** *fixé par le conseil d'administration ou le conseil qui en tient lieu et approuvé par le préfet.»* L'arrêté du 14 mars portant règlement intérieur type des marchés d'intérêt national[474] reprend en son article 32 cette disposition en précisant que ce droit de première accession *est payé sans délai lors de la notification de la concession.* Ce droit avait été institué à l'origine pour compenser les investissements réalisés par l'autorité sur le M.I.N.

---

[472] V. par ex. C.E., 28 juillet 1999, *Compagnie financière et industrielle des autoroutes*, *Leb.* p. 256.

[473] n° 68-659, *J.O.* du 16 juillet 1968, p. 6788.

[474] *J.O.* du 9 avril 1969, p. 3453.

Le droit de première accession à payer au profit de l'autorité gestionnaire est une pratique courante sur les M.I.N.. Le montant de celui-ci varie d'un M.I.N. à un autre et est fixé en principe par le conseil d'administration. Par exemple, à Marseille il était de 3355,19 francs T.T.C., le mètre carré au 1er janvier 1992[475].

§ II - UNE REDEVANCE OPTIMISEE

L'administration a de larges pouvoirs pour la fixation de la redevance (A) et pour sa révision (B)

A - De larges pouvoirs dans la fixation de la redevance

Il est bien connu que toute occupation du domaine doit donner lieu à la perception d'une redevance. Le juge administratif a rappelé dans ce sens que la gratuité est inapplicable aux autorisations d'occupation privative, un « *principe de gratuité* » ne pouvant être invoqué[476]. L'administration a de larges pouvoirs dans la fixation de la redevance : elle peut prendre en compte «les avantages» procurés par le domaine public (II) ; ceci la pousse à rechercher tout exploitant qui peut s'enrichir d'une façon quelconque à partir du domaine public (I).

I - Les exploitants qui s'enrichissent à partir du domaine

L'administration recherche toute occupation du domaine public, qu'il s'agisse de l'occupant traditionnel (1) ou du partenaire de l'occupant uni à celui-ci par des liens habituels d'affaires (2).

1 - L'occupant traditionnel

Il est bien connu que toute occupation du domaine public nécessite une autorisation ; l'article L. 28 du code du domaine de l'Etat stipule que « *nul ne peut, sans autorisation délivrée par l'autorité compétente, occuper une dépendance du domaine public national ou l'utiliser dans des limites excédant le droit d'usage qui appartient à tous* ».[477] L'octroi d'une autorisation implique le paiement d'une redevance.

Il n'est pas rare d'ailleurs que les municipalités affectent spécialement un fonctionnaire à la recherche de toute occupation du domaine public qui ne ferait

---

[475] Source : MIN de Marseille.

[476] C.E., 11 fév. 1998, *Ville de Paris c/ Association pour la défense des droits des artistes peintres sur la place du Tertre*, précité note n° 443.

[477] Par extension, ce texte s'applique au domaine public des autres personnes de droit public.

pas l'objet de la délivrance d'un titre et en conséquence du paiement de la redevance : les marquises, les stores et parasols, les emplacements pour arbustes et pots de fleurs, les jardinières, les antennes, etc. Chacun de ces éléments est soumis à des tarifs établis dans certains cas avec beaucoup de minutie.[478]

2 - Le partenaire de l'occupant uni par des liens habituels d'affaires

Il est apparu qu'il y a une catégorie d'utilisateurs qui peut apporter également sa contribution économique au domaine. Ainsi, un plombier qui viendrait effectuer une réparation occasionnelle dans une entreprise du domaine public n'est pas soumis à redevance. En revanche, si ce même plombier vient régulièrement effectuer des travaux dans cette entreprise, ne doit-il pas payer une redevance?

Certains établissements publics soumettent à autorisation et donc à redevance l'activité régulière de l'opérateur privé qui, tout en n'étant pas implanté sur le domaine public, travaille de façon régulière avec une entreprise du domaine public. C'est le cas par exemple des Aéroports de Paris, qui exigent l'obtention d'une autorisation aux entreprises précitées, extérieures au domaine public, fournissant habituellement des plateaux de repas aux compagnies de transport aérien[479].

Deux motivations sont invoquées pour justifier cette démarche : d'abord, l'autorité considère que si l'entreprise fournissant les repas s'enrichit, c'est grâce au service public de transport et en conséquence grâce à l'administration elle-même ; certes, l'entreprise n'est pas implantée sur le domaine public, mais elle en profite, le domaine lui procurant un enrichissement. Il apparaît donc normal à l'administration de participer à cet enrichissement à son tour. Ensuite, l'administration veut éviter que des entreprises profitent des avantages économiques du domaine public, tout en contournant les contraintes de la domanialité en s'installant à l'extérieur. L'obligation d'une autorisation apparaît alors comme un moyen d'empêcher que les opérateurs privés évitent les règles domaniales mais profitent en même temps de la rentabilité du domaine public, car dans ce cas, l'administration serait privée de gains substantiels.

---

[478] Source : Ville de Perpignan, et les *Tarifs des services publics communaux, 1993*, établis par cette ville. Ce document prend en compte tout type d'occupation : commerces sédentaires et occasionnels ; manèges permanents et occasionnels, stationnement des autobus et des voitures, occupations des foires, terrasses de cafés, canalisations aériennes, paravents, coffres, etc.

[479] Source : Aéroports de Paris, 1993.

L'arrêté relatif à la police sur l'aéroport d'Orly[480] établit de façon explicite l'obligation d'une autorisation et le paiement de la redevance pour les personnes se trouvant dans la situation précitée puisqu'il prévoit : *«L'accès à certains bâtiments, locaux ou installations se trouvant en zone publique ainsi qu'à leurs voies de desserte, peut être réglementé pour des raisons relatives à la douane, à la sécurité ou à* ***l'exploitation****, par le Chef du service des Douanes et/ ou le Directeur général d'AEROPORT DE PARIS...*

Le Directeur Général d'AEROPORT DE PARIS peut également ***subordonner l'accès*** *ou l'utilisation de certaines parties de la zone publique* ***au paiement de redevances*** *appropriées au service rendu».* Ainsi, même une entreprise qui n'est pas implantée sur le domaine public, pourra avoir à subir les règles de la domanialité relatives au pouvoir économique de l'administration.

Le droit européen fait transparaître aujourd'hui cette pratique avec l'arrêt du Tribunal de première instance des Communautés européennes du 12 décembre 2000, *Aéroports de Paris*, précité[481]. La lecture de cette décision permet de dire qu'il y a conformité au droit européen de ce type de redevance de passage sur le domaine public, dès lors qu'il n'y a pas discrimination entre les différents prestataires de service. En effet, il y est dit explicitement qu'ADP « *impose désormais une redevance à tous les prestataires de service ayant accès aux installations aéroportuaires, même s'ils ne bénéficient pas d'un droit d'occupation privative du domaine public»* (point 127). Alors même que cette question ne faisait pas l'objet de contestation, ADP est invité par le juge européen à instaurer cette redevance aux prestataires de service, extérieurs à l'enceinte domaniale qui n'en sont pas redevables, sans quoi il y aurait discrimination par rapport à ceux qui en sont redevables (point 126), ce qui va dans le sens d'une valorisation du domaine par le juge européen.

II - L'administration prend en compte «les avantages» procurés par le domaine public

Au XIXe siècle le domaine public, improductif, ne donnait pas lieu à la perception de redevances ; l'improductivité était même considérée par certains auteurs comme un critère de domanialité publique. Nous savons qu'aujourd'hui toutes les occupations du domaine public par une entreprise privée qui tire profit du domaine, doivent obligatoirement donner lieu au paiement d'une redevance. Mais la fixation du montant de la redevance peut associer l'administration à la productivité de l'entreprise. En effet le montant de cette

---

480 Arrêté n° 83/3228 du 6 septembre 1982 ; caractères gras ajoutés.

481 Précité note n° 383.

redevance peut être forfaitaire, mais la plupart du temps elle comprend deux éléments : l'un fixe (1), l'autre variable (2).

Une remarque préliminaire doit être faite ici. Le Rapport public du Conseil d'Etat de 2002 préconise qu'il y ait une évolution du droit domanial s'agissant de la fixation des redevances du droit d'usage des fréquences hertziennes[482]. L'utilisation des fréquences est considérée une occupation privative du domaine public hertzien de l'Etat depuis la loi du 30 septembre 1986. En raison de l'évolution de la téléphonie mobile, il est apparu qu'il y avait là un marché nouveau susceptible de procurer des revenus très importants. Mais le prix trop élevé fixé par le gouvernement a été à l'origine d'un désistement de certains grands opérateurs ce qui a conduit les pouvoirs publics à revoir le montant de la redevance à la baisse[483]. Aujourd'hui, le droit instituant une redevance avec un élément fixe et un élément variable ne paraît plus adapté à l'économie de marché actuel du secteur de la téléphonie mobile. L'idée préconisée est d'instituer une redevance aux enchères, ce qui permettrait de faire évaluer aux opérateurs eux-mêmes le risque qu'ils prennent. L'avantage pour l'administration serait la perception d'une redevance *fixe*, évaluée pour toute la durée de l'occupation et payée à l'avance, dès l'attribution de la licence. Cependant le rapport du Conseil d'Etat signale le caractère inconciliable de cette nouvelle technique – et donc la nécessité de faire évoluer le droit – en raison des règles posées par le code du domaine de l'Etat permettant au contraire la révision des conditions financières des occupations domaniales, nonobstant toute disposition contraire de l'acte, à l'expiration de chaque période stipulée pour le paiement de la redevance. Ce qui est intéressant de noter ici est que la transformation du droit avec une mise aux enchères de la redevance verra le jour dans la mesure où elle apparaît comme permettant une meilleure valorisation du domaine public hertzien, c'est-à-dire une plus grande productivité.

1 - L'élément fixe de la redevance

Traditionnellement, le premier élément de la redevance est constitué d'une somme fixe, proportionnelle à la surface occupée, correspondant approximativement au prix qui serait payé pour le même emplacement sur la

---

[482] Etudes et documents n°53, p. 381 et s.

[483] Sur cette question, v. E. Guillaume, « Les principes d'égalité et de proportionnalité à l'épreuve des licences U.M.T.S. », *L.P.A.*, 12 oct. 2001, n° 204, p. 4 et s. C. Nzaloussou, « A propos des redevances d'utilisation des fréquences UMTS en France », *Rev. Intern. Dr. Econ.*, n°2, 2001, p. 225 et s.

propriété privée. C'est l'équivalent du loyer payé par le titulaire d'un fonds de commerce par exemple, sur une propriété avoisinante.

Dans l'arrêt *Aéroports de Paris* du Tribunal de première instance des Communautés européennes, précité, le juge, confirmant une décision de la Commission, ne remet par en cause le principe de cette redevance. Elle est qualifiée de « redevance domaniale », contrepartie de l'occupation du domaine (points 117 et 213). Elle ne peut être arbitraire mais fonction de critères objectifs (point 202). Le juge européen précise encore que le niveau de rémunération doit être fonction de la surface, de la qualité et de la situation des biens immobiliers (point 213), ce qui est en accord avec le droit interne.

2 - L'élément variable des avantages procurés par le domaine public

Dans un premier temps, l'occupant ne payait que l'élément fixe précité. Mais différentes décisions vont voir le jour, admettant un autre mode de calcul avec la possibilité d'introduire un élément variable. Un arrêt de 1933 admet l'établissement de la redevance calculée à partir du volume de ventes : le conseil municipal a le droit «*de fixer sur une base autre que la superficie des emplacements utilisés et en* ***proportion de la valeur des poissons vendus*** *les tarifs des droits perçus sur ceux qui occupent les places à la poissonnerie municipale*»[484].

Des textes postérieurs ont admis le double calcul de la redevance : ainsi, l'article 3 du décret du 9 juillet 1934, puis l'article 22 de la loi du 6 janvier 1948 sur les redevances stipulées au profit de l'Etat. Cette loi établit que les redevances doivent «*correspondre à la valeur locative de l'emplacement ou du droit concédé et tenir compte des bénéfices dont la concession peut être la source*». Ainsi au milieu du siècle, l'Etat manifeste clairement sa volonté de participer aux bénéfices de l'entreprise. L'administration devient donc un associé de l'entreprise pour les avantages qu'elle procure, c'est-à-dire la perception des bénéfices, sans pour autant avoir cette qualité pour les inconvénients (elle partage les bénéfices mais non les risques, ne fait pas d'apports à la société, n'a pas l'affectio societatis etc., propres à toute société commerciale). L'autorité peut donc établir une somme fixe, correspondant à l'occupation, établie en fonction de paramètres objectifs : nombre de mètres carrés occupés, prix pratiqués sur la propriété privée avoisinante etc. Mais le même occupant pourra payer en plus une redevance variable, en fonction des gains.

---

[484] C.E., 3 fév. 1933, *Syndicat des patrons et marins pêcheurs du Tréport, Leb.* p. 153 ; *D.H.* 1933, p. 167. Caractères gras ajoutés.

Postérieurement, ce texte fut abrogé et remplacé par un autre, devenu l'article R. 56 du code du domaine de l'Etat qui stipule que « *toute redevance stipulée au profit du Trésor doit tenir compte des avantages de toute nature procurés au concessionnaire* ». Un auteur considère à juste titre qu'il y a dans cette rédaction une invitation faite à la collectivité d'instituer une redevance aussi élevée que possible[485].

Le Conseil constitutionnel, dans sa décision du 28 décembre 2000[486], semble reprendre l'esprit du texte en disant que l'autorisation d'occuper le domaine public des fréquences radioélectriques confère un *avantage valorisable*. Il semble qu'il faille entendre là que, compte tenu de la rentabilité conférée à l'occupant par le domaine, l'administration doit tenir compte des différents avantages procurés par le domaine et les évaluer pour calculer la redevance. Puis dans sa décision du 27 décembre 2001[487], il admet explicitement que des redevances d'occupation soient fixées en fonction du chiffre d'affaires réalisé par l'occupant.

L'article R.56, rédigé en des termes plus vagues que celui de la loi précitée de 1948, permet à l'administration d'avoir toujours recours au double calcul, comprenant une partie fixe et une partie variable, sans pour autant être limitée au seul bénéfice ; rien n'empêche l'administration d'avoir recours par exemple au chiffre d'affaires comme référence[488]. Tous les avantages quels qu'ils soient, conférés à l'occupant pourront être pris en compte. Le flou de la notion d'«avantage» laisse évidemment à l'administration un très large pouvoir d'appréciation. Le fait pour l'administration de faire bénéficier l'occupant de l'article A26 alinéa 2 (c'est-à-dire d'indemniser la résiliation avant terme du titre d'occupation, motivée par l'intérêt général, d'un montant égal à l'amortissement, lorsque l'occupant construit sur le domaine public), constitue un avantage de nature à augmenter la redevance. L'administration en accordant une possibilité d'indemnisation avant le terme prévu, en cas de résiliation motivée par l'intérêt général, améliore incontestablement le sort de l'opérateur privé, par rapport à un occupant qui n'a pas droit à être indemnisé du fait d'une résiliation. Inversement, l'administration prend le risque d'avoir à payer une indemnité. En

485 C. Nzaloussou, précité note n° 483, plus particulièrement p. 233.

486 Précitée, note n° 470.

487 Précitée, note n° 470, cons. n°27.

488 Pour un exemple de la redevance axée sur le chiffre et (ou) le volume d'activité, voir Cons. conc. 15 déc. 1998, décis. n° 98 - D - 77 relative à des pratiques mises en œuvres par ADP dans le secteur de l'hôtellerie à la périphérie de l'aéroport de Paris Roissy-Charles de Gaulle, précité note n° 113.

conséquence, elle compensera en partie le risque encouru en prélevant une redevance nettement plus élevée.

Cependant, l'occupant qui voit sa redevance augmentée parce qu'il bénéficie de l'article A26 en raison des constructions qu'il réalise, est pénalisé de différentes façons. D'abord, malgré la réalisation de constructions à ses frais, sa redevance sera augmentée par rapport à celui qui n'investit pas, alors que ces constructions reviendront un jour à l'administration ; à moins qu'elle ne l'oblige à les démolir, ce qui évidemment dans certains cas peut être très coûteux. Ensuite, il supporte une redevance augmentée pour une garantie ne couvrant pas l'intégralité du préjudice subi en cas de retrait, mais couvrant simplement le montant des investissements restant dus. Enfin, l'administration, lorsqu'elle accorde la garantie de l'article A26 al. 2, sait de façon à peu près certaine que pendant une très longue période, il est normalement prévisible qu'elle ne résiliera pas le titre ; ce qui revient à dire que l'occupant va payer une redevance plus élevée pour un avantage dont l'administration sait de façon quasi absolue qu'elle n'aura pas à octroyer. Et, en fin de compte, les constructions reviendront un jour à l'administration, aux termes d'une jurisprudence bien établie. Il faut noter d'ailleurs, qu'à l'issue du titre et dans la mesure où l'opérateur veut se maintenir dans son exploitation, l'administration pourra augmenter la redevance du fait des édifications faites par l'occupant comme si c'était elle-même qui les avait construites, étant donné qu'en application du droit jurisprudentiel elle en est devenue propriétaire. L'opérateur privé sera pénalisé alors par ses propres constructions ; mais il s'agit là encore une fois d'un moyen de rentabiliser le domaine pour l'administration.

L'administration peut évidemment cumuler les différents avantages et prévoir en même temps une redevance augmentée en raison de l'application du bénéfice de l'article A26 s'il y a lieu, et une augmentation variable, en fonction du chiffre d'affaires, par exemple. A ces redevances variables s'ajoute naturellement celle fixe, calquée sur le prix de la propriété avoisinante.

Les avantages procurés et la rentabilité de l'entreprise doivent être analysés au cas par cas ; le juge a décidé par exemple que la rentabilité de l'occupant pouvait être appréciée en tenant compte «*des caractéristiques et de la surface du plan d'eau utilisable, du nombre de postes de mouillage et de la proportion dans laquelle ces postes pouvaient faire l'objet d'une amodiation de longue durée*»[489]. L'avantage a pu être légalement évalué « *par référence au revenu que les titulaires d'autorisation d'occupation du domaine public du bassin*

[489] C.E., 7 mai 1980, *S.A. les Marines de Cogolin, Leb.* p. 215; *D.S.* 1980, I.R. p. 562.

d'Arcachon auraient pu tirer de la sous-location des cabanes occupées par eux, en vertu de ces autorisations si cette location avait été autorisée».[490]

Il est à noter encore que la jurisprudence rend obligatoire l'élément variable de la redevance, en plus de l'élément fixe : « *la redevance imposée à l'occupant du domaine public* ***doit*** *être calculée en fonction, non seulement de la valeur locative d'une propriété privée comparable à la dépendance du domaine public pour laquelle la permission est délivrée, mais aussi de l'avantage spécifique que constitue le fait d'être autorisé à jouir d'une façon privative d'une partie du domaine public».*[491]

En conséquence nous pouvons dire que l'Etat prend toutes dispositions pour que ne subsistent sur le domaine que les entreprises les plus rentables ; mais paradoxalement il les pénalise puisque la redevance sera d'autant plus élevée que l'entreprise est prospère.

Dès lors que la redevance est axée sur le chiffre d'affaires, le gestionnaire peut chercher à augmenter ce chiffre d'affaires de différentes façons. Par exemple, il contraint l'occupant à ne pas s'implanter à l'extérieur du domaine (nous l'avons vu précédemment avec les bouquinistes des quais de la Seine ou les hôtels implantés sur ADP). Il peut encore dans certains cas favoriser le développement des activités sur le domaine au détriment de celles à la périphérie du domaine ; cela a été le cas par exemple d'ADP qui, par différents procédés, canalise la clientèle des aéroports vers les hôtels implantés sur son domaine au détriment de ceux à l'extérieur du domaine, disposition sanctionnée aujourd'hui par le Conseil de la concurrence[492].

Du fait que la redevance est basée sur le chiffre d'affaires, le gestionnaire se réserve le droit de procéder à des vérifications portant sur les montants de chiffre d'affaires annoncés par les occupants, contrôles dont le but est le calcul de la redevance. De plus, l'acte d'occupation peut prévoir une politique commerciale à suivre par l'entreprise, d'optimisation du chiffre d'affaires, ce qui évidemment se reflétera encore sur la redevance[493].

---

[490] C.E., 10 fév. 1978, *Ministère de l'Economie et des Finances c/Scudier, Leb.* 66, *A.J.D.A.* 1978 II, p. 677; *R.D.P.* 1979, p. 564.

[491] Décision précitée ; caractères gras ajoutés.

[492] Voir Cons. conc. 15 déc. 1998, décis. n° 98 - D - 77 précité note n° 113, où il ressort que les hôtels du site d'ADP bénéficient sur le territoire de l'aéroport de moyens d'informations bien supérieurs à ceux des hôtels de la périphérie du domaine ; le long des voies d'accès, la signalisation ne porte que sur les hôtels du site, etc.

[493] Voir Cons. conc. 15 déc. 1998, décis. n° 98 - D - 77 précité note n° 113.

Cette pratique de double redevance existe ailleurs que sur le domaine public. Elle se retrouve dans les galeries marchandes des grandes surfaces qui représentent les rapports marchands par excellence. La société bailleresse, émanation de la grande surface, institue un loyer aux commerçants de la galerie marchande comportant deux éléments ; le premier est un prix fixe correspondant à la surface occupée. Le second est un prix variable proportionnel au chiffre d'affaires, avec parfois une clause de contrôle des résultats. Cette pratique a été très critiquée par une partie de la doctrine civiliste du fait qu'elle porte atteinte aux dispositions d'ordre public du décret du 30 septembre 1953 qui institue un contrôle étroit des augmentations des loyers pendant la durée du bail et au moment de son renouvellement. Pourtant ce type de clause a été déclaré licite. On ne peut que constater alors la ressemblance entre la gestion du domaine public et celle de la galerie marchande par la grande distribution, laquelle est évidemment orientée vers la maximisation des profits.[494]

Le domaine rentabilisable évolue aujourd'hui du fait de l'évolution des technologies. C'est le domaine public hertzien qui nous donne à présent l'exemple de redevances extrêmement élevées. L'utilisation des fréquences radioélectriques a été pendant longtemps gratuite. Mais du fait de l'évolution des technologies et de la mondialisation des échanges, le spectre intéresse aujourd'hui une multitude d'acteurs et il se situe au cœur de l'économie des réseaux. Des autorisations d'occupation du domaine sont nécessaires, donnant évidemment lieu à perception de redevances. Le prix de chaque licence U.M.T.S., pour le téléphone mobile de 3ème génération a été fixé à 32,5 milliards de francs, ce qui a suscité une vive contestation[495]. Une partie de la doctrine note d'ailleurs avec grande justesse l'évolution qui apparaît dans la fixation de la redevance de ces licences. Elle n'est plus fonction d'un chiffre d'affaires réalisé mais à réaliser[496]. Elle se base sur des retombées financières escomptées, hypothétiques et non plus sur des retombées certaines. Cela a permis alors aux autorités de fixer une barre haute pour la redevance. Sur quatre opérateurs en présence deux se sont retirés, ce qui montre que la valeur

---

[494] Pour une analyse plus détaillée de cette question, v. C. Mamontoff, Les relations entre petits commerces et grande distribution : aspects de droit public, *R.D.I.*, 1998, p. 38.

[495] C. Nzaloussou, *précité* note n° 483. C. Estryn, C. Guerrier, « Le spectre des fréquences radioélectriques, un bien public ou un bien commercial ? », *L.P.A.*, 12 juillet 2001, n°138, p. 11 et s. E. Guillaume, « Les principes d'égalité et de proportionnalité à l'épreuve des licences U.M.T.S », *L.P.A.*, 12 oct. 2001, n° 204, p. 4 et s. P. Godfrin, *Droit administratif des biens*, 6ème édition, précité, p. 48.

[496] C. Nzaloussou, *précité* note n° 483.

estimée par le gouvernement était trop élevée. Mais ce mode de calcul permet une rémunération très importante et rapide.

Il faut encore signaler les redevances instituées sur le domaine public pour l'installation des réseaux de télécommunication. La loi très commentée[497], n° 96-659 du 26 juillet 1996 de réglementation des télécommunications portant modification du code des postes et télécommunications, a ouvert le secteur des télécommunications à la concurrence en mettant fin au monopole de France Télécom. Ce texte multiplie les opérateurs potentiels pouvant fournir des services téléphoniques. Mais cela entraîne l'établissement de réseaux ayant en partie pour assise le domaine public et nécessitant le paiement d'une redevance. Le texte distingue le domaine public routier et le domaine public non routier.

S'agissant du domaine public routier, la redevance a la particularité qu'elle a un maximum. Autrement dit, les gestionnaires ou concessionnaires du domaine public routier ont une certaine liberté pour l'institution du montant de cette redevance, mais dans la limite d'un taux maximum. Le décret d'application n°97-683 du 30 mai 1997, inséré au code des postes et télécommunications, institue deux montants de redevances : l'un pour le domaine public autoroutier, l'autre pour le domaine public routier (routes nationales, départementales, voies communales). Le maximum de la redevance annuelle pour occupation du domaine public autoroutier est très élevé puisqu'il est de 10 000 fr/km linéaire et de 20 000 fr/km linéaire pour les autoroutes de montagne, dans le cas d'une utilisation du sous-sol, pour chaque canalisation ou câble enterré. Cela va donc encore une fois dans le sens d'une rentabilisation du domaine Mais curieusement, ce n'est pas le cas pour l'occupation du domaine public routier (voies nationales, départementales, communales) puisque le montant maximum de la redevance est de 150 fr/km linéaire pour chaque artère (le texte précisant qu'une artère est, dans le cas d'une utilisation du sous-sol, un tube de protection contenant ou non des câbles, ou un câble en pleine terre[498]). Cette redevance est apparue à la doctrine comme étant extrêmement modique de même qu'est apparue surprenante la faculté ouverte aux gestionnaires d'arrêter des montants inférieurs, du fait du barème extrêmement bas. Si le faible niveau du montant peut être sans doute compensé par la densité des réseaux, cette insuffisance manifeste de la redevance répondrait surtout à la volonté du

[497] Voir par ex. J. Chevallier, « La nouvelle réforme des télécommunications : rupture et continuité », *R.F.D.A.*, 1996, p. 920. J. Chevallier, « La mise en œuvre de la réforme des télécommunications », *R.F.D.A.*, 1997, p. 1116. J. Fournier, « La nouvelle réglementation des télécommunications », *C.J.E.G.*, mars 1997, p. 80. H. Maisl, « La nouvelle réglementation des télécommunications », *A.J.D.A.*, 1996, p. 762.

[498] Art. R.20-52 et R.20-52 C. P.et T.

gouvernement de dissuader le secteur concurrentiel d'implanter ses infrastructures sur les autoroutes et l'inciter à se tourner vers le réseau excédentaire institué par les sociétés autoroutières pour leurs propres besoins[499]. Autrement dit, l'abaissement très important de la redevance ici ne correspondrait pas à un changement de politique de valorisation économique du domaine, mais serait une mesure incitative d'utilisation de certaines portions du domaine public et dissuasive d'utilisation d'autres portions de la propriété administrative.

Quant au domaine public non routier, le gestionnaire retrouve une liberté dans la fixation de la redevance, sous réserve que les redevances soient « raisonnables et proportionnées » à l'usage du domaine (art. L.45-1 C. P. et T.), la doctrine signalant à juste titre le caractère relatif de ces notions[500], la productivité de l'entreprise pouvant évidemment être prise en compte dans le calcul.

L'arrêt *Aéroports de Paris*[501], rendu par le Tribunal de première instance des Communautés européennes ne remet pas en cause la redevance variable axée sur le chiffre d'affaires (point 202), à condition qu'il n'y ait pas de discrimination entre opérateurs. Si des taux différents de redevances existent, le maître du domaine doit alors établir l'existence de situations ou circonstances objectives de manière à justifier cette disparité de traitement (points 201 et 202).

Toutefois, la Commission, confirmée par le juge, considère cette redevance variable comme étant la contrepartie des services de gestion assurés par ADP et de la mise à disposition d'installations en commun par les usagers et les prestataires de services d'assistance en escale opérant dans l'aéroport (point 118). Autrement dit, cette redevance variable aurait une nature différente de celle fixe, rémunérant l'occupation privative du domaine. Cela va à l'encontre des décisions du Conseil constitutionnel[502] et du Tribunal des conflits[503]

---

[499] P. Cambot, « Collectivités locales et initiative privée en matière de télécommunications », *A.J.D.A.*, 1999, p. 965 et s., plus particulièrement p. 977. Sur la question de la redevance en matière de télécommunication, voir également S. Joubert, « L'installation des réseaux de télécommunications sur le domaine public », *JCP* éd. G., 1999, I 159. G. Chalon, « Le droit de passage pour les infrastructures des télécommunications », *C.J.E.G.*, n°583, 2002, p. 2 et s.

[500] P. Cambot, « Collectivités locales et initiative privée en matière de télécommunications », plus particulièrement p. 977, précité note n° 499.

[501] Précité note n° 383.

[502] N° 2000-442 D.C. du 28 déc. 2000, relative à la loi des finances pour 2001, précité note n° 470.

[503] 20 oct. 1997, S.A. Papeteries Etiennes, précité note n° 469.

instituant expressément que les redevances d'occupation ne constituent pas la contrepartie d'un service rendu, la première décision relative à l'utilisation des fréquences radioélectriques, la seconde pour les titulaires d'ouvrages de prise d'eau. Cela peut relancer le débat sur la nature juridique de la redevance. Du fait de cette qualification, ADP, dans l'arrêt *Aéroports de Paris*[504], soulève la question de la proportionnalité entre le service assuré et le prix demandé. Il voit dans cette décision une atteinte grave à la valorisation du domaine, du fait que la Commission considère que cette redevance est un simple dédommagement des « services » et non la contrepartie de l'occupation du domaine, services définis de manière floue, dont la rémunération n'aurait aucune mesure avec la contrepartie de l'occupation du domaine, ADP estimant encore que cette analyse entraîne pour lui une véritable expropriation (points 224, 225, 231).

Nous pensons pour notre part que cette qualification ne va pas à l'encontre de la valorisation du domaine et que cette affaire ne confère pas obligatoirement un caractère fiscal à la redevance. En effet, la Commission et le Tribunal emploient à différentes reprises l'expression de « redevance commerciale » pour désigner cette rémunération variable et ne semble pas en faire un impôt. De plus, la Commission, confirmée par le Tribunal, prend le soin de préciser qu'elle n'interdit pas à ADP de percevoir des redevances pour financer l'accomplissement de son éventuelle mission de gestion d'un service d'intérêt économique général. Elle affirme encore qu'elle n'est pas amenée à se prononcer sur les niveaux de redevances, et qu'elle ne fixe aucun niveau de redevance maximal (points 229, 237, 238). Elle exige uniquement qu'il y ait cessation de l'infraction consistant à imposer des redevances discriminatoires, la mission d'ADP n'exigeant aucunement qu'il institue des redevances discriminatoires (point 229).

L'analyse de l'ensemble de l'affaire nous laisse penser que non seulement la Commission et le Tribunal ne vont pas ici à l'encontre d'une gestion patrimoniale du domaine public mais encore qu'ils encouragent la rentabilisation de la propriété administrative telle qu'elle se réalise en France, sous réserve qu'il n'y ait pas de discrimination de la part de l'administration cherchant à favoriser certains opérateurs ou sa propre activité concurrentielle.

B - De larges pouvoirs dans la révision de la redevance

Le droit jurisprudentiel et les textes instaurent un éventail de possibilités d'action au profit de l'administration dans la révision de la redevance.

---

[504] 12 déc. 2000, précité note n° 383.

L'administration peut, en toute sécurité juridique, réviser la redevance, malgré toute clause contraire (I) ; elle peut expulser l'occupant pour non-acceptation de l'augmentation de la redevance (II) ; l'insuffisance de production peut être une cause d'augmentation de la redevance (III).

I - La révision de la redevance malgré toute clause contraire

L'article L. 33 du code du domaine de l'Etat établit que «*le service des domaines peut réviser les conditions financières des autorisations ou concessions, à l'expiration de chaque période stipulée pour le paiement de la redevance, nonobstant, le cas échéant, toutes dispositions contraires.* » Ceci revient à dire que l'administration peut revenir sur son engagement de ne pas augmenter la redevance, par exemple pendant un certain temps. Dans le même sens, le Conseil d'Etat, dans un arrêt de section, rappelle : «*Nonobstant, le cas échéant, toute stipulation contraire des actes d'autorisation, le service des domaines peut réviser les conditions financières des concessions au 1er janvier de chaque année*».[505] La même possibilité est rappelée par le juge pour la concession.[506]

II - La non-acceptation de l'augmentation de la redevance, cause de retrait, résiliation ou non-renouvellement

Au terme d'une jurisprudence bien connue sur laquelle nous ne nous attarderons pas, l'administration peut retirer l'autorisation ou ne pas renouveler l'acte pour non-acceptation de l'augmentation de la redevance. Cela plonge l'occupant dans une situation extrêmement précaire puisque dans la mesure où il refuse l'augmentation de la redevance il est tenu de quitter le domaine public. Inversement, cela donne à l'administration des pouvoirs très importants à l'encontre de l'occupant lui permettant de rentabiliser au maximum le domaine.

Cette question est claire en matière d'autorisation. En matière de contrat d'occupation, l'administration peut-elle procéder de la même façon à une résiliation pour non-acceptation de l'augmentation de la redevance ? La résiliation pour motif d'intérêt général est une prérogative de puissance

[505] 22 déc. 1989, *Chambre de commerce et d'industrie du Var, Leb.* 268. Voir également C.E.,18 janvier 1988, *S.A. du yacht club international de marina baie des anges*, n° 61.600 : «*Le service des domaines peut réviser les conditions financières... des concessions, à l'expiration de chaque période stipulée pour le paiement de la redevance, nonobstant, le cas échéant, toutes dispositions contraires de l'acte de concession* ».

[506] C.E.,18 janvier 1988, *S.A. du yacht club international de marina baie des anges*, n°61.600 : «Le service des domaines peut réviser les conditions financières... des concessions, à l'expiration de chaque période stipulée pour le paiement de la redevance, nonobstant, le cas échéant, toutes dispositions contraires de l'acte de concession ».

publique, elle ne fait donc aucun doute. Le motif économique est-il d'intérêt général ? Dans l'arrêt *Thomas*[507], le juge admet la résiliation du contrat d'occupation du domaine motivée par le refus de l'intéressé d'accepter un relèvement important de la redevance ; toutefois il précise que l'administration tenait ce droit du contrat.

Dans l'arrêt *Société Ducoeur et Bayssac*[508], aux termes de la convention entre la S.N.C.F. et un occupant, celle-ci pouvait mettre fin au contrat pour tout motif d'intérêt général, sans indemnité. Le juge décide dans cette affaire que *l'insuffisance du montant de la redevance d'occupation... n'est pas étranger à l'intérêt public que visent les stipulations précitées...* justifiant de ce fait une résiliation exclusive d'indemnisation. Il apparaît donc que la résiliation motivée par la non-acceptation de l'augmentation de la redevance est d'intérêt général, comme en matière d'autorisation. Cependant, le juge décide que la résiliation pour non-acceptation de la redevance trouve sa source *dans les stipulations contractuelles* du fait que la convention prévoyait la résiliation *motivée par l'intérêt public.* Doit-on en conclure qu'en l'absence de cette clause de résiliation motivée par l'intérêt général, l'administration ne pouvait pas résilier le contrat pour non-acceptation de la redevance ? Certainement pas, car l'administration peut toujours mettre fin au contrat de façon unilatérale dès lors que l'intérêt général l'exige. Mais la rédaction de cette décision est ambiguë, et le juge utilise un détour pour affirmer en fin de compte que la résiliation motivée par la non-acceptation de la redevance est admise. Toutefois, la doctrine majoritaire considère qu'à la différence de l'autorisation, la résiliation du contrat d'occupation du domaine public comporte une indemnisation, sauf si celle-ci est exclue expressément par la convention. Nous verrons ultérieurement l'ambiguïté de cette question.

L'arrêt Thomas précité fait état d'un droit de résiliation *en vue de provoquer la négociation*[509]. Ceci revient à dire que l'occupant peut être évincé avant toute discussion sur l'augmentation. Cela le fragilise évidemment, encore davantage et donne inversement des pouvoirs économiques très importants à l'autorité administrative.

Lorsque l'occupant doit quitter les lieux pour quelque cause que ce soit, et qu'il ne le fait pas, il reste redevable des redevances ; la même solution doit être

---

507 C.E., 23 juin 1986, *Leb.* 167 et s.

508 C.E., 31 mai 1989, *Société Ducoeur et Bayssac*, n° 66.683.

509 *«en faisant usage de ce **droit de résiliation** à l'expiration de la seconde période triennale de validité de la convention, **en vue de provoquer** la négociation d'un nouveau contrat à des conditions financières plus avantageuses pour l'établissement public, l'assemblée des professeurs a pris une mesure relative à la gestion du domaine public.»* Caractères gras ajoutés.

appliquée dans la mesure où il ne démolit pas les ouvrages édifiés par lui, dès lors que l'administration le lui impose : il est tenu au paiement de la redevance jusqu'à complète démolition des édifications et enlèvement des matériaux. La jurisprudence rappelle continuellement cette obligation de paiement de la redevance[510].

Non seulement l'occupant doit payer la redevance pendant la période d'occupation sans titre, mais il est tenu aussi de payer celle, plus élevée que l'administration aurait dû normalement percevoir du fait de l'augmentation, dès lors que l'administration apporte la preuve qu'elle aurait pu percevoir cette augmentation ; en effet, la collectivité propriétaire doit être indemnisée du préjudice que lui cause l'occupation sans titre. Dans une affaire, la convention d'occupation est résiliée mais le commerçant ne quitte pas les lieux. Le Conseil d'Etat décide que l'établissement public a droit à une indemnité *«compensant les loyers dont il a été privé pendant la période comprise entre le 1er janvier 1984 et le 30 juin 1986, date à laquelle a pris fin l'occupation irrégulière... ; que le Muséum apporte la preuve que l'emplacement irrégulièrement occupé aurait pu être loué moyennant un loyer mensuel de 5500 F. pour la période du 1er janvier 1984 au 30 janvier 1985 et de 12 500 F pour la période du 1er février 1985 au 30 juin 1986 ; que l'indemnité totale due s'élève ainsi à 284 000 F ainsi que le soutient le Muséum par la voie du recours incident ; que, par suite, M. Thomas n'est pas fondé à soutenir que c'est à tort que, par le jugement attaqué, le tribunal administratif de Paris l'a condamné à verser une indemnité au Muséum ; que ce dernier est, en revanche, fondé à demander que l'indemnité qui lui a été allouée par ce jugement soit portée de 216 000 F. à 284000 F*[511]*. »*

Il faut remarquer que le juge rappelle continuellement le principe de la précarité de l'autorisation : l'occupant doit abandonner le domaine, à la première réquisition de l'administration, dès lors que l'intérêt général l'impose, et ceci sans indemnité ; mais cette précarité ne joue que pour l'administration et non pour l'opérateur privé puisque l'article A29 du code du domaine de l'Etat stipule que «*le concessionnaire ne peut renoncer au bénéfice de la concession avant l'époque fixée pour la révision des conditions financières*». Ceci veut tout simplement dire que si l'occupant quitte le domaine public avant le terme prévu, il est passible quand même de la redevance pour le temps restant à courir jusqu'à la date de la révision de la redevance, (en principe une fois par an). Si la précarité signifie que l'occupant doit quitter le domaine à tout moment pour motif d'intérêt général, il était normal de considérer à l'inverse que l'opérateur

---

[510] Voir par exemple C.A.A. de Paris, 29 déc. 1989, *Port autonome de Paris*, n° 89PA01653.

[511] C.E., 13 fév. 1991, *Thomas D.A.*, 1991, n° 178.

privé pouvait quitter son emplacement librement. Or, ce n'est pas le cas : l'autorité peut lui demander le paiement de la redevance pour le temps restant à courir jusqu'à la date de la révision des conditions financières. Dans la pratique, il arrive que le gestionnaire impose à l'occupant le paiement de la redevance jusqu'au terme de la durée du contrat si celui-ci venait à quitter les lieux de façon prématurée.[512]

Dès lors que l'opérateur privé devient un occupant sans titre, le juge ne peut lui accorder de délais supplémentaires pour quitter les lieux : le Conseil d'Etat décide que le tribunal, saisi d'une demande d'expulsion d'un opérateur privé devenu occupant sans titre, *«est tenu d'y faire droit sans pouvoir accorder à l'occupant un délai supplémentaire pour quitter les lieux.»*[513] L'arrêt *Meillier* décide dans le même sens que *«le contrat d'occupation du domaine public par lequel le requérant avait été autorisé à exploiter un kiosque à gâteaux dans le jardin des Plantes étant venu à expiration et n'ayant pas été renouvelé, le Tribunal administratif ayant constaté l'irrégularité de l'occupation, **ne peut accorder un délai au requérant pour vider les lieux ni un sursis à son expulsion»**.*[514] Dans une autre affaire[515], l'expulsion de l'occupant d'un restaurant implanté dans le Bois de Boulogne avait été décidée par le tribunal administratif. La Cour d'appel décide qu'il n'était pas nécessaire *«de rechercher si l'exécution de ce jugement exposerait la Société «Le Pavillon Royal» à des conséquences difficilement réparables»*. Autrement dit, l'absence de renouvellement peut avoir des incidences économiques très préjudiciables pour l'opérateur privé ; mais celles-ci ne doivent pas être prises en compte, aucun délai supplémentaire ne devant être accordé à l'occupant. Dans l'affaire précitée, la décision était d'autant plus rigoureuse pour l'opérateur privé que le motif de non-renouvellement était dû au fait que l'administration voulait procéder à un appel à la concurrence par voie publicitaire pour l'attribution de la concession. Autrement dit, il s'agissait de donner l'exploitation à celui qui offrirait la redevance la plus élevée.

Ici un paradoxe s'établit. L'opérateur privé doit être rentable et l'administration favorise les entreprises les plus performantes. Mais, dès que

---

[512] C'est le cas par exemple du M.I.N. d'Angers ; source ce M.I.N., 1993.

[513] Arrêt *Thomas* précité note n° 511.

[514] C.E., 27 nov. 1963, *Leb.* 590, caractères gras ajoutés ; voir également dans le même sens : C.E., 21 mars 1984, *Mansuy, D.A.* 1984, n° 160. C.A.A., Paris, 21 fév. 1995, *M. Benabdeljaliln* n° 94PA011884, *Gaz. Pal*, 1996.2, panor. adm. p. 72. C.E., 10 déc. 1999, Voies navigables de France, n° 179.628.

[515] C.A.A. de Paris, formation plénière, 6 juin 1989, *S.A. le Pavillon Royal,* sous l'article de P. Sablière, «A propos de quelques arrêts récents : réflexions sur les critères et le régime de la domanialité publique », *C.J.E.G.*, 1989, p. 357 et s.

l'entreprise devient prospère, selon l'attente du maître du domaine, le chef d'entreprise court des risques importants : son titre peut être retiré, résilié ou non renouvelé au profit d'un tiers qui proposerait une redevance plus élevée. Autrement dit, l'administration pousse à la productivité, aux investissements, et dès que le but est atteint, elle peut dans le cadre de ses pouvoirs de gestion, octroyer l'exploitation à un concurrent ou à un tiers qui voudrait s'emparer d'une entreprise qui fonctionne bien aux moindres frais, en ne proposant simplement qu'un loyer plus élevé. L'arrêt Thomas rappelle d'ailleurs dans ce sens que l'administration peut renégocier sur des bases financières nouvelles, un nouveau contrat avec le même partenaire ou un tiers. Loin d'être récompensé du fait d'avoir développé son activité, l'acteur privé risque tout simplement de perdre son exploitation en raison précisément du fait que l'entreprise fonctionne bien. L'optimisation des profits de l'administration conduit donc au non-sens suivant : s'il n'est pas suffisamment productif, l'opérateur peut être expulsé. Mais s'il l'est trop, il peut être aussi évincé du fait qu'un tiers peut proposer une redevance plus élevée. Par exemple, dans l'arrêt Thomas précité, il faut remarquer qu'un autre opérateur proposait de payer la redevance annuelle de 150.000 F. pour les mêmes locaux et pour le même usage alors que M. Thomas, occupant du domaine payait la somme de 44.000 F.

Le juge judiciaire suit cette même ligne. L'arrêt *Mme Parouty c/ SNCF*[516], de la Cour d'appel de Paris faisant suite à une décision du Conseil de la concurrence, fait ressortir qu'une concession d'exploitation d'une croissanterie dans une gare, n'est pas renouvelée à Mme Parouty et qu'elle est attribuée à une autre personne, la Société des Relais Hachette, parce qu'elle offrait une redevance plus élevée. La Cour admet la légalité de ce non-renouvellement en précisant que celui-ci ne constitue pas un abus de position dominante au sens de l'article 8-2 de l'ordonnance du 1er décembre 1986 du fait que Mme Parouty peut poursuivre la même activité dans un autre local disponible sur le marché de la location d'immeubles à usage commercial, ce qui laisse dubitatif. La doctrine souligne à juste titre que les implications pratiques de cette jurisprudence sont extrêmement importantes[517]. Il faut faire référence ici à l'étude de M. R. Rézenthel s'interrogeant sur la question de savoir si l'appropriation gratuite par la collectivité publique en fin de titre, des constructions édifiées par l'occupant, ne peut être considérée comme un abus de position dominante, au regard du droit européen, particulièrement lorsque les ouvrages sont amodiés à un nouvel occupant. Pour l'auteur, cette

---

[516] 31 oct. 1991, *D.*, 1992, p. 312 et s., note V. Sélinsky.

[517] Commentaire de V.S. sous déc. Conseil de la concurrence n° 91-D-20 du 24 avril 1991, *Mme Yvette Grandperrin, Rec. Lamy*, n°445.

interprétation pourrait résulter du fait qu'il ressort du droit communautaire que les gestionnaires du domaine ne peuvent, en dehors de l'exercice dûment justifié de prérogatives de puissance publiques, bénéficier d'avantages que n'ont pas les propriétaires privés, la propriété de domanialité publique ne permettant pas, par elle-même de déterminer si la collectivité publique agit en tant qu'autorité publique, la gestion du domaine n'entraînant pas obligatoirement l'exercice de prérogative de puissance publique[518]. Mais pour l'heure, le droit n'a pas confirmé cette analyse doctrinale sur la fixation des redevances liée à l'appropriation gratuite des constructions par l'administration.

A des conditions financières égales, l'exploitant en place n'aura jamais de priorité. Cette possibilité permet à l'administration d'augmenter ses tarifs car il est évident que la redevance sera plus conséquente du fait que le nouvel exploitant se retrouve à la tête d'une entreprise qui fonctionne déjà. Enfin, si l'opérateur évincé a réalisé des constructions, le nouvel occupant n'aura plus qu'à entrer dans les lieux et profiter des installations, sans avoir à procéder à des investissements ou simplement en réalisant peu d'aménagements. Ceci permet encore à l'administration d'augmenter les redevances en raison de l'avantage que constitue pour le nouvel arrivant le fait de bénéficier d'installations qu'il n'a pas construites. Nous voyons donc que tout le droit domanial permet une maximisation des gains au profit du maître du domaine. Et par le simple jeu du non-renouvellement et de la proposition d'une redevance plus élevée, en fin de compte les règles domaniales permettent, indirectement, à une entreprise privée d'évincer un concurrent sur un marché. Cette situation donnera lieu probablement à un contentieux important, à une période de concurrence exacerbée et de développement des droits interne et communautaire de la concurrence.

III - L'insuffisance de production, cause de l'augmentation de la redevance

Nous avons dit précédemment que dans la pratique il n'est pas rare que l'administration prévoit dans la convention d'occupation du domaine public, une production minimum obligatoire, sans quoi le titre peut être retiré[519]. Mais une autre sanction peut être instituée : c'est l'augmentation de la redevance. Par

---

518 « Vers une meilleure protection contre la précarité de l'occupation du domaine public », *A.J.D.A.*, 2001, p. 1025 et s, plus particulièrement p. 1031 et 1033. Dans le même sens, du même auteur, « La domanialité publique : du pouvoir régalien à l'économie de marché », *les Annales de la voirie*, 2001, n°60, p. 16 et s., plus particulièrement p. 18.

519 Art. 4 de la convention d'autorisation d'occupation temporaire du domaine public, établie par le port autonome du Havre. Source, ce port, 1993.

exemple, le port autonome du Havre peut imposer un tonnage minimum à réaliser par l'industriel, sans quoi soit son titre lui est retiré, soit sa redevance est augmentée : *«... Si cette condition n'est pas remplie, le port autonome du Havre pourra soit résilier l'autorisation temporaire, soit augmenter de... le montant de la redevance prévu à l'art. 6, ci-après.»*[520] Ceci revient à dire que l'occupant peut être pénalisé par deux procédés s'il est insuffisamment rentable : soit par le retrait de son titre, soit par une augmentation de sa redevance. Inutile de dire que si l'opérateur privé a des difficultés financières, l'augmentation de la redevance intervenant à ce moment au titre de sanction ne l'aide certainement pas à surmonter ses problèmes économiques.

Le droit domanial permet donc à l'administration, par l'intermédiaire de la redevance, d'optimiser les profits de la propriété administrative. Mais le régime permet également d'optimiser les économies sur le domaine public.

[520] Art. 4 de la convention précitée.

CHAPITRE II

LA RECHERCHE DE L'OPTIMISATION DES ECONOMIES

Nous avons dit précédemment qu'un moyen de réaliser un profit peut être constitué du fait d'éviter des dépenses, le droit des sociétés prenant en compte d'ailleurs cette notion de réalisation d'une économie. Il est évident qu'une somme d'argent perçue au titre d'un loyer, d'une redevance ou encore au titre de la différence entre le prix de vente et le prix de revient d'un produit est une rétribution qui accroît la fortune de la personne qui la recueille. Mais il est certain aussi qu'une façon indirecte d'augmenter un patrimoine est constituée par le non-paiement de sommes d'argent, sommes qui normalement auraient dû être payées.

Le droit domanial donne de grandes possibilités à l'administration d'éviter de débourser des sommes d'argent importantes, dont elle n'aurait pu s'exonérer en l'absence de la domanialité publique. Le droit domanial lui confère des moyens qu'un propriétaire traditionnel n'a pas. En effet, le départ de l'opérateur privé ne doit pas être une charge financière pour l'administration, laquelle réalise alors une économie en cas d'absence de renouvellement (Section I). Cette question a largement intégré les esprits ; nous ne ferons donc qu'en retracer les grandes lignes dans notre développement ultérieur, tout en signalant cependant une certaine ambiguïté jurisprudentielle relative à la possibilité d'insérer une clause à la convention admettant une indemnisation en cas de non-renouvellement.

Le départ de l'opérateur privé ne doit pas être non plus une charge pour l'administration dans un autre cas : il est bien connu que le retrait de l'autorisation motivé par l'intérêt général l'est à titre gratuit. Cependant, une ambiguïté très importante existe en cas de convention d'occupation (sans service public). La doctrine de façon quasi unanime établit une distinction entre le retrait de l'autorisation et la résiliation du contrat motivés par l'intérêt général ; ce dernier, à la différence de l'autorisation comporterait le paiement d'une indemnité. Nous formulons des réserves sur cette affirmation et nous verrons qu'il est parfaitement envisageable que l'administration réalise une économie à l'occasion de la résiliation de la convention, comme en matière d'autorisation (Section II).

Une observation doit être faite ici : l'absence de renouvellement, le retrait ou la résiliation sont en principe présentés par la doctrine, la jurisprudence et le législateur sous l'angle des exigences de l'intérêt général, et du maintien de la précarité de l'occupant, motivée précisément par la primauté de cet intérêt général. En revanche, l'avantage économique qu'ils constituent pour l'administration est passé la plupart du temps sous silence ou apparaît comme étant une question secondaire. Pourtant il s'agit là d'un point très important qui va constituer notre grille de lecture dans ce chapitre.

SECTION I

LA REALISATION D'UNE ECONOMIE LORS DU NON-RENOUVELLEMENT

En raison des règles de la domanialité publique, le non-renouvellement du titre ne comporte jamais pour l'opérateur privé le paiement d'une indemnité(§ I). Ceci constitue un avantage économique substantiel pour l'administration (§ II).

§ I - L'ABSENCE D'INDEMNISATION LORS DU NON-RENOUVELLEMENT

Ce sont les juges qui établissent d'abord que l'absence de renouvellement ne doit pas comporter le paiement d'une indemnité, (A) ; les textes confirmeront progressivement cette jurisprudence(B).

A - Une économie instaurée par la jurisprudence

Le juge affirme sans équivoque possible que l'absence de renouvellement ne comporte pas le paiement d'une indemnité ; la jurisprudence est donc claire dans son contenu (I) ; cependant, elle est parfois ambiguë dans ses motivations (II).

I - Une jurisprudence claire dans son contenu

L'occupant du domaine public n'a jamais droit au renouvellement ; à la fin de la durée prévue à l'acte, l'administration n'est jamais tenue de reconduire celui-ci. Au terme d'une jurisprudence bien connue, le juge a admis les pouvoirs de gestion de l'autorité sur son domaine et a augmenté le nombre de cas d'intérêt général justifiant le non-renouvellement, exclusifs de toute indemnité, tout en contrôlant la légalité des motifs. Ainsi, il est bien connu qu'il admet une meilleure utilisation du domaine public[521], des motifs d'ordre financier[522], l'absence de propriété commerciale[523], etc. justifiant de ne pas reconduire l'acte.

L'augmentation du nombre de cas d'intérêt général justifiant un non-renouvellement et le flou de la notion sont des éléments qui donnent à l'administration de très larges pouvoirs pour ne pas reconduire le titre d'occupation. Cette question a été très largement commentée par la doctrine, nous n'y reviendrons donc pas. Mais il faut constater que l'évolution du droit en cette matière permet à l'administration de faire des économies considérables.

En effet, l'absence de droit au renouvellement entraîne évidemment l'absence d'indemnité. Cela résulte de la précarité de l'acte : le juge établit que l'instabilité inhérente à l'occupation signifie que l'occupant doit quitter les lieux si l'administration ne reconduit pas son acte. Mais il établit clairement que l'instabilité signifie également l'absence de droit à indemnisation. Le non-renouvellement ne doit pas comporter le paiement d'une somme d'argent par l'administration ; le départ de l'occupant ne doit avoir aucune incidence financière sur le budget de l'autorité. Le renouvellement sur le domaine public n'étant pas un droit, il ne se traduit donc pas par une indemnisation.

Pour dénier ce droit à indemnité, le juge invoque tout simplement l'occupation du domaine public : *« Considérant... que l'expulsion de*

---

[521] Voir par exemple C.E., 18 mars 1963, *sieur Cellier*, *A.J.D.A.* 1963, II, p. 484.

[522] Voir par exemple C.E., 2 mai 1969, *Sté. Affichage Giraudy*, *A.J.D.A.* 1970, II, p. 110 note A.de L.. Voir également *Cellier*, précité note n° 521.

[523] C.E., 6 janv. 1967, *Epoux Berthot*, *Leb.* 3 : *«...que par suite, lesdits époux ne sont pas fondés à se prévaloir de la législation sur la propriété commerciale pour soutenir qu'ils avaient droit, à l'expiration de leur contrat, au maintien dans les lieux»*.

particuliers occupant des dépendances du domaine public en vertu de contrats venus à expiration n'a pas à être subordonnée à la fixation préalable d'une indemnité ». Ou encore dans une autre affaire : « *le refus de renouveler l'autorisation d'occupation du domaine public n'a pu ouvrir... aucun droit à une indemnité* »,[524] jurisprudence constante et inchangée[525].

Le juge invoque parfois également l'absence de fonds de commerce sur le domaine public, justifiant que l'administration n'ait pas à payer d'indemnité. En effet, la législation sur les baux commerciaux oblige le bailleur sur la propriété privée à payer des indemnités très importantes au preneur dans la mesure où le bail n'est pas renouvelé ; cependant, ce que l'on appelle indûment la propriété commerciale ne se traduit pas pour le locataire en un droit à rester dans les lieux : dans la mesure où le propriétaire ne veut pas lui renouveler son bail, le preneur n'a droit qu'à une indemnité d'éviction.

Or sur le domaine public il n'y a pas un tel droit au maintien dans les lieux et en conséquence il ne pourra pas y avoir paiement d'indemnité réparatrice de la perte d'un droit qui par définition n'existe pas. En effet, dans cette conception, il eut été illogique que le non-renouvellement du titre d'occupation soit assorti du paiement d'une indemnité d'éviction de la même manière que pour le bail commercial ; cela aurait réintroduit de façon détournée la propriété commerciale. Autrement dit, la précarité des titres interdit le maintien dans les lieux ou le renouvellement obligatoire, propre au fonds de commerce ; mais la précarité exclut également les conséquences financières de la propriété commerciale. La jurisprudence est constante à ce sujet : « *Considérant qu'en égard notamment au caractère précaire et révocable de ladite autorisation, dont le retrait pourrait contraindre le requérant à mettre fin sans indemnité à l'exploitation de l'établissement litigieux celui-ci ne saurait être regardé comme un fonds de commerce dont T. serait propriétaire* »[526]. Ou encore, « *la ville s'est méprise d'une manière durable sur la situation juridique des locaux,* [elle] *a laissé espérer à Sieur Kergo qu'il occupait des locaux dans les conditions prévues par la législation sur les baux commerciaux et qu'il avait droit soit au renouvellement, soit à une indemnité d'éviction... Mais en raison du caractère de domanialité publique des locaux qu'il occupe, le Sieur Kergo ne peut se maintenir dans les lieux en invoquant la législation sur les baux commerciaux.* »[527]

---

[524] C.E., 9 décembre 1988, précité ; dans le même sens C.E., 6 janvier 1967 précité.

[525] C.E., 1 avril 1992 *Lehureau*, n° 80.105 : « *Le non-renouvellement d'une convention d'occupation temporaire du domaine public ne donne pas droit à indemnisation* ».

[526] C.E., 6 janvier 1967, *ADDA*, *Leb.* p.417.

[527] C.E., 23 janvier 1976, *Kergo*, *Leb.* p.57.

Aucune distinction n'est réalisée entre autorisation et contrat. En effet, ces deux titres sont soumis au même régime dans l'absence de droit au renouvellement[528], dans l'absence de droit à réparation[529].

Dès lors que l'occupant n'a pas droit au renouvellement, l'autorité ne commet pas une faute et il n'y a pas de rupture d'égalité devant les charges publiques lorsque l'administration n'octroie pas d'indemnisation à l'occupant évincé même si par ailleurs elle l'a fait pour d'autres bénéficiaires se trouvant dans la même situation[530].

La résiliation du titre ou le déplacement des ouvrages motivés par des travaux peuvent ouvrir une indemnisation au profit de l'occupant, lorsque les travaux sont faits dans un intérêt autre que celui du domaine. Or, ces dispositions favorables ne jouent pas en cas de non-renouvellement motivé par des travaux, alors que ceux-ci sont faits non dans l'intérêt du domaine occupé mais dans l'intérêt d'un autre domaine[531].

Seule la résiliation fautive de l'administration peut entraîner le paiement de dommages-intérêts, les juges contrôlant la légalité des motifs du refus. Les juges admettent par exemple, explicitement que le non-renouvellement du contrat pris par une autorité incompétente constitue une faute de nature à engager la responsabilité de l'administration : «*...la décision susmentionnée a été annulée pour incompétence par une décision du Conseil d'Etat en date du 11 octobre 1985 et... cette irrégularité constitue une faute de nature à engager*

---

[528] Pour l'absence de droit au renouvellement de l'autorisation : C.E., 9 déc. 1988, *SARL «le Royaume de la Bouillabaisse»*, n° 80.151 : « *Considérant... que l'**autorisation**... est venue à expiration le 31 décembre 1982 ; que la S.A.R.L. "le Royaume de la Bouillabaisse" n'avait aucun droit à se maintenir dans les lieux ou à obtenir un renouvellement de son titre d'occupation.» Voir dans le même sens*, C.E., 20 janv. 1989, *SARL Aramis club*, n° 84.382. Pour l'absence de droit au renouvellement du contrat : C.E., 29 janvier 1964, *sieur Caillon-Société Montparnasse Pressing*, req. n°57.939 et 58.102 et C.E., 29 janvier 1964, *S.A. Montparnasse actualité*, req. n° 57.753,*A.J.D.A.* 1963,II, p. 377, note Laporte.

[529] *Sieur Caillon-Société Montparnasse pressing*, précité note n° 528. Dans le même sens, C.E., 1er avril 1992, *Lehureau*, n° 80.105.

[530] C.E., 6 mars 1987, *Société Etablissements Roth*, n° 45.408 : « *...la société n'est pas fondée à se prévaloir des fautes qui auraient été commises par la ville de Paris, en donnant à entendre aux négociants installés quai de Bercy qu'ils recevraient une indemnité à leur départ, le préjudice allégué ne résultant pas, en tout état de cause des fautes alléguées, ni à invoquer la rupture du principe d'égalité des citoyens devant les charges publiques qui résulterait de ce que la ville de Paris aurait effectivement accordé une telle indemnité à des négociants se trouvant dans la même situation qu'elle.* »

[531] Le régime est identique pour l'autorisation ou la concession; voir par exemple sur cette question J. Dufau, *Le domaine public*, précité 3e éd., tome II, p. 497 et 552.

la responsabilité de l'administration...»[532] Cependant le fondement de la réparation n'est pas l'existence d'un fonds ou un droit à rester dans les lieux, mais la responsabilité fautive de l'autorité[533].

La reconnaissance, par la jurisprudence, du droit de propriété des constructions au profit de celui qui les a édifiées ne change pas la question. Il est bien connu que l'administration devient propriétaire de celles-ci, *gratuitement*, dès lors qu'elle autorise l'occupant à ne mas les démolir en fin d'occupation. Il faut rappeler ici l'analyse de M. Rézenthel, s'interrogeant sur la conformité de cette appropriation au regard du droit européen de la concurrence, analyse toutefois non confirmée par la jurisprudence[534].

II - Une jurisprudence ambiguë dans ses motivations

Nous avons vu que la jurisprudence établit clairement que le non-renouvellement du titre ne comporte pas d'indemnisation en raison de la précarité de l'occupation, en raison de l'impossibilité d'avoir un fonds de commerce sur le domaine public. Mais dans la plupart des décisions précitées, il s'agit d'une demande d'indemnité présentée par l'occupant qui se **croyait implicitement** protégé par la législation sur la propriété commerciale.

Cependant, l'administration peut-elle prévoir **expressément** dans le titre d'occupation une indemnisation en cas de non-renouvellement de l'acte ? La clause prévoyant la réparation du préjudice subi du fait de l'éviction du bénéficiaire à l'issue de la durée, est-elle légale ? L'administration est-elle tenue par ce type de clause ? La doctrine ne semble pas s'être intéressée à cette question.

Deux décisions sont intervenues en cette matière, dont le résultat était en fin de compte l'absence de paiement d'indemnité par l'administration ; mais la motivation des décisions est ambiguë et l'interprétation a contrario de celles-ci pourrait laisser croire qu'une telle clause serait possible. Or, s'agissant d'une interprétation a contrario, la prudence s'impose d'autant plus que la combinaison de différentes décisions va à l'encontre d'une telle possibilité.

---

[532] C.E., 20 juillet 1990 *Duquesnoy et autres*, n° 77.781.

[533] Par exemple, arrêt *Berthot*, précité note n° 523 (interprétation a contrario) : *«Sur la demande d'indemnité présentée par les époux Berthot : -considérant qu'en refusant de renouveler le contrat de location dont s'agit, et en exigeant la libération dudit emplacement, les sociétés mandataires de la Chambre de Commerce de Troyes n'ont commis aucune faute de nature à engager leur responsabilité à l'égard du requérant ; que notamment le détournement de pouvoir allégué à leur encontre n'est pas établi».*

[534] Précité note n° 518.

Dans l'arrêt *Dusquesnoy et autres*[535], les juges refusent le droit à indemnisation pour le non-renouvellement ce qui est parfaitement normal ; en revanche, la motivation justifiant l'absence de réparation est surprenante.

Dans cette affaire, il s'agissait de la commune de Saint-Raphaël qui avait concédé le 5 mai 1978 à Monsieur Dusquesnoy l'occupation du domaine public en bordure de plage pour l'exploitation de commerces et d'un cabaret par une concession d'un an, renouvelable par tacite reconduction, l'expiration de l'acte devant intervenir au plus tard le 31 décembre 1982 ; chaque partie avait la possibilité de dénoncer l'acte avant le premier décembre de chaque année.

Par une décision du 5 novembre 1979, le maire ne renouvelle pas l'acte. Cette décision est annulée par le Conseil d'Etat comme étant prise par une autorité incompétente ; le conseil municipal confirme postérieurement le non-renouvellement. Evincé, Dusquesnoy intente une action en réparation, basée non pas sur la faute de l'autorité, mais sur la base des travaux réalisés par lui qu'il doit abandonner à la commune et s'élevant à un montant de 950.019 francs.

Le commissaire du gouvernement estime que le droit à indemnisation doit être examiné en fonction des termes du contrat et de l'enrichissement sans cause. Pour lui, le bénéficiaire évincé *«n'a droit [...]à indemnisation à l'expiration de sa concession, au titre des travaux qu'il a effectués que dans le cas où le contrat comporterait des stipulations dans ce sens»*, de plus *«il ne peut invoquer l'enrichissement sans cause car les travaux ont été réalisés de sa propre initiative et n'ont aucune utilité pour la commune.»*

La Haute Juridiction a suivi cette analyse : pour dénier le droit à réparation elle estime que le contrat *«ne comportait aucune clause prévoyant l'indemnisation du titulaire de la concession dans le cas de non-renouvellement de celle-ci ; que de plus si le cocontractant a effectué des travaux, il a procédé à sa seule initiative et sans que ces travaux soient utiles à la commune ; que par suite les requérants ne peuvent non plus se fonder sur l'enrichissement sans cause de la commune pour demander à être indemnisés. »*

Ceci revient à dire, a contrario, que si l'acte avait prévu une telle indemnisation, celle-ci était due. Cet arrêt semble donc admettre la légalité de ce type de clause ; l'administration pourrait alors prévoir dans le titre d'occupation la réparation du préjudice subi du fait du non-renouvellement.

L'arrêt *SCI de la rue Ambroise Croizat*[536], plus ancien, adopte la même motivation pour refuser le droit à indemnité du refus de renouvellement, c'est-à-

---

[535] C.E., 20 juillet 1990, n° 77.781.

[536] C.E., 21 déc. 1979, *Leb.* p. 733.

dire l'absence de clause prévoyant une telle indemnisation : « *La commune n'était pas tenue de renouveler* [le contrat]*ni d'indemniser la société bénéficiaire du contrat, aucune clause de ce contrat n'ouvrant de droit à indemnité dans le cas où la commune déciderait pour assurer une meilleure gestion de son domaine, de ne pas renouveler le contrat.* »

Ces deux décisions prêtent à confusion et il eut été plus judicieux de refuser l'indemnisation du non-renouvellemnt en invoquant l'absence de droit au renouvellement sans indemnité, l'obligation de démolition des ouvrages édifiés par l'occupant (ou l'autorisation expresse de l'administration de non-destruction des édifications, celles-ci revenant alors gratuitement à l'autorité), en application des règles de la domanialité et non des clauses de l'acte.

Les arrêts précités vont à l'encontre de la position habituelle des juges consistant à refuser une indemnisation en cas de non-renouvellement du fait de la précarité de l'acte. L'admission d'une indemnité en cas de non-renouvellement est contraire à la précarité à différents points de vue :

1) Admettre un droit à indemnité par une clause contractuelle, c'est alors admettre que l'occupant à un droit au renouvellement, ce qui va à l'encontre de la jurisprudence traditionnelle ; en effet, nous savons que le juge a toujours refusé le droit au renouvellement.

2) Admettre un tel droit conduit à s'interroger immédiatement sur le montant de l'indemnité. Pourrait-on par exemple prévoir que celui-ci soit proche ou égal à celui dû en cas de non-renouvellement d'un fonds de commerce sur une propriété privée ? Cependant, introduire une telle possibilité par une clause contractuelle constitue un contournement à l'impossibilité d'avoir un fonds de commerce : nous avons vu que les juges refusent la propriété commerciale en raison des droits très importants qu'elle confère au preneur : soit le maintien dans les lieux, soit une indemnité d'éviction ; les juges n'admettent ni la stabilité du fonds de commerce sur le domaine public, ni les conséquences financières du non-renouvellement. Il ne faut pas oublier que le droit à indemnité du fonds de commerce avait été instauré dans le but de stabiliser le commerçant et éviter son éviction. Redonner la même sécurité indemnitaire sous un autre nom, est contraire à la précarité. Par ailleurs, si la réparation provient de la perte des édifications, c'est attribuer un droit sur les constructions que par définition l'occupant ne peut avoir.

De plus, un autre problème peut se poser ici pour l'occupant : c'est le risque que ce type de clause soit sans réelle portée. En effet, nous avons vu que malgré les termes du titre d'occupation admettant un droit au renouvellement, le juge décide que l'autorité n'est pas tenue par ce type de clause : «*considérant que si le requérant se prévaut d'un prétendu engagement souscrit par la S.N.C.F. de renouveler à son profit la convention... l'existence de cet engagement n'aurait pu faire obstacle au droit de la S.N.C.F. de reprendre la disposition des lieux. »*[537] Ou « *les règles du droit commun, en matière de loyer, ne lui sont pas applicables, nonobstant les clauses contraires*» que peut contenir le contrat.[538] On peut donc parfaitement imaginer que, dans le cadre d'une interprétation rigoureuse des règles domaniales, le juge décide que l'administration n'est pas tenue, nonobstant toute clause contraire, des conséquences financières impliquant indirectement l'existence d'un fond de commerce.

Enfin, un arrêt fait du non-renouvellement un principe général de la domanialité : «*il résulte... des principes généraux de la domanialité publique que les titulaires d'autorisation n'ont pas de droit acquis au renouvellement de leur concession*».[539]Il ne faut pas oublier que l'objectif à atteindre par l'inaliénabilité, par la précarité -le non-renouvellement de l'acte étant une application de ces règles-, c'est la protection du domaine contre l'administration elle-même. La raison d'être de l'inaliénabilité c'est de prémunir le domaine contre les actions intempestives de l'autorité, autorité qui est celle précisément qui peut porter atteinte au domaine. Admettre que, par voie contractuelle l'administration puisse introduire une clause quelle qu'elle soit, contraire à l'inaliénabilité, c'est aller à l'encontre de la quintessence du principe, c'est le vider de sa substance.

Ce que nous constatons dans les arrêts *Duquesnoy et Ambroise Croisat* c'est que les juges, qui se positionnent traditionnellement comme des champions de la protection de l'intégrité du domaine public, semblent atténuer les règles domaniales à un point que la pratique n'a pas osé faire et ce, malgré la hardiesse employée parfois pour stabiliser les entreprises. En effet, tous les contrats d'occupation du domaine public sur les sites accueillant habituellement des entreprises privées prévoient toujours l'impossibilité pour l'occupant de bénéficier d'une indemnité en cas de non-renouvellement, en introduisant une clause stipulant l'impossibilité pour l'occupant de bénéficier de la législation sur la propriété commerciale ou l'absence de droit au maintien dans les lieux. Les aéroports de Paris par exemple établissent une durée clairement précisée dès l'origine qui ne comporte jamais la reconduction du titre : « *Les autorisations sont toujours accordées pour une durée déterminée. Elles cessent de plein droit a la date fixée et les titulaires ne peuvent se prévaloir d'aucun droit au*

---

[537] C.E.,18 mars 1963, *Cellier, A.J.D.A.* 1963, p. 485 note J. Dufau.

[538] T.A. de Marseille, 10 juillet 1968, *Commune d'Avignon c/consorts Couston-Bouchet, A.J.D.A.* 1968, p.584, note A. de Laubadère.

[539] C.E., 14 octobre 1991, *Helie, Leb.*p. 927.

maintien dans les lieux.»[540] Ou encore : «*La présente autorisation est accordée et acceptée pour une durée de... an(s) à compter du...*»[541] Les ports autonomes prévoient expressément également l'impossibilité de bénéficier de la législation sur la propriété commerciale[542]. De même les marchés d'intérêt national, excluent expressément l'indemnisation du non-renouvellement en prévoyant dans la convention d'occupation l'inapplication de la législation commerciale sur le domaine public[543].

Nous pensons que les arrêts *Duquesnoy et SCI de la rue Ambroise Croizat* constituent une simple exception ou encore un hiatus jurisprudentiel. A moins d'imaginer que le juge utilise un détour -celui de laisser croire que l'absence de réparation provient d'une volonté contractuelle- alors qu'en réalité la clause

---

540 Article 4 du CCCG. Source : ADP, 1993.

541 Art. 15 du contrat d'occupation d'un terrain nu destiné à la construction. L'acte d'occupation ainsi que le cahier des clauses et conditions générales prévoient l'absence de maintien dans les lieux et l'impossibilité de bénéficier de la législation commerciale, excluant par-delà toute indemnité :
«*Le bénéficiaire reconnaît avoir pris connaissance des dispositions dudit cahier et notamment son article 32 précisant que les autorisations accordées par Aéroports de Paris ne confèrent au bénéficiaire aucun droit au maintien dans les lieux, ni aucun droit à la propriété commerciale*».(Article 1 aliénéa 2 du contrat précité).
L'article 32 du CCCG, précité, reprend expressément le non-renouvellement propre aux occupations précaires : « *Les autorisations d'occupation et d'utilisation accordées par Aéroports de Paris sous le régime des occupations temporaires du domaine public, ne confèrent aux titulaires quels qu'ils soient, aucun droit au maintien dans les lieux tel qu'il est prévu par la législation sur les loyers en matière de locaux d'habitation, professionnels, administratifs ou commerciaux, ni aucun droit à la propriété commerciale.* » Source : ADP, 1993.

542 La Convention relative à l'occupation du domaine public établie par le Port Autonome de Marseille établit en son article 8 : «*En aucun cas et à aucun moment, l'occupant ne pourra invoquer le droit à la propriété commerciale.*» Source : Port autonome de Marseille, 1993.

543 Ainsi le *Contrat relatif à la concession d'un local*, établi par la SOMINVAL, société gestionnaire, stipule en son article 2 «... *la domanialité publique de l'immeuble, objet des présentes, s'oppose à ce que l'occupant puisse invoquer ultérieurement à son profit l'application des dispositions législatives et réglementaires régissant les baux à louer d'immeubles ou de locaux à usage commercial ou industriel.*» Le même type de clause est utilisé dans les autres marchés d'intérêt national. Par exemple, la SNAC, (Société Nîmoise d'Aménagements Communaux), société d'économie mixte gestionnaire du marché, a établi dans le contrat type d'occupation du domaine public, en son article 2, al. 2 : « *Le concessionnaire de cet emplacement, lequel est situé sur le domaine public communal ne peut bénéficier des dispositions prévues par le décret n° 536982 du 30 septembre 1953, relatif à la propriété commerciale* ». De même la convention d'occupation d'un terrain dépendant du marché d'intérêt national établit par la SOMIMAR, (Société d'économie mixte pour la construction et l'exploitation du marché d'intérêt national), à Marseille, stipule que la domanialité publique de l'immeuble, s'oppose à ce que l'entreprise privée puisse invoquer ultérieurement, à son profit, l'application des dispositions législatives et réglementaires régissant les baux à loyer d'immeubles ou de locaux à usage commercial ou industriel. Source, ces M.I.N., 1991.

contraire admettant une indemnisation serait illégale du fait de la domanialité. En tout état de cause, il faut constater que le résultat des deux décisions précitées est l'absence de paiement d'une indemnité et donc une économie réalisée par l'administration.

B - Une économie confirmée par les textes

Les quelques textes qui sont intervenus sur le domaine public sont venus confirmer cette jurisprudence. L'occupant n'a jamais droit au renouvellement et de ce fait il n'a pas de droit à être indemnisé du fait de l'absence de renouvellement. Par exemple, la réglementation sur les marchés d'intérêt national précitée, bien qu'elle admette la notion de fonds de commerce, ne confère pas pour autant un droit au renouvellement ; et nous avons dit précédemment que pour qu'il n'y ait pas de confusion à cet égard, les concessions d'occupation sur les M.I.N. le prévoient de façon expresse.

La réglementation sur les cultures marines, précitée, qui pourtant est plus souple pour les occupants, n'accorde pas plus de droit au renouvellement. La durée de la concession ne peut excéder trente-cinq ans. Certes, la concession est renouvelable[544] et le concessionnaire sortant jouit d'un droit de priorité[545]. Mais le bénéfice de ce droit peut être refusé sur proposition motivée de la commission des cultures marines ou de l'autorité préfectorale[546]. Ce qui revient à dire évidemment qu'en cas d'absence de renouvellement motivé par l'intérêt général, l'Etat sera exonéré du paiement d'une indemnité

Le texte de 1994, précité, fixe à 70 ans la durée du droit réel ; il s'agit là d'une durée maximum, au-delà de laquelle l'occupant ne pourra pas voir son droit réel reconduit. L'absence de reconduction n'entraînera évidemment pas le paiement d'une indemnité ; c'est là l'intérêt de l'application des règles domaniales. Rien n'empêche toutefois l'administration d'établir des durées plus courtes qui seront modulées en fonction des investissements réalisés par l'opérateur privé. En cas de durées inférieures à 70 ans, l'administration est-elle tenue de reconduire l'acte ? Certainement pas ; bien que la loi ne dise rien sur cette question, il est de pure logique de penser que si le législateur a laissé à l'administration le choix des durées, c'est précisément pour pouvoir reprendre

---

544 *« La concession est renouvelable au profit de son titulaire sous réserve que ce dernier s'engage à continuer à exploiter la concession en cause dans les conditions prévues à l'article 5»* (article 7 du décret du 22 mars 1983, précité.

545 *«Lorsqu'il y a enquête publique et dépôt de demandes concurrentes... »* (art. 7, al. 4).

546 *«sous réserve que le refus ne soit pas fondé sur un motif tiré du non-respect des superficies de référence»* (art. 7 in fine).

son bien dès que la nécessité se fait sentir et sans avoir à débourser une indemnité, quelle qu'elle soit.

§ II - L'ECONOMIE REALISEE

L'économie réalisée sur le domaine public par l'absence d'indemnité du non-renouvellement est loin d'être négligeable. Les règles de la domanialité publique apparaissent très vite comme étant un moyen pour l'administration de réaliser des économies substantielles. Ainsi dans l'affaire *Michaud,* la question se posait de savoir si une halle, classée par une délibération dans le domaine privé de la ville, faisait partie ou non du domaine public. Une des raisons invoquée par le Commissaire du gouvernement, M. Franc, est l'avantage économique pour la collectivité, qui résulte de la domanialité publique : *« Faut-il enfin rappeler* ***les avantages*** *que présente pour une commune l'incorporation de ce type de bâtiment à son domaine public ? L'inaliénabilité, l'impossibilité de conclure des baux commerciaux permettent à la collectivité, le jour où le maintien du service public ne lui paraît plus se justifier d'affecter le terrain et le bâtiment à un autre usage* ***sans souffrir*** *de la lenteur et* ***du coût qui accompagnent toute rupture de liens commerciaux de droit privé*** *».*[547]

Dans l'affaire antérieure, *Société du Vélodrome du Parc des princes*, le Commissaire du gouvernement rappelle qu'une simple question de compétence juridictionnelle, celle de savoir si un contrat d'occupation du domaine public relève d'une juridiction administrative ou judiciaire, occulte en réalité des problèmes de fond d'ordre économique très importants : *«En effet, une déclaration d'incompétence de la juridiction administrative sur l'actuel litige pourrait, en laissant place à l'admission ultérieure de la nature du bail commercial du contrat en cause, donner un fondement aux prétentions de la requérante à une* ***indemnité d'éviction****, qui n'a pas été chiffrée devant les tribunaux judiciaires, à moins de dix millions de francs d'aujourd'hui, c'est-à-dire* ***d'un milliard de francs.*** *»*[548]

Si un droit au renouvellement était reconnu sur le domaine public comme cela se fait pour le fonds de commerce sur la propriété privée, des indemnités très importantes seraient à verser par l'autorité. Nous donnerons quelques exemples de calcul judiciaire de l'indemnité d'éviction du fonds de commerce, dont est privé évidemment l'occupant du domaine public.[549]

---

[547] C.E., 22 avril 1977, *A.J.D.A.* 1977, p. 441, concl. M. Franc, note A. de Laubadère ; caractères gras ajoutés.

[548] C.E., 26 fév. 1965, *Société du Vélodrome du Parc des Princes, R.D.P.* 1965, P. 507, concl. M. Bertrand ; caractères gras ajoutés.

[549] Jurisclasseur commercial, fonds de commerce, traité, fascicule 1380.

Hôtel, 5 impasse Roger-Collar, Paris (5°)

Calcul

Valeur du fonds calculée sur le chiffre d'affaires moyen des trois dernières années avec un coefficient de 3,5.

Montant

-Valeur du fonds	5 128 323 F
-Frais de remploi	1 282 325 F
-Frais de déménagement et de réinstallation	7 815 F
-Trouble commercial	157 197 F
(Trois mois de bénéfices)	
-Indemnité totale	6 575 660 F

(Paris, 16° ch. B, 31 mars 1989, *Vindevogel c/ Marchetti* : Jurisdata n° 022043)

Restaurant, 109 rue du Général de Gaulle, Troyes (10°)

Calcul

Utilisation de la moyenne de trois méthodes (évaluation par le bénéfice, le chiffre d'affaires, méthode Rétail)

Valeur du fonds selon la première méthode (bénéfice moyen annuel avec un coefficient de 3,5)= 864 627,15 F.

Valeur du fonds selon la deuxième méthode (moyenne des trois dernières années avec un pourcentage de 70%)= 1239 063 F.

Valeur du fonds selon la méthode Rétail= 821 050

Montant

-Valeur du fonds	974 913,33 F
-Indemnité de remploi	194 982,66 F
-Trouble commercial	30 300,00F
(3 mois de bénéfices du dernier exercice)	
-Frais de déménagement	10 567,26 F
-Indemnité de licenciement	3 874,20 F
-Indemnité totale	1 214 637,45 F

(Reims, civ. 26 juin 1989, *Lecroisey c/ SCI du 1 av.Doublet* : juris-Data n° 045416)

Pour un café restaurant dans le 18e à Paris, l'indemnité compensatrice de la perte du fonds de commerce, calculée sur la base du chiffre d'affaires, actualisée au jour du procès est évaluée à 4 400 000 F, non compris les indemnités dues au personnel[550] ; pour un hôtel, dans le 8e arrondissement, d'une surface totale de 1000 mètres carrés, dont la valeur du fonds est calculée selon le chiffre d'affaires moyen des trois dernières années, l'indemnité totale est de 8 371 076 F.

Ce type d'entreprises sur le domaine public n'est pas rare (hôtel, restaurant dans les gares, aéroport, etc.) ; sur le domaine public, cette indemnisation est exclue ce qui constitue une économie très importante pour l'administration.

Il est intéressant de noter le mode d'évaluation de la Haute Juridiction en cas de faute de l'administration, (c'est-à-dire dans l'hypothèse la plus favorable pour le bénéficiaire), illustré par l'arrêt *Mlle Boin-Fabre*[551] ; dans cette affaire l'autorité avait laissé croire à l'occupant qu'il bénéficiait de la législation sur la propriété commerciale ; les juges retiennent pour cette raison la responsabilité de l'administration ; le bénéficiaire réclame que la ville soit condamnée à lui verser la somme de 555 000 francs en réparation du préjudice subi ; mais les juges considèrent que bien que les mesures prises par la ville pour compenser le dommage causé à l'occupant sont insuffisantes, l'occupant ne peut demander une réparation correspondant à l'évaluation d'un bail commercial puisqu'il n'a pas un tel bail ; autrement dit, il n'y a pas de fonds de commerce sur le domaine public, en conséquence on ne peut évaluer un préjudice sur la base de quelque chose qui n'existe pas ; c'est pourquoi l'indemnité accordée ne s'élèvera qu'à 10 000 francs : «*Cons. que la circonstance que l'intéressée n'a connu que tardivement la situation juridique réelle, inhérente au domaine public, dans laquelle elle se trouvait a causé aux conditions de gestion de son établissement commercial des perturbations que ne suffisent pas à compenser les mesures prises par la ville...qu'en revanche Melle Boin-Fabre qui n'a jamais été titulaire d'un bail commercial à cet emplacement n'est pas fondée à demander une indemnité d'un montant égal à la valeur de son fonds de commerce.* »

Nous ne retenons pas ici l'analyse faite par M. J. Dufau qui estime que le fait que l'indemnité soit réduite provient de la circonstance que l'autorité ait proposé à l'occupant de continuer d'occuper le domaine à des conditions favorables[552] ; nous pensons que l'arrêt établit que c'est l'impossibilité d'avoir un fonds sur le domaine qui justifie une réparation insignifiante.

---

[550] Paris, 16° ch. A, 19 juin 1990 : Juris-Data n° 022721.

[551] C.E., 6 décembre 1985, *Melle Boin-Favre*, *Leb.*p. 353. Voir dans le même sens : C.E., 6 déc. 1985, *S.A. le Comptoir Lyonnais des viandes*, n° 44.717 ; C.E., 6 déc. 1985, *SARL Sibilla*, n° 46.054 ; C.E., 6 déc. 1985, *SARL Rousseau*, n° 46.681 ; C.E., 6 déc.1985, *SARL Valenti*, n° 46.682.

[552] *Le domaine public*, précité 3e éd., tome II, p. 555 et s.

Enfin, il faut rappeler qu'en cas de non-renouvellement (comme d'ailleurs en cas de retrait), l'administration devient propriétaire gratuitement des constructions édifiées par l'occupant. Ceci constitue une économie non négligeable puisqu'elle acquiert la propriété d'édifications, sans avoir la moindre somme à débourser. Et dans la mesure où les constructions ne l'intéressent par, elle va encore économiser les frais de la démolition qui sont à la charge de l'opérateur privé, aux termes d'une jurisprudence bien établie.

SECTION II

LA REALISATION D'UNE ECONOMIE LORS DU RETRAIT ET DE LA RESILIATION AVANT TERME

La possibilité de retrait avant le terme prévu d'un titre privatif d'occupation du domaine public, motivé par l'intérêt général, est une règle inhérente à la domanialité publique. La question invoquée ici n'est pas celle de la suppression de l'acte avant échéance, qui est une prérogative normale de l'administration ; c'est celle de l'indemnisation de l'occupant évincé, titulaire d'une autorisation ou d'un contrat.

Le retrait pour motif d'intérêt général est exclusif de toute indemnité. En cas d'édifications faites par l'occupant, celui-ci est tenu de les démolir, à moins que l'administration ne l'en dispense et dans ce cas, elle devient gratuitement propriétaire de celles-ci. Les conséquences financières sont ici identiques à celles du non-renouvellement : l'administration réalise une économie dans l'absence d'indemnisation du fait du retrait, dans l'acquisition gratuite des édifications lorsqu'elles existent ou dans les frais de démolition, à la charge de l'occupant. Cependant, il faut noter que l'augmentation du nombre de cas d'intérêt général, bien connue, justifiant le retrait sans indemnité, met l'administration en situation de réaliser des économies substantielles puisque cela multiplie les possibilités d'expulsion gratuite de l'occupant.

En tout état de cause, il s'agit là du régime applicable à l'autorisation, aux termes d'une jurisprudence constante et bien établie, qui correspond à l'interprétation rigoureuse, classique du régime de la domanialité. Cette question est parfaitement claire pour l'autorisation, elle a intégré tous les esprits et elle a fait l'objet de nombreux développements doctrinaux magistralement traités, nous n'y reviendrons donc pas.

Mais parallèlement à l'autorisation, acte unilatéral, s'est développée la technique contractuelle sur le domaine public. Une ambiguïté existe sur la question de l'indemnisation en cas de résiliation. En effet, pour la doctrine, la résiliation du contrat doit toujours s'accompagner d'une indemnisation (§ I). Cependant, en jurisprudence il n'existe aucune certitude sur l'existence d'un véritable droit à indemnité (§ II). Quant aux textes, ils limitent le droit à indemnité à des situations précises (§ III).

§ I - POUR LA DOCTRINE LA RESILIATION DU CONTRAT DOIT TOUJOURS S'ACCOMPAGNER D'UNE INDEMNISATION

A la lecture de l'article A26 alinéa 1 du code du domaine de l'Etat, la précarité signifie que le titre d'occupation peut être retiré dès que l'administration le requiert, **sans indemnité**. L'utilisateur privé ne doit pas devenir une gêne pour l'administration, laquelle doit pouvoir récupérer son bien à tout moment, **gratuitement**.

Cependant, la doctrine est pratiquement unanime pour dire que la résiliation du contrat d'occupation du domaine public comporte obligatoirement le paiement d'une indemnité (A), et c'est d'ailleurs ce qui différencierait l'autorisation du contrat. Mais elle ne s'interroge pas sur la légitimité de l'indemnisation (B).

A - La doctrine est pratiquement unanime sur le caractère obligatoire de l'indemnisation

Nous verrons que majoritairement la doctrine admet le droit à réparation du fait de la résiliation du contrat (I) ; seule une doctrine minoritaire s'interroge sur l'existence de ce droit (II).

I - L'avis majoritaire

Pour A. de Laubadère, l'indemnité est due en application du principe général de l'indemnisation des contrats en cas de résiliation pour motif d'intérêt général[553]. M. P. Godfrin affirme que «*le contrat confère une plus grande stabilité à l'occupant qui a droit à son maintien dans les lieux, sauf résiliation*

[553] «*Bien que contractuelle, la concession de voirie est précaire, comme la permission ; l'administration peut la retirer avant l'expiration du délai convenu. Cette application de la précarité est possible parce que la concession est un contrat administratif, mais de cette nature il résulte que, à la différence du permissionnaire, le concessionnaire évincé a droit à une indemnisation, sauf si la révocation de la concession résulte d'une mesure générale telle que la désaffectation de la dépendance domaniale...*» *Traité de droit administratif, précité*, p. 215.

unilatérale assortie d'une indemnité».[554] M. R. Chapus considère également que l'occupant doit être indemnisé des conséquences préjudiciables de la résiliation de la concession.[555] M. M. Guibal et L. Rapp soutiennent également que *«le retrait de l'occupation contractuelle est indemnisable... ».*[556] Pour J.-M. Auby et M. P. Bon *«Le contrat peut faire l'objet d'un retrait unilatéral de la part de l'administration... il est possible, moyennant indemnité, pour tout motif d'intérêt public»*[557]. M. C. Lavialle affirme qu'il y a indemnisation, « *conformément à la logique contractuelle fondée sur l'idée d'équilibre* »[558].

M. J. Dufau affirme le droit à réparation, mais d'une façon plus nuancée. Pour cet auteur, *«à la différence du simple permissionnaire, l'occupant domanial, dont le contrat a été résilié, a droit,* ***en principe*** *à une indemnité. Mais les arrêts du Conseil d'Etat invoqués habituellement au soutien de cette affirmation sont très peu nombreux».* Mme J. Morand-Deviller est également plus nuancée. Elle affirme d'une part que les droits de l'occupant contractuel sont mieux garantis que ceux du permissionnaire, lorsqu'il est mis fin au contrat mais d'autre part elle rappelle que « *la précarité des contrats et l'insécurité juridique qui en peut résulter ont été perçues comme préjudiciables à la bonne gestion domaniale* »,[559] ce qui laisse supposer que la question du droit à réparation n'est pas bien établie ou tout du moins que l'indemnisation n'est pas satisfaisante.

II - L'avis minoritaire

En revanche, une doctrine minoritaire est dubitative : M. P. Didier affirme que *«sans doute, les auteurs croient-ils cette indemnisation implicitement*

---

[554] *Droit administratif des biens*, précité, 4ème éd., p. 136.

[555] *Droit administratif général*, éd. 2001, précité note n°16, p. 519, n° 624 : «*Le fait que sa situation soit fondée sur un contrat est considéré comme lui donnant une certaine assurance, en dépit du principe de précarité, qu'elle sera maintenue (au moins jusqu'à son terme, s'il en est prévu). L'intérêt général peut justifier qu'il en aille autrement. Mais compensation est due.* »

[556] *Contrats des collectivités locales*, précité. Les auteurs soutiennent les propos suivants dans le même sens : « *Ainsi, lorsque la résiliation est prononcée sans faute de la collectivité qui résilie, il existe un droit à indemnité au profit de l'occupant, contrairement à ce qui se passe en cas de retrait régulier d'une permission de voirie. Dans les deux cas, on est en face d'un retrait d'autorisation d'occupation, mais seul le retrait de l'occupation contractuelle est indemnisable...* » p. 481, n° 10015. Ou encore « *la collectivité locale propriétaire peut donc mettre fin à tout moment à un contrat d'occupation qu'elle a passé... Théoriquement..., l'occupant dont le contrat est ainsi unilatéralement résilié a droit au paiement d'une* ***indemnité compensatrice*** ». Précité note n°250, p. 481, n°10017.

[557] *Droit administratif des biens*, précité, p. 140.

[558] *Droit administratif des biens*, précité, p. 154, n°144.

[559] *Cours de droit administratif des biens*, précité, p. 282 et 283.

commandée par les principes généraux ; mais la jurisprudence du Conseil d'Etat est peu nette»[560]. C'est cette position que nous retiendrons plutôt. En effet, nous verrons que les arrêts sur cette question sont ambigus et qu'ils n'établissent pas de façon certaine ce droit.

B - La doctrine ne s'interroge pas sur la légitimité de l'indemnisation

Si on analyse les avis doctrinaux majoritaires, il faut déduire qu'il y aurait donc une précarité à deux vitesses ou une précarité qui pourrait donner lieu à deux types d'application :

-soit la précarité signifie que l'on peut retirer le titre à tout moment pour motif d'intérêt général, sans indemnité ; il s'agit là de l'application classique des règles de la domanialité dont relève normalement l'autorisation au terme d'une jurisprudence bien établie,

-soit alors la précarité signifie que l'on peut retirer le titre à tout moment pour motif d'intérêt général, mais une indemnité serait alors due ; la précarité serait préservée puisque le titre pourrait être retiré ; seul subsisterait un problème d'indemnité, redevable uniquement en matière contractuelle.

Cependant, réintroduire par un titre appelé «contrat» ce qui est refusé aux autorisations, peut être analysé comme un contournement de l'inaliénabilité car si les contrats et baux de droit privé, les droits réels sont contraires à la précarité en raison de la stabilité qu'ils confèrent, ils le sont aussi en raison de l'indemnité qu'ils procurent en cas de la perte du droit. Il ne faut pas oublier par exemple que le Conseil d'Etat refuse le fonds de commerce sur le domaine public en raison de la stabilité de celui-ci, mais aussi en raison de l'indemnité importante qu'il confère en cas d'absence de maintien du preneur dans les lieux.

Le législateur a instauré le décret-loi du 17 juin 1938, devenu l'article L.84 du code du domaine de l'Etat, attribuant compétence aux juridictions administratives pour les litiges relatifs aux contrats comportant occupation du domaine public ; il est bien connu que l'objectif essentiel du texte était d'éviter l'application des règles de fond du droit privé aux contrats sur le domaine public, ce qui a été ensuite affirmé continuellement par la jurisprudence. Avant la parution de ce texte, le mot «contrat» ou «concession» prêtait à confusion et laissait croire que l'occupant du domaine public avait droit à un bail commercial, un bail d'habitation, etc. Doit-on voir dans ce texte la volonté du législateur de pouvoir résilier les contrats sur le domaine public à tout moment

---

[560] P. Didier, «Les marchés d'intérêt national», in *Dix ans de conférences d'agrégations,* Dalloz, 1961, p. 409 et s.

ou doit-on voir aussi sa volonté d'exclure les conséquences financières de la perte d'un droit privé ? En effet, ne pas appliquer les règles de fond du droit privé, c'est ne pas appliquer non plus les conséquences pécuniaires attachées à ces droits qui sont avant tout des droits évaluables en argent pour leur titulaire.

On peut parler ici de choc de deux règles opposées : celle du contrat administratif dont la résiliation motivée par l'intérêt général implique une indemnisation, et celle du régime domanial dont la précarité implique l'absence d'indemnisation. Et il n'est pas certain que la première l'emporte sur la seconde, surtout si l'on prend en compte la position du juge appliquant de façon de plus en plus rigoureuse le régime domanial à l'encontre de l'occupant privatif, dans le cadre des pouvoirs de gestion de l'administration, orientés de plus en plus vers la satisfaction d'intérêts économiques. Certes, il peut y avoir des contrats sur le domaine public et l'article L.84 du code du domaine de l'Etat est bien là pour l'attester mais les stipulations contractuelles ne doivent pas porter atteinte à l'inaliénabilité, à la précarité ; la convention d'occupation du domaine public est un contrat ; mais elle comporte aussi l'autorisation d'occuper le domaine et à ce titre on peut parfaitement considérer que le contrat doit se soumettre aux règles régissant l'autorisation ; et l'octroi d'une indemnité en cas de résiliation du contrat peut être considéré comme contraire à la précarité, dans le cadre d'une analyse rigoureuse du principe.

Si l'on admettait le droit indemnitaire, deux autres séries de questions doivent être posées :

- Quel en serait alors le montant ? Ou quelles en seraient les bases de calcul ?

- Pourrait-on aller plus loin et prévoir par une clause contractuelle le montant de cette indemnité ou son mode de calcul et admettre le paiement par exemple du prix des constructions à la valeur réactualisée correspondant à une reconstruction sur un autre site, la perte d'un fonds de commerce, le licenciement du personnel, etc.? Ces questions présentent un intérêt théorique puisqu'elles amènent à préciser la signification de la précarité. Mais elles ont aussi un intérêt pratique incontestable ; en effet l'occupant qui risque une résiliation à tout moment, envisagera son implantation de façon extrêmement différente en fonction du régime indemnitaire, lequel va conditionner toute son installation ; si l'indemnisation est complète il investira sur le domaine public ; en revanche s'il ne perçoit aucune indemnité ou si celle-ci est dérisoire ou incomplète, il ne prendra pas le risque d'édifier des constructions.

Si nous effectuons une comparaison avec le droit réel de propriété -droit réel le plus complet- nous constatons qu'en cas d'expropriation le propriétaire ne peut jamais se maintenir dans les lieux et qu'il n'a droit qu'à une indemnité.

Quant au fonds de commerce -appelé indûment propriété commerciale parce qu'il confère une grande stabilité au preneur- il ne donne droit qu'à une indemnité en cas de non-renouvellement. Les droits les plus stables se traduisent par une indemnité.

Si la résiliation du titre précaire et révocable entraîne le paiement d'une indemnité comme en matière d'expropriation, nous nous interrogeons alors sur la signification de la précarité de l'occupant du domaine public : où serait alors la différence entre titre précaire et droit réel ? ou titre précaire et fonds de commerce ?

L'administration ne peut aliéner le domaine public ; nous pensons pour notre part que le fait de donner des garanties indemnitaires s'assimilant à la perte d'un droit réel ou d'un fonds de commerce peut être considéré en opposition avec l'inaliénabilité, dans le cadre d'une analyse stricte de la domanialité publique, et compte tenu du durcissement global de la jurisprudence sur les occupations privatives. En conséquence, si on admet le droit à indemnité, celle-ci ne peut être qu'inférieure à la perte d'un droit réel de propriété ou d'un fonds de commerce. Mais jusqu'où cette indemnité peut-elle être abaissée ? Soutenir que l'occupant a droit à une indemnité alors qu'elle serait dérisoire, équivaudrait à vider de son sens ce droit supposé. C'est pourquoi, le fait d'affirmer de façon catégorique, comme le fait habituellement la doctrine, que l'occupant titulaire d'un contrat a droit a une réparation en cas de résiliation motivée par l'intérêt général, est des plus hasardeux.

Il ne faut pas oublier en outre que le législateur, par la loi de 1994 précitée, a instauré un texte apportant des sécurités supplémentaires grâce à l'admission d'un droit réel, censé apporter plus de stabilité à l'occupant, et par-delà, censé apporter également plus de sécurité sur l'indemnisation de sa perte, tout l'intérêt de la démarche étant là. On ne voit pas pourquoi le législateur aurait pris cette peine si par ailleurs l'opérateur privé détenteur d'un contrat d'occupation du domaine public bénéficiait d'une indemnisation certaine et satisfaisante. La loi de 1994 est intervenue pour tenter de favoriser la réalisation d'investissements de la part des opérateurs privés ; c'est donc bien que ceux-ci ne trouvaient pas la sécurité indispensable, même en présence d'une concession de voirie. En effet, ce qui compte pour l'opérateur privé, ce n'est pas tant l'assurance que son entreprise demeurera pour très longtemps dans un emplacement déterminé ; cette assurance n'existe pas même en cas de propriété privée puisqu'il peut être exproprié. Ce qui compte pour lui c'est la réparation de son droit en cas de perte de celui-ci.

Nous verrons que les décisions relatives à l'indemnisation en cas de résiliation sont peu claires, et rien ne permet d'affirmer de façon catégorique

que celle-ci existe. Une interprétation défavorable à l'entreprise peut être donnée, dans l'esprit global de la jurisprudence et de l'administration, cherchant à faire des économies sur le domaine public.

§ II - EN JURISPRUDENCE IL N'EXISTE AUCUNE CERTITUDE SUR L'EXISTENCE D'UN VERITABLE DROIT A INDEMNITE

Une remarque préliminaire s'impose ici. La résiliation unilatérale du contrat est une prérogative de puissance publique. Il s'agit là d'une règle générale des contrats administratifs, applicable sans texte. L'administration ne peut s'en départir par convention.

Dans les contrats d'occupation du domaine public, la clause conférant cette faculté de résiliation est pratiquement toujours prévue. Cependant, en l'absence de celle-ci, il ne fait aucun doute que l'administration conserve cette faculté. Mais en cas de contentieux, le juge fait apparaître le pouvoir de résiliation unilatérale du contrat d'occupation comme étant le résultat des stipulations contractuelles et non pas comme l'exercice des prérogatives de puissance publique ou *une atteinte à la force obligatoire des contrats*[561] ; autrement dit, la résiliation unilatérale aurait comme source apparente la volonté des parties. C'est le cas par exemple de l'arrêt *Société Ducoeur et Bayssac*[562] ou de l'arrêt plus ancien *Société Savy, Jeanjean et Cie*[563]. Ce type de rédaction est critiquable car elle laisse supposer qu'en l'absence de cette clause la résiliation motivée par l'intérêt général ne serait pas possible ; or, nous savons qu'il n'en est rien.

Il est fréquent aussi que la convention prévoit que la résiliation motivée par l'intérêt générale est exclusive d'indemnité. Le juge décide alors que l'ensemble -résiliation unilatérale et non-indemnisation- résulte des stipulations contractuelles, la question du dédommagement ne se posant plus puisqu'elle est réglée par convention.

---

[561] Voir sur le pouvoir de modification unilatérale du contrat, l'analyse de M.M. Guibal et Rapp selon laquelle ce pouvoir est *«fréquemment reconnu par le contrat lui-même... En ce cas, au lieu d'apparaître comme une atteinte à la force obligatoire du contrat , le pouvoir de modification unilatérale se présente comme une conséquence de la force obligatoire du contrat, ou si l'on préfère, comme la consécration contractuelle d'un aménagement de sa force obligatoire.» Contrats des collectivités locales,* Ed. F. Lefebvre, 1989 p. 62, n° 129.

[562] C.E., 31 mai 1989, n° 66.683 : *«aux termes des stipulations de cette convention, il appartenait à la S.N.C.F. de faire cesser l'occupation... pour tout motif d'intérêt public... »*

[563] C.E., 16 nov. 1956, *Leb.* 435. *«que d'ailleurs il ressort de l'ensemble des stipulations contractuelles régissant le contrat que la S.N.C.F. pouvait prononcer la suppression de l'embranchement particulier dans tous les cas où les besoins du service l'exigeaient. »*

Les arrêts dans lesquels la question de l'indemnisation en cas de résiliation n'est pas prévue sont peu nombreux. Nous allons les analyser ci-après, et nous verrons qu'en fin de compte les décisions jurisprudentielles non seulement n'affirment pas de façon absolue ce droit mais de plus elles sont sujettes à une autre interprétation plus restrictive allant dans le sens de la non-indemnisation. L'ambiguïté jurisprudentielle est ancienne (A), et persistante à l'heure actuelle (B).

A - Une ambiguïté ancienne

Nous pensons que les arrêts doivent être analysés en tenant compte de l'esprit du Conseil d'Etat qui anime ses décisions depuis le milieu du siècle, tendant à la valorisation du domaine.

Il ressort d'abord, d'une façon générale, que le Conseil d'Etat a voulu restreindre de façon très importante le droit à indemnité sur le domaine public, puisqu'il a multiplié le nombre de cas de retrait sans indemnité, motivés par l'intérêt général. Certes, cette jurisprudence s'est manifestée à l'occasion du retrait d'autorisations ; mais elle est significative de l'état d'esprit des juges.

Ce que nous voulons prouver ici c'est que l'indemnisation en cas de résiliation d'une convention pour motif d'intérêt général n'est pas affirmée de façon catégorique et qu'une interprétation contraire est parfaitement possible, dans le cadre d'une conception de la gestion domaniale orientée à la réalisation d'économies par l'administration.

Un rappel s'impose ici : il est clairement établi que dans certains cas, le juge admet une indemnisation du fait de la résiliation. Il s'agit d'abord des dommages de travaux publics ; en effet, au terme d'une jurisprudence bien connue, les dommages de travaux publics donnent droit à une indemnisation, qu'il s'agisse du déplacement des ouvrages ou de la dénonciation du titre d'occupation, lorsque les travaux sont faits dans un intérêt autre que celui du domaine occupé. Il s'agit ensuite de la résiliation fautive de l'administration qui donne droit également à une indemnisation. Lors de l'analyse des différentes décisions, ces cas d'indemnisation ne doivent pas être oubliés car un amalgame peut être fait.

De plus, une remarque doit être faite : il y a une identité de régime entre autorisation et contrat pour le retrait ou la résiliation en cas de travaux publics faits dans un intérêt autre que celui du domaine occupé, en cas de faute de l'administration ; dans l'un et l'autre cas, réparation est due, qu'il s'agisse d'un contrat ou d'une autorisation. De même, le régime est identique en cas de retrait ou de résiliation motivés par la faute de l'occupant lesquels n'entraînent pas d'indemnisation, qu'il s'agisse d'un permissionnaire ou d'un concessionnaire de voirie. Doit-on penser qu'il en va autrement pour la résiliation d'un contrat motivée par l'intérêt général et qu'il y aurait deux régimes différents pour l'autorisation et la convention, l'un étant indemnisé et l'autre non ? Nous n'en sommes pas si sûrs. Nous verrons donc ici que les quelques décisions sur cette question peuvent donner lieu à deux interprétations opposées.

I - L'arrêt Leroy et autres

M. R. Chapus cite cet arrêt en exemple de l'indemnité due dont il affirme «*qu'il n'y a pas lieu de penser qu'il ait cessé d'être représentatif de l'état du droit*». Pour ce savant auteur, «*Le concessionnaire de voirie a droit à être indemnisé des conséquences préjudiciables de l'abrogation de son autorisation (c'est-à-dire de la résiliation de la concession).*

Le fait que sa situation est fondée sur un contrat est considéré comme lui donnant une certaine assurance, en dépit du principe de précarité, qu'elle sera maintenue (au moins jusqu'à son terme, s'il en est prévu).»[564]

Dans la décision *Leroy et autres*[565], il s'agissait de la désaffectation d'un marché municipal entraînant la résiliation de contrats de concession. Le requérant invoque la domanialité privée, l'illégalité de la désaffectation et une indemnité réparatrice du fait de la résiliation. Il est intéressant d'analyser d'abord la décision du Conseil de Préfecture puis celle rendue par le Conseil d'Etat.

Une remarque s'impose ici : l'apport essentiel de cet arrêt de section à l'époque des faits fut la reconnaissance de la domanialité des halles et marchés, domanialité publique qui fut affirmée également par le Conseil de Préfecture dans la même affaire ; cette question était peu claire à cette époque et les décisions rendues par les deux juridictions donnèrent lieu à des commentaires de la doctrine sur la nature de ce bien.

En revanche, le point de l'indemnisation passa pratiquement inaperçu puisqu'il ne fut l'objet que d'une courte analyse d'un autre auteur. Nous aborderons les deux décisions rendues à partir de la question de l'indemnité traitée par le Conseil de Préfecture[566] (1) et le Conseil d'Etat[567](2).

1 - Le Conseil de Préfecture

Le Conseil de Préfecture admet la résiliation pour motif d'intérêt général sur le domaine public, mais décide qu'une indemnité est due en l'espèce. Du fait de

---

[564] *Droit administratif général*, précité, p. 519, n° 624.

[565] C.E., Section 4 janvier 1954, *Leb.* p.3 ; *D.*1954, p.674, note F.M.

[566] 13 juin 1950, *Leroy c. Ville de Lille, D.* 1950,p.588, note M. Waline.

[567] Précité note n° 565.

la domanialité publique des halles et marchés, le Conseil de Préfecture décida que le litige échappait à la compétence des tribunaux judiciaires et aux règles de fond propres au droit privé. Les juges affirmèrent qu'en conséquence «... *la convention passée entre le sieur Leroy et la Ville de Lille pour la concession d'un emplacement dans le marché Saint-Nicolas, ne saurait être regardée comme un contrat de bail régi par le droit commun ou bénéficiant de la législation sur la propriété commerciale.* »

Les juges ne font là qu'appliquer les règles propres à la domanialité publique ; mais la suite de la décision est très intéressante puisque les juges affirment : *«Mais considérant que si cette convention pouvait à tout moment être résiliée unilatéralement, dans un intérêt public, par l'administration municipale, celle-ci était tenue, en l'espèce, de dédommager le requérant du préjudice qu'il a pu subir du fait de l'éviction »*.

Ainsi, le Conseil de Préfecture établit clairement qu'une convention sur le domaine public pouvait être résiliée à tout moment dans un but d'intérêt général, l'administration étant tenue alors d'indemniser le bénéficiaire évincé du fait du préjudice subi.

2 - Le Conseil d'Etat

Comme le Conseil de Préfecture, le Conseil d'Etat admet la résiliation pour motif d'intérêt général ; mais en revanche, il décide que le requérant ne justifie d'aucune circonstance qui pût, en l'espèce, ouvrir à son profit un droit à indemnité. Ce qui laisse supposer qu'il y aurait des circonstances où une indemnité serait due ; mais si on considère que les circonstances ne peuvent être qu'une faute de l'administration, l'arrêt prend une tournure beaucoup plus classique.

En effet, il faut rappeler que Leroy demande une indemnité sur la base d'une illégalité de l'administration : la désaffectation d'un marché appartenant au domaine public, inspirée par des motifs qui ne correspondraient pas à un intérêt public ; nous savons que les juges vérifient la régularité de la résiliation du titre sur le domaine public en appréciant la légalité des motifs qui ont déterminé cette résiliation ; au moyen soulevé par Leroy que *«la désaffectation aurait été inspirée non par l'intérêt public... mais par le désir de la Ville d'esquiver ses obligations envers les commerçants... »,* les juges répondent :

«qu'il ne ressort pas des pièces du dossier... que la délibération attaquée... ait été prise pour une autre fin que celle en vue de laquelle le conseil municipal a reçu pouvoir de régler les affaires de la commune. » Autrement dit, les juges estiment que la décision est légale.

Pour refuser l'indemnité demandée, la Haute juridiction décide que Leroy n'apporte pas la preuve d'une autre illégalité qui aurait entaché l'acte : *«le requérant pour contester la légalité de ladite désaffectation à l'appui de sa demande d'indemnité, n'invoque aucun autre moyen que ceux qui ont été écartés par la décision précitée du Conseil d'Etat» ;* en conséquence il n'y a «aucune circonstance» -c'est-à-dire aucune faute- qui puisse lui ouvrir droit à une indemnité[568].

Cet arrêt ne ferait alors qu'illustrer une position traditionnelle de la jurisprudence admettant une indemnité pour résiliation fautive de l'administration. D'ailleurs, pour le commentateur de l'époque, c'est bien l'idée d'une faute de l'administration qui aurait justifié une indemnité : pour lui, il serait illogique *«d'obliger la commune à mettre à ses frais les commerçants privés de leurs étaux dans la situation que les locataires de boutiques n'obtiennent qu'en payant des loyers commerciaux extrêmement élevés»*, alors que les occupants des marchés payent une redevance très faible, *«l'enrichissement sans cause qui en résulterait parait bien apporter la preuve de l'absence de droit à indemnité,* ***sauf en cas de faute****».*[569]

II - L'arrêt Société des chaux et ciments hydrauliques d'Algérie

L'arrêt *Société des chaux et ciments hydrauliques d'Algérie*[570] est cité par J.-M. Auby et M. P. Bon[571], ainsi que par M. J. Dufau[572] ; nous pensons que cette décision ne peut être citée non plus comme exemple représentatif d'indemnité due en cas de résiliation pour motif d'intérêt général.

Dans cette affaire, il s'agissait de la résiliation d'un contrat sur un port, motivé par l'élargissement des voies publiques ; l'arrêt précise en effet que *«la chambre de commerce d'Algérie* (avait) *fait savoir à la Société anonyme des chaux et ciments hydrauliques d'Algérie que le bail qu'elle lui avait consenti sur les terre-pleins du port d'Alger devait être résilié par suite d'un arrêté du*

---

568 *«considérant d'autre part que la Ville pouvait à tout moment mettre fin, pour des motifs tirés d'un intérêt public, au contrat en vertu duquel le sieur Leroy jouissait d'un emplacement sur le marché Saint-Nicolas, dépendance du domaine public municipal ; que la désaffectation légalement prononcée du marché entraînait de plein droit l'expiration dudit contrat ; que le requérant ne justifie d'aucune circonstance qui pût, en l'espèce ouvrir à son profit un droit à indemnité à la charge de la Ville de Lille».*

569 *D.*1954, p.674, note F.M.; caractères gras ajoutés.

570 C.E., 27 novembre 1946, *Leb.* p.296.

571 *Droit administratif des biens*, précité p. 139.

572 *Le domaine public*, précité, p. 554.

gouverneur général de l'Algérie lui pressant d'effectuer sur les parcelles louées la rectification et l'élargissement des voies publiques. »

Il s'agissait donc de la résiliation d'un contrat sur le domaine public. L'arrêt est laconique et, comme le fait remarquer justement M. J. Dufau, les juges ne font que «donner acte à la chambre de commerce» de sa proposition de verser une indemnité : *« Cons. que le conseil de préfecture a donné acte à la Chambre de commerce d'Alger de ce qu'elle est prête à verser à la Société des chaux et ciments hydrauliques d'Algérie, sur justification de sa part, une indemnité calculée d'après les amortissements restant à courir pour ses constructions jusqu'à la fin normale du bail, et que la société requérante , à laquelle la Chambre de commerce a offert la location d'un autre terrain, n'établit pas qu'elle ait droit au paiement d'une indemnité plus élevée.* » Cette décision ne fait donc pas état de façon expresse de l'obligation qu'aurait l'administration de dédommager la résiliation d'un contrat.

Certes, le juge prend acte de la décision de l'administration de verser une somme d'argent et du fait que la requérante n'établit pas qu'elle ait droit au paiement d'une indemnité plus élevée. Mais nous savons par ailleurs, que la jurisprudence admet deux cas de réparation en cas de résiliation : c'est la faute de l'administration et les dommages de travaux publics, motivés dans un intérêt autre que celui du domaine concerné ; or, dans cette affaire, il s'agissait d'une résiliation motivée par *la rectification et l'élargissement des voies publiques,* c'est-à-dire des travaux faits dans un intérêt autre que celui du port. Ne doit-on pas voir alors tout simplement dans cette décision l'application habituelle de la jurisprudence relative à l'indemnisation pour travaux publics ? Nous pensons donc que cet arrêt ne permet pas d'affirmer catégoriquement qu'une indemnité soit due en cas de résiliation d'un contrat pour motif d'intérêt général.

Inversement, une autre décision pourrait laisser croire que le juge a affirmé que la résiliation est exclusive d'indemnité. Or, une analyse plus détaillée fait état qu'en fin de compte, l'absence d'indemnisation proviendrait tout simplement de travaux faits dans l'intérêt du domaine. En effet, dans l'arrêt *Savy, Jeanjean et Cie*[573], il s'agissait d'une convention d'occupation du domaine public et l'établissement d'un embranchement particulier entièrement situé sur le domaine public. Le contrat est résilié, l'occupant demandant alors l'annulation de la résiliation et le paiement d'une indemnité. Le juge rejette la demande de la société requérante en invoquant «... *qu'il pouvait à tout moment être mis fin à l'occupation du domaine public dans l'intérêt général... qu'il ne résulte pas de l'instruction que la résiliation litigieuse... ait été prononcée pour*

[573] C.E., 16 nov. 1956, *Leb.* p. 435.

des motifs étrangers aux besoins du service.» En fait, la résiliation correspondait à la réorganisation de la gare dans le cadre d'un plan d'ensemble, autrement dit à des travaux publics. Bien que cela ne soit pas dit explicitement, on peut déduire que l'absence d'indemnité est due à la résiliation faite dans le cadre de travaux réalisés dans l'intérêt du domaine concerné, puisqu'il s'agissait de la réorganisation d'ensemble de la gare. Ces deux arrêts précités montrent donc que les raisons qui ont motivé la résiliation doivent être analysées très précisément, car elles peuvent changer profondément la portée de la décision.

III - L'arrêt sieur Landais

L'arrêt *sieur Landais*[574] est cité par M. J. Dufau qui soutient que celui-ci admet *«mais d'une manière implicite et a contrario, le droit à indemnité du titulaire d'un emplacement dans un marché».*[575] M. C. Lavialle se base également sur cette décision pour affirmer l'indemnisation.[576]

Il s'agissait dans cette affaire du sieur Landais qui avait repris d'un prédécesseur, l'exploitation d'un emplacement sur un marché ; le contrat initial avait été passé en 1935 pour une durée de neuf ans. M. Landais invoque que ce contrat est de droit privé et qu'une indemnité est due du fait de la résiliation de celui-ci en 1953, suite à ce que la ville ait décidé de libérer le marché de tout occupant. Bien que l'arrêt n'en fasse pas état, c'est bien le bénéfice de la propriété commerciale qui est invoqué par le requérant.

D'abord, les juges décident que le droit privé est inapplicable puisque le contrat, *«postérieurement à l'entrée en vigueur du décret du 17 juin 1938 devait en tout état de cause être regardé comme un contrat administratif»* ; le requérant se retrouvait être un occupant sans titre du fait du non-renouvellement du contrat sur le domaine public. Mais ensuite, il est dit que *«le contrat... étant expiré depuis le 31 décembre 1943, ainsi qu'il est dit ci-dessus, le sieur Landais ne saurait se prévaloir des droits qu'il aurait tenus dudit contrat pour réclamer une indemnité... »* Ce qui laisse supposer dans une première interprétation et a contrario, que si le contrat n'était pas expiré, l'indemnité serait due.

Cependant, une autre interprétation peut être faite : pour réclamer une indemnité *«le sieur Landais se fonde sur des droits qu'il aurait tenus du contrat susmentionné»* par le fait de son prédécesseur qui lui avait transmis le local ; Landais, qui se croyait très certainement protégé par la législation sur la

---

574 C.E., 20 novembre 1957, *Leb.* p. 628.

575 *Le domaine public*, précité, p. 554.

576 *Droit administratif des biens*, précité, p. 155, n°144.

propriété commerciale, n'avait pas demandé le renouvellement de son contrat ; il invoque donc la perte de son fonds de commerce ; mais la réponse apportée c'est qu'il s'agit d'un contrat de droit public, sur le domaine public, venu à expiration ; M. Landais ne saurait donc se prévaloir de **droits privés** qu'il aurait détenus dudit contrat. Cette décision ne serait finalement que la simple affirmation de l'impossibilité d'avoir un fonds de commerce cessible sur le domaine public.

Nous voyons donc que les quelques décisions anciennes n'établissent pas de façon absolue le droit à indemnisation en cas de résiliation du contrat.

B - Une ambiguïté persistante

La jurisprudence actuelle n'est pas plus claire et elle laisse subsister des interrogations importantes sur ce droit supposé à indemnité.

I - L'arrêt ville de Châlon-sur-Marne c/groupement d'intérêt économique «Publicitor»

L'arrêt *Ville de Châlon-sur-Marne*[577] semble admettre a contrario l'octroi d'une indemnité, mais nous verrons que de larges zones d'ombre subsistent. Il s'agissait dans cette affaire d'une concession d'emplacements publicitaires, exploitée par une autre personne que le titulaire du contrat.

Pour refuser l'indemnité de résiliation, les juges invoquent : *«aucune stipulation du contrat passé entre une commune et une société de publicité en vue de l'exploitation d'emplacements situés sur le domaine public n'autorisait le titulaire à céder à un tiers les droits qu'il tenait de ce contrat.»* Ce tiers, qui par ailleurs ne justifiait d'aucun mandat de l'occupant originaire, ne pouvait alors se *«fonder sur les stipulations de ce contrat pour demander que la commune soit condamnée à lui payer une indemnité à la suite du retrait des emplacements concédés à la société. »*

Autrement dit, le requérant n'étant ni le bénéficiaire du titre ni un mandataire, il ne pouvait invoquer le contrat pour réclamer une indemnité ; cette rédaction laisse supposer a contrario que si l'action avait été intentée par le titulaire du titre ou par son mandataire, une indemnité aurait pu être demandée.

Mais l'arrêt ici est encore laconique : il ne dit pas explicitement qu'une indemnité pouvait être due pour résiliation motivée par l'intérêt général ; il ne fait pas état non plus des causes qui ont valu la résiliation. Ainsi dans

---

[577] C.E., 2 février 1979, *Leb.* p. 732.

l'ensemble, l'arrêt laisse en suspens un certain nombre d'interrogations qui ne permet pas d'affirmer avec certitude qu'une indemnité est due en cas de résiliation pour motif d'intérêt général.

II - L'arrêt S.A.R.L. Cetra

Certains auteurs considèrent que l'arrêt *S.A.R.L. Cetra*[578] établit d'une façon claire la distinction entre l'autorisation et le contrat d'occupation du domaine public : c'est une durée assortie d'une indemnité au profit du contrat, dont ne bénéficierait pas la simple autorisation.

Nous pensons que cette décision n'établit pas de façon catégorique cette différence ; et quand bien même on admettrait ce droit indemnitaire, une approche restrictive de celui-ci doit être faite.

Dans l'affaire *S.A.R.L. Cetra,* il s'agissait d'une société titulaire d'une permission de voirie ou autorisation d'occupation temporaire, invitée à quitter les lieux en raison de travaux d'aménagement d'un nouvel ouvrage public portuaire. Par un acte intitulé «convention», l'entreprise est autorisée à occuper l'emplacement pour quelques mois de plus. Une résiliation intervient quatre jours avant le terme fixé. Le requérant demande une indemnité du fait de l'éviction.

Pour refuser l'indemnisation, le Conseil d'Etat se fonde sur le fait que *«cette dernière autorisation, consentie à titre gracieux, n'avait aucun caractère contractuel et était soumise aux mêmes conditions de précarité que l'autorisation initiale qu'elle prolongeait».*

Ceci laisse supposer que :

- si on est en présence d'une autorisation, précaire, aucune indemnité n'est due ;

- en revanche, si on est en présence d'un contrat, moins précaire que l'autorisation, une indemnité serait due. Mais il faut rappeler ici que depuis 1970 on a introduit un paragraphe 2 à l'article A26 qui prévoit une indemnité de résiliation pour motif d'intérêt général, dans des conditions précises et limitatives. Dans une conception indemnitaire restrictive, et dans la mesure où on admet le droit à réparation, ne doit-on pas penser alors que les juges font référence à l'article A26 de façon implicite ?

---

[578] C.E., 21 oct. 1988, *Leb.* 364 ; *Rev. adm.* 1988, p. 529, note P. Terneyre ; *R.F.D.A.*, 1988, p. 1033.

Le juge n'établit pas non plus dans cette décision que la résiliation comporte le droit à réparation. Le problème reste donc entier. En tout état de cause, la jurisprudence citée habituellement pour affirmer que l'indemnité est due en cas de résiliation, est peu claire ; l'ambiguïté des décisions, peu nombreuses, laisse planer un doute quant à son existence, quant à son montant. Une question aussi importante pour l'entreprise ne peut reposer sur l'interprétation a contrario de quelques décisions et devrait être clairement formulée. Aujourd'hui, nous pensons que cette question de l'indemnisation du contrat en cas de résiliation doit être analysée dans le cadre de la jurisprudence globale du Conseil d'Etat qui tend de plus en plus à la rentabilisation du domaine, rentabilisation dont la phase la plus connue est celle de la perception de revenus, comme la redevance. Mais la valorisation peut être favorisée aussi en évitant à l'administration de payer certaines sommes d'argent ; et c'est donc cet aspect là qu'il faudra considérer. Nous verrons que l'analyse des textes en cette matière oriente dans ce sens -c'est-à-dire l'absence d'indemnisation- sauf dans certains cas spécialement établis.

§ III - LES TEXTES LIMITENT LE DROIT A INDEMNITE A DES SITUATIONS PRECISES

Le pouvoir politique ne fait pas de différence entre autorisation et contrat comportant occupation du domaine public, en ce qui concerne le régime indemnitaire. Cela transparaît dans l'analyse de l'article A26 alinéas 2 et 3 du code du domaine de l'Etat (A). Cela est clairement défini par la loi de 1994 sur la création de droits réels sur le domaine public (B) ; et nous verrons que l'indemnisation de l'article A26 est restrictive ; quant à celle de la loi de 1994, son montant est incertain.

Une remarque s'impose ici. Nous n'aborderons ici délibérément que les textes prévoyant explicitement une indemnisation du fait du retrait ou de la résiliation. Nous ne traiterons donc pas ici de façon voulue la question de l'indemnité du fait de la résiliation du bail emphytéotique de la loi de janvier 1988 précitée, car le législateur n'a pris aucune disposition particulière à ce sujet, une controverse doctrinale s'étant d'ailleurs instaurée sur la question de savoir si la résiliation même de ce bail était possible ou non. Cependant, s'agissant d'un titre portant occupation du domaine public, on peut imaginer qu'en fin de compte, dans le silence du législateur, celui-ci a voulu précisément que l'indemnisation de la résiliation du bail emphytéotique ne soit pas une autre que celle, restrictive, de l'article A26, alinéas 2 et 3 du code du domaine de l'Etat ; (nous savons que les collectivités locales font application de cet article par extension, bien qu'à l'origine celui-ci était prévu pour les biens du domaine de l'Etat).

A - L'article A26 alinéas 2 et 3

L'occupant du domaine public ne bénéficie d'aucune stabilité ; nous savons qu'il peut être évincé pour motif d'intérêt général dont l'augmentation du nombre a été une cause d'aggravation de la précarité. Ceci a amené le pouvoir politique à prendre une disposition permettant sous certaines conditions l'octroi d'une indemnité en cas de retrait pour motif d'intérêt général.

L'arrêté du 30 juillet 1970, devenu l'alinéa 2 de l'article A26 stipule que «... *lorsque l'édification de constructions ou d'installations par le bénéficiaire de l'autorisation est, eu égard à la destination d'intérêt général de celles-ci, expressément agréée par l'Etat ou la collectivité gestionnaire ou concessionnaire du domaine public, le retrait de l'autorisation pour un motif d'intérêt général avant l'expiration du terme fixé peut donner lieu à une indemnisation du bénéficiaire évincé, à la condition que cette possibilité ait été prévue dans le titre d'autorisation.* »

Le problème qui se pose ici est le suivant : ce texte s'applique-t-il à l'autorisation d'occupation temporaire ou bien s'applique-t-il au contrat ? La lecture littérale, rapide de cet alinéa laisse penser que seule l'autorisation est concernée, à l'exclusion du contrat, d'autant qu'il est admis que le retrait pour motif d'intérêt général de l'autorisation est exclusif d'indemnité, au terme d'une jurisprudence bien établie qu'il n'est plus utile de rappeler ici. Mais les avis divergents de la doctrine prouvent que la question n'est pas aussi simple (I) ; l'analyse plus approfondie du texte fait état d'une assimilation entre autorisation et contrat en ce qui concerne l'indemnité en cas de retrait ou résiliation (II).

I - La controverse doctrinale sur le champ d'application de l'article A26 al. 2 et 3.

La doctrine, majoritairement, avait établi que la résiliation du contrat comportait une indemnisation ; elle a du mal alors à situer l'article A26 al. 2 et 3, qui fait tomber l'édifice doctrinal.

En effet, pour M. G. Lavroff, la résiliation du contrat avant le terme prévu donne lieu à une indemnité, à moins que celle-ci soit expressément exclue par une clause contractuelle[579] ; quant à l'autorisation, elle ne donne pas lieu à indemnisation pour motif d'intérêt général sauf application exceptionnelle de

[579] *Le domaine des collectivités locales*, précité, p. 62.

l'article A26 précité. De même, pour M. P. Godfrin, l'indemnisation de cet article est versée en cas de retrait de la permission.[580] M. J. Dufau considère également que l'indemnisation prévue à l'article A26 est une dérogation à l'absence d'indemnisation en cas de retrait de l'autorisation motivée par l'intérêt général[581]. En conséquence, pour lui, l'article A26 doit s'appliquer à l'autorisation.

M. A. de Laubadère semble pencher pour l'utilisation de A26 dans le cadre de l'autorisation : «*L'article A26, Code dom., prévoit que, dans certains cas (installations d'intérêt général effectuées en vertu d'une autorisation expressément agréée par l'administration), le titre d'autorisation peut prévoir l'indemnisation d'un éventuel retrait*»[582]. Cependant, dans *le Traité des contrats administratifs*, MM. Laubadère, Moderne et Delvolvé affirment par ailleurs que l'article A26 ne permet pas d'établir de façon nette des catégories juridiques d'actes au contour net[583] ; ils font état également de l'évolution du droit positif qui rapproche le contrat et l'autorisation, et de la distinction parfois très ténue entre la concession et la permission[584]. Ils opèrent une distinction entre «*la concession domaniale*», véritable contrat administratif, et d'autres conventions qui, tout en se rapprochant de la concession, *n'y sont pas assimilables. Tel serait le cas des conventions conclues sur la base de l'article A26.* Mais ensuite les auteurs considèrent que l'acte bénéficiant de l'article A26 est d'une nature juridique imprécise car *«d'un côté, l'autorisation d'occupation temporaire du domaine public se rattache aux actes unilatéraux adoptés en la matière ; de l'autre, la détermination de droits et d'obligations réciproques se rattache aux contrats ; mais ils figurent dans un même document.* » Finalement les éminents auteurs émettent l'idée d'une dissociation à l'intérieur d'un même acte, de l'autorisation à proprement parler, et des clauses garantissant les droits du titulaire du titre, qui seraient contractuelles, tout en s'interrogeant si en fin de compte il ne conviendrait pas *de reconnaître à la convention d'occupation temporaire une nature entièrement contractuelle et à la considérer en définitive comme une véritable concession domaniale.*[585]Nous voyons donc qu'aux termes de leur analyse, les savants auteurs s'interrogent sur la possibilité de reconnaître un caractère contractuel à l'acte bénéficiant de l'article A26.

---

[580] *Droit administratif des biens*, 4ème éd., précité, p. 129.

[581] *Le domaine public*, précité, p. 554, n° 705, et p. 522, n° 662.

[582] *Traité de droit administratif, La fonction publique, les domaine administratifs, (...)*, précité, p. 214, n° 367.

[583] *Traité des contrats administratifs*, A. de Laubadère, F. Moderne, P. Delvolvé, L.G.D.J., tome I, 2e éd., 1983, n° 95, p. 136.

[584] *Traité des contrats administratifs*, précité, p. 135 n° 95.

[585] *Traité des contrats administratifs*, précité, p. 324, n°268.

Mme C. Bréchon-Moulènes fait état d'un nouveau type d'acte *«acte mixte, mi-unilatéral, mi-conventionnel... entretenant constamment le suspens quant à sa nature juridique»*[586]. Auby et M. Bon vont reprendre cette triple distinction ; pour ces auteurs, l'indemnisation est écartée en cas de retrait de l'autorisation motivé par l'intérêt général ; en revanche, elle est due en cas de résiliation du contrat (Auby soutient cette théorie de longue date)[587]. Avec la parution de l'article A26, les éminents auteurs distinguent un troisième type d'acte : c'est l'autorisation conventionnelle, à laquelle s'appliquerait l'article A26, donnant lieu à indemnité si cette possibilité est prévue dans l'acte[588]. Mais en même temps ils sont contradictoires puisque s'agissant de l'indemnisation du contrat du fait de la résiliation, ils la renvoient à l'article A26 pour le calcul de l'indemnité[589]. Cela revient donc à supprimer indirectement une indemnisation du contrat autre que celle de A26 ; par-delà ils rétablissent deux catégories d'actes (et non trois).

M. Lagrange, Conseiller d'Etat penche plutôt pour l'application de l'article A26 au contrat[590].

II - L'assimilation de l'autorisation et du contrat par l'article A26 al. 2 et 3

En réalité, la triple distinction établie par certains auteurs n'est pas satisfaisante car elle ne fait que compliquer une question déjà délicate. Il faudrait s'interroger aussi sur la question de savoir pourquoi le gouvernement aurait créé un troisième type d'acte- l'autorisation conventionnelle- prévoyant expressément une indemnisation, laquelle nous le verrons, est très restrictive, alors qu'il y aurait par ailleurs un contrat qui indemniserait automatiquement et de façon satisfaisante le bénéficiaire du fait de la résiliation.

---

586 «Une technique juridique explosive : l'autorisation conventionnelle d'occupation du domaine public», *Mélanges offerts à G. Bourdeau,* L.G.D.J., p. 753 et s.

587 «Les contrats comportant occupation du domaine public», *D.* 1953, chron, 20.

588 Sur les «autorisations conventionnelles d'occupations du domaine public», l'auteur soutient : «Cette catégorie résulte de l'article A26 du Code du Domaine de l'Etat qui prévoit le cas dans lequel l'Etat (ou la collectivité gestionnaire ou bénéficiaire du domaine) accepte expressément l'édification, par le bénéficiaire de l'autorisation, de constructions ou installations, eu égard au caractère d'intérêt général de ces ouvrages. Dans ce cas, le retrait de l'autorisation pour motif d'intérêt général peut donner lieu à indemnité si cette possibilité a été prévue dans l'acte d'autorisation. Comme on le verra, cette indemnisation est écartée dans le cas des autorisations fondées sur un acte unilatéral et admise pour les autorisations contractuelles. Il s'agit donc d'une situation intermédiaire». *Droit administratif des biens,* précité, p. 121, n° 102.

589 *«V. sur les modalités de l'indemnisation, Code dom. Etat, art. A26 (A. 30 juill. 1970).» Droit administratif des biens,* précité, note de bas de page n° 1, p. 139.

590 « L'évolution du droit de la domanialité publique», *R.D.P.* 1974, p. 5.

Il ne faut pas oublier que l'objectif de ce texte n'était pas de limiter une indemnisation qui aurait été due mais au contraire de favoriser des investissements en accordant une indemnisation qui n'était pas due[591]. Nous pensons qu'en réalité l'incertitude jurisprudentielle sur le droit à indemnisation a conduit le gouvernement à établir précisément l'indemnisation en cas de résiliation du titre d'occupation du domaine public ; cette réforme avait été provoquée sur la pression des autorités portuaires, soucieuses de donner un cadre légal approprié, et conscientes que l'indemnisation du contrat n'était pas claire en cas de résiliation motivée par l'intérêt général[592]. En réalité, l'article A26 instaure une unité de régime entre autorisation et contrat : c'est l'absence d'indemnité en cas d'absence de stipulation expresse (1) ; pour être due, l'indemnité doit être expresse et correspondre aux conditions restrictives de l'article A26 (2).

1 - L'absence d'indemnisation en cas d'absence de stipulation expresse

Ce qui ressort de l'analyse de l'article A26, c'est d'abord une unité de régime des deux titres ; que l'acte soit intitulé autorisation ou convention n'a aucune importance ; le retrait ou la résiliation de l'un ou de l'autre n'entraîne pas d'indemnisation ; l'un et l'autre sont soumis au même régime dans la mesure où l'indemnisation n'est pas spécialement prévue dans l'acte. L'intitulé de l'acte n'a aucune importance ; nous savons d'ailleurs que celui-ci ne lie pas les juges qui peuvent le requalifier ; de plus il est courant que ceux-ci utilisent dans une même affaire tantôt le mot «autorisation», tantôt le mot «contrat», ce qui imprime une très grande insécurité pour l'occupant quant à la nature de l'acte qu'il détient ; il faut d'ailleurs remarquer qu'il y a des textes particuliers qui font application de l'article A26 et où il est employé indistinctement les mots autorisation ou contrat[593]. En conséquence, nous estimons que le retrait ou la résiliation ne comporte pas le paiement d'une indemnité si cela n'est pas prévu

---

[591] Selon la circulaire d'application de l'article précité : « *Il est apparu, en effet, que l'absence d'indemnisation en cas de retrait qui caractérise les occupations temporaires traditionnelles du domaine public se révèle parfois préjudiciable à l'intérêt général dans la mesure où elle empêche l'investissement de capitaux dans des installations dont l'amortissent serait par trop aléatoire, alors que leur réalisation présenterait cependant un grand intérêt.*
L'objet du complément apporté à l'article A26 est de remédier à cet inconvénient en donnant la faculté de prévoir dans le titre d'autorisation une indemnisation au bénéficiaire en cas de retrait [motivé par l'intérêt général ».

[592] Source : Port Autonome de Marseille.

[593] Décrets sur les cultures marines, et décret relatif aux zones de mouillages et d'équipements légers sur le domaine public, précités.

de façon explicite dans le titre d'occupation, quand bien même l'acte serait appelé contrat.

2 - L'indemnité expresse et restrictive de l'article A26

En revanche, ce qui est important, c'est que pour qu'une indemnité soit due, celle-ci ne peut être que celle prévue par l'article A26, - et rien de plus- et ce, quel que soit l'intitulé de l'acte (autorisation ou contrat).

L'acte, quelle que soit son appellation, traduit une réciprocité d'obligation. Le gouvernement, par sa circulaire d'application, indiquait d'ailleurs qu'il était plus conforme à l'esprit du texte *de donner aux titres d'autorisation ouvrant droit à indemnité en cas de retrait, la forme d'une convention traduisant un accord de volonté de l'administration et de l'administré, sur les conditions d'occupation.*

En effet, la lecture même de l'article montre bien que l'application de celui-ci ne peut résulter que d'un accord de volonté : l'administration s'engage à indemniser l'occupant aux conditions fixées dans l'autorisation ; quant à l'opérateur privé, il s'engage à réaliser des constructions bien déterminées, expressément autorisées, pour un prix préétabli. Il est donc d'une logique implacable de constater que malgré l'emploi du terme «autorisation», l'article A26 a au fond un caractère éminemment contractuel[594].

Pourrait-on imaginer d'ailleurs que l'opérateur privé réalise des opérations d'un coût extrêmement élevé comme des installations industrialo-portuaires sans être assuré de façon très précise des conditions de l'indemnisation en cas de retrait de son titre ? A l'inverse, pourrait-on imaginer que l'administration n'exige pas une contrepartie de son engagement ?

Il convient de remarquer que l'article A26 établit une indemnisation très restrictive[595] ; il est bien connu qu'en réalité elle n'est qu'une garantie du crédit.

---

[594] «*Toutefois, lorsque l'édification des constructions ou d'installations par le bénéficiaire de l'autorisation est, eu égard à la destination d'intérêt général de celles-ci, expressément agréée par l'Etat ou la collectivité gestionnaire ou concessionnaire du domaine public, le retrait de l'autorisation pour un motif d'intérêt général avant l'expiration du terme fixé peut donner lieu à indemnisation du bénéficiaire évincé, à la condition que cette possibilité ait été prévue dans le titre d'autorisation.*
L'indemnité visée à l'alinéa précédent est à la charge de la collectivité au profit de laquelle est opéré le retrait ; elle est égale, sous déduction de l'amortissement calculé dans les conditions fixées dans le titre d'autorisation, au montant des dépenses prévues dans le même titre et que les bénéficiaires ont effectivement exposées pour la réalisation des constructions et installations expressément autorisées, dans la mesure où celles-ci subsistent toujours à la date du retrait».

[595] Voir par exemple sur cette question, P. Godfrin, *Droit administratif des biens*, 4ème éd., précité,

Des conditions sont imposées, tenant aux constructions ; par exemple, les constructions doivent être à réaliser dans le futur et ne pas exister déjà. Ainsi, le repreneur d'une entreprise ne pourrait jamais se faire garantir au moyen de l'article A26 le prix payé pour celle-ci en cas de résiliation avant le terme prévu. De plus, pour pouvoir être indemnisé, l'occupant doit avoir réalisé des constructions préalablement agréées ; dans le cas contraire, l'indemnisation n'est pas due.

Quant à l'indemnité proprement dite, elle est strictement délimitée : la circulaire d'application précise qu'elle doit être d'abord prévue expressément dans l'acte ; il s'agit là d'une condition incontournable ; les pouvoirs publics n'entendent octroyer une indemnité que dans la mesure où l'autorité s'y est engagée par avance. C'est donc bien qu'il est dans leur esprit qu'aucune indemnité n'est due si elle n'est pas prévue dans le titre, même si celui-ci est intitulé «contrat».

Le montant maximum dû doit être précisément établi dès l'origine. Mais il ne s'agit pas de n'importe quel montant déterminé par les parties ; il ne s'agit pas non plus d'indemniser la totalité du préjudice subi. L'indemnité correspond aux investissements. Mais ensuite, ce ne sera qu'une base de calcul puisqu'en cas de résiliation, on opérera une déduction des amortissements calculée dans les conditions fixées dans le titre ; aucune réévaluation du fait par exemple de l'élévation du coût de la vie n'est faite ; l'indemnité diminue d'année en année pour devenir insignifiante ou nulle à la fin de l'occupation. Les constructions doivent subsister évidemment pour que l'occupant puisse bénéficier de l'indemnité.

Il faut remarquer que dans la pratique administrative, c'est l'investissement effectué par l'opérateur privé qui est déterminant dans l'indemnisation. En l'absence d'investissement ou en cas d'investissement de peu de valeur, la résiliation ne comporte jamais le paiement d'une réparation, et ce, quel que soit l'intitulé de l'acte (autorisation, convention, arrêté, contrat-type).[596] En cas d'investissement, en revanche, une réparation est due si la résiliation intervient pour motif d'intérêt général. Mais l'indemnisation due est celle prévue par l'article A26, et rien de plus, peu importe d'ailleurs l'intitulé des actes.

Il est certain que la loi de 1994 créant un droit réel sur le domaine public restreint l'intérêt de cet article puisque ce texte établit un titre créateur de droit réel qui devient de droit commun, alors que l'acte traditionnel devient

p. 129.

[596] Voir par exemple les actes établis par les ports autonomes ou les Aéroports de Paris. Documents remis en 1993.

l'exception : le titulaire d'une autorisation a un droit réel sur les ouvrages sauf prescription contraire. Mais l'administration peut toujours avoir recours au titre traditionnel et rien ne l'empêche de faire bénéficier l'occupant de la garantie de l'article A26. D'autre part, le texte de 1994 ne s'applique pas sur certaines dépendance du domaine public, les règles traditionnelles étant alors maintenues. L'incertitude jurisprudentielle sur l'indemnité en cas de résiliation du contrat persiste alors. Quant a l'article A26, inséré dans le code du domaine de l'Etat, il ne devrait théoriquement s'appliquer que pour le domaine de l'Etat ; mais il est fréquent que les communes en fassent l'application.

Mais il n'empêche que l'article A26 est significatif à différents égards : il établit la volonté des pouvoirs publics de la recherche d'une économie sur le domaine public ; nous avons dit que la doctrine majoritaire affirme qu'en cas de résiliation du contrat sur le domaine public, une indemnité était due. Or, l'article A26 prouve bien la volonté politique de restreindre considérablement cette indemnisation aux seuls actes où la réparation est spécialement prévue, et dans des conditions restrictives bien déterminées.

En résumé, nous pensons que, dans tous les cas ne relevant pas de la loi de 1994, en cas de retrait ou de résiliation d'un titre sur le domaine public, le principe c'est la non-indemnisation, si rien n'est prévu dans l'acte, que celui-ci soit appelé autorisation ou contrat. En revanche, une indemnisation n'est due que si elle est expressément prévue dans l'acte, quel que soit l'intitulé de celui-ci. L'indemnisation ne peut intervenir que dans les limites très précises établies par l'alinéa 3 de l'article A26. La combinaison de la jurisprudence et de ce texte fait apparaître qu'il n'y a aucun caractère automatique de l'indemnisation du contrat sur le domaine public, et ce, malgré l'affirmation contraire de la doctrine majoritaire.

B - La loi du 25 juillet 1994

La loi de 1994[597] va établir une assimilation entre autorisation et contrat en ce qui concerne l'indemnisation (I) ; mais des incertitudes demeurent quant au montant de l'indemnité (II).

I - L'assimilation de l'autorisation et du contrat

Le texte de 1994 va également dans le sens d'une unification entre l'autorisation et le contrat d'occupation du domaine public, unification qui avait été déjà amorcée par l'article A26 dont nous avons longuement parlé

---

[597] Complétant le code du domaine de l'Etat et relative à la constitution de droits réels sur le domaine public, précité.

précédemment. L'indemnisation en cas de retrait ou résiliation a lieu indistinctement à partir d'une autorisation ou d'un contrat.

En effet, l'article L.34 alinéa 3 de ce texte établit qu'en cas de résiliation motivée pour un motif autre que l'inexécution de ses clauses et conditions, avant le terme prévu à l'autorisation, le titulaire a droit à être indemnisé. Mais l'article L. 34-5 stipule que les dispositions de la présente section sont également applicables aux conventions de toute nature ayant pour effet d'autoriser l'occupation du domaine public. Il ressort des travaux parlementaires que dans un but de simplification rédactionnelle, le texte établit le nouveau régime à partir des autorisations unilatérales mais étend le nouveau régime également à la convention ou concession[598]. En conséquence, ce texte établit clairement l'unification des deux titres pour l'indemnisation en cas de retrait ou de résiliation.

II - Les incertitudes sur le montant de l'indemnisation

Quel est le montant de l'indemnisation ? Le texte de 1994 stipule *qu'en cas de retrait de l'autorisation ayant pour motif autre que l'inexécution de ses clauses et conditions, le titulaire est indemnisé du* ***préjudice direct, matériel et certain né de l'éviction****. Les règles de détermination de l'indemnité peuvent être précisées dans le titre d'occupation.*

La réflexion qui s'impose c'est que l'occupant ne sera dédommagé que des droits qu'il perd[599] ; il convient donc de s'interroger sur l'étendue de ses droits. Certes, cette formule rappelle celle employée en matière d'expropriation. Le législateur emploie le terme «droit réel» conférant les prérogatives du propriétaire ; mais il n'empêche qu'il s'agit là d'un droit réel limité à différents égards.

En effet, les auteurs s'accordent pour dire qu'il est un droit de propriété tronqué. Ainsi il est limité dans le temps. Par définition, il a une fin. En conséquence, pour chaque année écoulée, il perd une partie de sa valeur pour ne plus rien valoir la dernière année. Si un titre est d'une durée de trente ans, à notre avis, et sans préjuger ce que seront les décisions jurisprudentielles,

---

[598] Voir en ce sens le rapport de M. Mercier au nom de la commission des lois constitutionnelles, de la législation et de l'administration générale de la République de l'Assemblée nationale (n° 1209), p. 27. Voir également l'article *Biens et travaux,* sous la direction de MM. F. Lorens, B. Odent, B. Pacteau, *R.F.D.A.*, 1994, p. 1113.

[599] Par exemple, dans l'arrêt précité *Boin-Fabre,* le juge, malgré la faute de l'administration, celle d'avoir laissé croire à l'occupant qu'il avait un fonds de commerce, décide que l'opérateur privé ne reçoit qu'une faible indemnité en raison du fait qu'on ne pouvait l'indemniser d'un droit - le fonds de commerce- qu'il ne pouvait détenir, par définition, sur le domaine public.

l'indemnisation ne sera pas la même si le retrait intervient la première année ou si le retrait intervient la vingt neuvième année. Une dégressivité interviendra forcément.

L'occupant pourra-t-il être indemnisé de la perte de son fonds de commerce ? Nous ne le pensons pas ; le législateur a instauré un droit réel conférant les prérogatives et obligations du propriétaire, il n'a pas instauré un fonds de commerce ; nous savons par ailleurs que les juges administratifs refusent l'indemnisation propre au fonds de commerce sur le domaine public.

Pourra-t-il être indemnisé pour d'autres frais comme par exemple le licenciement du personnel, le déménagement ? Pourra-t-on par exemple prévoir une indemnisation sur la base d'une réactualisation du prix des constructions ? Rien n'est moins sûr car il ne faut pas oublier que le législateur n'a pas entendu donner un statut de droit privé aux biens entrant dans le champ d'application de ce texte ; bien au contraire, il a voulu conserver le régime domanial : les règles domaniales prévalent toujours, on est toujours sur le domaine public.

Une grande incertitude demeure donc sur le montant de l'indemnité ; et il convient donc de s'interroger sur la question de savoir si finalement le législateur n'a entendu indemniser le retrait du titre que d'un montant proche de celui établi précédemment par l'article A26, précité, ne remboursant que la partie non amortie de l'emprunt restant dû. Car, en fin de compte, ce texte n'est qu'une légalisation de la pratique antérieure qui consistait à reconnaître un droit de propriété sur les constructions édifiées par l'occupant. Si on ne pouvait que féliciter la hardiesse de certains gestionnaires du domaine public, en revanche, on pouvait s'interroger sur la légalité de ce type de clauses et surtout sur les réelles garanties qu'elles apportaient. En effet, le droit de propriété sur les édifications opère un morcellement du domaine affecté, inconciliable avec les règles domaniales.

Ce texte ne viendrait donc que légaliser un certain type de droit réel établi par la pratique, sans pour autant apporter une indemnité plus importante que celle précédemment établie, autrement dit, celle de l'article A26. Les décisions jurisprudentielles à venir le diront.

Il s'agit là d'un certain nombre de questions qui sont en attente de réponses. Mais il ne faut pas oublier que les pouvoirs publics ont comme politique générale celle de réaliser des économies sur le domaine public ; la domanialité publique doit être interprétée à partir de cette grille de lecture. C'est pourquoi nous pensons que les litiges sur l'indemnisation en cas de résiliation doivent être vus dans cette optique. La loi est restée floue s'agissant du point essentiel des indemnisations. La jurisprudence à venir nous éclairera sur cette question, sans que nous puissions dire aujourd'hui qu'elle sera favorable obligatoirement à l'entreprise. En tout état de cause, plusieurs années après sa parution, les auteurs font remarquer les retombées limitées du texte qui a eu peu d'application et a suscité peu d'intérêt auprès des exploitants privés[600].

Ce qui est certain c'est que ce texte va dans le sens que nous soutenons : celui de la non-indemnisation du contrat d'occupation traditionnel. En effet, il serait inimaginable qu'un simple contrat d'occupation soit mieux indemnisé qu'un contrat conférant un droit réel, qui par définition doit apporter plus de sécurité à l'occupant ; en imaginant que cette indemnisation existe, elle ne peut être qu'inférieure à celle conférée par le texte de 1994. Or, nous avons vu l'incertitude qui existe sur le montant de l'indemnité du titre conférant un droit réel, lequel a de fortes probabilités d'être proche de celle de A26, et de ce fait risque d'être très loin d'indemniser la totalité du préjudice subi. Donc, dans le meilleur des cas pour l'occupant titulaire d'un contrat traditionnel, sans droit réel, l'indemnisation risque d'être dérisoire.

Et nous finirons ce point en affirmant que, ce qui est certain, c'est que l'indemnisation du contrat en cas de résiliation est un point dans la jurisprudence administrative qui est loin d'être clair ; quant à la loi, elle continue d'être obscure. Cette question sera très certainement source de contentieux et ce point tellement important de l'indemnisation va être soumis au hasard des décisions jurisprudentielles. Cette question tellement importante pour l'entreprise gagnerait à être clairement et définitivement définie.

[600] P. Godfrin, *Droit administratif des biens*, éd. 2001, précité, p. 171.

CONCLUSION DU TITRE

Le domaine public est devenu un espace marchand productif pour l'opérateur privé, ce qui va induire un nouveau comportement de l'administration : la conception économique de domaine va finir par dominer également l'administration. Ceci provient du fait que l'administration a des besoins financiers grandissants, en raison de son implication de plus en plus importante dans des secteurs divers, ses besoins financiers s'étant aggravés du fait de la crise économique, dont elle subit évidemment le choc également. Les entreprises privées sur le domaine public vont donc être un moyen pour la collectivité de se procurer des ressources non négligeables.

L'administration va vouloir profiter de la rentabilité générée sur le domaine. Progressivement, le droit jurisprudentiel va lui en donner tous les moyens. Puis les textes confirmeront cette conception rentable du domaine ou ne la démentiront pas. Déjà, on va constater par exemple une évolution dans les critères d'attribution des titres d'occupation ; la solvabilité, c'est-à-dire le fait que l'opérateur privé ait les moyens de payer un «loyer» élevé, va être prise en compte ; les titres seront octroyés aux acteurs privés susceptibles d'être les plus rentables ; une productivité minimum va dans beaucoup de cas leur être imposée, car la redevance pourra être élevée en fonction de la rentabilité de l'entreprise. De larges pouvoirs vont être d'ailleurs conférés à l'administration dans la fixation et l'augmentation de cette redevance. L'administration devient donc un propriétaire foncier de vastes plates-formes économiques où chaque espace occupé doit être rentabilisé. De plus, les règles domaniales permettront à l'administration de réaliser des profits, en étant exonérée de payer des sommes considérables du fait du départ de l'opérateur motivé par l'intérêt général, contrairement à la situation par exemple du locataire sur une propriété privée qui, en cas de non-renouvellement de son bail commercial, bénéficiera d'indemnités substantielles. Le régime de certaines propriétés privées, illustrant les rapports productifs par excellence, s'est transformé progressivement dans le même sens : c'est le cas des galeries marchandes des grandes surfaces, l'analyse faisant ressortir qu'il y a aujourd'hui un droit pratiquement identique pour la gestion de la galerie marchande et pour celle du domaine public. Ceci montre bien l'évolution économique très marquée du régime de la domanialité publique, très proche de celui des grands opérateurs privés.

Le domaine public devient donc un vaste espace économique de rapports marchands entre personnes privées, mais aussi de rapports économiques entre ces mêmes personnes privées et *le maître du domaine*. Aujourd'hui, la conception économique est partout présente sur le domaine, tant pour l'opérateur privé que pour la personne publique.

Mais à partir du moment où il va y avoir des intérêts très imbriqués entre les partenaires publics et privés, liés à la productivité du domaine, chacun ayant intérêt à ce que la propriété foncière domaniale lui rapporte au maximum, inéluctablement on va aller vers un espace de domanialité publique dominé par le marché.

DEUXIEME PARTIE

LE DOMAINE PUBLIC, ESPACE DOMINE PAR LE MARCHE

Le domaine public devait être constitué de biens « hors commerce ». Pourtant l'évolution a fait qu'il est devenu communément le lieu d'implantation d'activités économiques. On aurait pu parfaitement imaginer - et c'est ce qu'espéraient les pouvoirs publics - que le domaine public soit un espace d'activités commerciales mais que le sol d'implantation, quant à lui, reste hors du commerce. En d'autres termes, on souhaitait que le domaine soit un espace marchand, sans pour autant que le foncier abritant les activités marchandes soit soumis au marché, à la loi de l'offre et de la demande, le régime domanial devant constituer en théorie une fermeture hermétique permettant que le domaine public reste étanche à l'évolution commerciale de la propriété administrative. Or, il est illusoire de penser que le domaine public peut être un lieu où se développent des activités, qui plus est, des plus significatives économiquement, sans qu'il y ait une incidence de cette situation sur la propriété objet de l'implantation. L'incursion récente du droit de la concurrence dans la légalité administrative de la gestion domaniale n'est que l'appréhension juridique d'une partie – une partie seulement – d'une réalité ignorée par le droit. Le droit de la concurrence dans le régime domanial ne constitue qu'une approche juridique plus véridique, mais encore très incomplète, d'une situation non lue par le droit jusqu'à présent.

Dès lors que l'entreprise est productrice de richesse, celle-ci ne peut plus être considérée séparément du lieu sur lequel elle s'implante : celui-ci participe peu ou prou à la rentabilité de l'entreprise. Ceci est d'autant plus vrai que parfois une partie plus ou moins importante de la rentabilité de l'entreprise provient précisément de ce lieu d'implantation. Nous avons déjà dit que l'entreprise s'installe sur le domaine public en raison d'un choix économique, en raison de la rentabilité que le domaine public peut lui rapporter et, même si elle est captive du domaine public, sa décision d'implantation, de développement, sera toujours conditionnée par un critère de rentabilité.

Le lieu d'implantation est alors très souvent décisif. Il n'est qu'à penser par exemple aux concessions d'endigage, de constructions immobilières dans le passé, sur le domaine public : le lieu d'implantation était déterminant pour la rentabilité des édifications (les constructions pieds dans l'eau étaient assurées de la vente). De la même façon, un commerce implanté sur l'aéroport de Paris sera assuré de la rentabilité en raison du passage de la clientèle pour la plupart solvable.

C'est pourquoi, dès lors que l'entreprise développe une activité marchande, quelle qu'elle soit, le sol sur lequel elle s'implante doit entrer inéluctablement dans le circuit économique, il doit entrer dans le marché. Une preuve -mais il y en a d'autres- que le domaine public a une valeur qui oscille en fonction de sa situation, est la technique de « présentation de successeur» monnayable ; l'inaliénabilité du domaine public n'empêche pas la valeur de celui-ci : elle ne fait qu'interdire (théoriquement) sa vente, tant que dure l'affectation.

Une situation identique s'est développée avec le foncier, en général. Celui-ci n'était pas destiné originairement à entrer dans le commerce ; mais du fait qu'il sert de support à des activités commerciales, il doit impérativement faire partie du système économique. C'est encore parce que le lieu d'implantation entre inévitablement dans le circuit économique que l'on invente la notion de fonds de commerce, à caractère essentiellement patrimonial, dont la valeur dépend pour beaucoup de sa situation géographique[601].

Dans le système actuel d'économie de marché, l'entreprise ne peut être appréhendée exclusivement dans son aspect d'activité ; qu'on le veuille ou non, font partie des composantes de l'entreprise, l'immeuble dans lequel elle se développe, le sol sur lequel elle s'implante ; dès lors ceux-ci deviennent inéluctablement une composante économique, ils entrent dans le marché. Nous verrons, qu'immergé dans le système, dans le circuit économique, le domaine public entre dans le marché.

L'emploi de la notion de marché ici demande toutefois des précisions terminologiques car elle est difficile à saisir et il ne s'agit pas d'un concept juridique à proprement parler. De nombreux sens peuvent être donnés à ce terme et nous préciserons les significations que nous allons donner au terme marché dans notre recherche.

Le premier sens qui sera utilisé ici est celui de tractation, d'accord, impliquant un échange à titre onéreux, de biens ou de services ; c'est une convention d'achat et de vente qui aboutit à un gain. Le marché est alors toute convention arrêtée entre deux personnes ; c'est l'arrangement convenu. Le marché ici, dans sa conception de commerce, a pour but un enrichissement ; juridiquement, il a le contrat comme support ; le contrat est l'aspect du marché appréhendé par le droit[602].

Le deuxième sens qui sera utilisé ici également, est celui du lieu théorique où se rencontrent l'offre et la demande. Dans cette optique, le marché suppose un ensemble de clients pouvant acheter un produit. Dans cette conception, on dit que le marché est en hausse lorsque dans un marché déterminé la demande

---

[601] Voir par exemple sur cette question, M. Roger Brunet, *Mondes Nouveaux*, tome I de la Géographie Universelle, Editeur G.I.P. Reclus-Belin, p. 65, qui établit la dualité de la valeur d'usage/valeur d'échange de l'espace, dualité intrinsèque, mais qui *«obscurcit plus d'un débat»* .

[602] J.-A. Mazères, «L'un et le multiple dans la dialectique marché-nation», *Marché et Nation Regards croisés,* sous la direction de Brigitte Stern, Montchrestien, 1995, p. 85.

l'emporte sur l'offre. A l'inverse, on dit que le marché est en baisse lorsque l'offre est plus importante que la demande. «L'économie de marché» consiste en un système économique dans lequel les mécanismes naturels tendent à assurer seuls, à l'exclusion de toute intervention des monopoles ou de l'Etat, l'équilibre de l'offre et de la demande.

Enfin, dans un troisième sens, le terme «marché» peut traduire quelque chose de beaucoup plus vaste : l'ensemble beaucoup plus important et complexe traduisant des rapports de force et de domination entre partenaires en présence. Le marché, qui a le contrat comme support, présuppose une négociation, qui est le fait de traiter, de discuter en vue d'arriver à un accord. Au cours de cette négociation, des rapports de force de chacun des protagonistes vont entrer en jeu ; ceux-ci peuvent être visibles ou occultes, explicites mais aussi implicites entre les parties ; la négociation est donc un moment décisif dans le marché.

Ces précisions données, il faut observer que d'une façon générale nous avons une représentation unilatérale du rapport domanial ; et même en présence d'un contrat d'occupation, la conception traditionnelle est celle d'un acte dominé par l'exorbitance du régime, légitimée par la protection de l'intérêt général, exorbitance ayant comme objectif de laisser précisément en dehors du marché l'espace domanial. Or, nous verrons que le domaine public présente les trois caractéristiques précitées du marché : il peut faire l'objet de tractations ; il peut être soumis à la loi de l'offre et de la demande ; enfin il peut donner lieu à des rapports de force et de domination entre les partenaires en présence. Autrement dit, contrairement à l'idée générale communément admise, le domaine public est soumis à la loi du marché (Titre I).

Mais la soumission du domaine public à la loi du marché relève du choc de deux logiques contraires, l'une annulant ou en tout cas affaiblissant considérablement l'autre car s'il y a marché, il ne peut plus y avoir intérêt général, service public et droit exorbitant au sens initial de ces termes ; autrement dit, la suprématie du marché implique la disparition en tout ou partie, la dévitalisation, l'effacement de la logique de domanialité publique : le marché s'oppose au domaine public (Titre II).

TITRE I

LE DOMAINE PUBLIC SOUMIS A LA LOI DU MARCHE

Nous avons longuement vu dans la première partie que l'administration veut tirer un profit substantiel de sa propriété, elle veut la rentabiliser au maximum. Il est largement admis aujourd'hui que le domaine public est une propriété qui doit être productive ; la jurisprudence en a donné tous les moyens ; la doctrine a vivement encouragé cette évolution. Certes, cette propriété a un certain nombre de contraintes particulières ; mais elle doit être rentable. Cependant, si les très larges possibilités conférées par le droit pour que l'administration puisse rentabiliser son domaine sont idéales pour le maître du domaine, il n'empêche que finalement dans la pratique elles ne seront pas toujours réalisables : l'administration ne rentabilisera le domaine qu'en fonction précisément du marché.

En effet, cette propriété est composée des biens les plus divers, elle est de consistance très variée. Nous avons vu précédemment qu'en raison de l'extension très importante de la notion de service public, le régime de domanialité s'est appliqué à des biens variés.

Il en résulte alors la conséquence suivante : la rentabilité est extrêmement variable d'un bien domanial à l'autre. Par exemple, la rentabilité que peuvent produire des constructions à usage d'habitation sur le domaine public maritime est loin d'être la même que celle générée par le domaine public ferroviaire où serait installé un commerce quelconque.

Deux domaines publics d'égale consistance peuvent produire des gains différents en fonction de la région, de la ville d'implantation ; le M.I.N. de Rungis sera beaucoup plus rentable que celui d'une ville de province ; le port autonome fluvial de Paris sera moins productif que le port autonome de Marseille.

A l'intérieur d'un même site domanial, les gains de deux entreprises peuvent être différents en fonction de l'emplacement de chacune de celles-ci : un kiosque à journaux sera plus productif dans la partie passante de la rue et moins productif dans la partie plus calme de cette même rue. De même, sur un même domaine public, il peut y avoir des activités de natures différentes, dont la rentabilité varie de l'une à l'autre : l'activité de construction immobilière sur le domaine public maritime a été très certainement plus rentable que celle d'aquaculture.

En même temps, l'administration peut être confrontée à des pressions plus ou moins fortes de la part des utilisateurs, et différents cas de figures s'y retrouvent en fonction justement du caractère diversifié de cette propriété. Ainsi, il est bien connu que le domaine public naturel a fait -et continue de faire- l'objet de pressions de différents types d'utilisateurs qui veulent s'y implanter : les promoteurs immobiliers, qui dans le passé réalisèrent les concessions d'endigage ; les aquaculteurs, les opérateurs industrialo-portuaires ; en même temps, le public revendique la libre utilisation de l'espace naturel ; de nouveaux types d'occupations collectives se développent, de loisirs (plaisance, sports nautiques, etc.) ; l'administration ici, qui veut rentabiliser son domaine, a, face à elle, une multitude d'utilisateurs potentiels.

En même temps, certaines de ces mêmes activités sont inconciliables entre elles : c'est-à-dire que le développement de l'une peut exclure l'autre ; ainsi, une plate-forme industrialo-portuaire ne pourrait avoir à proximité un site d'exploitation d'aquaculture. Les activités urbanistiques, de construction ou industrialo-portuaires peuvent dévorer et détruire à jamais les espaces naturels traditionnellement affectés à l'usage du public. A l'inverse, d'autres espaces domaniaux feront l'objet d'un certain désintéressement de la part des utilisateurs privés. C'est le cas par exemple du port autonome fluvial de Paris.

En résumé, la rentabilité diffère profondément sur les sites domaniaux ; par ailleurs, la pression des opérateurs privés est très inégale. En même temps, l'administration est devenue un agent économique ; elle n'est plus qu'un simple partenaire du marché dont elle veut profiter grâce à sa qualité de propriétaire, de gestionnaire ; l'Etat n'est plus la puissance publique qui impose sa loi ; il est un partenaire qui subit la loi du marché s'il veut tirer profit de sa propriété. Nous verrons qu'en réalité le domaine public n'est que l'exemple palpable du phénomène décrit par M. J.-P. Henry selon lequel «... *«les politiques» sont exclusivement déterminées par les nécessités d'adaptation technique aux exigences du marché.* ***C'est le marché qui impose sa loi...»***[603]

Et nous verrons que le domaine public et son régime ne sont que l'illustration de la situation plus générale analysée et systématisée par M. J.-A. Mazères sur les rapports de l'Etat et du marché. Pour l'éminent auteur, le marché « ***investit les structures de l'Etat lui-même****, miné de l'intérieur par une loi qui n'est pas la sienne, et qui le décompose lentement... l'Etat lui-même, dans son organisation, son fonctionnement, ses activités doit se soumettre au marché* ».[604]

Le domaine public n'échappe pas à cette évolution inéluctable du marché qui infiltre les rouages de l'Etat : l'Etat, en voulant profiter de la productivité du domaine, entre dans le marché. Mais le problème qui se pose c'est qu'en entrant dans le marché, l'Etat doit se soumettre à la loi du marché sur le domaine public (Chapitre I).

Cependant, s'il y a soumission à la loi du marché sur l'espace de domanialité, le régime domanial peut difficilement ne pas être affecté par cette situation ; le régime domanial doit inéluctablement subir les conséquences de cette évolution. Nous appliquerons encore ici la pensée de M. J.-A. Mazères selon laquelle « *la loi du marché, faisant du droit une marchandise, aboutit au marché de la loi* »[605]. En effet, on retrouve parfaitement dans la domanialité publique ce phénomène décrit magistralement par l'auteur ; nous verrons que la loi du marché dégénère vers le marché du droit domanial (Chapitre II).

---

[603] «La fin du rêve Prométhéen ? Le marché contre l'Etat» ; *R.D.P.* 1991, p. 632 et s. ; caractères gras ajoutés.

[604] *Précité* note n° 602, p. 136 et s.

[605] *Précité*, note n° 602, p. 146.

CHAPITRE I

LA LOI DU MARCHE SUR LE DOMAINE PUBLIC

On a présenté habituellement le domaine public comme étant un site spécial, lieu de la réalisation et de la préservation du service public ou de l'usage par le public, étant de ce fait soumis à des caractéristiques particulières, le situant en dehors de l'emprise de la loi du marché[606]. Est significative à cet égard l'affirmation de M. M. Querrien : «*supprimer la notion de domanialité publique, c'est évidement supprimer le problème ; c'est aussi supprimer la solution ; il n'y aura plus d'autre redéploiement possible que celui qu'on essaiera de s'assurer à travers la loi de l'offre et de la demande, à travers les cheminements des coûts fonciers, à travers une conjoncture difficilement maîtrisable.*»[607] Cela revient bien à dire a contrario que le domaine public échappe à un aspect de la loi du marché - la loi de l'offre et de la demande.

Or, tous les éléments sont réunis sur le domaine public induisant que celui-ci, en tant qu'espace, n'échappe plus aux lois du marché : il est une propriété

---

[606] En effet, la confrontation de l'offre et de la demande aboutit à la formation d'un prix. «*Le prix qui s'établit sur chaque marché... est le résultat d'un processus de libre négociation entre offreurs et demandeurs qui se poursuit jusqu'à la découverte du prix qui assure l'équilibre entre l'offre et la demande*». (Jacques Généreux, Introduction à la politique économique, Editions du Seuil, 1993, p. 39). Or, le domaine public, inaliénable, ne devrait pas pouvoir être confronté à la loi de l'offre et de la demande.

[607] «Domaine public, Protection, redéploiement, partenariat», *précité* note n° 64, p. 12 et s.

foncière soumise à la confrontation de la loi de l'offre et de la demande (Section I), et il fait l'objet de rapports de force propres à tout marché (Section II). Nous verrons que les droits interne et européen de la concurrence appliqués au domaine public font quelque peu ressortir aujourd'hui cette réalité. Mais il s'agit là d'une partie seulement d'un iceberg, car il y a encore de très nombreuses situations de marché sur le domaine public non lues par le droit. Les solutions jurisprudentielles intégrant le droit de la concurrence à la légalité administrative ont fait l'objet de commentaires très controversés de la part de la doctrine qui soulève des contradictions et des incertitudes qui restent en suspens. Cela montre tout le malaise qu'il y a à saisir encore aujourd'hui une réalité marchande d'un espace public dont on a toujours affirmé qu'il était hors commerce parce qu'affecté.

SECTION I

LE DOMAINE PUBLIC, PROPRIETE FONCIERE SOUMISE A LA LOI DE L'OFFRE ET DE LA DEMANDE

Un des sens donnés au marché est qu'il est le lieu théorique de la rencontre de l'offre et de la demande. Il s'agit là d'une conception donnant une photographie ou un état des lieux de l'offre et de la demande d'un produit particulier ; c'est cette conception que nous retiendrons ici.

Le marché – lieu de rencontre de l'offre et de la demande – suppose l'existence d'agents : en principe un acheteur, acquéreur de biens ou de services, un vendeur ou prestataire de services qui va percevoir une rémunération. Le marché suppose évidemment un bien ou un service, objet d'un contrat.

Il est donc utile de situer ici à nouveau les opérateurs intéressés par le marché foncier domanial et leurs caractéristiques (§ I), qui sont à l'origine d'une offre et d'une demande d'un domaine public devenu «produit» (§ II), aboutissant à un accord de volontés (§ III), comme pour tout marché.

§ I - LES OPERATEURS

Il y a bien évidemment d'abord l'opérateur privé qui implante ou cherche à implanter son entreprise individuelle ou sociétaire sur le domaine public. Il y a ensuite l'administration ; il s'agit d'un partenaire de droit public (Etat, collectivité locale, établissement public) et cela ne peut être autrement puisque seule l'administration peut avoir un domaine public. On se rappelle cependant qu'une personne privée concessionnaire de service public, bien qu'elle ne soit pas propriétaire du domaine, peut octroyer des titres d'occupation sur le domaine public ; en raison du service public dont elle a la charge, elle bénéficie de prérogatives de puissance publique sur le domaine public concédé, lequel continue d'être soumis à un régime exorbitant du fait de son affectation au service public. C'est pourquoi le concessionnaire, personne privée, doit être rapproché de l'administration.

Les acteurs publics et privés poursuivent des buts antagonistes. En effet, sur le domaine public deux réalités extrêmement différentes s'affrontent, relevant chacune de deux modèles (public/privé) qui s'opposent : dans une conception dogmatique, l'administration est conditionnée par le service public, l'intérêt général, lesquels ne peuvent avoir comme obstacle un intérêt purement privé ; c'est ce qui explique, du moins dans la théorie, l'instabilité de l'occupant du domaine public avec tout son cortège d'inconvénients que nous avons cités dans la première partie. Quant à l'opérateur privé, il n'est conditionné que par un souci de profit et d'enrichissement personnel.

Mais il va y avoir une aggravation des antagonismes par la confrontation d'intérêts particuliers, économiques de l'opérateur privé et de l'administration. Nous avons vu précédemment que l'administration, dans une conception moderne de gestion du domaine public, va utiliser le domaine dans un but d'exploitation de celui-ci. Cette gestion économique ne pourra qu'exacerber les antagonismes, puisque l'opérateur privé se sent par moment exploité par l'administration ; il est dans une situation de plus en plus inconfortable puisqu'il est dans l'obligation d'être performant sans quoi son titre lui est retiré tout en étant dans une situation de plus en plus instable juridiquement. De plus, les points de confrontation vont se multiplier compte tenu de l'extension très importante du domaine public. Quant à l'administration la maximisation du profit et de l'économie sur la propriété domaniale lui apparaît comme étant non seulement normale mais de plus, d'intérêt général et recommandée par les pouvoirs publics et largement encouragée par une doctrine majoritaire. Il y a donc un occupant face à une autorité gestionnaire.

Mais à y regarder de plus près, ces deux acteurs poursuivent des buts complémentaires. Ce deuxième antagonisme économique apparent va, d'une certaine façon devenir un terrain d'entente puisque l'administration aura intérêt, autant que l'opérateur privé au développement économique du domaine. L'intérêt général de la collectivité publique - intérêt financier- retrouve l'intérêt du particulier, également financier[608].

---

[608] Cette situation n'est nouvelle. Voir l'analyse de M. Guibal relative aux ordres professionnels

Ces deux acteurs, en fin de compte, ont un objectif commun. De plus en plus, l'autorité est très conditionnée par un souci de rendement, de rentabilité, de profit, comme n'importe quel opérateur privé. Cela est vrai pour le domaine public mais cela est vrai aussi pour toutes les branches du droit administratif : l'administration, confrontée à des nécessités d'argent de plus en plus pressantes, est en même temps soumise à la rigueur budgétaire ; elle nécessite de plus en plus de finances pour la réalisation de ses diverses missions. L'administration, qui est fortement orientée vers la recherche des gains produits par la propriété domaniale, va devenir un simple acteur du marché foncier domanial, au même titre que n'importe quel autre opérateur économique d'un quelconque marché. Elle se comporte comme un agent économique privé, à la recherche d'un profit maximum[609].

Et c'est parce qu'il existe des intérêts économiques convergents entre agents privés et administration que l'on va insensiblement glisser vers une nouvelle appellation du premier. Jadis simple « occupant », il semble devenir de plus en plus un « partenaire » de l'administration pour une partie de la doctrine[610], terme qui apparaît également dans les conclusions du commissaire du gouvernement dans l'arrêt *Eda,* comme le souligne très justement la doctrine.[611]

Les deux partenaires vont s'entendre sur le même but : la rentabilité. Ils vont être en même temps des partenaires opposés dans le marché domanial ; ils ne s'opposent plus dans les objectifs, mais dans la rentabilité d'un domaine devenu entre eux un « produit ».

§ II - LE «PRODUIT»

Parce que le domaine est profitable pour les deux partenaires, il devient lui-même objet de transaction commerciale ; il devient une marchandise, un produit soumis à la loi de l'offre et de la demande (A). L'administration veut tirer un profit de la propriété domaniale : elle offre le «produit» domaine, elle le met sur le marché. Quant à l'opérateur privé, il est demandeur de domaine parce

---

sur l'Etat et les professionnels qui ont des intérêts distincts qui coïncident, *L'ordre professionnel,* thèse Montpellier, 1970, p. 170.

[609] Voir sur la conception mercantiliste de l'Etat, F. Féral, *L'Etat et les fraudes commerciales, Essai sur les politiques publiques de contrôle des marchés,* préface M. Guibal, publication du Centre d'Analyse Politique, Presses universitaires de Perpignan, 1995.

[610] Pour P. Godfrin « *...l'occupant devient un partenaire économique...* », *Droit administratif des biens,* précité, éd. 2001, p. 125. S. Manson affirme que la situation de l'occupant est renforcée à un point tel qu'il est considéré un véritable partenaire, note C.E., sect., 26 mars 1999, *Sté Eda, R.D.P.* 1999, p. 1565.

[611] S. Manson, *précité* note n° 610.

qu'il lui rapporte, parce qu'il lui est utile pour implanter ou développer son entreprise commerciale, industrielle. Mais parce qu'il est soumis à la loi de l'offre et de la demande, le domaine public doit en subir les fluctuations (B).

A - Le domaine, une marchandise soumise à la loi de l'offre et de la demande

Il y a dans la réalité un «marché» du domaine, comme il y a un «marché » par exemple du travail. Le marché du travail c'est la situation de l'offre et de la demande d'emploi dans une région, un pays ou par rapport à un type d'activité. On pourrait définir le «marché» du domaine comme la situation de l'offre et de la demande relative aux surfaces disponibles du domaine, l'administration *offrant* du domaine, l'opérateur privé *demandant* du domaine. Il s'agit là de la conception large du marché donnant le cliché qui reflète l'état de l'offre et de la demande domaniales.

La dénomination donnée aux titres par l'administration est significative de la transformation qui s'est opérée dans l'esprit de l'autorité, d'un domaine devenu marchandise. Par exemple, de longue date, les aéroports de Paris ont établi différents actes-types d'occupation du domaine public, en fonction des occupations, dont tous, dans l'intitulé de l'acte, abordent le domaine comme un produit ; nous reproduisons quelques-uns uns pour exemple :

CONTRAT-TYPE «COMPTOIR»

PRODUITS :

- Comptoir de vente
- Comptoir d'information

CONTRAT-TYPE «BATIMENTS COLLECTIFS»

PRODUITS :

-Magasins

-Entrepôts

CONTRAT-TYPE «BANQUE D'ENREGISTREMENT»

PRODUITS :

-Banque d'enregistrement

CONTRAT-TYPE «TERRAIN»

PRODUITS :

-Terrain nu destiné à la construction

etc.

Pendant très longtemps, cet aspect du domaine en tant que produit faisant l'objet d'une offre et d'une demande ne s'est pas reflété dans le droit domanial. Espace théoriquement affecté, hors commerce, une telle approche n'avait pas lieu d'être. Le droit de la concurrence a le mérite aujourd'hui de permettre une représentation nouvelle du domaine plus en phase avec la réalité et différents arrêts donnent une image originale d'un domaine considéré de plus en plus aujourd'hui comme étant un marché avec un offreur et des demandeurs.

Aujourd'hui, il est bien connu que le droit de la concurrence pénètre la sphère de la gestion du domaine et sa légalité[612]. Or, M. L. Richer souligne avec beaucoup de justesse que « *le droit de la concurrence ne s'applique à une entité que si elle se livre à une activité économique en tant qu'offreur sur un marché* »[613]. En conséquence, avec le droit de la concurrence, il apparaît que le domaine public peut être objet d'un marché, des décisions récentes nous en fournissant des exemples.

Mais dire qu'il y a marché c'est dire en fin de compte qu'il y a un produit objet d'un marché. Ainsi, la décision du Conseil de la concurrence du 2 juin 1998[614] affirme explicitement que la rencontre de l'offre d'infrastructures et d'installations domaniales faite par Aéroports de Paris et de la demande de ces espaces par les compagnies aériennes constitue *un marché*. L'arrêt aborde donc implicitement le domaine en tant que produit. Dans l'arrêt *Eda*, précité, le juge s'interroge sur l'existence de *marchés pertinents* pour la fourniture d'installations pour la location de véhicules sans chauffeur et pour la location de véhicules sans chauffeur sur les aéroports d'Orly et de Roissy-Charles-de-Gaulle. Et il ressort de la décision du Conseil de la concurrence du 2 décembre 1998 que c'est parce que la société Eda considérait notamment qu'ADP avait organisé « *une raréfaction injustifiée de son offre de locaux et espaces* », qu'elle intente une action contre les aéroports de Paris[615]. L'arrêt du Tribunal de

---

[612] G. Gonzalez, « Domaine public et droit de la concurrence », *précité* note n° 386. *Lamy droit public des affaires, Bull. d'actualité*, 1999, n°27, obs. G. Gonzalez. *Droit des affaires*, 2001, p. 1235, obs. G. Gonzalez. *R.F.D.A.*, 1999, p. 977, note Pouyaud.

[613] Obs. sous Cons. conc., décis. n° 98-MC-13, 2 déc. 1998, *A.J.D.A.* 1999, p. 533 et s. V. Egalement dans le même sens les propos de M. Bazex, note sous T.C. 6 juin 1989, *préfet de la région d'Ile-de-France, préfet de Paris c/ Cour d'appel de Paris, Sté d'exploitation et de distribution d'eau, A.J.D.A.* 1989, p. 467 et s.

[614] N° 98-D-34 relative à la situation de la concurrence sur le marché des services d'assistance en escale à l'aéroport d'Orly et sur le marché des locaux et espaces nécessaires aux activités des compagnies aériennes mis à leur disposition par Aéroports de Paris sur l'aéroport d'Orly.

[615] Décision n° 98-MC-13 relative à la situation de la concurrence sur les marchés des locaux et espaces nécessaires aux activités des sociétés de location de véhicules sans chauffeur mis à leur disposition par Aéroports de Paris sur les aéroports d'Orly, *A.J.D.A*, 1999, p. 532, plus particulièrement p. 533.

première instance du 12 décembre 2000, *ADP*[616], confirmé par la Cour de Justice des Communautés européennes[616bis], fait ressortir également que « *le marché pertinent en l'espèce* [est] *celui des services de gestion des aéroports parisiens* » (point 149).

A partir de la jurisprudence européenne, certains auteurs distinguent un « premier marché », qui serait celui de la gestion du domaine à proprement parler et éventuellement un « second marché » ou « marché voisin » consistant dans l'activité même exercée par le partenaire privé, et qui pourrait dans certains cas concurrencer l'activité du gestionnaire (par exemple une exploitation d'une liaison maritime faite par l'autorité administrative d'un port et en même temps par une entreprise privée)[617].

Et c'est parce que la jurisprudence a associé marché et gestion domaniale sur la pression du droit de la concurrence que l'on doit se prononcer à présent sur des questions telles que l'existence de situations de position dominante, d'abus éventuel d'une position dominante, ses différentes modalités[618], etc., sur le domaine public, notions inimaginables dans le régime domanial il y a seulement quelques années, car issues d'un droit marchand. En tout état de cause, cette jurisprudence fait apparaître aujourd'hui le domaine public comme étant un produit, une marchandise.

Une situation particulière est alors observable concernant le domaine public : l'administration peut être en situation monopolistique dans le marché puisque dans certains cas elle est l'acteur économique unique qui détient le

[616] *Précité* note n° 383. *D.A.*, 2001, n°87. J.-B. Auby, « Domaine public, concurrence, non-discrimination ou le droit de la concurrence au service des valeurs du droit administratif », *Lettre Jur. Clas. du Droit Public des Affaires*, 2001, p. 2 et s., points 122 à 125.

[616bis] 24 oct. 2002, *Aéroports de Paris c/ Commission et Ampha Services SAS*, aff C – 82/01 P, *Cont.-conc.-cons.*, janv. 2003, p. 15, n° 11, note S. Poillot-Peruzzetto.

[617] Sur cette question voir F. Weingarten, « La théorie des infrastructures essentielles et l'accès des tiers aux réseaux en droit communautaire », *C.J.E.G.*, 1998, p. 461 et s. et plus particulièrement p. 473.

[618] TPI, 12 décembre 2000, *ADP*, *précité* note n° 383, sur le fait d'imposer des redevances discriminatoires sur le marché des services de gestion des aéroports parisiens. Ou dans une hélistation, sur des prix d'accès injustifiés, C.A., Paris, 30 juin 1998, *SARL Héli-Inter Assistance*, *BOCC*, 16 juillet 1998, p. 396, précité note n°386. Le refus d'accès sans raison objective à un port au Danemark, infrastructure essentielle, est un abus de position dominante : décis. Comm. 21 déc. 1993, *Port de Rodby*, *JOCE* L 55/52 du 26 fév. 1994, point 12. V. également décis. Comm. 21 déc. 1993, *Sea Containers contre Stena Sealink*, *JOCE* L 15/8 du 18 janvier 1994, p. 8. Chron. L. Vogel, *Revue du Marché commun et de l'Union européenne*, n° 384, janv. 1995. Ou décis. Fag, 14 janv. 1998, *JOCE* L 72/30 du 11 mars 1998. Sur un accès accordé à des conditions discriminatoires à un concurrent par le gestionnaire d'un port pour favoriser ses propres services : décis. Comm. *Sealink contre B&L*, 11 juin 1992, précité note n°382.

domaine public lequel est entré dans les circuits économiques du fait qu'il est le foncier qui abrite des activités industrielles et commerciales. En effet le marché peut se définir à partir de l'offre et de la demande ; mais il peut s'analyser aussi à partir du nombre d'intervenants, ce qui implique de faire appel alors à la notion de concurrence. La concurrence c'est la compétition, la confrontation entre plusieurs agents, que l'on définit traditionnellement comme des vendeurs ou des acheteurs. Par extension, la concurrence désigne les entreprises autres que soi-même qui sont sur le même marché.[619]

Il y a une concurrence qui s'établit entre offreurs, lorsque, pour un produit déterminé, il y a de nombreuses entreprises qui le proposent, et entre demandeurs lorsqu'il y a de nombreux acheteurs susceptibles de l'acquérir. En revanche, il n'y a pas concurrence mais monopole lorsqu'une seule entreprise propose un produit déterminé et que les acheteurs sont nombreux.

Sur le domaine public l'administration est en situation monopolistique ou privilégiée lorsqu'elle est seule à détenir les espaces de domaine public, un particulier ne pouvant en être propriétaire, comme les espaces aéroportuaires, portuaires ou le domaine public naturel qui appartiennent en totalité à la personne administrative. Cette situation monopolistique ou privilégiée de la propriété administrative a été légitimée par le droit français du fait de l'existence d'un service public. Or, aujourd'hui, le monopole est vu à partir d'un angle différent, celui du droit de la concurrence. Ainsi, l'arrêt *ADP* de 2000, précité, du Tribunal de première instance des Communautés européennes retient que sur le marché des services de gestion des aéroports de Paris, ADP jouit d'une position dominante et même d'un monopole légal. Commentant cet arrêt, M. J.-B. Auby note avec justesse que « *l'on mesure toute l'importance de cette analyse si on se dit que de très nombreuses institutions publiques ont entre les mains des infrastructures uniques en leur genre sur un territoire donné et supports d'activités économiques* ».[620] En effet, on sait que le juge dans cette affaire a censuré un abus de position dominante de l'établissement public, lié à l'exploitation monopolistique.

Par ailleurs, l'administration peut être en situation de concurrence tout simplement avec la propriété privée, lorsqu'elle veut louer son domaine public,

---

[619] MM Jean Yves Capul, Olivier Garnier, *Dictionnaire d'économie et de sciences sociales,* Hatier, 1993, p. 246 et s.; voir également M. Jacques Généreux, *Introduction à la politique économique,* Editions du Seuil, 1993.

[620] « Domaine public, concurrence, non-discrimination ou le droit de la concurrence au service des valeurs du droit administratif », *Lettre Juris-Classeur du Droit des Affaires*, mars 2001, p. 2 et s.

et que le propriétaire privé avoisinant devient son adversaire en proposant un produit - la propriété privée - présentant des avantages que le domaine public n'a pas et qui sera en conséquence plus compétitif.

En revanche, les demandeurs du domaine public, sont nombreux et matérialisés par les opérateurs privés implantés ou qui cherchent à s'implanter sur le domaine public (par exemple, les opérateurs des sites portuaires, des marchés d'intérêt national, etc.) Parfois le domaine public donne lieu au même type d'opérateurs ; c'est le cas par exemple de l'occupant d'un marché d'intérêt national qui est toujours un professionnel du marché de gros des produits périssables ; dans ce cas le profil de l'opérateur est toujours le même. Mais dans d'autres cas il peut y avoir un conflit d'usage augmentant la pression de la demande sur le domaine public ; l'exemple le plus représentatif est le domaine public maritime qui attire tous types d'utilisation. Il y a marché s'il y a une majorité de candidats à l'échange et qui entrent en concurrence entre eux en vue de l'échange, et ce, même si l'agent économique qui propose son produit est en situation monopolistique.[621]

B - Le domaine, soumis à la fluctuation de l'offre et de la demande

Les marchés quels qu'ils soient ne sont pas stables et évoluent dans le temps en fonction de l'offre et de la demande. La demande représente la quantité de produits qu'un agent, (le demandeur, l'acheteur) est prêt à acquérir moyennant le paiement d'un prix. La demande doit être solvable, c'est-à-dire que l'acquéreur doit pouvoir en payer le prix. L'offre représente la quantité de produits qu'un agent (en principe le vendeur) souhaite vendre à un prix déterminé. Dans cette conception, on dit que les prix sur le marché sont en hausse lorsque dans un marché déterminé la demande est, à un moment déterminé, plus importante que l'offre. A l'inverse, on dit que les prix sur le marché sont en baisse lorsque l'offre est, à un moment déterminé, plus importante que la demande[622].

S'agissant du domaine public soumis à un caractère particulier - l'inaliénabilité - il ne s'agit pas évidemment d'une offre de vente du domaine puisque par définition celui-ci est inaliénable ; il s'agit tout simplement d'une offre d'occupation, précaire, personnelle et révocable de la part de l'autorité, en tout cas dans un premier temps. Cependant, nous avons dit que les domaines

---

[621] Voir par exemple sur cette question, Max Weber, *Economie et société,* Paris, 1971, Librairie Plon, tome I, p. 633.

[622] MM Jean Yves Capul et Olivier Garnier, *précité* note n° 619.

attirent différemment les opérateurs du fait de la variété de la propriété domaniale dont la rentabilité varie profondément d'un domaine à l'autre.

§ III - L'ACCORD DE VOLONTES

Tout marché qui se conclut, aboutit à un accord qui se matérialise par un contrat, acte propre au commerce. Sur le domaine public, l'accord est concrétisé par le titre d'occupation, autorisation ou contrat (A). Mais, du fait de l'irruption du droit de la concurrence, l'aspect marchand de cet acte commence à transparaître ; c'est pourquoi la question est posée aujourd'hui de la nature de l'acte : acte de puissance publique ou activité de production, de distribution et de service ? (B)

A – Une autorisation ou un contrat

Dans un premier temps, c'est l'autorisation qui confère la possibilité d'occuper le domaine public, acte unilatéral de la puissance publique, opérant un contrôle sur les occupations et n'imposant des obligations qu'à l'occupant (paiement des redevances, surfaces à occuper, activité à exercer, etc.)

Mais compte tenu de l'évolution vers un marché plus classique, il sera nécessaire de faire appel aux mécanismes propres au droit commercial sur le domaine public : il s'agit de la technique contractuelle qui semble conférer -du moins dans un premier temps- la sécurité juridique propre à cet acte. La technique contractuelle comme titre d'occupation du domaine public est un élément supplémentaire qui viendra conforter le marché domanial, et sera encore une preuve supplémentaire de la soumission du domaine public aux lois du marché.[623]

En effet, le contrat relève d'un esprit différent de celui de l'autorisation. Dans l'accord contractuel, à la différence de l'autorisation, chacun délimite les marges de manœuvre du cocontractant qui s'oblige à faire ou à ne pas faire quelque chose, chacun traçant les frontières que l'autre ne doit pas franchir. Mais cela revient à dire que l'autorité limite sa propre volonté, qu'elle restreint,

---

[623] Voir sur cette question l'analyse faite par André Demichel, *Le droit administratif, essai de réflexion théorique*, L.G.D.J., 1977, pour qui le contrat est toujours la manifestation d'*«un rapport marchand entre l'Etat et certains de ses administrés devenus cocontractants. L'intérêt de ces administrés est que cette convention soit correctement exécutée, c'est-à-dire qu'ils en retirent le profit qu'ils pouvaient en attendre.»* p. 114. Ou encore, dans le même sens, sur le contrat établi entre l'Etat et une personne privée : « *Le contrat en effet, c'est le support juridique du rapport d'échanges marchands», précité* cette note, p. 196.

théoriquement du moins, son pouvoir d'intervention : elle va s'engager à faire ou à ne pas faire un certain nombre de choses que l'acte unilatéral lui permettait de faire. Par exemple, l'administration va s'engager sous certaines conditions, à indemniser l'organisme qui a financé les ouvrages, en cas de résiliation motivée par l'intérêt général. Par l'acceptation de la technique contractuelle, l'administration va se soumettre au marché qui nécessite pour être concrétisé un acte propre au commerce.

Toutefois le contrat sur le domaine public relève à l'heure actuelle d'une assurance psychologique plus que d'une réelle sécurité juridique. Nous avons longuement parlé de la position jurisprudentielle sur les incertitudes concernant la différence entre un contrat et une autorisation, l'administration ne pouvant par une clause contractuelle aller à l'encontre du principe de l'inaliénabilité. Mais finalement, le juge qui a durci sa position concernant l'instabilité des entreprises implantées sur le domaine public, ne fait que soutenir un des acteurs au marché domanial –l'administration – puisque si elle aliène le domaine, le juge réintègre celui-ci dans sa propriété. (De même, le juge va encore soutenir le partenaire «administration», lorsqu'elle s'engage à ne pas résilier un contrat d'occupation et que le juge annule cette disposition : il lui rend les prérogatives de puissance publique qu'elle avait perdues (arrêt *Eurolat*) ou lorsqu'il annule les dispositions contractuelles par lesquelles l'administration avait conféré un contrat de droit privé sur le domaine public).

Par ailleurs, les textes législatifs ou réglementaires emploient indistinctement l'un ou l'autre terme, et appliquent le plus souvent une identité de régime à l'un et à l'autre titre[624]. La simple terminologie employée dans les titres d'occupation traduit l'uniformisation des deux actes ; dans certains cas l'acte est une *convention d'autorisation d'occupation temporaire* ; dans d'autres cas, on parle *d'autorisation conventionnelle*, etc. Aujourd'hui, une simple autorisation sur le domaine public peut traduire l'existence d'un marché passé entre l'administration et l'opérateur privé. Mais il n'en demeure pas moins que, par l'introduction de la technique contractuelle sur le domaine public, l'autorité tente de donner toutes les apparences de la conclusion du marché et qu'en tout cas cet acte traduit de nouveaux rapports de force induits par le marché, puisque l'administration va donner l'impression qu'elle limite, théoriquement du moins, ses pouvoirs sur le domaine public.

[624] C'est le cas par exemple de la loi de 1994, précitée.

B – Un acte de puissance publique ou une activité de production, de distribution et de service ?

Du fait de l'incursion du droit de la concurrence dans le droit domanial, le problème qui se pose aujourd'hui sur le domaine public est celui de la *nature* de l'acte de gestion domaniale : s'agit-il d'un acte de puissance publique ou d'une activité économique ? L'analyse de l'évolution jurisprudentielle sur cette question traduit deux éléments. Le premier est que le droit, à travers la qualification de l'acte, doit prendre en compte aujourd'hui la facette marchande de la gestion domaniale, non lue jusqu'à présent. Le second est que l'analyse de l'évolution du droit montre tout l'embarras qu'il y a à saisir aujourd'hui la réalité de l'aspect marchand de cet acte dont on a toujours affirmé qu'il était affecté, donc hors commerce et non marchand.

L'intérêt attaché à la distinction est celui de la compétence du juge. Si c'est un acte de puissance publique, il relève du juge administratif. Si c'est un acte de nature économique, c'est le Conseil de la concurrence qui intervient, sous le contrôle de la Cour d'appel de Paris, juge judiciaire. Il convient de retracer brièvement l'évolution du droit sur cette question.

L'applicabilité de l'ordonnance de 1986 aux actes de puissance publique, avec compétence du juge administratif, est une question bien admise aujourd'hui. Avec l'arrêt *ville de Pamiers*[625], le Tribunal des conflits décide que c'est à la juridiction administrative qu'il appartient de vérifier la validité de l'acte de dévolution d'un service public au regard des dispositions de l'article 9 de l'ordonnance du 1er décembre 1986. Le célèbre arrêt *Million et Marais* constitue une véritable innovation jurisprudentielle. En effet, le Conseil d'Etat applique pour la première fois les dispositions de l'ordonnance de 1986 à un acte administratif, un contrat de concession de service public ne pouvant placer le cocontractant de l'administration dans une situation lui permettant de méconnaître le texte précité[626]. L'arrêt *Eda*[627] confirme la volonté du Conseil

---

[625] 6 juin 1989, *Préfet de la région d'Ile-de-France, Préfet de Paris c/ Cour d'appel de Paris, (SAEDE), Leb.* 293. Concl. B. Stirn, *R.F.D.A.*, 1989, p. 457. *Gaz. Pal.*, 1989.2.582. *R.D.P.*, 1989, p. 1780, note Y. Gaudemet. *J.C.P.*, éd. G., 1990, II, 21395, obs. P. Terneyre. *A.J.D.A.*, 1989, p. 467, note M. Bazex,. E. Honorat, E. Baptiste, chron. *AJ.D.A.*, 1989, p. 431. L. Richer, *C.J.E.G.*, p. 295. M.-C. Boutard-Labarde et L. Vogel, *Gaz. Pal.*, 1989.2. doct., p. 747.Y. Gaudemet, « Conflit de compétence et droit de la concurrence sur une équivoque », *Mélanges Perrot*, 1996, p. 121. *D.*, 1990, Juris., p. 418, note J.-J. Israel. G. Gonzalez « Domaine public et droit de la concurrence », *précité* note n° 386, p. 387.

[626] Sect. 3 nov. 1997, *Leb.* p. 406, concl. Stahl, p. 395. *R.F.D.A.*, 1997, p. 1228 et s. *R.J.D.A.*, 1998, p. 87 et s., *C.J.E.G.*, 1997, n°538, p. 441 et s. Note O. Guézou, concl. Stahl. *A.J.D.A.* 1998, p. 247 et s. « *...si le contrat par lequel une commune a concédé à une entreprise le service extérieur des pompes funèbres ne saurait être utilement critiqué à raison du droit exclusif*

d'Etat d'appliquer l'ordonnance de 1986 aux actes de puissance publique, avec un pas supplémentaire vers l'application du droit de la concurrence, le juge administratif devant vérifier si l'acte administratif traduit de la part du gestionnaire lui-même un abus de position dominante, et non plus seulement rechercher si l'acte administratif a pour effet de placer le partenaire de l'administration en situation d'abuser d'une position dominante. Puis l'avis *Société L&P Publicité*[628] admet la soumission des mesures de police au droit de la concurrence, sous le contrôle du juge de l'excès de pouvoir, les mesures de police étant pourtant des actes administratifs fortement marqués par les prérogatives de puissance publique. Il est important de noter que dans les différentes affaires précitées, c'est le juge administratif qui est compétent.

S'agissant plus précisément du domaine public, du fait de son affectation à un service public, il y a tout lieu de penser que l'acte de gestion domanial constitue une prérogative de puissance publique. C'est d'ailleurs ce que rappelle le commissaire du gouvernement, M. J.-H. Stahl à l'occasion de l'arrêt

---

d'exploitation conféré à cette entreprise..., les clauses de ce contrat ne peuvent légalement avoir pour effet de placer l'entreprise dans une situation où elle contreviendrait aux prescriptions susmentionnées de l'article 8 » de l'ordonnance de 1986. Pour une analyse de la décision v. J. Morand-Deviller, « Service extérieur des pompes funèbres et droit de la concurrence », *Le Quotidien Juridique*, 1998, n°44, p. 8 et s. Y. Gaudemet, note sous arrêt, *R.D.P.*, 1998, p. 256. L. Vogel, note sous arrêt, *Contrats-conc.-cons.*, 1998, n°4, p. 12. L. Nicolas-Vuillerme, « Débats autour des règles de la compétence en droit de la concurrence », *Contrats-conc.cons.*, 1998, n°6, p. 4 et s. S. Destours, « L'application du droit interne de la concurrence aux personnes publiques par les juridictions administratives : fin d'une énigme ? », *J.C.P.*, éd. E., 1998, n°2, p. 1 et s. P. Storrer, « Champ d'application du droit de la concurrence et personnes publiques », *Lamy droit économique*, 1998, n°102, p. 1 et s. Chron. T. X. Girardot, F. Raynaud, *A.J.D.A.*, 1997, p. 945 et s.

[627] C.E., sect., 26 mars 1999, *Leb.* p. 95, concl. Stahl. ; *C.J.E.G.*, 1999, n°556, p. 264 et s. *D.A.*, 1999, n° 130. *A.J.D.A.* 1999, p. 427 concl. Sthal et note Bazex ; S. Manson, *précité* note n° 610. L. Richer, « Le juge économiste », *A.J.D.A.*, 2000, p. 703 et s. *D.*, 2000, p. 204, note J.-P. Markus. *R.D.I.*, 1999, p. 630, obs. C. Lavialle. G. Simon, « Application du droit de la concurrence dans le cadre d'une convention d'occupation du domaine public », *Revue Lamy Droit des affaires*, 1999, n°16, p. 31 et s. P. Storrer, « Le Conseil d'Etat, juge de la concurrence (à propos des arrêts Eda, Interbrew et Coca-Cola) », Lamy droit économique, 1999, n°117, p. 1 et s. C. Maugüé, P. Terneyre, « Le droit de la concurrence s'impose-t-il aux personnes publiques dans la gestion du domaine public qui leur est affecté ? », *Bulletin juridique des contrats publics*, 1999, n°5, P. 462 et s. J.-Y. Chérot, « Perspectives et nouveaux défis », *Rev. conc. consom.*, 2000, n°116, p. 25 et s.

[628] C.E., 22 nov. 2000, *D.A.*, 2001, n°5. Concl. S. Austry, *R.F.D.A.*, 2001, p. 872. N. Charbit, « Marée haute et écueils de la jurisprudence du Conseil d'Etat en matière de concurrence », *L.P.A.*, 21 fév. 2001, n°37, p. 4 et s. A. Marceau, « Police administrative et droit public de la concurrence », *A.J.D.A.*, 2002, p. 190 et s. S. Pignon, « Le Conseil d'Etat au service du droit de la concurrence : les enseignements du rapport annuel », *L.P.A.*, 25 juin 2002, n°126, p. 8 et s.

Eda[629]. Pour lui, l'acte de gestion domanial est celui « *le plus marqué par les prérogatives de puissance publique* », parmi les actes administratifs. Il dit explicitement que l'acte de gestion domanial ne constitue pas une activité de production, de distribution, de service. C'est la raison pour laquelle il considère que c'est le juge administratif qui doit être compétent, même si le domaine public est le siège d'activité de production, de distribution ou de service. M. R. Schwart dans ses conclusions dans l'affaire *SARL la Roustane et autres et université de Provence*[630] avait eu la même analyse.

Or, le Conseil de la concurrence a eu une autre approche, du fait de l'incidence économique des actes d'occupation du domaine. Dans plusieurs affaires, les autorités de la concurrence ont décidé que la gestion du domaine public constitue une activité de production, de distribution ou de service au sens de l'ordonnance de 1986, et elles se sont alors déclarées compétentes pour apprécier certains actes administratifs de gestion domaniale, tout en retenant en même temps la seule compétence du juge administratif pour l'annulation de l'acte. Autrement dit, pour ces autorités, l'acte de gestion domaniale ne constitue pas une prérogative de puissance publique mais une activité économique[631]. Cependant, le Conseil de la concurrence n'a pas toujours eu

---

[629] Précité.

[630] *A.J.D.A.* 1996, p.553 et s. et plus particulièrement p. 555 : « *...l'acte par lequel une collectivité publique accorde une autorisation d'occupation domaniale n'est pas, tout comme l'acte portant délégation de service public, et encore moins que ce dernier, une activité de production, de distribution et de service...* ». Illustrant de cette jurisprudence, voir par exemple C.A. Paris, 31 oct. 1991, *Mme Parouty c/S.N.C.F., D.* 1992, p. 312 et s. note V.S. C.E., 5 mai 1993, *Association « liberté dans les gares »* n°91772.

[631] 2 déc. 1998, décision n° 98-MC-13, relative à la situation de la concurrence sur les marchés des locaux et espaces nécessaires aux activités des sociétés de location de véhicules sans chauffeur mis à leur disposition par ADP sur les aéroports d'Orly et de Roissy, *A.J.D.A*, 1999, p. 534 et s., obs. Laurent Richer, *BOCC*, 12 mai 1999, p. 258 : la décision d'occuper le domaine, prise par ADP, l'est en vue « *d'exercer une activité de production, de distribution ou de service au sens de l'article 53 de l'ordonnance du 1er décembre 1986* ». Il précise encore que « *l'activité d'ADP, qui consiste à mettre à la disposition d'opérateurs économiques, directement ou indirectement et en contrepartie de redevances, des installations permettant à ces opérateurs d'exercer leurs activités de location de véhicules sans chauffeur, est une activité de services au sens de l'article 53 de l'ordonnance du 1er décembre 1986* ». En même temps, le Conseil de la concurrence décide que « *le refus d'une autorisation d'occupation du domaine public ou d'un service dont la prestation implique l'utilisation d'une partie du domaine public revêt le caractère d'un acte administratif dont l'appréciation de la légalité ne relève que de la juridiction administrative* ». Voir dans le même sens, décis. n° 98-D-77 du 15 déc. 1998 relative à des pratiques mises en œuvres par ADP dans le secteur de l'hôtellerie à la périphérie de l'aéroport de Paris Roissy-Charles de Gaulle, *Bull. jur. des contrats publics*, 1999, n°5, p. 462 et s. Ou encore décis. n° 98-D-34 du 2 juin 1998 relative à la situation de la concurrence sur le marché des services d'assistance en escale à l'aéroport d'Orly et sur les marchés des locaux et espaces

cette analyse et il a affirmé antérieurement le caractère non économique de ce type d'acte[632].

La Cour d'appel de Paris avait également retenu dans sa décision du 23 février 1999 la compétence du Conseil de la concurrence, « *peu important au regard de* [l'article 53] *que le gestionnaire soit investi de prérogative de puissance publique ou gère une partie du domaine public* »[633]. Cependant, la Cour de cassation censure une décision de la Cour d'appel qui, pour retenir la compétence des juges judiciaires, avait décidé que la mise à disposition de quais n'impliquait pas la mise en œuvre de prérogatives de puissance publique et relevait de la gestion économique et commerciale du domaine concédé ; la Cour de cassation précise alors que le litige relatif à la redevance ne peut être dissocié de la convention d'occupation du domaine de sorte que seuls les tribunaux de l'ordre administratif sont compétents pour en connaître[634]. Mais dans une affaire antérieure, la Cour de cassation avait décidé qu'une Cour d'appel, « *après avoir constaté que le Conseil de la concurrence s'était prononcé sur les pratiques mises en œuvre par les deux sociétés pétrolières pour empêcher une troisième d'exercer des activités de distribution de carburéacteur sur l'aéroport de Saint-Denis-Gillot à la réunion, le grief notifié à ces sociétés ne portant pas sur les modalités d'organisation du service public mais sur le refus tacite opposé à la troisième société de négocier la valeur d'un paramètre, a pu décider que ces pratiques, indépendantes des modalités d'organisation de la concession de service public concernaient les activités de production, de distribution ou de services visées par l'article 53 de l'ordonnance du 1er décembre 1986.* »[635] Elle confirme alors la compétence du Conseil de la concurrence.

nécessaires aux activités des compagnies aériennes mis à leur disposition par Aéroports de Paris sur l'aéroport d'Orly. Décis. n°95–MC–16, 5 déc. 1995, relative à une demande de mesure conservatoire présentée par les sociétés Eda et Générale de location marseillaise, *Lamy* n°564.

[632] Décis. n° 91–D– 20, 24 avril 1991, relative à une saisine de Mme Y. Grandperrin, *Lamy* n°445 : le non-renouvellement d'un contrat d'occupation du domaine public et le choix d'un nouvel attributaire sont des actes de gestion et ils ne constituent pas une activité de production, de distribution ou de service au sens de l'article 53 de l'ordonnance. De ce fait, le Conseil de la concurrence s'est considéré incompétent, décision confirmée par la Cour d'appel de Paris, 31 oct. 1991, *D.* 1992, p. 312, note V. Sélinsky.

[633] *Ets Aéroports de Paris [ADP] et Air France, BOCC,* 18 fév. 2000, p. 65. *Contrats-conc.-consom.* 2000, p. 22, n°82.

[634] Civ. 2 fév. 1999, *Gaz. Pal.* 1999.1, panor. cass. p. 117. Bull. cass. 1999, I, n°39. *D.*, 1999, I.R., p. 69.

[635] Com., 6 mars 1996, *Sté Total Réunion Comores, Sté Elf Antar France c/ministre de l'Economie, des Finances et du Budget et autres, Bull. cass.*, IV, n°76.

Les conclusions du commissaire du gouvernement, M. S. Austry, dans l'affaire *L&P Publicité*, précitée, traduisent toute l'ambiguïté de la question lorsqu'il dit : « *...on ne peut exclure...que, sur le marché de la location des emplacements publicitaires, une commune puisse être regardée comme cumulant une fonction de réglementation au titre de la police de l'affichage qui, tout en pouvant relever de l'exercice de prérogatives de puissance publique, pourrait être assimilée à une activité de prestation au titre de la gestion des emplacements d'affichage dont la commune est propriétaire* ».[636] Autrement dit, un acte de gestion domaniale pourrait être en même temps une prérogative de puissance publique et une activité économique.

Avec la décision bien connue du 18 octobre 1999, *Préfet de la région d'Ile-de-France, préfet de Paris c/Cour d'appel de Paris (Aéroports de Paris et Air France c/TAT Européen Airlines)*[637], le Tribunal des conflits apporte une solution novatrice, extrêmement intéressante, même si elle peut être source de difficultés. Il convient de rappeler brièvement les fait. Il s'agissait de la réorganisation de l'implantation de la société de transport aérien TAT Européan Airlines sur le domaine public aéroportuaire, qui contestait l'obligation qui lui était faite de quitter Orly-ouest pour Orly-sud alors que la compagnie Air France pouvait regrouper ses vols à Orly-ouest. Le Conseil de la concurrence s'était déclaré compétent, la fourniture d'espaces aéroportuaires constituant pour lui une activité économique entrant dans le champ d'application de l'ordonnance de 1986. Il avait alors prononcé des sanctions pécuniaires à l'encontre de l'établissement public Aéroports de Paris et de la compagnie Air France pour pratiques d'entente illicite ayant conduit au regroupement à Orly-ouest du trafic d'Air France. En outre le Conseil de la concurrence avait retenu à l'encontre de l'établissement public un abus de position dominante du fait d'avoir refusé à la société TAT European Airlines d'ouvrir à partir d'Orly-ouest de nouvelles liaisons et d'autre part du fait d'avoir imposé à cette société d'utiliser les services d'assistance en escale d'ADP sur l'aérogare d'Orly-sud, alors que cette obligation n'était pas imposée à Air France[638].

---

[636] Avis précité note n° 628, plus particulièrement p. 882.

[637] Concl. M. Schwart, *C.J.E.G.*, 2000, p. 18. Y. Laidié, « Brèves observations sur les difficultés de la dévolution du contentieux de la concurrence », *R.F.D.A.*, 2000, p. 567 et s. *A.J.D.A.*, 1999, p. 996, chron. P. Fombeur et M. Guyomar. *A.J.D.A.*, 1999, p. 1029 et s. note M. Bazex. P. Terneyre, « La compétence du juge administratif », *A.J.D.A.*, 2000, p. 697 et s. *D.A.*, 2000, n°9, note R.S.

[638] Décision n° 98-MC-13, 2 déc. 1998, précité note n° 613.

Le Tribunal des conflits opère une distinction entre d'une part, les décisions de regrouper à Orly-sud les activités d'Air France et de refuser à TAT European Airlines d'ouvrir de nouvelles lignes à partir de cette aérogare, lesquelles constituent l'usage de prérogatives de puissance publique se rattachant à la gestion du domaine et qui relèvent du juge administratif, les pratiques retenues par le Conseil de la concurrence étant indissociables de la réorganisation des aérogares ; d'autre part, les décisions faisant obligation à TAT Européan Airlines d'utiliser les services d'assistance en escale de cet établissement public en substitution à ses personnels, décisions qui sont détachables de l'appréciation de la légalité d'un acte administratif dont les autorités de régulation de la concurrence peuvent connaître ainsi que le juge judiciaire. L'arrêt affirme donc clairement que l'acte de gestion du domaine publique est une prérogative de puissance publique qui relève du juge administratif mais que certaines décisions détachables sont de la compétence du Conseil de la concurrence sous le contrôle de la Cour d'appel de Paris, ce qui revient à dire que certaines décisions relatives au domaine sont de nature économique au sens de l'ordonnance de 1986 et ne constituent pas des prérogatives de puissance publique. En tout état de cause cette lente évolution jurisprudentielle sur la nature de l'acte domanial illustre la difficulté pour le droit administratif à appréhender la dimension de marché de la gestion de la propriété administrative, droit dont on a toujours affirmé qu'il était dominé par l'affectation.

Comme le souligne la doctrine, la distinction entre acte de puissance publique et décisions détachables de l'appréciation de la légalité administrative a l'inconvénient d'être ambiguë car il ne sera pas toujours facile d'établir une frontière nette entre ces deux types de décisions et on ne pourra pas toujours se prononcer clairement sur la question de savoir si un acte est de puissance publique ou non. M. Y. Laidié souligne par exemple que « *la pertinence d'un tel critère doit être mesurée à l'aune des difficultés de son application* »[639]. Ce problème a d'ailleurs été soulevé dans le rapport public du Conseil d'Etat de 2002[640].

Il est certain que cette jurisprudence sera de mise en œuvre difficile parce qu'elle est source d'incertitude. Mais elle introduit en même temps une certaine souplesse bienvenue car elle tente de concilier ce qui est difficilement conciliable : affectation et marché. En effet, faire entrer toutes les décisions relatives au domaine dans le cadre rigide des prérogatives de puissance

[639] « Brèves observations sur les difficultés de la dévolution du contentieux de la concurrence », *R.F.D.A.*, 2000, p. 567 et s., plus particulièrement p. 568.

[640] Etudes et Documents n°53, p. 379.

publique n'aurait pas reflété la réalité. Mais inversement, le fait de qualifier l'ensemble des actes de gestion comme étant une activité économique aurait constitué une méconnaissance d'une autre réalité qui s'impose : celle du service public qui s'implante obligatoirement sur le domaine. Certes, l'administration aujourd'hui est très conditionnée par l'aspect rentabilité, comme n'importe quel propriétaire privé. Mais la différence fondamentale par rapport à un propriétaire privé c'est qu'elle gère un service public. Nous pensons pour notre part que le Tribunal des conflits a donné une solution subtile, alliant droit administratif et droit de la concurrence, avec une intervention toujours possible du juge administratif chaque fois que le service public l'exige, mais en admettant aussi une incursion du Conseil de la concurrence, le Conseil d'Etat, avec l'arrêt *Eda,* ayant d'ailleurs amorcé une collaboration avec l'autorité de régulation en instituant une pratique nouvelle de consultation de cette dernière.

Quelques décisions ultérieures en droit interne nous apporte aujourd'hui des précisions sur la distinction entre acte de puissance publique et acte de nature économique. Dans une affaire du 1er décembre 1999, la Cour d'appel de Paris, se pliant à la décision du Tribunal des conflits, affirme que « *l'attribution ...de la jouissance d'une portion du domaine public, pour y exercer une activité commerciale, ne constitue nullement une activité de production, de distribution ou de service, au sens de l'article 53* » de l'ordonnance, mais un acte de gestion du domaine et l'exercice de prérogatives de puissance publique, excluant la compétence du Conseil de la concurrence. Dans une autre affaire, l'opérateur privé contestait les modalités de négociation des clauses tarifaires et non la convention d'occupation et la décision de résiliation de celle-ci. La Cour d'appel de Paris décide que la résiliation d'une convention d'occupation du domaine à la suite du non-paiement de la redevance ainsi que le refus opposé à une demande de concession constituent des décisions par lesquelles une personne publique assure la mission de gestion du domaine public au moyen de prérogatives de puissance publique, excluant de ce fait la compétence du Conseil de la concurrence. Elle précise en outre que les conditions critiquées de fixation du niveau des redevances sont *indissociables* de la gestion du domaine et que les pratiques alléguées *ne sont pas détachables de l'appréciation de la légalité* des actes administratifs en cause[641]. La Cour de cassation confirme cette analyse.[641 bis]

---

[641] 27 fév. 2001, *S.A. au Lys de France*, n°2000/19689. Dans le même sens, Cons. conc., décis. n° 2000-D-41, 20 sept. 2000, *Sté Lys de France, BOCC*, 5 déc. 2000, p. 739. *Contrats-conc.-consom.*, 2001, p. 17, n°24, sur note M. Malaurie-Vignal.

[641 bis] Com., 19 nov. 2002, *SA Au Lys de France c/ ADP de Paris*, sur note M. Malaurie-Vignal, *Cont.-conc.-cons.*, fév. 2002, p. 16, n° 24. Sur note J.-G. M., *Gaz. Pal.*, 24 janv. 2003, n° 24, p. 21.

Cependant, la Cour de cassation a une rédaction plus ambiguë dans une autre affaire. Il s'agissait de l'occupation du domaine dans un M.I.N. par des distributeurs automatiques de boissons ; la Cour retient l'incompétence du Conseil de la concurrence au motif que la délivrance d'un titre d'occupation et l'instauration d'une redevance est un acte de gestion du domaine dont l'appréciation relève du juge administratif ; mais en même temps le juge dit que « *les décisions par lesquelles les personnes publiques... mettent en œuvre des prérogatives de puissance publique... peuvent constituer des actes de production, de distribution et de service* » au sens de l'ordonnance[642].

Cependant, le Tribunal de première instance des Communautés européennes a une approche très explicite. Dans l'arrêt bien connu du 12 décembre 2000, *ADP*, cité précédemment, le juge décide que « *la mise à la disposition des compagnies aériennes et des différents prestataires de services, moyennant le paiement d'une redevance... d'installations aéroportuaires doit être considérée comme une activité de nature économique* » (point 121). Ou encore, s'appuyant sur la jurisprudence communautaire (points 123 et 124) il précise que la gestion et la mise à disposition des installations aéroportuaires pour la fourniture de divers services constituent une activité économique (point 122). Il affirme explicitement que « *les activités d'ADP en cause sont des activités de nature économique, certes exécutées sur le domaine public, mais qui ne relèvent pas, de ce fait, de l'exercice d'une mission de puissance publique* » (point 125). Autrement dit, pour le Tribunal, approuvant la Commission, la mise à disposition d'espaces domaniaux (privatifs ou non) contre perception d'une redevance est une activité économique et non une prérogative de puissance publique. La Cour de Justice des Communautés européennes confirme cette analyse en affirmant que « *constitue une activité de nature économique la mise à disposition des compagnies aériennes et des différents prestataires de services, moyennant le paiement d'une redevance dont le taux est fixé librement par ADP, d'installations aéroportuaires* », en précisant encore qu'il « *ressort d'une jurisprudence constante que constitue une activité économique toute activité consistant à offrir des biens ou des services sur un marché donné* » [642bis]. Pour le juge européen, la mise à disposition du domaine est bien une activité économique et non une prérogative de puissance publique.

L'apport ici est de taille car le juge modifie profondément la nature de l'acte de gestion domaniale par rapport au droit interne en lui donnant une nature

---

[642] Cass. com., 16 mai 2000, *Chambre synd. nat. de vente et services automatiques (NAVSA), D.A.*, 2000, p. 10 n°154. *Contrats-conc.-consom.*, 2000, p. 16, n°112.

[642bis] 24 oct. 2002, *Aéroports de Paris c/ Commission et Ampha Services SAS*, aff C – 82/01 P, précité note n° 616 bis.

économique et non plus de puissance publique. Et le Tribunal rappelle d'ailleurs qu'il n'est pas lié par les qualifications nationales pour apprécier la nature d'une activité au regard du droit communautaire (point 128). Nous pensons pour notre part qu'en droit interne le point de la nature de l'acte d'exploitation du domaine n'a pas fini d'évoluer, la question de la redevance étant d'ailleurs au cœur du problème puisqu'elle permet la valorisation de la propriété publique. Cependant, il faut noter que l'arrêt postérieur de la Cour de cassation *Société au Lys de France c/ Aéroports de Paris*, précité, continue de considérer que la gestion domaniale est une prérogative de puissance publique ; il s'agissait en l'espèce de la résiliation d'une convention pour non-paiement de la redevance dont le taux était par ailleurs contesté ainsi qu'un refus opposé à une demande de concession. Quant aux conditions de fixation de la redevance, la Cour affirme qu'elles sont indissociables de la gestion de ce domaine, le requérant contestant la méthode de négociation consistant pour le gestionnaire à imposer à une redevance considérée trop élevée, à peine de ne pas conclure la convention ou de la résilier.

La lente évolution du droit sur cette question, les divergences d'interprétation et les controverses doctrinales montrent toute la difficulté à donner à l'acte de gestion une dimension de marché qu'il n'avait pas en théorie mais qui existe en pratique. Occultée par la force de la répétition des concepts – ceux de protection du service public – cette facette a été non lue par le droit administratif. Aujourd'hui c'est le droit nouveau de la concurrence qui lève quelque peu le voile sur cet aspect. C'est parce que ce régime a été investi insensiblement et de plus en plus par des règles économiques ou à forte incidence économique, qu'il est confronté aujourd'hui aux exigences des droits interne et communautaire de la concurrence, droits qui ont le mérite de révéler l'évolution marchande du régime. Cependant, dès lors que le domaine est devenu un « produit », qu'il est entré dans le marché, obligatoirement il doit être soumis aux rapports de force du marché.

SECTION II

LE DOMAINE PUBLIC, ESPACE FONCIER SOUMIS AUX RAPPORTS DE FORCE DU MARCHE

Tout marché implique des rapports de force ; nous tenterons d'identifier les caractères généraux de ceux-ci sur le domaine public (§ I) ; dans le cadre de ces rapports de force nous établirons ensuite la force et la faiblesse l'acteur privé (§ II), puis celles de l'acteur public (§ III).

§ I - LES CARACTERES GENERAUX DES RAPPORTS DE FORCE

Le titre d'occupation occulte des rapports inégalitaires ; si le marché domanial est concrétisé par un acte, autorisation ou contrat, il n'en demeure pas moins que celui-ci *fige le marché* sans pour autant rendre compte des rapports de force qui s'instaurent préalablement à tout contrat lors de la négociation de celui-ci. Le titre d'occupation est l'aspect visible du marché (A), alors qu'il existe antérieurement à la conclusion de celui-ci, des rapports de puissance et de domination qui sont occultes et inégalitaires (B).

A - L'acte d'occupation est l'aspect visible du marché

Les titres d'occupation domaniale (contrats et autorisations) sont l'aspect visible du marché qui s'instaure sur le domaine public. Mais comme tout acte issu de la confrontation d'une offre et d'une demande *il n'est que la partie visible de l'iceberg*, ou encore le *squelette* du marché, comme le fait remarquer très justement M. J.-A. Mazères[643].

Nous reprendrons la pensée de l'éminent auteur, selon laquelle : *«Du marché, le droit ne retient que les atomes dispersés qui le constituent, les marchés entendus comme contrats, c'est-à-dire relation d'obligation entre les personnes, des individus, considérés seulement dans un rapport intersubjectif selon la logique du consensualisme. Il ne peut appréhender, en revanche, ni expliquer les relations qui s'établissent entre ces atomes, la logique qui les constitue en un ensemble collectif, le marché».*[644]

Le droit des contrats, issu du Code civil, est basé sur l'autonomie des volontés, sur la liberté de contracter. Mais il s'agit là encore d'un leurre, inculqué par le marché, qui invente l'autonomie des volontés ; cette théorie, basée sur une liberté théorique de passer ou non un accord, par deux volontés de forces égales, dissimule en réalité dans la plupart des cas une contrainte et des forces inégales. Cette question est bien connue. Le contrat qui scelle le marché est réduit à sa plus simple expression et ignore la partie beaucoup plus complexe faite de rapports de puissance et de domination qu'est le marché. Nous reprendrons encore ici l'idée de M. Mazères qui affirme : *« le principe de l'autonomie de la volonté, quelles que soient ses évolutions et ses tempéraments pétrifie la réalité complexe des relations entre les partenaires d'un marché en*

---

643 *Marché et Nation Regards croisés*, précité note n° 602, p. 118.

644 *Précité* note n° 602, p. 112.

un mécanisme contractuel d'échange équivalent qui constitue, en réalité souvent une indéniable dénaturation.»[645]

Le titre d'occupation du domaine public, contrat ou autorisation n'échappe pas à cette réalité, encore qu'il y ait un problème supplémentaire, spécifique au domaine : d'abord, le marché domanial n'est *lu* que dans son aspect visible, le titre d'occupation, aspect réducteur du marché ; il y a toute une partie très importante du marché, antérieure à l'acte, qui échappe au droit. Mais qui plus est, le droit refusant, du moins dans la théorie, le marché du domaine public, il faut découvrir celui-ci en filigrane puisque l'acte d'occupation est obligé d'occulter qu'il y a un marché du domaine public.

L'acte d'occupation n'a pas un contenu uniforme ; selon le domaine public où l'entreprise est implantée, il fait l'objet de clauses les plus variées ; par exemple, l'acte admet la constitution d'une hypothèque sur les constructions édifiées ; ou encore l'autorité s'engage à ne pas résilier l'acte sans en informer préalablement l'organisme financier afin que celui-ci puisse prendre toutes mesures utiles pour ne pas être lésé financièrement. De même, certains titres admettent l'opération de crédit-bail sur le domaine public. Sur le domaine public naturel, pendant longtemps des concessions d'endigage ont transféré la propriété, etc. Des exemples de titres très différents les uns des autres pourraient être donnés en nombre très important. Mais il ne s'agit là que d'une photographie, figeant une situation. Le droit domanial ne rend pas compte en revanche de tous les autres aspects du marché domanial, pourtant fondamentaux et déterminants, qui apparaissent lors de la **négociation.**

B - Des rapports de puissance et de domination occultes et inégalitaires

On pourrait imaginer qu'en raison du caractère particulier du domaine public soumis à l'affectation, l'administration impose des conditions plus qu'elle ne les négocie ; en réalité, l'acte d'occupation est une transaction qui occulte des concessions réciproques, établies lors de la négociation de l'occupation.

Le marché est un ensemble complexe, tissé de relations multiples. Mais un moment déterminant dans le marché est très certainement la négociation, car tout processus de marché suppose une négociation préalable, un marchandage. Or, le droit ignore cet aspect fondamental du marché.

La négociation est définie comme étant le fait de traiter, de discuter pour arriver à un accord. Antérieure au contrat, elle est très certainement le moment

[645] *Précité* note n° 602,p. 113.

fort, le plus intense du marché et le plus riche en conséquences, puisque c'est là que s'établissent des rapports de domination et de puissance de chacune des parties ; c'est à ce moment que se manifestent la force et la faiblesse des partenaires. Le marché implique la négociation, et la négociation fait apparaître des rapports de domination. Ce qui est important dans la négociation, c'est la force de négociation de chaque interlocuteur mais aussi ses faiblesses.

Nous reprendrons encore ici la pensée de M. Mazères, selon laquelle le contrat « *dissimule des situations de domination, de pouvoir, de commandement*». Le marché est une *«institution vivante, tissée de relations complexes, de stratégies d'expansion, de conquête et de domination, de situation de pouvoir, d'aléas et de dépendances»*[646]. Mais cette situation de domination est occultée par le contrat, rencontrant théoriquement des volontés libres et égales.

Cette situation est bien connue du droit avec le contrat d'adhésion qui suppose une partie faible qui ne fait qu'adhérer à un contrat et une partie forte qui impose ses conditions. Quant au contrat négocié, il ne signifie pas qu'il y a des volontés libres et égales des deux parties, mais des rapports de force distincts des cocontractants lesquels vont discuter jusqu'au moment où ils trouveront (ou ne trouveront pas), un accord. Chaque partie va mettre en avant ses points forts, ses arguments percutants, et va tenter de minimiser ses faiblesses ; par contre, elle fera ressortir les points faibles de l'autre.

S'agissant des parties à l'acte domanial, l'idée que l'on se fait traditionnellement est que l'administration est la partie forte, face à l'opérateur privé qui est la partie faible. C'est d'ailleurs cette conception qui préside dans tout le droit administratif. Or, cette analyse n'est pas toujours vraie et parfois il peut y avoir un renversement de situation, l'administration pouvant être en situation de faiblesse et l'occupant en situation de force.

Sur le domaine public, avant toute implantation, une négociation va s'établir entre les partenaires en présence, administration et opérateur privé. Ceci est le fruit de l'évolution du marché. En effet, dans un premier temps, l'administration qui se rend compte que le domaine est productif, veut participer à la rentabilité mais elle impose **ses** conditions ; il n'y a aucune négociation entre l'opérateur et elle-même ; il y a en revanche, autoritarisme, dirigisme, au nom de «l'intérêt général», largement entendu, incluant l'intérêt économique. Ce système, trop

---

[646] *Marché et Nation Regards croisés*, précité note n° 602, p. 118. Ou encore dans le même sens l'auteur soutient : « *Et ce que le droit accule par cette opération... c'est la relation inégalitaire des échangeurs, et les phénomènes de domination et de pouvoir qui les enserre en deçà et a- delà du formalisme égalitaire du contrat*». p. 113 et s.

autoritaire, trop contraignant, ne pourra pas toujours fonctionner ; c'est le marché qui va atténuer cette situation déséquilibrée et il va parfois opérer un renversement de situation au profit de l'opérateur privé.

Ceci est valable pour le contrat mais une simple autorisation administrative peut être également le fruit de tractations. L'absence de tout acte peut être aussi significatif puisque cela ne signifie pas qu'il n'y a pas eu négociation mais que celle-ci a échoué, avec tout ce que cela peut comporter comme conséquences. (Par exemple, l'échec d'une négociation implique parfois que des conclusions soient tirées avec une remise en cause de la politique menée ; ou encore, les parties peuvent décider que les négociations ne reprendront que lorsque certaines conditions nouvelles et secrètes seront remplies, etc.)

Les parties qui négocient sont l'administration et le futur exploitant. Mais parfois, un tiers peut interférer dans la négociation ou y participer, ce qui va ajouter alors un rapport de force supplémentaire et va mettre en présence d'autres intérêts. En effet, le régime domanial se pliant de plus en plus au marché, cela a comme conséquence de faire intervenir de plus en plus de professionnels dans des décisions domaniales.

Le cas le plus fréquent est celui de l'organisme financier auquel l'opérateur privé est obligé de faire appel et qui va participer à la réalisation d'un projet de construction. Il est évident que lors des négociations d'occupation du domaine public, celui-ci aura un poids considérable ; il sera très souvent déterminant dans l'implantation ou l'absence d'implantation.

Mais il y a encore d'autres situations où un tiers peut intervenir, faisant jouer d'autres rapports de force parce qu'il fait apparaître d'autres intérêts qui peuvent parfois même ne pas être exprimés ouvertement. Par exemple, la réglementation relative aux cultures marines soumet à un passage en commission de cultures marines toute demande nouvelle d'implantation, qu'il s'agisse d'une première demande, d'une demande de substitution, etc., composée en partie par des représentants des professionnels et en partie par des représentants de l'administration[647]. Le représentant de l'Etat n'est pas tenu de suivre l'avis de la commission ; mais il est habituel qu'il s'en tienne à l'opinion des professionnels et plus particulièrement à celle du président des aquaculteurs ; il s'ensuit alors que l'avis des professionnels devient déterminant dans la pratique ; mais ils peuvent être influencés par des éléments affectant leur propre entreprise, comme par exemple la concurrence que pourrait leur faire le nouvel arrivant.

---

[647] Décret n° 83 228 du 22 mars 1983 fixant le régime de l'autorisation des exploitations de cultures marines modifié par le décret n° 87 756 du 14 mars 1987, art. 3.

Un autre exemple d'intervention des professionnels, influencée par le marché est le cas des M.I.N. La réglementation sur les marchés d'intérêt national admet la présentation d'un successeur[648], autrement dit, la vente de l'entreprise moyennant le paiement d'un prix. Par ailleurs, les textes admettent également le paiement au profit de l'autorité d'un prix d'entrée sur le M.I.N., dont l'objectif à l'origine était d'amortir les investissements faits par l'administration[649]. En conséquence, le nouvel opérateur d'un M.I.N. peut soit acquérir un emplacement en l'achetant à un autre professionnel (sous réserve de l'autorisation de l'administration), soit obtenir directement de l'autorité une concession. Le nouvel acquéreur a alors tout intérêt à acquérir un emplacement directement de l'administration, moins onéreux puisque le prix de cession d'une entreprise est par définition plus élevé car il prend en compte les constructions réalisées, la valeur du fonds. Dans la mesure où il y a des emplacements disponibles sur le M.I.N., cela revient à dévaloriser les entreprises existant déjà, l'administration concurrençant les prix de cessions. C'est pourquoi sur la pression des professionnels, l'administration du M.I.N. de Marseille réévalue périodiquement le droit de première accession des emplacements, au mètre carré, de façon à conserver la valeur des emplacements des entreprises[650]. Le montant de celui-ci est le fruit de pressions exercées par l'ensemble des professionnels qui veulent maintenir la valeur de leur propre fonds. Il y a donc ici encore une interférence des professionnels sur une décision prise par l'autorité domaniale : celle du prix du droit d'entrée sur le M.I.N.

Un autre exemple est illustré par le crédit-bail. Nous avons vu que cette technique de financement des ouvrages ne pouvait être utilisée, avant la loi de 1994 ; or, en pratique, elle a été souvent utilisée[651]. Ainsi l'organisme financier devient un intermédiaire, théoriquement propriétaire de la construction édifiée[652], et titulaire de la convention d'occupation, l'administration l'autorisant à donner en crédit-bail l'immeuble à l'exploitant[653]. Cependant, l'exploitant peut

---

[648] Art. 31 du décret n° 68-659 du 10 juillet 1968, portant organisation générale des marchés d'intérêt national, *J.O.* du 16 juillet 1968, p. 6788.

[649] Art. 28 du décret précité.

[650] Source : M.I.N. de Marseille, 1993.

[651] Par la plupart des gestionnaires de domaine où des investissements coûteux étaient nécessaires ; c'est le cas des aéroports de Paris, des certains M.I.N., etc.

[652] Voir par exemple l'avenant « crédit-bail» établi par les aéroports de Paris selon lequel : *«le régime juridique des opérations de crédit-bail immobilier défini par la loi n° 66-455 du 2 juillet 1966 modifiée par l'ordonnance du 28 septembre 1967 implique que les crédits-bailleurs soient propriétaires pendant le durée du crédit-bail des constructions ainsi financées».* Préambule, al. 3.

[653] *«Aéroports de Paris autorise les crédits-bailleurs à donner l'immeuble en crédit-bail à l'exploitant».* Art. 3, al. 1 de l'avenant précité.

ne pas remplir ses obligations envers le crédit-bailleur. Dans ce cas l'organisme financier pourra résilier le crédit-bail, ce qui revient à dire qu'il résilie le contrat d'occupation du domaine public de l'exploitant domanial ; et c'est le crédit-bailleur qui notifie à l'administration cette résiliation.[654] Il y a donc en fait un renversement des rôles, l'organisme financier pouvant résilier le titre pour inobservation des conditions du contrat de crédit-bail. Nous voyons donc que le marché fait apparaître des rapports de force sur le domaine public qui ne sont pas forcement ceux des cocontractants habituels, administration/opérateur privé, impliquant de ce fait des intérêts nouveaux dont il faudra tenir compte.

Comme nous l'avons dit précédemment, la négociation est le temps fort du contrat et elle traduit des rapports de force et de domination. Ce qui est important dans toute négociation, c'est la force de négocier de chaque partie et inversement ses faiblesses. Lors de la négociation, chaque partie arrive avec sa propre force de persuasion, sa force dissuasive, ses propositions, dans les objectifs recherchés ; en même temps, chaque partie évalue la force et la faiblesse du cocontractant qui en réalité devient l'adversaire dont les pouvoirs doivent être limités dans le contrat.

C'est lors de la négociation que va s'établir le jeu subtil des rapports de force, lesquels, mouvants, évolutifs, différents dans chaque affaire, *non lus* par le droit, sont ignorés par celui-ci ; parfois même, certains arguments des cocontractants ne sont pas exprimés ouvertement mais simplement sous-entendus. La négociation relève souvent de toute une stratégie mûrement réfléchie, selon un scénario que chaque partie met en place et qui avance ou recule en fonction de ce que chacun cède ou ne cède pas. La négociation constitue un moment fondamental dans le marché, la loi du marché trouvant son plein épanouissement lors de la négociation. Nous allons tenter d'établir ces rapports de domination et de soumission sur le domaine public, de l'administration et de l'exploitant privé, parties principales au marché.

§ II - FORCE ET FAIBLESSE DE L'ACTEUR PRIVE

La négociation d'un contrat, nous l'avons déjà dit, implique non pas des rapports de force libres et égaux mais des rapports de puissance et de domination distincts pour chacun des cocontractants ; nous allons tenter de les identifier sur le domaine public. La puissance ou les points faibles de la négociation sont fonction évidemment du but premier recherché par les cocontractants. Pour l'opérateur privé qui veut s'implanter sur le domaine

---

[654] «*Le chef de file des crédits-bailleurs informera immédiatement Aéroports de Paris de la résiliation en lui précisant les motifs.*» Art. 6 de l'avenant précité.

public, c'est évidemment la recherche du profit. Dans cette optique il a un point faible (A) et des points forts (B).

A - Son point faible

Le point faible de l'opérateur privé c'est qu'il est dans une situation juridiquement instable. L'occupant sait que dès qu'il va être installé sur le domaine public il va devenir extrêmement vulnérable. Nous avons dit précédemment que l'opérateur privé, attiré par la rentabilité du domaine, est en même temps dans une situation extrêmement précaire. Cette instabilité, aggravée par le juge ces dernières années est de nature à le fragiliser singulièrement, alors qu'au contraire, il a besoin de stabilité ; cette situation est bien connue de tous et nous avons développé dans la première partie tous les problèmes liés à l'insécurité de l'occupation ; nous n'y reviendrons donc pas. Cependant, dans une approche de marché, cette précarité constitue son point faible.

B - Ses points forts

Deux éléments de force apparaissent au profit de l'opérateur privé : il est incontournable (I), et par ailleurs, malgré le caractère captif du domaine public, il peut finalement décider ne pas réaliser l'activité projetée ou de ne pas développer l'activité existant déjà : il a la faculté de renonciation (II).

I - L'occupant est un agent économique incontournable

Aussi paradoxal que cela puisse paraître, l'opérateur privé est incontournable sur le domaine public, il est indispensable. C'est-à-dire qu'en réalité il est soumis à la précarité, à la révocabilité, mais son action est indispensable. Cependant, le droit ne prend pas en compte ce paramètre pourtant essentiel qui s'impose par son évidence et les auteurs qui signalent ce caractère sont peu nombreux ; M. P. Godfrin est un des rares auteurs qui note dans ce sens que *« le concours des occupants du domaine est nécessaire»* pour une bonne exploitation du domaine.[655]

Reconnaître que l'occupant est indispensable sur le domaine public, ce serait admettre d'une certaine façon la force de l'opérateur privé. Or le droit veut qu'il ne soit rien sur le domaine public : juridiquement, sa situation est précaire et

---

[655] *Droit administratif des biens*, 4ème éd. précité, p. 128. Ou plus récemment, dans la 6ème édition, précitée, p. 172 : « *l'occupant est un partenaire dont* [l'administration] *a besoin pour valoriser son domaine* ».

révocable, il doit quitter les lieux à la première réquisition de l'administration, l'occupation est personnelle.

Qui plus est, l'opérateur privé n'est même pas traité par le droit avec les égards qu'il pourrait attendre du privilège que lui confère son caractère incontournable : il est «l'occupant», notion qui peut avoir une connotation péjorative (l'ennemi de la deuxième guerre mondiale n'était-il pas aussi «l'occupant»?) même si parfois on lui préfère aujourd'hui le terme de « partenaire ».

La rentabilité même recherchée par l'opérateur privé a une représentation défavorable dans le droit administratif puisque l'intérêt privé est synonyme d'égoïsme, de profit personnel, individualiste, irresponsable, face à l'intérêt général de l'Etat lequel, altruiste, dépourvu de tout intérêt bassement matérialiste, recherche le bien-être du plus grand nombre.

Les raisons qui rendent indispensables ou incontournables l'opérateur privé sur le domaine public sont d'abord ses capitaux et son savoir-faire (1) ; ensuite c'est la rentabilité du domaine qui ne peut être générée que par l'opérateur privé (2).

1 - Les capitaux et le savoir-faire de l'opérateur privé

Nous savons que l'Etat, interventionniste, s'est immiscé de plus en plus dans des activités relevant traditionnellement du secteur privé. Mais en même temps, il doit faire appel à l'opérateur privé pour développer ces mêmes activités qu'il a voulu protéger.

Le domaine public, support des activités de service public, devient rapidement un lieu de collaboration privilégiée entre l'administration et les entreprises privées. La nécessaire collaboration des personnes publiques et des personnes privées est un phénomène bien connu du droit administratif et le domaine public n'échappe pas à cette règle. Les auteurs ont légitimé l'interventionnisme de l'Etat par la défaillance ou la carence privée dans des secteurs d'activités qu'il était d'intérêt général de développer. Le service public a-t-il donné le meilleur service au public ? Certainement pas. Rapidement, les carences de l'initiative publique sont dénoncées par l'opinion publique ; les exemples sont innombrables, et ce, qu'il s'agisse de gouvernements de gauche ou de droite. Il a été reproché la lenteur des décisions administratives, l'inefficacité de certaines d'entre elles, la lourdeur de la comptabilité ; de même le gaspillage a donné lieu à des critiques.

En revanche, l'opérateur privé s'est imposé d'abord par la puissance de ses capitaux, ensuite par son savoir-faire dans la gestion (gestion plus économe impliquant moins de dépenses inutiles), il s'est imposé par sa rapidité de décision, par sa rapidité d'adaptation à l'évolution de la société, des règles de comptabilité plus appropriées, etc. ; il s'est imposé également par son savoir-faire dans les technologies de pointe impliquant le développement de la recherche, etc. N'entend-on pas parler de plus en plus de l'efficacité de la gestion privée face à une gestion publique de plus en plus critiquée?

Un avantage supplémentaire de la gestion privée, c'est qu'en cas de faillite de l'entreprise privée, seul l'opérateur privé en supporte les conséquences financières. La gestion publique n'est pas à l'abri de la crise et les administrés admettent de moins en moins d'avoir à supporter sur leurs deniers les déficits d'une activité «d'intérêt général» dans laquelle s'est lancée une collectivité et pour laquelle ils ne se sentent pas particulièrement concernés, pour beaucoup.

Cet ensemble d'éléments a fait apparaître la nécessité d'une collaboration de plus en plus poussée entre opérateurs privés et administrations, à un point tel qu'elle est devenue inextricable. L'Etat, interventionniste, doit cependant rapidement faire appel à l'opérateur privé. Certaines opérations ne pourraient absolument pas voir le jour si ce n'est grâce à l'intervention du professionnel privé.

Le domaine public suit cette ligne générale ; certaines activités de service public qui s'y exercent ne peuvent voir le jour sans l'opérateur privé. Par exemple, les activités portuaires ne peuvent relever que de la seule initiative publique ; certes, depuis l'arrêt le Béton, les entreprises sont soumises aux règles très contraignantes de la domanialité publique. Mais en même temps, pourrait-on imaginer le port autonome de Marseille ou celui de Dunkerque sans entreprises privées ? Certainement pas. Sans l'opérateur privé développant les activités portuaires il n'y aurait pas de service public portuaire, car c'est lui qui investit, qui prend en charge les activités industrialo-portuaires, les développe, etc. De même, pourrait-on imaginer un marché d'intérêt national sans professionnels? Ce service public, tout simplement, n'existerait pas, car ce n'est certainement pas l'administration qui pourrait prendre en charge les activités de vente de gros et demi-gros des produits frais. En réalité, dans beaucoup de secteurs, sans le professionnel privé, l'activité de service public ne verrait pas le jour. Sur le domaine public, sa situation est précaire, révocable mais dans beaucoup de cas son action est absolument indispensable. Cela lui donne alors une force incontestable dans la négociation d'implantation sur le domaine public.

Dans les exemples précités (ports, M.I.N.), l'opérateur privé concourt directement au service public ; c'est grâce à lui que le service public se développe. Mais il y a d'autres cas où sans participer directement a un service public, l'opérateur privé l'améliore et de ce fait devient indispensable. C'est le cas de toutes les activités annexes au service public (hôtel dans un aéroport, buvette dans une gare, etc.)

Dans un premier temps c'est l'administration elle-même ou son concessionnaire de service public, qui met en place et développe l'activité accessoire au service public. La jurisprudence en donne de nombreux exemples, et admet la légalité de celle-ci[656]. Mais rapidement, l'administration et son concessionnaire sont obligés de se désengager et laisser place aux entreprises privées, ne bénéficiant d'aucune concession de service public, qui prennent alors la relève.

Aujourd'hui le nombre d'activités pouvant améliorer le service public est très important comme la buvette, le restaurant, le kiosque à journaux, la boutique de souvenirs, l'hôtel, le garage de stationnement de véhicules, tous ces commerces implantés sur les aéroports, les gares, les autoroutes, etc. ; mais en même temps, il y a forcément un phénomène de dépendance de l'administration vis-à-vis du privé, de ses investissements, de sa gestion plus adaptée etc. dont elle ne peut plus se passer sans quoi il n'y aurait plus d'activités accessoires améliorant le service public. Et aujourd'hui on pourrait difficilement imaginer tous ces services publics sans ces différents services accessoires. On est donc bien obligé d'en conclure que là encore, l'occupant, malgré la précarité et la révocabilité de sa situation, est une fois de plus, indispensable.

2 - La productivité de la propriété domaniale grâce à l'opérateur privé

Nous l'avons dit à différentes reprises, l'administration recherche la productivité de son domaine public. Les gains constituent des sommes non négligeables ; lors des débats parlementaires sur la loi de 1994, M. M. Mercier avait fait état des 330 millions de francs perçus par la S.N.C.F. pour les occupations hors bâtiments voyageurs, et des 200 millions perçus par les occupations dans les bâtiments voyageurs[657].

Or, l'administration ne peut avoir de gains que grâce à l'opérateur privé qui s'implante sur son domaine ; à l'inverse, si l'opérateur ne s'implante pas sur le

[656] C.A. Aix, 15 fév. 1882, *Chemin de fer de Lyon c/ Julien et Blanc, S.* 1882, II, 169, note Lyon-Caen ; Cass. Req. 19 déc. 1882, *Julien et Blanc c/ P.L.M., S.* 1884, I, 433, avec les observations du rapporteur. Tribunal civil de Bordeaux, 12 janv. 1898, *syndicat des hôteliers de Bordeaux c/ chemins de fer du midi, D.* 1899, II, 44.

[657] *J.O.* doc A.N., 17 mai 1994, p. 1715. Voir également, la Section du Rapport et des Etudes du Conseil d'Etat, *Le droit des propriétés publiques,* 31 octobre 1986, annexe 5, p. 12, pour les redevances perçues en 1984.

domaine, elle aura une incidence économique directe puisqu'elle ne percevra plus de redevances du domaine public. Cela devient alors un manque à gagner important pour l'autorité.

Quant au domaine public affecté à l'usage du public, le même problème se pose. Sur le domaine public maritime, la mise en valeur ne peut être le fait que de l'opérateur privé dont l'administration ne peut se passer, de la même façon que sur le domaine public artificiel. Ainsi, les activités de cultures marines ne peuvent voir le jour que grâce aux aquaculteurs, personnes privées et par leur investissement, leur travail.

De même, dans le passé, ce furent encore les capitaux privés qui furent sollicités pour développer les constructions sur le domaine public maritime comme les marinas, ports de plaisance, habitats privatifs et hôtels, dont une partie importante des côtes françaises est le témoignage. Ces constructions furent très contestées ; mais il n'empêche qu'à une époque où les pouvoirs publics menaient une politique d'urbanisation et de construction, seul l'opérateur privé pouvait se lancer dans la plupart des opérations immobilières d'envergure.

II - Il a une force de renonciation conditionnée par un choix économique

Nous avons vu dans la première partie que l'opérateur privé est toujours attiré par la rentabilité du domaine ; mais parfois, dès lors qu'il veut réaliser un certain type d'activité, il est tenu de s'implanter sur le domaine public, il est captif du domaine.

Mais en même temps, l'occupant a la faculté de renonciation. Il peut opter pour ne pas s'implanter sur le domaine public ; il peut refuser l'offre domaniale et cela lui confère une force certaine ; en effet, s'il est bien vrai qu'il ne développera pas son activité, en même temps cela peut fragiliser le partenaire «administration» qui verrait son «produit» domaine ne pas susciter un grand enthousiasme ; en poussant le raisonnement à l'extrême, on pourrait imaginer un domaine public déserté par toutes les entreprises. Car finalement, dans un marché, on peut dans certain cas considérer qu'est fort non pas celui qui propose le produit, mais celui qui peut le refuser[658]. L'occupant potentiel peut décliner l'offre domaniale : il ne développera pas l'entreprise sur le domaine public. Il peut décider simplement que son projet d'implantation ne verra jamais le jour et opter pour ne pas développer l'activité projetée, au sens ou finalement,

---

[658] Voir toutefois les théories économiques qui établissent que l'offre a le rôle principal ; par exemple, *Histoire des pensées économiques, les fondateurs,* la conception de J.S. Mill, p 52.

il décide que les inconvénients sont trop importants pour qu'il en assume les risques. Sa décision d'implantation relève d'un choix économique (1), l'instabilité propre au domaine étant une donnée qu'il traduit en termes économiques (2).

1 - Le choix économique de l'opérateur

Le marché est fondé sur la liberté d'entreprendre ou non une activité professionnelle. Nul n'est tenu d'exercer une activité s'il ne le souhaite pas. Donc, dès lors que l'opérateur privé considère que toutes les conditions ne sont pas remplies pour qu'il développe son activité, il n'est jamais tenu de le faire. Le domaine public illustre bien cette situation ; ainsi, les opérateurs privés d'exploitations industrialo-portuaires décident d'aller s'installer dans des pays autres que la France ; sur les marchés d'intérêt national, les usagers ont décidé de ne pas moderniser leurs installations. Ceci confère une force de négociation très importante au profit de l'opérateur privé, parce que l'administration a besoin de lui, nous l'avons vu, pour développer le service public, l'activité annexe au service public, et pour tirer une productivité du domaine.

2 - La traduction de la «donnée» inaliénabilité en termes économiques

Ce qui va être déterminant dans le choix de l'implantation de l'occupant c'est le rapport instabilité/ rentabilité. En effet, nous avons dit que l'occupant fait un calcul économique. Pour lui, l'affectation, le service public n'ont aucun sens ; il voit uniquement qu'il est confronté à un régime particulier dominé par l'insécurité juridique. L'instabilité dont est affecté le domaine est dissuasive pour l'implantation privative. Mais en même temps, ce qui est important pour l'opérateur privé c'est le gain, la rentabilité, le profit, nous l'avons déjà dit. Certes, le domaine est affecté d'un élément particulier -l'inaliénabilité- ; mais dans une optique de marché il s'agit tout simplement d'une spécificité qui sera prise en compte par l'occupant. L'opérateur privé ne fait qu'intégrer cet élément particulier dans son calcul économique. Pour lui le principe se traduit par un chiffre, avantageux ou désavantageux.

L'opérateur privé va analyser l'instabilité du domaine public dans le risque et dans le coût du risque si celui-ci survient, avec des chiffres à l'appui. L'inaliénabilité devient pour l'opérateur privé un risque calculé, évalué, accepté ou non, un risque qu'il prend ou qu'il ne prend pas en fonction des paramètres de rentabilité et de risque de pertes en cas de mise en oeuvre par l'administration de ce risque. Il évalue le prix de sa sortie éventuelle du domaine public (retrait avant terme, pertes induites par ce retrait, non-renouvellement, etc.), comme toute entreprise qui évalue le prix d'entrée sur un marché et le prix de sortie de celui-ci.[659]

L'évaluation du «risque» instabilité n'est pas nouvelle ni propre à la domanialité publique ; les sociétés occidentales, à la recherche de diminution des coûts de production et qui prospectent, en raison de la main-d'œuvre à bon marché, en vue d'une installation dans des pays à risques d'explosion sociale, chiffrent cet aléa en cas de survenance ; la même démarche est faite pour le «risque» nationalisation. Un risque pour l'entreprise, quel qu'il soit est traduit automatiquement par l'appréciation du coût qu'il peut entraîner, en sachant qu'il peut survenir ou ne pas survenir. Sur le domaine public, l'opérateur privé va faire un calcul de probabilités et du prix de l'instabilité si celle-ci était mise en oeuvre. Il prendra en compte un certain nombre d'éléments qui détermineront son choix.

Comme toute entreprise privée sur la propriété privée lors de sa création ou de son agrandissement, il va évaluer les gains en fonction de paramètres propres à chaque type d'activité (potentiel de clientèle, bassin économique du lieu d'implantation, concurrence dans son secteur d'activité, structures et infrastructures mises à disposition, image de marque du site, etc.) Par exemple, le M.I.N. de Lyon est considéré à l'heure actuelle par certains professionnels, comme étant situé à un carrefour économique européen des plus intéressants, facilité par l'ouverture des frontières : proche de zones de productions, il permet l'éclatement des marchandises de façon rapide vers la Suisse, l'Allemagne, etc. Le M.I.N. de Rungis par exemple, est considéré par les professionnels comme un outil de travail utile, performant. Situé à un endroit stratégique, il centralise les offres des produits frais de la région parisienne ; comme tous les M.I.N., il instaure une transparence des prix grâce au service des nouvelles, lequel est de nature à porter à la connaissance des opérateurs l'état de l'offre et de la demande ce qui leur permet d'ajuster les prix. Mais en même temps, les opérateurs considèrent que la domanialité publique est une contrainte économique, en raison des redevances prohibitives, en raison également de l'absence de propriété.

---

[659] Voir par exemple MM Jean Yves Capul et Olivier Garnier, sur la question du prix d'entrée et de sortie sur un marché : «*La notion de marché contestable, plus récente, (elle est due à l'économiste américain Baumol au début des années 80), définit la concurrence par la liberté d'entrée et de sortie d'un marché. Ainsi un marché est «contestable» et donc la concurrence est sauvegardée, si l'entrée est absolument libre (aucun obstacle pour entrer sur le marché) et si la sortie est peu coûteuse (les coûts irrécupérables doivent être faibles, sinon l'entreprise ne peut prendre le risque d'entrer sur le marché*». *Précité* note n° 619, p. 247.

Par ailleurs, l'importance des investissements sera à prendre en compte aussi ; certaines activités nécessitent une mise de fonds élevée ; l'instabilité comporte le risque de perte des investissements réalisés sur le domaine public. Certaines activités, en revanche ont besoin de peu de capitaux. D'autres éléments seront à analyser comme le prix de la redevance, le prix d'achat de l'entreprise en cas d'acquisition par présentation d'un successeur etc., le droit d'entrée sur le domaine public (c'est le cas par exemple sur certains M.I.N.)

Ainsi, un professionnel sur le M.I.N. de Rungis faisait l'analyse suivante : la redevance domaniale annuelle, payée par lui pour 1175 mètres² occupés (dont 198 mètres² de bureaux, 755 mètres² de magasins et 222 mètres² de sous-sol) s'élève à 808 776,00 francs[660], soit mensuellement la somme de 67 398,00 francs. L'exploitant ne peut avoir ni la propriété des terrains ni celle des bâtiments du fait de la domanialité publique.

Or une propriété privée à proximité du M.I.N, reviendrait moins cher à l'achat ; par exemple un terrain acheté sur la propriété privée serait amorti au terme d'une dizaine d'années, l'opérateur privé payant l'équivalent d'un loyer pendant ce temps. Au terme de cette durée, il aura fini de payer sa propriété. Il aura donc l'avantage de la propriété stable, sans aucune dépense de loyer. Or, sur le M.I.N. de Rungis, la situation est financièrement très contraignante puisque la redevance est extrêmement élevée : à l'issue d'une dizaine d'années l'exploitant considère qu'il a payé l'équivalent de l'achat d'un terrain, sans pour autant en être propriétaire, tout en continuant de payer des redevances qui ne font qu'augmenter. Quant à son entreprise, s'il veut qu'elle soit performante, il est tenu de réaliser des investissements périodiquement, alors qu'il n'est pas propriétaire de l'immeuble. Cependant, en raison des périmètres de protection, il est tenu de s'implanter sur le M.I.N. C'est la raison pour laquelle, il investit le moins possible, et en tout cas beaucoup moins que sur la propriété privée.

Un autre problème ayant une incidence économique sur l'entreprise, devant être pris en compte par le chef d'entreprise, se pose en raison du régime. Sur la propriété privée, en cas d'acquisition de la propriété de l'immeuble par l'exploitant, il est habituel que soient constituées deux sociétés : d'abord, une société civile immobilière, propriétaire de l'immeuble, et une société commerciale (S.A., S.A.R.L., etc.) ; cette société commerciale loue à la société civile le fonds de commerce, le paiement des loyers servant alors au remboursement de l'emprunt contracté pour l'achat de l'immeuble. Cette opération engendre des avantages à caractère fiscal ; elle permet aussi la

[660] Ce prix comprend une cotisation de restructuration, à payer impérativement par les opérateurs du M.I.N. de RUNGIS.

séparation des patrimoines, et met à l'abri l'immeuble : en cas de problèmes de la société commerciale, seuls ses biens pourront être saisis, à l'exclusion de l'immeuble. En cette période de crise, il s'agit là d'avantages non négligeables. Or, sur le domaine public, cette opération n'est pas possible puisque l'occupant n'est pas juridiquement propriétaire des édifications faites par lui.

Un autre élément qui est pris en compte également par l'exploitant est la durée de l'autorisation, son âge, sa situation familiale. Un titre d'une durée de 20 ans, peut paraître bénéficier d'un temps relativement long. Or un père de famille réfléchit certes en termes économiques pour lui-même mais aussi par rapport à ses enfants, dans la mesure où ceux-ci sont appelés à prendre la suite de l'entreprise, ce qui est une hypothèse des plus courantes dans le cadre d'exploitations privées. Il fait un calcul sur le très long terme, dans l'optique où ses descendants prendront la tête de l'exploitation ; la durée du titre est un élément déterminant dans la décision de s'implanter ou non.

L'occupant peut avoir aussi des avantages propres au marché domanial, qu'il ne trouve pas sur la propriété privée : le régime domanial va se traduire encore une fois par un avantage chiffré. Ainsi, les règles domaniales peuvent être utilisées par l'exploitant pour éliminer la concurrence, en toute légalité. Nous savons que la collectivité peut retirer l'acte ou ne pas le renouveler pour non-acceptation de l'augmentation de la redevance. Il suffira donc à un concurrent de proposer à l'administration de payer une redevance plus élevée pour s'emparer de l'entreprise convoitée. Ceci est valable pour un concurrent ou tout simplement pour tout opérateur voulant s'approprier une affaire qui marche. Un simple exploitant d'un kiosque à journaux peut être délogé parce qu'un tiers offre à la Ville une redevance plus élevée. Il y a là un avantage non négligeable pour l'opérateur privé, qu'il n'a pas sur la propriété privée.

Le régime peut se traduire également en termes d'avantages concernant la concurrence entre entreprises. Par exemple, lorsque toutes les entreprises d'un même secteur d'activités sont regroupées sur un même site, comme c'est le cas des M.I.N. en raison des périmètres de protection, une synergie s'instaure au profit de toutes les entreprises, profitable à celles-ci. Par ailleurs, toutes sont soumises aux mêmes contraintes, ce qui explique que les opérateurs du M.I.N. de Bordeaux aient exigé des pouvoirs publics le respect de ces périmètres[661] ; les périmètres de protection éliminent la concurrence externe laquelle ne doit pas profiter de la clientèle du M.I.N., la concurrence entre entreprises ne jouant que sur le domaine public ; ceci est évidemment un avantage pour l'ensemble ;

[661] Voir par exemple C.E., 4 fév. 1976, *Société Omer-Decugis, Leb.* 79.

enfin un certain «espionnage» des prix est plus facile à réaliser lorsque les entreprises sont regroupées sur une même plate-forme.

Le régime domanial peut se traduire par d'autres avantages financiers que l'occupant n'a pas sur la propriété privée. Ainsi, la redevance peut être moins élevée que sur la propriété privée ; certes, l'occupant n'a pas la stabilité, mais cela peut être compensé par une faible redevance.

L'implantation sur la propriété privée peut nécessiter l'achat de la propriété ou le paiement d'un pas de porte important alors qu'à l'inverse, l'entrée sur le domaine public peut ne comporter que le paiement de la redevance ; de plus l'occupant pourra peut-être, en quittant le domaine public, monnayer ce qu'il a acquis gratuitement.

Des gains importants peuvent être rapidement acquis malgré l'instabilité. Aujourd'hui, le droit de la concurrence encadre l'attribution des monopoles ; mais pendant longtemps, l'opérateur privé a pu se voir consentir un monopole de fait sur le domaine public, l'autorité pouvant déterminer qu'il était d'intérêt général qu'il y ait un seul exploitant ou un nombre limité d'opérateurs dans un secteur d'activité, ce qui soutenait évidemment l'entreprise en place et se traduisait par un avantage économique.

L'opérateur privé fait donc un bilan des avantages et inconvénients, du «risque» instabilité, en les traduisant en termes économiques et en établissant une comparaison avec les avantages et inconvénients de la propriété privée. Il évalue le rapport entre la rentabilité générée par le domaine et le risque. C'est en fonction de ce rapport qu'il décidera soit de s'installer (ou de développer une activité existant déjà) ; soit à l'inverse il décidera de ne pas s'installer (ou de ne pas développer une activité qui existe).

Différents cas de figures vont alors se présenter qui seront fonction du domaine occupé, de la productivité plus ou moins importante de celui-ci, des investissements plus ou moins lourds, de la situation familiale, etc. C'est tout cet ensemble d'éléments qui va peser dans la balance et qui va déterminer le choix de l'exploitant dans sa décision d'implantation sur le domaine public.

En conséquence, les caractéristiques de la situation de l'occupant qui se manifesteront lors de la négociation d'occupation du domaine public sont de deux ordres. D'une part, sa situation est précaire et révocable. Mais par ailleurs l'occupant est indispensable et il n'est pas obligé de développer l'activité projetée, éléments qui vont être déterminants dans l'évolution vers le marché du droit. Cependant, l'acteur public a également des points de force et de faiblesse.

§ II - FORCE ET FAIBLESSE DE L'ACTEUR PUBLIC

Comme pour l'opérateur privé, il faut analyser les points forts et les points faibles de l'administration par rapport à l'objectif qu'elle recherche : elle est au service de l'intérêt général et à ce titre elle doit développer toutes les activités répondant à ce critère au sens très large du terme, du moins théoriquement ; mais en même temps elle est également conditionnée par une logique de rentabilité, comme l'opérateur privé, ce qui est parfaitement illustré par sa politique domaniale axée sur un maximum de profit pour un minimum d'investissement. Nous déterminerons ses points faibles (A) et ses points forts (B), par rapport aux objectifs précités et qui seront pris en compte forcément dans la négociation d'occupation du domaine public par l'entreprise privée.

A - Ses points faibles

Ils sont de deux ordres : ils tiennent à la dépendance de l'opérateur privé (I) et au régime domanial (II).

I - La dépendance de l'opérateur privé

Les points forts de l'occupant deviennent les points faibles de l'administration. Ainsi, si l'occupant est indispensable au développement du service public, des activités annexes au service public et à la mise en valeur de la propriété foncière, il y a alors forcément un phénomène de dépendance au détriment de l'administration qui est alors en position de demandeur face à un professionnel sollicité, et sans lequel il ne peut y avoir ni développement du service public, ni activité annexe, ni profit du domaine public. M. J.-F. Calmette souligne d'ailleurs justement dans ce sens que « *les péripéties de l'attribution des licences UMTS en France ont bien montré la limite du pouvoir discrétionnaire des autorités publiques dans la fixation de la redevance : cette réponse c'est le marché.* »[662]

II - Le régime domanial

A partir du moment où la demande domaniale est à la baisse, le régime domanial devient une entrave à la gestion économique du domaine. Autrement dit, dès lors que l'opérateur privé décide de ne pas s'implanter sur le domaine public, ou de ne pas moderniser ses installations, en raison du risque économique trop important induit par l'instabilité et des pertes qu'il peut subir, le régime domanial devient une contrainte pour l'administration ; il est un frein

---

[662] *La rareté en droit public français*, thèse Toulouse, 2002, p. 276.

-voire un obstacle- à la mise en valeur du domaine. Cela a fatalement une incidence sur les finances de la collectivité. Le principe de l'inaliénabilité, qui permet à l'autorité de s'enrichir, grâce à l'évolution jurisprudentielle qui a précarisé à outrance l'occupant, se retourne contre l'administration, puisque c'est ce même principe qui empêche l'implantation privative. L'autorité se retrouve piégée par un régime ce que justement le juge ne recherchait pas, puisqu'il a fait évoluer celui-ci pour que l'administration puisse l'utiliser dans son intérêt économique. Plus la demande domaniale baisse, plus l'autorité est affaiblie.

L'administration a donc deux points qui l'affaiblissent dans le marché domanial : elle a besoin de l'opérateur privé sur le domaine public ; le régime peut devenir un inconvénient dans la mesure où il empêche l'implantation privative et par-delà la mise en valeur du domaine.

B - Ses points forts

L'administration est l'interlocuteur privilégié avec une force de négociation importante parce qu'elle détient à titre exclusif deux éléments fondamentaux : elle possède la propriété domaniale (I) ; mais en même temps, le régime qui parfois est un inconvénient, peut devenir une force pour l'autorité (II) ; enfin, il n'est pas indifférent de considérer que l'Etat est toujours à même, en la matière, d'exercer son pouvoir normatif (III).

I - La propriété domaniale

Le point fort de l'administration dans beaucoup de cas, c'est qu'elle est propriétaire de biens qui n'ont pas leur équivalent sur la propriété privée. C'est ainsi que l'Etat par exemple est le propriétaire du domaine public maritime ; s'agissant du domaine public naturel, convoité par l'opérateur privé car composé de biens de plus en plus rares et très rentables pour certains types d'activités (par exemple, l'immobilier), l'Etat est évidemment dans une situation d'interlocuteur incontournable. D'autres activités comme l'aquaculture ne peuvent s'exercer que sur ces biens, propriété de l'administration, ce qui encore une fois va la placer en situation de seul interlocuteur et va donc lui donner une position privilégiée dans la négociation.

Le même cas de figure se retrouve pour les sites portuaires, aéroportuaires qui sont un monopole de l'administration, sans équivalent sur la propriété privée ; de même, les marchés d'intérêt national deviennent des monopoles spatiaux puisqu'il est fait obligation à l'opérateur privé de s'y implanter par l'instauration de périmètres de protection couvrant parfois plusieurs départements. Cela revient à créer un monopole foncier au profit de l'administration puisque certains professionnels ne pourront s'implanter que sur le domaine public.

II - Le régime domanial

Nous avons longuement parlé dans la première partie de toutes les possibilités données par le juge pour que l'administration puisse rentabiliser le domaine au maximum, nous n'y reviendrons donc pas. Cependant, dès lors que la demande domaniale augmente, l'administration est en position de plus en plus forte ; en effet, lorsque le domaine fait l'objet de demandes de plus en plus nombreuses, l'administration pourra véritablement mettre en oeuvre une politique du «plus offrant», en raison des larges pouvoirs de gestion conférés par le juge.

Autrement dit, lorsque la demande est plus importante que l'offre, le régime domanial devient un élément de force pour l'autorité gestionnaire. Par exemple, elle pourra choisir l'occupant privatif en raison du prix qu'il est disposé à payer ; d'ailleurs les Aéroports de Paris procèdent à une mise en concurrence pour l'attribution des emplacements domaniaux, le prix proposé de la redevance étant un élément important dans l'attribution de l'occupation[663].

Pendant la durée de l'occupation, les larges pouvoirs de gestion de l'administration constituent encore un point fort de l'administration, puisqu'elle pourra retirer l'autorisation pour non-acceptation de l'augmentation de la redevance. Le régime lui permet d'avoir un contrôle étroit sur les activités ; elle pourra par exemple demander que lui soit communiqué le chiffre d'affaires afin de fixer la redevance en fonction de celui-ci.

A la fin du titre, l'administration est dans une situation particulièrement forte, et inversement, l'occupant qui veut rester en place est extrêmement fragilisé. Le régime domanial permet à l'autorité de ne pas renouveler le titre pour motif économique. La situation de l'opérateur privé est alors particulièrement vulnérable car, malgré la réalisation d'investissements, il n'est jamais assuré du renouvellement. En cas de demandes en nombre important, il est extrêmement fragile car le maître du domaine a de larges pouvoirs pour accorder un nouveau titre au plus offrant.

Incontestablement, le régime domanial devient un élément puissant en faveur de l'administration lors de la négociation de l'occupation, mais aussi pendant la durée de celle-ci ainsi qu'à l'issue du titre, lorsque la demande domaniale est en hausse. Le régime lui donne une force incontestable, car elle

---

[663] Source : A.D.P.

pourra le faire jouer au profit de l'occupant ou à son encontre. Certes, elle agit sous le contrôle du juge mais il est bien connu que celui-ci lui a conféré de larges pouvoirs.

III - Le pouvoir normatif de l'Etat

Enfin, dernier point, qui situe l'Etat en partenaire fort, c'est qu'il est le seul à pouvoir légiférer ou à prendre des textes à caractère réglementaire. Ceci est un point fondamental puisque l'Etat pourra par exemple infléchir ou durcir les règles domaniales pour soutenir le marché ou ne pas le soutenir. Par exemple, le législateur est intervenu par la loi du 28 novembre 1963[664], admettant les concessions d'endigage, translatives de propriété, sur le domaine public. Il est évident que par ces dispositions le législateur apporte son appui à une certaine catégorie d'opérateurs privés.

Inversement, le législateur est intervenu pour durcir le régime à l'encontre d'une autre catégorie d'opérateurs. Ainsi, le décret-loi du 17 juin 1938[665] interdit la possibilité de conclure des contrats de droit privé sur le domaine public, alors que la jurisprudence n'était pas claire sur cette possibilité.

C'est à partir de l'ensemble des différents rapports de force que l'on va assister à un ajustement du régime, qui va être à l'origine véritablement du marché du droit domanial.

---

[664] N° 63-1178, relative au domaine public maritime, *J.O.* du 29 nov. 1963.

[665] Devenu l'article L. 84 du Code du domaine de l'Etat.

CHAPITRE II

LE MARCHE DU DROIT DOMANIAL

Nous avons vu précédemment que le domaine public est soumis à la loi du marché, celle de l'offre et de la demande de même qu'aux rapports de force de celui-ci. Mais cette situation va avoir fatalement une incidence sur l'ensemble du régime de la domanialité publique, la loi du marché sur le domaine public aboutissant au marché du droit domanial[666].

En effet, le régime n'échappe pas au phénomène plus général dénoncé par certains auteurs. Ainsi, en 1991, M. J.-P. Henry affirme que si les règles de

---

[666] Sur l'impact de la rentabilité des activités publiques sur le droit administratif, voir l'étude très complète de S. Bernard, *La recherche de la rentabilité des activités publiques et le droit administratif*, préface de Joël-Pascal Biays, L.G.D.J., 2001. L'auteur considère très justement que « *si les manifestations de la rentabilité des activités publiques sont courantes, l'étude de ce phénomène en droit administratif est beaucoup moins fréquente* », p. 1. Il estime encore que « *la rentabilité est extérieure au droit administratif et destructrice de sa spécificité* », p. 11.

droit n'ont jamais été aussi nombreuses, elles ne sont que *« la traduction ou la formulation des exigences du marché lui-même»*.[667]

Pour l'auteur, *«Un fossé de plus en plus important, et inéluctable, se développe entre le contenu de discours politiques qui repose encore souvent sur le postulat que l'Etat exerce une véritable puissance, que les choix sont possibles,* ***et la réalité des politiques menées qui se trouvent contraintes par des exigences économiques incontournables»***.[668] Dans le même sens, il soutient : « *La réalité montre chaque jour davantage que dans les Etats les plus ancrés dans l'économie de marché, il n'y a donc plus de choix possible et donc plus guère de décision possible, et qu'au bout du compte «les politiques» sont exclusivement déterminées par les nécessités d'adaptation technique aux exigences du marché»*[669].

M. J.-A. Mazères, met en évidence que dès lors que l'Etat se soumet à la loi du marché, le droit de l'Etat est pénétré obligatoirement et inéluctablement par le marché. Et l'auteur analyse les conséquences du marché non seulement sur la pratique du droit mais aussi sur l'élaboration de la norme elle-même, laquelle est alors transformée par la pression économique, *derrière les subtilités juridiques des légistes* : *« Le marché se substitue à la Nation s'impose à l'Etat, devient le droit : la loi du marché,faisant du droit une marchandise, aboutit au marché de la loi»*[670]. Le savant auteur considère **qu'il y a non seulement contournement du droit, mais aussi déstructuration du droit par le marché** : *«...c'est le système juridique dans son ensemble qui se trouve affecté. Et cela, de deux manières qui sont d'ailleurs complémentaires :*

Il s'agit d'abord d'un processus de contournement du droit[671]*... Mais, plus grave qu'un simple contournement du droit, c'est une véritable décomposition du système juridique par le marché, que l'on observe aujourd'hui »*[672].

Le droit domanial n'est pas resté en marge de cette mutation profonde, et ceci d'autant plus que l'espace de domanialité publique est devenu, nous en

---

667 «La Fin du Rêve Prométhéen? Le marché contre l'Etat » *précité* note n° 603, p. 645.

668 *Précité* note n° 603; caractères gras ajoutés.

669 *Précité* note n° 603, p. 644. Dans le même sens, sur le déplacement du pouvoir, voir l'article de M. Ignacio Ramonet, *Les nouveaux maîtres du monde, pouvoirs fin de siècle*, in Le Monde Diplomatique, mai 1995, p. 1, 19 et s., qui affirme : « *...Qui détient au-delà des apparences, la réalité du pouvoir dans les Etats démocratiques développés? Poser de telles questions c'est constater que, le plus souvent, les gouvernants, élus après d'homériques batailles électorales, se retrouvent impuissants face à des forces planétaires redoutables.* »

670 *Marché et Nation Regards croisés*, précité note n° 602, p. 146.

671 Précité note n° 602, p.144.

672 Précité note n° 602, p. 145.

avons longuement fait état, une composante économique essentielle du marché, du fait qu'il est une propriété très significative économiquement parlant, subissant parfois une pression très forte de la part de certains acteurs (exemple, les promoteurs immobiliers sur le domaine public naturel, les réalisations ayant des retombées économiques très importantes au niveau des collectivités locales, etc.) Dans de nombreux cas, nous verrons que le régime domanial n'est que le résultat des groupes de pression.

Le marché impose sa loi sur le domaine public malgré la présence de règles contraires et impose aux intervenants de composer avec ses règles et même de les contourner. Mais de plus, il impose sa loi jusqu'à faire de la loi un de ses éléments importants ; c'est alors le régime même de la domanialité publique qui devient l'un des éléments clefs de la négociation qui s'instaure entre les partenaires. Le régime domanial entre dans le marché, et c'est le marché qui en devient le régulateur, qui l'ajuste.

Autrement dit, le domaine public est soumis à la loi de l'offre et de la demande ; en même temps il est régi par un ensemble de règles contraignantes (inaliénabilité, précarité, etc.) C'est alors l'ensemble des règles domaniales qui vont faire l'objet d'un marchandage, qui vont devenir une marchandise, qui vont être l'objet de tractations, de transactions. Ceci se vérifie au niveau de la pratique, qui contourne le droit (Section I) ; mais parfois le simple contournement du droit ne sera plus suffisant, le marché imposant d'aller plus loin ; c'est alors le droit domanial lui-même qui sera déstructuré par le marché (Section II).

SECTION I

LE CONTOURNEMENT DU DROIT PAR LE MARCHE

Il y a des comportements en marge du droit ou des pratiques de contournement du droit domanial ; cette situation a été parfois dénoncée ; ce que nous voulons démontrer ici c'est que ces contournements sont conditionnés par le marché.

Pour une meilleure compréhension, il faut rappeler ici les principaux éléments du marché ; nous avons d'abord l'opérateur privé et l'opérateur public, ayant tous deux des objectifs qui convergent puisqu'ils recherchent une rentabilité maximale ; nous avons d'autre part le domaine public, devenu entre eux «le produit». En même temps ce produit est dominé par une caractéristique particulière : il est inaliénable.

Dans certaines situations, le régime domanial sera un obstacle absolu à l'enrichissement de chacune des parties ; dans ce cas, l'inaliénabilité sera anéantie (§I). Dans d'autres situations, le régime ne sera pas un obstacle absolu à l'enrichissement mais simplement un inconvénient pour l'opérateur privé. Dans ce cas, l'administration aura tout intérêt à maintenir le régime car il a une fonction utilitaire ; mais en même temps, l'espace marchand domanial comporte des situations extrêmement différentes les unes des autres, en raison de sa diversité (M.I.N., aquaculture, ports, etc.) Dans ce cas, l'administration procédera à l'adaptation du régime dans le cadre d'une véritable stratégie de marché (§ II). Autrement dit, le droit domanial sera supprimé totalement ou partiellement, appliqué de façon plus ou moins rigoureuse, en fonction du marché et de ses rapports de force.

Une remarque s'impose ici : l'administration sait parfaitement qu'elle enfreint souvent le droit ; ne pas le contourner reviendrait à paralyser la gestion économique du domaine public. Mais il se pose alors la question du règlement des conflits. Des illégalités importantes sont commises, pourtant la jurisprudence ne les reflète pas. Ainsi par exemple, M. P. Godfrin a signalé que le caractère personnel des autorisations a donné lieu a peu de développements de la part de la doctrine[673], malgré la pratique courante de cession des titres d'occupation ; cependant, cette pratique n'a entraîné qu'un nombre extrêmement limité de décisions des juridictions administratives.

En réalité, d'une façon générale, l'autorité a instauré un système parallèle de règlement des conflits : c'est celui d'éviter coûte que coûte tout contentieux avec l'entreprise, lorsqu'elle sait qu'elle est dans l'illégalité, les deux parties cherchant alors un arrangement à l'amiable. A notre remarque : *«en cas de contentieux, telle pratique poserait très certainement un problème»*, la réponse est invariable : *« la question est réglée à l'amiable, sans avoir recours aux tribunaux.»* L'absence de contentieux dans certaines matières ne signifie donc pas que le droit est bien appliqué mais qu'il peut y avoir dans certains cas des arrangements contestables sur le plan juridique.

Il s'établit donc en marge du droit des pratiques domaniales, que le juge n'aura jamais à connaître, et qui seront réglées, également en marge du droit. Mais il faut bien dire que ce mécanisme n'est pas nouveau ; les compagnies d'assurances règlent très souvent entre elles les questions sur la responsabilité de chaque assuré relative par exemple à un accident de la circulation.

[673] Observations sous C.E., sect., *Sieurs André et Manuel Koeberlin, précité.*

L'arbitrage en droit commercial est une justice également entre privés, de plus en plus utilisé.[674]

§ I - L'ANEANTISSEMENT DU REGIME SUR LA PRESSION DU MARCHE

Certaines activités ne pourraient absolument pas voir le jour sur un terrain soumis à la précarité ; pourtant elles sont très rentables pour l'opérateur privé et pour l'administration ; on assistera donc à des déclassements contestables sur le domaine public naturel (A), sur le domaine public artificiel (B).

A - Le domaine public naturel

Il est bien connu de tous que le domaine public naturel a fait l'objet d'une modification profonde, avec une évolution de la demande : on passe du désintéressement le plus complet au surpeuplement (I) ; ceci a conduit au déclassement du domaine public naturel sur la pression très puissante du marché immobilier (II).

I - L'évolution de la demande : du désintéressement au surpeuplement

Il est utile de rappeler les circonstances socio-économiques des espaces côtiers. Le littoral du XIXe siècle se caractérise par l'absence d'intérêt ; pendant une très longue période, il n'est fréquenté que par une population de pêcheurs et d'aquaculteurs. Les parcs et pêcheries, système élaboré d'exploitation des ressources de la mer, accessibles à partir du littoral, ont disparu sous l'action des pouvoirs publics qui leur ont fait une lutte acharnée ; les ressources côtières se sont appauvries, destruction attribuée en grande partie à l'action dévastatrice des chaluts. Enfin, la pêche est devenue hauturière et océanique grâce à l'évolution des techniques de navigation.[675]

Le littoral était donc très peu fréquenté à cette époque ; certes, le domaine public maritime est protégé par l'inaliénabilité, garantissant l'affectation à l'usage du public des rivages de la mer ; mais en fait cette protection s'opère tout naturellement, sans problème, puisque personne ne cherche à s'approprier du rivage.

---

[674] M. J.-A. Mazères note dans ce sens que le développement de circuits parallèles de justice est déjà un contournement du droit. *Précité* note n° 602, p. 145.

[675] Michel Molat (sous la direction de), *Histoire des pêches maritimes en France*, Privat, Toulouse, 1987.

Mais un malaise va apparaître sur le domaine public maritime : inoccupé au XIXe siècle, il va faire l'objet d'un surpeuplement au XXe, en raison de l'attrait qu'exercent les zones côtières. En effet les stations de bord de mer avec leur promenade maritime deviennent à la mode dans le premier âge touristique (1850-1930).[676] La généralisation des congés payés favorise les départs en vacances massifs vers les côtes ; enfin apparaît un autre phénomène : c'est l'augmentation des populations stables sur la frange côtière.

A partir du milieu du XXe siècle on assiste à la pression d'une demande d'espaces côtiers, de plus en plus importante et très diversifiée, pour des activités nouvelles : demande d'habitat individuel pour loger les vacanciers, demande d'hôtels, demande d'espaces pour les loisirs, pour de nouveaux sports nautiques, etc. Ces nouvelles activités entrent en concurrence avec les activités traditionnelles, de pêche, de cultures marine, et portuaires.

De toutes ces demandes, la plus rentable est très certainement celle de l'immobilier. L'immeuble d'habitat ou hôtelier est d'autant plus assuré du succès qu'il est proche de la mer ou «les pieds dans l'eau». L'emplacement de l'immeuble devient alors un élément très important dans la formation du prix. Le domaine public naturel, situé *à la ligne magique* où se rencontrent la terre et la mer, devient un foncier particulièrement convoité par les spéculateurs et fait l'objet de pressions particulièrement fortes. Dans cette pression des différents demandeurs, le marché de l'immobilier, très rentable, va avoir les faveurs du pouvoir politique, et de l'administration, au service de celui-ci.

II - Les déclassements sur la pression du marché immobilier

En effet, l'immobilier est un marché très puissant qui va surmonter l'obstacle du régime contraignant de la domanialité de façon relativement facile. Le domaine public est inaliénable ; et l'immobilier d'habitat privatif ou hôtelier est le type même d'activité qui n'est absolument pas réalisable sur un bien soumis à la précarité, la révocabilité. Comment imaginer effectivement qu'un promoteur commercialise des appartements, des villas etc. sur la base de simples titres d'occupation du domaine public, soumis à l'instabilité. L'inaliénabilité ici est un **obstacle absolu** à la réalisation de l'activité immobilière.

Nous nous trouvons donc dans la situation suivante : l'activité est très rentable pour l'opérateur privé, elle l'est aussi pour l'Etat ; celui-ci, propriétaire

---

[676] « *Elles traduisent dans le paysage un urbanisme spéculatif, à rapprocher de celui qui produit le square et le boulevard, et donnent lieu à une urbanisation du littoral sous forme de vastes appendices linéaires».* F. Debié, *Une forme urbaine du premier âge touristique : Les promenades littorales,* Mappemonde, 2/1993.

des terrains, a besoin des capitaux de l'opérateur privé pour développer l'immobilier côtier ; ce dernier se trouve donc en position de force puisqu'il ne réalisera pas les investissements sur un bien soumis à la précarité. Soit l'activité aura lieu sur un bien bénéficiant d'une garantie juridique, soit l'activité n'aura pas lieu du tout. L'autorité est tout aussi intéressée par la rentabilité de cette activité ; l'inaliénabilité empêchant le profit, on procédera tout simplement à la suppression pure et simple de l'inaliénabilité.

Est-il besoin de rappeler le procédé bien connu ? Depuis l'ordonnance de Colbert d'août 1681, le domaine public ne fait l'objet d'aucun texte d'importance. Le vide juridique va permettre la réalisation de constructions fondée sur l'interprétation contestable d'une loi élaborée le 16 septembre 1807[677] : « *L'Etat peut concéder aux conditions qu'il aura réglées les marais, lais et relais de la mer, le droit d'endigage, les accrus, les atterrissements et alluvions des fleuves, rivières et torrents quant à ceux de ces objets qui forment la propriété domaniale.* »

L'endigage, opération consistant à gagner les terrains sur la mer en les exondant artificiellement, classait ceux-ci dans le domaine privé de l'Etat, ce qui permettait alors de procéder à une aliénation du bien. Le Conseil d'Etat avait admis le transfert de propriété des terrains gagnés de cette façon sur la mer. Mais les endigages du siècle dernier correspondaient à des travaux d'intérêt public, en vue de l'assèchement des marais dans les zones marécageuses, répondant à un objectif sanitaire, et de développement de l'agriculture et de l'élevage, ce qui justifiait le transfert de propriété. De plus, ce type d'opération était en nombre restreint. L'utilisation du texte de 1807 comme fondement juridique pour la construction de vastes opérations immobilières constituait un contournement d'un texte qui n'avait pas été conçu dans cet esprit. Mais il en résulta que de vastes portions du territoire furent cédées au profit de l'immobilier privatif, détruisant à jamais des espaces domaniaux naturels. Ce type d'opération suscita d'ailleurs la réaction d'associations de sauvegarde de la nature, critiquant la privatisation et la destruction du domaine public naturel.

L'analyse de la pratique administrative trahit donc la soumission de l'Etat au marché et le contournement du droit du fait de la pression du marché. Enfin il faut remarquer que l'Etat va soutenir tout particulièrement le marché puisqu'il va mettre en place les infrastructures nécessaires pour aider à son développement : réseaux de routes et d'autoroutes côtières favorisant l'accès des populations, etc.

---

[677] Devenue par la suite l'article L. 64 du code du domaine de l'Etat.

B - Le domaine public artificiel

Un problème identique se retrouve sur le domaine public artificiel et les activités de constructions immobilières, qu'il s'agisse d'édifications nouvelles (I) ou de modernisation d'activités existant déjà (II).

I - Les déclassements en vue de constructions nouvelles

Nous avons vu précédemment que les grandes agglomérations urbaines connaissent des problèmes bien connus de rétrécissement des surfaces urbaines ; les villes modernes voient la multiplication des édifications en hauteur (habitat privatif, bureaux, commerces) et dans les sous-sols (galeries commerciales, garages de stationnement de véhicules). Le domaine public peut devenir le lieu d'implantation de ce genre d'activités multiples, immobilier d'autant plus rentable que, nous l'avons dit, les terrains se sont raréfiés. Toutes les villes ont vu ce genre de constructions, édifiées sur ou sous le domaine public.

Nous avons déjà établi dans la première partie la controverse doctrinale qui s'est instaurée et l'ambiguïté jurisprudentielle qui existe sur cette question ; s'il est vrai que parfois le juge admet une divisibilité du bien dans sa partie non affectée, en revanche, de nombreuses décisions vont dans le sens contraire et imposent une domanialité d'ensemble, bien connue, et ce, même en l'absence de toute affectation, le lien géographique étant suffisant pour *contaminer* la domanialité publique à l'ensemble du bien, à l'intérieur d'un bâtiment ou à l'extérieur de celui-ci, dès lors qu'il se situe sur une propriété publique.

Quelle est la position de l'administration ? Les praticiens ont été confrontés à cette incertitude jurisprudentielle lorsqu'il a fallu construire sur le domaine public. Mais nous nous trouvons ici dans un cas similaire à celui du domaine public naturel. La construction immobilière est rentable sur le domaine public artificiel pour l'autorité, laquelle a besoin des capitaux de l'opérateur privé. Celui-ci ne peut s'accommoder de la précarité ; l'instabilité qui affecte l'ensemble du bien est encore une fois un obstacle absolu à la réalisation de l'édification. En conséquence, il ne construira pas dans ces conditions. Il est en position de force car il est indispensable : sans lui il n'y a pas de développement de l'activité, ce qui entraîne l'absence de développement économique et en conséquence la baisse des ressources de l'autorité.

Mais encore une fois, le marché va s'imposer au droit. L'inaliénabilité a pour fonction la rentabilisation du bien ; dans la mesure où elle devient un obstacle, elle sera encore une fois supprimée, purement et simplement. L'administration ne s'embarrasse pas du principe lorsqu'il la gêne. La pratique administrative procédera le plus souvent à des déclassements en volume. Ou elle construira sur le domaine public sans déclasser, considérant tout simplement que le volume construit sur le domaine public, n'est pas affecté et de ce fait, il ne nécessite pas une désaffectation, selon l'interprétation que fait une partie de la doctrine, comme nous l'avons vu précédemment.

Dans les deux cas, la légalité est contestable en raison de la domanialité d'ensemble retenue par la jurisprudence, refusant une *mosaïque* de gestion publique et privée au sein d'un même bien. Mais encore une fois, le droit ne résiste pas à la pression du marché immobilier très rentable.

II - Les déclassements en vue de la modernisation d'activités existantes

Il y a d'autres cas où l'administration a également besoin des capitaux privés : il s'agit de la modernisation ou de la mise aux normes d'entreprises existantes. Des bouleversements technologiques et scientifiques ont révolutionné le monde des entreprises depuis une vingtaine d'années.[678] De plus, les entreprises sont confrontées également aux nouvelles mises aux normes édictées par la communauté européenne.[679]

En raison des évolutions, l'entreprise qui veut rester concurrentielle doit impérativement transformer profondément ses structures de plus en plus souvent. Cette modernisation des équipements ne peut être supportée par les fonds de la collectivité, quelle qu'elle soit. Mais les entreprises elles-mêmes refusent d'investir dans des biens soumis à la précarité ; par ailleurs, les établissements bancaires ne prêtent pas de capitaux sur des terrains régis par une instabilité juridique très grande.

Mais finalement, si l'entreprise ne se modernise pas, cela constitue un frein à la mise en valeur du domaine public. Il y a alors une perte de gains, certes pour l'opérateur privé mais aussi pour l'administration. Dans ce cas, nous nous

---

[678] Ces bouleversements proviennent de l'irruption de l'informatique, de l'évolution des moyens de communication, téléphonie, le recours de façon courante aux satellites de télécommunication; aujourd'hui l'information circule à la vitesse de la lumière (300 000 kilomètres par seconde). De nouvelles notions apparaissent, inconnues il y a seulement quelques années telles que les *autoroutes de l'information,* lesquelles selon le vice-président américain Albert Gore « *représentent pour les Etats-Unis d'aujourd'hui ce que les infrastructures du transport routier représentèrent au milieu du XXe siècle.* » En Europe, les *trois cents millions de consommateurs* avec l'ouverture des frontières sont devenus le mirage de toutes les entreprises; à cela s'ajoute la conquête de nouveaux marchés grâce à la chute du mur de Berlin, l'ouverture sur les pays de l'Est. Un concept qui revient souvent est aujourd'hui *la mondialisation des échanges.* Par ailleurs, les modes de transports évoluent, combinant le rail et la route, impliquant des transformations de l'entreprise.

[679] Par exemple, normes nouvelles pour les abattoirs, normes imposées à l'aquaculture.

trouvons encore dans le cas précité : l'administration a besoin du professionnel qui se trouve alors en position de force, elle recherche autant que lui le profit sur le domaine public ; et encore une fois, le principe ne résistera pas à la pression de la finance. La solution sera trouvée dans le déclassement, qui s'opère souvent dans des conditions contestables.

Nous citerons quelques exemples illustrant cette situation : les halles et marchés des villes (1), les abattoirs municipaux (2), certains marchés d'intérêt national (3).

1 - Le cas des halles et marchés municipaux

Les halles et marchés des villes sont devenus inadaptés, non conformes aux règles d'hygiène, notamment en ce qui concerne la chaîne du froid ; des aménagements importants doivent être faits concernant les chambres froides, etc. pour une mise aux normes. Mais en même temps, le problème des financements se pose immédiatement, l'occupant domanial refusant d'investir dans un bien soumis à la précarité. La Ville de Perpignan, par exemple, confrontée à ce problème, décida néanmoins de mettre en conformité le marché couvert municipal, situé au rez-de-chaussée d'un bâtiment, les quatre étages au-dessus étant occupés par un garage de stationnement de véhicules. Le montage juridique fut le suivant : les occupants quittèrent le marché, l'administration procéda à son déclassement. Un syndicat mixte, établissement public local, regroupant la Ville de Perpignan et la C.C.I.[680] fut créé dans le but d'acquérir, de recevoir par bail ou concession les immeubles nécessaires à la réalisation de son objet, de moderniser le marché, de gérer ses équipements, et de réaliser tous actes de disposition[681]. Une fois les aménagements réalisés, des *baux commerciaux,* relevant du droit privé furent signés au profit de locataires.

Pour leur assurer la stabilité du fonds de commerce, le syndicat demanda aux opérateurs privés le paiement d'un «droit d'entrée» d'un montant de 7000 francs le mètre² [682], somme que les opérateurs privés payèrent du fait que chacun pensait devenir titulaire d'un fonds de commerce, somme permettant à l'administration d'amortir les frais de la modernisation.

---

680 Art. 1 des statuts du syndicat mixte.

681 Art 4 des statuts précités. Syndicat créé dans les années 1989/1990.

682 Lors du versement du droit d'entrée, un acte est signé entre le syndicat et le futur locataire, stipulant que les locaux donnés à bail commercial seront soumis au décret du 30 septembre 1953, relatif aux baux commerciaux et des autres textes afférents. L'acte de location est intitulé «bail commercial». Il est consenti pour une durée de 3, 6, ou 9 ans, avec faculté pour le preneur seul de faire cesser le bail à l'expiration de chaque période triennale.

En réalité, cette plate-forme continua d'être utilisée pour les mêmes activités d'alimentation que celles précédemment exploitées ; les locataires étaient d'ailleurs pour la plupart les mêmes personnes à qui il avait été consenti précédemment des titres précaires. De plus, une clause spéciale conservait le caractère d'exploitation alimentaire puisqu'elle interdisait le changement d'activité.

On peut s'interroger sur la légalité de ces contrats. La propriété continuait d'appartenir à la personne publique. L'activité continuait d'être celle de marché, dont le Conseil d'Etat a nettement défini qu'elle était un service public[683]. Certes, les temps ont évolué et les halles et marchés ne sont peut-être plus un service public indispensable ; mais on ne voit pas pourquoi une activité de marché modernisé ne serait plus un service public. Il y a là très certainement la constitution d'un fonds de commerce stable sur un bien appartenant au domaine public, incompatible avec la jurisprudence traditionnelle du juge administratif. Mais les impératifs économiques ont conduit la Ville à contourner le droit.

2 - Le cas des abattoirs municipaux

Les abattoirs municipaux, propriété de l'administration communale, font partie du domaine public du fait que l'activité est un service public, et qu'ils sont spécialement aménagés à cet effet. L'administration a été confrontée également à des problèmes de transformations de ceux-ci et d'investissements de capitaux privés. En effet, des aménagements coûteux sont nécessaires pour moderniser ces structures. De ce fait, le pouvoir politique institue une possibilité de cession, contestable, de ceux-ci. Une circulaire de 1975[684] était rédigée en ces termes : «*De fait, l'évolution de la commercialisation incite un certain nombre de municipalités à envisager de céder leur abattoir, le plus souvent à son usager principal, et le problème se trouve maintenant posé concrètement des conditions dans lesquelles peuvent intervenir de telles cessions. La note ci-annexée donne à cet égard quelques indications qui peuvent vous être utiles*».

La note annexée prévoyait comme condition préalable à la cession, le déclassement de l'abattoir, entraînant le transfert du domaine public de la commune à son domaine privé ; ensuite, la vente de celui-ci devait intervenir après estimation vénale du bien par le service des domaines, selon un accord entre les parties sur les modalités de cession, le prix pouvant être payé au comptant ou par paiement échelonné ; dans ce cas, la commune «*pour se*

[683] *Michaud*, précité note n° 190.

[684] Circulaire C Dars n° 5979 du 5 décembre 1975.

garantir contre une défaillance éventuelle de l'acheteur, [devait] *faire inscrire à la conservation des hypothèques son privilège de vendeur, qui prend le rang alors d'une hypothèque»*[685]. Un recours à la location vente était également possible.

En outre, le nouveau propriétaire de l'abattoir pouvait s'engager par convention à garantir le maintien d'un service public à l'intention des anciens usagers ; l'annexe à la circulaire précisait : «*Le maintien du service public d'abattage pour les anciens usagers de l'abattoir public, s'il paraît souhaitable, doit faire l'objet d'une convention entre la commune et le nouvel exploitant, garantissant aux anciens usagers le service d'abattage dans les conditions à attendre normalement d'un abattoir public (tarifs, heures d'ouverture, étendue des prestations, etc.)»*[686]

Sur le plan juridique, on peut s'interroger sur la légalité d'une telle opération ; en effet, pour qu'un déclassement soit légalement prononcé, il faut qu'il y ait désaffectation de fait. Autrement dit, le déclassement ne peut que constater qu'il n'y a plus affectation, c'est-à-dire que l'activité n'existe plus. Or, en cas de déclassement d'une activité en cours de fonctionnement, il faut constater que la condition n'est pas remplie. Pourtant des abattoirs ont fait l'objet de ce type d'opération.[687]

Certes, l'activité d'abattage n'est pas un service public obligatoire de la commune ; certes, l'intérêt général, financier de la commune peut légitimer certainement l'arrêt d'une activité qui n'est plus rentable ou qui nécessite des investissements coûteux pour fonctionner ; mais par contre se pose alors la question de l'aliénation d'un bien faisant partie du domaine public parce qu'il est affecté à un service public et ce, malgré l'absence de rentabilité du service public en question. Mais il y a là encore un contournement du droit en raison de la pression du marché.

3 - Le cas des M.I.N.

Un cas similaire se rencontre sur certains marchés d'intérêt national. Nous citerons en exemple le marché d'intérêt national de Nîmes ; mais d'autres M.I.N

685 Annexe à la circulaire du 5 décembre 1975.

686 Annexe à la circulaire précitée. Dans le même sens, l'arrêté interministériel du 14 octobre 1975 publié au *J.O.* du 13 novembre 1975, prévoyait à cet égard la possibilité de subordonner la réinscription de ces établissements au plan d'équipement à une convention entre la commune et le nouveau propriétaire, garantissant le maintien d'un service public à l'intention des anciens usagers.

687 Source : Ministère de l'Agriculture.

ont fait l'objet d'opérations semblables. Il s'agissait d'un marché caractérisé par une double vocation affirmée à l'origine : c'était un marché de fruits et légumes et, bien qu'implanté dans une zone de forte production, il jouait le rôle d'un marché de consommation. Par ailleurs il avait une activité dans le secteur des produits carnés et était doté d'un abattoir, d'un marché aux bestiaux, d'entrepôts frigorifiques et de commerces de viandes. Il s'étendait sur 25 hectares et était protégé par un périmètre comprenant les arrondissements de Nîmes et de Milhaud.

Globalement, l'activité du marché fut marquée par le déclin des secteurs traditionnels du fait de la baisse importante des produits traités : le statut juridique des concessionnaires était devenu dissuasif, le périmètre de protection illusoire. La société gestionnaire, tenue d'améliorer les recettes pour combler son déficit, louait certains terrains et locaux à des opérateurs développant des activités, lesquelles si elles entraient dans le cadre d'activités agroalimentaires, ne relevaient pas des activités propres au M.I.N. [688] De plus, la société louait également à des opérateurs n'ayant aucun lien avec les activités agroalimentaires.[689]

Le marché subissait des problèmes financiers en raison de l'absence de vigueur des opérateurs économiques, qui refusaient d'investir sur une propriété soumise à la précarité ; mais il était un ensemble à dominante agroalimentaire dont l'utilité était doublement reconnue par la ville et par quelques opérateurs privés. Le maintien du statut particulier de marché d'intérêt national apparaissait donc plus comme une entrave qu'un outil permettant la mise en valeur efficace du site[690].

Son déclassement constitua alors la solution pour l'administration ; le marché fut l'objet d'abord d'un déclassement par décret du 30 décembre 1992[691], en tant que marché d'intérêt national.

Mais un problème subsistait : une fois déclassé en tant que M.I.N., celui-ci devenait un simple marché de consommation ; ne devait-on pas considérer alors

[688] Ventes de produits laitiers et d'épicerie, mais aussi activités de conservation et de fabrication : entrepôts frigorifiques polyvalents, produits surgelés et ateliers de fabrication de fromages, de produits à base de poissons et de viandes.

[689] Par exemple, un entrepôt était loué à un fabriquant de pianos. Voir sur cette question, *Annexes sur les marchés d'intérêt national*, Mme Nicole Briot, Inspecteur général des Finances, M. Serge Monnot, Ingénieur Général du Génie Rural des Eaux et des Forêts, nov. 1990.

[690] Voir annexes précitées.

[691] n° 92-1381, portant suppression du classement du marché de Nîmes en qualité de marché d'intérêt national et abrogeant le décret du 16 octobre 1965 portant délimitation du périmètre de protection, J.O du 31 décembre 1992, p. 18 126.

qu'il s'agissait là tout simplement d'un marché traditionnel soumis en tant que tel à la domanialité publique ? Certes, certaines activités relevaient de la conservation et de la fabrication alimentaires et ne constituaient donc pas celles traditionnelles des halles et marchés ; par ailleurs, d'autres activités n'avaient rien à voir avec l'alimentation ; mais il n'empêche que certains commerces étaient des activités de marché de consommation. Ne devait-on pas considérer qu'il y avait là une domanialité d'ensemble, affirmée très souvent par le Conseil d'Etat ? Pourtant, par délibération du 22 février 1993, le conseil municipal décide la désaffectation et le déclassement du marché : «*considérant la désaffectation du site en tant que service public non obligatoire, considérant par ailleurs que dans la mesure où la ville n'entend pas maintenir l'affectation du site à l'usage du public, il y a lieu de procéder au déclassement de l'ensemble du site concerné. Le Conseil municipal de la Ville de Nîmes prononce la désaffectation du site et par voie de conséquence prononce le déclassement de l'ensemble du site...*» Or, nous savons qu'au terme d'une jurisprudence bien connue, le déclassement d'un bien qui continue d'être affecté est illégal ; on ne décide pas d'une désaffectation ; on ne peut que la constater, ce qui n'est peut-être pas le cas dans le cas précité du marché de Nîmes.

Le but de l'opération était l'aliénation d'une partie du bien déclassé et la constitution de baux commerciaux de droit privé. Un double avantage apparaissait dans cette opération : d'une part la propriété conférée à l'occupant devait lui permettre d'investir et donc de développer son activité commerciale, ce qui était profitable pour le commerçant et pour l'économie de la Ville ; mais cette opération devait permettre également à la collectivité propriétaire de percevoir une somme d'argent en cas de vente du bien ; il ne faut pas oublier que ce M.I.N. créé en 1961 à l'extérieur de la ville, s'est retrouvé du fait de l'extension urbaine, en une zone du centre ville dont le prix du mètre carré est loin d'être négligeable. Et il y a là un point très certainement important à une période où les collectivités sont de plus en plus soumises aux rigueurs budgétaires. Mais encore une fois, le marché impose sa loi sur le domaine public.

§ II - L'ADAPTATION DU REGIME DANS LE CADRE D'UNE STRATEGIE DE MARCHE

Nous avons vu précédemment que lorsque l'inaliénabilité est un obstacle absolu à la mise en valeur du domaine public, on assiste à sa suppression pure et simple. Mais il y a d'autres cas où le régime n'est pas un empêchement dirimant ; il n'est qu'un inconvénient pour l'entreprise. Dans ce cas, l'administration a tout intérêt à maintenir la précarité car le principe lui est profitable, il est une source de revenus car le régime domanial lui confère des possibilités de contrôle économique et des ressources, que ne lui permet pas le régime de domanialité privé.

Mais la diversité des domaines publics lui interdit d'avoir une gestion uniforme ; le marché foncier domanial est très différent sur un M.I.N. ou sur le domaine des Aéroports de Paris, la demande n'étant pas la même. Si l'administration veut la mise en valeur de son domaine, elle doit s'adapter aux circonstances du marché, sans quoi, l'opérateur privé ne s'implante pas, ce qui la pénalise économiquement.

Le régime devient alors véritablement un élément du fonctionnement du marché. L'administration développe une stratégie commerciale d'adaptation du régime selon que le marché domanial est à la hausse (A) ou qu'il est à la baisse (B). L'application plus ou moins rigoureuse du droit domanial dépend du marché et de ses rapports de force. Le droit domanial lui-même fait l'objet d'un marchandage, il devient lui-même un produit, une marchandise.

Chaque fois que le régime n'est pas supprimé de façon absolue, la nouvelle grille de lecture doit être la suivante : l'autorité cherche à attirer l'opérateur privé, tout en maintenant le principe dans un but utilitaire. L'application du régime dépend du marché, l'administration n'hésitant pas à contourner le droit si le marché l'impose, le contournement plus ou moins important dépendant tout simplement du marché, l'administration cherchant à participer le plus possible à la productivité du domaine.

A - La stratégie commerciale de l'administration lorsque le marché domanial est à la hausse

Du fait de l'admission de la gestion patrimoniale, l'inaliénabilité aujourd'hui a un objectif de plus en plus utilitaire, l'administration l'utilisant pour accroître ses revenus. Une application très rigoureuse du principe permet à l'administration d'avoir des revenus substantiels, nous l'avons vu dans la première partie. Mais il n'empêche qu'il s'agit là d'une situation idéale, qui ne pourra pas toujours avoir une réelle application pratique, car l'autorité sera obligée de tenir compte de la situation du marché.

Dans la pratique, l'application rigoureuse du régime n'est réalisable qu'en période de croissance ou sur un domaine public qui est à l'origine d'une forte productivité. Dans ce cas, l'administration pourra appliquer l'inaliénabilité «pure et dure» ; plus le domaine est rentable, plus il attire des opérateurs privés ; dans ce cas, l'autorité, assurée du nombre, peut alors appliquer le régime domanial dans toute sa rigueur au nom de «l'intérêt général», et elle a tout intérêt à maintenir la précarité des occupants. C'est donc la position qu'elle adoptera en cas de forte rentabilité du domaine public - celle du maintien strict du régime -.

Lorsque le marché foncier est à la hausse parce qu'il fait l'objet d'un nombre relativement important de demandes d'implantations de la part de l'opérateur privé, attiré par la rentabilité du domaine, l'administration devient alors le partenaire fort du marché ; l'inaliénabilité peut devenir dans certains cas une arme à caractère économique.

Dans ce cas, l'administration est en position de force ; certes, elle a besoin de l'opérateur privé pour développer les activités de service public ou annexes au service public ; mais les opérateurs sont nombreux et l'administration est à peu près certaine d'avoir des preneurs du domaine car il est toujours rentable ; dans cette situation, l'administration peut faire appliquer le principe de façon stricte, voire de façon très rigoureuse dans un objectif de rentabilité. Elle a intérêt à précariser au maximum l'occupant : le domaine public est rentable pour celui-ci, il le sera aussi pour l'administration, grâce à tous les moyens mis en place par la jurisprudence au profit de l'intérêt économique de l'administration.

L'opérateur privé est donc inversement, en position de faiblesse face à l'administration. Le rapport de force, en période de croissance, joue en faveur de l'administration. Lors de la négociation, préalable à l'implantation, c'est l'acteur privé qui est vulnérable, (il est demandeur, les demandes sont nombreuses) et il devra accepter les conditions imposées par l'administration. Mais, malgré la précarité, l'opérateur privé s'implantera en raison de la forte rentabilité. L'administration aura donc une stratégie commerciale correspondant à cette situation qui lui est favorable ; en cas de hausse de la demande du marché foncier domanial, elle pourra, grâce à la redevance, exiger une participation financière à l'entreprise, durant toute la vie de celle-ci (I) ; elle pourra exiger également une participation financière lors de l'acquisition du titre (II), ainsi que lors de la cession de celui-ci (III).

Une remarque préalable s'impose. Le cas qui illustre le mieux cette situation -celle de l'administration, partenaire fort dans le marché- est concrétisé par les Aéroports de Paris, dont nous avons dit qu'ils étaient le lieu de passage considérable d'une clientèle solvable ; certains type de commerces (boutiques, cafés, restaurants, comptoirs d'agences de voyages, locations de voitures, etc.), malgré la précarité, sont assurés d'une rentabilité importante en un temps relativement rapide. Cependant d'autres catégories de domaine public peuvent illustrer parfois également cette situation, du fait que l'administration est en situation monopolistique par la détention de terrains qui n'ont pas leur équivalent sur la propriété privée et qui sont rentables.

I - La participation financière pendant la vie de l'entreprise

Une demande domaniale à la hausse va conditionner l'attitude de l'administration sur la fixation et l'augmentation du prix de la redevance. Nous savons que la redevance en principe comporte deux éléments : un élément variable et un élément fixe.

L'élément variable est fonction des différents avantages procurés par le domaine ; l'élément fixe est fonction du prix des propriétés privées avoisinantes. Ainsi, dans la pratique, l'administration pour établir sa redevance doit prendre en considération le marché locatif de la propriété privée, lequel a, alors une incidence directe sur le prix de la redevance domaniale.

Ce prix, théoriquement doit être abaissé en raison de la précarité ; donc, en principe, le «loyer» de la propriété domaniale devrait être plus bas que celui de ce même bien sur la propriété privée. Or, rapidement, il est élevé en fonction d'autres paramètres que constituent tous les avantages procurés par le domaine. Ainsi, le bénéfice de l'article A26 alinéa 2 du code du domaine public donne lieu à augmentation de la redevance.[692]

Mais la situation du marché fait encore évoluer la redevance ; c'est le fait par exemple que l'administration se trouve en situation monopolistique ou privilégiée. Nous avons vu précédemment que lorsque l'entreprise est rentable et qu'elle est en même temps captive du domaine, elle est dans une situation très vulnérable puisque l'autorité peut augmenter le prix de sa redevance en fonction de la rentabilité et que, par ailleurs, la non-acceptation de la redevance est une cause légale de retrait ou non-renouvellement. L'autorité pourra alors augmenter le prix de la redevance de façon substantielle, ce qui est une façon de participer aux gains de l'entreprise. Ainsi, le prix de la redevance sur le M.I.N. de RUNGIS apparaît aux opérateurs privés comme étant beaucoup plus élevé que sur la propriété privée. Les tarifs des redevances de l'aquaculture ont été à l'origine d'un mouvement de contestation de la part des professionnels.[693] Il n'est donc pas rare que dans la pratique la redevance, malgré la précarité, soit plus élevée que le loyer de la propriété privée avoisinante, en raison du fait que l'administration est en situation monopolistique, sur un domaine public rentable. On ne peut donc que constater que la gestion du domaine public dépend du marché domanial.

---

[692] Ce texte permet sous certaines conditions l'indemnisation en cas de retrait du titre motivé par l'intérêt général.

[693] Voir par exemple sur cette question, MM Paul Grua et Bruno Vaudour, *Accès au foncier aquacole, propositions d'aménagement à l'arrêté fixant le régime d'exploitation des cultures marines, A.D.A.*, Bordeaux, Editions Bergeret, n° 27, 1992.

Peut-on parler d'illégalité ? Non, au regard de la jurisprudence française, laquelle, au terme d'une évolution bien connue, admet la gestion patrimoniale du domaine public. En revanche, il faut admettre une dérive contestable des objectifs de la domanialité publique, dans la mesure où l'administration est conditionnée de plus en plus par des impératifs économiques. En effet, nous savons que le fondement de la domanialité publique est la protection de l'affectation. Or, le domaine public a de plus en plus une fonction utilitaire.

II - La participation financière lors de l'acquisition du titre

La législation sur les M.I.N. a prévu, nous l'avons déjà dit antérieurement, que l'autorité peut imposer un droit d'entrée sur le domaine public. A l'origine, ce droit était destiné à couvrir les dépenses faites par l'autorité pour les aménagements des marchés d'intérêt national. Aujourd'hui, il n'est pas rare que les sociétés gestionnaires imposent un droit d'entrée calqué sur la valeur de la vente du « fonds » opérée par les opérateurs privés ; autrement dit, lorsqu'un opérateur privé loue directement un emplacement à la société gestionnaire sans passer par l'achat d'un «fonds» à un autre opérateur privé, il doit payer un droit d'entrée à l'administration, équivalent à celui qu'il aurait payé à un professionnel pour l'acquisition d'une entreprise sur le marché.

Deux remarques sont à effectuer ici : d'abord, la fixation de ce droit d'entrée est instauré par référence au prix de vente (présentation d'un successeur), pratiqué sur le M.I.N. ; en conséquence, c'est le marché qui fixe la valeur de ce prix d'entrée. Ensuite, ce prix est fixé très souvent à la demande des professionnels, dans le but que leur propre fonds ne soit pas dévalorisé ; c'est donc encore le marché qui fait monter les prix. Il n'en demeure pas moins que l'autorité participe réellement au marché domanial : plus les demandes seront importantes, plus les prix monteront, plus l'autorité verra son droit d'entrée augmenter en conséquence. Le montant de ce droit d'entrée est donc fonction de la demande ; ainsi à Marseille il était de 3355,19 francs T.T.C., le mètre carré au 1er janvier 1992[694], alors qu'au M.I.N. de Nîmes, il était insignifiant, avant le déclassement de ce marché[695].

Peut-on ici parler d'illégalité ? Certes, la réglementation précitée relative aux marchés d'intérêt national admet le paiement d'un droit d'entrée. Mais cette somme était destinée à couvrir les dépenses d'aménagement des M.I.N. Aujourd'hui, cette somme s'assimile au paiement d'un véritable «pas de porte»,

---

[694] Source : MIN de Marseille.
[695] Source : MIN de Nîmes.

pour l'octroi d'un titre qui pourtant devrait être gratuit, s'agissant d'une autorisation administrative. Le pas de porte sur la propriété privée s'analyse comme une compensation à la perte partielle du droit de propriété, en raison des droits très étendus accordés au locataire.

Or, la perception d'une telle somme d'argent sur le domaine public ne se justifie pas : d'abord parce qu'il n'y a pas fonds de commerce ; certes, les textes sur les M.I.N. emploient les expressions de «fonds de commerce» et «de nantissement du fonds» ; certes, l'occupant du M.I.N. a un droit de présentation de successeur, opposable à l'administration. Mais la situation de l'occupant est malgré tout, toujours précaire, même s'il s'agit d'une occupation privative normale. L'occupant a certainement plus de stabilité parce que les motifs justifiant la résiliation sont plus restreints que ceux d'une occupation anormale. Mais il n'empêche qu'il est toujours sur le domaine public et reste de ce fait soumis à la précarité. Il est à noter d'ailleurs que les concessions d'occupation des M.I.N. prévoient expressément la non-application de la législation de la propriété commerciale en ce qui concerne le droit au renouvellement et l'indemnisation de non-renouvellement. En conséquence, le paiement d'un «droit d'entrée» s'assimilant à un pas de porte pour compenser la perte partielle de la propriété, ne se justifie pas sur le domaine public. Mais il y a là encore l'exemple de l'adaptation de la gestion domaniale au marché, avec un certain contournement du droit.

III - La participation financière lors de la cession du titre

Selon ce qui nous a été confié lors d'un entretien verbal avec ADP en 1993, un nouveau procédé, inédit, a été expérimenté au début des années 1990 pour tester une valorisation économique d'un type nouveau sur le domaine public d'ADP. C'est la participation de l'administration dans la plus-value dégagée à l'occasion d'un transfert d'autorisation entraînant le transfert d'un immeuble, construit par l'occupant. Autrement dit, c'est la possibilité pour l'administration de percevoir, dans certains cas, une partie des sommes d'argent payées par le successeur à son prédécesseur à l'occasion de la cession d'un titre d'occupation.

Les motifs invoqués par l'administration pour participer à cette plus-value étaient les suivants : ce qui est important pour l'entreprise, c'est la rentabilité. Cette rentabilité trouve son origine dans l'activité de service public, dans les infrastructures mises à disposition par les Aéroports de Paris. En effet, force est de constater que c'est le service public d'ADP qui est à l'origine du passage d'une clientèle importante et captive, très intéressante pour les commerçants installés dans les aéroports parisiens du fait que dans l'ensemble cette clientèle est solvable, comme nous l'avons vu antérieurement.

Par ailleurs, ce qui fait également la valeur de l'autorisation, c'est sa durée : la valeur diminue au fur et à mesure que le temps passe et que le titre se rapproche de son terme, pour ne plus avoir de valeur en phase finale. Ce qui va redonner de la valeur au titre, c'est l'assurance réintroduite par l'autorité qu'une longue durée sera à nouveau octroyée au successeur.

Dans ce raisonnement, une partie importante de la valeur de cession est générée par l'attitude de l'administration : son service public, ses infrastructures, la durée attribuée dans le titre. Il est donc normal que celle-ci participe de l'enrichissement de l'entreprise à l'occasion de la cession de l'autorisation. L'administration s'engage donc à agréer le cessionnaire dans la mesure où le cédant accepte de payer une partie de la plus-value. Incontestablement, l'inaliénabilité devient ici une arme à caractère économique.

Quant à l'entreprise privée, de façon certaine, elle trouve aussi un intérêt non négligeable dans cette opération car en définitive, l'administration s'engage à effacer le caractère personnel du titre d'occupation, dès lors qu'elle est intéressée dans la transaction. Elle a la sécurité de voir disparaître l'intuitu personnae de l'occupation, en payant. Il y a donc réellement une monnayabilité de l'effacement du caractère personnel de l'acte d'occupation, une monnayabilité de l'inaliénabilité.

Ce procédé est-elle illégal ? La réponse est à nuancer et une double réponse peut être faite. Ainsi, on peut s'interroger sur la régularité de cette pratique au regard de l'intuitu personnae du titre. Si on s'appuie sur la jurisprudence administrative, on peut citer par exemple l'arrêt *Munoz*[696] sur le caractère personnel du titre, incessible. Nous savons que la jurisprudence administrative a une conception de plus en plus restrictive sur cette question. Mais si l'on s'appuie sur la jurisprudence judiciaire, on sait que le juge admet qu'il y ait un fonds de commerce sur le domaine, certes précaire mais cessible, la difficulté étant de savoir au cas par cas s'il y a bail commercial, nous l'avons vu précédemment.

En même temps, il ne faut pas oublier que la loi de 1994 a admis le transfert du titre, constitutif de droit réel, avec l'autorisation de l'administration. La jurisprudence judiciaire et ce texte constituent donc une atténuation à la jurisprudence administrative relative au caractère personnel.

Il faut rappeler par ailleurs la légalité de l'intérêt économique de l'administration sur le domaine public, admise très largement par le juge

[696] Voir note n° 266 : l'administration est tenue de refuser à l'occupant l'autorisation de transfert.

administratif. Certes, la participation à la plus-value dégagée est d'une nature autre que celle, traditionnelle, de la redevance ; mais il n'empêche qu'elle est une forme de valorisation économique du domaine public. Elle permet une rentabilisation différente et nouvelle du domaine. En croisant la loi de 1994 sur la question de la cession, la jurisprudence judiciaire sur l'admission d'un fonds cessible et la jurisprudence administrative sur la valorisation économique, on pourrait estimer que ce nouveau procédé testé par ADP est légal.

Deux réponses opposées peuvent donc être données à la légalité de cette expérimentation, et tout du moins, cette évolution dans la gestion domaniale suscite une interrogation sur sa régularité. Soit on s'appuie sur la jurisprudence sur la valorisation du domaine et les atténuations récentes du législateur sur la cessibilité et on considère qu'elle est légale ; soit on s'appuie sur la jurisprudence relative à la cessibilité et on considère de façon opposée que cette pratique est non conforme.

En tout état de cause, il faut constater une certaine monnayabilité du caractère personnel du titre, et une évolution du régime conditionnée par des considérations économiques.

Un autre exemple de la monnayabilité du caractère personnel a été constitué à l'occasion de la pratique du crédit-bail, technique de financement très utilisée avant sa légalisation par la loi de 1994. ADP ont admis cette pratique de longue date et dans un avenant intitulé «crédit-bail», il a été établi qu'en cas de résiliation du contrat de crédit-bail entre l'organisme financier et l'exploitant, le crédit-bailleur peut présenter un nouvel exploitant à l'administration ; mais, celle-ci subordonne alors cette acceptation à une modification de la convention, *« notamment des conditions financières et indemnitaires».*

Il est évident encore une fois que dans cette situation, l'administration se retrouve en situation de force, puisque le remboursement des fonds investis par l'organisme financier dépend de l'agrément de l'autorité ; elle le fera donc à des conditions économiques avantageuses pour elle. Autrement dit, elle n'acceptera le nouvel occupant que si elle y trouve financièrement son intérêt, ce qui revient à dire qu'elle marchande le principe de l'inaliénabilité. Selon un formulaire qui nous a été transmis en 1995, *« Si ADP accepte que l'immeuble soit cédé par les crédits-bailleurs au nouvel exploitant, l'éventuelle plus-value de la cession (différence entre le prix de cession de l'immeuble et sa valeur nette comptable) sera partagée entre ADP et les crédits-bailleurs à concurrence de 50% chacun».*

Afin que l'établissement public ne soit pas lésé dans l'évaluation de la plus-value, il a été établi dans ce formulaire que *«les crédits-bailleurs reconnaissent à ADP le pouvoir de contrôler le calcul de la plus-value de cession. A cette fin, le chef de file des crédits-bailleurs s'engage à répondre à toute demande de justification présentée par ADP et à lui communiquer les documents indispensables à la vérification du calcul. Celle-ci sera effectuée par le service audit externe d'ADP à ses frais »*. Sur la légalité de ce type de clause, les mêmes remarques faites sur la cession du titre sont à effectuer ici.

Enfin, en cas de cession du crédit-bail par l'exploitant, l'acceptation du nouvel exploitant est soumise à une modification des conditions financières et indemnitaires, ce qui laisse encore une fois une large marge de manœuvre à l'autorité pour participer financièrement au changement d'opérateur privé.

Nous pensons avoir illustré ici le fait que le droit est devenu une marchandise dans la pratique administrative, qu'il fait l'objet d'un marchandage. Dans les cas décrits précédemment, ce marchandage est dans l'intérêt économique de l'administration, en raison de sa position d'interlocuteur fort. Mais il n'en ira pas toujours de même, le marché opérant un renversement de situation au profit de l'opérateur privé, le marchandage du droit étant alors profitable à l'exploitant.

B - La stratégie commerciale lorsque le marché domanial est à la baisse

Lorsque la demande domaniale est à la baisse, l'administration se retrouve en position de faiblesse, puisque c'est elle qui sollicite l'occupant pour qu'il s'implante. Il y a un renversement de situation au profit de l'occupant. L'administration doit s'adapter au marché privé avoisinant et cherche à attirer l'occupant par différents procédés propres au marché. Nous verrons que l'administration a recours à une certaine agressivité commerciale (I), mais parfois l'administration est obligée d'aller plus loin pour attirer l'entreprise et on assiste alors à une altération du droit pour attirer l'opérateur privé sur le domaine public (II). Il y a un marchandage du droit mais qui s'opère en sens inverse, c'est-à-dire au profit de l'occupant.

I - L'agressivité commerciale de l'administration

Nous verrons que dans le cadre de sa stratégie commerciale pour attirer l'opérateur privé, lorsque la demande domaniale est à la baisse, l'administration casse les prix (1) ; mais elle peut aussi améliorer le produit (2).

1 - L'administration casse les prix

L'administration peut établir une redevance plus faible que celle payée sur la propriété privée. L'administration peut instaurer alors une véritable concurrence entre propriété privée et domaine public ; dès lors qu'une activité économique l'intéresse, et qu'elle veut que l'occupant s'implante sur le domaine public, rien ne lui interdit d'abaisser très considérablement la redevance par rapport aux commerces privés avoisinants. Cela aura un double avantage pour l'opérateur privé. Le premier c'est que pendant la vie de l'entreprise, il fera une économie par rapport à une implantation sur la propriété privée ; le deuxième c'est qu'en abaissant le prix de la redevance, la valeur «du fonds» augmente. Plus la redevance est insignifiante, plus l'opérateur a des chances de vendre à meilleur prix son entreprise ; certes, la vente d'une entreprise est théoriquement interdite mais nous avons dit que la pratique de présentation d'un successeur existe, bien que censurée par la jurisprudence.

Certains ports autonomes français sont concurrencés de plus en plus par les ports étrangers ou même par la propriété privée, l'exploitant préférant s'installer sur une propriété juridiquement stable, quitte à supporter des frais supplémentaires de transport de marchandises ; dans le but d'attirer des entreprises, certaines administrations portuaires ont inséré des mesures incitatives, concernant la redevance.

Ainsi, le port autonome fluvial de Paris a établi une redevance qui comprend plusieurs éléments : un prix de base au mètre carré de surface occupée, augmenté d'un prix qui est en rapport avec la qualité des infrastructures et de desserte de chaque port, augmenté d'un prix tenant compte des qualités propres à chaque emplacement[697]. Mais il a été admis sous certaines conditions une réduction de la redevance pour les terrains dont la surface est supérieure à 30.000 mètres carrés.[698] De plus, en cas de tonnage important il a été prévu qu'une «ristourne» peut être consentie[699]. Ces dispositions ont favorisé les entreprises les plus importantes au détriment des plus petites. Ne doit-on pas y voir une atteinte au principe d'égalité ?

De même, le port autonome du Havre par exemple a établi par le passé que l'exploitation des installations devra engendrer un trafic maritime minimum,

---

[697] Cahier des charges fixant les conditions administratives, financières et techniques applicables aux amodiations du domaine public géré par le Port autonome de Paris, approuvé par délibération du Conseil d'administration en date du 23 mars 1978, article 2.01. Acte remis en 1991.

[698] Cahier des charges précité, article 2. 02.

[699] Cahier des charges précité, article 2.05 : « *Pour les terrains, terre-pleins et magasins, une ristourne «R» sera consentie en fonction du trafic réalisé...* »

déterminé à l'avance, sans quoi l'administration peut soit résilier l'autorisation, soit augmenter la redevance [700] ; mais en même temps, un autre article (facultatif) stipule que la redevance pourra être réduite à concurrence de 100%, en fonction de l'importance du trafic maritime réalisé aux appontements de l'industriel[701].

Doivent être citées également ici les pratiques instituées par Aéroports de Paris qui ressortent de l'arrêt *Compagnie nationale Air France c/ ADP* du 13 octobre 1999, éclairé par les conclusions de M. J. Arrighi de Casanova[702]. ADP, cherchait à attirer sur les aéroports parisiens les compagnies qui n'y exploitaient pas d'avions-cargos et à inciter celles qui y étaient implantées à s'y développer, l'activité de fret pouvant s'implanter dans n'importe quel aéroport du fait de l'absence de transport de voyageurs. La mesure incitative constituait en une modulation de la redevance ; les tarifs étaient d'autant plus bas que le tonnage de fret atterri sur l'année était moins élevé, calcul de redevance qui favorisait les entreprises à faible tonnage. L'entreprise la plus pénalisée était Air France, du fait que son volume d'activité était très important et du fait que, d'agissant d'une compagnie nationale, elle ne pouvait s'implanter ailleurs que sur le territoire français. Seuls ses concurrents pouvaient donc bénéficier de cette politique de ristourne commerciale, Air France considérant qu'il y avait là une discrimination. Le Conseil d'Etat décide dans cette affaire que cette compagnie est fondée à demander l'annulation des décisions attaquées car *« les*

---

[700] Convention d'autorisation d'occupation temporaire du domaine public portuaire, Port Autonome du Havre, communiquée en 1993 : *Article 4- Désignation de l'activité-*
...L'exploitation des installations devra engendrer un trafic maritime par le Port du Havre de...tonnes au minimum par an à l'importation et de ...tonnes au minimum à l'exportation que l'industriel s'engage à réaliser. Si cette condition n'est pas remplie, le P.A.H. pourra soit résilier l'autorisation d'occupation temporaire, soit augmenter de ... % le montant de la redevance prévu à l'article 6, ci-après.

[701] Convention d'autorisation d'occupation temporaire du domaine public portuaire, Port Autonome du Havre, communiquée en 1993 : *Article 6 bis- Réduction pour trafic portuaire (facultatif)-*
Le montant de la redevance calculé par application du taux fixé à l'article 6 § b ci-dessus, peut être réduit à concurrence de 100% en fonction de l'importance du trafic maritime réalisé aux appontements de l'Industriel. La réduction du montant de cette redevance est calculée par application de la formule suivante : R= 0,15 (D1 + D2)
dans laquelle :
D1: désigne en francs le montant des droits de port à l'importation (navires+ marchandises) perçu aux appontements de l'Industriel,
D2: désigne en francs le montant des droits de port à l'exportation (navires) perçu aux appontements de l'Industriel.
Pour le calcul de la redevance due pour une année déterminée en application du taux fixé à l'article 6 § b, ci-dessus, on retiendra les tonnages de trafic de l'année précédente.

[702] *A.J.D.A.*, 2000, p. 86 et s.

modalités des modulations de ces redevances induisent des écarts de charges entre compagnies concernées au regard du service rendu, qui en raison de leur ampleur, ne peuvent être regardées comme limitées à ce qui permettrait, eu égard aux exigences du principe d'égalité, la prise en compte des considérations d'intérêt général invoquées. »

Un autre exemple est constitué par le M.I.N. de Marseille : la valeur de la redevance au premier janvier 1991 pour une entreprise devant construire sur le M.I.N. est de 42,787 francs le mètre carré H.T. Cependant, l'acte d'occupation prévoyait des facilités puisqu'il admettait le paiement de la redevance à compter de la mise en service réelle des installations ; passé en juillet 1991, il fixait le début de l'exploitation début janvier 1992 et au plus tard le 1 avril 1992, faisant courir la redevance à partir de ces dates. Cela revient à ne pas payer pendant un certain temps l'occupation, alors que le droit prévoit au contraire que toute occupation doit donner lieu au paiement d'une redevance.

Force est de constater que l'administration casse véritablement les prix, car, quel propriétaire privé pourrait pratiquer de tels prix défiant toute concurrence ? Par son attitude établissant des redevances très compétitives, l'administration peut influencer le marché. Il faut d'ailleurs remarquer, dans le même ordre d'idée qu'il n'est pas rare que des protestations s'élèvent de la part de commerçants occupant la propriété privée, lorsque les villes louent des emplacements du domaine public à des commerçants non sédentaires, protestations en raison de la concurrence déloyale faite par des conditions d'occupation plus avantageuses que celles de la propriété privée.

On ne peut donc que constater que les différents exemples cités précédemment, sont la manifestation d'une attitude de l'administration, conditionnée par un marché foncier domanial dont la demande est en baisse.

2 - L'administration améliore le produit

L'administration peut aussi concurrencer la propriété privée en améliorant le «produit» domaine ; l'administration a recours de plus en plus à des techniques de gestion qui se rapprochent de l'entreprise privée et elle intègre à l'heure actuelle de plus en plus le concept moderne de marketing.[703] Dans un premier temps, le domaine public est livré tel quel, la situation se résumant ainsi : l'opérateur privé doit se satisfaire du produit domanial qui lui est proposé. Il

---

[703] Le marketing ou mercatique est une technique de commercialisation de la production de masse, avec en premier lieu une analyse du marché intégrant tous types de paramètres (psychologiques, techniques, légales, etc), et ensuite avec la mise en oeuvre des procédés de commercialisation à proprement parler, suivant une stratégie bien précise.

s'agit là d'une phase de *pré-marketing* ou de *marketing passif*, bien connue en économie d'entreprise, où l'orientation prise est celle de privilégier la production au détriment de la satisfaction des besoins des consommateurs. A titre d'exemple, les collectivités locales « livrent» des emplacements sur les halles et marchés sans aucun aménagement particulier, si ce n'est un simple étal.

Puis il y a une autre étape où l'administration améliore son produit «domaine». Elle entre dans une autre phase, de *marketing d'organisation*. Afin d'attirer «le consommateur» du domaine public une approche commerciale plus agressive est faite, avec une amélioration de l'image de marque, une modernisation des structures d'accueil d'entreprises, etc., incitant celles-ci à s'implanter sur le domaine public (modernisation de certains marchés, aménagements des locaux, amélioration des structures etc.) Le M.I.N. d'Agen-Boé par exemple envisageait *«l'adjonction d'un centre interrégional de distribution destiné à offrir à des entreprises désireuses de s'implanter dans le département des espaces et équipements bénéficiant d'une localisation avantageuse»*[704]. La construction d'entrepôts modulaires dont la location devait être faite à prix réduits, devait faciliter l'accueil des entreprises, le temps pour celles-ci de tester la viabilité des installations.

II - L'altération du droit pour attirer l'opérateur

L'agressivité commerciale peut ne pas être suffisante pour attirer l'opérateur privé, il y a alors une altération du droit qui va s'opérer au profit de l'opérateur privé et sous la pression de celui-ci, altération qui se réalise parfois avant l'octroi du titre (1), couramment pendant la durée du titre (2) et parfois à la fin de celui-ci (3).

Cependant, le contournement du droit peut ne pas être visible ; les échanges sur le domaine public peuvent être basés sur une certaine *éthique du marché*, puisque l'administration va tenter de provoquer l'occupation sur la base d'une parole donnée. L'occupation est instable, mais l'administration affirme : *«faites-nous confiance, nous ne retirons jamais le titre ; vous n'avez qu'à le voir vous-même il n'y a eu qu'un seul cas en vingt ans.»* Ainsi, l'acte fait apparaître une résiliation possible motivée par l'intérêt général, exclusive d'indemnité. Mais un autre accord, secret est conclu, contraire à l'apparence du titre et au droit existant, reposant sur la confiance mutuelle, sur l'inviolabilité des promesses

---

[704] *Annexes sur les marchés d'intérêt national par l'inspection générale des Finances et le Conseil général du génie rural des eaux et forêts*, précité, annexe XI-2.

faites.[705] L'administration va tenter dans un premier temps de fidéliser la clientèle par des liens de confiance dont la rupture aurait des conséquences néfastes sur les clients futurs, la tromperie de l'un entraînant la perte de confiance de tous les autres investisseurs.

Mais il faut bien dire que le marché est étranger de plus en plus à ce type d'accord supposant des liens personnels amicaux et il n'est pas rare que les partenaires considèrent que la parole donnée est une bien piètre garantie. La conception plus courante du marché est «*qui trompe qui ?*» ; dans ce cas, des sécurités beaucoup plus efficaces s'imposent. Un écrit est nécessaire et celui-ci fait apparaître alors le contournement du droit.

L'analyse des différents titres d'occupation révèle un contournement répété du droit, sous la pression du marché. Nous en citerons quelques-uns apparus à la lecture des différents titres d'occupation.

Une remarque doit être effectuée ici : il ne s'agit pas d'une suppression du régime ; il s'agit d'atteintes partielles au régime, qui continue malgré celles-ci à subsister. Nous l'avons dit antérieurement : l'administration veut maintenir le droit domanial car il est dans son intérêt. En conséquence, elle ne fera que lui porter des coups de griffes tout en le laissant survivre.

1 - Avant l'octroi du titre

Il n'est pas rare que l'administration s'engage à attribuer un terrain par préférence à un occupant, en principe l'occupant riverain ; cette opération comporte un double avantage pour l'administration ; d'abord, elle perçoit un prix pendant le temps où elle réserve le terrain ; ensuite, cela permet d'agrandir l'entreprise existant et de favoriser par-delà une unité de production plus importante ce qui améliore la rentabilité du domaine. Ce type de clause a été établi par exemple par le port autonome du Havre[706]. Dans le même sens, les Aéroports de Paris peuvent établir une *promesse de mise à disposition d'une*

[705] Voir sur cette conception de l'éthique du marché, Max Weber, *Economie et société*, tome premier, Plon, 1971, p. 634.

[706] Acte communiqué en 1993. La convention d'autorisation d'occupation temporaire du domaine public portuaire établie par ce port, stipule : « *Article 2 bis- Option sur un terrain limitrophe (facultatif) ;- L'industriel bénéficiera, à compter du jour de la signature de la présente convention et pendant une durée de cinq ans, au maximum, d'une option sur un terrain d'une superficie de ...*
L'option donnera lieu, aussi longtemps qu'elle sera maintenue, au versement d'une indemnité égale à : 20% la première année de l'option ; 40% la deuxième année de l'option ; 60% la troisième année de l'option ; 80% la quatrième année de l'option ; 100% la cinquième année de l'option. »

parcelle[707]. Or, le juge administratif décide que l'occupant riverain ne peut jamais avoir de droit de préférence sur une parcelle domaniale[708]. De plus, cette clause risque de n'avoir aucune réelle portée pour l'occupant car si l'administration peut retirer une autorisation, logiquement, elle peut à plus forte raison ne pas tenir l'engagement d'accorder un titre dans la mesure où l'intérêt général le commande. Mais il y a là la manifestation de la nécessité de l'administration d'attirer le client en contournant le droit.

2 - Pendant la durée de l'occupation

Pour attirer l'opérateur sur le domaine public, l'administration avait établi de longue date un droit de propriété des constructions (a), l'hypothèque de celles-ci (b) ou la possibilité d'instaurer le crédit-bail (c), pratiques dont la légalité était douteuse. Malgré l'admission par le législateur en 1994 d'un droit réel conférant les prérogatives et obligations du propriétaire sur les constructions édifiées par l'occupant, des problèmes importants subsistent pour les titres octroyés avant l'entrée en vigueur de ce texte. Cependant, ces pratiques administratives avant 1994 sont la preuve que l'administration, qui doit rentabiliser son domaine, a dû assouplir le régime en faveur de l'occupant afin qu'il s'y implante.

a - La propriété des constructions

Nous avons longuement vu dans la première partie que si parfois la jurisprudence a admis la propriété des constructions au profit de celui qui les a édifiées, cette propriété est parfaitement illusoire car elle demeure précaire et révocable ; par ailleurs, d'autres décisions jurisprudentielles affirment une domanialité d'ensemble par application de la théorie bien connue de l'accessoire. Il résulte donc qu'en application de cette jurisprudence, le bâtiment construit sur le domaine public fait partie automatiquement du domaine public ; en reconnaître la propriété au profit de l'occupant comporte donc le risque pour celui-ci en cas de contentieux de voir le juge considérer qu'il y a un

---

[707] Article 4-3 du contrat-type «terrain» du produit terrain nu destiné à la construction): « *Pendant une durée de ...(mois ou an) à compter du...Aéroports de Paris accorde à la société ... un droit d'option exclusif sur la parcelle de ...mètres carrés...Le prix de réservation de la parcelle est fixé à ...F. Si dans un délai d'un mois à compter de la date de prise d'effet de la promesse, la Société ... n'a pas versé à Aéroports de Paris le prix de la réservation, la présente promesse sera résiliée de plein droit sans aucune formalité. En cas de non levée de l'option, cette somme restera définitivement acquise à Aéroports de Paris. En cas de levée de l'option, elle vaudra acompte sur le montant de la redevance d'occupation qui est fixé à ...F/mètres carrés/an..* ». Acte communiqué en 1993.

[708] C.E., section, 28 nov. 1958, *Ville de Marseille Leb.* 594.

morcellement de la propriété, contraire au droit domanial ; et dans le meilleur des cas, il aura une propriété instable.

Pourtant, l'administration a instauré de longue date un tel droit, de nature à attirer l'opérateur privé : la plupart des concessions d'occupation dans les zones à forte activité commerciale, ont reconnu ce droit de propriété sur les constructions édifiées par l'occupant. C'est le cas des ports autonomes avant la parution de la loi de 1994[709] ou des M.I.N. ; par exemple, le M.I.N. de Marseille reconnaît ce droit de propriété des constructions dans une clause intitulée «*constitution de droits réels*».

La propriété des constructions conférée par le titre d'occupation a été limitée dans le temps : elle correspondait à la durée du titre (vingt ans, trente ans, etc.). Mais un problème se posait alors dans la pratique : c'est la perte de la propriété au terme de la durée de l'acte ; en effet, nous savons que la jurisprudence établit traditionnellement qu'à la fin du titre, les constructions doivent être démolies, à moins que l'occupant en soit dispensé ; dans ce cas, elles deviennent gratuitement la propriété de l'administration. Autrement dit en cas d'absence de démolition, en application du droit jurisprudentiel, les édifications appartiennent à l'autorité. Afin de surmonter cette difficulté, et pour que l'occupant ait une impression de droit durable, l'administration, par des dispositions contractuelles, a reconnu que celles-ci continuaient d'appartenir à l'occupant, certains contrats établissant que l'exploitant sera propriétaire *même dans le cas de renouvellement*[710]. L'administration a tenté donc d'instaurer un droit de propriété bénéficiant d'une certaine stabilité malgré la précarité conférée par le titre d'occupation, et ce dans le but d'inciter l'opérateur à s'implanter.

Quelques remarques sont à effectuer ici. Certes, aujourd'hui la loi de 1994 admet sous certaines conditions la constitution d'un droit réel sur les édifications faites par l'occupant, conférant les prérogatives et obligations du propriétaire, ainsi que l'hypothèque et le crédit-bail, ceci étant la confirmation législative d'une pratique ancienne. On aurait pu penser que la nouvelle loi effaçait l'illégalité des clauses précitées conférant un droit de propriété, du fait précisément que ce texte admettait un tel droit et qu'il légalisait ainsi les

---

[709] Par exemple le P.A.M. a établi que «*l'occupant demeurera propriétaire des constructions, ouvrages et installations qu'il édifiera pendant tout le temps de son autorisation d'occupation...*»(Convention relative à l'occupation du domaine public maritime de la zone industrielle portuaire, article 6 ; acte remis en 1991). Une clause identique a été rédigée par le P.A.H. (Convention d'autorisation d'occupation temporaire du domaine public portuaire, article 5 ; acte remis en 1993)

[710] Par ex. conventions précitées du P.A.M. et du P.A.H.

pratiques antérieures. Or, il semblerait qu'il n'en est rien et qu'au contraire l'illégalité de ce type de clause est d'actualité puisque le texte semble avoir admis un droit réel sur les constructions à réaliser dans le futur, sans régler pour autant le sort du droit de propriété conféré avant la parution de ce texte ; ces clauses demeureraient donc dans l'illégalité si on considère qu'elles opèrent un démembrement du domaine public, inconciliable avec le régime domanial[711]. Il y aurait donc là un problème important qui subsisterait pour toutes les entreprises auxquelles l'administration aurait conféré un droit de propriété avant l'entrée en vigueur de la loi. De plus, reste en suspens également le problème de la propriété des constructions conférée sur le domaine public communal (par exemple, le domaine public des M.I.N.) lequel n'entre pas dans le champ d'application de la loi.

Enfin, dernière remarque, un problème supplémentaire risque de se poser pour les opérateurs privés bénéficiant d'un droit de propriété avant la parution du texte : c'est le risque que le juge décide que le droit réel a été pris par une autorité incompétente, si le titre a été octroyé sur le domaine public de l'Etat par une autorité, non propriétaire. En effet, sur les ports autonomes, les titres d'occupation -y compris ceux conférant un droit de propriété- étaient octroyés par l'administration gestionnaire sur l'ensemble du domaine public, alors qu'elle n'en était pas forcément le propriétaire. Or, selon le décret d'application de la loi de 1994, s'agissant du droit réel conférant les prérogatives et obligations du propriétaire, seule l'administration propriétaire peut l'octroyer. C'est donc le préfet qui doit conférer ce droit réel sur le domaine public de l'Etat[712], à moins que des pouvoirs spéciaux aient été donnés à l'établissement public sur le domaine public qui n'est pas propre à l'établissement public. (En revanche, l'établissement public est compétent sur son domaine propre).

b - L'hypothèque des constructions

Nous avons longuement vu dans la première partie les problèmes qui se posent s'agissant d'hypothéquer le domaine public. Mais la pratique a contourné

---

711 Voir sur cette question le rapport de J. Dupuydauby, précité, p. 16 : «*La loi ne traite que de l'avenir et des autorisations en cours de validité dont les ouvrages autorisés font l'objet de modifications substantielles : les droits des occupants restent donc aussi ambigus qu'auparavant alors que l'annonce de la loi avait laissé espérer la résolution de tous les problèmes*». Ou encore: «*La loi n'ayant point d'effet rétroactif, ce texte -nous l'avons dit précédemment- ne s'applique qu'aux autorisations d'occupation du domaine public délivrées postérieurement à son entrée en vigueur, et n'a pas vocation à régir les situations existantes nées d'un titre en cours de validité*». P. 18.

712 Art. 57-3 du décret n° 95-595 du 6 mai 1995 complétant le code du domaine de l'Etat et relatif à la constitution de droits réels sur le domaine public, J.O. du 7 mai 1995, p. 7489.

les différents obstacles, en admettant de longue date l'hypothèque des constructions édifiées par l'occupant, bien avant la parution de la loi de 1994, comme l'atteste la lecture des différents contrats avant cette date. C'est le cas des ports autonomes, des M.I.N. Mais nous voyons encore une fois que l'administration a assoupli le régime conformément à la demande du marché domanial, de manière à attirer l'investisseur. Cette pratique a été légalisée pour le domaine public de l'Etat mais la question de sa légalité se pose pour les M.I.N. qui ne sont pas intégrés au domaine public de l'Etat.

c - Le crédit-bail

Nous avons vu dans la première partie que le crédit-bail sur le domaine public est illégal. Or, encore une fois, l'administration transgresse le droit pour attirer l'opérateur privé : pendant longtemps les administrations gérant des espaces domaniaux à activités commerciales ont largement utilisé ce procédé de financement des ouvrages. C'est le cas de nombreux M.I.N. [713]

Les Aéroports de Paris ont instauré également la possibilité de recourir à la technique de crédit-bail, avant le texte de 1994[714]. Toutes les éventualités

---

[713] Ainsi un contrat de crédit-bail avait été passé entre la société d'économie mixte du M.I.N de Marseille, une société commerciale, et une SICOMI (société immobilière pour le commerce et l'industrie), établissant : «*La société... a demandé à la SOMIMAR l'autorisation de disposer d'un terrain dépendant du domaine public de la Ville de Marseille, situé dans l'enceinte du Marché d'Intérêt National de Marseille pour l'édification d'un bâtiment destiné à abriter ses activités.*
Pour assurer le financement de cette construction, la société... a souhaité recourir à un contrat de crédit-bail immobilier avec la SICOMI pour la construction d'un bâtiment à usage de commerce de fruits et légumes et de produits agroalimentaires en général, lequel sera loué par voie de crédit-bail à la société... .et utilisé par cette dernière.
Article 1- La présente convention a pour objet d'autoriser la SICOMI, pour l'exécution du contrat de crédit-bail ci-dessus visé, à occuper un terrain dépendant du domaine public de la Ville de MARSEILLE, d'une surface de 16.000 mètres carrés environ et situé dans l'enceinte du Marché d'Intérêt National... » Le recours au crédit-bail laisse supposer que la SICOMI est propriétaire des constructions ; mais la rédaction de la clause suivante laisse un certain malaise puisque l'on affirme d'une part que la SICOMI loue à l'exploitant les bâtiments, ce dernier pouvant s'il le souhaite acheter les constructions, ce qui prouve toute l'ambiguïté et la confusion qui existent sur cette pratique ; il s'agit bien de la propriété des constructions dont on parle; mais en même temps, le terme «autorisation » est réintroduit : « *Comme il a été précisé ci-dessus, la SICOMI titulaire du droit à la présente convention, entend louer le bâtiment construit sur le terrain ci-avant défini, à la Société... Le contrat de crédit-bail, dans lequel s'inscrit cette opération, permet à cette dernière, si elle le désire d'acheter ledit bâtiment. En conséquence, le titulaire de la présente autorisation sera successivement la SICOMI, puis la société ...si celle-ci lève son option d'achat. A défaut d'achat du bâtiment par la société ... ou en cas de résiliation ou de cession du contrat de crédit-bail, la société restera titulaire de l'autorisation d'occupation jusqu'à l'expiration de la présente convention.* »

[714] Un avenant au titre d'occupation stipule : « *La convention n°... est transférée de l'exploitant aux crédits-bailleurs à compter de la date de signature du contrat de crédit-bail...*

propres au crédit-bail ont été prévues très précisément par l'administration.[715] Nous voyons donc que les techniques propres au marché reçoivent application sur le domaine public depuis longtemps et qu'elles sont minutieusement organisées.

3 - A la fin du titre

Afin d'attirer l'opérateur privé sur le domaine public, lorsque la demande du domaine est en baisse, l'administration va prévoir des clauses dont la légalité est contestable, sur la cessibilité et la transmissibilité (a) et sur l'indemnisation en cas de non-renouvellement (b).

a - La cessibilité des titres

Nous avons longuement commenté dans la première partie le fait que le juge administratif refuse la cessibilité de l'acte intitulé «autorisation»[716], et de l'incertitude de la légalité de la cession du titre appelé «contrat ou concession», en raison de l'assimilation qui semble être faite entre l'un et l'autre acte.

Pourtant, la pratique de la «présentation d'un successeur» est relativement courante ; elle a été prévue dans la plupart des actes d'occupation des espaces domaniaux marchands[717]. L'objet de la cession est la construction faite par

---

Le transfert s'achèvera à la date à laquelle les crédits-bailleurs céderont la propriété de l'immeuble à l'exploitant. L'exploitant deviendra alors seul titulaire de la convention : il jouira de tous les droits et sera tenu de toutes les obligations qu'elle stipule.
Une copie de l'acte de cession de l'immeuble sera notifiée à Aéroports de Paris... par l'exploitant dans un délai maximal de trois mois à compter de la date d'acquisition de l'immeuble. »
Il est prévu par ailleurs que «*Aéroports de Paris autorise les crédits-bailleurs à donner l'immeuble en crédit-bail à l'exploitant*»; ceci, nous l'avons vu, est contraire au caractère personnel du titre.

[715] Par exemple : résiliation du contrat de crédit-bail par la SICOMI ou l'exploitant, avec possibilité dans ce cas pour la SICOMI de présenter un nouvel exploitant; cession du crédit-bail par l'exploitant à un autre occupant ; refus d'achat par l'exploitant de l'immeuble en fin de contrat, la SICOMI restant alors propriétaire de l'immeuble et pouvant le donner en location au même exploitant par la SICOMI ; si l'exploitant n'acquiert pas l'immeuble et abandonne l'exploitation, la SICOMI peut être autorisée à consentir un nouveau crédit-bail à un autre exploitant ou simplement un contrat de location).

[716] Arrêt Munoz, précité note n° 266.

[717] Par exemple le port autonome de Marseille établit : «*l'autorisation accordée l'est à titre strictement personnel, son bénéficiaire est tenu d'occuper lui-même en son nom et sans discontinuité, les biens mis à sa disposition. Toute cession totale ou partielle ou apport en société est subordonné à l'accord préalable du Port Autonome*» (Convention relative à l'occupation du domaine public maritime, article 9.)Cette clause revient donc à admettre la cession de l'autorisation dès lors qu'intervient l'assentiment de l'autorité. Ce type de clause est utilisé dans tous les contrats d'occupation du domaine public des ports autonomes.

l'occupant ; ainsi, le port autonome du Havre dans le cahier des charges et conditions générales d'implantation, institué avant la parution de la loi de 1994[718], établit que «*l'industriel sera propriétaire des constructions, ouvrages et installations qu'il édifiera pendant la durée de son autorisation d'occupation.* ***Il pourra les céder à un tiers*** *sous réserve de l'agrément préalable du cessionnaire par le P.A.H.*» Cependant, le même acte prévoit que l'autorisation est cessible également : «*L'autorisation d'occuper le domaine public est accordée à titre strictement personnel... Toute cession totale ou partielle, ou apport en société de l'autorisation est interdite,* ***sauf accord exprès*** *du Port Autonome...*»

De même, les Aéroports de Paris ont autorisé, avant la loi de 1994 l'aliénation de l'autorisation et des constructions : «*il est interdit aux titulaires,* ***sauf autorisation expresse et écrite****, soit de sous-traiter, soit de céder à des tiers, à titre gratuit ou onéreux, tout ou partie des droits qu'ils détiennent d'Aéroports de Paris. Il leur est interdit sous la même réserve, de céder les bâtiments et installations qu'ils ont réalisés*»[719].

Enfin, il n'est pas rare que l'administration agrée le successeur, même en l'absence de toute disposition prévoyant la cession dans l'acte d'occupation.

b - L'indemnisation de la résiliation ou du retrait

Nous avons vu dans la première partie que la combinaison de la jurisprudence et des textes nous fait dire, à la différence de ce qu'affirme la doctrine majoritaire, que la résiliation du contrat et le retrait de l'autorisation sur le domaine public sont soumis à une identité de régime : l'absence d'indemnisation dans les deux cas. Nous nous sommes longuement étendus sur cette question, nous n'y reviendrons donc pas.

La pratique administrative sur cette question est en accord dans presque tous les cas avec la jurisprudence -restrictive- et avec les textes. Qu'il s'agisse de l'acte appelé autorisation ou de ceux intitulés contrat, concession, autorisation conventionnelle, etc., l'administration établit toujours de façon très précise que la résiliation ou le retrait, motivé par l'intérêt général, ne comporte jamais le paiement d'une indemnité, si ce n'est celle restrictive de l'article A26 du code du domaine de l'Etat, en cas seulement de réalisation de constructions par l'occupant, ce qui revient à dire que l'autorité ne s'engage à rembourser que les

---

[718] Edition 1973, modifiée le 26 octobre 1983, par une décision du Conseil d'Administration du Port.

[719] Aéroports de Paris, Cahier des clauses et conditions générales des autorisations d'occupation temporaire du domaine public de Paris, art. 23. Source, ADP, 1993.

emprunts restant dus à l'organisme financier au moment de la résiliation ou du retrait, comme nous l'avons vu précédemment. Par ailleurs, il est stipulé que la législation sur la propriété commerciale est inapplicable, afin que l'administration ne soit pas tenue aux indemnités très importantes en cas de non-renouvellement de l'acte. La pratique administrative sur ce point est également en accord avec la jurisprudence.

Une exception toutefois à cette pratique semble apparaître sur certains M.I.N. où une indemnité serait due en cas de résiliation, ce qui est de nature à attirer l'opérateur privé. Cependant, la lecture plus attentive de l'acte fait apparaître une autre clause qui pourrait vider la première de son sens. Par exemple, la convention d'occupation de la dépendance domaniale du M.I.N. de Marseille[720], établit d'abord et conformément au droit, en son article 16, que le titre pourra être retiré si l'intérêt général l'exige ; l'indemnisation comprend en premier lieu celle traditionnelle de l'article A26, en cas de réalisation par l'occupant de constructions. Mais un paragraphe plus contestable stipule : *«évincé, l'exploitant pourra prétendre, en outre, s'il y a lieu, à une indemnité supplémentaire pour réinstallation, dont le montant, s'il ne peut être déterminé à l'amiable entre les parties, sera fixé par le Tribunal compétent.*

Au cas où, consécutivement au retrait de l'autorisation d'occupation visé par le présent article, la société ne pourrait se réinstaller sur le Marché d'Intérêt National de Marseille pour une raison quelconque étrangère à son fait, elle pourrait prétendre, alors, à une indemnité pour la perte de son installation et le coût du licenciement éventuel des membres du personnel de son établissement, dont le montant serait déterminé comme il est indiqué à l'alinéa précédent».

Par cette clause, non seulement l'administration s'engage à rembourser les emprunts restant dus en cas de retrait motivé par l'intérêt général, comme il est habituel, mais de plus, elle s'oblige à trouver au profit de l'exploitant un nouvel emplacement sur le M.I.N. ; dans le cas contraire (par exemple, en supposant que tous les emplacements soient occupés), l'administration indemnisera l'opérateur privé pour *la perte de son entreprise et le coût du licenciement du personnel* ; cette indemnisation va bien au-delà de celle qui est traditionnellement prévue et elle paraît réintroduire des éléments importants de stabilité avec une indemnisation proche de celle de la perte d'un fonds de commerce puisqu'elle prend en compte la perte de *l'entreprise.*

Cependant, dans une autre clause le titre d'occupation précité stipule l'inapplication du régime du fonds de commerce, conformément aux règles

[720] Acte communiqué par le M.I.N. en 1991.

domaniales ; en conséquence, l'occupant ne pourra pas bénéficier de la valeur propre au fonds de commerce puisque celui-ci ne peut exister. Nous nous interrogeons donc, en cas de litige, sur quelle base de calcul il faudrait partir, puisque l'occupant n'a pas la propriété des constructions pas plus qu'il n'a un fonds de commerce. La combinaison de ces deux clauses enlève donc tout l'intérêt de la première.

Le M.I.N. d'ANGERS a établi le même type de clauses[721] ; d'une part il prévoit : *« La présente autorisation pourra être retirée de plein droit par la SOMINVAL si l'intérêt général l'exige. Dans ce cas, la mesure de retrait ne prendra effet... moyennant une indemnité, qui, à défaut d'accord amiable sur son montant, sera fixée par le Président de Tribunal administratif »*.

Cette clause laisse supposer qu'une indemnité sera octroyée en cas de retrait motivé par l'intérêt général, ce qui est contestable juridiquement, nous l'avons vu. Mais en même temps, l'acte prévoit l'inapplication de la législation sur la propriété commerciale, ce qui enlève toute valeur à l'entreprise. En revanche, à la différence des titres d'occupation du M.I.N. de Marseille aucune allusion n'est faite à la propriété des constructions édifiées par l'occupant, même à durée limitée, ce qui évidemment exclut toute référence à cet élément pour le calcul de l'indemnisation en cas de retrait.

Nous pouvons dire que ce type de rédaction est encore la preuve d'abord de l'influence du marché dans la rédaction des actes d'occupation, ensuite du rapport de force qui s'établit encore une fois entre les deux parties au marché, occupant et administration. Cependant, ce type de clause reste exceptionnel, l'administration prévoyant presque toujours que la résiliation ou le retrait avant terme ne comporte que l'indemnisation prévue à l'article A26 du code du domaine de l'Etat.

SECTION II

LA DESTRUCTURATION DU DROIT PAR LE MARCHE

Nous avons vu que le droit domanial est contourné sur la pression du marché. Mais les pratiques domaniales de contournement ne présentent pas logiquement les garanties juridiques suffisantes. Les opérateurs vont exiger des sécurités plus importantes, conduisant alors véritablement à la déstructuration du droit domanial par le marché.

---

[721] Acte communiqué par le M.I.N. en 1991.

Autrement dit, il ne s'agit plus de simples contournements du droit sur la pression du marché, mais d'une décomposition du droit domanial qui est profondément transformé, défiguré par la force de la finance.

La décomposition du droit domanial par les textes présente une similitude avec le contournement du droit par la pratique : le régime est carrément supprimé (§ I) lorsqu'il est obstacle absolu à la mise en valeur de la propriété publique.

Lorsque le régime n'est qu'un inconvénient pour l'opérateur privé, l'administration a toujours intérêt à conserver le régime puisqu'il lui permet des possibilités de rentabilisation de la propriété qu'elle n'aurait pas en cas de domanialité privée. Toutefois, la déstructuration du droit domanial par le marché intervient exclusivement lorsque la demande est à la baisse. En effet, lorsque la demande est importante, l'administration est en position de force ; elle n'a pas besoin de modifier le droit jurisprudentiel, qui lui confère de grandes possibilités de rentabilisation de sa propriété, le juge administratif ayant favorisé largement la valorisation économique du domaine. Lorsque la demande l'emporte sur l'offre domaniale, l'administration n'aura qu'à appliquer le droit jurisprudentiel dans toute sa rigueur.

Le problème commence à se poser lorsque la demande est très inférieure à l'offre. Dans ce cas, le droit est un atout que l'Etat va utiliser : il va adapter le régime dans le cadre d'une stratégie de marché (§ II), sans le supprimer totalement, car nous venons de le dire, l'administration a un intérêt économique à son maintien.

§ I - L'ANEANTISSEMENT DU REGIME SUR LA PRESSION DU MARCHE

L'exemple le plus représentatif est celui du domaine public maritime qui donna lieu à une abolition du régime provoquant des remous importants dans le passé (A). Cependant, le domaine public terrestre n'a pas été exclu de ce mouvement (B).

A - L'abolition du régime sur le domaine public maritime

Certains types d'activités, et principalement les constructions urbanistiques sont très rentables ; mais en même temps, elles ne peuvent se réaliser en raison de la précarité de la situation des occupants de ces terrains. Dans ce cas, les textes suppriment l'obstacle du régime domanial.

Ainsi, le législateur aliène délibérément le domaine public naturel sous la pression du marché immobilier par la loi de 1963 (I) ; le recul postérieur des constructions n'est dû qu'à d'autres forces qui s'opposent au marché, et qui contraignent l'autorité politique à restreindre de plus en plus la promotion immobilière sur le domaine public par des textes successifs ; mais nous verrons que le marché est toujours latent dans ces différents textes : la circulaire de 1973 (II), le décret de 1979 (III), la loi littoral (IV).

I - L'aliénation du domaine public naturel ouverte par la loi de 1963

Nous avons vu que la privatisation des rivages relève d'une pratique du contournement du droit[722]. Mais le législateur va légaliser cette pratique. La loi du 28 novembre 1963 relative au domaine public maritime, ainsi que celle du 24 décembre 1971 relative à la délimitation des eaux territoriales françaises[723] vont établir de nouvelles règles domaniales et augmenter la consistance du domaine public maritime. Ces textes vont laisser penser qu'il s'agit là de la manifestation de la volonté des pouvoirs publics de préserver le domaine public maritime contre l'empiétement privé.

En réalité, ce sera la mise en place d'instruments juridiques permettant le développement du marché de l'immobilier sur les rivages dans la plus grande sécurité juridique, l'augmentation du domaine public naturel de l'Etat permettant d'ailleurs une meilleure maîtrise des opérations d'urbanisme ; les faits postérieurs l'ont prouvé[724].

Avant ce texte, l'administration considérait que les exondements faisaient partie du domaine privé, ce qui permettait ensuite d'aliéner les terrains soustraits à la mer. La loi de 1963 établit que sont incorporés au domaine public «... ***sous réserve de dispositions contraires d'actes de concession***, *les terrains qui seront artificiellement soustraits à l'action du flot»*[725]. Cet article va permettre le transfert en pleine propriété de portions du domaine public maritime.

---

[722] L'interprétation contestable de la loi de 1807.

[723] N° 71-1060, *J.O.* du 30 déc. 1971, p. 12899.

[724] Voir cependant l'avis contraire de P. Godfrin qui considère qu'il y a eu concession d'endigage avec transfert de propriété « *contrairement à l'avis du législateur* », (*Droit administratif des biens*, 4e éd. précité, p. 34), tout en admettant que la rédaction de la loi de 1963 était ambiguë (*précité*, p. 35.)

[725] Article premier de la loi. Caractères gras ajoutés.

Quant aux exondements naturels (lais et relais), le texte les incorpore au domaine public maritime également, mais il prévoit que ces parcelles *pourront être déclassées selon la procédure prévue à l'article 2 lorsqu'elles ne seront plus utiles à la satisfaction des besoins d'intérêt public.* Autrement dit, la loi admet le déclassement et la vente de ces terrains.

L'incorporation au domaine public devait être le principe, la non-incorporation l'exception. Or, ce ne fut pas le cas. La loi de 1963 va être à l'origine de l'intensification du bétonnage des côtes et de la multiplication des concessions d'endigages, translatives de propriété, permettant la réalisation de marinas, vastes ensembles «pieds dans l'eau», regroupant des immeubles d'habitation, des commerces, des ports de plaisance, ensembles à caractère touristique et saisonnier.

L'appropriation privative des rivages, le rétrécissement des espaces domaniaux, les nuisances environnementales qu'engendre le bétonnage des côtes sont de plus en plus critiqués par l'opinion publique ; des associations de défense de la nature se constituent. En 1973 la situation de l'immobilier sur les rivages de la mer va attirer l'attention de la Cour des Comptes qui critique vivement la privatisation au profit d'opérations immobilières, du domaine public traditionnellement réservé à l'usage du public, domaine qui devait être étendu par application de la loi de 1963[726]. Elle dénonce ce qu'elle pense être une absence d'intervention des pouvoirs publics. Elle dénombre 25 opérations d'endigage en cours de réalisation ou d'instruction à l'automne 1971, ainsi que des anomalies juridiques, financières et administratives.

Il apparaît de façon nette à la lecture de la réponse du ministre aux observations de la Cour des comptes que le domaine public naturel est un espace marchand, qui fait l'objet d'une demande, l'Etat s'adaptant à cette demande.[727]

---

[726] Rapport de la Cour des Comptes 1973.

[727] Le ministre rappelle la politique suivie en matière d'aménagement touristique du littoral : « *La navigation de plaisance au cours des dix dernières années a connu un développement exceptionnel, très supérieur aux prévisions initiales : 100.000 bateaux de plaisance en 1965, 280.000 en 1972. Cette subite expansion a fait apparaître des besoins nouveaux en infrastructures portuaires et touristiques qui, s'ajoutant à ceux du tourisme traditionnel et des résidents permanents, se sont traduits par* ***une très forte augmentation de la demande*** *en équipements de toute nature et en capacité d'hébergement.* ***Le Gouvernement avait le devoir de répondre à cette demande****...Les bases mêmes de la politique gouvernementale sont celle de la loi sur le domaine public maritime, qui exprime la double préoccupation de valoriser le potentiel touristique du littoral - en favorisant la création des structures d'accueil- et d'accroître la superficie globale du domaine public maritime...Toutefois, outre qu'elle ne pouvait intervenir sans délai, la détermination d'un schéma général ne dispensait pas l'administration de faire face*

Le ministre indique clairement que L'Etat veut réaliser une mise en valeur du domaine public, l'opérateur privé étant dans cette réalisation un acteur incontournable ; c'est pourquoi l'autorité est obligée de se soumettre aux exigences du marché, sans quoi il n'y aurait pas de développement possible des activités.

S'agissant de constructions immobilières, le marché impose l'entière propriété ; pour le ministre, il n'échappe pas au législateur que «*dans la plupart des cas, et à moins d'obérer les budgets de l'Etat ou des collectivités publiques, la réalisation de telles opérations d'équipement n'était pratiquement possible* ***qu'à la condition d'un transfert de propriété aux personnes privées qui prenaient les risques de l'opération***».

Selon le ministre «***la cession en pleine propriété était la seule façon d'opérer****, compte tenu non seulement des us et coutumes (les usagers n'auraient pas acquis de résidences secondaires établies sous un régime de domanialité précaire), mais également de ce que l'impossibilité, à l'époque, pour les promoteurs (tant publics que privés), de mobiliser des crédits sur des terrains dont ils n'étaient pas propriétaires aurait interdit toute réalisation.*»[728].

A la critique de la Cour des comptes du détournement fait de la loi de 1963, qui prévoyait une extension de la domanialité publique aux lais et relais futurs ainsi qu'aux exondements artificiels, (l'inclusion de ces terrains dans le domaine privé ne devait être qu'exceptionnelle) le ministre répond que les concessions d'endigage translatives de propriété ne s'écartent pas de la loi de 1963 puisque les dispositions élaborées qu'elles contiennent à leur sujet le prouvent clairement « *Si des cessions de terrains à des personnes publiques ou privées sont intervenues, dans les quelques cas mentionnés, c'est dans le cadre même de la loi du 28 novembre 1963.*

En effet, la cession des terrains en pleine propriété n'est pas interdite par la loi qui stipule que sont incorporés au domaine public maritime... sous réserve de dispositions contraires d'actes de concession, les terrains qui seront artificiellement soustraits à l'action du flot...

Le législateur [de la loi de 1963]... *a tenu à laisser la possibilité d'appliquer la procédure de concession translative de propriété prévue par la loi de 1807... en tenant compte que ces opérations peuvent présenter un réel intérêt économique en permettant par l'initiative privée de sols nouveaux à*

à la demande immédiate qui se manifestait de manière pressante. ***C'est ce qui permet aujourd'hui d'avoir une situation équilibrée entre l'offre et la demande.*** *Rapport* précité note n° 6726, p. 127 ; caractères gras ajoutés.

[728] *Rapport* précité note n° 726, p. 127; caractères gras ajoutés.

vocation agricole, industrielle ou touristique là où il n'existe plus de terrains disponibles à cet effet.»

L'Etat d'ailleurs, propriétaire du domaine public maritime, perçoit en contrepartie de l'aliénation, un prix qui selon la Cour des Comptes est sous-évalué[729]. Les concessions d'endigage, aboutissant à une véritable vente, ont un prix de cession, établi par le Ministre des Finances, seul compétent en la matière[730]. Il y a là l'illustration de la pression du marché qui déstructure le droit domanial.

II - Les droits réels de la circulaire de 1973

A partir de 1973, un frein progressif sera mis à la réalisation des marinas sur le domaine public maritime pour différentes raisons : les graves atteintes à l'environnement, l'émoi provoqué dans l'opinion publique qui conteste l'appropriation individuelle du domaine public naturel. Le recul de la politique de construction est dû également à la publication du rapport de la Cour des Comptes précité ; enfin ce sont les décisions du Conseil d'Etat, à l'encontre de la privatisation des rivages, dans le cadre de sa position de plus en plus rigoureuse de protection du domaine public.

Ce qui fait reculer l'aliénation du domaine public naturel, ce n'est pas une volonté des pouvoirs publics de protéger la nature ou l'utilisateur collectif ; c'est un ensemble de nouvelles forces qui s'oppose au marché et qui contraint l'Etat à changer de politique.

Mais en réalité, l'Etat qui a tout intérêt à maintenir ce marché va «traîner des pieds» et va opérer un recul de la construction des rivages tout en tentant de se laisser une certaine marge de manœuvre pour ne pas s'interdire totalement le marché de la promotion immobilière. Cela est parfaitement perceptible à travers les différents textes successifs qui vont intervenir sur le domaine public maritime.

---

[729] *Rapport* précité note n° 726, p. 21.

[730] Ainsi, non seulement des portions très importantes du domaine public maritime ont été à jamais compromises mais de plus, à des prix contestables. La Cour des Comptes constate l'inadéquation des méthodes d'évaluation, conduisant à des écarts importants entre les estimations des ministères concernés : ainsi, dans une affaire à Borme-les-Mimosas, le prix de cession définitif fut arrêté à 2.400.000 Frs pour un terrain de 25.425 m2, après des estimations allant de 1.100.000 Frs à 2.700.000 par les ministères des Finances et de l'Equipement. *Rapport* précité note n° 726, p. 21.

C'est ainsi que le premier texte qui marque un coup d'arrêt à l'urbanisation des rivages n'est qu'une simple circulaire[731] ; la première réflexion qui s'impose est que la nature de ce texte -simple circulaire- est significative de la volonté de traiter le problème sans véritablement le régler au fond.

Il interdit la cession en pleine propriété ; mais il maintient une large possibilité de construire pour la satisfaction de besoins collectifs. Des équipements à usage collectifs pourront être réalisés (hôtels, villages de vacances, campings)[732], ainsi que des ports de plaisance et des logements nécessaires à l'implantation des équipements et service d'usage collectif. La cession en pleine propriété étant interdite, les terrains peuvent être déclassés lorsque la domanialité publique, en raison de la précarité, apparaît mal adaptée à la réalisation de certaines opérations. Cependant, des droits tels que le bail emphytéotique, le bail à construction ou la concession immobilière peuvent être consentis, pour remplacer le droit de propriété qui sont encore des éléments du marché lequel ne recule que sur la pression de l'opinion publique.

III - L'ambiguïté du décret de 1979

Puis intervient le décret du 29 juin 1979[733]. Ce texte semble protéger davantage les espaces naturels, mais il laisse encore la possibilité d'édifier sur les rivages. Les concessions d'endigage et les concessions d'utilisation du domaine public, avec ou sans endigage sont toujours possibles, s'agissant de la réalisation d'opérations affectées à un service public, à l'usage du public ou d'intérêt général. Le domaine public ne peut plus être déclassé, aucune création de droit réel (droit de propriété, bail emphytéotique) n'est possible ; le titre d'occupation est la concession assortie d'une longue durée (trente ans renouvelables). Un recul face au marché des espaces domaniaux semble s'opérer ; mais en même temps la possibilité de réaliser des opérations d'intérêt général va réintroduire la possibilité d'une large gamme d'exploitation de tout type d'activité, compte tenu de la notion évolutive de ce concept. Enfin, la rédaction ambiguë de ce texte laisse supposer que les concessions d'endigage translatives de propriété restent en vigueur.[734]

---

[731] Circulaire du 3 janvier 1973, relative à l'utilisation du domaine public en dehors des ports de commerce et de pêche, *J.O.* du 9 janvier 1973.

[732] Après avis favorable de la collectivité locale et l'accord du Ministre de l'aménagement du territoire.

[733] n° 75.518, *J.O.* du premier juillet 1979.

[734] La doctrine a écrit de très nombreux articles sur cette question. Voir par exemple, Mme Olga Blans-Uchan, « Evolution de la législation relative aux concessions d'endigage», *R.D.P.* 1983, p. 1601 et s. M. Paul Tavernier «Les concessions d'endigage», *A.J.D.A.* 1973, p. 564 et s. Mme Denise Detragiache-Dorlencourt, «L'extension des rivages de la mer en méritерranée, réflexions à

IV - Les possibilités d'aliénation en vertu de la loi « littoral » et de la loi du 30 décembre 1996

La loi « littoral » est le fruit de la pression de l'opinion publique contre le marché et surtout de la prise de conscience internationale de la nécessité impérative de protéger l'environnement. Mais l'intitulé même du texte est significatif de l'influence répétée du marché : loi relative à **l'aménagement,** la protection et **la mise en valeur du littoral.**

Ce texte conserve les marques, les empreintes du marché et il laisse encore une porte ouverte à la réalisation d'édifications en France métropolitaine (1) et dans les départements d'outre-mer ; quant à la loi du 30 décembre 1996[735], intéressant surtout la Martinique et la Guadeloupe, elle semble aussi être dictée en partie par des impératifs marchands (2).

1 - La loi « littoral » en France métropolitaine

Aujourd'hui, depuis la loi littoral, en France métropolitaine il ne peut plus être porté atteinte à l'état naturel du rivage pour des constructions immobilières pour l'habitat privatif et touristique. Mais il faut bien dire d'abord que ce texte intervient tardivement, lorsque la plupart des côtes sont définitivement détruites.

Ensuite, si le marché foncier opère un recul grâce à ce texte, en même temps il lui apporte encore son soutient, la sécurité juridique des marinas étant réaffirmée par l'article 27 in fine[736]. De plus, continuent d'être soumis à un double régime les lais et relais antérieurs à la loi de 1963 classés dans le domaine privé, alors que les lais et relais postérieurs à ce texte sont intégrés au domaine public.

Une partie de la doctrine signale d'ailleurs ce qui apparaît comme étant des lacunes de cette loi. Ainsi comme le remarque très justement M. P. Godfrin ce texte «*qui aurait dû être l'occasion d'une refonte et d'une clarification de*

---

propos d'un arrêt récent», *A.J.D.A.*, 1974, p. 408. M. G. Liet-Vaux, «Domaine maritime et concessions portuaires», *R.A.*, 1974, p. 511 et s., sous C.E., Ass. 30 mars 1973, *Ministre de l'Equipement, du Territoire c/ Comité pour l'extension touristique de la Favière,* ainsi que les conclusions de M. Le Commissaire du Gouvernement, Gilbert Guillaume. Voir également les conclusions de M. le Commissaire du Gouvernement Bruno Genevois sur C.E., section, 20 février 1981, *Association pour la protection su site du vieux Pornichet, A.J.D.A.* 1981, p. 260 et s. MM A. Caudert, R. Rézenthel sous C.E., 5 nov. 1982, *Wladimir Schwetzoff, A.J.D.A.* 1983, p. 363.

[735] N° 96-1241 relative à l'aménagement, la protection et la mise en valeur de la zone dite des cinquante pas géométriques, *J.O.*, 1 janv. 1997, p. 24 et s.

[736] «*Tous les exondements antérieurs à la présente loi demeurent régis par la législation antérieure*».

l'ensemble de la réglementation des concessions d'endigage n'interdit, ni la cession en pleine propriété de terrains gagnés sur la mer, ni, d'une manière absolue, l'édification de marinas, définies comme des immeubles d'habitation érigés au droit des quais des ports. »[737]

L'auteur note dans le même sens : « *En ne modifiant pas l'article premier de la loi du 28 novembre 1963, la « loi littoral », contrairement à la circulaire de 1973, et au décret de 1979, ne s'oppose pas au transfert de propriété résultant d'une concession d'endigage... Aujourd'hui comme hier, une concession d'endigage avec transfert de propriété pourrait donc être accordée, pour l'exploitation de cultures marines par exemple. »* [738] Il signale encore la possibilité de régularisation de certaines opérations menées irrégulièrement, pour les exondements effectués antérieurement à l'entrée en vigueur de la loi littoral.[739]

A notre sens, les imperfections de la loi littoral ne sont encore une fois que l'illustration de la pression du marché qui déstructure le droit. L'analyse de la loi littoral prouve que le marché est encore présent de façon latente.

2 - La loi « littoral » et la loi du 30 décembre 1996 dans les départements d'outre-mer

Le gouvernement continue encore de soutenir le marché dans les lointains départements d'outre-mer où l'urbanisation apparaît encore aux populations natives comme étant la solution aux problèmes économiques sans qu'elles entrevoient encore les effets néfastes de celle-ci. La loi littoral décide que dans les départements d'outre-mer, la zone des cinquante pas géométriques, (appartenant au domaine public) peut être déclassée dès lors qu'il apparaît que certains de ces terrains ne sont plus utiles à la satisfaction des besoins d'intérêt public[740]. Par ailleurs, la commune peut obtenir, après déclassement, la cession à son profit de terrains susceptibles d'aménagements situés dans cette zone dite des cinquante pas géométriques[741] ; **la cession** du domaine public des départements d'outre-mer peut être obtenue à des conditions financières avantageuses puisqu'un paiement échelonné ou différé peut être consenti ; ces dispositions étant prises pour permettre un développement économique adapté à ces territoires, n'est-ce pas là encore un moyen d'ouvrir une brèche à

---

[737] *Droit administratif des biens*, 4e éd. précité, p. 35.

[738] *Précité*, 4e éd. p. 35.

[739] *Droit administratif des biens*, 4e éd. précité, p. 36.

[740] Art. 37.

[741] Art. L 89

l'urbanisation du domaine public ?[742] Ce qui est certain, c'est qu'il y a là encore une fois la manifestation de l'influence du marché transformant le droit du domaine public.

La loi précitée du 30 décembre 1996 (avec ses décrets d'application[743]), concernant surtout les départements de la Guadeloupe et de la Martinique a un objectif social puisque le but recherché principalement par le législateur est de régulariser des occupations privatives illicites sur le domaine public par des populations défavorisées, le déclassement aux fins de cession du domaine public étant délibérément encouragé. Il y a donc une privatisation du domaine public de la zone des cinquante pas géométriques au profit de personnes socialement démunies, opérée par le législateur.

Mais une partie de la doctrine souligne rapidement différents problèmes. C'est que cette réserve domaniale n'est pas occupée que par des nécessiteux, certains occupants sans titre ayant construit des demeures dans des sites privilégiés du fait de revenus confortables. Mais surtout, sont signalées les possibilités d'interprétation laxiste du texte, permettant des aménagements et une mise en valeur, et non une protection du domaine public. Les risques importants de spéculation sont dénoncés, les procédures de protection mises en place étant considérées par certains comme étant très insuffisantes et inefficaces. Des possibilités d'aménagement par de grands groupes privés sont signalés également[744], certains auteurs parlant de « prévalence de la rentabilisation économique » et de « braderie » du domaine public[745] et s'interrogeant si finalement la loi précitée est une loi de protection ou de développement économique. Si l'objectif social affirmé par le législateur est très louable, il n'empêche que l'on peut s'interroger sur la question de savoir si ce texte, finalement, ne résulte pas aussi d'une pression marchande du fait que les espaces concernés sont très convoités car ils se situent en bordure de mer, les constructions touristiques nécessitant une stabilité juridique pour se développer.

---

742 Voir sur la question, J.Dufau, «La zone des 50 pas géométriques dans les D.O.M». *A.J.D.A.* 1990, p. 444.

743 N° 98-835 du 14 septembre 1998, *J.O.* du 9 sept. 1998, p. 14272. Décret n° 2000-345 du 18 avril 2000, *J.O.* du 21 avril 2000, p. 6099. Pour une analyse du décret de 1998, v. J. Larrieu, « Les 50 pas géométriques dans les départements d'outremer, à propos de la loi du 30 décembre 1996 et du décret du 14 septembre 1998 », *L.P.A.*, 6 janv. 1999, n°4, p. 8 et s.

744 Pour l'analyse de ces différents points, voir plus particulièrement l'étude de F. Priet, « Le nouveau régime de la zone des cinquante pas géométriques dans les départements d'outre-mer », *R.F.D.A.*, 1997, p. 1167 et s.

745 E. Le Cornec, « Loi sur les 50 pas géométriques dans les DOM : loi de protection ou loi de développement ? », Droit de l'environnement, 1997, n°48, p. 8 et s.

B - L'abolition du régime sur le domaine public terrestre

La pression du marché anéantissant le droit domanial transparaît encore dans les déclassements en vue de la construction en volume (I), mais, phénomène nouveau de la fin du XXe siècle et du début du XXIe siècle, la déstructuration du régime est réalisée parfois pour permettre une plus grande compétitivité des entreprises publiques et on constate alors une privatisation des biens du domaine public (II). En effet, les règles de la domanialité publique, considérées protectrices de l'affectation dans le cadre d'une exploitation monopolistique ou quasi-monopolistique du service public, deviennent encombrantes et inadaptées dès lors que le service public se transforme en activité soumise à la concurrence : encombrantes parce que la propriété domaniale, très étendue, parfois vétuste, devient une lourde charge grevant les budgets, particulièrement lorsqu'elle est peu rentable ; inadaptée parce que la libre concurrence implique parfois des alliances entre sociétés, impliquant la détention d'un patrimoine de type privé.

I – Les déclassements en vue de la construction en volume

Des textes sont intervenus également sur le domaine public artificiel pour permettre la réalisation d'opérations d'urbanisme en toute sécurité juridique. C'est le cas par exemple, du décret du 3 octobre 1969[746] qui autorise le déclassement des sols et volumes, bâtis ou non bâtis du domaine public, ainsi que la constitution de servitudes. Ce déclassement devait permettre la réalisation d'un ensemble immobilier à usage de logements et de bureaux, au-dessus de la gare Paris-Gobelins sur les terrains contigus appartenant à la S.N.C.F.

Une ordonnance antérieure était intervenue en vue d'aménager la gare du Maine à Paris et notamment de construire des immeubles à usage commercial, professionnel ou d'habitation[747]. Toutefois, dans le cadre d'une interprétation souple du régime domanial, la domanialité d'ensemble, admise traditionnellement par la jurisprudence ne semble pas avoir été retenue, le législateur n'estimant pas devoir établir un déclassement en volume ; il se limitera à «*consentir sur le domaine public ferroviaire des servitudes de toutes natures au profit des immeubles privés...* »

---

[746] Portant déclassement de certaines dépendances de la gare des Gobelins, à Paris, et autorisant la Société nationale des chemins de fer français à consentir des servitudes sur le domaine public ferroviaire, *J.O.* du 14 oct. 1969, p. 10157.

[747] N° 59-237du 4 fév. 1959 relative à l'utilisation complémentaire de certaines dépendances du domaine public ferroviaire en gare du Maine.

Ces deux textes illustrent encore une fois la déstructuration du droit domanial par le marché et les exemples cités répondent à l'idée de permettre une valorisation de la propriété publique, nous l'avons vu. Cependant, d'autres déclassements ont lieu, toujours sur influence du marché, mais pour répondre à un objectif nouveau : celui d'une plus grande compétitivité des entreprises publiques.

II – Les privatisations en vue de la compétitivité des entreprises publiques

Nous traiterons ici des cas de France Télécom (1), la Poste (2) et EDF (3) dont les biens ont été privatisés de façon très connue. Nous n'aborderons donc cette question que pour montrer que cette privatisation n'est, encore une fois, que le résultat de la pression économique.

1 – La privatisation des biens de France Télécom

Au terme d'une évolution très commentée par la doctrine, la loi du 2 juillet 1990 relative à l'organisation du service public de la poste et des télécommunications crée deux personnes morales de droit public, France Télécom et la Poste, chacune ayant la qualité d'exploitant public (en réalité d'établissement public industriel et commercial). Puis par la loi du 26 juillet 1996 relative à l'entreprise nationale France Télécom[748], France Télécom est transformé en société anonyme, l'Etat devenant actionnaire majoritaire. Les biens du domaine public de l'ancien exploitant public sont déclassés et, à titre gratuit, transférés de plein droit à la S.A. France Télécom (à l'exception des biens, droits et obligations nécessaires aux missions de service public d'enseignement supérieur des télécommunications qui sont transférés à l'Etat). Autrement dit, un pan entier du domaine public entre dans le patrimoine d'une personne de droit privé, après déclassement.

M. J.-M. Peyrical note avec beaucoup de justesse qu'il existait différents procédés évitant la privatisation de ces biens par exemple en réintégrant les biens de l'exploitant public au domaine public de l'Etat, avec ensuite mise à

---

[748] N° 96-660, *J.O.* 27 juillet 1996, p. 11398. Décis 96-380 D.C. du 23 juillet 1996, loi relative à l'entreprise nationale France Télécom, *Rec.* p. 107 et s. C. Lavialle, « L'ouverture minoritaire du capital de France Télécom au secteur privé, le domaine public et la propriété privéee », *R.F.D.A.*, 1996, p. 1124 et s. M. Verpaux, « Décision 96-380 D.C. du 23 juillet 1996, loi relative à l'entreprise nationale France Télécom », *L.P.A.* 11 juin 1997, n° 70, p. 19 et s. C. Boiteau, « L'entreprise nationale France Télécom », *J.C.P.*, Ed. G. 1996, I, n°3965. J.-M. Peyrical, « A propos de la création de l'entreprise nationale France-Télécom : réflexions sur le devenir du statut de ses biens immobiliers », *R.D.P.*, 1997, p. 783 et s.

disposition de la S.A. France Télécom[749]. Or le législateur n'a retenu aucune des formules possibles et a préféré soumettre cette propriété à un régime de droit privé, avec toutefois une dérogation puisqu'il instaure un contrôle public en cas de cession ou d'apport d'un élément d'infrastructure des réseaux de télécommunication. C'est à travers l'analyse des travaux parlementaires que nous tenterons de trouver une explication au choix retenu.

Selon ces travaux, la réforme à pour but de permettre à l'opérateur historique national d'avoir les moyens d'affronter la concurrence devenue libre sur les marchés de télécommunications en Europe au 1er janvier 1998. La Communauté européenne n'impose aucune réforme sur le statut des opérateurs de télécommunications, le droit communautaire étant indifférent à la forme juridique des acteurs économiques, sous réserve du respect des règles de concurrence instaurées par le traité. La transformation de France Télécom résulte donc d'un choix politique et économique : celui de permettre à l'entreprise de se positionner dans la concurrence internationale dans le secteur d'activité, celle-ci occupant le 4ème rang mondial à l'époque du vote de la loi[750]. Le législateur souhaite un statut plus approprié à la concurrence internationale.

Or, toujours selon les travaux parlementaires, France Télécom était voué à la régression économique du fait du défaut d'armes commerciales adaptées, ces principaux concurrents étant érigés sous forme de société. L'absence de forme sociétaire de l'opérateur public semblait être un empêchement dirimant à la réalisation de l'objectif précité. En effet, pour mieux affronter la concurrence, des unions avec d'autres entreprises internationales avaient été recherchées mais dans sa quête d'alliances à l'étranger, France Télécom s'était heurté à de sérieuses difficultés liées à l'absence de capital social, celui-ci propre aux sociétés commerciales. La différence de statut risquait donc de marginaliser l'entreprise au sein de la concurrence, avec une éventualité de perte du 4ème rang mondial, la forme commerciale d'une entreprise étant une donnée fondamentale pour apprécier l'opportunité d'une alliance.[751]

En droit des sociétés, les alliances entre entreprises peuvent se faire au moyen de cessions d'actions. A la création de la société, les actions sont la contrepartie des apports des associés. Les apports consistent dans les biens dont les associés transfèrent la propriété ou la jouissance à la société (biens

---

[749] « A propos de la création de l'entreprise nationale France-Télécom : réflexions sur le devenir du statut de ses biens immobiliers », *précité* note n° 748, p. 783 et s.

[750] *J.O.* doc. A.N., Rapport de C. Gaillard, n°2891, pp. 5, 11, 15.

[751] *J.O.* doc. A.N., Rapport de C. Gaillard, précité note n° 750, p. 12.

immobiliers, argent, valeurs mobilières, etc.). Ces apports constituent le capital social et ils doivent faire l'objet d'une évaluation[752].

Le capital social paraît donc être au cœur du problème, l'exploitant public France Télécom n'en possédant pas. Il permet des alliances. Il fallait donc un capital social à la SA France Télécom, lequel est composé de biens divers devant faire l'objet d'une évaluation (argent, immeubles...) Le rapport de M. Gaillard précise que « *le montant du capital social de l'entreprise* [la S.A. France Télécom] *dépendra largement de la valeur de son patrimoine et du ratio mesurant le rapport entre ses fonds propres et des dettes* »[753].

Autrement dit, un patrimoine initial était nécessaire pour fixer le montant du capital social, et celui-ci semble avoir été trouvé tout naturellement en grande partie dans les biens du domaine public déclassés. Si les biens étaient restés dans le domaine public, le patrimoine immobilier pris en compte dans le calcul aurait été moins important ce qui aurait affaibli l'entreprise face à ses concurrents. Le régime de domanialité publique dans le cas de France Télécom était donc totalement inadapté à l'évolution de la concurrence européenne. De plus, il ne faut pas oublier que le capital social, comme d'ailleurs les biens acquis par l'entreprise pendant sa vie, constituent le gage des créanciers, gage impossible dans un régime de domanialité publique. France Télécom avait besoin de biens soumis à un régime de propriété privée. Ceux-ci ont été trouvés par privatisation du domaine public.

Il faut constater encore une fois ici que le déclassement du domaine intervient sur la pression du marché, celui d'une plus grande concurrence. La domanialité publique n'a pas résisté à la pression de la finance internationale.

2 – La privatisation des biens de La Poste

La privatisation des biens de La Poste par déclassement opérée par la loi « MURCEF »[754] répond à un besoin quelque peu différent de celui de France Télécom. En effet, la question de capital social ne se pose évidemment pas du fait que La Poste est un exploitant public, ou tout du moins elle ne se pose pour

[752] Sur cette question, voir par exemple Mémento Pratique Francis Lefebvre, *Sociétés commerciales*, 2001, Ed. Francis Lefebvre, p. 49, n° 500 et s.

[753] N°2891, *précité* note n° 750, p. 58.

[754] N° 2001-1168 du 11 déc. 2001 portant mesures urgentes de réformes à caractère économique et financier, *J.O* du 12 déc. 2001, p. 19703 et s. Pour une analyse du texte, v. E. Delacour, « La loi Murcef : aspects de droit public », *D.A.*, mars 2002, n°5, p. 5 et s.

le moment car la « sociétisation » de l'exploitant semble envisagée à la lecture des travaux parlementaires[755].

La loi du 2 juillet 1990, instituant les exploitants publics La Poste et France Télécom par scission des P.T.T., avait transféré en pleine propriété à La Poste les immeubles des domaines public et privé appartenant auparavant à l'Etat. Mais en fin de compte, cette propriété semble avoir été plutôt une charge qu'un avantage pour l'exploitant. Propriété probablement peu rentable, il ressort des travaux parlementaires l'importance quantitative du parc immobilier, sa vétusté, son caractère peu fonctionnel au regard des activités de cette entreprise induisant des coûts importants.

La procédure traditionnelle de déclassement du domaine public, opérée au cas par cas, est apparue lourde au regard de l'impératif de rapidité nécessaire à une gestion commerciale. Or, dans un contexte de concurrence, La Poste nécessite une liberté de gestion et d'aliénation de son patrimoine. La lecture des travaux parlementaires fait ressortir encore que la privatisation totale de ses biens permet à l'entreprise une meilleure valorisation de la gestion de son patrimoine dans un contexte d'ouverture à la concurrence, une optimisation de sa gestion et un allègement de la charge[756]. Certes, il est instauré un contrôle étatique sur la cession ou l'apport en société des biens, proche de celui de France Télécom. Mais la doctrine souligne rapidement son caractère peu contraignant[757]. Les travaux parlementaires avaient d'ailleurs clairement précisé que le veto de l'Etat ne devait pas alourdir la procédure de gestion immobilière car cela irait à l'encontre de l'objectif de souplesse recherché[758], d'aliénation de la propriété. Il y a donc bien ici un exemple supplémentaire de la déstructuration du droit domanial du fait de la pression du marché.

3 – La privatisation des biens d'EDF

L'arrêt d'assemblée du Conseil d'Etat, du 23 octobre 1998, *EDF*[759] illustre encore cette question. Dans cette décision bien connue, le juge décide, que les biens d'EDF n'appartiennent pas au domaine public du fait des dispositions de la loi du 8 avril 1946, seul le capital étant inaliénable. Autrement dit, les biens

---

[755] *J.O.* doc. Sénat., avis de G. Larcher, n°237, p. 33 et s.

[756] *J.O.* doc. Sénat., Rapport de P. Marini, n°336, pp. 85 et 86.

[757] F.-J. Pansier, C. Charbonneau, «Présentation de la loi Murcef du 11 décembre 2001 », *L.P.A.*, 18 déc. 2001, n°251, p. 4 et s. plus particulièrement p. 12.

[758] *Rapport* précité de M. Marini, note n° 756, p. 86.

[759] *A.J.D.A.*, 1998, p. 1017 et s., concl. J. Arrighi de Casanova ; *C.J.E.G.*, 1998, p. 490, concl., note D. Delpirou. Pour une analyse approfondie de la décision, v. C. Lavialle « Le domaine public : une catégorie juridique menacée ? », *R.F.D.A.*, 1999, p. 578 et s.

d'EDF peuvent être librement aliénés. Le tribunal et la Cour administrative d'appel avaient jugé de façon inverse, considérant au contraire que la loi précitée ne faisait pas obstacle à ce qu'EDF dispose d'un domaine public composé des biens immobiliers transférés lors de la nationalisation, affectés au service public et spécialement aménagés. Cette solution est traditionnelle et sa confirmation par le Conseil d'Etat n'aurait nullement était surprenante.

Or, elle n'est pas retenue par la juridiction administrative. La réponse doit être appréciée à la lumière des conclusions de M. J. Arrighi de Casanova. Le commissaire du gouvernement préconise que soit retenue la domanialité privée en invoquant l'interprétation de la loi de 1946 précitée sur la nationalisation de l'électricité et du gaz. Il s'agit donc d'une *interprétation* du texte et non d'une disposition clairement établie. Ce qui est intéressant ici c'est le fondement du raisonnement du commissaire du gouvernement. D'une façon explicite, il affirme que « *le principe d'inaliénabilité... n'est guère adapté aux règles de la gestion commerciale* » ou le régime juridique de domanialité publique « *peut s'avérer difficilement conciliable avec le caractère commercial de l'activité* » ; ou encore « *on peut difficilement ignorer les difficultés de coexistence entre vie commerciale et domanialité publique* ». Il préconise donc que la domanialité publique soit écartée dans cette affaire du fait de la *commercialité des biens.*

M. J. Arrighi de Casanova rappelle en outre le contexte européen du marché de l'électricité. Il affirme que, dans la mesure où le Conseil d'Etat venait à retenir la domanialité publique des biens d'EDF, le législateur serait amené à appliquer les règles retenues pour France Télécom par la loi du 26 juillet 1996, c'est-à-dire la privatisation du domaine public. Cela revient à dire que la résistance du Conseil d'Etat maintenant dans le domaine public les biens d'EDF serait un combat perdu d'avance car inéluctablement il y aurait une transformation du régime du fait de la pression du droit de la concurrence, à l'instar d'autres secteurs d'activités. Il est donc indéniable ici encore que le marché a une incidence décisive sur la jurisprudence, illustrant la transformation du droit sur la pression marchande.

M. C. Lavialle, commentant cette décision, fait remarquer que désormais « *le domaine public est défini par son régime... Seul le droit applicable est pris en compte et non l'objet ou la destination du bien* »[760]. Autrement dit, c'est parce qu'il apparaît à un moment donné que les biens en question doivent être soumis à un régime de droit commercial que la domanialité doit être supprimée.

---

[760] « Le domaine public : une catégorie juridique menacée ? », *précité.*, p. 578 et s, plus particulièrement p. 584.

De plus, l'éminent auteur voit dans cette décision un signe avant-coureur d'une possible évolution jurisprudentielle. Il considère qu'il n'était pas nécessaire qu'intervienne un arrêt d'assemblée pour appliquer simplement la loi dérogeant à la jurisprudence habituelle du Conseil d'Etat. Il voit en revanche une large évolution jurisprudentielle envisageable à partir de l'arrêt *EDF* : dans cet arrêt le juge fonde sa décision sur la loi ; mais ultérieurement il ne s'appuiera plus sur la loi pour dénier la domanialité publique aux établissements publics industriels et commerciaux : « *il lui suffira donc, selon la logique retournée de l'arrêt le Béton, de considérer que la commercialité de leur mission exclut l'applicabilité de la domanialité publique à leurs biens, pour les ranger dans le domaine privé.*»[761]

Si tel est le cas, avec cette jurisprudence des pans entiers du domaine public pourront intégrer le domaine privé et être gérés comme la propriété privée et ils pourront être aliénés librement. Mais force est de constater que ce sera la pression du marché – ici le droit de la concurrence, *la commercialité* – qui fera évoluer le régime.

§ II - L'ADAPTATION DU REGIME DANS LE CADRE D'UNE STRATEGIE DE MARCHE

Nous sommes ici dans l'hypothèse suivante : la domanialité publique subsiste ; le régime n'est pas un obstacle absolu mais un inconvénient pour l'opérateur privé ; mais l'opérateur privé décide de ne plus s'implanter ou de ne plus moderniser ses activités sur le domaine public ; après avoir fait un bilan des avantages et des contraintes domaniales, et malgré les contournements du droit que lui propose l'administration pour l'encourager à s'implanter, l'occupant, résolument ne s'implante plus (ou ne modernise plus son entreprise) ; le domaine n'exerce plus d'attrait sur lui, les investissements étant trop lourds par rapport au risque de l'instabilité qui subsiste, par rapport aussi au risque des irrégularités.

L'administration est alors en position de faiblesse, car elle «offre» un produit qui ne trouve plus preneur. L'Etat, qui a besoin de l'opérateur privé, va être obligé alors d'adapter le régime domanial à la demande, en adoucissant le régime ; il s'agit de rendre le «produit» domaine plus attractif.

Le recul du principe est une véritable opération séduction qui a pour but d'inciter l'implantation privative. Il y a véritablement un marketing juridique ; le

761 « Le domaine public : une catégorie juridique menacée ? », *précité*, plus particulièrement p. 584.

législateur développe une certaine agressivité législative (que l'on peut comparer à une agressivité commerciale), de la même façon que pour un produit quelconque sur le marché le vendeur établit des prix promotionnels pour attirer le client. Sauf que sur le domaine public, le rabais est constitué à travers un abaissement du régime. Autrement dit, lorsque la demande domaniale est inférieure à l'offre, le pouvoir politique va être obligé de s'adapter à la demande en aménageant le régime, car la demande «boude» le «produit» domaine. Il y a véritablement une surenchère promotionnelle de la réglementation, tenant compte des exigences de la demande, dans le but d'attirer l'opérateur privé (A).

Il y a là un marchandage du droit ; mais tout marchandage implique que l'intérêt de l'offreur subsiste ; c'est pourquoi les intérêts de l'administration resteront toujours omniprésents (B).

A - La stimulation de l'implantation privative par la surenchère promotionnelle de la loi

L'abaissement du régime, pour attirer le «client» sur le domaine public, va se faire à travers les exigences de la demande domaniale de garantie du crédit (I), de la création de droits réels (II), de la cession et la transmission des titres (III).

De nouvelles notions à caractère essentiellement économique apparaissent dans les textes législatifs et réglementaires, propres aux activités commerciales, telles que : *indemnisation des amortissements, bail emphytéotique, prérogatives et obligations du propriétaire, hypothèque et crédit-bail, fonds de commerce, nantissement* ; il y a là la manifestation que l'Etat est tenu de prendre en compte la demande domaniale qui exige des garanties de plus en plus importantes sur le domaine public.

I - La garantie du crédit

Un partenaire puissant qui apparaît sur le domaine public est l'organisme finançant les ouvrages (banques, etc.), et exigeant des garanties, partenaire propre à tout marché. C'est pourquoi deux alinéas sont rajoutés à l'article A26, établissant sous certaines conditions, le remboursement de la partie des installations non encore amortie, en cas de retrait motivé par l'intérêt général. Ce texte avait pour objectif de permettre à l'occupant de rembourser les emprunts bancaires, en cas de retrait motivé par l'intérêt général. Cependant, la circulaire relative à l'application de l'article A26 du code du domaine de l'Etat[762] établit clairement que le gouvernement est tenu d'apporter un

---

[762] Du 9 août 1971, non publiée au J.O.

assouplissement au régime car l'investisseur boude l'offre domaniale, alors que ses capitaux sont indispensables : *« Il est apparu, en effet que l'absence d'indemnisation en cas de retrait qui caractérise les occupations temporaires traditionnelles du domaine public se révèle parfois préjudiciable à l'intérêt général* ***dans la mesure où elle empêche l'investissement de capitaux*** *dans des installations dont l'amortissement serait par trop aléatoire, alors que leur réalisation présenterait cependant un grand intérêt.»* Ce texte s'avéra incomplet car l'opérateur en cas de retrait percevait l'indemnité mais ne remboursait pas obligatoirement l'organisme financier.

C'est pourquoi la loi du 7 juin 1977 instaura le report de l'indemnité prévu à l'article A26 précité, au profit des créanciers ; mais l'exposé des motifs par le gouvernement traduit encore la pression du marché et la nécessité pour lui de s'adapter aux exigences du marché : *« En dépit de cette possibilité d'indemnisation,* ***les bénéficiaires d'autorisation d'occupation temporaire du domaine public rencontrent des difficultés pour obtenir des crédits bancaires en vue de financer des installations sur le domaine public.*** *En effet, conformément à l'article 2125 du Code civil,* ***le droit des créanciers privilégiés et hypothécaires inscrits sur des installations est soumis à la même précarité que l'occupation temporaire.»***

De plus, l'Etat va encore céder ici à la pression du marché et donner une garantie supplémentaire en faisant intervenir la caisse de dépôts et de consignations en cas de difficultés ou d'obstacle au paiement de l'indemnité en cas de résiliation[763].

La plupart des textes vont prendre en compte ce nouvel opérateur, créancier sur le domaine public. C'est le cas par exemple de la réglementation sur les cultures marines[764] ou celle relative aux M.I.N.[765]

---

[763] Exposé des motifs du gouvernement : *«Afin de conférer à ce remboursement toutes les garanties de droit, le règlement de l'indemnité serait, en cas de difficultés ou d'obstacle au paiement effectué par l'intermédiaire de la Caisse de Dépôts et de consignations.»*

[764] Art. 3 in fine du décret n° 83.228 du 22 mars 1983 fixant le régime de l'autorisation des exploitations de cultures marines modifié par le décret n° 87-756 du 14 mars 1987 : *«des personnalités qualifiées des organismes de crédit spécialisés peuvent être associés en tant que de besoin, sur invitation du président, à titre consultatif, aux travaux de la commission».*

[765] Art. 12 de l'ordonnance n° 67-808 du 22 sept. 1967 portant modification et codification des règles relatives aux marchés d'intérêt national prévoyait déjà le *nantissement du fonds de commerce. « Les inscriptions prises en application de la loi du 17 mars 1909 relative à la vente et au nantissement des fonds de commerce conservent de plein droit leurs effets en cas de déplacement dans l'enceinte d'un marché d'intérêt national d'un fonds de commerce atteint par les interdictions prévues à l'article 6 ci-dessus, sous réserve de l'accomplissement de la notification prévue à l'alinéa 1 de l'article 13 de ladite loi.*

De même, le texte créant le bail emphytéotique sur le domaine public établit que le droit réel et les ouvrages dont l'occupant est propriétaire *sont susceptibles d'hypothèque.*[766] La loi du 21 juillet 1994, légalisant une pratique ancienne dont nous avons précédemment parlé, admet le *créancier hypothécaire* ; de plus, apparaît le *créancier chirographaire*. Le *crédit-bail*, technique moderne, de financement des ouvrages apparaît sur le domaine public avec la loi de 1994, précitée, légalisant également une pratique existante.

Il est donc clair que l'autorité politique est tenue d'adapter le régime aux nouveaux impératifs du marché ; l'admission des créanciers en est un exemple car le marché ne peut fonctionner sans eux. L'Etat leur crée donc des conditions favorables pour qu'ils acceptent de participer au développement économique du domaine. Il abaisse le régime dans le but d'attirer le client sur le domaine public.

II - La constitution de droits réels

Le bail emphytéotique de la loi de 1988[767] (1), ainsi que les droits réels du texte de 1994[768](2) de même que l'instauration de certains éléments de la propriété commerciale des textes de 1967 et 1968[769] (3) sont encore l'illustration de la prise en compte par l'Etat des exigences de la demande.

1 - Le bail emphytéotique

Nous savons que l'arrêt *Eurolat* avait interdit la conclusion de baux emphytéotiques sur le domaine public. Le législateur infirme cette jurisprudence en instaurant la possibilité de conclure un bail emphytéotique sur le domaine public par la loi du 5 janvier 1988.

Cependant, les travaux parlementaires à l'occasion de ce texte font encore état de la pression du marché pour infléchir le droit ; le rapport fait par M. Girod au nom de la commission mixte paritaire, établit que l'impossibilité de conclure des baux emphytéotiques «*nuit à l'évidence à la rationalité de la gestion des réserves foncières constituées par les collectivités locales, puisque les moyens juridiques dont celles-ci disposaient pour en assurer la mise en*

Pour l'application de la même loi, le droit d'occupation privative d'emplacement dont dispose un commerçant établi dans l'enceinte d'un marché d'intérêt national est susceptible d'être compris dans le nantissement de son fonds de commerce.»

[766] Art 13 de la loi n° 83.13 du 5 janvier 1988, d'amélioration de la décentralisation.

[767] Précitée.

[768] Précité.

[769] Précités.

valeur, qui n'étaient déjà que fort mal adaptés à l'économie contemporaine viennent d'être encore restreints par cette jurisprudence.»[770]

2 - Un droit réel conférant les prérogatives et obligations du propriétaire

La loi du 24 juillet 1994[771] instaurant un droit réel sur les ouvrages construits sur le domaine public est encore le reflet de la pression du marché : l'Etat, partenaire au marché, offre du domaine public portuaire ; mais celui-ci a peu de demandes en raison des règles contraignantes de la domanialité ; nous reprenons ici l'intervention de M N. Sarkozy, ministre du budget et porte-parole du gouvernement pour illustrer cette situation : «*Cette protection est essentielle mais les règles actuelles, reconnaissons-le, peuvent conduire à l'inverse du but recherché : souvent elles conduisent au dépérissement du domaine par désaffectation des entreprises. En effet, le droit actuel ne leur confère aucune garantie sur leurs investissements alors qu'ils peuvent atteindre des sommes considérables. C'est le cas par exemple, - mais il y en a bien d'autres - des raffineries ou des entrepôts frigorifiques dans les ports.*

Cette situation ne peut que conduire les opérateurs à préférer s'installer ailleurs que sur le domaine.»

Dans l'exposé des motifs, il apparaît également la nécessité d'une réforme législative, résultant des rapports de force du marché : «*Les principes d'inaliénabilité et d'imprescriptibilité du domaine public interdisent notamment de conférer des droits réels au profit des occupants et de leur reconnaître la propriété privée des constructions qu'ils édifient. Il en résulte en outre des difficultés pour mobiliser les financements nécessaires.*

Dans ces conditions, certains investisseurs potentiels renoncent à s'engager dans des projets insuffisamment garantis au détriment du développement économique national, par exemple, dans le secteur des ports maritimes».[772]

L'Etat, en position de demandeur est affaibli puisqu'il a besoin de l'opérateur privé qui ne s'implante plus sur le domaine public ; la propriété privée devient concurrente du domaine public ; mais l'Etat veut restaurer la compétitivité de l'économie portuaire, qui passe impérativement par l'opérateur privé dont nous avons dit qu'il était indispensable ; on va donc *marchander* les règles domaniales afin de rendre le domaine public plus attractif. Le droit devient

---

[770] *J.O.* doc. Sénat, 7 oct. 1987, n° 26.

[771] Complétant le code du domaine de l'Etat et relative à la constitution de droits réels sur le domaine public, précitée.

[772] Assemblée nationale, projet de loi, n°1085, p. 2.

l'atout de l'Etat. C'est donc ce droit domanial qui va reculer afin de tenter de susciter la demande domaniale ; on instaure un droit réel particulier, conférant les prérogatives et obligations du propriétaire lequel est censé lever les obstacles qui empêchent l'essor du développement économique des ports. Il s'agit pour le gouvernement *«d'adapter le code du domaine de l'Etat aux besoins nouveaux afin d'assurer sa parfaite mise en valeur»*.

3 - Des éléments de la propriété commerciale

Le fonds de commerce n'est pas un droit réel à proprement parlé ; mais il est considéré comme tel en raison des droits très importants qu'il confère au preneur. Le législateur va introduire le fonds de commerce sur le domaine public, dans certains de ses éléments : l'analyse des différents textes relatifs au domaine public fait état encore de l'obligation qu'a le pouvoir politique de s'adapter à la demande du marché, en instaurant pour partie la propriété commerciale sur le domaine public. C'est le cas des textes relatifs aux marchés d'intérêt national. En effet, l'objection que soulevaient les commerçants dépossédés de leur fonds de commerce parce qu'ils étaient obligés de s'implanter sur un M.I.N. en raison de l'instauration de périmètres de protection, concernait précisément la perte de leur fonds, l'impossibilité de vendre leur entreprise librement. La réglementation va pallier cette difficulté en réintroduisant certains éléments de la législation sur le fonds de commerce sur le domaine public. Le terme *«fonds»* est utilisé, à l'occasion de l'admission de la présentation d'un successeur[773] ; de même le terme fonds de commerce est utilisé à l'occasion de l'admission du nantissement de ce fonds[774]. La réglementation sur les cultures marines semble admettre un certain «fonds» bien que ce terme ne soit pas utilisé.[775]

III - La cessibilité et la transmissibilité des titres

L'admission de la cessibilité (1) et de la transmissibilité (2) des titres sur le domaine public est encore un exemple de la nécessité qu'a l'autorité politique de s'adapter au marché. En effet, l'entreprise sur une propriété privée constitue une

---

773 Décret n° 68-659 du 10 juillet 1968, portant organisation générale des marchés d'intérêt national, *J.O.* du 10 juillet 1968, p. 6788, art. 31.

774 Art. 12 in fine de l'ordonnance n° 67.808 du 22 sept. 1967 portant modification et codification des règles relatives aux marchés d'intérêt national : «*...le droit d'occupation privative d'emplacement dont dispose un commerçant établi dans l'enceinte d'un marché d'intérêt national est susceptible d'être compris dans le nantissement de son fonds de commerce*».

775 Art. 12.3 et 12.5 du décret du 22 mars 1983, modifié.

valeur patrimoniale ; elle peut être cédée et transmise librement, ce qui n'est pas le cas sur le domaine public.

1 - La cessibilité

C'est ainsi que la réglementation sur les M.I.N. accorde un droit particulièrement fort en comparaison des droits des occupants traditionnels du domaine public puisqu'elle admet d'une part la présentation d'un successeur au fonds de commerce[776], et que par ailleurs « *le gestionnaire ne peut refuser à la personne présentée comme successeur l'autorisation de s'établir à titre privatif si cette personne a obtenu l'autorisation préfectorale portée au titre II ci-dessus et remplit les conditions prévues par le présent décret et le règlement intérieur pour exercer une activité conforme à la destination de cet emplacement.* »[777] Il y a là une triple infirmation du droit jurisprudentiel traditionnel : ces dispositions sont contraires à l'impossibilité d'avoir un fonds de commerce cessible sur le domaine public ; elles sont contraires à l'impossibilité de céder le titre d'occupation ; enfin, l'autorité est tenue d'agréer le cessionnaire, ce qui supprime le caractère personnel du titre, propre à toute occupation domaniale. Il s'agit là d'une atténuation importante à l'impossibilité de céder un bien du domaine public, traduisant la pression du marché.

La législation sur les cultures marines instaure également une atteinte à l'incessibilité en instaurant au profit de l'opérateur privé la possibilité d'établir une demande de substitution (c'est-à-dire, la présentation d'un successeur), dès lors que l'administration agrée le cessionnaire ; pour la première fois, la réglementation prend en compte ouvertement l'évaluation du prix de cession (alors que les textes sur la présentation d'un successeur sur un M.I.N. occultent cette question) : le contrat entre le concessionnaire et le tiers souhaitant bénéficier de la substitution «*comporte l'indication de l'indemnité due par le nouveau concessionnaire à l'ancien*».[778]

De plus, les modalités de calcul de cette indemnité sont spécifiées expressément : «*l'indemnité tient compte d'une part de la valeur des locaux d'exploitation, et des aménagements fonciers et hydrauliques réalisés par le concessionnaire sur le domaine public, d'autre part des améliorations de*

---

[776] Art. 31, al. 3 du décret n° 68-659 du 10 juillet 1968 portant organisation générale des marchés d'intérêt national.

[777] Décret précité, art. 31.

[778] Art. 12.3 du décret n° 83.228 du 22 mars 1983 fixant le régime de l'autorisation des exploitations de cultures marines modifié par le décret n° 87-756 du 14 mars 1987.

potentiel de production qu'il a apportées à sa concession.»[779]. Le Conseil d'Etat a admis la légalité des dispositions de ce décret[780].

La loi du 5 janvier 1988 créant le bail emphytéotique sur le domaine public admet également la cession des droits résultant du bail, avec l'agrément de l'autorité[781]. La loi du 14 juillet 1994 autorise également la cession des droits ouvrages, constructions et installations à caractère immobilier, la fusion, absorption ou scission de sociétés, pour la durée du titre restant à courir, à une personne agréée par l'autorité compétente.[782]

Le décret du 22 octobre 1991 relatif aux autorisations d'occupation temporaire concernant les zones de mouillages légers et d'équipements légers sur le domaine public maritime[783] admet également de façon indirecte la vente détournée des ouvrages en son article 16 qui stipule que «*le titulaire de l'autorisation peut, avec l'accord du préfet, confier à un tiers la gestion de tout ou partie de la zone de mouillages et d'équipements légers ainsi que de certains services connexes et la perception de redevances correspondantes. Il demeure toutefois responsable vis-à-vis de cette autorité.*» On voit donc au travers de

---

[779] Art. 12.5 du décret précité. De plus, bien qu'il ne s'agisse pas d'une cession à proprement parler, ce texte introduit une particularité qui est contraire au caractère personnel, puisqu'il élargit l'exploitation à la famille de l'occupant. Il établit que le demandeur, personne physique, s'engage à exploiter personnellement sa concession (Art. 5.2, al. 1).Mais *est réputée personnelle l'exploitation qui est faite par le concessionnaire cultivant ses coquillages avec sa famille ou qui les fait cultiver par des ouvriers conchylicoles sous sa direction et à ses frais (*Art. 5.2., al. 2 du décret précité.)Il y a encore un recul du caractère personnel par l'admission d'une codétention du titre au profit également du groupe familial élargi aux conjoints et aux ascendants et descendants ainsi qu'aux conjoints des uns et des autres (art. 5.3).Ce même texte porte encore atteinte au caractère personnel de l'occupation en organisant une exploitation provisoire par un tiers lorsque l'occupant se trouve empêché (art. 9),ou lorsqu'il il admet que les exploitants peuvent échanger entre eux des concessions de capacité productive équivalente (art. 13, al. 1).

[780] C.E., 27 avril 1987, *Berder, R.D.P.* 1988, p. 575 et s. : « *Considérant qu'en déterminant par le décret attaqué les conditions dans lesquelles la concession peut être transférée du vivant du concessionnaire ou à son décès, celles dans lesquelles elle peut être codétenue par les membres d'un même groupe familial, en réservant le bénéfice de l'autorisation d'exploitation aux seuls personnes physiques remplissant certaines conditions de capacités professionnelles ..., le Gouvernement n'a nullement entendu modifier, ni n'a effectivement modifié les règles relatives aux régimes matrimoniaux ou au droit des successions ni celles qui ont trait au régime de la propriété, des droits réels et des obligations civiles et commerciales mais s'est borné à préciser à quelles conditions seraient délivrées les autorisations d'occupation du domaine public maritime en vue de l'exploitation des cultures marines et n'est par suite, nullement intervenu, dans le domaine réservé à la loi par l'article 34 de la constitution...»*

[781] Art. 13, III, 2°.

[782] Art. L.34-2.

[783] Décret n° 91-1110, *J.O.* du 26 oct. 1991, p. 14087.

ces diverses dispositions qu'il y a un assouplissement du régime par l'Etat qui doit adapter le régime aux nécessités du marché.

2 - La transmissibilité

La transmission pour cause de mort est aussi un élément important abordée par certains textes domaniaux. La réglementation des M.I.N. par exemple admet que «*lorsque le titulaire vient à décéder, le même droit de présentation* [d'un successeur] *appartient à ses ayants droit qui peuvent en faire usage au bénéfice de l'un d'eux.*»[784]La même faculté est ouverte aux exploitants de cultures marines dont le bénéfice de l'autorisation, en cas de décès du concessionnaire, peut être transféré au conjoint survivant ainsi qu'aux héritiers en ligne directe et leurs conjoints.

La loi de 1994, précitée, prévoit également la transmission du titre d'occupation constitutif de droits réels, au profit du conjoint survivant ou des héritiers, en cas de décès du titulaire du droit réel.[785] Toutes ces dispositions législatives et réglementaires sont donc bien la preuve que l'Etat est tenu d'adapter le droit au marché s'il veut attirer l'opérateur privé ; il y a donc encore ici l'illustration d'une déstructuration, une décomposition du droit domanial par le marché.

B - Des opérations promotionnelles de la loi qui laissent intacts les intérêts de l'administration

Nous avons dit précédemment que l'Etat effectue une «opération promotionnelle» d'abaissement du régime. Mais ce qui caractérise la promotion, c'est le fait qu'elle est réalisée dans l'objectif de gain de la part de l'acteur qui la met en place. Il s'agit là d'une situation propre au marché.

Sur le domaine public, l'acteur «administration» du marché est assuré du gain grâce à la précarité de l'opérateur. L'Etat a donc intérêt à maintenir la précarité des entreprises car cette instabilité est une source de revenus. En d'autres termes, il n'est pas dans son intérêt de stabiliser la situation de l'occupant. C'est pourquoi l'instabilité de l'entreprise est omniprésente dans les réformes. Celles-ci instituent une sécurité de l'entreprise illusoire et apparente

---

[784] Art. 31 in fine du décret du 10 juillet 1968, précité.

[785] Art. L.34-2, al. 2 : *Lors du décès d'une personne physique titulaire d'un titre d'occupation constitutif de droits réels, celui-ci peut être transmis, dans les conditions prévues à l'alinéa précédent, au conjoint survivant ou aux héritiers sous réserve que le bénéficiaire, désigné par accord entre eux, soit présenté à l'agrément de l'autorité compétente dans un délai de six mois à compter du décès.*

(I). Et finalement, les textes qui semblent apparemment venir contrebalancer la rigidité jurisprudentielle, en réalité ne font que la confirmer. Au fond ils ne visent qu'à protéger l'intérêt économique du partenaire «administration» (II).

I - Des réformes instituant une sécurité illusoire et apparente de l'occupant

Apparemment, la loi ou le règlement vont apporter une stabilisation de l'entreprise ; cela se concrétise par l'utilisation de termes tels que *bail emphytéotique*[786], *droits réels*[787], *fonds de commerce*[788] sur le domaine public. Or, il n'y a ni bail emphytéotique, ni fonds de commerce ; quant au droit réel conférant les prérogatives et obligations du propriétaire, il est très loin de conférer une sécurité juridique à l'occupation.

Les textes précités constituent une confusion terminologique laissant croire à l'opérateur privé qu'il a les mêmes garanties que sur la propriété privée ou tout du moins, des garanties très proches. Il n'y a là qu'une apparence destinée à attirer l'opérateur privé sur le domaine public en lui laissant croire qu'une amélioration importante est faite en sa faveur. Mais nous savons que les droits réels des textes ne sont pas de tels droits (1), pas plus qu'il n'y a fonds de commerce (2). Mais cette apparence est une manifestation de l'infiltration du marché sur le domaine public, de ses rapports conflictuels, de nature à provoquer la demande domaniale, et occultant toujours l'intérêt économique de l'offreur.

1 - La constitution de faux droits réels

Les expressions de «bail emphytéotique» (a) ou de «droits réels» (b) des textes de 1988 et de 1994 sont de nature à établir une méprise dans l'esprit des opérateurs privés, car ils n'instaurent pas la stabilité que ceux-ci seraient en droit d'attendre précisément en raison des termes utilisés.

a - L'équivoque de l'expression de bail emphytéotique de la loi de 1988

La loi du 5 janvier 1988 instaure la possibilité de constituer un bail emphytéotique sur le domaine public, dans le but d'apporter des garanties supplémentaires à l'occupant ; ce texte intervient pour contrecarrer **apparemment** la jurisprudence *Eurolat* interdisant la constitution d'un tel contrat sur le domaine public.

---

[786] Loi du 5 janvier 1988, précitée.

[787] Loi du 25 juillet 1994, précitée.

[788] Ordonnance du 22 sept. 1967, et décret du 10 juillet 1968, précités.

Il est bien connu que, malgré le terme «bail emphytéotique» utilisé par la loi, ce texte est loin de stabiliser l'occupant, compte tenu des restrictions apportées. La doctrine s'interroge d'ailleurs rapidement sur ce droit réel d'une nature particulière ; l'ambiguïté du texte fait place à des réserves de la part des auteurs et les analyses sont contradictoires.

Mme Bosgiraud soulignait, que ce texte, pris pour résoudre les difficultés nées de l'arrêt *Eurolat,* devait être considéré apparemment comme un recul de l'impossibilité de constituer des droits réels. Mais en même temps, elle pose immédiatement la question de savoir s'il ne faut pas y voir une *consécration* législative de la jurisprudence, et non un texte qui vient la contrecarrer[789]. L'auteur soutient : « *ce bail emphytéotique de l'article 13, quand bien même le texte renvoie aux dispositions des articles L. 451-1 et suivants du Code rural, est-il réellement un bail emphytéotique ? N'en déplaise au législateur, je crois que le doute est sérieusement permis.* »[790]Ou encore : « *j'ai l'impression que ce bail emphytéotique de l'article 13 ressemble au bail emphytéotique du Code rural comme un Picasso ressemble à un Boticelli.* »[791]

M. J. Lachaud s'interroge également dans le même sens : « *S'agit-il vraiment d'un bail emphytéotique ? Le législateur en doute...* »[792]

Le point de la résiliation, très important, engendre également une confusion. Pour M. J.-B. Auby, s'agissant d'un contrat administratif, la résiliation est toujours possible[793] ; par contre, pour lui le problème qui se pose est celui de l'indemnisation.

En revanche, M. Foussard n'a pas la même analyse sur la faculté de résiliation unilatérale : *«Si l'on regarde les travaux préparatoires, il semble bien qu'il n'y ait pas de droit de résiliation unilatérale, car ce droit a été*

---

789 *C.G.E.G.* n° hors série, oct. 1991, p. 72.

790 Précité note n° 789, p. 72.

791 Précité note n° 789, p. 73.

792 «Des droits réels sur le domaine public», *Le trait d'union de l'expertise agricole foncière et forestière,* mars 1995, n° 1.

793 *«S'agissant d'un contrat administratif portant sur le domaine public, et souvent ayant aussi pour objet de service public ou lié à un service public, il ne peut pas ne pas y avoir le pouvoir pour l'administration de résilier à titre de sanction de manière unilatérale, sans intervention du juge (sous réserve du cas où ce serait à la fois un bail emphytéotique et une concession de service public : là peut-être le juge retrouverait-il son pouvoir d 'intervention). Il ne peut pas ne pas y avoir une résiliation unilatérale dans l'intérêt du service, où dans l'intérêt domanial; cette possibilité existe certainement, comme dans tous les contrats administratifs : le Conseil d'Etat a même indiqué que c'était un principe de base des contrats administratifs». C.J.E.G,* précité note n° 789, p. 72.

évoqué au cours des débats et il a été finalement écarté. Je sais bien que le droit de résiliation unilatérale est un principe général en application de la jurisprudence du Conseil d'Etat, mais principe général jurisprudentiel d'un côté, travaux préparatoires qui donnent à penser qu'on a voulu l'écarter de l'autre, là aussi cela crée des doutes dans l'esprit des collectivités locales, d'autant plus qu'il y a tout de même cet esprit général de la loi qui veut que les droits de l'emphytéote soient assez puissants, et que l'opération puisse donner confiance au banquier.»[794]

M. C. Lavialle, au contraire, considère que ce bail emphytéotique confère une très grande stabilité au preneur, puisque sa situation n'est plus soumise à la précarité, là étant l'avantage le plus substantiel apporté par l'emphytéose. Pour l'auteur, ce bail est un véritable droit réel opposable au bailleur et aux tiers, pendant la durée du bail qui peut être très longue puisqu'elle peut aller de dix-huit à quatre-vingt-dix-neuf ans,[795] l'administration n'ayant plus le droit de résiliation unilatérale propre aux occupations domaniales[796]. Pour l'éminent auteur, d'ailleurs, l'arrêt du Conseil d'Etat du 25 février 1994, *Sofap Marignan Immobilie,* admettant la résiliation du bail, est contraire à l'esprit du texte, cette décision gommant les aspects novateurs de la loi[797].

M. P. Godfrin note l'obscurité de la loi sur ce point pourtant très important de la résiliation, et les conditions restrictives de la conclusion de baux emphytéotiques. Pour lui, ces baux constituent un début de réponse à la précarité des entreprises, *«tout en suscitant des interrogations non encore résolues».*[798]

M. R. Chapus considère sur ce texte que « *si... un assouplissement important est apporté au principe d'inaliénabilité, la loi fait en sorte que le principe n'en souffre pas trop : le droit public est à l'arrière garde des opérations et la possibilité de les réaliser est étroitement encadrée».*[799]

La loi précitée admet donc le bail emphytéotique prévu à l'article L. 451-1 du code rural, sur le domaine public en faveur d'une personne privée. Cet article du code rural établit au profit du preneur un droit réel susceptible d'hypothèque,

---

[794] *Précité* note n° 789, p. 77.

[795] «L'article 13 de la loi du 5 janvier 1988 et l'évolution du droit de la domanialité publique», *C.J.E.G.*, 1988, p. 167.

[796] *Précité* note n° 795, p. 168.

[797] *Droit administratif des biens*, 4e éd. précité, p. 156.

[798] Droit administratif des biens, précité, 4ème éd. 1994, p. 138, 138 et 159. Sur la question, voir également du même auteur *Droit administratif des biens*, précité, 6ème éd. 2001, p. 156.

[799] *Droit administratif général*, précité, p. 429, n° 509.

droit qui peut être cédé et saisi ; il bénéficie d'une très longue durée. [800] Il est qualifié droit réel par le législateur, en raison de la très longue durée et des droits conférés au preneur. C'est pourquoi le législateur établit que *ce bail ne peut être valablement consenti que par ceux qui ont le droit d'aliéner, et sous les mêmes conditions, comme dans les mêmes formes*[801]. Mais le texte de 1988 est loin de conférer ces garanties à l'occupant du domaine public.

La stabilité est un des éléments du bail emphytéotique du droit civil, puisqu'il bénéficie d'une très longue durée, assortie d'ailleurs d'une faible redevance, qu'explique le fait que l'emphytéote améliore le fond. Or, s'agissant du bail emphytéotique de la loi de 1988, l'administration a clairement une faculté de résiliation unilatérale du fait de la jurisprudence *Sofap Marignan immobilier*[802]. Fidèle à sa logique, le Conseil d'Etat fait une interprétation défavorable à l'opérateur privé. Dans cette affaire, un contrat qualifié de bail emphytéotique d'une durée de 65 ans avait été passé entre une commune et une SCI qui devait édifier des constructions sur un bien appartenant au domaine public ; des riverains attaquent la délibération autorisant ce bail et contestent notamment la qualification du bail en invoquant que celui-ci prévoyait une possibilité de résiliation unilatérale par l'administration, clause qu'ils considéraient être incompatible avec le bail emphytéotique du code rural.

Le tribunal administratif donne raison aux requérants. Or le Conseil d'Etat juge en sens contraire et décide que « *si, contrairement aux dispositions de l'article L 451-5 du code rural, le bailleur a en l'espèce le droit de résilier unilatéralement la convention dans certaines hypothèses, une telle stipulation, exorbitante du droit commun, peut être insérée dans un bail souscrit en application des dispositions précitées de l'article 13 de la loi du 5 janvier 1988, sans que le contrat ainsi passé perde sa qualité de bail emphytéotique* ».

La première remarque qui s'impose donc c'est que le bail emphytéotique de la loi de 1988 qui originairement avait été conçu pour stabiliser l'occupant, est finalement un bail précaire. Il faut remarquer que la Cour de Cassation avait jugé contrairement en décidant que la présence d'une clause de révocation unilatérale conférait un caractère précaire au bail, incompatible avec le bail emphytéotique[803].

[800] «*Le bail emphytéotique de biens immeubles confère au preneur un droit réel susceptible d'hypothèque; le droit peut être cédé et saisi dans les formes prescrites par la saisie immobilière. Ce bail doit être consenti pour plus de dix-huit années et ne peut dépasser quatre-vingt-dix-neuf ans; il ne peut se prolonger par tacite reconduction*» (Art. L. 451-1 du code rural).

[801] Art. L. 451-2, al. 1, du code rural.

[802] Sect., 25 fév. 1994, *A.J.D.A.*, 20 juillet 1994, p. 550, note Hugues Périnet-Marquet.

[803] Cass. civ. 15 mai 1991, *Bull. cass.* III, n° 140; *D.* 1991, som. p. 304, obs. Robert.

Le problème qui se pose alors évidemment est celui de l'indemnisation et surtout du montant de l'indemnisation, lequel s'il est dérisoire, vide de son sens le droit réel conféré sur le domaine public. M. J.-B. Auby soutenait sur ce point : «*Je crois qu'une question importante qui se pose ici sera celle de l'indemnisation. Indemnisera-t-on ? Vraisemblablement. Qu'indemnisera-t-on ? Ce qui a été perdu, mais indemnisera-t-on aussi le manque à gagner du preneur qui, souvent, aura créé sur la base du bail emphytéotique une activité lucrative.*»[804] L'indemnisation en cas de résiliation du bail emphytéotique n'est pas abordée par la loi ; par ailleurs, nous avons longuement développé ce point et nous avons établi toutes les difficultés qui nous sont apparues sur la résiliation du contrat administratif sur le domaine public. Ne doit-on pas imaginer qu'en cas de résiliation la collectivité ne devra rembourser que le montant des sommes restant dues à l'organisme financier, ce qui reviendrait tout simplement à faire une application de l'article A26 du code du domaine de l'Etat ?

Il faut remarquer que c'est ce que prévoit le texte en cas de mesures d'exécution, de mesures conservatoires, par le créancier hypothécaire : l'administration peut, soit agréer le tiers proposé par l'organisme financier, soit résilier le bail, en se substituant au preneur dans la charge des emprunts : « *Seuls les créanciers hypothécaires peuvent exercer des mesures conservatoires ou des mesures d'exécution sur les droits immobiliers résultant du bail. La collectivité territoriale a la faculté de se substituer au preneur dans les charges des emprunts en résiliant ou en modifiant le bail et, le cas échéant, les conventions non détachables. Elle peut également autoriser la cession conformément aux dispositions du 1° ci-dessus.*»[805]

Une deuxième restriction qui apparaît dans le bail de la loi de 1988 est le fait que la cession du bail est soumise à autorisation administrative ; certes, il est cessible dès lors que l'autorité agrée le cessionnaire ; mais en même temps l'agrément de l'autorité introduit une limitation considérable, ce qui va à l'encontre du bail emphytéotique du code rural[806]. En effet, la Cour de cassation avait établi que la libre disposition du bail emphytéotique est *un caractère essentiel* de celui-ci ; ne constitue pas un bail emphytéotique, le contrat qui soumet à autorisation du propriétaire le fait de sous-louer [807] ; dans le même

[804] Colloque «*Domaine public et activités économiques* », précité, p. 72.

[805] Art. 13, III, 3° in fine.

[806] P. Godfrin note d'ailleurs dans ce sens que la nécessité d'une autorisation administrative « *risque de rendre très difficile certaines reprise .» Droit administratif des biens*, précité, 4e éd. p. 139.

[807] Cass. civ., 6 mars 1861, *D. P.* 61.I. 418: « *Attendu que la longue durée et l'obligation imposée*

sens, la Cour de cassation décide également que l'emphytéose transmet un droit réel sur le fonds qui permet d'en disposer de manière pratiquement absolue[808] ; ou encore elle décide que «*l'emphytéose se manifeste par les caractères suivants : la longue durée de la jouissance ; le droit de disposer, d'une manière presqu'absolue, de l'immeuble concédé ; la modicité de la redevance convenue, et l'obligation pour l'emphytéote de supporter la dépense que peuvent entraîner les améliorations qui ont été prévues* ;»[809]. De plus, le bail emphytéotique de la loi de 1988, contrairement à celui du code rural ne peut être librement hypothéqué.[810]

Le bail de la loi de 1986 diffère profondément, dans des éléments fondamentaux, du bail rural, dont pourtant il s'inspire et auquel il fait référence : la stabilité, la libre cessibilité et l'hypothèque. On peut donc s'interroger sur la nécessité même d'appeler «bail emphytéotique» un acte qui est singulièrement vidé de sa substance, et qui en conséquence, n'est pas un tel bail emphytéotique.[811]

Ce texte devait apporter une amélioration de la situation de l'occupant ; l'analyse prouve que l'on est encore loin de la sécurité juridique escomptée ; le peu de succès qu'il a eu auprès des opérateurs privés prouve son inadaptation[812].

b - L'équivoque de l'expression de droit réel de la loi de 1994

La loi de 1994 va développer une ambiguïté encore plus importante, *la vision superficielle et médiatique*[813] étant celle de présenter ce texte comme

---

au preneur d'élever des constructions sur la chose louée et d'y faire à ses frais, des améliorations qui, à l'expiration du temps fixé, reviendront au bailleur sans indemnité, ne suffisent pas pour le distinguer du bail ordinaire, qui n'exclut pas des stipulations de cette nature; que le bail emphytéotique a sa nature, et produit des effets qui lui sont propres; à la différence du bail ordinaire, il opère un démembrement de la propriété entre le bailleur et le preneur, et transmet à celui-ci le droit réel , susceptible comme la propriété elle-même , d'être aliéné, vendu hypothéqué ou autrement aliéné, sous la seule réserve des droits du bailleur ; attendu que ce droit de libre disposition constitue l'un des caractères essentiels de l'emphytéose».

808 Cass. civ. 11 nov. 1861, *D.P.* 61. I. 445.

809 Cass. civ. 24 août 1857, *D. P.* 57. I. 326.

810 Art. 13, III, 2° de la loi précitée : *Le droit réel conféré au titulaire du bail de même que les ouvrages dont il est propriétaire sont susceptibles d'hypothèque uniquement pour la garantie des emprunts contractés par le preneur en vue de financer la réalisation ou l'amélioration des ouvrages situés sur le bien loué.*

811 Voir dans ce sens l'analyse faite par Mme Bosgiraud, *C.J.E.G.* précité note n° 789, p. 72 ; voir également J. Lachaud, *Le trait d'union de l'expertise agricole foncière immobilière et forestière*, précité, p. 19.

812 Certains auteurs signalent le recours très limité à ce type de contrat. Voir par exemple, M. Querrien, dans son article précité ou encore M. Foussard, *C.J.E.G.*, précité, p. 75.

instaurant la possibilité d'aliéner le domaine public. Ce texte va provoquer une levée de boucliers de l'opposition, qui y voit une atteinte à l'inaliénabilité, ce qui a valu un recours auprès du Conseil constitutionnel. Mais, malgré l'apparence, les dispositions de la loi n'apportent pas de réelles sécurités à l'entreprise. Globalement, il ne ressort pas de cette réforme de garanties nouvelles et importantes de stabilité pour l'occupant. Les discussions parlementaires le confirment ; le porte-parole du gouvernement affirmait d'ailleurs que cette réforme en appelait d'autres. A l'instar du bail emphytéotique, le terme droit réel, *conférant les prérogatives et obligations du propriétaire*, prête à confusion car il donne une impression de stabilité, qu'il n'a pas réellement.

Certains auteurs s'interrogent sur les droits conférés ; le caractère ambigu de ceux-ci soulève des interrogations[814]. MM. A. Fournier et H. Jacquot considèrent que si cette loi est encore insuffisante, elle est toutefois le premier pas vers une modernisation du régime de la domanialité publique.[815]

Ce droit réel, conférant les prérogatives et les obligations du propriétaire, n'a pas d'équivalent en droit privé. Qualifié de «monstre juridique»[816] lors des débats parlementaires, le rapporteur affirmait d'une part qu'il y avait là un quasi-droit de propriété et plus loin il tenait les propos suivants : *quelle est la nature exacte de ce droit réel ? Cela occupera quelques colloques de juristes*[817]. M. C. Lavialle remarque que la loi confère des prérogatives et obligations et non des droits, le texte voulant établir des catégories autres que celles du Code civil[818].

Nous ne ferons ici que rappeler ce que nous avons déjà dit sur l'instabilité de l'occupation ; c'est une propriété limitée ; l'occupant ne peut exercer n'importe quelle activité ; il ne peut ni céder ni transmettre librement les droits, ouvrages, constructions et installations à caractère immobilier ; de même il ne peut les

---

[813] J. Lachaud, précité, p. 20.

[814] E. Fatôme et P. Terneyre, *La loi du 25 juillet 1994 : observations complémentaires, A.J.D.A.*, 1994, p. 780: «*...doit-on estimer que le droit réel sur l'ouvrage est affecté par la nature particulière du droit d'occupation... et que de ce fait, il constitue lui-même «seulement» un droit réel administratif? Ou est-il plus fort que ce dernier et constitue-t-il un presque droit réel administratif? La réponse à cette question est extrêmement délicate...* «

[815] *« si elle est loin de résoudre tous les problèmes posés par l'exploitation économique du domaine public, elle n'en constitue pas moins la modernisation du régime des propriétés publiques» .A.J.D.A.* 1994, p. 759.

[816] *J.O.* doc. A.N., 16 mai 1994, p. 1716.

[817] *J.O.* doc. A.N, 16 mai 1994, p. 1714 et 1716.

[818] *Droit administratif des biens*, précité, p. 149.

hypothéquer que pour garantir les emprunts contractés pour la réalisation de ses édifications sur le domaine public[819]. La durée maximum du droit réel est de 70 ans, mais elle peut être inférieure, en fonction de l'activité, de l'importance des investissements.

Le droit réel continue d'être dominé par la précarité puisque l'administration peut toujours le résilier pour motif d'intérêt général. Certes, le texte prévoit que dans ce cas le titulaire est indemnisé du préjudice direct, matériel et certain, né de l'éviction anticipée. Mais le législateur n'a pas défini clairement ce point et nous avons établi précédemment toutes les incertitudes qui subsistent sur cette question ; par ailleurs, nous avons soulevé antérieurement tous les problèmes qui peuvent naître, liés à l'indemnisation en cas de résiliation du contrat sur le domaine publique.

Nous voyons donc que le droit réel conférant les prérogatives et obligations du propriétaire de la loi de 1994 ne lui donne pas la stabilité que l'on pourrait attendre. Toutefois, ce texte a un mérite : il légalise pour le futur une pratique existant de longue date.

2 - La constitution d'un faux fonds de commerce

Nous avons longuement parlé de la question du fonds de commerce sur le domaine public ; nous n'y reviendrons donc pas. Par contre, il faut remarquer que la réglementation relative aux M.I.N. emploie le terme «fonds de commerce». Une des particularités du fonds de commerce c'est le droit au renouvellement bien connu. Or, l'occupant d'un M.I.N. n'a jamais un droit au renouvellement, conformément au droit domanial. Ce qui revient à dire qu'il n'a pas de fonds de commerce, malgré l'emploi de ce terme.

II - Des réformes protégeant les intérêts économiques de l'administration

D'une façon générale, chaque fois qu'il y a un texte intéressant l'occupant domanial, la doctrine fait l'analyse de la nouvelle situation de celui-ci et des avantages (ou de l'absence de réels avantages) pour l'opérateur privé. Mais elle n'aborde pas les textes à partir d'une autre approche : celle de l'avantage que représentent pour l'administration les nouveaux textes ; c'est ce que nous allons faire ici.

En réalité, l'instabilité de l'occupant, l'obscurité des réformes et l'ambiguïté terminologique, occultent que l'intérêt économique de la collectivité est

---

[819] Art. L. 34-2.

omniprésent. Car finalement, les différents textes, censés apporter une atténuation à l'instabilité, au fond ne font que reprendre et conforter les dispositions jurisprudentielles très restrictives à l'encontre de l'occupant. Nous verrons l'omniprésence de l'intérêt de l'administration dans les réformes (1). En fin de compte celui qui est le plus favorisé dans les changements opérés par le texte est très certainement l'organisme financier, mais dans une optique de protection de l'intérêt de l'administration (2).

1 - L'omniprésence des intérêts de l'administration

L'aspect très technique des textes (lois de 1986, de 1994), ainsi que l'ambiguïté de leur rédaction, occultent la réalité des aménagements : l'omniprésence des intérêts de l'administration. Ainsi par exemple, l'indemnisation de la résiliation n'est pas clairement établie dans l'un et l'autre texte, avec le fort risque qu'elle soit dérisoire.

Quant au non-renouvellement de l'acte constitutif de droits réels de la loi de 1994, il ne comporte pas le paiement d'une indemnité. Il n'y a là qu'une confirmation de la jurisprudence, très restrictive à l'encontre de l'entreprise.

Au terme de la durée du titre, l'administration devient propriétaire **gratuitement** des constructions ; la loi de 1994 le stipule expressément, et elle se situe en cela dans la continuité de la jurisprudence.[820] La même situation apparaît avec le bail emphytéotique de la loi de 1988 précitée, dont les constructions ont vocation à devenir un jour propriété de l'administration. En réalité, l'occupant domanial, tôt ou tard est appelé à être dépossédé de ses réalisations.

Mais ici, l'administration aura un double avantage économique. Il s'agit de la face économique du non-renouvellement. Le premier avantage pour l'administration est qu'elle n'a pas à indemniser l'occupant des constructions dont elle acquiert la propriété. Le deuxième avantage c'est qu'elle va pouvoir relouer ces constructions en tenant compte, dans le calcul de la redevance, *de tous les avantages procurés par le domaine public,* en application de la jurisprudence.

Vont entrer dans ces avantages, les constructions dont elle est devenue propriétaire. Nouvellement propriétaire d'édifications, l'autorité pourra exiger une redevance qui tiendra compte de ces constructions, comme si c'était l'administration elle-même qui les avait édifiées, puisqu'à la fin du titre elle en acquiert la propriété ; il s'agit là d'un aspect du non-renouvellement dont on ne

[820] Art. l. 34-3, al. 2.

fait pas tellement état. Les textes, dans cet aspect, ne font que confirmer encore une fois la jurisprudence du Conseil d'Etat.

L'occupant qui a édifié les constructions se verra alors pénalisé par ses propres édifications par une augmentation substantielle de la redevance si c'est lui-même qui reprend l'entreprise ; ou encore, il se verra évincé par un tiers, prêt à payer une redevance plus élevée sur la base d'édifications faites par lui. En réalité, grâce au régime domanial, le patrimoine de l'autorité se trouve augmenté gratuitement ce qui aura donc une double incidence financière : au niveau de la gratuité de l'acquisition, et au niveau de la redevance qui pourra alors être substantiellement augmentée. Les textes ici encore ne sont que la confirmation de la jurisprudence, malgré l'affirmation contraire. L'Etat prend au profit de l'administration des dispositions lui conférant des pouvoirs exceptionnels en matière économique, qu'un propriétaire ne pourrait jamais avoir.

S'agissant par ailleurs du fonds de commerce institué par la réglementation sur les M.I.N., il n'instaure pas de droit au renouvellement ; en conséquence, s'il n'y a pas de droit au renouvellement, il ne peut non plus y avoir de droit à indemnisation en cas de non-renouvellement. En réalité, le pouvoir politique ne retient dans le fonds de commerce que les éléments qui n'ont aucune incidence financière à l'encontre de l'autorité gestionnaire (cessibilité, transmissibilité) ; en revanche il exclut le fonds de commerce dans tout ce qu'il peut avoir de pénalisant économiquement pour elle. Une remarque identique doit être faite au sujet de la réglementation sur les cultures marines qui semble admettre d'une certaine façon un fonds ; mais le gouvernement n'a jamais entendu prendre en charge les conséquences financières de l'absence de renouvellement ; seules sont admises la cession et la transmission du «fonds», opérations qui n'ont aucune incidence financière pour l'administration. Il y a là encore une fois confirmation de la jurisprudence restrictive à l'encontre de l'entreprise.

2 - La protection de l'organisme financier, dans l'intérêt de l'administration

Lorsque les différents textes à caractère économique font progressivement leur apparition, c'est l'occupant domanial qui est la vedette médiatisée de la *politique spectacle*[821]. A l'occasion des différentes réformes législatives et réglementaires, l'amélioration apportée à la situation de l'occupant occupe la place centrale. Mais cela occulte la réalité des transformations du droit : outre l'administration, c'est surtout l'organisme financier qui va bénéficier d'une sécurité juridique de plus en plus importante, dans l'ensemble des réformes, par

[821] J.-P. Henry, *précité*.

rapport à son objectif, celui d'être assuré du remboursement des prêts. En réalité, dans les différentes réformes pour améliorer la situation de l'occupant, ce n'est pas réellement ce dernier qui est avantagé -contrairement à ce qui est avancé- mais c'est essentiellement le créancier qui participe à la réalisation des constructions. Au fil des réformes, c'est lui qui aura de plus en plus de sécurité. Pourtant, l'organisme financier passe au deuxième plan. Psychologiquement, il n'a qu'un rôle secondaire, celui de participer à l'investissement de l'opérateur, figure principale apparente du domaine public.

En effet, si l'administration devient propriétaire gratuitement des constructions édifiées par l'occupant, elle aura intérêt à favoriser les organismes de crédit intervenant aux financements des édifications du domaine public. La loi de 1994, ainsi que la plupart des textes à caractère économique sur le domaine public, sont le reflet de cette volonté. En effet, l'analyse de ceux-ci fait état de deux caractéristiques : l'accroissement de leur sécurité (a), et la multiplication du nombre d'organismes finançant les édifications sur le domaine public (b).

a - L'accroissement de la sécurité des organismes financiers

Est significatif à cet égard qu'un des premiers textes à caractère économique sur le domaine public- l'article A26- favorise le créancier participant à la construction sur le domaine public. L'esprit du texte était qu'en cas de retrait du titre motivé par l'intérêt général, l'occupant évincé puisse rembourser les emprunts restant dus. C'est parce que ce texte s'avéra insuffisant que la loi de 1977[822] instaura au profit des créanciers un droit direct sur l'indemnité due par l'administration à l'occupant. Afin de sécuriser davantage les créanciers, ce même texte faisait intervenir la Caisse de dépôts et de consignation en cas de difficultés.

S'agissant de la loi du 5 janvier 1988 instituant un bail emphytéotique, nous avons vu que l'occupant continue d'être soumis à la précarité. En revanche, ce sont les créanciers qui sont avantagés, puisque le bail emphytéotique peut être hypothéqué ; si la collectivité résilie le bail, elle doit se substituer au preneur dans la charge des emprunts, ce qui constitue une garantie efficace pour l'organisme financier ; ce créancier est d'ailleurs particulièrement avantagé puisqu'il ne peut entrer en concurrence avec d'autres créanciers : seul celui dont le contrat a été approuvé par l'autorité peut hypothéquer les édifications, sous peine de nullité et seul le créancier hypothécaire peut exercer des mesures conservatoires ou des mesures d'exécution sur les droits immobiliers résultant

[822] Art. 35 de la loi n° 77-574 du 7 juin 1977 portant diverses dispositions d'ordre économique et financier.

du bail. L'institution du bail emphytéotique profite donc essentiellement à l'organisme qui finance les ouvrages. M. P. Godfrin note d'ailleurs que « ... *l'intérêt majeur de ce type de contrat* » est précisément la possibilité d'instituer une hypothèque[823].

Une restriction toutefois existe dans ces dispositions, à l'encontre de l'organisme hypothécaire : la collectivité, en cas de vente aux enchères doit agréer le nouvel adjudicataire, ce qui évidemment restreint le droit du créancier, au profit de l'administration.

La loi de 1994 va, de même, apporter son soutien aux organismes financiers ; le nouveau droit réel profite surtout à ceux-ci. Comme pour le bail emphytéotique, «*les droits, ouvrages, constructions et installations ne peuvent être hypothéqués que pour garantir les emprunts contractés par le titulaire de l'autorisation en vue de financer la réalisation, la modification ou l'extension des ouvrages, constructions et installations de caractère immobilier situés sur la dépendance domaniale occupée*»[824]. L'occupant ne peut donc donner en garantie son droit réel sur le domaine public, pour un emprunt autre que celui consenti pour la réalisation des constructions sur le domaine public. Cela limite donc le nombre de créanciers pouvant intervenir sur un même bien, ce qui est un avantage pour ceux-ci.

Par rapport à la loi de 1988 instituant un bail emphytéotique, un pas supplémentaire est fait dans l'allégement de la procédure puisque l'autorisation de l'administration du contrat d'hypothèque n'est plus nécessaire, ce qui facilite la construction.

Une sécurité supplémentaire est introduite par la loi au profit des créanciers et résulte également d'une légalisation de la pratique administrative : en cas de retrait motivé par l'inexécution des clauses et conditions de l'autorisation, les créanciers inscrits sont informés par l'autorité de son intention de retrait, afin que les organismes financiers puissent prendre toutes mesures utiles et notamment présenter un tiers se substituant au permissionnaire défaillant, et cela dans un délai de deux mois au moins avant la notification du retrait.[825] Enfin, en cas de retrait motivé par l'intérêt général, les droits des créanciers régulièrement inscrits à la date du retrait anticipé sont reportés sur cette indemnité.[826]

---

[823] *Droit administratif des biens*, précité, 4ème éd. p. 139.

[824] Art. L.34-2, al. 2.

[825] Art.L. 34-3, al. 4.

[826] Art. L 34-3, al. 3, in fine.

Une restriction est imposée toutefois à l'organisme financier, comme pour le bail emphytéotique : en cas de réalisation de la sûreté, le cessionnaire doit obtenir l'agrément de l'autorité[827], qui continue donc d'exercer un contrôle sur le nouvel occupant.

Le but d'un créancier c'est d'être assuré du remboursement des fonds prêtés ; malgré quelques restrictions qui demeurent encore, les différents textes intervenus en la matière apportent des garanties de plus en plus importantes dans le cadre de cet objectif.

b - L'élargissement du nombre d'intervenants financiers

Les textes augmentent le nombre des créanciers pouvant intervenir sur le domaine public, ce qui va faciliter les investissements, auxquels nous savons que l'autorité est intéressée au premier chef. Ainsi les créanciers chirographaires sont admis par la loi de 1994. Seuls *«ceux dont la créance est née de l'exécution des travaux mentionnés à l'alinéa précédent ne peuvent pratiquer des mesures conservatoires ou des mesures d'exécution forcée sur les droits et biens mentionnés au présent article»*[828]. Cela revient encore une fois à supprimer les créanciers chirographaires autres que ceux dont la créance ne serait pas née de l'exécution des travaux, ce qui limite la concurrence des créanciers sur le même bien et constitue un avantage pour la garantie.

Une possibilité supplémentaire de financer les ouvrages est introduite par la faculté de recourir au crédit-bail sur le domaine public, introduite par la loi de 1994[829]. Elle résulte également de la légalisation d'une pratique administrative.

Quelques restrictions sont toutefois apportées à cette possibilité ; c'est le cas lorsqu'il s'agit de financer des constructions affectées à un service public et aménagées à cet effet ou affectées directement à l'usage du public, ainsi que pour des travaux exécutés pour une personne publique dans un but d'intérêt général[830] ; l'agrément de l'Etat est nécessaire lorsque *«la conclusion des contrats de crédit-bail au bénéfice d'organismes dans lesquels l'Etat ou l'établissement public gestionnaire du domaine détient, directement ou*

---

[827] Art. L. 34-2.

[828] Art. L.34-2, al. 3.

[829] Art. L. 34-8.- «*La réalisation des ouvrages, constructions et installations dans le cadre d'autorisations et conventions prévues par les articles L. 34-1 et L. 34-5 peut donner lieu à la passation, par les occupants mentionnés à ces deux articles, de contrats de crédit-bail, dans lesquels les droits du crédit-bailleur ne peuvent excéder ceux qui sont attribués par les dispositions de la présente section au titulaire de l'autorisation ou de la convention*».

[830] Art. L. 34-8, al. 2

indirectement, un pouvoir de décision ou de gestion en raison d'une participation ou d'un concours financier...

Cet agrément peut être refusé si l'opération sa traduit par un accroissement des charges ou une diminution des ressources de l'Etat. Les modalités de cet agrément sont précisées par décret en Conseil d'Etat.»[831]

Indéniablement, l'organisme financier est le plus avantagé dans les différentes réformes, bien que cet aspect de la question ne soit jamais présenté de cette façon. Mais, force est de constater que l'intérêt de l'administration est omniprésent puisqu'elle deviendra un jour propriétaire des édifications.

---

[831] Art. L 34-8, al. 3 et 4. *Dans les autres cas que ceux mentionnés aux deux alinéas précédents, la conclusion de contrats de crédit-bail n'est pas soumise à agrément.* (al. 5).

CONCLUSION DU TITRE

Nous avons voulu établir dans ce titre I qu'en dépit du caractère «hors commerce» conféré par la règle de l'inaliénabilité, le domaine public n'échappe pas, en tant qu'espace, aux lois du marché, aux lois de l'offre et de la demande, l'administration étant un simple partenaire dans le marché. Le domaine devient un produit, une marchandise. Mais, de plus, le domaine public étant soumis à des règles contraignantes, dont l'inaliénabilité, c'est le régime lui-même qui devient le jouet du marché, qui devient à son tour une marchandise monnayable.

Quels que soient les gouvernements en place -de gauche ou de droite- le domaine public se transforme en un espace foncier, géré dans un esprit spéculatif, voire capitaliste, avec de plus en plus l'emploi des techniques de la finance moderne[832]. Ce type de gestion a forcément une incidence sur le régime même, dont l'analyse approfondie fait ressortir qu'en fin de compte il est un colosse aux pieds d'argile qui s'effondre face à la pression économique. En effet, il est illusoire d'imaginer que le domaine public et son droit, dominés par l'inaliénabilité peuvent résister à la force de la finance.

La soumission du domaine public et de son droit, aux lois du marché, ne fait que suivre une évolution du droit public, dont nous avons déjà dit qu'elle a été signalée par certains auteurs. La soumission du domaine public et de son droit, n'est pas un phénomène propre à cette matière ; elle s'inscrit dans une ligne plus générale, et elle n'est que l'illustration d'un phénomène que l'on retrouve au niveau de tout le droit administratif : celui de l'assujettissement du droit à l'économie.

L'évolution du droit domanial, jurisprudentiel, législatif, réglementaire dans beaucoup de cas n'est que le résultat des rapports de force du marché. Ceci ne peut qu'engendrer de nouveaux problèmes. En effet, le régime du domaine public d'une façon idéale, théorique, n'est justifié que par l'intérêt général, le service public. Or, le marché relève d'une logique opposée ; le marché s'oppose au domaine public.

---

[832] Par exemple, des groupes internationaux ayant des filiales françaises construisent et exploitent une activité sur le domaine public, laquelle à son tour fait l'objet d'un montage juridique faisant intervenir un groupe de sociétés. Voir sur cette question la revue *Entreprises*, précitée.

TITRE II

LE MARCHE CONTRE LE DOMAINE PUBLIC

Il est évident que la situation décrite précédemment, -le domaine en tant qu'espace soumis au marché ainsi que son droit- constitue une dérive du droit domanial. Il y a éclatement des règles par le marché, lequel opère une altération des objectifs auxquels répondait la création de ce régime originairement.

Mais ici se pose alors une question : cette dérive est-elle finalement satisfaisante ou non ? Doit-on y voir une déviance contestable du droit ? Ou doit-on considérer au contraire qu'il y a là une évolution favorable et nécessaire du droit administratif, qui sait s'adapter avec souplesse aux nouvelles conditions économiques de la société ? Cette situation doit-elle être condamnée ou bien inversement doit-elle être admise comme une avancée considérable du droit ?

Est-ce bien grave que, par exemple le principe d'inaliénabilité soit totalement écarté par le droit ou la pratique, dès lors que cela correspond à des nécessités de société ? N'affirme-t-on pas que c'est la multiplication des contournements du droit qui prouve l'inadaptation de la règle et par-delà la nécessité de la faire évoluer ? N'affirme-t-on pas également qu'il faut adapter le régime domanial aux nécessités économiques de notre époque ? sans quoi le droit pourrait apparaître comme étant contraire au développement économique ; le blocage économique du fait d'un droit devenu inadapté pourrait être perçu comme une situation aberrante.

Il est certain qu'aujourd'hui le domaine public a glissé insensiblement vers les mécanismes du marché. Mais en fin de compte, la loi du marché ou l'économie de marché, n'apparaît-elle pas comme étant la panacée, le remède miracle ou comme étant le système qui a fait ses preuves face à un autre dont l'effondrement est la marque de son inaptitude ?

Un constat s'impose en tout cas : c'est que cette situation n'est pas nouvelle ; car toute l'histoire de la domanialité peut se résumer par la difficulté d'exclure certains biens du «commerce» ordinaire, du fait de l'attraction de la patrimonialité et du marché. Il ressort de l'analyse globale de la domanialité depuis sa création que le domaine a toujours été soumis au mythe de Sisyphe ou perpétuelle tentation de patrimonialité (Chapitre I) ; mais nous verrons que finalement la patrimonialité aujourd'hui a des effets dévastateurs. (Chapitre II).

CHAPITRE I

L'ETERNELLE TENTATION DE PATRIMONIALITE

L'analyse de l'histoire est de nature à apporter des éclaircissements importants sur les institutions actuelles ; c'est en tout cas un point de passage obligé pour une matière tellement ancienne comme le domaine public. Une rapide analyse du régime domanial donne l'idée d'une évolution, évolution qui peut être considérée comme positive, puisque la fonction théorique du domaine actuel est celle de préserver l'affectation, l'intérêt général. Or, plus qu'une évolution, une observation plus approfondie nous révèle en réalité un éternel recommencement, un mouvement de retour en arrière qui se répète ou plus exactement le péché dans lequel on retombe continuellement par une éternelle tentation à laquelle on ne résiste pas : celle de la patrimonialité.

Différents constats s'imposent ici :

1)D'abord, la consistance du domaine, en tant qu'espace, est soumise à de véritables cycles. Initialement le domaine royal est de dimensions réduites ; puis, progressivement, il acquiert des dimensions très importantes : à la fin de l'Ancien Régime, il coïncide avec les limites du royaume et s'étend à tout type de droits. C'est la fin d'un cycle. Le début du deuxième cycle a comme point de départ la période révolutionnaire qui opère brutalement un rétrécissement très important du domaine public. Puis, au XIXe siècle, il est encore de dimensions très réduites. Au XXe siècle, à nouveau il reprend une ampleur considérable. Certes il n'a plus l'ampleur acquise sous l'Ancien Régime ; mais il faut constater qu'il a la particularité d'englober des biens très significatifs économiquement, et parfois sans équivalent sur la propriété privée.

2) Ensuite, l'observation indique que la conception patrimoniale sous-tend la variation des dimensions du domaine ; en effet, c'est parce qu'il est productif de revenus que le Roi agrandit de plus en plus son domaine ; c'est parce qu'il est insuffisamment productif pour la Nation, que les révolutionnaires le remettent dans le commerce. Au XXe siècle, certains auteurs soutiennent que c'est parce que le domaine est de plus en plus étendu, qu'il doit être productif. Pour notre part, nous affirmons au contraire que c'est parce qu'il est productif que l'on étend de plus en plus le domaine.

3) Chaque fois que le domaine s'étend démesurément, une contestation s'élève, et débouche sur une remise en cause profonde du régime. Ainsi, les révolutionnaires critiquent l'extension très importante des biens du domaine de la Couronne, l'inefficacité de la règle de l'inaliénabilité puisque celle-ci n'empêche pas la vente du domaine ; enfin, ils contestent le fait que ces biens soient d'une certaine façon gelés et ne donnent pas toute la rentabilité possible.

Aujourd'hui, nous sommes au stade de l'extension très importante du domaine, soulevant la critique d'une partie de la doctrine, de certains gestionnaires et opérateurs privés. En même temps, un malaise, une contestation s'élèvent ; les affirmations selon lesquelles le régime n'est pas à même de protéger certains espaces du domaine public - notamment le domaine public naturel- se sont multipliées. D'autre part, le régime apparaît comme étant de nature à empêcher la rentabilité de certains biens du domaine public, comme par exemple les espaces portuaires.

Au cours des différentes périodes qui vont marquer une évolution au sein du domaine public, la légitimité du fondement du domaine va se transformer, en fonction de l'époque. En revanche, la dérive patrimoniale rapidement refait surface et sera pratiquement une constante. Nous verrons en effet que les conceptions dogmatiques historiques dérivent rapidement (Section I), de même que les conceptions dogmatiques modernes (Section II).

SECTION I

LES DERIVES DES CONCEPTIONS DOGMATIQUES HISTORIQUES

Deux périodes historiques s'opposent : l'Ancien Régime et la période révolutionnaire. Avec la Révolution, une mutation profonde s'opère au sein de la société et dans les mentalités ; de nouveaux dogmes apparaissent. Ceci a forcément des conséquences sur la notion de domaine.

La théorie du domaine de la Couronne trouve son fondement dans la protection de l'unité du royaume, mais elle dérive rapidement vers une conception utilitaire (A). Avec la Révolution, et contrairement à ce qu'affirme la majorité de la doctrine, l'inaliénabilité ne disparaît pas ; au contraire, elle survit pour consolider les nouveaux dogmes révolutionnaires : le pouvoir souverain de la Nation. Le domaine de la Couronne devient le domaine de la Nation, dont la protection dépend précisément de la volonté de la Nation ; mais rapidement, cette volonté soumet le domaine au commerce (B).

§ 1 - DE LA PROTECTION DE L'UNITE DU ROYAUME A LA PROTECTION DES FINANCES ROYALES

La théorie originaire du domaine a un fondement dogmatique, altruiste et désintéressé : la protection de l'unité du royaume (A). Mais rapidement, cette théorie est utilisée dans un objectif matérialiste de profit, et une conception pragmatique du domaine s'instaure définitivement, celle de la protection des finances royales (B).

A - La protection de l'unité du royaume

Sur le plan factuel, grâce à l'extension du domaine, le roi va pouvoir réaliser progressivement l'unité du royaume ; la conception du domaine, opérant la protection de l'intégrité du royaume, va se mettre progressivement en place pour finir par être affirmée en tant que dogme et consacrée par les textes. Nous verrons donc la genèse du dogme de l'inaliénabilité du domaine (I), puis la consécration de ce dogme par les textes (II).

I - La genèse du dogme de l'inaliénabilité du domaine de la Couronne

A l'origine de la dynastie capétienne, le royaume est divisé en principats - les seigneuries - au sein desquelles l'autorité est dispersée et qui sont soumises à l'autorité d'un seigneur ; le roi capétien n'exerce d'autorité réelle que sur son domaine- le domaine royal- portion réduite du royaume ; le roi, suzerain y exerce les mêmes droits qu'un quelconque seigneur féodal. Les rois capétiens veulent faire reconnaître leur souveraineté sur l'ensemble du royaume ; l'extension de leur domaine apparaît comme un facteur déterminant de recomposition et de restauration de l'autorité royale. Tous types de procédés furent utilisés pour parvenir à cette fin : mariages, dévolutions successorales, confiscation de biens pour crime, etc.[833]

A l'époque médiévale, les liens personnels sont fondamentaux entre le roi et les habitants du royaume alors que le lien réel est inexistant ; il y a un contrat moral passé entre le monarque et les populations ; on considère que le roi ne peut céder de son propre chef une portion du territoire à un prince étranger sans le consentement des populations concernées, car cela constituerait une rupture du contrat ; c'est pourquoi Saint-Louis, toujours soucieux d'une application en toute équité du droit demande le consentement des populations concernées lors de la restitution au roi d'Angleterre des territoires conquis par Philippe-Auguste. Les habitants prennent l'habitude de demander au roi qu'il s'engage solennellement à ne pas aliéner le domaine sans leur consentement. Puis le consentement des Etats Généraux, représentants de la nation dans son intégralité, sera nécessaire, et non plus seulement celui des populations concernées par la cession.[834]

Les rois poursuivant leur oeuvre réunificatrice, le domaine finit par se confondre pratiquement avec le royaume. Quant aux rivages de la mer, ils sont de la même façon progressivement soumis à leur autorité. En effet, ils ne faisaient l'objet d'aucune protection particulière et ils suivaient le sort du reste du royaume : ils appartenaient aux seigneurs riverains, laïcs ou ecclésiastiques qui en disposaient librement et le donnaient à exploiter aux pêcheurs, moyennant la perception de revenus, ceux-ci contraints d'organiser leur pêche à partir des rivages.[835]

Mais leur appropriation par les seigneurs riverains fut considérée comme une usurpation, en raison du droit naturel qui imposait que l'usage des rivages soit commun à tous[836]. René Josué Valin, avocat et procureur du roi au siège de

---

[833] P.C. Timbal, *Histoire des institutions et des faits sociaux*, Précis Dalloz, 1970, p.313.

[834] Exemple, rejet en 1359 par les Etats Généraux, du traité faisant abandon par Jean le Bon, prisonnier en Angleterre, d'une partie de la France. Voir par exemple sur cette question P.C. Timbal, *Histoire des institutions et des faits sociaux*, précitée note n° 833.

[835] Cette époque se caractérise par l'installation sur les bords de mer de parcs ou pêcheries, pièges à poissons ainsi que par tous les aménagements nécessaires à la conservation, au séchage, salage, saumurage et fumigation, activités indissociables.

[836] Selon Valin, *«Parmi les choses déclarées communes et à l'usage de tous, par les lois romaines, fondées à cet égard sur les principes du droit naturel la mer et ses bords tenant le premier rang... Il importait d'autant plus de déterminer l'étendue du rivage de la mer et de défendre d'y faire aucune entreprise préjudiciable à la navigation et au public, qu'il a été plus difficile d'obliger les Seigneurs des grands fiefs voisins des côtes, d'abandonner leur prétention en cette partie, soit à titre de propriété, soit à titre de juridiction, et de renoncer aux usurpations qu'ils y avaient faites, comme il sera observé sur le titre des naufrages... Il ne suffisait donc pas*

l'amirauté de la Rochelle, commentateur de l'ordonnance de 1681, rappelle que l'œuvre réunificatrice du souverain s'étend jusqu'à la mer : « *En effet, le domaine de la mer servant de bornes aux côtes d'un Etat, domaine qui dans les premiers principes du droit appartenait à la Communauté, est dévolu essentiellement au Souverain, comme réunifiant dans sa personne tous les droits et intérêts de la Communauté, à raison de la puissance publique qui réside en lui seul. A ce titre, le domaine de la mer lui appartient donc au nom et comme chef de la nation, à l'exclusion de tous seigneurs particuliers qui ne sont que des membres de la nation».*[837]

II - La consécration du dogme

La situation factuelle décrite précédemment conduit les légistes à imaginer une théorie : le domaine royal a une nature particulière, différente de celles des domaines appartenant aux autres seigneurs : le roi contracte un mariage mystique avec la Couronne, le domaine constituant la dote apportée par la Couronne, être mystique et immortel ; le roi n'en est que l'usufruitier ou l'administrateur ; en conséquence, le domaine est inaliénable.

A partir de Charles V, le roi s'engage par le serment du sacre - auquel est rajoutée une clause nouvelle - à ne pas aliéner le domaine. Par des ordonnances diverses, il réaffirme à nouveau cette règle. Puis, l'édit du 30 juin 1539, de François 1er vient confirmer cette règle. Enfin, l'édit de Moulins de 1566 pris par Charles IX confirme solennellement l'inaliénabilité du domaine de la Couronne. Des exceptions à l'inaliénabilité y sont toutefois, expressément prévues, mais elles doivent rester exceptionnelles ; l'aliénation peut être consentie en cas de guerre par des «engagements», et en cas d'apanages ; (l'aliénation, cependant, ne devait devenir définitive que sous certaines conditions[838]). Enfin, l'imprescriptibilité du domaine est consacrée par un édit d'août 1667.

---

de les avoir défabulés de ce côté là, il fallait encore leur indiquer les limites de leurs terres, en fixant le rivage de la mer et en le mettant à couvert de nouvelles entreprises à l'avenir ; et c'est à quoi il a été pourvu par les deux articles dont ce titre est seulement composé, en y joignant le titre de la pêche et celui des parcs et pêcheries.» Nouveau Commentaire sur l'Ordonnance de la Marine du mois d'Août 1681, Liv. IV, tit.VII, Du rivage de la mer, p. 527.

[837] *Ordonnance de la Marine*, précitée, liv. IV, tit. IX, Des naufrages, bris et échouements, sous article XXVI, p. 578.

[838] S'agissant par exemple des engagements, le roi avait la faculté perpétuelle de rachat ; l'engagiste n'était pas propriétaire du bien, à proprement parler ; il percevait l'intérêt de la somme d'argent prêtée au roi et ce n'est qu'en cas de non-remboursement du prêt qu'il devenait propriétaire du bien. De plus, l'engagement devait être fait sous trois conditions : le paiement comptant du prix ; l'acte devait revêtir la forme de lettres patentes enregistrées au Parlement, la faculté de rachat perpétuel par le roi devait être faite.

B - La protection des finances royales

Très rapidement, la conception dogmatique du domaine de la Couronne dérive vers une conception pragmatique, utilitaire.

Au Moyen Age, les revenus du domaine constituent l'essentiel des ressources du roi. L'exploitation de celui-ci lui procure ses finances ordinaires, le roi devant vivre avec celles-ci. Il ne peut avoir recours à l'impôt ou finance extraordinaire qu'en cas exceptionnel (par exemple en cas de guerre), et avec l'assentiment de ses sujets. Comme tous les féodaux, il a des finances seigneuriales[839].

Le roi, comme tout seigneur, est propriétaire de son domaine ; et à ce titre, il l'aliène librement soit au profit de l'Eglise, soit en récompense à certaines personnes[840]. Mais cela entraîne fatalement l'abaissement des ressources ordinaires et le recours à l'impôt. Cette situation se manifeste surtout au XIVe siècle avec Philippe le Bel qui diminuera notablement le domaine et alourdira l'impôt à un point tel que cela produira le mécontentement des populations. C'est pourquoi Philippe V annulera toutes les aliénations réalisées depuis Saint Louis (territoires et droits divers). Mais les monarques successifs continueront d'aliéner le domaine et leurs successeurs de révoquer ces aliénations.

Le domaine comprend des biens corporels tels que des châteaux, des terres, des routes, des fleuves etc. ; mais afin de se passer du consentement des intéressés, les monarques prennent l'habitude d'ériger en biens du domaine de la Couronne des droits financiers les plus divers : du seul fait d'appartenir au domaine de la Couronne, des revenus peuvent être prélevés sans l'avis des populations. Le domaine va donc comprendre tous types de droits, productifs de revenus : droit de lever les taxes sur les terres dont il a la haute justice, droit de justice (amendes) ; droits régaliens divers (monnaie, déshérence, bâtardise, aubaine), monopole du tabac et du timbre, le centième denier ou droit de mutation de propriété immobilière...[841]

Les rivages de la mer n'échappent pas à cette conception économique. Certes, ils appartiennent au roi en tant que réunificateur de la nation, en tant que puissance publique et garant des intérêts de la collectivité. Mais Valin

---

839 Souvent d'ailleurs, il consomme sur place les produits de ce domaine, en se déplaçant de château en château avec tout son hôtel, soit parce qu'il se situe à la tête de son armée, soit parce qu'il veut prendre contact avec la population.

840 Voir sur ce point , Pelloux, *La notion de domanialité publique depuis la fin de l'Ancien Droit,* thèse Grenoble, 1932, Paris Librairie Dalloz, p. 26 et s.

841 Voir sur cette question Pelloux, *précité* note n° 840, p. 24 et s.

soutient le raisonnement économique suivant : *«...si le domaine de la mer lui appartient, le rivage qu'elle baigne lui appartient aussi ; et par une autre conséquence également nécessaire, tout ce qui est trouvé sur les flots ou qui est tiré du fond de la mer, et tout ce qu'elle jette à la côte, lui appartient tout de même à défaut de réclamation de la part des propriétaires de ces choses.»*[842]

Enfin il faut bien constater que l'Ordonnance de la marine est prise dans l'intérêt de la navigation, activité commerciale. Une lutte acharnée va se faire à l'encontre de l'appropriation privative des rivages par les pêcheurs, (parcs à poissons, installations de séchage etc.) dans le but de faciliter le commerce maritime. En réalité, l'inaliénabilité *du domaine de la mer*, protège les intérêts économiques du roi et ceux de la navigation.

L'inaliénabilité ne fut pas un frein sous l'Ancien régime à la vente du domaine de la Couronne. En revanche elle permettait au souverain soit de récupérer le bien vendu par ses prédécesseurs, soit encore de demander la perception d'un revenu supplémentaire.[843] René de Récy affirme dans ce sens : *«L'histoire du domaine sous l'ancien régime n'est que celle des efforts tentés par les rois pour se donner un frein et pour s'y soustraire... tous, ils s'interdisent la libre disposition, et chacun succombe à son tour à la facilité que lui offrent les institutions politiques pour démembrer ce patrimoine, afin de faire face aux besoins d'argent toujours renaissants.»*[844]

L'auteur signale en même temps les inconvénients dus au nombre très important de biens soumis à un régime particulier ayant *«pour effet de soustraire au commerce une masse importante de propriétés immobilières, inconvénient encore aggravé par le développement des biens de mainmorte et par la constitution féodale de la propriété»*[845]

---

[842] *Précité* note n° 836, p. 578. Valin critique vivement l'appropriation par les seigneurs riverains des vaisseaux échoués sur les bords de mer : « *Ainsi est abrogé sans retour ce misérable droit de bris et de naufrages, qui au mépris des lois divines et humaines a eu cours si longtemps...* », *précité* p. 571. Mais en fin de compte, le roi va être intéressé au partage du butin, dans un délai relativement rapide : « *Si les vaisseaux et effets échoués ou trouvés sur le rivage, ne sont point réclamés dans l'an et jour, ils seront partagés également entre nou , ou les Seigneurs auxquels nous aurons cédé notre droit, et l'Amiral ; les frais du sauvement et de justice préalablement pris sur le tout.* » (Liv. IV, tit. IX, *Des naufrages*, art. XXVI, p. 577. De même, une participation à la pêche doit être donnée au roi, etc.

[843] L'édit d'avril 1667 établit l'imprescriptibilité du domaine pour légitimer la revendication du bien quel que soit le temps écoulé depuis l'aliénation. (Pelloux, *précité* note n° 840, p. 29).

[844] *Traité du domaine public*, tome premier, Paul Dupont, 1893, p. 134.

[845] *Précité* note n° 844, p. 134 et s.

§ II - DE LA PROTECTION DES BIENS DE LA NATION A LA SOUMISSION DE CES BIENS AU COMMERCE

Avec la Révolution, les biens de la Couronne deviennent les biens de la Nation, et c'est dans la volonté de la Nation qu'il faut rechercher le fondement de la protection de ces mêmes biens (A). Mais finalement, l'analyse prouve que derrière cet idéal affiché de respect de la volonté suprême de la Nation, un objectif beaucoup plus matérialiste est occulté : celui de soumettre précisément au commerce la plupart de ces biens (A).

A - La protection des biens de la Nation

La majorité des auteurs modernes affirme que la Révolution a aboli le principe d'inaliénabilité[846], la loi des 22 novembre et 1er décembre 1790 établissant que *«les domaines nationaux et les droits qui en dépendent sont et demeurent inaliénables sans le consentement de la nation ;* ***mais ils peuvent être vendus et aliénés à titre perpétuel et incommutable en vue d'un décret formel du Corps législatif sanctionné par le Roi, en observant les formalités prescrites par ces sortes d'aliénation.»***

Or, nous pensons pour notre part qu'il y a une persistance théorique des notions de domanialité et d'inaliénabilité, qui servent à appuyer les nouveaux idéaux révolutionnaires, et ce malgré la diminution très importante des biens inaliénables. En effet la Révolution fait triompher un nouvel idéal, celui de la souveraineté de la Nation. Cela aura forcément des répercussions sur le domaine. Un nouveau dogme apparaît alors, c'est le pouvoir souverain de la Nation sur son domaine (I), ce qui sera consacré par les textes (II).

I - Le nouveau dogme du pouvoir souverain de la Nation sur le domaine

Le déplacement de la souveraineté entraîne au profit de la Nation l'appropriation de tous les droits et prérogatives qu'avait le roi sur les biens de la Couronne, le domaine de la Couronne devenant le domaine de la Nation. Le rapport d'Enjubault de la Roche au nom du comité des domaines établit dans ce sens : *«C'est un principe de droit public qui ne peut plus être contesté que ces*

---

[846] Voir par exemple dans ce sens, Pelloux, *précité* note n° 840, p. 52. Ou encore D.G. Lavroff, G.D. Marilla et R. Beyssac, M. Lagarde, *Le domaine des collectivités locales,* Dalloz, 1990, p.19. J.M. Auby et R. Ducos-Ader affrment également que la règle de l'inaliénabilité a été abolie, *Droit administratif, la fonction publique, les biens publics, les travaux publics,* Dalloz, 6ème éd., 1983, p. 257. Contra, M. Barchausen, *Etude sur la théorie générale du domaine public, R.D.P.* 1909 ; M. Hauriou semble ne pas admettre l'abolition du principe puisqu'il fonde les règles modernes de l'inaliénabilité en partie dans l'édit de Moulins de 1566, en partie dans le code civil ; *Précis élémentaire de droit administratif,* 4ème édition, Paris 1938, Librairie du Recueil Sirey, p. 395.

immenses et riches possessions dont nos rois disposaient comme de leur domaine et dont ils n'étaient que les administrateurs, ont de tout temps formé le véritable patrimoine de la nation ; mais ce principe lumineux et simple a longtemps été méconnu».[847]

Mais en même temps, la Nation est souveraine, il n'y a rien au-dessus d'elle qui puisse s'imposer à elle ; elle incarne la volonté suprême. De ce fait, le domaine ne va pas échapper à cette nouvelle logique[848]. Ce n'est plus l'unité du royaume qui va légitimer la règle d'inaliénabilité, mais c'est la volonté de la Nation. C'est à la Nation, en vertu de son pouvoir souverain, de déterminer quels sont les biens qui ne doivent plus être soumis à l'inaliénabilité : elle pourra aliéner le domaine dès lors qu'elle l'estimera nécessaire. Autrement dit, la volonté suprême de la Nation prend le pas sur la règle de l'inaliénabilité, qui doit s'effacer devant la décision de l'autorité suprême, autorité qui doit être conditionnée **par le droit public et l'intérêt social**. Dans son rapport du 13 novembre 1789, Enjubault de la Roche affirme sur l'inaliénabilité : «*...l'inaliénabilité et l'imprescriptibilité ont leur base directe et immédiate dans les principes **du droit public et l'intérêt social**»*[849]. et : «*...cette loi suspensive n'a pu avoir que la volonté générale pour base, elle est de plein droit abolie **dès que la nation légalement représentée manifeste une volonté contraire***». Ou encore, «*il ne faut pas donc point que la nation soit privée entièrement du droit d'aliéner, qui peut être nécessaire au bien public, en tant qu'elle n'en abusera point*».[850]

Sous l'Ancien Régime, la théorie du domaine apparaît pour permettre l'unité du royaume. Pendant la période révolutionnaire, la théorie du domaine est un moyen d'affirmer la souveraineté de la Nation : c'est parce qu'elle est toute-puissante qu'elle peut maintenir l'inaliénabilité ou la supprimer.

Il en résulte donc que l'inaliénabilité, mais aussi l'aliénation, sont l'expression de la volonté souveraine, et la traduction de l'application des idéaux révolutionnaires ; traduisant un idéal, elles acquièrent alors une dimension dogmatique. Il n'y a donc pas abolition des notions de domaine ou d'inaliénabilité ; il y a au contraire maintien des concepts pour mieux affirmer la possibilité d'aliéner le domaine, en tant qu'expression de la souveraineté

---

[847] Cité par René de Récy, *Traité du domaine public,* Paul Dupont, Paris, 1893, p. 121.

[848] P. Godfrin considère dans ce sens : « *...L'inaliénabilité... parut désormais... de nature à entraver la volonté souveraine de la Nation.* » *Droit administratif des biens,* 4ème éd., précité, p. 15 et s.

[849] Cité par M. Louis Bernard, *Du droit de propriété de l'Etat sur les biens du domaine public,* thèse Aix-Marseille, Recueil Sirey, 1910, p. 37.

[850] Préambule de la loi, cité par M. Bernard, *précité* note n° 849, p. 38.

nationale, l'inaliénabilité (mais aussi l'aliénation) du domaine servant à consolider le nouveau dogme révolutionnaire de souveraineté de la Nation.

Il résulte de cette situation que l'inaliénabilité est maintenue par les révolutionnaires : les biens appartenant à la Nation et n'ayant pas fait l'objet d'un décret formel du Corps législatif, continuent d'être protégés par l'inaliénabilité. A l'inverse, l'inaliénabilité d'un bien peut disparaître ; cependant, dans ce cas, un texte formel émanant de la Nation est indispensable.

II - La consécration du nouveau dogme

La rédaction de la loi des 22 novembre et 1er décembre 1790 conforte l'idée que nous soutenons, puisque d'une part elle affirme que *les domaines nationaux et les droits qui en dépendent sont et demeurent inaliénables sans le consentement de la Nation ;* mais en même temps, elle établit que ceux-ci *peuvent être vendus et aliénés à titre perpétuel et incommutable en vue d'un décret formel du Corps législatif sanctionné par le Roi, en observant les formalités prescrites par ces sortes d'aliénations.*

B - La soumission de ces biens au commerce

Les dogmes révolutionnaires vont rapidement laisser apparaître les questions matérialistes qu'ils occultaient ; en effet, on constate rapidement la dérive utilitaire de la possibilité d'aliéner les biens de la Nation (I), situation qui va se refléter dans les textes (II).

I - La dérive utilitaire de la possibilité d'aliéner les biens de la Nation

Si l'inaliénabilité et l'aliénation sont la traduction d'un dogme révolutionnaire, l'expression de la volonté populaire, cependant, très vite apparaît l'objectif utilitaire de cette démarche : les révolutionnaires ont besoin d'argent et ils vendent le domaine avant même d'avoir modifié le texte de l'inaliénabilité. Autrement dit, l'aliénation est devenue possible si la Nation l'estime nécessaire. Qu'est-ce qui commande la disponibilité des biens ? D'abord, c'est le besoin d'argent.

De plus, apparaît l'influence des idées des physiocrates : on fait entrer dans le commerce des biens qui sont productifs. Il ne faut pas oublier par ailleurs que la propriété est un élément fondamental dans la période révolutionnaire, et qu'elle est consacrée dans la déclaration des Droits de l'Homme, au même titre que la liberté et l'égalité. C'est la raison pour laquelle la Révolution soumet au régime de la propriété les biens du domaine de la Nation.

En extirpant le domaine du régime d'exception, on le soumet à la propriété privée. Mais cela n'est qu'une façon de faire participer le domaine à la logique bourgeoise de l'époque. Le préambule de la loi des 22 novembre et 1er décembre de 1790 est éloquent à ce sujet : «*...la maxime de l'inaliénabilité, devenue sans motif, serait encore préjudiciable à l'intérêt public, puisque des possessions financières, livrées à une administration générale, sont frappées d'une sorte de stérilité, tandis que dans la main de propriétaires actifs et vigilants, elles fertilisent, multiplient les substances, et animent la circulation, fournissent des aliments à l'industrie et enrichissent l'Etat*»[851].

Autrement dit, l'objectif des bourgeois c'est l'enrichissement ; mais ils mettent les idéaux de l'époque, les conceptions altruistes des penseurs de cette période au service de leur objectif. Ainsi, rien ne peut résister à la Nation toute-puissante : son concours est nécessaire pour aliéner le domaine ; cela entre dans le cadre de la logique révolutionnaire qui fait de la Nation l'être supérieur, qui ne peut avoir aucune volonté au-dessus de la sienne. Cependant, cet idéal est mis au profit du commerce -du marché déjà- : le domaine est mis dans le commerce, il est aliéné. En réalité, l'idéal révolutionnaire est un paravent, occultant la logique économique bourgeoise.

II - La traduction juridique de la dérive

Le préambule de la loi des 22 novembre et 1er décembre 1790 va reconnaître de façon absolue le droit de propriété de la Nation sur le domaine, afin de le faire entrer dans le commerce : «*Que le domaine public dans son intégrité et avec ses divers accroissements appartient à la nation ; que cette propriété est la plus parfaite que l'on puisse concevoir, puisqu'il n'existe aucune autorité supérieure qui puisse la modifier ou la restreindre* ».

Inaliénable par le roi sous l'ancien régime, le domaine de la Nation devient disponible «*par un décret formel du Corps législatif* ».

SECTION II

LES DERIVES DES CONCEPTIONS DOGMATIQUES MODERNES

Les XIXe et XXe siècles voient apparaître les notions nouvelles dogmatiques, du principe moderne (§ I) ; mais on assistera également à des dérives utilitaires particulièrement aggravées à la fin du XXe siècle, du fait du caractère éminemment économique du domaine public (§ II).

---

[851] Citation de M. Bernard, *précité* note n° 849, p. 39 et s.

§ I - LES JUSTIFICATIONS DOGMATIQUES MODERNES DE LA THEORIE DU DOMAINE

Le régime de la domanialité publique est légitimé par les dogmes de la protection des biens affectés à l'usage du public (A) et de la protection des biens affectés au service public (B). Il ne s'agit pas de reprendre ici dans le détail une question bien connue de tous et au demeurant magistralement traitée par certains auteurs. Nous ne ferons que rappeler brièvement les grands traits de la protection de l'affectation, pour une meilleure compréhension de la dérive des concepts théoriques.

A - La protection des biens affectés à l'usage du public

Par influence de la doctrine, une des nouvelles fonctions théoriques, dogmatiques du principe moderne est celle de la protection des biens affectés à l'usage du public. Les auteurs vont avoir un rôle fondamental dans l'élaboration d'un nouveau critère du domaine en lui définissant une nouvelle fonction (I), critère qui sera consacré par la jurisprudence (II).

I - L'apport doctrinal dans l'élaboration d'une nouvelle fonction

Au début du XIXe siècle, aucun critère ne permet de dégager clairement la consistance du domaine public, pas plus qu'on ne sait avec exactitude quelles fonctions il remplit. Le code Napoléon ne fait qu'énumérer les biens appartenant à l'Etat, en citant ceux qui peuvent être aliénés[852]. Pour l'essentiel, les textes révolutionnaires avaient tout simplement été repris. A la fin du XIXe, les circonstances socio-économiques ont profondément évolué. Nous sommes à l'époque de l'Etat gendarme, aux fonctions réduites. C'est sur influence de la doctrine que va germer progressivement une nouvelle conception du domaine public. La protection de certains biens non susceptibles d'appropriation privée constitue l'apport décisif de cette période ; de plus ces biens doivent rester improductifs. C'est à cette époque qu'apparaît nettement la distinction domaine public/domaine privé et avec elle le critère de distinction. Cette distinction est fondée sur l'idée que certains biens ont une destination «naturelle» à l'usage de tous pour évoluer vers une destination non plus naturelle mais conférée en raison de l'intérêt général.

J.-M. Pardessus est considéré comme le premier auteur établissant cette distinction[853] ; pour cet auteur, font partie du domaine public *«les objets que*

[852] Art. 538 à 541 du code civil.

[853] *Traité des Servitudes ou services fonciers*, Béraud, 5ème édition, Paris, 1822.

***leur nature** consacre au **besoin du corps social**, et qui ne peuvent devenir propriété, sans cesser d'être appliqués à cette destination».*[854] Il place dans cette catégorie de biens, les rivages de la mer, ports, havres, rades ; ces biens sont consacrés par leur nature à l'usage et au service général. En revanche les lais et relais de la mer, portions de territoires où la mer ne s'étend plus, font partie du domaine privé.[855]

Pour cet auteur, *«la plupart de ces objets n'étant dans le domaine public que parce qu'ils sont destinés au service **commun**, chacun a la faculté d'en user, pourvu qu'il se conforme aux règles établies et que cet usage ne dégénère pas en une occupation individuelle privée».*[856] De même *«la liberté d'user du rivage de la mer consiste pour ainsi dire dans le droit de s'y promener»* en conséquence, «*le gouvernement en est le conservateur et en quelque sorte le dépositaire pour en garantir la destination.*»[857]

Il considère que «*Si la pêche qu'on peut y faire n'est pas affermée, comme celle des fleuves, c'est moins l'effet de la liberté accordée par le droit naturel à tous les hommes d'user de ce qui n'appartient à personne, qu'une permission du Gouvernement à qui est confiée l'administration de la chose publique»*[858].

Proudhon synthétisera les idées de la doctrine du XIXe siècle ; pour lui «*le domaine public consiste dans le pouvoir spécialement chargé de régir et d'administrer les choses qui sont, par les lois, **asservies à l'usage de tous**, et dont la propriété n'est à personne».*[859] Ou encore, le domaine est constitué de «*choses qui appartiennent **à l'être moral et collectif que nous appelons le public**»*[860]. Cependant, il ne s'agit plus pour lui d'un critère fondé sur la nature du bien mais sur la consécration civile au service de la société, à *l'utilité publique*. Proudhon d'ailleurs intègre dans le domaine public certains biens affectés au service public, comme les prisons.

---

854 Traité *précité* note n° 853, p. 45 n°35 ; caractères gras ajoutés.

855 «*...quoiqu'accessoires du rivage que nous avons vu faire partie du domaine public, ils ne sont considérés que comme simples domaines nationaux ; ils peuvent être vendus par le Gouvernement, conformément à l'article de la loi du 16 septembre 1807, et par ce motif, ils peuvent être acquis ou grevés par prescription, puisqu'ils ne sont pas hors du commerce.»Précité* note n° 853, p. 57, n°39

856 *Précité* note n° 853, p. 47, n°36 ; caractères gras ajoutés.

857 *Précité* note n° 853, p. 46, n°35.

858 *Précité* note n° 853, p. 48, n°37.

859 *Traité du domaine public*, Dijon, 1833-1834 ; caractères gras ajoutés.

860 *Traité, précité*, caractères gras ajoutés.

Cette théorie emportera l'assentiment de la plupart des auteurs postérieurs. Ainsi E.-V. Foucard affirme que le domaine public est composé de «*choses, qui, par suite de* ***la destination qui leur a été donnée,*** *ne sont susceptibles ni de propriété privée, ni de prescription*».[861] Cet auteur considère que le droit sur le domaine public maritime est d'une nature particulière : « *C'est ainsi que le droit public des nations, consacrant un droit d'occupation d'une nature particulière, admet que chaque peuple maritime est propriétaire de la partie de la mer qui baigne ses côtes jusqu'à la plus grande portée du canon,...* »[862]

Pour René de Récy, «*l'inaliénabilité du domaine public sous le code civil procédant d'une cause nouvelle a changé de caractère. Elle n'est plus une mesure de défiance destinée à prévenir la dilapidation d'un patrimoine ; elle est la conséquence nécessaire* ***d'une destination.***»[863]

Enfin, un peu plus avec tard, Hauriou va établir de façon très claire cette idée d'affectation à l'usage direct par le public ; pour lui, font partie du domaine public «*tous les terrains aménagés ou non,* ***affectés à l'usage direct du public...*** *rivages de la mer, ports, havres, rades...*»[864]. Duguit a une conception large de l'affectation, le service public étant pour lui évidemment le fondement de la protection mais incluant également l'usage par le public.

II - La consécration de cette fonction dogmatique

Au terme d'une jurisprudence bien connue, sur laquelle nous ne nous attarderons pas, un des critères théoriques de domanialité publique, conformément à l'avis doctrinal devient celui de l'affectation à l'usage du public. En conséquence, la voirie en général fait partie du domaine public (routes, rues, places)[865] ; de même font partie du domaine public en raison de ce critère, les halles et marchés[866], les cimetières[867], les édifices de cultes[868], les

---

[861] *Eléments de droit public et administratif*, 3ème éd., Paris, 1843, p. 5 ; caractères gras ajoutés.

[862] *Précité* p. 527.

[863] *Traité du domaine public*, Paris, Paul Dupont, 1893, p. 421 ; caractères gras ajoutés.

[864] *Précité* note n° 16, p. 392, caractères gras ajoutés.

[865] Par exemple, voir C.E., 28 janvier 1910, *Robert, Leb.* p. 84. Ou encore dans le même sens C.E.,14 décembre 1910, *comune de la Brosse-Monceaux, Leb.* 944, concernant l'affectation à la circulation publique. Ce critère est resté inchangé : C.E., 19 mai 1975, *Sté COOP. «La Léonard», D.A.*, juin 1976, p. 184.

[866] Conseil de préf. Lille, 13 juillet 1950, *Leroy, D.*,1950, 588, note Walime.

[867] C.E., 28 juin 1938, *Mougamadousagagnetoullah*, dit *Marécar, Leb.* 734; *D.* 1936 III, note Waline; *S.* 1937 III, 43, concl. Latournerie.

[868] C.E., 18 nov. 1949, *Carlier, S.* 1950, 3, 49.

bibliothèques publiques, les promenades publiques[869], un parc municipal[870], etc. Evidemment, les rivages de la mer font partie également du domaine public. Le régime exorbitant de la domanialité publique aura comme fonction celui de protéger les biens affectés à l'usage du public.

B - La protection des biens affectés au service public

Des changements importants s'opèrent au sein de la société, avec une évolution des faits et des idées : le droit administratif ne s'organise plus uniquement autour de l'idée de puissance publique mais se façonne autour de la notion de service public. Le domaine public subit l'influence des nouvelles idées ; les règles protectrices de l'inaliénabilité appliquées aux seuls biens d'utilisation collective et d'usage du public apparaissent comme étant insuffisantes ; les auteurs cherchent alors de nouvelles théories harmonisant les nécessités de l'époque au droit existant devenu inadapté. Les critères doctrinaux évoluent. A la protection nécessaire de l'usage du public, s'ajoute la protection du service public, nouveau concept dogmatique du droit administratif. C'est la doctrine qui encore une fois est à l'origine de l'évolution de la fonction du régime domanial (I), fonction qui sera consacrée par la jurisprudence (II).

I - L'apport doctrinal dans l'évolution de la fonction

Il est bien connu qu'il apparaît que le service public doit faire l'objet d'une protection particulière. C'est la doctrine qui fait évoluer les critères domaniaux en préconisant que le service public doit devenir un critère de domanialité public : pour qu'un bien fasse partie du domaine public il doit être affecté à l'usage du public mais aussi à un service public. Du fait de l'évolution du critère de domanialité publique, les règles exorbitantes du régime vont avoir pour fonction celle de protéger aussi les biens affectés au service public. Il va donc y avoir un élargissement des fonctions dogmatiques du régime domanial.

C'est M. Hauriou qui dans son précis élémentaire de droit administratif va mettre en forme la conception nouvelle d'affectation. Il affirme que « *toute la domanialité publique repose sur l'idée d'affectation des choses à l'utilité publique... l'inaliénabilité et l'imprescriptibilité... prennent la figure d'institutions purement juridiques, dictées par la nécessité de l'affectation des choses à l'utilité publique et d'ailleurs mesurées dans leur portée sur l'utilité de l'affectation*»[871] ; ou encore, il soutient : «*c'est en effet à l'affectation qu'il*

---

869 C.E., Ass. 22 avril 1960, *Berthier, R.D.P.*, 1960, p. 1223 concl. Henry

870 C.E., 13 juillet 1961, *Lauriau, A.J.D.A.*, 1962, p. 315.

871 *Précis élémentaire de droit administratif*, précité note n° 16, p. 391 et s.

convient de rattacher les conséquences de la domanialité publique..., savoir : l'inaliénabilité, l'imprescriptibilité et la protection pénale de tout ce qui est la voirie »[872].

Il considère que font partie du domaine public «*tous les terrains aménagés ou non, affectés à l'usage direct du public ou **à un service public** : rivages de la mer, ports, havres, rades..*» mais aussi les bâtiments, les mobiliers, etc., affectés à un service public.[873]

Mais les critères dégagés par Hauriou ont l'inconvénient d'entraîner une extension exagérée du domaine public. Waline introduit alors deux éléments réducteurs : le premier, celui de bien indispensable à l'utilité publique, le deuxième, celui d'aménagement spécial. Pour cet auteur, doit appartenir au domaine public «*tout bien qui, soit à raison de sa configuration naturelle, soit à raison d'un aménagement spécial, est particulièrement adapté à la satisfaction d'un besoin public et ne saurait être remplacé par aucun dans ce rôle*»[874].

Duguit, fidèle à sa conception affirme sur le domaine public que «*la cause essentielle de sa formation est la place de plus en plus grande qu'occupe chaque jour la **notion de service public***»[875]. Ou encore, «*le fondement même de la domanialité est l'idée d'**affectation à un service public** ; c'est là le point capital*»[876]. Les auteurs postérieurs dans l'ensemble adopteront cette position. En conséquence, en plus d'avoir pour fonction celle de protéger les biens affectés à l'usage du public, le régime domanial protègera également les biens affectés au service public.

En raison des nouveaux critères de domanialité publique, une controverse doctrinale s'instaure sur l'origine du principe actuel de l'inaliénabilité, la plupart des auteurs modernes ayant affirmé que la Révolution avait aboli le principe[877]. La question se pose alors de savoir quel est le fondement de l'inaliénabilité moderne.

---

[872] Hauriou, *précité* note n° 16, p. 391.

[873] *Précité* note n° 16, p.392 ; caractères gras ajoutés.

[874] *Les mutations domaniales, Etudes des rapports des Administrations publiques à l'occasion de leurs domaines publics respectifs*, Jouve et Cie, Paris 1925 p. 45.

[875] *Traité de droit constitutionnel*, 3ème éd., T. III, 1930, p. 348 ; caractères gras ajoutés.

[876] *Traité*, précité note n° 875, p. 350 ; caractères gras ajoutés.

[877] Voir par exemple dans ce sens Pelloux, *précité*, p. 52. Ou encore D.G. Lavroff, G.D. Marilla et R. Beyssac, M. Lagarde, *Le domaine des collectivités locales*, Dalloz, 1990, p. 19. J.M. Auby et R. Ducos-Ader affirment également que la règle de l'inaliénabilité a été abolie, *Droit administratif, la fonction publique, les biens publics, les travaux publics*, Dalloz, 6ème éd., 1983, p. 257. Contra, M. Barchausen, *Etude sur la théorie générale du domaine public, R.D.P.* 1909.

Pour Duguit, l'inaliénabilité ne peut avoir comme fondement l'édit de 1566, supprimé par la Révolution, édit dont les objectifs étaient profondément différents de ceux de l'inaliénabilité moderne ; pour lui, l'inaliénabilité est un concept nouveau trouvant sa légitimité dans la protection du service public. Il apparaît en effet qu'une protection particulière doit être assurée aux biens d'usage collectif mais aussi doivent être protégés les biens qui deviennent le support des services publics et constituent un moyen d'assurer leur gestion. Il affirme que l'inaliénabilité *n'est autre chose qu'un ensemble de règles relatives à la compétence des agents publics,* ayant pour but de protéger l'affectation des services publics.

A. de Laubadère a la même conception : «*l'inaliénabilité du domaine public est un principe moderne et même relativement récent puisqu'il est apparu au milieu du XIX*e *siècle. Une circonstance est de nature à lui donner les apparences d'une longue tradition. C'est qu'il a connu jadis, sous l'ancien régime français, un précédent fameux dans le statut du domaine de la couronne.* »[878] Ou encore, «*Le fondement moderne de l'inaliénabilité est en réalité, l'affectation du domaine public et les exigences ce celle-ci.*»[879]

Cependant, Hauriou a une idée qui diffère sur les sources du concept d'inaliénabilité, lequel se fonderait en partie sur l'ordonnance de 1566 et en partie sur la combinaison de différents textes du code civil : « *La règle de l'inaliénabilité est en partie traditionnelle, elle remonte au principe de l'inaliénabilité du domaine de la Couronne posé par l'ordonnance de Moulins de 1566, mais en partie, aussi, elle s'appuie sur les textes du droit nouveau, car il faut expliquer qu'elle ne s'applique qu'aux dépendances du domaine public proprement dit, tandis que l'inaliénabilité du domaine de la Couronne s'appliquait en principe, à tout le domaine. On peut invoquer la combinaison des art. 538, 1598, 2226 du Code civil : l'art. 538 déclare que les dépendances du domaine public quelles qu'elles soient, sont mises hors du commerce de la vie privée ; l'inaliénabilité s'ensuit immédiatement, « ce qui n'est pas dans le commerce ne peut être vendu» (art. 1598 a contrario), et l'imprescriptibilité (art. 2226) : «On ne peut prescrire le domaine des choses qui ne sont pas dans le commerce».*[880]

---

[878] *Traité de droit administratif, La fonction publique, Les domaines administratifs,(...)* 7ème éd., 1980, p. 178.

[879] *Traité de droit administratif,* précité note n° 878, p. 179.

[880] *Précis de droit administratif, précité* note n° 16, p. 395.

II - La consécration de cette nouvelle fonction dogmatique

A partir du milieu du XXe siècle, c'est la Cour de cassation, suivant en cela les solutions préconisées par la commission de réforme du code civil, qui admet la première qu'*appartiennent seuls au domaine public les biens qui font l'objet, soit d'une affectation actuelle à l'usage public, soit d'un aménagement pour* ***l'exploitation actuelle d'un service public.***[881] Puis le Conseil d'Etat avec l'arrêt Le Béton [882] et le Tribunal des conflits[883] se rallient à cette position. Le principe d'inaliénabilité qui garantit la protection de l'affectation, est consacré par la jurisprudence, jurisprudence inchangée jusqu'à présent. Les arrêts faisant du service public un des critères de domanialité publique sont bien connus et très nombreux.

Enfin, le juge considère-t-il que la Révolution a aboli le principe de l'inaliénabilité comme l'affirme une partie de la doctrine ? Fonde-t-il le principe sur l'affectation moderne ou sur l'Edit de 1566 ? Nous avons dit ci-dessus de cette question qu'elle faisait l'objet d'une controverse doctrinale. L'analyse de la jurisprudence nous amène à établir des nuances. Certes, le fondement actuel du régime domanial est incontestablement la protection de l'usage par le public et surtout la protection du service public ; seule la protection de l'affectation, de l'intérêt général légitime l'existence du régime. Cependant, le juge ne semble pas admettre l'abolition de l'inaliénabilité par les révolutionnaires. En effet, s'il avait admis cette abolition, cela reviendrait à dire que les rivages de la mer, par exemple, auraient pu être acquis par prescription, du fait de la disparition de l'inaliénabilité. Or, dans un arrêt de section, le juge établit très précisément que ne peuvent être acquis par prescription que les biens dont un décret formel du Corps législatif avait préalablement autorisé l'aliénation[884]. Autrement dit, l'inaliénabilité des biens du domaine de la Nation s'impose, à moins qu'un acte contraire du Corps législatif n'en ait décidé autrement. C'est bien donc que

---

[881] Cass. civ., 7 nov. 1952. 1. 173, note Tixier ; caractères gras ajoutés.

[882] C.E., 30 oct. 1953, *S.N.C.F.*, *Leb.* 463. C.E., 19 oct. 1956, *Société le Béton, Leb.* 373.

[883] 10 juillet 1956, *Société des Steeple Chase de France, D.*, 1956. 684, *Leb.* p. 587.

[884] C.E., section, 10 juillet 1970, *Société civile du domaine de Suroit, Leb.* p.481 : « *Sur le moyen tiré des dispositions du décret des 28 novembre-1er décembre 1790 :- Cons. que, si, en mettant fin à la règle d'inaliénabilité du «domaine national», le décret des 28 novembre-1er décembre 1790 a rendu possible, pendant qu'il était en vigueur, l'acquisition par prescription des droits réels sur le domaine, il résulte des dispositions combinées des articles 8 et 36 de ce décret, que cette possibilité n'a été ouverte que pour les biens dont un «décret formel du Corps législatif sanctionné par le Roi» avait préalablement autorisé l'aliénation ; qu'aucune autorisation n'a été donnée dans ces formes pour l'aliénation des prés salés objet du litige ; que, par suite, les auteurs de la société opposante n'ont pu les acquérir par prescription en vertu du décret précité.* »

l'inaliénabilité de l'Edit de Moulins de 1566 n'a pas été abolie. En réalité, le droit moderne jurisprudentiel emprunte des éléments à chacune des périodes successives : l'inaliénabilité de 1566 est maintenue mais régénérée en fonction des nécessités actuelles de protection de l'affectation au service public et à l'usage du public ; mais l'aliénation est possible dès lors que les biens ne sont plus utiles à la satisfaction de l'intérêt public, cette possibilité d'aliénation ayant été introduite déjà par les révolutionnaires.

§ II - LES DERIVES UTILITAIRES

Il faut noter que le XIXe siècle est une période de l'histoire où le domaine public, sur le plan des faits n'est pas soumis à une influence économique ; en conséquence il n'y a là aucune incidence sur le droit. La conception matérialiste du domaine n'apparaît pas pendant cette période. C'est une domanialité dénuée de rendement ; le domaine est réduit à sa plus simple expression et correspond à une période où l'Etat a des fonctions minimales.

En effet, la plupart des auteurs retiennent l'improductivité du domaine (à la différence du domaine privé, qui produit des revenus). Et si ces revenus existent, ils doivent rester exceptionnels et de faible importance. La conception selon laquelle le domaine n'a rien à voir, ni avec le commerce ni avec l'économie est une constante de la doctrine ; c'est aussi l'image donnée alors par un littoral peu convoité[885]. Il en découle que la jouissance des fruits domaniaux par l'administration n'est pas réellement lucrative, elle est épisodique et dérisoire. «*Ces choses sont hors de commerce. La jouissance serait de pure faculté et de pure tolérance ; il ne peut y avoir prescription.*» [886] Pour Proudhon, «*cette improductivité est une des principales caractéristiques du domaine*»[887].

La conception matérialiste, pragmatique du domaine public apparaît progressivement au XXe siècle. Le principe va faire l'objet d'une utilisation,

---

[885] «*L'Etat usant de son droit de police et de protection sur ces choses publiques et pour en recevoir les profits au préjudice des particuliers, ferait un acte déplorable. Ce serait d'abord un abus puisque le gouvernement ferait dégénérer son droit de protection en usurpation, en second lieu, ce serait une violation des droits de la nature puisque la nature même rend publiques ces sortes de choses... Enfin, là où le gouvernement s'empare d'un genre d'exploitation ou de commerces il tue les commerces privés et ainsi s'il s'emparait d'une partie du domaine public pour l'exploiter à son profit, il appauvrirait la nation dans les ressources mêmes que la providence lui avait données...*» Gaudry, *Traité*, Tome I p. 81 et s., cité par J-F. Dénoyer dans *L'exploitation du domaine public*, LGDJ, Paris, 1969.

[886] Pardessus, *précité* note n° 853.

[887] T. 1, n° 204, *précité*.

contrairement à son fondement originaire ; on va assister à des dérives patrimoniales du régime domanial (A) ; mais ces dérives, qui transparaissent à l'analyse, sont d'une certaine façon occultées (B).

A - Les dérives patrimoniales du régime

L'usage que l'on fait progressivement du régime ne correspond plus aux concepts initiaux, dogmatiques, précités. Force est de constater qu'il y a une distorsion très importante entre le régime théorique, moderne, et l'évolution de ce régime. Conçu pour protéger l'affectation, le régime a fait l'objet d'une dérive utilitaire au sens où le domaine doit être rentable : le but du régime est orienté au profit ; nous pouvons même dire que le domaine est dominé par une conception utilitariste le domaine devant être profitable, productif. En réalité, cette dérive est double.

Le premier aspect de la dérive du régime consiste dans l'admission de la gestion économique du domaine et l'utilisation de l'inaliénabilité pour rentabiliser le domaine. Il ne s'agit pas ici de retracer l'évolution des pouvoirs de police vers les pouvoirs de gestion de l'autorité, au demeurant largement traités dans des études très complètes et que nous avons précédemment évoquées. Il s'agit ici tout simplement de rappeler que le régime, dans sa conception moderne théorique, n'avait pas ce but et que la dérive du régime domanial est consommée avec l'admission jurisprudentielle de l'exploitation patrimoniale du domaine, et la précarisation exacerbée de l'occupant dans un but de rentabilisation du domaine. En admettant la gestion productive du domaine, le juge soutient le partenaire «Etat» (administration), dans le marché foncier domanial. La jurisprudence devient de plus en plus contraignante à l'égard de l'entreprise privée, les nouvelles clés d'interprétation de beaucoup de décisions pouvant être : la maximisation de la productivité ou la réalisation d'économies dans l'intérêt financier de la collectivité publique. L'aggravation de la précarité par augmentation du nombre de cas d'intérêt général, justifiant le retrait, (le non-renouvellement), peut apparaître de prime abord, comme étant une protection accrue de l'affectation. Or, en incluant le motif économique, la dérive du régime est consommée. Plus qu'une évolution, il y a en réalité déjà là, une dérive du droit domanial, jurisprudentiel. En réalité, l'instabilité exacerbée de l'occupant est une distorsion du système, dès lors qu'elle a pour but la protection de l'intérêt économique de la collectivité. Conçu originairement pour protéger l'affectation au service public ou à l'utilisateur collectif, le régime va être détourné pour rentabiliser le domaine.

Le deuxième aspect de la dérive réside dans l'utilisation du régime par le marché. C'est à partir de la jurisprudence admettant la gestion économique du domaine que le pouvoir politique va avoir une conception tout à fait nouvelle du domaine et va mettre en place toute une stratégie de propriétaire foncier, avec tous les problèmes que nous avons évoqués : le jeu subtil du marché qui s'infiltre dans la domanialité publique, avec d'abord la soumission du domaine public à la loi du marché, puis la soumission du droit du domaine public à cette loi. Cette deuxième dérive se trouve consommée par la pratique administrative, puis par les textes, qui ne font que s'adapter au marché. Le régime est plus ou moins décomposé en fonction des rapports de force en présence. Nous ne reviendrons pas sur cette question longuement traitée précédemment. Par contre, nous voulons insister sur le fait qu'il s'agit là d'une dérive supplémentaire du droit domanial, lequel est aujourd'hui complètement défiguré et correspond de moins en moins à l'objectif originaire, qui était la protection de l'affectation.

La doctrine cautionne de deux manières cette évolution :

1) D'abord, en apportant la solution juridique à une situation factuelle irréversible : pour légitimer la perception de revenus sur le domaine public, elle réinvente la théorie de la propriété. En réalité, les auteurs ne font que tenter de donner une légitimité à une situation qui s'impose inéluctablement : c'est parce que le domaine apparaît de plus en plus comme étant une source de revenus que l'on va développer la théorie de la propriété, laquelle ne fait plus aucun doute aujourd'hui. Au XIXe siècle, le domaine est improductif ; il est réduit à sa plus simple expression ; les rivages de la mer sont inoccupés. Un domaine objet de propriété ne s'impose donc pas. En revanche, à la fin du XIXe, début du XXe, il apparaît comme pouvant être profitable à l'administration. La doctrine tente d'adapter une théorie juridique à une situation économique.

Pour légitimer la perception de revenus par l'administration sur le domaine public, on a recours au droit de propriété. C'est Hauriou qui développe la conception selon laquelle le domaine public est une propriété administrative en même temps que la théorie de l'affectation[888] ; les notions du XIXe siècle selon lesquelles le domaine public n'appartient à personne, qu'il ne peut être objet de propriété même par l'Etat sont rejetées.

2) Ensuite, en encourageant vivement la gestion productive du domaine public. En effet, les auteurs vont admettre progressivement que le domaine **peut être** productif, pour affirmer ensuite qu'il **doit être** productif.

---

[888] *« Les deux conditions réunies de la propriété administrative et de l'affectation constituent le critérium de la dépendance du domaine public»*, *précité*, p. 392.

Duguit admet que le domaine puisse faire objet d'occupation privative car «*cela est avantageux pour le Trésor*».[889] Hauriou affirme également : « *Même pendant la durée de l'affectation de la chose, il ne faut pas croire que la mise hors du commerce soit absolue*».[890] Dans ses conclusions, M. Guldner affirmait que le domaine est «*une richesse dont les collectivités peuvent et doivent assurer la meilleure utilisation*»[891] ; M. J.-F. Dénoyer soutenait dans le même sens «*Aujourd'hui, avec l'extension croissante de la domanialité publique, il est d'autant plus nécessaire d'affirmer que le domaine public est une richesse dont les collectivités peuvent et doivent assurer la meilleure exploitation : autrement dit, elles doivent l'utiliser, le mettre en valeur et en tirer profit de la manière la plus rentable* »[892].

Les auteurs se satisfont globalement de cette théorie qui semble bien coller à la réalité. Dans l'ensemble, elle apparaît comme une adaptation souhaitable du droit administratif, évolutif, aux réalités socio-économiques. Mais d'une certaine façon, ils participent déjà à la dérive du système, système pourtant mis en place par eux-mêmes : celui de la protection de l'affectation.

Peu nombreux sont ceux qui contestent la gestion économique du domaine public. Seule une doctrine minoritaire la remet en cause. On connaît la célèbre affirmation du doyen Vedel : « *Il n'y a pas de compatibilité entre la vie commerciale et la domanialité publique : c'est évident* »[893]. M. C. Klein affirmait dans ce sens : «*Quant à l'expression «exploitation du domaine public», elle nous paraît franchement condamnable, quoiqu'elle connaisse une certaine vogue et traduise peut-être certaines nécessités économiques réelles... Parler d'exploitation du domaine public revient à y introduire un langage commercial, qui, malgré les formes modernes de la «gestion» du domaine public, n'est absolument pas compatible avec l'affectation fondamentale du domaine public* ».[894] Ou il affirme encore : «*le caractère économique du domaine n'est finalement qu'accidentel et accessoire ; le domaine public n'a pas pour mission de servir à une politique économique, ce n'est qu'un régime juridique qui rencontre parfois l'intérêt général*».[895]

---

[889] *Traité précité* note n° 875, p. 372.

[890] *Précité* note n° 16, p. 396.

[891] C.E., 20 déc. 1957, *Société nationale des éditions cinématographiques*, *S*. 1958, 73.

[892] *L'exploitation du domaine public*, thèse Paris, L.G.D.J., 1969.

[893] « Le régime des biens des entreprises publiques nationalisées », *C.J.E.G.*, 1956, p. 177.

[894] *La police du domaine public*, thèse Strasbourg, L.G.D.J. 1966, p. 55.

[895] C. Klein, *précité*, p. 143. Voir également les analyses dans cette optique de C. Alègre de la Soujeole, *L'adaptation de la domanialité publique à l'interventionnisme de l'Etat- Théories et pratiques domaniales dans les conditions nouvelles de production de l'espace social*, thèse

D'une façon plus récente, M. P. Godfrin, note la contradiction qui s'instaure sur le domaine. Tout en affirmant que « *le domaine public est un bien économique, une richesse. Il est normal que la collectivité propriétaire cherche à assurer la meilleure utilisation possible de son patrimoine* »,[896] il remarque par ailleurs : « *...d'une manière un peu* ***paradoxale*** *peut-être, on ressuscite actuellement la conception ancienne du domaine.* »[897]

M. A. Demichel émet l'hypothèse que le critère de domanialité publique dépendrait de considérations de rentabilité, conformément à *l'évolution du droit administratif* ; cette hypothèse, «*si elle n'est guère réjouissante, correspond à l'évolution actuelle du droit administratif. Il est intéressant, pour l'Etat qu'un bâtiment soit soumis au droit public. Car l'usage que peuvent en faire les particuliers, devient par nature, précaire ; et si cet usage résulte d'un contrat, sa rupture éventuelle coûte moins cher que celle d'un bail commercial. Il est sans doute plus intéressant, en revanche, qu'un parc ou une forêt fasse partie du domaine privé. Car cela facilite la «gestion commerciale», et cela évite au surplus une obligation d'entretien qui pourrait devenir très lourde. Tel est bien le calcul fait par le législateur dans l'O. du 7-1-1959 relative aux chemins ruraux.*

En somme, on savait déjà, depuis une quarantaine d'années, que la domanialité publique n'excluait pas la patrimonialité. Ne va-t-on pas être amené à dire que, désormais, la patrimonialité commande plus ou moins, la nature de la domanialité ?»[898]

B - L'occultation de la dérive par la répétition des conceptions dogmatiques

Tout le régime est sous-tendu par le marché, nous l'avons vu, mais telle n'est pas l'idée que l'on se fait habituellement du droit domanial, dont on affirme constamment qu'il est conditionné par l'affectation, ce qui fait l'effet d'un masque ou écran qui nous empêche de voir la réalité. Pendant longtemps, on a voulu assimiler le domaine public à un espace neutre, échappant à la logique d'un espace marchand et on a refusé d'appréhender l'administration comme une entreprise gérant cet espace dans un esprit affairiste, capitaliste.

Les dérives du régime domanial ont été occultées par la répétition des conceptions dogmatiques - celle de la protection de l'affectation à l'usage du

---

Montpellier, 1979.

[896] *Droit administratif des biens*, Masson, 4ème éd., 1994, p. 87.

[897] *Précité*, 4e éd., p. 115. Caractères gras ajoutés.

[898] A. Demichel, *Le droit administratif, essai de réflexion théorique*, Paris, L.G.D.J., 1978, p. 202.

public et surtout celle du mythe puissant du service public - par la doctrine (I), le juge (II), le pouvoir politique (III). L'affirmation constante de la conception dogmatique, fortement ancrée dans les mentalités, nous empêche de voir la fonction pragmatique.

I - Par la doctrine

La protection de l'affectation à l'utilisation collective et surtout au service public, est le dogme intangible toujours affirmé par la doctrine. Le service public est théoriquement le fondement de tout le droit administratif et cela transparaît évidemment au travers de la doctrine qui affirme sans discontinuité que les règles domaniales protègent l'affectation. Le concept moderne du domaine répond au concept idéal de l'affectation, sans laquelle il n'existerait pas.

Pour les auteurs, certes, le domaine public est une propriété ; mais une propriété particulière qui doit rester soumise à l'affectation ; certes, l'administration a un pouvoir de gestion, mais celui-ci doit rester dominé par l'affectation. Dans l'ordre des priorités, entre protection de l'affectation et gestion patrimoniale, la protection de l'affectation l'emporte ; la protection de l'affectation ne peut être subordonnée à la gestion patrimoniale. En effet, sur le plan théorique, on ne pourrait imaginer une gestion patrimoniale faite au détriment de l'affectation et surtout au détriment de l'affectation au service public.

Aujourd'hui, la plupart des auteurs affirment que l'inaliénabilité remplit ce rôle. J.-M. Auby et M. P. Bon voient dans la protection de l'affectation le rôle essentiel de la domanialité ; ils affirment que « *plus accessoirement, le régime de la domanialité facilite pour les personnes publiques, une utilisation patrimoniale de certaines dépendances domaniales*»[899]. L'expression «*plus accessoirement*» signifie bien que la gestion productive est secondaire par rapport à l'affectation. Ou Auby soutient encore avec M. Ducos-Ader que la fonction patrimoniale «*n'est pas essentielle*»[900].

Pour A. de Laubadère, «*cette affectation est la règle qui passe avant tout et commande à la fois les compétences des agents publics et les droits des usagers*»; de ce fait le domaine, s'il apparaît du fait de l'évolution, comme étant une «*richesse à exploiter, un bien objet de gestion économique*», cette exploitation ne peut se faire que «*dans la mesure où son affectation n'en est pas*

---

[899] J.-M. Auby et P. Bon, *Droit administratif des biens*, 2ème éd. 1993, Dalloz, p. 68.

[900] J.-M. Auby et R. Ducos-Ader, *Droit administratif des biens*, 6ème éd., 1983, Dalloz, p. 261.

contrariée»[901], et de ce fait, *«l'inaliénabilité n'existe que dans la mesure où elle est nécessaire pour garantir l'affectation»*[902]. Ou encore il soutient que *«l'inaliénabilité du domaine public ne constitue nullement, comme celle du domaine royal, une précaution contre les dilapidations éventuelles des patrimoines publics».*[903]

M. J. Théry, commissaire du gouvernement, affirmait à l'occasion de l'arrêt *Ville de Bordeaux c/ Société Menneret et Cie : «... les motifs légitimes de retrait se sont multipliés, comprenant non seulement la **priorité** à donner à l'affectation du domaine, mais encore, notamment, le souci d'assurer une meilleure exploitation financière de ce domaine »*[904] ; il est donc clair que malgré l'admission de la gestion financière, l'affectation doit être protégée en priorité.

Le principe ne protège pas la propriété exploitable. M. J. Dufau affirme par exemple que l'inaliénabilité moderne contrairement à l'inaliénabilité de l'époque royale *«n'a plus pour objectif d'assurer la protection des patrimoines productifs de revenus»*[905].

M. Lavroff, bien qu'il soit partisan d'une exploitation économique des plus poussée (*«... les biens du domaine public...* [doivent être] *le plus productif possible »*)[906], affirme que *«l'inaliénabilité n'est pas destinée à protéger le domaine en tant que richesse contre les dilapidations possibles... l'inaliénabilité a pour but d'assurer le maintien du bien dans l'affectation qui lui a été donnée».*[907]

M. P. Godfrin affirme dans le même sens que *«l'inaliénabilité tend simplement, mais c'est capital, à protéger l'affectation des dépendances domaniales ; l'inaliénabilité, protégeant l'affectation, elle commence et finit avec elle.»*[908] Cependant, nous avons déjà dit que le savant auteur note le paradoxe qui s'est instauré de ressusciter aujourd'hui la conception productive du domaine de l'Ancien régime.

---

[901] A. de Laubadère, J.C.Venezia, Y. Gaudemet, *Manuel, Droit administratif,* 14ème éd., 1992, LGDJ, p. 363.

[902] *Manuel, Droit administratif,* précité note n° 901, p. 358.

[903] *Traité de droit Administratif,* précité note n° 878, p. 179.

[904] C.E., Ass., 29 mars 1968, *A.J.D.A.* 1968, p. 348.

[905] *Le domaine public, précité,* 3e éd., p. 236.

[906] *Le domaine des collectivités locales*, sous la direction de F. Bénoit, Dalloz, 1990, p. 8.

[907] *Précité,* 4e éd. p. 66. Ou 6e éd., p. 191.

[908] *Droit administratif des biens,* Masson, 4ème éd., 1994, p. 158

Les affirmations constantes de la doctrine selon lesquelles l'inaliénabilité protège l'affectation, sont une conséquence des décisions jurisprudentielles, où cette idée est toujours présente.

Seule une doctrine minoritaire s'interroge sur l'évolution du droit domanial et la réalité de la protection de l'affectation. Sur les activités accessoires apportant un confort supplémentaire aux usagers, Mme D. Loschak affirmait que les décisions étaient de plus en plus commandées par un souci économique, plus que par la recherche d'un meilleur service à l'usager ; l'auteur retenait «*la primauté donnée peu à peu aux facteurs économiques sur les facteurs techniques dans l'admission de la légalité des activités de complément.* ***De plus en plus, celles-ci trouvent leur justification dans des motifs tirés de l'intérêt financier des services concernés, le souci d'améliorer les prestations fournies aux usagers passant au second plan*** [...] ***En fait, l'intérêt de la population joue ici un rôle secondaire par rapport à l'intérêt financier de la commune***».[909]

M. J.-P. Gilli remarque le fait que le Conseil d'Etat invoque la protection de l'affectation pour disposer librement d'un immeuble, pour ensuite appliquer des décisions économiques qui n'ont plus rien à voir avec l'affectation : « *L'impossibilité de consentir sur une parcelle domaniale un bail commercial a été mainte fois rappelée par la Haute Assemblée... En vérité, les principes en ce domaine ne sont pas entièrement satisfaisants dans la mesure, où, par ailleurs, est admis comme motif de retrait d'une autorisation d'occupation le simple refus de son titulaire d'accepter un relèvement de la redevance.*

Autrement dit, l'Administration joue sur l'affectation pour n'accepter aucune entrave potentielle à la libération des locaux... ; puis elle use de cette absence d'entrave dans un but qui n'a plus rien à voir avec le respect de l'affectation. *Mais c'est bien évidemment la jurisprudence S.N.C.F. C. Burfin qui devrait être reconsidérée.*»[910]

M. M. Gros, de même, s'interroge sur la question de savoir si certains grands arrêts de la jurisprudence domaniale étaient conditionnés par des considérations économiques plus que par la recherche de la protection d'une quelconque affectation : « *Cette émergence d'une affectation simplement souhaitable faisant appel au concept d'équité, ne serait pas sans soulever certaines questions : l'affectation dans les espèces précitées, était-elle souhaitable, opportune, parce que les biens étaient indispensables au service public ou à*

---

[909] *A.J.D.A.* 1971, p. 269, caractères gras ajoutés.

[910] Note sous T.A. *S.A. Notre-Dame-des Fleurs. D. S*, 1982, p. 570 ; caractères gras ajoutés.

l'usage du public, ***ou parce qu'elle avait pour conséquence de priver les utilisateurs privés du bénéfice de la propriété commerciale ?*** » [911]

Enfin, le Rapport public du Conseil d'Etat de 2002, de façon innovante et étonnante, fait état de « *l'importance accrue, sinon devenue prépondérante, que revêt aujourd'hui l'aspect patrimonial et économique du domaine public* », rédaction qui semble faire passer l'affectation à un second plan au regard de l'objectif de rentabilisation [912].

Les avis sus-indiqués sont pour l'heure minoritaires ; dans l'ensemble, les auteurs ne remettront pas en question les conséquences d'une situation qu'ils ont largement encouragée : la gestion patrimoniale. Et ils continueront d'affirmer que les règles domaniales protègent l'affectation.

II - Par le juge

Les décisions jurisprudentielles, d'une certaine façon, ne permettent pas toujours une vision claire de la dérive et ce, pour différentes raisons. D'abord, parce que le juge invoque l'affectation pour légitimer des mesures à caractère économique au profit de l'autorité, ce qui va provoquer une sorte d'écran face à l'aspect économique de la décision ; c'est ainsi que le seul fait que le bien soit affecté justifie que la collectivité fasse des économies : «*Considérant que l'ensemble de l'Ile du Grand Lac, qui appartient à la commune constitue une promenade publique affectée à l'usage du public et aménagée à cette fin ; qu'ainsi cette île fait partie du domaine public ; que par suite la société «Les Ibis» n'est pas fondée à se prévaloir des règles propres à la réglementation des baux commerciaux...»* [913]

En effet, pour retenir la domanialité publique d'un bien, le juge constate que celui-ci est affecté ; (il doit être évidemment spécialement aménagé et être une propriété de l'administration). C'est ce qui commande la précarité ; cette précarité, à son tour implique l'absence d'indemnité en cas par exemple de non-renouvellement car il y a une inapplication de la législation de la propriété commerciale ; de même elle commande l'interdiction d'indemniser le retrait du titre. Mais, plus qu'une volonté de protéger l'affectation, ne doit-on pas voir là, la protection des intérêts économiques de l'autorité, dont la protection de l'affectation est devenue le paravent comme le dit une doctrine minoritaire ?

---

911 *L'affectation, critère central de domanialité publique*, *R.D.P.* 1992, p. 770 ; caractères gras ajoutés.

912 Etudes et documents, n°53, p. 375.

913 C.E., 25 mars 1988, *Société anonyme les Ibis*, n° 75.223.

Ensuite, le Conseil d'Etat érige au rang de l'intérêt général, l'intérêt économique de la collectivité, au même titre par exemple que la protection de l'affectation au service public. Deux intérêts généraux tellement distincts sont mis sur un pied d'égalité. Il y a là un «anoblissement» d'un but matérialiste, une «sacralisation» évoquant un intérêt supérieur, alors qu'il ne s'agit en fait que d'une valorisation économique du domaine bien connue.

Les exemples de cette jurisprudence sont nombreux et très connus ; le juge décide dans ce sens : « *qu'il résulte de l'instruction que le motif de la résiliation ainsi prononcée était tiré de l'insuffisance du montant de la redevance d'occupation... que ce motif qui n'est pas étranger à l'intérêt public...était de nature à justifier... la résiliation...»*[914]

Le juge emploie couramment une autre rédaction qui place sur un pied d'égalité la protection de l'intérêt économique et celle de l'affectation, et lui donne donc la même légitimité que l'affectation : «*Considérant qu'il appartient à l'autorité chargée de la gestion du domaine public de fixer, tant dans* ***l'intérêt de ce domaine et de son affectation que dans l'intérêt général****, les conditions auxquelles doit satisfaire l'affichage sur les immeubles communaux... qu'il s'ensuit que le conseil municipal peut légalement concéder l'affichage sur ces emplacements à une société d'affichage, en se fondant sur des motifs d'ordre esthétique ou financier.* »[915] Parfois le juge n'invoque plus que la meilleure gestion du domaine pour justifier l'intérêt économique de la collectivité, sans aucune référence à l'intérêt général ; mais celui-ci est évidemment toujours sous-entendu.[916]

Des décisions qui en apparence ont pour but de protéger l'affectation sont sous-tendues par l'intérêt économique de la collectivité. Ainsi, dans l'arrêt *Michaud*, la question se posait de savoir si une halle classée dans le domaine privé de la ville faisait ou non partie du domaine public. Le juge retient la domanialité publique en raison de l'affectation. Mais M. Franc, Commissaire du gouvernement avait soulevé dans ses conclusions l'avantage économique que constituait pour la collectivité la soumission du bien à la domanialité publique : «*L'inaliénabilité, l'impossibilité de conclure des baux commerciaux permettent à la collectivité, le jour où le maintien du service public ne lui paraît plus se justifier d'affecter le terrain et le bâtiment à un autre usage sans souffrir de la lenteur et du coût qui accompagnent toute rupture de liens commerciaux de*

---

[914] C.E., 31 mai 1989, *Société Ducoeur et Bayssac*, n° 66.683.

[915] C.E., *Société affichage Giraudy*, 2 mai 1969, *A.J.D.A.* 1970, p. 110, note A. de Laubadère ; voir la même rédaction dans l'arrêt C.E., 7 janvier 1987, Ville de Bordeaux, *A.J.D.A.* 1987, p. 428, note Xavier Prétot. Caractères gras ajoutés.

[916] Voir par exemple, C.E. 26 mai 1989, *Commune de Saint-Martin-de-Ré*, n° 70.697.

droit privé».[917] Par cette affirmation, il est clair que l'une des motivations pour retenir la domanialité publique n'est pas l'affectation en cours, mais les conséquences pécuniaires de la fin de l'affectation.

De même, dans l'affaire Société du Vélodrome du Parc des princes, les requérants avaient signé un bail commercial. Puis l'administration change d'avis et invoque le contrat administratif comme conséquence de la domanialité publique. Le juge retient la domanialité publique. Mais le Commissaire du gouvernement note qu'une apparente question de compétence juridictionnelle occulte des intérêts non négligeables : ce serait laisser place à *«l'admission ultérieure de la nature du bail commercial en cause, donner un fondement aux prétentions de la requérante à une indemnité d'éviction, qui n'a pas été chiffrée devant les tribunaux judiciaires, à moins de dix millions de francs d'aujourd'hui, c'est-à-dire d'un milliard de francs.»*[918]

En fin de compte, l'approche théorique de certains arrêts est de protéger l'affectation. Mais force est de constater que le résultat pratique est à forte incidence économique pour l'administration.

III - Par le pouvoir politique

L'autorité politique ne fait pas toujours ressortir clairement l'aspect économique des textes relatifs au domaine public. Ainsi par exemple, la loi du 17 juin 1938, devenue l'article L. 84 du code du domaine de l'Etat stipule que *«les litiges relatifs aux contrats comportant occupation du domaine public, quelle que soit leur forme ou dénomination, passés par l'Etat, les établissements publics ou leurs concessionnaires, sont portés en premier ressort devant le tribunal administratif.»*

Ce texte, en apparence traite une simple question de compétence juridictionnelle. Nous savons qu'il y avait là en réalité la volonté de traiter une question de fond : celle de soustraire au droit privé les occupations domaniales. Mais nous savons également que la conséquence de l'exclusion des baux de droit privé, c'est l'exclusion également des conséquences financières de la garantie apportée par les contrats de droit privé. Or, le législateur utilise un détour pour en arriver à ce résultat, puisqu'en *apparence*, il s'agit d'une question juridictionnelle ; il y a donc un certain voile sur la réalité du droit.

Un autre exemple est constitué par le domaine public naturel, qui a fait l'objet de deux textes d'importance : il s'agit de la loi de 1963 relative au

---

[917] C.E., 22 avril 1977, *A.J.D.A.* 1977, p. 441, concl. Franc.

[918] C.E., 26 Fév. 1965, *Société du Vélodrome du Parc des Princes*, *R.D.P.* 1965, p. 507, concl. Bertrand.

domaine public maritime[919], et celle de 1971 relative à la délimitation des eaux territoriales[920]. Ces textes, nous l'avons vu, augmentent la consistance du domaine public maritime et sont salués par la doctrine de l'époque comme protecteurs du domaine public, en proie de plus en plus à la convoitise des promoteurs privés. La loi de 1963 comporte différentes dispositions de nature à faire intégrer dans le domaine public les lais et relais futurs ; elle inclut dans le domaine public le sol et le sous-sol de la mer territoriale ; elle comporte la faculté d'instaurer des réserves, etc. La loi de 1971 en étendant la mer territoriale, va étendre le domaine public naturel.

Toutes ces dispositions donnent l'apparence que le législateur va enfin opérer la protection du domaine public naturel. La disposition, bien connue, établissant que font partie du domaine public les concessions d'endigage, *sous réserve de dispositions contraires,* faisait figure d'exception ; c'est en tout cas ce que soutenait la Cour des comptes dans son rapport de 1975.

Mais en réalité, avec le recul, ne doit-on pas penser que tout en invoquant la protection du domaine public nécessitant son extension, le législateur voulait aussi étendre cette propriété particulièrement rentable dans le but d'une exploitation économique ? Car force est de constater le nombre très important d'opérations d'urbanisme qui eurent lieu sur la base de ce texte, dénoncées par la Cour des comptes. Et nous avons déjà dit précédemment que le recul des constructions sur le domaine public fut le fait de la pression exercée par les associations de défense de la nature, et du rapport de la Cour des comptes. Dans le cas précité, ne doit-on pas penser que le pouvoir politique n'a pas affiché clairement tous les objectifs de la loi de 1963 ce qui a été à l'origine d'une méprise ?

En sens inverse, lorsque le législateur affirme vouloir diminuer la précarité de l'occupant en raison des règles trop contraignantes de la domanialité, il ne va pas apporter, nous l'avons vu, la stabilité suffisante à l'opérateur privé ; c'est le cas par exemple de la loi de 1994, qui est encore loin de donner la sécurité juridique nécessaire à l'opérateur privé pour développer ses activités. Mais pour cela il invoque encore la protection de l'affectation ; cela apparaît dans la discussion du projet de loi : M. Sarkozy, porte-parole du gouvernement, affirmait à cette occasion : « *L'enjeu de la réforme que je vous propose est clair : assurer le développement du domaine public tout en maintenant sa protection juridique. Le droit domanial est un des piliers de notre droit administratif. En*

[919] n° 63-1178, *J.O.* du 29 nov. 1963.
[920] N° 71-1060, *J.O.* du 30 déc. 1971, p. 12899.

effet, le domaine public est le lieu où s'exercent les services publics... Cette protection est essentielle.» [921] Ou encore : «*L'enjeu - et j'espère m'être bien fait comprendre - est clair. Il consiste à favoriser ce nécessaire essor économique du domaine de l'Etat tout en maintenant son indispensable protection. C'est à quoi je m'attache.* »[922]

On affirme donc la nécessité de développement économique du domaine public, mais sa nécessaire conciliation avec le service public ; c'est ce qui justifie un «*quasi-droit de propriété*»[923], c'est-à-dire un droit qui ne confère pas toute la stabilité -loin s'en faut - du droit de propriété. Mais nous avons vu qu'en réalité, la précarité protège indéniablement aussi la rentabilité du domaine. L'affectation est toujours affirmée alors que l'instabilité de l'opérateur privé dans le but de la valorisation du domaine n'est finalement pas clairement annoncée. Ne doit-on pas penser que les pouvoirs publics légitiment, face à l'opinion publique, en invoquant le service public, l'intérêt général, notions à caractère flou, ce qui n'est parfois qu'un simple intérêt économique ?

Quelles sont les raisons de cette situation ? D'abord, l'Etat veut donner l'apparence qu'il conserve la puissance, qu'il peut imposer sa volonté. Il ne peut reconnaître qu'il est *miné de l'intérieur*, par le marché, qu'il ne peut rien faire d'autre que s'adapter aux circonstances du marché ; l'Etat ne peut reconnaître son impuissance à ne faire autre chose que subir le marché.[924] L'Etat ne peut reconnaître que le droit n'est finalement parfois que le résultat des rapports de force des groupes de pression. Cela serait reconnaître ouvertement sa propre faiblesse, et par-delà, l'accentuer. Cela serait aussi reconnaître le diktat de nouveaux groupes de pression, dans un système qui se veut relever de l'expression de la volonté générale.

Ensuite, dévoiler ouvertement que le domaine est soumis à la loi du marché, conduirait à la remise en question de plus en plus d'un régime exorbitant, alors qu'en fin de compte, dans certains cas, le régime a un caractère d'utilité pour l'administration qui a tout intérêt à le maintenir.

Enfin, le fait de dévoiler certaines motivations du droit - les motivations économiques- c'est faire prendre conscience à l'opérateur privé de l'ampleur de son instabilité et le faire fuir définitivement du domaine public, ce qui n'est pas dans l'intérêt de l'administration. Les occupants savent qu'ils sont instables mais

---

[921] J.O. doc. A.N. du 17 mai 1994, p. 1713 et s.

[922] *Précité* note n° 921, p. 1714.

[923] Expression employée par le porte-parole du gouvernement, *précité* note n° 921, p. 1713.

[924] Voir sur cette question, J.-P Henry, « La fin du Rêve Prométhéen, le marché contre l'Etat », *précité* note n° 603, p. 664.

un nombre important d'entre eux n'a certainement pas conscience de la fragilité extrême de la situation et la réelle connaissance du droit applicable ne serait pas de nature à inciter l'opérateur privé à s'implanter.

Ce qui est affirmé haut et fort, ne correspond pas à ce qui est réellement recherché par les pouvoirs publics. Cette dissimulation d'une situation n'est pas nouvelle dans le droit. Par exemple, l'interventionnisme, dont on affirme couramment qu'il apparaît pour pallier les insuffisances de l'acteur privé, finalement se traduit souvent par le soutien précisément d'un acteur privé, lorsque par exemple on lui octroie un monopole[925]. Mais cela n'a jamais été clairement affiché ; le dogme a occulté une autre réalité.

Théoriquement, la fonction de protection de l'affectation est le rôle fondamental du régime domanial, et plus particulièrement de l'inaliénabilité. La rentabilité n'est qu'accessoire. Mais dans la réalité il y a un renversement de la situation : la fonction productive devient le fondement du régime, et la protection de l'affectation, secondaire, dans certains cas. Mais ceci n'est pas dit. Il en résulte un droit obscur et incompréhensible.

[925] Voir l'analyse de cette question L. Constans, «Le dépérissement de l'Etat : paradoxe sur la philosophie de l'histoire immédiate», *précité* note n° 1, ou du même auteur «Les pouvoirs publics et le développement économique (Réflexions critiques sur le néo-libéralisme) », *précité* note n° 1.

CHAPITRE II

LES EFFETS DEVASTATEURS DE LA PATRIMONIALITE

Nous avons établi précédemment qu'il y a une double dérive du régime domanial : d'abord par l'admission de la gestion patrimoniale d'origine jurisprudentielle, ensuite par l'utilisation du régime comme élément du marché. Nous avons déjà dit que le fait que le droit domanial soit bafoué ne constitue pas en lui-même un problème. En revanche, ce qui est beaucoup plus important c'est d'analyser l'incidence de cette dérive sur la société. Il nous est apparu qu'il fallait rechercher les répercussions de cette dérive à partir des objectifs modernes de domanialité publique.

A l'heure actuelle, deux impératifs dominent les espaces domaniaux : le premier, nous l'avons déjà dit, dogmatique, est la protection de l'affectation. Il convient de s'interroger ici sur les conséquences de cette dérive sur la protection de l'affectation au service public et à l'usage du public, protection qui est le fondement théorique du régime de domanialité publique, l'exorbitance du régime n'étant légitimée que par l'affectation.

Le deuxième impératif, est la rentabilité de la propriété : celle-ci doit être productive pour l'administration. Cette exigence de rentabilité est omniprésente, et c'est elle qui anime en grande partie le régime domanial. Il convient de s'interroger si ce nouveau but est atteint et d'analyser également les nouvelles conséquences engendrées du fait de cette évolution.

Lors de la tenue du colloque, «Domaine public et activités économiques», dont nous avons déjà parlé, M. D. Labetoulle, Conseiller d'Etat, avait tenu avec grande justesse les propos suivants : il est «... *illusoire de penser que l'on peut avoir simultanément les avantages inhérents à des logiques sinon opposées du moins substantiellement différentes. On ne peut pas revendiquer à la fois l'idée d'une protection domaniale forte, au nom de la police, ou des libertés publiques ou de l'intérêt général, et revendiquer d'autre part les avantages économiques d'une exploitation en quête de rentabilité ; il y a là deux approches également légitimes et respectables, mais entre lesquelles il faut choisir et que l'on ne peut pas impunément confondre ou réunir.* »[926] Mais nous verrons que le fait d'avoir voulu cumuler les avantages de deux logiques opposées a considérablement fragilisé l'affectation mais aussi la rentabilisation de la propriété domaniale. Non seulement la patrimonialité s'oppose à la protection de l'affectation (Section I), mais paradoxalement la patrimonialité s'oppose aussi à la rentabilité (Section II).

SECTION I

LA PATRIMONIALITE CONTRE L'AFFECTATION

Tout le régime de la domanialité publique n'est conditionné, dans la conception moderne du droit administratif, que par l'objectif de protection de l'affectation. C'est parce que l'affectation doit être sauvegardée qu'il y a exorbitance des règles de domanialité. C'est parce qu'il est impératif de préserver l'affectation que le domaine public a été soustrait aux règles de la propriété privée, de son commerce, de son caractère marchand, du marché.

Certes, nous l'avons déjà dit, il s'agit là d'une vision théorique, abstraite, idéale de la question, mais qui est constamment affirmée par la doctrine, la jurisprudence, le gouvernement, le législateur. Il est donc impératif d'analyser les conséquences de l'évolution sur cette affectation.

Car, si le fait de soustraire l'espace domanial au marché a pour but la protection de l'affectation, il en découle comme une situation de cause à effet, et de façon pratiquement inéluctable que la soumission du domaine public et de son droit au marché, ne peut qu'aboutir dans beaucoup de cas, à l'échec de l'objectif de conservation de l'affectation. Autrement dit, le domaine devait

[926] *Précité* note n° 56, p. 141.

rester hors marché pour garantir la permanence de l'affectation ; mais dès lors que le marché s'infiltre dans l'espace domanial et dans son régime, inéluctablement, des situations d'infléchissement de cette protection apparaissent.

Le marché a transformé, parfois profondément le paysage des espaces domaniaux et en a affecté le régime de façon substantielle. Nous verrons que cette transformation, loin de préserver l'affectation, est à l'origine au contraire, de l'échec de la sauvegarde de l'affectation au service public (§ I) et de l'échec de la sauvegarde de l'affectation à l'usage par le public des espaces naturels (§ II).

Dans le premier cas, c'est le domaine public artificiel qui est en cause et l'échec de la protection de l'affectation se fait par insuffisance d'occupation des plates-formes domaniales. Dans le deuxième cas, il s'agit du domaine public maritime naturel mais inversement, l'échec de la protection de l'affectation se fait par suroccupation des espaces domaniaux.

§ I - L'ECHEC DE LA PROTECTION DE L'AFFECTATION AU SERVICE PUBLIC

Nous avons dit précédemment que dans les réformes de la domanialité publique opérées par les textes, ceux-ci ont toujours laissé intacte la précarité de l'occupation et malgré une apparence contraire de stabilisation, ils ne font que confirmer la jurisprudence très contraignante à l'encontre de l'entreprise privée. Il en résulte alors une défection du domaine public de l'opérateur privé, du fait de l'instabilité juridique (A). La doctrine ne semble pas avoir recherché les conséquences de cette évolution - celle de la défaillance de l'opérateur privé- sur l'affectation, question qui passe sous silence. Or, il s'agit là d'un point essentiel. En effet, cette situation a fatalement une incidence sur le service public (B), car nous verrons que dans certains cas, l'occupant, absent du domaine public, ne participe plus à l'activité de service public. Il en résulte alors de nouvelles conséquences sur l'action administrative ; en effet, il n'est pas rare alors que l'autorité administrative s'éloigne de l'activité initiale du service public (C).

A - La défaillance de l'opérateur privé du fait de l'instabilité

Les règles jurisprudentielles étant trop rigides, les aménagements législatifs et réglementaires insuffisants, on assiste sur certaines dépendances du domaine public à deux types de phénomènes : soit on constate qu'il y a une raréfaction des entreprises privées (I) ; soit un phénomène d'obsolescence et de faible dimension économique pour les entreprises restant sur le domaine public (II).

Les problèmes précités (raréfaction, obsolescence, faiblesse économique des entreprises) se posent essentiellement lorsque l'opérateur privé est tenu de réaliser des édifications supposant des investissements d'une certaine importance ; c'est le cas par exemple de la construction d'une usine de raffinerie sur un port ; c'est le cas également de la modernisation d'une entreprise de vente en gros sur un marché d'intérêt national. Il est évident que, dominé par l'instabilité, l'occupant ne prendra pas le risque de perdre ses capitaux. C'est essentiellement ce cas de figure que nous aborderons ici, à l'exclusion de l'opérateur qui ne réalise aucun ou peu d'investissements, comme par exemple, l'exploitant d'une boutique dans une gare. En effet, dans cette deuxième situation, le problème se pose en bien moindre mesure : l'occupant s'implante d'autant plus facilement qu'il n'a rien à investir, puisque, de ce fait, il ne risque pas une perte de capitaux, en cas de résiliation de l'acte. Il s'implante aussi d'autant plus facilement, lorsqu'en plus de ne pas avoir à réaliser d'investissement, il est certain que la clientèle du domaine public lui assure une rentabilité.

Autrement dit, le problème de la défaillance de l'opérateur privé ne se pose pas lorsque les investissements sont peu coûteux, et si par surcroît la propriété domaniale est très rentable. En effet, dans ce cas les opérateurs affluent naturellement sur le domaine public. Nous aborderons donc le cas de l'opérateur privé tenu de réaliser des investissements d'une certaine importance économique.

I - La raréfaction des entreprises

On constate sur le domaine public une désertion des entreprises nécessitant un minimum d'investissements, soit parce que celles qui existaient ont préféré s'installer ailleurs, soit parce qu'il n'y a pas eu d'implantations nouvelles. Le risque d'une fuite des entreprises du domaine public a été signalé parfois dans le passé par la doctrine, du fait de l'inadaptation du droit ; mais il semble qu'il s'agisse d'un problème qui prend de l'ampleur.[927] Nous citerons en exemple les ports autonomes (1), les marchés d'intérêt national (2), les exploitations d'aquaculture (3).

[927] Voir par exemple les actes du colloque «domaine public et activités économiques», *précité* note n° 56.

1 - Le cas des ports autonomes

M. P. Godfrin avait observé les conséquences pratiques de l'arrêt Le Béton, instituant définitivement la précarité des entreprises industrialo-portuaires : c'était le fait pour celles-ci de préférer s'installer dans d'autres ports européens[928]. Ce phénomène n'a fait que s'aggraver. Est significative à cet égard la loi de 1994, élaborée précisément parce que l'opérateur privé ne s'implante pas sur le domaine public, les espaces des ports autonomes étant concernés au premier plan. Lors des débats parlementaires, il apparaît clairement que la protection du domaine public entraîne *la désaffection des entreprises*[929]. Il est fait état que « *le droit actuel ne confère* [aux entreprises] *aucune garantie sur leurs investissements alors qu'ils peuvent atteindre des sommes considérables. C'est le cas par exemple, -mais il y en a bien d'autres-, des raffineries ou des entrepôts frigorifiques dans les ports.* »[930]

Le ministre précise que « *cette situation ne peut que conduire les opérateurs à préférer* ***s'installer ailleurs que sur le domaine.*** » Il ressort des débats parlementaires précités que la nécessité d'adapter le droit domanial était apparue depuis plus de dix ans, mais que la réforme revêtait un caractère d'urgence.[931]

En février 1990, le rapport Escande[932] avait déjà fait état de *la grave crise des professions portuaires* du Port Autonome de Marseille, le nombre d'entreprises et d'emplois ayant accusé une chute de 40% entre 1981 et 1987[933]. Selon ce rapport, on constatait une régression des parts du marché, pour les diverses marchandises au niveau européen[934].

En 1991, un recensement du nombre d'entreprises sur l'ensemble des ports autonomes français, faisait état du tableau récapitulatif suivant[935] :

---

928 Observations sous C.E., sect. 21 nov. 1969, *Koeberlin, précité*.

929 *J.O.* doc. A.N. 16 mai 1994, p. 1714, intevention de N. Sarkozy, ministre du budget, porte-parole du gouvernement.

930 *J.O.* précité note n° 929, p. 1714.

931 *Précité* note n° 930, p. 1713 : « *Cette nécessité s'est fait jour depuis plus de dix ans. L'importance du sujet justifiait qu'il soit étudié avec attention. Mais son urgence impose aujourd'hui d'agir...* »

932 Du nom de son auteur, fait à la demande du Ministre Délégué auprès du Ministre de l'Equipement, du Logement, des Transports et de la Mer, chargé de la Mer, sur le thème *«Marseille, Europort du sud»*. Source : la DATAR , Marseille.

933 Rapport précité note n° 932, p. 117

934 *Précité* note n° 932, p. 72.

935 Source : Secrétariat d'Etat à la mer, Direction des ports et de la navigation maritime, recensement du 31 octobre 1991. Les abréviations sus-indiquées dans la colonne de gauche

	AOT normale			AOT/A26		
	Nombre	Superficie globale (m²)	Durée	Nombre	Superficie globale (m²)	Durée
PAH	**488**	**11 852 457**	**- de 5 ans à + de 20 ans**	**39**	**1 533 386**	**11 à + de 20 ans**
PAD	**106**	**1 118 300**	**4 à 10 ans**	**22**	**4 094 900**	**25 à 50 ans**
PAM	**750**	**NC**	**1 à 3 ans**	**60**	**2 694 114**	**30 à 40 ans**
PAR	**224**	**2 280 000**	**5 ans**	**4**	**506 231**	**28 ans**
PANSN	**837**	**3 602 866**	**5 ans**	**18**	**900 611**	**20 ans**
PAB	**1475**	**11 000 000**	**1 à 15 ans**	**17**	**270 000**	**25 ans**
Totaux	**3880**			**160**		

Les autorités portuaires accordent des titres non soumis à l'article A26 lorsqu'il n'y a pas d'investissement ou peu d'investissements ; à l'inverse, elles accordent le bénéfice de l'article A26 lorsque les investissements sont conséquents (nous avons longuement fait état précédemment de cet article, qui permet, en principe, le remboursement de la partie non amortie des emprunts, pour la réalisation d'édifications sur le domaine public).

La simple lecture de ce tableau fait apparaître rapidement que les entreprises n'investissant pas sont beaucoup plus nombreuses que celles qui ont procédé à des édifications : globalement, sur l'ensemble des ports français, on recense en 1991, 3880 entreprises non soumises à l'article A26, c'est-à-dire ne procédant à

correspondent aux ports suivants : PAD : port autonome de Dunkerque ; PAM : port autonome de Marseille ; PAR : port autonome de Rouen ; PANSN : port autonome de Nantes-Saint-Nazaire ; PAB : port autonome de Bordeaux.

aucune réalisation (ou à très peu), contre 160, bénéficiant de cet article, c'est-à-dire ayant réalisé des constructions.

Le problème économique des ports français, face à la prospérité de certains ports étrangers est connu. Certains pourront argumenter qu'il trouve sa source dans d'autres causes : par exemple la grève des dockers à Marseille, qui détourne le trafic sur d'autres ports européens. Mais il ne faut pas oublier que les conflits sociaux portuaires ont pour origine le manque d'emploi[936]. Il s'instaure alors un véritable cercle vicieux : l'entreprise sur le domaine public portuaire reste de petite dimension du fait de la précarité ; ou bien, elle ne s'implante plus sur le domaine public. Il en résulte une baisse progressive des activités, qui entraîne une crise sociale ; celle-ci à son tour donne une image du port négative, d'un lieu peu sûr, ce qui incite les opérateurs à détourner la marchandise sur d'autres ports étrangers, ce qui aggrave encore la situation économique et sociale.

On pourrait encore argumenter que finalement les ports français ne font que subir les revers de la crise, comme toutes les entreprises. Cependant, s'il est certain que la crise sévit aussi sur le domaine public, il faut admettre que l'instabilité propre aux espaces domaniaux ne fait qu'aggraver les difficultés des entreprises.

Enfin il faut remarquer que l'article A26 ainsi que la loi de 1977, censés apporter des sécurités aux investissements, se sont avérés largement insuffisants, la preuve en étant le manque d'investissement sur le domaine portuaire, motivant l'intervention du législateur en 1994. Nous avons dit que l'insuffisance trouve sa source dans la déstructuration du droit par le marché, favorisant dans ce cas l'intérêt économique de l'administration. Le texte de 1994 aura-t-il été plus efficace pour permettre le redémarrage économique ? Il semble que non, car nous avons déjà dit que pris encore une fois dans l'optique du marché foncier domanial, avantageant l'autorité administrative, il n'apporte pas de réelles solutions à l'entreprise. Aujourd'hui, la loi ne semble pas avoir réveillé l'intérêt des professionnels.

2 - Le cas des M.I.N.

Nous pensons qu'il est utile ici de donner un autre exemple de la défaillance de l'opérateur privé sur le domaine public ; c'est le cas des M.I.N., dont la réglementation, prise il y a une trentaine d'années, nous permet d'apprécier les

---

[936] Sur les grèves des dockers marseillais *« Le fond du problème reste cependant le taux d'inemploi de la main-d'œuvre dockers... Les taux d'inemploi ont été évalué à 25,6 % à Marseille-Est, et à 38,9 % à Fos, en 1989.Rapport Escande*, précité note n° 936, p. 84.

effets. Nous avons déjà dit que celle-ci est une illustration de la déstructuration du droit par le marché, dont nous allons voir les conséquences. Tous les ingrédients vont être réunis pour provoquer la défaillance de l'opérateur privé.

Théoriquement, les opérateurs concernés par les M.I.N. ne pouvaient échapper aux espaces domaniaux puisque l'ordonnance du 22 septembre 1967[937] prévoyait l'instauration de périmètres de protection autour des M.I.N. afin de contraindre les grossistes de vente de certains produits périssables, déterminés par décret, à s'implanter sur le domaine public.

Mais la pression économique transparaît dans l'analyse des textes, puisque parallèlement des dérogations vont être en même temps prévues à ces périmètres de protection[938]. Dans de nombreuses villes, les dérogations apportées aux périmètres de protection se sont multipliées[939]. Parfois, les périmètres de protection n'ont pas été respectés, les entreprises privées s'implantant en l'absence de toute dérogation ; déjà M. M. de Villiers constatait en 1967 l'inobservation de ceux-ci, le détournement toléré de trafic pouvant alimenter un véritable marché parallèle ; il affirmait : *«...les textes sont rédigés de telle sorte qu'un certain nombre de situations sont susceptibles d'échapper à cette réglementation, et de ce fait, l'Administration, interprétant restrictivement les textes, s'abstient de toute poursuite »*[940].

Cette situation a été parfois à l'origine de contentieux, intentés par les commerçants implantés sur les M.I.N., afin que les périmètres soient respectés et que les opérateurs extérieurs, viennent s'installer sur le domaine public[941]. Cela peut sembler d'ailleurs paradoxal que des acteurs commerciaux veuillent attirer dans leur proximité des entreprises concurrentes ; mais en réalité cela est

---

[937] Précitée.

[938] Ordonnance du 22 sept. 1967, précitée, art.8 : « *A titre exceptionnel, les ministres de tutelles pourront accorder des dérogations aux interdictions prévues aux articles 5,6 et 7 ci-dessus, dans les conditions fixées par décret en Conseil d'Etat.* « Le décret n° 68-660 de 1968, précité, *J.O.* du 16 juillet 1968, p. 6792, vient fixer les conditions de dérogation aux interdictions destinées à protéger les marchés d'intérêt national : *« les dérogations doivent être de nature à améliorer la productivité de la distribution».*

[939] Pourtant le Conseil d'Etat avait rappelé que ces dérogations devaient conserver un caractère exceptionnel. (14 nov. 1984, *Syndicat des grossistes en viande* du M.I.N de Rungis, *Leb.* 364 ; *Gaz. Pal.* 1985, 2, 346). Pour une illustration plus récente, v. C.E., 15 déc. 2000, *Union générale des syndicats de grossistes du M.I.N. de Paris-Rungis, R.F.D.A.*, 2001, sous concl. C. Bergeal, p. 884, admettant la légalité de la décision autorisant la société Métro à ouvrir un magasin de libre-service de gros dans la commune de Saint-Quentin-en-Yvelines, située à l'intérieur de périmètre de protection du M.I.N. de Paris-Rungis.

[940] *Les marchés d'intérêt national*, FFMIN, 1967, p. 319.

[941] C.E., 4 février 1976, *Société Omer-Decujis, Leb.* 1976, p. 79.

la preuve que le fait d'échapper pour certains aux règles imposées par les M.I.N -dont surtout les contraintes domaniales- est de nature à avantager la concurrence extérieure, les opérateurs des M.I.N. cherchant alors à imposer à leurs concurrents les mêmes contraintes qu'ils subissent eux-mêmes[942].

De plus, un phénomène nouveau apparaît : celui de la grande distribution, qui va avoir un rôle important sur l'évolution des M.I.N. En effet, la réglementation impose aux grossistes de s'implanter sur les M.I.N. mais exclut les détaillants. Or, avec l'apparition des grandes surfaces, de nouvelles structures se mettent en place, telles que les centrales d'achats pour chaînes de détaillants ou succursalistes.

Mais la grande distribution adapte la loi pour ne pas être visée par la réglementation de la domanialité publique. En effet, ces centrales d'achats ne sont pas concernées par les périmètres de protection car elles ne sont pas considérées comme des grossistes : elles achètent non pour revendre à une multitude de détaillants mais pour le compte de centres commerciaux, eux-mêmes détaillants. Ainsi par exemple un centre commercial ne s'adresse pas directement aux producteurs ni aux grossistes des M.I.N. ; il est approvisionné par sa propre centrale d'achats laquelle acquiert des produits pour le compte de plusieurs centres commerciaux de façon à faire baisser les prix des producteurs, cette centrale d'achats devenant de cette façon l'interlocuteur unique qui impose sa loi au producteur. En conséquence, les centrales d'achats vont échapper aux espaces domaniaux ; elles constituent autant d'unités économiques qui ne s'implantent pas sur les M.I.N. Mais en même temps, elles ne s'adressent pas non plus aux grossistes, opérateurs des M.I.N., puisqu'elles achètent directement aux producteurs ; le M.I.N. est un maillon de la chaîne qui saute. Il en résulte un affaiblissement économique des grossistes de la plupart des M.I.N., qui n'ont plus comme clients que les détaillants, dont nous savons bien par ailleurs, que touchés également par la concurrence des grandes surfaces, ils ont été voués à une disparition progressive. Les annexes précitées sur les marchés d'intérêt national établissaient par exemple sur le M.I.N. de Marseille : «*Les grossistes en magasins se réduisent en nombre : 86 en 1982, ils ne sont plus que 54 en 1988.* »[943] La plupart des M.I.N ont été confrontés à ce problème de diminution importante du nombre d'opérateurs.

En réalité, les opérateurs privés les plus puissants échappent aux contraintes domaniales ; ceci a alors un effet en chaîne, produisant une raréfaction de plus

[942] Marie Christine de Nayer, *Les marchés d'intérêt national,* thèse dactylographiée, Paris I, 1981, p. 228.

[943] *Annexes sur les marchés d'intérêt national* par l'Inspection Générale des Finances et le Conseil général du génie rural des eaux et forêts, précitées note n° 689, n° XI - 11.

en plus importante des opérateurs soumis à la domanialité publique des marchés d'intérêt national, une partie de la doctrine faisant état avec beaucoup de justesse de la grave crise à laquelle les M.I.N. sont confrontés[944].

3 - Le cas de l'aquaculture

L'aquaculture n'est pas une activité de service public ; mais la loi littoral l'érige comme activité «fondamentale»[945] ; c'est donc que le législateur est attaché à son développement, et qu'il reconnaît qu'elle est de grand intérêt ; par ailleurs, elle s'exerce sur le domaine public, et à ce titre, elle est soumise à ses contraintes.

Mais ce type d'activité est confronté aux même problèmes que ceux décrits précédemment. Sont significatifs à cet égard les propos de MM. P. Grua et B. Vaudour, contestant le mode de calcul actuel de la redevance, par application de textes peu réalistes, donnant lieu à des tarifs beaucoup plus élevés que ceux de la propriété privée (5 à 20 fois) ; (il ne faut pas oublier que la non-acceptation de l'augmentation de la redevance est une cause de non-renouvellement du titre). En même temps, les auteurs rappellent qu'inversement, le foncier privé est l'objet d'un marché de ventes et de locations, aux modalités connues, dont les transactions ont une signification économique. Si à ces problèmes s'ajoute la difficulté d'accéder à certains sites particulièrement favorables à l'exploitation de cultures marines, ces auteurs signalent qu'il s'ensuit alors que les créateurs d'entreprises choisissent plutôt d'implanter leurs activités dans les marais et zones humides, propriétés privées, voire sur les terres agricoles riveraines de la mer et irrigables par pompage.

II - L'obsolescence et les faibles dimensions des entreprises existantes

Les entreprises restant sur le domaine public peuvent dans beaucoup de cas se caractériser par leur obsolescence (1) ou leurs faibles dimensions économiques (2).

1 - L'obsolescence

En effet, il est courant dans la pratique que le chef d'entreprise qui a bénéficié d'un titre relativement long et a investi (en bénéficiant par exemple de

[944] M. Lecerf, G. Blanc, « *Marchés d'intérêt national et occupation du domaine public* », *Rev. Dr. Rur.*, 1998, n°259, p. 38 et s.
[945] Art. 30 alinéa 2 : « *L'usage libre et gratuit par le public constitue la destination fondamentale des plages au même titre que leur affectation aux activités de pêche et de cultures marines.* »

la garantie de l'article A26), ne modernise plus ses structures les dernières années de l'occupation. Ceci est dû à l'incertitude du renouvellement d'abord ; (nous savons que l'occupant n'a jamais droit au renouvellement). Ensuite, il risque d'être pénalisé par une augmentation de la redevance, en raison de ses propres constructions, nous l'avons vu.

Il en résulte alors une stagnation de l'activité sur le domaine public, voire une régression de celle-ci par inadaptation des structures à la concurrence. Nous citerons en exemple le M.I.N. de RUNGIS dont la nécessité de réadapter les bâtiments à des normes et aux nécessités de l'évolution commerciale est un problème qui se pose constamment : on constatait que les travaux réalisés en 1985 dans les pavillons de viande et de boucherie étaient déjà en partie inadaptés en 1990[946]. Les résumé et conclusions du rapport de synthèse établi en 1990 par l'Inspection Générale des Finances et le Conseil Général du Génie rural des eaux et forêts[947], faisaient état des éléments suivants «... *les PME sont dans l'incapacité de contribuer aux dépenses et nombre de concessionnaires contestent le bien-fondé d'un cofinancement dès lors que les normes sont imposées par les pouvoirs publics et qu'ils ne sont pas propriétaires de leurs installations. Rungis, considéré comme le marché le plus moderne d'Europe il y a quelques années est en voie d'obsolescence pour les viandes de boucherie, les abats et le poisson* » ; cette situation s'est vérifiée sur d'autres M.IN.[948]

2 - Les faibles dimensions

Un autre problème apparaît : c'est celui de la taille des entreprises, qui est insuffisante. En effet, l'entreprise qui n'investit pas ou très peu, ne peut être en toute logique une structure importante. Il en résulte donc fatalement que les entreprises sur le domaine public se caractérisent pour beaucoup par leurs capacités financières réduites.

Le rapport Escande signale dans ce sens, sur le port autonome de Marseille, *«l'effet de la petite dimension des entreprises. Ceci explique la difficulté que rencontre la place pour faire aboutir ses projets (...) mais aussi l'insuffisance de l'initiative commerciale de la communauté portuaire, laissée pour l'essentiel au seul Port Autonome»*[949]. Selon le rapport précité, les investissements privés

---

[946] Résumé et conclusions du rapport de synthèse n° 90-351 de 1990, précités, de Mme Nicole Briot, Inspecteur Général des Finances, et M. Serge Monot, Ingénieur du Génie Rural des Eaux et Forêts, sur l'avenir des marchés d'intérêt national, note n° 689.

[947] *Précité* note n° 689, p. 2.

[948] Par exemple, le MIN de Nîmes ; source : ce MIN.

[949] *Précité* note n° 932, p. 91.

se caractérisent par *l'attentisme,* expliqué notamment par *la faible dimension financière des entreprises de manutention françaises*[950].

Les entreprises implantées sur les M.I.N. se caractérisent également par la prédominance des moyennes et des petites entreprises.[951] L'activité de fruits et légumes du M.I.N. de Montpellier par exemple, est exercée par des entreprises de taille modeste.[952] Le M.I.N. de Marseille est caractérisé également par ses petites entreprises.[953]

B - L'incidence de la défaillance de l'opérateur privé sur le service public

La situation précitée a fatalement une incidence sur le service public. En effet, compte tenu de l'évolution jurisprudentielle, certains services publics impliquent la participation d'un grand nombre d'opérateurs privés (I) la défaillance de ceux-ci entraînant alors le dépérissement du service public (II).

I - Certains services publics impliquent la participation d'un grand nombre d'opérateurs privés

Depuis l'arrêt *le Béton*[954], toutes les entreprises privées implantées sur le domaine public sont soumises à la précarité ; le fait que des terrains fassent l'objet de contrats d'utilisation privative pour l'exercice d'activités privées, n'a pas pour conséquence de les soustraire au régime de la domanialité publique, *dès lors qu'il est dans leur nature même de ne concourir que sous cette forme au fonctionnement* du service public. Nous avons longuement fait état précédemment du fait que le juge soumet les biens domaniaux à une domanialité d'ensemble.

Le juge n'établit aucune distinction, relative à la nature de l'activité exercée ; pas plus qu'il n'établit de lien entre la nature de l'activité et le service public. Or, deux situations doivent être distinguées.

---

[950] *Précité* note n° 932, p. 31.

[951] Résumé et conclusion du rapport de synthèse de l'Inspection Générale des Finances et du Conseil général du génie rural des eaux et forêts, précité note n° 689, p. 2.

[952] *Annexes sur les marchés d'intérêt national,* précitées note n° 689, XI -13.

[953] *Annexes,* précitées, XI - 11.

[954] *Précité* ; «*que la circonstance que... les terrains dont s'agit font l'objet de contrats d'utilisation privative, au profit de particuliers ou de sociétés exerçant des activités purement privées, ne saurait avoir pour conséquence de les soustraire au régime de la domanialité publique, dès lors qu'il est dans leur nature même de ne concourir que sous cette forme au fonctionnement de l'ensemble du port...*»

La première est celle de l'exploitation privée qui améliore le service public grâce à des activités annexes. C'est le cas de la buvette, du kiosque à journaux, du restaurant, de l'hôtel, etc. sur un aéroport, une gare, etc. Ces activités constituent un confort supplémentaire indiscutable pour l'usager. C'est d'ailleurs la raison pour laquelle le juge les soumet à l'instabilité de la domanialité publique. Mais en même temps, l'opérateur privé -simple permissionnaire ou concessionnaire sans service public - ne participe pas au service public à titre principal ; (le service public est le fait d'un exploitant unique, par exemple un concessionnaire de service public, un établissement public).

Il ressort de cette situation que la carence de l'initiative privée dans les activités accessoires ou annexes au service public, ne constitue qu'une absence de confort supplémentaire, voire une gêne, pour les usagers ; elle n'entraîne pas pour autant la défaillance du service public. Autrement dit, le fait qu'un exploitant refuse de construire un hôtel, ou d'aménager un restaurant dans une gare en raison de la précarité dont serait affectée son exploitation, n'aurait pas pour effet de paralyser le service public de transport ferroviaire. L'usager voyagerait dans de moins bonnes conditions, mais le service public continuerait de fonctionner.

La deuxième situation, bien différente, est celle où l'exploitation privée participe directement au service public. Autrement dit, c'est l'hypothèse où certains services publics ne peuvent voir le jour sans l'intervention de l'opérateur privé. C'est le cas par exemple du service public portuaire qui ne peut se développer sans l'initiative privée. C'est le cas également du service public des M.I.N. qui n'est le fait que des opérateurs privés. C'est encore le cas des ateliers-relais. Dans de nombreux secteurs d'activités, c'est la multiplication d'entreprises privées, dont l'ensemble constitue le service public qui est à l'origine de son fonctionnement ; c'est essentiellement l'initiative privée qui fait fonctionner le service public. Sans celle-ci, il n'existerait pas. En effet, dans le système économique français actuel, on ne pourrait imaginer par exemple une activité industrialo-portuaire sans une multitude d'exploitants privés.

II - Le dépérissement du service public par défaillance des opérateurs privés

Dans le cas précité, bien que développant eux-mêmes le service public, les opérateurs privés ne bénéficient pas des conditions avantageuses de la concession de service public : ils ont une simple autorisation ou une concession sans service public ; qui plus est, leur situation s'est aggravée de plus en plus du fait du durcissement jurisprudentiel à leur encontre, nous l'avons vu.

Nous avons fait état précédemment de la défaillance de l'opérateur privé en raison de ces circonstances de précarité aggravée. Il est de pure logique alors d'établir les conséquences suivantes : si le service public se développe grâce à l'opérateur privé, si l'opérateur privé ne s'implante plus sur le domaine public, il y a forcément un dépérissement du service public. Autrement dit, en poussant le raisonnement à l'extrême, l'absence d'intervention privée sur le domaine public aboutit à la défaillance du service public.

Une référence indirecte semble avoir été faite lors des travaux parlementaires de la loi de 1994, pendant lesquels il a été affirmé, par le gouvernement, sur les règles de la domanialité : «*Cette protection est essentielle mais les règles actuelles, reconnaissons-le, peuvent conduire à l'inverse du but recherché : elles conduisent au dépérissement du domaine par désaffection des entreprises.*»[955]

L'exemple illustrant le mieux la situation de dépérissement du service public, est très certainement celui des M.I.N., dont nous pouvons apprécier, sur le long terme, les conséquences de la défection des entreprises, sur le service public. Cette activité constitue un service public[956] ; le but essentiel assigné était de «*rechercher le juste prix, c'est-à-dire le prix à la fois le plus bas possible pour le budget du consommateur et procurant une juste rémunération de son travail*»[957]. C'est à cette motivation que répondait la suppression des intermédiaires, l'allégement des circuits de distribution[958].

Le M.I.N. devait être le lieu de la confrontation de l'offre et de la demande, lieu qui devait présenter un double intérêt : d'abord pour les producteurs qui

---

[955] *J.O.* doc. A.N., précité, p. 1714.

[956] Avis du Conseil d'Etat n° 284.725, 5 juin 1962 : *...qu'il résulte de l'ensemble de ces dispositions que lesdits organismes ont le caractère de service public; ...que notamment la gestion d'un marché par une régie communale ou départementale paraît impliquer que le service ainsi géré constitue un service de caractère communal ou départemental ; qu'en revanche, les marchés gérés par un établissement public, un organisme créé à cet effet, ou une société d'économie mixte dans les conditions prévues par le décret n° 58-767 du 25 Août 1958 correspondent en principe à un service public dépassant le cadre d'une seule commune et doivent être regardés comme des services intercommunaux, départementaux, interdépartementaux ou nationaux selon les personnes publiques qui participent à leur constitution et à leur financement ;* «. Des décisions ultérieures qualifient de service public l'activité des M.I.N. ; par exemple, C.E., section, 14 oct. 1970, *Ville de Cavaillon, A.J.D.A.* 1970, p. 41, note M. Pierre Moulié : « *que le marché de gros, les halles de conditionnement, le parc de stationnement et le bar restaurant sont nécessaires au bon fonctionnement du service public assuré par le marché-gare d'intérêt national exploité en régie par la commune de Cavaillon*».

[957] Exposé des motifs du décret de 1953.

[958] Selon l'exposé des motifs du décret de 1953, il s'agissait «*d'alléger les frais matériels des circuits de distribution... et de clarifier les transactions successives des circuits*».

devaient trouver sur les M.I.N. un prix de référence significatif puisque la concurrence était élargie, ainsi que des sources d'information sur les cours et quantités vendues sur les autres marchés. Pour les grossistes, le M.I.N. devait être l'endroit principal de formation des prix. C'est à ces impératifs que répondait la création du service des nouvelles, institution à caractère économique, dont le but est la collecte et la distribution d'un maximum de renseignements, afin de permettre l'écoulement des productions au meilleur prix[959]. Autrement dit, les M.I.N. devaient assurer la transparence de l'offre et l'élargissement de la concurrence parmi les opérateurs, tout en supprimant les intermédiaires, afin de favoriser le prix le plus bas au profit du consommateur tout en rémunérant de façon la plus équitable le producteur.

Mais les buts initiaux ne seront pas atteints, du fait de la défection des entreprises privées sur le domaine public. En effet nous avons fait état précédemment de l'instauration des périmètres de protection, et en même temps des pressions qui s'exercent de non-respect de ceux-ci, ainsi que du développement des centrales d'achats qui ne sont pas considérées comme des grossistes, les entreprises cherchant à s'exonérer des contraintes domaniales et s'installant hors des M.I.N.

Le M.I.N. devait être le lieu de rencontre de l'offre et de la demande, ce qui n'a pas été le cas. En 1995, 60 à 65% de la masse de marchandises ne transitent plus par les M.I.N.[960] Ceci a alors une triple incidence négative, contraire aux objectifs de l'instauration des marchés d'intérêt national.

Le producteur, qui devait écouler sa marchandise auprès de nombreux grossistes s'est retrouvé alors face à un interlocuteur fort et pratiquement unique lui imposant sa loi puisque la concurrence a été supprimée de façon considérable. Peut-on parler réellement de concurrence lorsque les prix de référence sont fixés en grande partie par quelques sociétés de la grande distribution ?

Quant aux opérateurs sur les M.I.N., leur nombre s'étant restreint de façon importante, on ne peut plus parler réellement de concurrence entre eux. De plus, la précarité de la domanialité publique a été un frein à la modernisation des entreprises, ce qui a placé l'occupant domanial dans une situation de plus en plus faible par rapport aux centrales d'achats, lesquelles ont pu adapter leurs

---

[959] Les informations sont récoltées sur le territoire national mais aussi au niveau européen ; elles comprennent la collecte de données sur les quantités de production, prévisions de récoltes, les cotations établies produit par produit en fonction du calibrage, variétés, qualités, etc., en vue d'obtenir la transparence des prix . (Source : ministère de l'agriculture, service des nouvelles).

[960] Source : Ministère de l'Agriculture.

structures à l'évolution du marché en raison de la stabilité dont elles bénéficient sur la propriété privée.

Enfin le consommateur n'est pas ressorti avantagé puisque les prix seront formés à partir d'un nombre réduit d'offreurs- les grandes surfaces - très puissants. Il en résulte aujourd'hui que la grande distribution impose pratiquement sans aucune concurrence les prix payés par le consommateur, alors que justement l'objectif du service public des M.I.N. était d'abaisser les prix en augmentant la concurrence.

L'évolution a prouvé que le régime des M.I.N. n'a pas été suffisamment attirant ; le régime domanial beaucoup trop contraignant n'a pas permis l'essor escompté pour les entreprises implantées sur cette propriété ; en revanche, les lacunes des textes ont permis au marché d'éviter les contraintes domaniales et de s'installer à l'extérieur. Les entreprises les moins dynamiques devaient être progressivement éliminées ; or, les entreprises les plus puissantes ne s'y sont pas implantées ; seules de petites et moyennes entreprises ont végété, n'arrivant pas à imprimer l'élan économique au domaine public.

Aujourd'hui les M.I.N. ne sont plus un lieu de confrontation de l'offre et de la demande et par conséquent ne sont plus le lieu de référence de formation des prix des produits périssables, ce qui était leur fonction originaire : ils ont perdu leur représentativité. Il y a dans les M.I.N. l'exemple caractérisé de la défaillance du service public par carence ou défection de l'opérateur privé, comme le souligne avec justesse la doctrine spécialisée.[961]

Si les périmètres de protection avaient été respectés, si les centrales d'achats s'étaient implantées dans les M.I.N., un effet de synergie se serait créé entre les activités des différents acteurs, profitable à l'ensemble de ceux-ci, profitable également au service public et à la rentabilisation du domaine, et au développement économique en général.

C - Les conséquences sur l'action administrative : l'éloignement de l'activité initiale de service public

En raison de la baisse des activités du fait de la situation précitée, certains gestionnaires ont tenté de redynamiser la propriété domaniale en diversifiant les activités, dans des secteurs ne relevant plus du service public originaire (I). Ou encore, l'administration a procédé à des déclassements des biens et à l'aliénation

---

[961] V. sur cette question l'étude détaillée de MM. M. Lecerf et G. Blanc, « Marchés d'intérêt national et occupation du domaine public » précitée note n° 944.

au plus offrant (II). Il y a donc, incontestablement, dans ces deux situations un éloignement de l'activité initiale de service public.

I - La diversification des activités

Sur la plupart des M.I.N., une diversification des activités a eu lieu, éloignant ceux-ci de leur vocation initiale ; des concessions ont été octroyées pour des activités agroalimentaires, non concernées par les périmètres de protection. Le M.I.N. de Nîmes dont les activités ont été marquées par le déclin, a dû s'orienter plus dans la conservation et la fabrication que dans le commerce[962]. En raison de la baisse des activités[963], le M.I.N. de Marseille, de la même façon, a été obligé de diversifier son activité, ce qui l'éloigne de sa vocation initiale. Par exemple, une installation d'ionisation a été créée en 1988, dont l'activité est plus orientée vers le secteur médical que vers le secteur des produits alimentaires, ce qui ne répond nullement aux objectifs initiaux du service public des M.I.N.[964]

Dans d'autres cas, des concessions ont été accordées pour des activités n'ayant plus aucun rapport avec l'activité alimentaire : fabriquant de pianos, chenil de la police, transporteur de plis postaux.[965]

Mais la nécessité de diversification des activités du fait de l'inoccupation domaniale par l'exploitant privé se retrouve également dans d'autres domaines publics ; tels les ports autonomes. Ainsi, le rapport de recherche CRPEE/IFREMER fait état *«de la* ***désindustrialisation progressive de Marseille*** [qui] *pose le problème de la reconversion des sites industriels, territoires du Port Autonome de Marseille (PAM), qui occupent une large part du littoral communal, zones industrielles désaffectées.»*[966]

---

[962] *Annexes sur les marchés d'intérêt national*, précitées note n° 689. Ces annexes font état au sujet des produits carnés du M.I.N. de Nîmes : *« Le marché aux bestiaux est en voie de disparition ; ... l'abattoir est vétuste et la C.E.E. ne lui a pas donné l'agrément...Les entrepôts frigorifiques sont eux aussi moins utilisés.* Annexe XI - 16.
Sur les fruits et légumes : *«Le MIN de Nîmes n'a pas pu s'affirmer face à la concurrence des MIN de la région (Cavaillon et Chateaurenard) et à celle des autres marchés de production, marchés physiques de gré à gré ou cadran... Les tonnages commercialisés sur le MIN n'ont cessé de décroître.* [Il] *est donc devenu un petit marché de consommation».* (*Annexes*, précitées, XI-16.)

[963] *« Les grossites en magasins se réduisent en nombre : 86 en 1982, ils ne sont plus que 54 en 1988... ; ...le marché reste celui de petites entreprises...» (Annexes,* précitées).

[964] *Annexes*, précitées, XI - 11.

[965] *Annexes*, précitées, XI -16, pour le MIN de Nîmes.

[966] *Inventaire et typologie des concurrences et des conflits sur le littoral méditerranéen*, E. Tempier, F. Féral, sous la responsabilité scientifique d'A. Berger, III.12, nov. 1991, rapport C.R.P.E.E./ IFREMER, non publié. Caractères gras ajoutés.

Il n'est pas rare, dans un tel contexte, que les ports autonomes développent par exemple des activités de plaisance ; certes, il est indéniable qu'il y a là un lien avec les activités maritimes, mais celles-ci ne relèvent pas directement des activités commerciales et de réparation navale à proprement parler ; cela ne va pas sans créer d'ailleurs des conflits, notamment de la part des dockers, de leurs syndicats et du parti communiste qui voient là une orientation de la politique portuaire vers le tourisme de luxe.[967] Parfois, ce sont des activités d'intérêt général qui seront développées, (par exemple un restaurant universitaire sur un port), mais sans aucun rapport avec le service public originaire.

II - Le déclassement du domaine public artificiel et l'aliénation au plus offrant

La diversification des activités pour tenter de réactiver le domaine ne s'avère pas obligatoirement efficace pour imprimer un nouvel essor au domaine public, d'autant que les nouvelles activités, même si elles ne relèvent pas du service public, continuent d'être affectées de précarité en raison de leur implantation sur le domaine public. Parfois, aucune activité de remplacement n'est possible, le domaine public n'étant plus attractif pour l'opérateur privé, quelle que soit l'activité. C'est le cas de certaines zones portuaires, dont la désindustrialisation progressive, du fait de l'inoccupation privative est à l'origine de l'abandon des bâtiments existants qui finissent par tomber en ruine.

Dans ces nouvelles circonstances, il n'est pas rare de voir l'autorité procéder au déclassement et à l'aliénation du domaine public, situation que l'on retrouve sur différents domaines publics.

C'est le cas par exemple des M.I.N. Par le déclassement, on constate que le domaine n'est plus affecté ; autrement dit, il ne remplit plus la mission de service public qui lui avait été assignée. Le M.I.N. de Nîmes a fait l'objet de ce type de procédure : le décret n° 92-1381 du 30 décembre 1992 supprime le classement de ce marché en qualité de marché d'intérêt national et abroge le décret du 16 octobre 1965 portant délimitation du périmètre de protection[968]. Déclassé en tant que M.I.N. par décret, la Ville de Nîmes le déclasse ensuite en tant que marché[969]. Le M.I.N. de Montauban a fait l'objet également d'un déclassement. Il est indéniable que d'autres suivront.

Quel est le sort réservé alors à ces terrains, qui deviennent des biens du domaine privé ? Cela va dépendre encore une fois du «marché». Soit, ils feront

---

[967] Rapport C.R.P.E.E./ IFREMER, précité note n° 966, III.12 et III.2.

[968] *J.O.* du 31 déc. 1992, p. 18126.

[969] Délibération portant déclassement du marché de Nîmes-Saint Césaire, en date du 2 fév. 1993.

l'objet de baux commerciaux, pour des activités autres que celles relevant du service public initial (par exemple, un bail commercial pour une activité de réparation de pianos sera accordé sur un ancien M.I.N.) ; soit le bail commercial sera accordé pour une activité relevant du service public initial (un bail commercial sera accordé à un grossiste de l'ancien M.I.N.) ; soit, encore, les terrains seront vendus pour des activités très lucratives de constructions immobilières (habitat privatif, bureaux).

Cette dernière hypothèse se présentera avec d'autant plus d'acuité que certains espaces de domanialité publique, du fait de l'extension de l'urbanisme, se retrouvent au cœur des villes, et deviennent de ce fait un foncier très convoité. Et il y a là encore une fois l'illustration du marché très puissant de l'immobilier, extrêmement rentable, qui s'impose aux règles domaniales.

Le M.I.N. de Nice est un exemple de la pression du marché face à un service public qui bat de l'aile et perd de la rentabilité. Ce marché se situe près du centre de la ville où il y a une forte pression de l'immobilier d'entreprises. C'est pourquoi une étude avait été réalisée sur la transformation du M.I.N. et la création d'un ensemble de commerce international. Les annexes de l'Inspection Générale des Finances et du Conseil du Génie rural des eaux et forêts indiquent d'ailleurs dans ce sens que *«cette étude peut avoir perdu de son actualité mais* ***les données du marché immobilier*** *conduiront nécessairement à poser le problème de l'organisation et de la localisation du marché».*[970]

Nous nous trouvons alors devant la situation paradoxale suivante : l'affectation impose l'absence de stabilité au profit des entreprises implantées qui sont à l'origine du développement d'un service public ; la précarité engendre soit la disparition des entreprises, soit leur inadaptation par manque de modernisation des structures. On constate donc la perte de l'affectation, par déclassement. Puis on va accorder finalement la stabilité parfaite en fonction du marché foncier, non pas en prenant en compte la nécessité socio-économique de développer tel ou tel type d'activité mais en fonction de l'intérêt immédiat du propriétaire.

Autrement dit, les M.I.N. n'ont pu assurer leur mission de service public en raison de la précarité, ce qui a fait fuir les entreprises qui auraient pu développer ce service public ; en revanche, aujourd'hui on accorde la stabilité parfaite par le droit de propriété ou le fonds de commerce à des entreprises, dont quelques-unes ont un rapport avec le service public originaire et la plupart n'ont rien à voir avec celui-ci. N'y a-t-il pas là un non-sens ? Ne valait-il pas mieux accorder la stabilité aux entreprises, ce qui aurait permis le maintien des

---

[970] *Annexes*, précitées note n° 689, XI - 15, caractères gras ajoutés.

marchés d'intérêt national ? le maintien du service public ? Car, selon les utilisateurs, le marché d'intérêt national est un bon outil de travail en lui-même, présentant un certain nombre d'avantages (regroupement des entreprises au sein d'un même site pour un même type d'activité, créant une synergie entre les activités, meilleure connaissance des prix pratiqués par la concurrence, etc.) En revanche, les contraintes domaniales ont été dissuasives pour une implantation privative.

Les ports peuvent présenter le même paradoxe. La stabilité a été refusée sur le domaine portuaire en raison de la protection de l'affectation. Mais la précarité des entreprises a provoqué la diminution de leur nombre, ce qui a entraîné un déclin des activités portuaires[971]. Mais on voit alors apparaître des études préconisant encore une fois l'immobilier touristique, au lieu et place des entreprises, activité dont nous savons qu'elle est très rentable mais qu'elle exige une stabilité parfaite. Ainsi le rapport Escande faisait état en 1990 d'un schéma directeur à Marseille prévoyant « *le retrait de l'établissement portuaire de l'ensemble des espaces de la Joliette»*[972]. « *De toutes les opérations d'urbanisme envisageables, celle qui consisterait à ouvrir la ville sur la mer à hauteur de la Joliette est, de l'avis de tous les responsables locaux, le projet le plus mobilisateur et sans doute le seul qui soit suffisamment fort pour modifier l'image internationale de la ville ».*[973]

De même, le Conseil National des Communautés portuaires soutenait dans ce sens : *«Si l'analyse conclut au contraire à la perte définitive d'intérêt portuaire, il faut alors résolument envisager une évolution vers des espaces purement urbains (espaces publics, équipements culturels, voire véritable quartier avec ses fonctions commerciales et d'habitation). »*[974]

Le rapport de recherche du CRPEE/IFREMER faisait état également dans le même sens : «*Le quartier de l'Estaque dispose d'une zone portuaire délaissée par le PAM, de terrains de stockage de matériels de chantiers, de sites industriels chimiques parsemés de bâtiments en ruine... Situés en bordure du littoral, ces terrains sont relativement abrités du vent dominant (le Mistral) et offrent une vue superbe sur la rade de Marseille : autant d'atouts pour une reconversion dans le tourisme, les loisirs, la résidence de luxe...»*

---

[971] Sur la baisse des activités du port de Marseille, voir par exemple le *rapport Escande*, précité.

[972] *Rapport Escande*, précité note n° 932, p. 160.

[973] *Précité* note n° 932, p. 158.

[974] *Aspects domaniaux et procédures foncières,* Président Y. Marchand, rapporteur M. Liabastre, juillet 1992 ; source : Secrétariat d'Etat à la Mer.

Certes, on peut tenir le raisonnement suivant : il ne s'agit pas de l'aliénation du domaine public, mais du domaine privé, puisqu'il y a absence d'activité, et donc absence d'affectation, constaté légalement par déclassement du site. Mais il s'agit là d'un raisonnement fallacieux, car s'il n'y a plus d'entreprises, c'est en raison justement de la précarité ; c'est alors un non-sens que d'accorder la stabilité à l'immobilier, très rentable à court terme, stabilité qui a été justement refusée aux entreprises, et qui a provoqué précisément la perte de l'affectation.

Le développement de l'immobilier sur le domaine public portuaire n'est pas sans poser des problèmes sociaux, les dockers appuyés par leurs syndicats voyant là une diminution du domaine public, portant atteinte au commerce et par-delà à leur outil de travail[975], ou voyant encore une évolution des politiques portuaires réorientées plus vers le tourisme que vers le commerce, la réparation navale. De même, les populations locales se mobilisent contre de tels projets, car elles contestent, encore une fois, le bétonnage des côtes du fait de l'immobilier, portant atteinte au libre accès à la mer pour la pêche, les sports nautiques, etc.[976]

§ II - L'ECHEC DE LA PROTECTION DE L'AFFECTATION A L'USAGE DU PUBLIC DES ESPACES NATURELS

Nous avons dit précédemment que l'espace de domanialité publique était devenu un «produit», dont le marché parfois faisait disparaître le régime en fonction des intérêts en présence. C'est le cas des espaces naturels de domanialité publique : les rivages de la mer n'ont pas résisté à la pression financière.

Le problème bien connu que génère cette situation est celui de la transformation, et la destruction irrémédiable de ces espaces naturels, qui pourtant étaient affectés à l'usage du public. Certes, nous avons déjà dit que le rôle des règles domaniales n'est pas de protéger la propriété en tant que telle, mais de protéger l'affectation. C'est la protection de l'affectation qui garantit l'intégrité de la propriété. Or, en détruisant le site naturel, le marché restreint cet espace et par conséquent diminue considérablement les droits du public. En réalité, le régime de la domanialité publique n'a pas réussi à éviter la destruction des espaces naturels affectés à l'usage du public (A). Nous ne ferons que rappeler ici une situation bien connue.

---

[975] Voir le *Rapport Escande*, précité note n° 932.

[976] Voir, sur les conflits de l'occupation de l'espace portuaire marseillais, le rapport précité du CRPEE/IFREMER note n° 966, p. 28 et s.

Cependant, on ne peut que constater que les règles de la domanialité publique ont été absolument inopérantes face à la pression économique sur les espaces naturels ; pas plus d'ailleurs qu'elles n'ont été efficaces sur les espaces artificiels. Toutefois, ce problème est particulièrement grave sur les rivages de la mer, puisque le marché engendre des nuisances qui portent des atteintes graves à la nature. De plus, aujourd'hui, le marché se déplace sur les terrains proches des rivages, qui ne font pas partie du domaine public, mais qui sont également menacés de dommages irréversibles. Et c'est parce que le régime domanial a été inefficace que la protection de l'intégrité de certains espaces naturels a nécessité la mise en place de régimes renforcés (B).

A - Le régime de la domanialité publique n'a pas réussi à éviter la destruction des espaces naturels affectés à l'usage du public

Il est bien connu que la jurisprudence a établi que le public a un droit d'utilisation des espaces naturels du domaine public (I) ; cependant, le marché va réduire considérablement ces droits (II).

I - Les droits d'usage par le public aux termes de la jurisprudence

Le domaine public naturel est théoriquement affecté à l'usage libre et gratuit des occupants collectifs, baigneurs, promeneurs, pêcheurs, etc. L'affectation des rivages de la mer est constituée par le droit d'utilisation de ceux-ci ; or, l'utilisation implique d'abord de pouvoir y accéder.

Le juge a été confronté à la question de la libre accessibilité des rivages. La jurisprudence a établi clairement dès le XIXe siècle que *«le rivage de la mer fait partie du domaine public et que* ***tout le monde a le droit d'y accéder librement»***[977]. Le régime de domanialité garantit donc théoriquement l'accès du public à la mer.

Le juge vérifie si ce droit d'accès aux rivages est bien respecté ; il établit qu'une autorisation « *a laissé en dehors de son champ, d'une part une «cale» qui* ***permet l'accès à la mer*** *à partir du chemin conduisant à cette portion de la côte, d'autre part, une bande de terrain sise au pied de la falaise qui surplombe la grève à cet endroit et permettant la libre circulation du public le long du littoral»*[978].

Dans une autre affaire, le juge décide que l'acte de concession d'endigage établissant que *«le concessionnaire sera tenu de céder gratuitement... une*

---

[977] C.E., 30 avril 1863, *Ville de Boulogne*, concl. Robert, *Leb.* p. 405. Caractères gras ajoutés.
[978] C.E., 4 juillet 1980, *ministre des Transports*, *R.D.P.* 1981, p. 240. Caractères gras ajoutés.

bande de terrain de 1,50 m en bordure de la digue à construire pour le libre passage du public, n'apporte par elle-même aucun obstacle à la libre circulation des rivages...»[979] Ou encore, dans l'affaire *Loyer et ministre de l'Equipement*, il décide : *« il ressort des pièces du dossier que l'escalier d'accès que le sieur Loyer a été autorisé à maintenir pendant dix ans... n'apporte, par lui-même aucun obstacle à la libre circulation du rivage de la mer»*[980].

De plus, le juge établit clairement que l'utilisateur collectif a *un droit* d'utilisation du domaine public maritime, en décidant que l'administration accorde des autorisations *«... si elles se concilient avec les usages conformes à la destination du domaine que le public est normalement* ***en droit*** *d'y exercer...»*[981].

L'administration est tenue de faire cesser les occupations irrégulières, afin de préserver l'affectation à l'usage du public : «*que les autorités chargées de la police et de la conservation du domaine public maritime sont tenues, par application des principes régissant la domanialité publique, de veiller à l'utilisation normale des rivages de la mer et d'exercer à cet effet les pouvoirs qu'elles tiennent de la législation en vigueur, y compris celui de saisir le juge des contraventions de grande voirie, pour faire cesser les occupations sans titre et enlever les obstacles créés de manière illicite, qui s'opposent à l'exercice par le public de son droit d'usage du domaine public maritime. »*[982]

Le législateur affirme par ailleurs que l'*usage libre et gratuit par le public constitue la destination fondamentale des plages.*[983]

II - La restriction des droits d'usage du fait du marché

Les droits du public ont été considérablement diminués en raison du marché, lequel a opéré une pression très forte sur les espaces naturels, particulièrement convoités pour leur rentabilité, diminution du fait du bétonnage bien connu des côtes, par différents types de réalisations (1) ; mais la transformation côtière a

[979] C.E., 18 oct. 1978, *Ministre de l'Equipement c/ association «Les amis des chemins de ronde»*, *R.D.P.* 1979, p. 932.

[980] C.E., 18 oct. 1978, *R.D.P.* 1978, p. 932.

[981] C.E., 3 mai 1963, *Commune de Saint-Brévin-les-Pins*, *A.J.D.A.* 1963, p. 343 ; *R.D.P.* 1963, p. 1174, note Waline. dans le même sens : C.E., 18 octobre 1978, *Ministre de l'Equipement c. association «Les amis de chemin de ronde»*, *R.D.P.* 1979, p. 932 ; C.E., 18 oct. 1978, *Loyer et Ministre de l'Equipement*, *R.D.P.* 1979, p. 932.

[982] C.E., *Association des Amis de chemin de ronde*, 23 fév. 1979, *A.J.D.A.* 1979, p. 83 ; J.C.P. 1980, II, 19320, note J.F. Davigon.

[983] Art. 30 de la loi Littoral.

eu à son tour des conséquences nouvelles sur l'espace naturel, le réduisant encore (2).

1 - La restriction par le bétonnage des côtes

Les activités touristico-immobilières ont été destructrices des espaces naturels (a) ; mais le service public peut aussi, dans une optique de patrimonialité, opérer une destruction irréversible des sites naturels (b).

a - La destruction des espaces naturels du fait des activités touristiques

Il est bien connu que le marché de constructions touristico-immobilières, marinas, d'habitat privatif, hôtelier, la plaisance ont opéré une réduction considérable du domaine public naturel. De ce fait, le public a vu ses droits amputés d'autant.

Dans d'autres cas, c'est l'accessibilité même au rivage qui a été empêchée, en raison des «murs de béton» devant les côtes, opérant indirectement une «privatisation» des plages au profit des propriétés limitrophes au domaine public ; cette question bien connue avait soulevé dans le passé un mouvement d'émotion dans l'opinion publique qui y voyait là l'utilisation des plages par les plus nantis. Le juge, bien qu'il affirme que le public a un droit d'accès et qu'il vérifie que l'accessibilité est respectée, a parfois favorisé l'absence d'accessibilité et par-delà le marché ; ainsi, dans une affaire, il s'agissait d'une concession d'endigage translative de propriété, ayant pour effet de soustraire des terrains à l'action des flots ; ces terrains avaient cessé d'appartenir au domaine public ; le juge décide de ce fait que «*M. Fontaine, actuel propriétaire desdits terrains, n'a pas commis une contravention de grande voirie en interdisant leurs accès au public*».[984]

La doctrine dans le passé s'est longuement étendue sur ces problèmes d'inaccessibilité de certains rivages, de privatisation des plages et de destruction des côtes. Ces nouvelles pratiques d'ailleurs avaient motivé l'intervention de la Cour des comptes et avaient mobilisé les associations de défense de la nature qui avaient multiplié leurs interventions. Nous ne reviendrons donc pas sur cette question, dont nous avons déjà parlé antérieurement. Mais on ne peut que constater que le régime de la domanialité publique n'a pas été à même de protéger les espaces naturels domaniaux.

[984] C.E., 30 nov. 1979, *R.D.P.* 1980, concl. M.J.F. Théry.

b - La destruction des espaces naturels du fait de la gestion patrimoniale du service public

Le service public peut également détruire les sites naturels de domanialité publique ; c'est le cas des activités portuaires, de certaines centrales nucléaires installées sur le domaine public[985]. L'aéroport de Nice par exemple, a été construit sur des endiguements, occupant 235,42 ha de terre-pleins[986]. Dans ce cas, les espaces affectés au public diminueront d'autant.

Mais le service public, dans une optique de marché peut être aussi destructeur d'espaces naturels et opérer en conséquence les mêmes restrictions aux droits des utilisateurs collectifs. En effet, nous avons déjà dit que l'extension de la notion de service public est à l'origine de l'agrandissement très important du domaine public ; mais en même temps, chaque domaine étant devenu une propriété rentable, l'autorité a tout intérêt dans cette optique, à étendre son domaine, ce qu'elle fait d'ailleurs (il est bien connu par exemple que les ports sont dévoreurs d'espaces).

Concernant le domaine public naturel, l'administration le fait d'autant plus facilement que le législateur lui en donne les moyens. Ainsi, L'article 27 de la loi littoral interdit qu'il soit porté atteinte à l'état naturel du rivage de la mer ; toutefois des exceptions sont prévues, ce qui peut être à l'origine d'abus : cette disposition ne s'applique pas sur certains secteurs, notamment dans les zones portuaires et industrialo-portuaires. Dans l'arrêt du Conseil d'Etat *Groupement des associations de défense des sites et de l'environnement de la côte d'Azur*[987], l'annulation de l'arrêté préfectoral, autorisant des travaux de création d'un nouveau port à proximité du port de Golfe-Juan, est demandée ; le nouveau port dont le préfet avait autorisé les travaux était situé dans une rade naturelle, à proximité des îles de Lérins. L'étude d'impact faisait ressortir que cette édification devait entraîner la destruction directe de 23 hectares d'herbiers de posidonies en raison de la construction à proprement parler, et la disparition d'une surface égale, de façon indirecte en raison de l'altération de la qualité des

---

[985] Y.Benaceur dénombrait en 1980, 25 centrales nucléaires, en projet d'installation, dont 5 sur le domaine public maritime. L'auteur signale que la centrale nucléaire de Penly a une emprise d'environ 75 hectares sur le domaine public maritime, dont 70 hectares par avancée en mer, ou encore celle de Flamanville qui s'étend en partie sur 55 hectares gagnés en mer, ayant nécessité un déroctage de 15 millions de mètres3 cubes. *De quelques utilisations du domaine public maritime et la protection de l'environnement,* thèse Strasbourg, 1992, p. 206 et s.

[986] Paskoff, *précité*, 1993, p. 68.

[987] C.E., 10 déc. 1990, n° 97 119, *Jurisprudence administrative illustrée, La loi du 3 janvier 1986 relative à l'aménagement, la protection et la mise en valeur du littoral,* Ministère de l'Equipement, du logement et des transports, Direction de l'architecture et de l'urbanisme, sept. 1992, p. 187.

eaux[988]. Il est clair dans cette affaire qu'il y avait destruction de l'état naturel du rivage. Or le juge décide que l'article 27 n'est pas applicable, la zone en cause étant une zone portuaire. Le service public portuaire peut donc détruire l'affectation à l'utilisation par le public, et par-delà les espaces naturels de domanialité.

Si de proche en proche on peut porter atteinte à l'état naturel, au prétexte que l'on est en zone portuaire, on pourra assister à une réduction accrue des espaces naturels. Mais nous avons dit également que des opérations immobilières sont envisagées sur les ports[989], en raison de la défaillance des activités privatives commerciales, avec déclassement et vente des terrains. Il peut en résulter à la longue une situation aberrante : c'est la destruction des espaces naturels, affectés à l'usage du public, au nom du service public et de l'intérêt général largement entendus ; mais ces espaces, devenus artificiels, avec le temps peuvent être réorientés vers l'immobilier très rentable. On peut assister alors, tout simplement, à un déplacement progressif du port, dont les autorités, céderaient, dans le but de se procurer des ressources substantielles, des terrains qui ne lui sont plus théoriquement utiles, ceux-ci n'étant plus utilisés par des exploitations commerciales ou industrielles, tout en étendant le port vers des zones naturelles. Compte tenu du nombre important de ports, le risque de diminution des quelques sites encore naturels est grand (ports autonomes, ports d'intérêt national, etc.)

Comme par ailleurs, le législateur établit également dans l'article 27 de la loi littoral qu'il peut être porté atteinte à l'état naturel du rivage par un nombre relativement important d'opérations[990], cela fait donc beaucoup d'ouvrages pouvant réduire les espaces domaniaux qui sont encore à l'état naturel. Et si nous ne contestons pas la nécessité de tels ouvrages, en revanche, ce qui est plus contestable c'est l'utilisation des rivages naturels, avec une éventuelle dérive marchande, alors que l'on pourrait plutôt utiliser le domaine public artificiel, qui pourtant occupe à présent la majeure partie des espaces côtiers. En effet, en 1985, sur les 5 500 km de côtes, 20% seulement de ces espaces

---

[988] Détails donnés par le commentaire de l'arrêt in *Jurisprudence administrative illustrée, La loi du 3 janvier 1986 relative à l'aménagement, la protection et la mise en valeur du littoral,* précité note n° 987, p. 187.

[989] Nous avons donné l'exemple précédemment du Port Autonome de Marseille.

[990] Opérations de défense contre la mer, réalisations d'ouvrages et d'installations nécessaires à la sécurité maritime, à la défense nationale, à la pêche maritime, à la saliculture et aux cultures marines, ouvrages ou installations liés à l'exercice d'un service public ou l'exécution d'un travail public dont la localisation au bord de mer s'impose pour des raisons topographiques ou techniques impératives et qui ont donné lieu à une déclaration d'utilité publique.

étaient *restés dans un état que l'on peut considérer comme naturel.*[991] Ici encore il y a échec de la protection du domaine public affecté au public.

2 - La restriction par les effets secondaires des nouvelles utilisations des espaces naturels

Le droit d'usage par le public va encore être restreint du fait de l'érosion des côtes, dont on sait aujourd'hui que les constructions en bord de mer sont en grande partie responsables : la réalisation d'édifications sur le littoral, sur le domaine public naturel ou sur des espaces proches de celui-ci, est de nature à stopper les échanges sédimentaires et provoque ainsi l'érosion des côtes. Autrement dit, l'homme transforme volontairement les espaces côtiers par des ouvrages les plus divers ; mais ceux-ci à leur tour, ont une incidence sur la nature.

Ainsi, les travaux portuaires sont de nature à créer une modification du transit des sédiments, pouvant altérer profondément les rivages de la mer[992]. Les aménagements -promenades, constructions immobilières, en front de mer ou sur les rivages ont rompu l'équilibre sédimentaire des plages, dont les dunes, au rôle essentiel, constituaient des réserves de sables et un pare-chocs contre les vagues.[993] Ceci a pour conséquence le démaigrissement progressif des plages.

On tente de régler le problème en créant des épis, des murs, qui créent à leur tour de nouveaux problèmes : outre le fait de réduire encore le rivage, les cordons de protection ne font qu'aggraver la destruction de celui-ci ; à terme, le résultat est la disparition totale de la plage[994]. La loi littoral d'ailleurs a prévu

---

[991] Roland Paskoff, *Les littoraux, impact des aménagements sur leur évolution,* précité, Masson, collection Géographie, p. 9.

[992] «*Un estran sableux amputé de sa dune ou de son étage supérieur voit l'équilibre de son profil rompu, d'un côté parce qu'il ne dispose plus d'un stock sédimentaire mobilisable suffisant, de l'autre parce que la surface de dissipation de l'énergie des vagues a été amoindrie. De plus, la présence d'un mur vertical sur lequel les lames viennent déferler pendant les tempêtes renforce par réflexion leur pouvoir destructeur.*» Roland Paskoff, *Les littoraux, Impact des aménagements sur leur évolution,* précité note n° 991, p. 42.

[993] R. Paskoff, *Côtes en danger,* Masson, 1993, p. 69.

[994] *Côtes en danger,* précité note n° 993, p. 43. Voir également p. 69 et s. : « *dans le but de mettre à l'abri de l'inondation et de l'érosion ces lotissements « pieds dans l'eau», pour reprendre la formule publicitaire de leur lancement, il a fallu faire appel à des travaux de défense... On est alors pris dans un engrenage qui risque d'aboutir à la disparition des plages dont l'existence était initialement la raison d'être des aménagements. Etrange paradoxe dû à l'ignorance de la vulnérabilité d'un milieu naturel par ceux qui ont eu la charge de l'équiper.* »

spécialement qu'il pouvait être porté atteinte à l'état naturel du rivage en cas d'exécution d'opérations de défense contre la mer.[995]

De plus apparaît un nouveau phénomène, lié à l'utilisation touristique des espaces naturels du domaine public. D'une part, ceux-ci ont été réduits considérablement, du fait des diverses opérations de tout genre qui y ont été réalisées. Mais d'autre part, le vacancier est attiré de plus en plus par la mer, toutes les structures d'accueil nécessaires ayant favorisé la massification du tourisme côtier. Il en résulte alors une concentration d'utilisateurs sur des sites naturels considérablement réduits ; autrement dit, il y a eu d'une part une diminution quantitative des espaces et d'autre part une augmentation du nombre d'utilisateurs de ces mêmes espaces. Ceci aboutit à une surfréquentation par le tourisme du littoral dans sa partie la plus sensible, - rivages, dunes-[996]. Cette nouvelle situation est à l'origine de la diminution très importante des matériaux qui constituent les plages et par-delà du démaigrissement et du recul de celles-ci. De même, les sentiers d'accès au rivage sont encore une cause supplémentaire de la destruction des dunes, dont nous avons dit qu'elle a un rôle essentiel dans la reconstitution de la plage.

Il en résulte que les droits des utilisateurs collectifs continuent d'être amoindris, certaines côtes subissant une érosion très importante : «*En Bretagne, le repli du rivage sud de la baie d'Audierne a été, dans la commune de Treguennec, de 150 m entre 1952 et 1969. En Charente, la plage de Chatelaillon a perdu 160 m de largeur dans sa partie nord et 250 m dans sa partie sud entre le début du XVIII*e *siècle et nos jours... Sur les plages languedociennes, des taux de retrait de 1,5 à 4 m/an ont été mesurés.* »[997]

Certes, la transformation de la façade maritime par l'homme n'est pas la seule cause de l'érosion des côtes, au nombre desquelles on trouve le relèvement au niveau mondial des mers, la réalisation des barrages, pièges à sédiments, interdisant que ceux-ci se déposent sur les plages. Certes, toutes les causes de la régression des côtes ne sont pas imputables au marché ; mais elles le sont en grande partie et de façon plus ou moins indirecte. Ainsi, outre la réalisation de constructions en bordure de mer, il faut rajouter par exemple l'extraction des matériaux du domaine public naturel et dans sa proximité

---

[995] Art. 27. Voir sur problème de l'érosion des rivages R. Rézenthel «L'érosion marine et le régime juridique des travaux de défense contre la mer», *R.D.I.*, 1985, p. 325 et s.

[996] C'est le cas des baigneurs, promeneurs, des stationnements de véhicules et du camping sauvage, de l'utilisation des 4X4 malgré les interdits.

[997] Datar, Secrétariat d'Etat à l'aménagement du territoire, *L'aménagement du littoral,* La documentation française, 1993, p. 21. Roland Paskoff, *Les littoraux, impact des aménagements sur leur évolution*, précité note n° 991, p. 37.

(dunes, plages) pour les besoins de la construction, des grands travaux, etc., le pompage d'eau à usage industriel, qui sont autant de causes de nature à provoquer l'altération et la régression des côtes, et par-delà la diminution des droits du public, par perte de la propriété affectée.

B - La protection de l'intégrité de certains biens naturels a nécessité la mise en place de régimes renforcés

Le régime domanial n'a pas été à même d'opérer la protection du domaine public naturel. Nous avons vu précédemment que le législateur a pu prendre des textes le supprimant totalement. C'est le cas de la loi de novembre 1963. C'est le cas encore de la loi littoral qui établit dans les DOM la possibilité d'aliéner le domaine public naturel. Par ailleurs, des déclassements contestables ont permis l'aliénation du domaine public maritime. C'est la raison pour laquelle, lorsque l'on a voulu sauvegarder vraiment les rivages de la mer, il a fallu avoir recours à un droit plus efficace que le droit domanial (I), de même qu'il a fallu avoir recours à une inaliénabilité plus stricte pour préserver certains espaces naturels (II).

I - Le recours a un droit plus efficace pour la protection de l'intégrité des rivages

Aujourd'hui, le problème de la protection de l'environnement se pose avec une particulière acuité. On assiste à la multiplication de mouvements associatifs de défense de la nature, à la pression de l'opinion publique, à la prise de conscience au niveau mondial de la nécessité de sauvegarder l'environnement.

Face à ce nouveau problème, pour préserver l'intégrité des rivages de la mer, on a appliqué au domaine public maritime des réglementations autres que celle de domanialité publique, plus efficaces.

Ainsi, la loi du 2 mai 1930, relative à la protection des monuments naturels et des sites à caractère artistique, historique, scientifique, légendaire ou pittoresque[998] a été utilisée pour protéger les espaces littoraux, incluant le domaine public, dans sa partie terrestre et maritime. C'est le cas par exemple de l'archipel de Molène, le domaine public maritime faisant l'objet d'un classement sur un cercle de 4 milles autour des îles de Molène et de Quémener.[999] Le juge

---

[998] *J.O.*, 4 mai 1930.

[999] Voir sur cette question *Le droit du littoral et de la mer côtière*, Sous la direction de J.-M. Becet, D. le Morvan, Economica, 1991, p. 158.

est venu rappeler que le domaine public peut être inclus dans le périmètre de protection de la loi précitée.[1000]

A l'origine, ce texte ne visait qu'à protéger des espaces terrestres de dimensions réduites, s'inscrivant autour de la préservation d'un élément à caractère pittoresque. Pourtant la protection s'est étendue parfois à de très vastes espaces, couvrant plusieurs milliers d'hectares[1001], le domaine public pouvant être englobé pour partie dans la zone de protection.

Ce texte a-t-il été efficace pour protéger les espaces domaniaux contre le marché ? M. Didier Le Morvan signale : « *La loi du 2 mai 1930 a incontestablement permis de préserver de nombreux sites littoraux et de les soustraire à des actes de destruction ou des opérations d'aménagement incompatibles. Le classement et a fortiori l'inscription n'ont malheureusement pas constitué un rempart suffisant contre des agressions diverses et non maîtrisées de l'urbanisation : piétinement, déversement de détritus.* »[1002]

De même, l'administration a utilisé la législation sur les réserves naturelles, dont le régime a été modifié récemment,[1003] pour opérer une protection plus importante du domaine public naturel, le texte d'origine tendant à préserver «*des parties du territoire d'une ou plusieurs communes, lorsque la conservation de la faune, de la flore, du sol, des eaux, des gisements de minéraux et de fossiles et en général du milieu naturel présente une importance particulière et qu'il convient de les soustraire à toute intervention artificielle susceptible de*

[1000] Voir par exemple C.E., 16 Fév. 1994, *Communes d'Aiguines*, n° 120.261. Il décide dans une autre décision que *« la circonstance que ladite baie... fasse l'objet d'une mesure de protection au titre de la législation sur les sites ne révèle aucune erreur manifeste d'appréciation dans la délimitation des zones du plan d'occupation des sols, laquelle ne saurait, en outre, porter par elle-même aucune atteinte aux prérogatives de l'Etat en sa qualité de gestionnaire du domaine public fluvial».* C.E., 16 fév. 1994, *Commune d'Hendaye Ministre de l'Equipement, du logement, de l'aménagement du territoire et des transports*, n° 81.300, 811.936.

[1001] Jérôme Fromageau, Phillipe Guttinger, *Droit de l'environnement*, Eyrolles, 1993, p. 182.

[1002] *Précité*, p. 159. Voir également dans ce sens, Fifre P., *La protection des sites dans le Finistère*, bilan 1986, mémoire de maîtrise de sciences et techniques de géoarchitecture, septembre 1986.

[1003] Loi n° 76-629 du 10 juillet 1976 relative à la protection de la nature, *J.O.* du 13 juillet 1976, p. 4205, ainsi que ses décrets d'application, renforcent la protection, qui existait depuis 1930. La loi n°2002-92 du 22 janv. 2002 relative à la Corse, art. 24, *J.O.* du 23 janv. 2002, p. 1503 et s. et la loi n° 2002-276 du 27 fév. 2002 relative à la démocratie de proximité, art. 109, *J.O.* du 28 fév. 2002, p. 3808 et s. modifient le droit des réserves naturelles. Pour une analyse de ces textes, v. Chantal Cans, « La fausse décentralisation des réserves naturelles », Droit de l'environnement, 2002, p. 113 et s. P. Ferrari, « La loi du 22 janvier 2002 relative à la Corse », *A.J.D.A.*, 2002, p. 86 et s., plus particulièrement p. 95.

les dégrader», avec une gamme de limitations très variée, l'activité de l'homme pouvant y être interdite en cas de risque d'atteinte au milieu à protéger.

Ce texte ne visait pas de façon explicite le domaine public. Mais le juge établit clairement que les sites domaniaux peuvent y être soumis : *Considérant qu'aux termes de l'article 16 de la loi susvisée du 10 juillet 1976 « des parties du territoire... peuvent être classées en réserve naturelle... Le classement peut affecter le domaine public maritime et les eaux territoriales françaises.»*[1004]

Dans la pratique, des réserves naturelles ont été créées, protégeant le côté terrestre et marin du littoral et par-delà le domaine public maritime. C'est le cas par exemple de la réserve naturelle de Cerbère-Banyuls, considérée comme une réserve marine, couvrant 550 hectares, sur 6 kilomètres de côtes et de 1,7 kilomètre vers la mer.[1005] D'autres réserves protègent les côtes rocheuses (Dune Marchand) ou des zones maritimes (les Cerbicale et Bavezzi en Corse)[1006].

Preuve encore que le régime n'a pas été efficace pour protéger l'affectation à l'usage du public est le fait que le législateur a étendu au domaine public la protection de la législation sur les parcs nationaux. Ainsi, la loi du 22 juillet 1960 relative à la création des parcs naturels nationaux[1007], prévoit en son article 2 que *«le décret de création du parc peut soumettre à un régime particulier et le cas échéant interdire à l'intérieur des parcs la chasse et la pêche,* ***les activités industrielles, publicitaires et commerciales, l'exécution des travaux publics et privés****, l'extraction des matériaux concessibles ou non...»*

Le champ d'application de ce texte a été étendu au domaine public : *«le territoire de tout ou partie d'une ou de plusieurs communes peut être classé par décret en Conseil d'Etat, en parc national, lorsque la conservation de la faune, de la flore, du sol, du sous-sol, de l'atmosphère, des eaux et en général d'un milieu naturel présente un intérêt spécial et qu'il importe de préserver ce milieu contre tout effet de dégradation susceptible d'en altérer l'aspect, la composition et l'évolution.* ***Le territoire ainsi délimité peut s'étendre au domaine public maritime.*** »[1008]

Dans la pratique, des parcs nationaux terrestres ont été créés, de dimensions très importantes recouvrant des massifs montagneux entiers[1009]. S'agissant des

---

[1004] Voir par exemple, C.E., 19 fév. 1986, *Bavdinière et Dubois, Leb.* 827.

[1005] *Le droit du littoral et de la mer côtière,* précité note n° 999, p. 162.

[1006] M. Didier Le Morvan, *précité*, p. 161.

[1007] n° 60-708, *J.O.* du 23 juillet 1960, p. 6751.

[1008] Art. 1 de la loi précitée ; caractères gras ajoutés.

[1009] Voir sur cette question, M.Raphaël Romi, *Droit et administration de l'environnement,*

zones côtières, ont fait l'objet de cette procédure l'île de Port Cros, les îlots du Rascas et de la Gabinière, l'île de Bagaud ainsi que la zone maritime entourant ces îles et îlots jusqu'à une distance de 600 mètres de leurs côtes[1010]. La protection de ce site s'est d'ailleurs limitée à interdire la pêche sous-marine, et les filets traînants, ainsi qu'à la faculté de réglementation de la navigation, le mouillage et l'accostage.[1011]

La loi Littoral[1012] a encore renforcé l'intégrité des rivages. L'inefficacité des règles domaniales face aux aménageurs avait été soulignée par le rapporteur du projet de la loi[1013]. Ce texte, dont un des objectifs affichés est la protection du littoral, remet en cause alors les opérations à caractère immobilier sur les rivages en interdisant l'atteinte à l'état naturel du rivage de la mer, notamment par endiguement, assèchement, enrochement ou remblais[1014].

Les endigages ne peuvent donc plus être théoriquement réalisés. Toutefois, nous avons déjà dit que des exceptions y ont été apportées[1015]. Mais s'agissant du régime domanial, il faut donc en conclure qu'il a été absolument inopérant face à la pression mercantile, l'intervention ponctuelle du législateur ayant été nécessaire.

L'accessibilité des rivages par le public est une question qui fait l'objet également d'une protection particulière. C'est parce que l'accès au rivage est de plus en plus compromis, que différents textes apparaissent pour tenter de garantir ce droit. De nombreuses circulaires voient le jour dès les années 70

Montchrestien, 1994, p. 226.

[1010] Décret n° 63-1235 du 14 septembre 1963 créant le parc national de Port Cros, *J.O.* du 17 sept. 1963, p. 11192, pour l'île de Port Cros, les îlots du Rascas et de la Gabinière, l'île de Bagaud ainsi que de la zone maritime entourant ces îles et îlots jusqu'à une distance de 600 mètres de leurs côtes.

[1011] Décret précité, art. 10 et 20. Les activités peuvent être réglementées par décret instituant le parc ; les activités industrielles ne peuvent avoir lieu, quant aux activités commerciales, seules sont admises celles qui sont nécessaires pour les activités du parc. S'agissant de la partie terrienne de Port-Cros, l'élevage des ovins et de caprins est interdit, les travaux forestiers et agricoles sont soumis à autorisation.

[1012] Précitée.

[1013] J. Lacombe, *J.O.* doc. A.N. du 23 nov. 1985, 3ème séance du 22 nov. 1985, p. 4725.

[1014] Art. 27 de la loi.

[1015] Les zones industrialo-portuaires ne sont pas concernées par cette disposition ; ainsi que les opérations de défense contre la mer, la réalisation des ouvrages et installations nécessaires à la sécurité maritime, à la défense nationale, à la pêche maritime, à la saliculture et aux cultures marines ; ne sont pas concernées non plus les installations liées à l'exercice d'un service public ou l'exécution d'un travail public dont la localisation au bord de mer s'impose pour des raisons topographiques ou techniques impératives et qui ont donné lieu à une déclaration d'utilité publique. (art. 27 de la loi).

dans ce sens. Le législateur intervient avec la loi Littoral pour protéger le droit à accéder aux espaces maritimes, et instaure que *«l'accès des piétons aux plages est libre sauf si des motifs justifiés par des raisons de sécurité, de défense nationale ou de protection de l'environnement nécessitent des dispositions particulières»*[1016].

Pour faciliter l'accès aux rivages, le texte consolide la servitude longitudinale [1017] et instaure une servitude transversale, reliant la voirie publique au rivage de la mer ou aux sentiers d'accès immédiats à celui-ci.[1018]

Dans le même sens[1019], ce texte organise l'accès à la mer en cas de bassins et plans d'eau destinés à l'accueil de la plaisance, par une bande bord à quai d'une largeur suffisante, pour la circulation et l'exploitation des installations. De même, dans les départements d'outre-mer, les aménagements réalisés sur le domaine public maritime *«organisent ou préservent l'accès et la libre circulation le long du rivage».* [1020]

Il faut cependant constater que si l'intervention de textes renforçant la protection des rivages est la preuve de l'inefficacité du régime domanial, il n'en demeure pas moins qu'ils apparaissent tardivement, lorsque la plupart des espaces naturels ont disparu. Mais il s'agit là d'une conséquence de la pression du marché.

Quant au juge, il fait appel à des règles d'urbanisme - et non aux principes domaniaux -, lorsqu'il veut protéger l'intégrité du domaine naturel, surtout pendant la période 1965/75 où la construction du rivage se développe de façon très importante. Cependant, aujourd'hui le juge continue d'avoir recours à des règles d'urbanisme dans cette optique ; en effet, comme le signalent avec beaucoup de justesse certains auteurs, la jurisprudence restrictive à l'encontre de la privatisation des rivages, antérieure à cette loi, continue d'être appliquée en raison des imperfections de la loi « littoral ». Ainsi, pour M. P. Godfrin, la jurisprudence *« réduit les dangers d'une aliénation du domaine public maritime par voie d'endigage »*, compte tenu des *« lacunes »* de la loi de 1986.[1021]

[1016] Précitée.

[1017] Art. 4.

[1018] Art. L. 160 -6-1 du code de l'urbanisme.

[1019] Art. 22 de la loi littoral.

[1020] Art. L. 156-2 de la loi précitée.

[1021] Droit administratif des biens, 4ème éd. *précité*, p. 36.

Ainsi, dans l'arrêt bien connu dit du Port de Bormes-les-Mimosas, le Conseil d'Etat statuant en Assemblée, annule une concession du droit d'endigage au motif que, conformément à l'article 26 du décret du 31 décembre 1958, *«aucun travail public ou privé à entreprendre dans le périmètre auquel s'applique le plan d'urbanisme ne peut être réalisé que s'il est compatible avec ce plan ; que les travaux prévus par les concessions d'endigage et les concessions portuaires sont au nombre de ceux qui ne peuvent être ni entrepris, ni par suite, autorisés sur les territoires où s'applique un plan d'urbanisme, s'ils ne sont pas compatibles avec ce plan. »* Le juge décide que, le programme d'aménagement n'ayant prévu aucune installation sur les rives de la Méditerranée, le domaine public avait été laissé affecté à l'usage du public ; les travaux entrepris étaient donc incompatibles avec ce plan.[1022] Les règles domaniales ne sont donc pas invoquées pour protéger l'intégrité des rivages.

Dans une autre affaire, l'acte autorisant une concession d'endigage sur le domaine public maritime est annulé au motif que *«le plan d'urbanisme directeur de la commune... n'a prévu aucune installation sur les rives de l'anse du Gouérou et a laissé ainsi le domaine public maritime entièrement affecté à l'usage, conforme à sa destination, que le public est normalement en droit d'y exercer».*[1023]

Le juge annule encore l'arrêté du maire accordant un permis de construire sur une plage, en vue d'édifier un bar-restaurant, comme étant contraire au P.O.S. lequel autorisait seulement dans ce secteur les constructions ou installations légères liées à l'utilisation de la plage.[1024] Dans une autre décision, la révision d'un P.O.S. devait entraîner l'établissement d'une importante station de stabulation de coquillages, comprenant des équipements divers et la création d'une digue. Là encore, le juge n'invoque pas les règles de domanialité publique, mais l'article 27 de la loi du 3 janvier 1986, dite loi littoral.[1025] Le juge va encore invoquer des règles d'urbanisme pour laisser le domaine public maritime à l'affectation du public. En l'espèce, il s'agissait d'une occupation

---

[1022] C.E., Ass. 30 mars 1973, *La Revue Administrative*, 1973, p. 511, note G. Liet-Vaux. Jugé dans le même sens , C.E., 9 Janvier 1980, *Gay et ministre de l'équipement c/ Association des amis des chemins de ronde*, *Leb.* p. 2 .

[1023] C.E., 20 mai 1977, *Paoli et Comité de défense du site de la Forêt-Fouesnant*, *R.D.P.* 1978, p. 517, note Marcel Waline.

[1024] T.A., Montpellier, 23 juin 1989, *Commune de Saint-Cyprien*, n° 881637.

[1025] T.A., Nice, 26 fév. 1985, *Commune de Beaulieu sur mer*, n° 92/ 88/11 : « *Considérant qu'aux termes de l'article 27 de la loi ...du 3 janvier 1986,...il ne peut être porté atteinte à l'état naturel de la mer... ; que la création d'un sous-secteur permettant des possibilités de constructions importantes devant entraîner nécessairement une atteinte à l'état naturel du rivage de la mer...est manifestement contraire à la disposition précitée.* »

privative d'exploitation de cultures marines en mer ; le juge décide : «*considérant que l'arrêté attaqué... permet l'exploitation d'un élevage de poissons en cages immergées à proximité immédiate d'un secteur littoral que le POS approuvé réserve exclusivement aux activités balnéaires lesquelles s'étendent nécessairement à la zone maritime permettant leur exercice ; que dès lors, l'exploitation aquacole en cause qui est susceptible par elle-même d'entraîner des inconvénients naturels ou accidentels doit être regardée comme ayant un caractère manifestement incompatible avec la vocation balnéaire.*»[1026]

II - Le recours à une inaliénabilité plus stricte pour la protection de l'intégrité d'espaces naturels

Lorsque la pression du marché s'est étendue aux propriétés privées limitrophes du domaine public naturel, le besoin de protection contre le bétonnage s'est fait ressentir sur ces sites. Il a été établi clairement que le caractère inopérant du principe traditionnel impliquait la mise en place d'une inaliénabilité plus efficace pour certains biens juxtaposés au domaine public. Ainsi, il est bien connu que les espaces acquis par le Conservatoire de l'espace littoral et des rivages lacustres ont une protection beaucoup plus efficace que celle du domaine public naturel. L'objet de la loi créant cet établissement public, était de préserver certains terrains littoraux, qui étaient particulièrement convoités par les aménageurs, et qui apparaissaient comme étant fragiles écologiquement et irremplaçables. Cet organisme foncier fut créé par référence au National Trust britannique, d'origine privée, qui peut prononcer l'inaliénabilité de ses biens.[1027]

Dans tous les travaux parlementaires, cette nécessaire protection revient constamment. L'accent est mis sur *l'inaliénabilité* des terrains. M. A. Raymond, rapporteur pour avis, affirmait : «*...il paraît indispensable de garantir que ses biens ne seront pas détournés de l'affectation prévue et que leur aliénation ne pourra être qu'exceptionnelle*»[1028]. L'acquisition par le Conservatoire doit être pratiquement définitive ; le bien doit être quasi inaliénable. L'aliénation ne doit avoir lieu, même au profit des collectivités locales, car celles-ci, soumises aux pressions du marché, pourraient être tentées de les aliéner ensuite.[1029] La

[1026] T.A., Nice, 5 mars 1992, *Quanot c/ prefet Ammes c/ com. Théoules*, n. 901263, non publié.

[1027] Voir sur cette question, M. Paul Tavernier, *La création du conservatoire de l'espace littoral et des rivages lacustres, commentaire de la loi du 10 juillet 1975 et du décret du 11 décembre 1975*, *A.J.D.A.* 1976, p. 331.

[1028] *J.O.* doc. A.N. 26 avril 1975, p. 2156 et 26 juin, p. 4721.

[1029] Intervention de M. Poniatosky, ministre de l'intérieur, *J.O.* déb. Sénat, 12 déc. 1974, p. 2843.

procédure très lourde d'aliénation constitue un obstacle pratiquement insurmontable[1030].

M. Collery a affirmé à l'époque de la création du Conservatoire : *«Le domaine du Conservatoire de l'espace littoral sera même mieux protégé de l'aliénation que certaines portions du domaine public de l'Etat ou des collectivités locales ne le sont de la désaffection qui permet à l'administration propriétaire de les intégrer à son domaine privé, et donc de les vendre.»*[1031] La protection contre les dégradations du fait de l'utilisation du bien est aussi plus efficace.

Cependant, on arrive à une situation paradoxale : les biens acquis par le Conservatoire, limitrophes au domaine public, sont frappés d'une inaliénabilité beaucoup plus stricte que les biens du domaine public naturel. Pourtant, ils sont en retrait par rapport à la frange la plus fragile, celle du rivage et du domaine public, laquelle de ce fait nécessite une protection au moins égale à celle des biens du Conservatoire.

On sait que les rivages de la mer sont moins bien protégés, puisque de simples déclassements ont permis leur aliénation. Dans les départements d'outre-mer, nous avons vu que l'aliénation est organisée ; enfin, la loi littoral admet dans certaines conditions les atteintes à l'état naturel du rivage, contrairement aux biens acquis par le Conservatoire, dont le rôle est justement de préserver la nature, un exemple d'atteinte au rivage étant illustré par l'arrêt *Groupement des associations de défense des sites et de l'environnement de la côte d'Azur*[1032] ; dans cette affaire, le juge déclare légale la construction d'un port de plaisance à proximité d'un autre port de plaisance dans la commune de Valauris (Alpes-Maritimes), malgré la destruction d'herbiers de posidonies sur une surface importante, au motif que le nouvel ouvrage se situait dans une zone portuaire, et que conformément à l'article 27 de la loi littoral, il peut être porté atteinte à l'état naturel du rivage, si l'ouvrage se situe en zone portuaire.

Les biens acquis par le Conservatoire du littoral font partie du domaine public du fait de la propriété administrative, de l'affectation à un service public

---

[1030] Aux termes de l'article 2 de la loi, les aliénations d'immeubles de son domaine propre ne peuvent être consenties qu'après autorisation donnée par décret en Conseil d'Etat, pris sur proposition du conseil d'administration statuant à la majorité des trois quarts des membres présents ou représentés. Voir par exemple sur cette question l'article précité note n° 1027, de M. Paul Tavernier.

[1031] Avis de la commission des affaires culturelles, *J.O.* doc. Sénat, 1974-1975, n° 88, p. 17.

[1032] C.E., 10 déc. 1990, n° 97 119, précité note n° 987.

et de l'aménagement spécial.[1033] La réflexion qui s'impose alors c'est qu'il existe deux types de domaine public, l'un avec une inaliénabilité beaucoup plus stricte que l'autre. C'est bien donc encore la preuve que le régime classique de domanialité est inefficace.

Du fait des problèmes précités, le Conservatoire a tenté d'étendre son action sur le domaine public. Sur le plan législatif, cela s'est simplement concrétisé dans un premier temps par la disposition suivante de la loi littoral : « *Les décisions d'utilisation du domaine public maritime tiennent compte de la vocation des zones concernées et de celles des espaces terrestres avoisinants, ainsi que des impératifs de préservation des sites et paysages du littoral et des ressources biologiques ; elles sont à ce titre coordonnées notamment avec celles concernant les terrains avoisinants ayant vocation publique* »[1034], ce qui n'a pas réellement réglé le problème.

Puis avec la loi relative à la démocratie de proximité du 27 février 2002, précitée[1035], le Conservatoire se voit reconnaître la fonction de gardien de certaines parties du domaine public naturel qui lui est affecté ou confié, afin de promouvoir une gestion plus intégrée des zones côtières. Le texte précise encore que pour la réalisation des objectifs fixés à l'article L.322-1 du code de l'environnement, il peut se voir attribuer par convention des immeubles relevant du domaine public de l'Etat pour une durée n'excédant pas trente ans, avec un renouvellement possible[1036]. Ce texte constitue certainement une avancée intéressante dans la protection d'une partie du domaine public maritime naturel. Mais il confirme indirectement que l'inaliénabilité traditionnelle n'a pas été à même de protéger cet espace.

[1033] T.A., Amiens, 9 novembre 1993, *Association Espace Littoral c/ Conservatoire de l'espace littoral et des rivages lacustres, Leb.* 759.

[1034] Art. 25.

[1035] Pour une analyse du texte v. R. Romi, « La loi sur la démocratie de proximité, un renouveau du droit de l'environnement ? » *R.D.P.*, 2002, p. 867 et s. L. Le Corre, « Apports de la loi du 27 février 2002 relative à la démocratie de proximité, à la protection et la gestion de la nature », *Environnement*, 2002, chron. n°11, p. 8. *Démocratie locale*, n° spécial, mars 2002, p. 6. *Revue de droit rural*, 2002, p. 142, p. 141.

[1036] Titre VII, art. 160 et s.

SECTION II

LA PATRIMONIALITE CONTRE LA RENTABILITE

La rentabilisation du domaine public est un des objectifs à atteindre des temps actuels ; le droit jurisprudentiel en fait largement état, il donne tous les moyens à la collectivité pour y parvenir ; gouvernement et parlement n'ont pas démenti cette évolution ; la doctrine l'a largement encouragée et a inventé les mécanismes juridiques qui en deviennent le support.

Cette gestion patrimoniale a pris aujourd'hui une telle ampleur que, nous l'avons vu, tout le régime domanial est imprégné de cet esprit de gain. C'est pour cette raison qu'il y a soumission du droit domanial au marché ; c'est pour cette raison que le droit s'adapte aux exigences du marché. Tout au long de notre recherche, nous avons constamment fait état de cette situation.

Mais en même temps, un paradoxe apparaît, effet pervers insoupçonné, but opposé à celui recherché initialement : c'est que la recherche exacerbée de rentabilité du domaine produit un effet inverse à celui espéré : on assiste à une régression des ressources domaniales (§ I), et au déclin du rôle économique du domaine public (§ II). En réalité, le tableau apparemment très avantageux pour la collectivité propriétaire ou gestionnaire est, à terme, assombri par des conséquences indirectes, parfois très défavorables économiquement.

§ I - LA REGRESSION DES RESSOURCES DOMANIALES

La gestion patrimoniale du domaine public, fruit de l'évolution de la jurisprudence qui légitime l'intérêt du propriétaire, peut donner l'impression qu'il s'ensuit un profit substantiel pour l'administration, du fait des pouvoirs économiques importants conférés à celle-ci. Or, il n'en est rien ; la protection intensive des droits du propriétaire conduit à un effet pervers ; la défaillance de l'opérateur privé, du fait de l'instabilité exacerbée, entraîne la diminution, parfois très importante, des ressources domaniales.[1037]

L'exemple des marchés d'intérêt national est particulièrement représentatif à cet égard. Ces structures sont l'exemple de l'échec domanial, aboutissant à des problèmes d'absence de rentabilité. Nous avons déjà dit que les entreprises n'ont pas modernisé leurs structures, en raison de l'instabilité ; les pouvoirs publics

[1037] Nous avons longuement fait état précédemment du fait que l'occupant, devant investir sur le domaine public, s'implante de moins en moins.

escomptaient éliminer les plus faibles au profit des plus importantes ; or, c'est l'inverse qui s'est produit : les entreprises les plus importantes se sont installées à l'extérieure des M.I.N., avec une prédominance des petites et moyennes entreprises sur les marchés.[1038]

Cette situation a eu une incidence négative sur les finances de l'autorité ; en effet, il est signalé en 1990 que la plupart des marchés d'intérêt national sont confrontés à une situation difficile : « *plusieurs d'entre eux ne peuvent pas équilibrer leur gestion à partir de leur activité de marché proprement dite. Cette évolution va s'aggraver du fait de la réduction des produits frais dans la consommation et du renforcement des circuits s'adressant peu aux MIN. D'où un besoin de subvention grandissant (Lille), des diversifications vers d'autres activités (Montpellier) ou les deux à la fois (Nîmes)*»[1039]. De même, certains ports se retrouvent dans une situation économique difficile.[1040]

D'une façon plus récente, la doctrine a signalé, s'agissant de l'attribution des fréquences UMTS en France, que le niveau beaucoup trop élevé de la rémunération demandée, joint à l'absence de visibilité à long terme de l'autorisation alors que les candidats doivent se lancer dans des investissements lourds de déploiement des réseaux[1041], a conduit en fin de compte à un désistement de deux des quatre candidats, privant alors l'Etat de la moitié des 130 milliards de francs de recettes attendus (20 milliards d'euros approximativement) et le conduisant alors à modifier la donne économique pour permettre l'attribution des deux licences restantes.[1042]

Ainsi on arrive à la situation suivante : pour rentabiliser le domaine, l'occupant est de plus en plus précarisé ; mais cette instabilité le conduit à s'implanter de moins en moins sur le domaine public ; l'autorité verra ses ressources amputées d'autant.

[1038] Résumé et conclusions du rapport de synthèse n° 90-351 de Mme Nicole Briot, Inspecteur Général des Finances, et M. Serge Monnot, Ingénieur général du Génie Rural des Eaux et des Forêts, sur l'avenir des marchés d'intérêt national, 1990, p. 2.

[1039] *Précité* note n° 689, p. 3

[1040] Source : Ministère de l'Equipement, des transports et du tourisme, Direction des ports et de la navigation maritimes, 1992.

[1041] C. Estryn, C. Guerrier, « Le spectre des fréquences radioélectriques, bien public ou bien commercial ? », *L.P.A.*, 2001, n°138, p. 11 et s., plus particulièrement p. 14. C. Nzaloussou, « A propos des redevances d'utilisation des fréquences UMTS en France », *Rev. int. de droit écon.*, 2001, n°2, p. 225 et s.

[1042] Sur la question voir P. Godfrin, Droit administratif des biens, *précité*, éd. 2001, p. 126. C.E., *Rapport public*, 2002, *Etudes et documents*, n° 53, La Documentation française, p. 381.

L'absence de modernisation des entreprises a un effet comparable sur les finances de l'autorité : celui d'une diminution des redevances domaniales. En effet, l'absence de rentabilité de l'entreprise entraîne la baisse des ressources de l'autorité : nous avons déjà dit que la collectivité peut percevoir une redevance, en fonction par exemple des bénéfices, du chiffre d'affaires, etc. Par conséquent, moins l'entreprise est rentable, plus la redevance est faible.

Autrement dit : il y a d'une part une gestion patrimoniale ou une admission de la rentabilité du domaine, d'origine jurisprudentielle, et d'autre part une gestion établie par les textes, dont nous avons déjà dit qu'en fin de compte elle n'est qu'une corroboration de la jurisprudence, malgré une apparence contraire. Les droits jurisprudentiel, législatif et réglementaire permettent une valorisation accrue du domaine public.

Mais paradoxalement, on doit arriver à la conclusion que cette politique peut aboutir à l'effet inverse escompté, c'est-à-dire à l'absence de rentabilisation du domaine public. Ce qui revient à dire que la gestion patrimoniale, issue du marché, peut être, en fin de compte, contraire à la productivité du domaine et par-delà contraire aux intérêts de l'administration.

La surprotection des intérêts du propriétaire dans le but d'optimiser les profits du domaine public, peut se retourner à la longue contre l'administration elle-même, par désertion des entreprises, ou par inadaptation des entreprises à la concurrence, cette politique devenant un obstacle à l'implantation privée. C'est ce qui semble apparaître dans le propos recueilli dans le document établit par la Section du Rapport et des Etudes du Conseil d'Etat, dont Mme Latournerie, Conseiller d'Etat, fut un des principaux auteurs, propos selon lequel «*le régime de la domanialité publique... peut, dans certains cas, compliquer le financement des investissements escomptés par la collectivité publique de son cocontractant et, finalement,* ***risquer de se retourner contre elle.*** »[1043]

§ II - LE DECLIN DU ROLE ECONOMIQUE DU DOMAINE PUBLIC

Nous venons de voir que la politique de rentabilisation du domaine peut être finalement antiéconomique pour les finances de l'autorité domaniale. Mais cette politique a une incidence négative également sur l'économie en général, avec des effets pervers en chaîne.

[1043] Sur le droit des propriétés publiques, oct. 1986, p. 24. Caractères gras ajoutés.

En effet nous savons que le gouvernement a affirmé à différentes reprises qu'il ne voulait pas geler le domaine public, qu'il voulait au contraire le mettre en valeur ; cela a été affirmé notamment à l'occasion de la loi littoral [1044] ; le domaine public est considéré aujourd'hui comme une composante économique. Certains domaines publics devraient être des pôles économiques puissants, véritables fers de lance de l'économie nationale, concurrentiels face à l'économie internationale. Cela a été encore affirmé à l'occasion de la loi de 1994, instituant un nouveau droit réel sur le domaine public : «*Nous devons... tout au contraire faire en sorte que le domaine soit un lieu de développement économique et social privilégié et exemplaire... Cette nécessité est particulièrement grande pour les ports autonomes où il faut faciliter l'installation des industries à proximité de leur source d'approvisionnement et renforcer notre compétitivité par rapport aux pays étrangers.*»[1045] La redynamisation de l'économie portuaire, ainsi d'ailleurs que celle d'autres domaines publics, appelait donc une réforme, pour restaurer *la compétitivité de l'économie* ou pour *donner les meilleurs atouts au développement économique.*[1046] Or, force est de constater que jusqu'à présent, la politique précitée a abouti à un échec retentissant de cet objectif : le domaine public n'est pas un pôle économiquement attractif.

Il faut noter que le Conseil National des Communautés portuaires a dénoncé cette situation, en affirmant que les règles domaniales *s'opposent souvent au rôle économique que jouent et doivent de plus en plus jouer les ports.*[1047]Et nous avons déjà dit que la loi de 1994, n'apporte pas de réelle sécurité à l'occupant ; elle n'est certainement pas de nature à permettre le redémarrage économique des ports.

Il est bien connu aussi que la plupart des marchés d'intérêt national, qui devaient jouer également un rôle de dynamique économique au sein de chaque région d'implantation, n'ont pas atteint cet objectif, en raison justement de l'absence de vitalité de leurs entreprises.

[1044] L'intitulé de la loi littoral est significatif : loi relative à l'aménagement, la protection et **la mise en valeur du littoral** ; l'exposé des motifs est également clair à cet égard : «*Ce projet vise à répondre à un certain nombre de priorités :...favoriser la mise en valeur économique des ressources littorales, qu'elles proviennent de la mer ou du rivage* » ; ou encore, *il s'agit de tirer «parti du maximum de ses potentialités»* (*J.O.* doc. A.N., n° 2947, p. 3). De même, il ressort la même idée des travaux parlementaires de la loi de 1994, (intervention du ministre du budget) : «*Il s'agit en effet d'adapter le code du domaine de l'Etat aux besoins nouveaux afin d'assurer sa parfaite mise en valeur*».*J.O.* doc. A.N. 16 mai 1994, p. 1713.

[1045] *Précité*, p. 1713, intervention du ministre du budget.

[1046] *J.O.* doc. A.N. précité, p. 1713.

[1047] *Précité*, p. 1.

De plus, en ne réussissant pas à attirer les entreprises privées sur le domaine public, il y a des pans d'activités qui tombent ou qui sont en voie de déclin, surtout, lorsque l'activité ne pourra s'exercer ailleurs que sur le domaine public ; nous avons vu précédemment que dans beaucoup de cas, l'occupant est captif du domaine public, en raison de l'extension du domaine public, en raison aussi du fait que certains espaces domaniaux sont sans correspondant sur la propriété privée. Mais nous avons vu aussi que l'opérateur peut tout simplement décider de ne pas s'implanter. Il en résulte la régression de certaines professions et activités.

Cette situation a automatiquement des répercussions économiques et sociales directes et induites. Les fermetures d'entreprises (leur stagnation ou leur absence d'implantation) entraînent des problèmes de chômage, aboutissant à des conflits sociaux, illustrés par exemple par les grèves des dockers, dont il est bien connu que le taux d'inemploi est important. Mais cette situation a encore une répercussion au niveau de la ville, de la région, voire du pays, avec toutes les incidences économiques et sociales sur les secteurs dépendant de ces activités (commerces, collectivités locales, etc.)

CONCLUSION DU TITRE

L'histoire de la domanialité publique indique qu'en fin de compte la gestion du domaine public a toujours été tentée par la patrimonialité ; mais en même temps, il y a eu d'une certaine façon une occultation de cet aspect pragmatique par des justifications dogmatiques qui légitiment l'exorbitance du régime. Autrement dit, il y a le paravent de la protection d'un idéal, qui cache la dérive utilitaire, pragmatique. Cependant, la conception théorique, dogmatique a toujours été affirmée comme fondement de la légitimité du régime.

Aujourd'hui la dérive s'est particulièrement accentuée du fait que le marché impose sa loi à l'Etat, du fait de la soumission de l'administration au marché. Mais, comme par le passé, cette dérive particulièrement importante est encore occultée par l'affirmation répétée de l'existence d'une justification dogmatique du régime qui le légitime : la nécessaire protection de l'affectation et de l'intérêt général, jouant le rôle d'écran, ayant ainsi un effet de masque.

Cette évolution patrimoniale entraîne des conséquences sur les espaces artificiels, sur les espaces naturels de domanialité publique. D'abord, sur les espaces artificiels, l'analyse fait ressortir que cette situation aboutit à un recul de la protection de l'affectation au service public, fondement théorique du régime exorbitant. En effet, l'instabilité de plus en plus importante à laquelle est confronté l'occupant domanial, dans le but de favoriser les finances de la collectivité, est dissuasive d'implantation privative. Or, certains services publics ne peuvent voir le jour sans l'opérateur privé (services publics portuaires, services publics des marchés d'intérêt national, etc). La défaillance de l'opérateur privé ne peut aboutir dans ces conditions qu'à la dévitalisation du service public.

Mais en même temps, l'analyse fait ressortir paradoxalement l'irrationalité économique de la gestion patrimoniale. En effet, l'instabilité de l'occupant dans un but d'augmenter les finances de l'administration, a un effet inverse à celui escompté : l'opérateur privé s'implantant de moins en moins du fait de l'insécurité, le maître du domaine verra en fin de compte ses finances diminuer, l'absence d'opérateur privé ayant de plus une incidence négative sur l'économie en générale. Autrement dit, du fait de la gestion patrimoniale, voire spéculative du domaine public, non seulement il y a dans beaucoup de cas échec de la protection de l'affectation au service public, mais il y a aussi échec économique, échec de la patrimonialité, laquelle, si elle est une dérive, constitue néanmoins l'objectif recherché aujourd'hui par l'administration.

Certains espaces artificiels, en raison de l'instabilité, sont restés insuffisamment occupés par les entreprises privées, dont les activités pourtant sont d'intérêt général pour le pays, comme les activités portuaires ; de ce fait, les espaces domaniaux ne donnent pas tout le rendement possible. Mais en même temps, ces mêmes espaces, insuffisamment exploités, risquent finalement de disparaître car ils sont convoités par le marché très puissant et rentable de l'immobilier. S'agissant des rivages de la mer, leur rentabilisation a impliqué la destruction des sites affectés à l'usage du public et leur privatisation. Cette diminution des espaces naturels a abouti à la restriction des droits d'usage par le public ainsi qu'à la destruction irréversible de la nature.

D'autres espaces domaniaux se sont considérablement étendus. C'est le cas des Aéroports de Paris ; mais on sait qu'ils sont très rentables.

On ne peut que constater que c'est la rentabilité qui pose problème, qui est au cœur de la question et qui conditionne l'intégrité du bien affecté ou sa disparition, le maintien du bien dans le régime domanial ou son exclusion ne tenant plus tellement à l'affectation mais à des considérations financières, dans beaucoup de cas.

CONCLUSION GENERALE

Une rapide observation du malaise instauré sur le domaine public portait à penser que le régime de la domanialité publique était devenu inadapté aux circonstances socio-économiques de la société : la multiplication des atteintes par le droit ou la pratique administrative, l'insuffisance des adaptations des textes, qui pourtant opèrent un recul du régime, l'obscurité de certaines dispositions, l'ambiguïté des décisions jurisprudentielles n'étant pas de nature à simplifier le problème.

Cependant, la question doit être analysée sous un autre angle. Le problème ne réside pas dans l'inadaptation du régime comme cela est affirmé ; ce n'est pas le régime de la domanialité publique qu'il faut remettre en cause parce qu'il serait devenu inadapté aux nécessités actuelles. Ce qu'il faut reconsidérer c'est la dérive du droit de la domanialité publique, trouvant sa source dans le marché, dérive particulièrement accentuée aujourd'hui ; c'est cette dérive qui pose problème et qui entraîne la crise du régime, d'où la crise de la protection de l'affectation, d'où la crise aussi de la gestion patrimoniale du domaine public et l'apparition de nouveaux problèmes.

Du fait de l'infiltration du domaine par le marché, le régime ne s'est pas adapté aux réels problèmes économiques de l'entreprise privée ; la nécessité d'une stabilité de celle-ci n'a pas été prise en compte, mais en même temps le droit domanial dans certains cas n'a pu opérer une véritable protection du domaine public artificiel et du domaine public naturel affecté à l'usage du public.

Est-ce à dire que le régime est mauvais ? Nous pensons pour notre part que le régime est bon. Le fait d'ailleurs que le principe d'inaliénabilité ait résisté au passage du temps, en dépit des vicissitudes, est bien la preuve qu'il a été utile et que son maintien s'est avéré nécessaire ; le régime incontestablement est indispensable car certains biens à un moment donné nécessitent une protection particulière. Nous pensons par ailleurs que le domaine public ne doit pas être exclu d'une certaine rentabilité. Quelles solutions concrètes peuvent être alors proposées ?

Nous devons citer ici Mme Latournerie, Conseiller d'Etat, qui, dans le document de la Section du Rapport et des Etudes du Conseil d'Etat[1048] avait émis une piste de réflexion qui n'a pas eu de suite. Or nous pensons pour notre part qu'elle a su courageusement poser un des problèmes fondamentaux du domaine public : c'est son champ d'application, devenu exagérément étendu, en raison du critère jurisprudentiel (font partie du domaine public les biens, propriété de l'administration, affectés à l'usage du public ou au service public, et spécialement aménagés).

Les enjeux économiques ont été très certainement à l'origine de l'absence de suite de cette piste. Car en diminuant la consistance du domaine public, on aurait restreint la propriété de domanialité publique ; mais cela revenait évidemment à supprimer le régime qui donne d'énormes possibilités économiques à l'administration, possibilités qu'elle n'a pas en l'absence de la domanialité publique.

Pour Mme Latournerie, les règles de la domanialité publique sont bonnes ; mais il faudrait établir un noyau dur, avec un régime strict, et un régime plus souple pour certains biens, une intervention du législateur étant nécessaire pour cela. Le problème important qui se pose alors est le choix de ce noyau dur, et c'est cet obstacle qui a été soulevé lors du colloque *«Domaine public et activités économiques»*.[1049]

Cependant d'une façon récente, on assiste à une certaine diminution du domaine public du fait de la lame de fond du droit communautaire qui investit tout le droit administratif. C'est le cas de la plus grande partie du domaine public de l'exploitant public France Télécom qui a intégré le patrimoine privé de la S.A. France Télécom. C'est encore le cas des biens de La Poste qui ont été transformés en domaine privé suite à leur déclassement.

Or, cette diminution du domaine est le résultat de la pression du droit de la concurrence et non la conséquence d'une réflexion globale sur la propriété publique. Il semble bien que les règles protectrices et fondamentales de la domanialité publique deviennent encombrantes dès lors que le service public est soumis à la compétition et à la nécessité d'une gestion concurrentielle. En fin de compte c'est pour que ces deux entreprises soient allégées du fardeau de la propriété de domanialité publique et qu'elles soient plus compétitives qu'il y a eu transformation du régime. Ici encore c'est la force du marché qui est à l'origine de l'évolution du droit domanial et de la réduction de la propriété domaniale, la diminution du domaine semblant être une question accessoire et

---

[1048] Oct. 1986, *précité*.
[1049] *Précité*.

secondaire face l'intérêt premier que constitue la compétitivité des entreprises publiques.

Il apparaît que les domaines privatisés, en fin de compte, étaient une charge financière pour l'administration. Ils étaient donc non rentables. Cela ressort clairement des travaux parlementaires de la loi Murcef pour les biens de La Poste et on peut penser qu'il en allait de même pour les biens de France Télécom bien que les travaux parlementaires soient peu diserts sur ce point. De plus, il ne s'agit pas des grands domaines occupés traditionnellement par des entreprises privées, comme les ports, les aéroports, les gares, etc., lesquels continuent d'être soumis à la domanialité publique. Qu'adviendra-t-il de ceux-ci, particulièrement lorsque la propriété de domanialité publique est rémunératrice pour le maître du domaine ou que le régime de droit public est à l'origine d'une rentabilisation que ne permet pas le régime de droit privé ? Nous pensons pour notre part que la rentabilité du bien pèsera probablement de façon importante dans le choix du régime.

Nous finirons sur la pensée de M. C. Lavialle qui ouvre des perspectives intéressantes. L'auteur voit dans l'arrêt d'Assemblée du Conseil d'Etat du 23 octobre 1998, *EDF*, précité, rangeant les biens d'Electricité de France dans le domaine privé, le signe avant-coureur d'une évolution consistant à écarter le régime de domanialité publique chaque fois que les biens seraient affectés à des activités économiques, la commercialité de leurs missions excluant la domanialité publique. Aux termes de son analyse, il n'est pas impossible que dans un proche avenir cette jurisprudence trouve à s'appliquer à l'ensemble des biens affectés aux services publics industriels et commerciaux[1050], ce qui constituerait une évolution importante du droit domanial entraînant une réduction très importante de l'espace de domanialité publique, réglant le problème de la précarité des entreprises privées.

L'auteur considère encore que cet arrêt *EDF* est emblématique des contradictions multiples qui ont miné la notion de domaine public et qu'il révèle encore une fois la crise de cette notion. Est-ce à dire qu'elle est alors en voie de disparition entraînant par-là la disparition du domaine public ? Non, selon l'auteur, si l'arrêt *EDF* ouvre la voie à la conception originaire moderne du domaine, celle de la chose publique affectée à l'usage du public

---

[1050] « Services publics et entreprises privées industrielles et commerciales implantées sur le domaine public affecté aux transports en France », in *Les mutations du droit domanial et le régime des infrastructures de transport en France et en Espagne*, précité, plus particulièrement p. 15 et p. 25. Du même auteur, voir dans le même sens « Le domaine public : une catégorie juridique menacée ? », *précité*, plus particulièrement p. 584.

« *mouvement seul susceptible, tel le mythique phénix, de le faire ressurgir de ses cendres.* »

Pour M. C. Lavialle l'arrêt *le Béton* a opéré un détournement, un changement de conception. Il crée un domaine public nouveau et différent avec une fracture partageant les biens affectés au public et ceux affecté aux missions administratives. Pour l'éminent l'auteur, qui rejoint d'une certaine façon l'idée de Mme Latournerie, c'est l'arrêt le Béton qui serait à l'origine de la crise, étendant le régime à des biens hétérogènes. Il considère que seuls les biens affectés à l'usage direct du public auraient dû être protégés par le droit domanial. Pour lui, seul le domaine affecté à l'usage direct du public est l'authentique domaine, rattaché alors exclusivement aux collectivités publiques, et constitué du domaine maritime et fluvial, des rues, places, routes… Il rappelle d'ailleurs que l'Etat s'est construit historiquement autour des lieux publics ne faisant pas l'objet d'appropriation privative, les voies de communication étant d'ailleurs un des emblèmes forts de la « res publica »[1051]. L'Etat ne peut exister sans espace public ; la liberté d'aller et de venir ne peut s'exercer que sur le domaine public affecté à l'usage de tous, car on voit mal comment le public pourrait circuler librement sur la propriété privée[1052]. Il préconise alors qu'il y ait constitutionnalisation de la règle de l'inaliénabilité du domaine affecté à l'usage du public du fait que celui-ci est rattaché à l'exercice d'une liberté.

Sur le plan théorique, cette conception du domaine aurait indéniablement le mérite de renforcer le concept de domaine du fait de sa simplification et d'empêcher la disparition même de la notion, en proie de plus en plus à des crises. Sur le plan pratique, elle mettrait fin au problème de la précarité des entreprises. Elle aurait en outre le double avantage : celui d'abord d'être en phase avec les racines historiques du concept originaire moderne du XIXe siècle, d'espace affecté au public ; celui ensuite d'être en accord avec les fonctions actuelles de l'Etat de ce troisième millénaire, moins interventionniste et plus orienté à être un gendarme de l'économie. Cette conception montrerait, de plus, encore une fois, les capacités du droit administratif à s'adapter aux nécessités de la société. Cependant, seul l'avenir nous dira si cette voie sera retenue. Et nous finirons ici encore sur la pensée de M. C. Lavialle : aujourd'hui, « *le domaine est à la croisée des chemins* »…[1053]

[1051] « Services publics et entreprises privées industrielles et commerciales implantées sur le domaine public affecté aux transports en France », *précité*, p. 17.

[1052] « Le domaine public : une catégorie juridique menacée ? », *précité*, p. 687.

[1053] « Le domaine public : une catégorie juridique menacée ? », *précité*, p. 688.

BIBLIOGRAPHIE

1 – OUVRAGES GENERAUX

AUBY J.-M., BON P., AUBY J.-B., *Droit administratif des biens,* Dalloz, 2003.

AUBY J.-M., BON P., *Droit administratif des biens,* 2e édition, Dalloz, 1993.

AUBY J.-M., DUCOS-ADER R., *Droit administratif, la fonction publique, les biens publics, les travaux publics,* 6e édition, Dalloz, 1983.

BONNARD, *Droit administratif,* 14e édition, 1943.

CABRILLAC M., MOULY C., *Droit des sûretés*, Litec, 6e édition, 2002.

CARBONNIER J. *Droit civil, les biens,* tome III, 3e édition, P.U.F., 1981.

CHAPUS R., *Droit administratif général,* Montchrestien, tome 2, 15e édition, 2001.

DEBBASCH C., BOURDON J., PONTIER J., RICCI J.-C., *Droit administratif des biens,* Thémis, P.U.F., 1994 et 1999.

DEMENTHON H., *Traité du domaine de l'Etat,* 6e édition, Editions de la Préparation administrative, 1964.

DUFAU J., *Le domaine public,* tomes I et II, Editions du Moniteur, 3e éd., 1990 ; 5e éd. 2001.

DUGUIT L., *Traité de droit constitutionnel,* 3e édition, 1930.

GHESTIN J., dir., *Traité de droit civil,* L.G.D.J., 1994,

GODFRIN P., *Droit administratif des biens,* Armand Colin, 4e édition, 1994, et 6e éd., 2001.

HAURIOU M., *Précis élémentaire de droit administratif,* 4e édition, Recueil Sirey, 1938.

JUGLART M., et autres, *Traité de droit commercial,* 4e édition, Monchrestien, Paris, 1988, tome premier, p. 552.

L. VOGEL, *Traité de Droit commercial,* G. Ripert, R. Roblot, dir. M. Germain, tome 1, vol.1, 18e édition, L.G.D.J., 2001, p. 329.

LARROUMET C., *Droit civil,* Economica, 1990.

GAUDEMET Y., *Traité de droit administratif, droit administratif des biens, Tome 2,* L.G.D.J., 12e édition, 2002.

LAUBADERE A. (de), MODERNE F., DELVOLVE P., *Traité des contrats administratifs,* Tome I et II, 2e édition, L.G.D.J. 1984.

LAUBADERE A. (de), *Traité de droit administratif -La fonction publique- Les domaines administratifs- L'expropriation, la réquisition-Les travaux publics- L'aménagement du territoire- Les actions foncière et rurale-* L.G.D.J., 7e édition, 1980.

LAUBADERE A. (de), *Traité élémentaire de droit administratif, L'administration de l'Economie,* 2e volume, 2e édition, L.G.D.J. 1971.

LAUBADERE A. (de), VENEZIA J.-C., GAUDEMET Y., *Manuel, droit administratif,* 14e édition, L.G.D.J. 1992.

LAUBADERE A. (de), VENEZIA J.-C., *Traité de droit administratif, Les grands services publics,* L.G.D.J., tome 3, 4e édition , 1990, p. 24.

LAVIALLE C., *Droit administratif des biens,* P.U.F., 1996.

LAVIALLE C., « Domaine », in *Code administratif,* Dalloz, 2003.

LEGEAIS D., *Droit commercial et des affaires,* 14e édition, 2001.

MAZEAUD H., L. et J., CHABAS F., *Leçons de droit civil - Sûretés, publicités foncières,* Tome III, 3e volume, Montchrestien, 1988.

MAZEAUD H., L., J. CHABAS F., *Leçons de droit civil - Biens, droit de propriété et ses démembrements,* Tome II, 2e volume, Montchrestien, 1994.

MEMENTO PRATIQUE Francis Lefebvre, *Sociétés commerciales,* 2001, Ed. Francis Lefebvre.

MERLE P., *Droit commercial, Sociétés commerciales,* Précis Dalloz, 1992.

MORAND-DEVILLER J., *Cours de droit administratif des biens,* Montchrestien, 2e éd. 2001.

RICHER L., *Droit des contrats administratifs,* 2e éd., L.G.D.J., 1999.

RIPERT G., ROBLOT R., *Traité de droit commercial,* Tome I, 13e édition, L.G.D.J., Paris 1989.

VIDAL D., *Droit des sociétés,* 3e édition, 2001, L.G.D.J., p. 36.

WALINE M., *Précis de droit administratif,* Montchrestien, 1970.

2 – OUVRAGES SPECIALISES, THESES, RAPPORTS

ABRAHAM-FROIS G.t, *Economie politique,* Economica, 5e édition 1991.

ALEGRE DE LA SOUJEOLE C., *L'adaptation de la domanialité publique à l'interventionnisme de l'Etat, théorie et pratiques domaniales dans les conditions nouvelles de production de l'espace social,* thèse Montpellier 1979.

ALLIES P. *Le territoire dans la formation de l'Etat,* thèse Montpellier, 1977.

ANGUERA M.-T., *Metodologia en las Sciencias Humanas,* prologo de Miguel Siguan, Ediciones Càtedra, Madrid, 1978.

ATTALI J., *L'anti-économique,*P.U.F., 1990.

AUBY, DUCOS ADER, *Grands Services publics,* P.U.F., 1973, tome II.

BACQUET J. *Les biens qui n'appartiennent à personne et des biens dont l'usage est commun à tous*, thèse Paris, 1821.

BECET J.-M., *L'aménagement du littoral,* Que Sais-je ? P.U.F., 1987.

BECET J.-M., LE MORVAN Didier (sous la direction de), *Le droit littoral et la mer côtière,* Economica, 1991.

BENACEUR Y., *De quelques utilisations du domaine public maritime et la protection de l'environnement,* thèse Strasbourg, 1982.

BERGER A. (sous la responsabilité scientifique de) ; FERAL François, TEMPIER Elisabeth, *Inventaire et typologie des concurrences et des conflits sur le littoral méditerranéen,* rapport de recherche CRPEE/IFREMER, novembre 1991.

BERGER A., *La nouvelle économie de l'espace rural,* Editions Cujas, Paris 1975.

BERGOUNIOU N., *Les investissements sur le domaine public,* thèse Toulouse 1978.

BERNARD L., *Du droit de propriété de l'Etat sur les biens du domaine public,* thèse Aix-Marseille, Recueil Sirey, 1910.

BERNARD S., *La recherche de la rentabilité des activités publiques et le droit administratif,* préface Joël-Pascal Biays, L.G.D.J., 2001.

BLANCHET A. et Al., *L'entretien dans les sciences sociales,* préface Max Pagès, Dunod, 1985.

BRARD Y., *Domaines public et privé des personnes publiques*, Dalloz, 1994.

BRIOT N., MONNOT S., *Annexes sur les marchés d'intérêt national,* Inspection Générale des Finances, Conseil Général du Génie Rural des Eaux et des Forêts, novembre 1990.

BRISSET V., *Propriété publique et environnement,* thèse Limoges 1991.

BROUANT J.-P., *Le régime domanial à l'épreuve de la valorisation économique*, thèse Paris I, 1995.

BRUNET R., *Mondes nouveaux,* Geographie Universelle, Editeur G.I.P. Reclus-Belin, tome I, Paris 1990.

CAILLOSSE J., *L'intérêt général, la croissance et les avatars du droit administratif des biens,* thèse Rennes, 1978.

CALMETTE J.-F., *La rareté en droit public français,* thèse Toulouse 2002.

CAPUL J.-Y., GARNIER O., *Dictionnaire d'économie et de sciences sociales,* Hatier, 1993.

CARAYON, *La cession d'autorisation et de concession,* thèse Paris 1934.

CENTRE DE DROIT ET D'ECONOMIE DE LA MER, *Les cultures marines en France et le droit de la mer,* lettre-préface de Louis Le Pensec, avant-propos de Lucien Laubier, Cnexo, 1983.

CHAUMONT P., *De la nature du Domaine public,* thèse Paris 1908.

CHENON E., *Démembrements de la propriété avant et après la Révolution,* Sirey, 1953.

COHEN-TANUGI L., *Le droit sans l'Etat,* préface de Stanley Hofmann, P.U.F., 1992.

CONDE Y., *Nature et régime du domaine des établissements publics,* thèse Rennes, 1982.

CONSTANS L., *Le dualisme de la notion de personne morale en droit administratif français,* préface Jean-Marie AUBY, Librairie Dalloz, 1966.

DATAR, *L'aménagement du Littoral,* La Documentation française, 1993.

DAVID-BEAUREGARD-BERTHIER O. de, *La justification actuelle de la distinction entre le domaine public et le domaine privé,* thèse Aix-Marseille III, 1994.

DEBIE F., *Une forme urbaine du premier âge touristique : Les promenades littorales,* Mappemonde, 2/1993.

DEMICHEL A., *Le droit administratif, essai de réflexion théorique*, Paris, L.G.D.J. 1978.

DENOYER J.-F., *L'exploitation du domaine public,* L.G.D.J., 1969.

DESPAX M., *Droit de l'environnement,* Librairies Techniques, Paris 1980.

DEZALAY Y., *Marchands de droit, la restructuration de l'ordre juridique international par les multinationales du droit,* Fayard, 1992.

DORFAN R. et N., *Economie de l'environnement,* Calman Levy, 1975

DUBOIS P.-L., JOLIBERT A., *Le marketing, fondements et pratiques,* Economica, 1989.

DUPUYDAUBY J., *Une volonté portuaire pour une ambition maritime*, rapport sur la filière portuaire, 30 septembre 1995.

DUVERGER M., *L'affectation des Immeubles Domaniaux aux services publics, traité théorique et pratique*, préface de Roger Bonnard, L.G.D.J., 1941.

ESCANDE (rapport) *Marseille, Europort du sud*, 1990 (source : la DATAR, Marseille).

FATOME E., *Le pouvoir de réglementer l'utilisation du domaine public affecté à l'usage de tous. Recherches sur son fondement et sur son étendue*, thèse Caen, 1974.

FAVOREAU L. PHILIP L. *Les grandes décisions du Conseil constitutionnel*, Sirey, 1989.

FERAL F., *Etude du cadre juridique des exploitations d'aquaculture et du régime de domanialité des espaces côtiers à Madagascar*, publication de la FAO.

FERAL F., *L'Etat et les fraudes commerciales, Essai sur les politiques de contrôle des marchés*, préface Michel GUIBAL, Presses Universitaires de Perpignan, Publication du Centre D'analyse Politique, 1995.

FIFRE P., *La protection des sites dans le Finistère*, bilan 1986, mémoire de maîtrise de sciences et techniques de géoarchitecture, septembre 1986.

FILION M., COLBERT F., (sous la direction de) *Gestion du marketing*, Gaëtan Morin Editeur, 1990.

FOUCARD E.-V., *Eléments de droit public et droit administratif*, 3e édition, tome 1er, Videcoq Père et Fils, 1843.

FROMAGEAU J., GUTTINGER P., *Droit de l'environnement*, Eyrolles, 1993, p. 182.

GAUDEMET Y., *«Marché d'intérêt national»*, Juris-Classeur administratif, fascicule 261, 1992.

GENEREUX J., *Introduction à la politique économique*, Editions du Seuil, 1993.

GEORGIN C., *Cours de droit administratif, livre deuxième, le domaine public et la voirie*, 19e édition, Editions Eyrolles, 1953.

GILLI J.P., *Redéfinir le droit de propriété ?*, C.R.U., 1975.

GODFRIN P., *Le régime administratif des ports maritimes de commerce*, thèse Paris 1967.

G. GONZALEZ, « Utilisations commerciales du domaine public », *Juris-Classeur*, Propriétés publiques, fasc. 79-50.

GREFFE X., *Economie des politiques publiques*, Précis Dalloz, 1994.

GROSDIDIER DE MATONS, *Le régime administratif et financier des ports maritimes*, L.G.D.J, 1969.

GUIBAL M., *L'ordre professionnel*, thèse Montpellier, 1970.

GUIBAL M., RAPP L., *Contrats des collectivités locales*, Francis Lefebvre, éditions de 1989 et 1995.

HISTOIRE DES PENSEES ECONOMIQUES, *Les fondateurs*, Sirey, 1988.

INSTITUT FRANCAIS DE L'ENVIRONNEMENT, *L'environnement en France*, Dunod, 1994/1995.

JANSSE, *Traits principaux du régime des biens du domaine public*, Paris 1938.

JEANNEAU B. *Droit des services publics et entreprises nationales*, Précis Dalloz, 1984

JURET P.M., *Le domaine public maritime*, Dalloz 1964.

KERMINON J., *Les cadres juridiques de l'économie mixte*, L.G.D.J., 2e édition, 1994.

KLEIN C., *La police du domaine public*, préface de Pierre Lavigne, L.G.D.J., 1966.

KOHN Ruth C., NEGRE Pierre, *Les voies de l'observation, Repères pour les pratiques de recherche en sciences humaines*, Nathan, 1991.

LAUBADERE A. (de), *L'automobile et le régime de l'usage des voies publiques*, Recueil Sirey, 1935.

LAVIALLE C., « Contentieux des propriétés publiques », *Juris-Classeur*, Propriétés publiques, fasc. 12.

LAVROFF D.G., MARILLA G.D., BEYSSAC R., LAGARDE M., *Le domaine des collectivités locales*, sous la direction de F.P. Bénoit, Dalloz, 1990.

LEBEL C., *Juris-Classeur Commercial*, Entreprise individuelle, fonds de commerce, fasc. 1040.

LEBRETON J.-P., *Les occupations du domaine public*, thèse Paris, 1976.

LENOIR Y., *Le rôle de l'affectation dans la propriété administrative et les autres droits réels administratifs*, Sirey 1966.

LEPAGE H., *Pourquoi la propriété ?* Ed. Pluriel Hachette.

LINOTTE D., MESTRE A., ROMI R., *Services publics et droit public économique*, 2e édition, Litec, 1992.

LOUARN P. (le), *La responsabilité de la puissance publique pour la fréquentation des espaces verts*, thèse Rennes.

MADIOT Y., Aux frontières du contrat et de l'acte administratif unilatéral. Recherches sur la notion d'acte mixte en droit public français, préface Jean Lamarque, L.G.D.J., 1971.

MARINI Ph., REMOND B., *Spéculation et propriété foncière*, Ed. Berger-Levrault, 1976.

MEYER J.L., *Les ressources du domaine communal*, Ed. Berger Levrault, 1980.

MINISTERE DE L'EQUIPEMENT, DU LOGEMENT ET DES TRANSPORTS, direction de l'architecture et de l'urbanisme, *Jurisprudence administrative illustrée - La loi du 3 janvier 1986 relative à la protection et à la mise en valeur du littoral.*

MODERNE F., « Les conventions d'occupation précaires des dépendances du domaine privé », *Rép. Coll. loc.*, Dalloz, 1983.

MOLAT M. (sous la direction de), *Histoire des pêches maritimes en France,* Privat, Toulouse, 1987.

MOYSAN H., *Le droit de propriété des personnes publiques*, préface Didier Truchet, L.G.D.J., 2001.

NAYER M.-C., *Les marchés d'intérêt national,* thèse Paris I, 1981.

PARDESSUS J.-M., *Traité des servitudes ou services fonciers,* 5e édition, Corby, 1822.

PASKOFF R., *Côtes en Danger, pratiques de la géographie,* Masson, 1993.

PASKOFF R., *Les littoraux - Impact des aménagements sur leur évolution,* Masson, collection géographie, 1985.

PASSEZ C., *Les permissions de voirie,* thèse Paris, 1938.

PAULIAT H., *Le droit de la propriété dans la jurisprudence du Conseil constitutionnel et du Conseil d'Etat,* tome I et II, P.U.F, 1994.

PELLOUX R., *La notion de domanialité publique depuis la fin de l'ancien droit,* thèse Grenoble, 1932.

PENNEC J. (le), *L'exercice des pouvoirs de police sur le domaine public en droit administratif,* thèse Rennes, 1970.

PERROUX F., *Dialogue et monopole des nations,* P.U.F., Grenoble 1983.

PERROUX F., *Pouvoir et économie*, coll. études économiques, Dunod, 1973.

PIRAZZOLI P.-A., *Les littoraux,* Nathan, 1993.

PROUDHON, *Traité du domaine public,* 1833.

QUIVY R., CAMPENHOUDT LUC Van, *Manuel de recherche en Sciences sociales*, Dunod, 1988.

RAPPORT de la Cour des comptes au Président de la République, 1973.

RAPPORT de la Cour des comptes au Président de la République, 1994.

RAPPORT de la Cour des comptes au Président de la République, 1995.

RAPPORT PUBLIC du Conseil d'Etat, 2002, Etudes et documents, n° 53, La Documentation française.

RECY R., *Traité du domaine public,* tomes I et II, Paul Dupont, 1893.

REDSLOR A., *Economie politique, les grandes doctrines -Analyse micro-économique,* Litec, 1989.

REZENTHEL R.t, «Les ports maritimes» (autonomes, d'intérêt national, départementaux et communaux)»- *Juris-Classeur commercial,* n° 1035 et 1036, 1995.

REZENTHEL Robert, *Le droit de construire sur le domaine public,* thèse Lille, 1979.

RIGAUD, *Les droits réels administratifs,* thèse Toulouse 1914.

ROMI R., *Droit et administration de l'environnement,* Montchrestien, 1994.

SAINT MARC Ph., *L'économie barbare,* Frison-Roche, 1994.

SALMON G., *La consistance du domaine public maritime français,* thèse Rennes, 1956.

SECTION DU RAPPORT ET DES ETUDES DU CONSEIL D'ETAT, *Le droit des propriétés publiques,* 31 octobre 1986, p. 21.

SEGUR L., *La permission de voirie,* thèse Bordeaux, 1912.

TEITGEN-COLLY, *La légalité de l'intérêt financier dans l'action administrative,* Economica, 1981.

TIMBAL P.C., *Histoire des institutions et des faits sociaux,* Précis Dalloz, 4e édition, 1970.

TROTABAS L., *De l'utilisation du domaine public par les particuliers,* thèse Grenoble, 1924.

TRUCHET D., (sous la direction de) *Droit et politique des réseaux câblés,* Gral, 1992.

TRUCHET D., *Les fonctions de la notion d'intérêt général dans la jurisprudence du Conseil d'Etat,* préface J. Boulouis, L.G.D.J., 1977.

VALIN R.-J., *Nouveau Commentaire sur l'Ordonnance de la Marine du Mois d'Août 1681,* Jérome Legier, Pierre Mesnier, imprimeurs à La Rochelle, M.DCC.LX.

VILLIERS M. (de), *Les marchés d'intérêt national,* FFMIN, préface de Louis Pradel, avant-propos de Paul-Marie Gaudemet, 1967.

WALINE M., *Les Mutations Domaniales, Etude des Rapports des Administrations Publiques à l'occasion de leurs domaines publics respectifs,* Jouve et Cie, Editeurs, 1925.

WEBER M., *Economie et société,* tome premier, Plon, 1971.

WILHEM P., *La réserve des 50 pas du roi depuis ses origines jusqu'à 1825,* thèse Paris, 1966

YOLKA P., *La propriété publique, éléments pour une théorie,* préface Yves Gaudemet, L.G.D.J., 1997.

3 – ARTICLES

(dans des revues et des ouvrages collectifs)

AGLAE M.-J., «La loi du 25 juillet 1994 complétant le code du domaine de l'Etat et relative à la constitution de droits réels sur le domaine public», *L.P.A.*, 1994, p. 4.

ARTUS D., «Les oeuvres d'art et l'inaliénabilité du domaine public mobilier», *L.P.A.*, 1994, p. 8.

AUBY J.-M., «Les contrats comportant occupation du domaine public», *D.*, 1953, p. 20.

AUBY J.-B., « La bataille de San Romano. Réflexions sur les évolutions récentes du droit administratif », *A.J.D.A.* 20 novembre 2001, p. 912.

AUBY J.-B., « Domaine public, concurrence, non-discrimination ou le droit de la concurrence au service des valeurs du droit administratif », *Lettre Jur. Clas. du Droit Public des Affaires*, 2001, p. 2.

AUTIN J.-L., « Les redevances d'occupation à titre privatif des dépendances du domaine public », in *Les mutations du droit domanial et le régime des infrastructures de transport en France et en Espagne*, dir. C. Lavialle, P.U.P./L'Harmattan, 2001, p.113.

BARCHAUSEN, «Etude sur la théorie générale du domaine public», *R.D.P.* 1909.

BARJONET C., «Ports : un rapport explosif», in *La Tribune*, 5 oct. 1995, p. 12.

BATAILLER F., « Les beati possidentes du droit administratif (Les actes unilatéraux créateurs de privilèges)», *R.D.P.* 1965, p. 1051 et s.

BAZEX M., « Entre concurrence et régulation, la théorie des facilités essentielles », *Revue de la concurrence et de la consommation*, n°119, 2001, p. 37.

BECET J.-M., « Espaces naturels littoraux et intercommunalité», *L.P.A.*, 1995, p. 7.

BERGER A. et ROUZIER J., «El modelo Sur y las économias regionales espanolas», *I.C.E., Revista de economia,* n° 687, noviembre del 1990.

BERGER A. et ROUZIER J., «L'espace rural, élargissement conceptuel et orientation méthodologique», *Economie rurale,* n° 229, septembre 1995.

BERGER A. et V. THIREAU, «Du pôle au technopôle : permanence et transformation du concept de polarisation», *Mondes en développement,* n° 86, Bruxelles, 1994.

BERGER A., «L'espace rural, perspectives d'une recomposition», *R.E.M.*, n° 65-66, 1994.

BLANS-UCHAN O., «Evolution de la législation relative aux concessions d'endigage», *R.D.P.* 1983, p. 1601 et s.

BOITEAU C., « L'entreprise nationale France Télécom », *J.C.P.*, Ed. G. 1996, I, n°3965.

BORNECQUE-WINANDY E. «Nouvelle conception de la structure et de la protection du domaine public», *R.D.P.* 1953, p. 68.

BOSGIRAUD, intervention aux *Actes du colloque «domaine public et activités économiques,* C.J.E.G., n° hors série, oct. 1991, p. 72.

BRARD Y., « Redevance pour occupation du domaine public : certitudes et incertitudes de la jurisprudence », *D.* 1999, chron. p. 19.

BRECHON-MOULENE C., «Une technique juridique explosive : l'autorisation conventionnelle d'occupation du domaine public», *Mélanges offerts à G. Bourdeau,* L.G.D.J., p. 753 et s.

BRIOT N., MONOT S., *Résumé et conclusions du rapport de synthèse sur l'avenir des marchés d'intérêt national,* n° 90-351 de 1990.

BROUANT J.-P., « L'usage des fréquences de communication audiovisuelle et la domanialité publique », *A.J.D.A.,* 1997, p. 115.

CADOUX C., «Un exemple de marché d'intérêt national, La marché-gare de Lyon» *A.J.D.A.* 1962, p. 267.

CAMBOT P., « Collectivités locales et initiative privée en matière de télécommunications », *A.J.D.A.*, 1999, p. 965.

CANS C., « La fausse décentralisation des réserves naturelles », *Droit de l'environnement,* 2002, p. 113.

CASTEJON R., « Les changements d'usage de la zone portuaire de Barcelone : la reconversion du Port Vell », in *Les mutations du droit domanial et le régime des infrastructures de transport en France et en Espagne,* dir. C. Lavialle, L'Harmattan/P.U.P., 2001, p. 177.

CATTIN R., «Le régime administratif du port de plaisance, *A.J.D.A.,*1986, p. 137.

CHALON G., « Le droit de passage pour les infrastructures des télécommunications », *C.J.E.G.*, n°583, 2002, p. 2.

CHARBIT N., « Marée haute et écueils de la jurisprudence du Conseil d'Etat en matière de concurrence », *L.P.A.*, 21 fév. 2001, n°37, p. 4.

CHARLES H., «Accessoire et domaine public en droit administratif français», in *Mélanges Stassinopoulos,*1974, p. 187.

CHEROT J.-Y., « Perspectives et nouveaux défis », *Rev. conc. consom.*, 2000, n°116, p. 25.

CHEROT J.-Y., « Les méthodes du juge administratif dans le contentieux de la concurrence », *A.J.D.A.*, 2000, p. 687 et s.

CHEVALLIER J., « Les mutations des postes et télécommunications », *A.J.D.A.*, 1990, p. 667.

CHEVALLIER J., « La mise en œuvre de la réforme des télécommunications », *R.F.D.A.*, 1997, p. 1116.

CHEVALLIER J., « La nouvelle réforme des télécommunications : rupture et continuité », *R.F.D.A.*, 1996, p. 920.

CONSEIL NATIONAL DES COMMUNAUTES PORTUAIRES, commission n° 2, *Les aspects domaniaux des ports maritimes*, 1992.

CONSTANS L., «Le dépérissement de l'Etat : paradoxe sur la philosophie de l'histoire immédiate» in *L'interventionnisme économique de la puissance publique, Etude en l'honneur du doyen Georges Pequignot,* Montpellier, Ceram, 1984, tome I, p. 119 et s.

CONSTANS L., «Les pouvoirs publics et le développement économique (Réflexions critiques sur le néo-libéralisme)», in *Les entreprises publiques au Burkina Faso,* Institut d'Etudes Politiques, Toulouse, 1990, p.13 et s.

CONSTANS L., «Point de vue critique sur l'idéologie de Maastricht», *La construction de l'Europe,* Cahiers de l'Université de Perpignan, p. 129 et s.

DECORNOY J., «Du monde des affaires aux affaires du monde», in *Le monde diplomatique,* mai 1995, p. 23.»

DELACOUR E ., « La loi Murcef, aspects de droit public », *D.A.*, mars 2002, n°5.

DELCROS X., WOLF D., «Le contrat administratif», sous la direction de J.L. Corail, *Documents d'études, droit administratif,* La Documentation française, n° 2-11, 1977.

DELSALLE B., «Les aspects domaniaux des ports maritimes», *Journal de la marine marchande,* 11 septembre 1992, p. 216 et s.

DELVOLVE P., « Droit de propriété et droit public », in *Mélanges Braibant*, Dalloz, 1996, p. 149.

DELVOLVE P., «Les investissements du maître du domaine», intervention aux *Actes du colloque «domaine public et activités économiques, C.J.E.G.*, n° hors série, oct. 1991, p.103.

DELVOLVE P., «Modifications du domaine public maritime», *R.D.I.* 1981, p. 291.

DESALAY Y., «Guerres de palais et multinationales de l'expertise», in *Le monde diplomatique,* mai 1995, pp. 22 et 23.

DESTOURS S., « L'application du droit interne de la concurrence aux personnes publiques par les juridictions administratives : fin d'une énigme ? », *J.C.P.*, éd. E., 1998, n°2, p.1.

DETRAGIACHE-DORLENCOURT D., «L'extension des rivages de la mer en méditerranée, réflexions à propos d'un arrêt récent», *A.J.D.A.* 1974, p. 408 .

DIDIER P., «Les marchés d'intérêt national», in *Dix ans de conférences d'agrégations,* Dalloz, 1961.

DUFAU J. « Les ouvrages immobiliers de France Télécom n'ont pas la qualité d'ouvrages publics, *A.J.D.A*, 2002, p. 266.

DUFAU J. «La zone des 50 pas géométriques dans les D.O.M». *A.J.D.A.*1990, p.444.

DUFAU J. « La loi n°94-631 du 25 juillet 1994 relative à la constitution de droits réels dans le domaine public », *JCP* 1995, éd. N., I, 3210.

DUFAU V., « A propos de la notion de redevance (II) », *D.A.*, 2000, n°12.

DUROY S., « La sortie des biens du domaine public : le déclassement », *A.J.D.A.*, 1997, p. 819 et s.

EISENMAN L., « Propriété privée et domanialité et domanialité publique virtuelle », *L.P.A.*, 18 août 1997, n° 99, p. 4.

ESTRYN C., GUERRIER C., « Le spectre des fréquences radioélectriques, bien public ou bien commercial ? », *L.P.A.*, 2001, n°138, p. 11.

FATÔME E., TERNEYRE P., « Droits réels sur le domaine publics de l'Etat : clarification ou multiplication des interrogations ? *A.J.D.A.*, 1995, p. 905.

FATOME E., TERNEYRE P., « Le financement privé de la construction d'ouvrages publics, en particulier sur le domaine public », *A.J.D.A.* 1997, p. 126.

FATÔME E., TERNEYRE P., «La loi du 25 juillet 1994 : observations complémentaires», *A.J.D.A.* 1994, p. 780.

FEITZ A., « Une déconsolidation exemplaire», *Entreprises,* 2 octobre 1995, p. 18.

FERAL F., « Le domaine à la croisée des chemins », in *Les mutations du droit domanial et le régime des infrastructures de transport en France et en Espagne,* dir. C. Lavialle, L'Harmattan/P.U.P., 2001, p. 177.

FERRARI P., « La loi du 22 janvier 2002 relative à la Corse », *A.J.D.A.*, 2002, p. 86.

FIFRE P., *La protection des sites dans le Finistère,* bilan 1986, mémoire de maîtrise de sciences et techniques de géoarchitecture, septembre 1986.

FOURNIER A., JACQUOT H., «Un nouveau statut pour les occupants du domaine public», *A.J.D.A* 1994, p. 759 et s.

FOURNIER J., « La nouvelle réglementation des télécommunications », *C.J.E.G.*, mars 1997, p. 80.

GAUDEMET Y., « Conflit de compétence et droit de la concurrence sur une équivoque », *Mélanges Perrot*, 1996, p. 121.

GAUDEMET Y., « Hypothèque et domaine des personnes publiques », *Dalloz affaires*, 1996, n°2, p. 33.

GAUDEMET Y., « L'avenir du droit des propriétés publiques » in *Mélanges François Terré*, Dalloz, 1999, p. 567.

GAUDEMET Y., « L'entreprise publique à l'épreuve de la loi », in *Mélanges en hommage à Roland Drago : l'unité du droit,* Economica, 1996, p. 259.

GAUDEMET Y., « L'occupant privatif du domaine public à l'épreuve de la loi », in *L'Etat de droit. Mélanges en l'honneur de Guy Braibant*, Dalloz, 1996, p. 309.

GAUDEMET Y., « La domanialité publique replacée dans le contexte de la loi de 1994, *J.C.P.*, Ed. N., 2001, p. 690.

GAUDEMET Y., « La gratuité du domaine public », *Mélanges en l'honneur de P.-M. Gaudemet, Economica,* 1984, p. 1023.

GAUDEMET Y., « La saisie des biens des établissements publics : nouveaux développements de la question », *Gaz. Pal.*, 1984, II, D., p. 565.

GAUDEMET Y., « La superposition des propriétés privées et du domaine public», *D. S.*, 1978, chr, p. 293.

GAUDEMET Y., « Libertés publiques et domaine public », in *Libertés, Mélanges en l'honneur J. Robert*, Montchrestien, 1998, p. 125.

GAUDEMET Y., « Ouvrage complexe et domanialité publique, *R.D.I.*, 1999, p. 507.

GAUDEMET Y., «Les constructions en volume sur le domaine public», *C.J.E.G.*, 1991, p. 297.

GAUDEMET Y., intervention aux *Actes du colloque «domaine public et activités économiques, C.J.E.G.*, n° hors série, oct. 1991.

GAUTHIER J. « Hypothèque et domaine public », *Droit et patrimoine*, 2001, n°93, p. 52.

GODFRIN P., « Une prudente audace : la loi du 25 juillet 1994 relative à la constitution de droits réels sur le domaine public », *C.J.E.G.,* 1995, p. 1.

GODFRIN P., intervention aux *Actes du colloque «domaine public et activités économiques, C.J.E.G.*, n° hors série, oct. 1991.

GONDRAN R., «Quelques remarques à propos des marchés d'intérêt national», *R.A.* 1962, p. 255 et s.

GONZALEZ G., « Domaine public et droit de la concurrence », *A.J.D.A.*, 1999, p. 387.

GORIAINOFF A. (de), «L'assistance publique : un patrimoine à exploiter» *Etudes Foncières*, 1987, n°37, p. 23.

GORIAINOFF A. (de), «Le sol parisien, une propriété publique ?» *Etudes Foncières*, 1987, n° 36, p. 43.

GROS M., *L'affectation, critère central de domanialité publique, R.D.P.* 1992, p. 770 ;

GRUA P., VAUDOUR B., « Accès au foncier aquacole-Propositions d'aménagements à l'arrêté fixant le régime d'exploitation des cultures marines», *A.D.A.*, Editions Bergeret Bordeaux, n°27, 1992.

GUILLAUME E., « Les principes d'égalité et de proportionnalité à l'épreuve des licences U.M.T.S », *L.P.A.*, 12 oct. 2001, n° 204, p. 4.

HALIMI S., «Quelle légitimité ?», in *Le monde diplomatique,* mai 1995, p. 24.»

HENRY J.-P., «La fin du rêve Prométhéen ? Le marché contre l'Etat» ; *R.D.P.* 1991, p. 632 et s.

HENRY J.-P., «Vers la fin de l'Etat de droit ?», *R.D.P.* 1977, p. 1207.

ISRAEL J.-J. intervention aux *Actes du colloque «domaine public et activités économiques, C.J.E.G.*, n° hors série, oct. 1991.

JEFOUZO Y., « Propriété et environnement », *Répertoire Defrénois*, 1994, 1ère partie, p. 449.

JEGOUZO Y., « Les relations entre institutions politiques en matière domaniale », *C.J.E.G.*, n° hors série, oct. 1991.

JOUBERT S., « L'installation des réseaux de télécommunications sur le domaine public », *JCP* éd. G., 1999, I 159.

KALAORA B. «Le conservatoire du littoral ou l'invention d'une autre raison patromonial», *L.P.A.*, 1995, p. 14.

KEITA M., « Bail commercial conclu entre personnes privées sur un bien du domaine public », *L.P.A.*, 24 août 2001, n°169, p. 10.

LACHAUD J., «Des droits réels sur le domaine public», *Le trait d'union de l'expertise agricole, foncière, immobilière, et forestière,*n°1, 1995, p. 19 et s.

LACHAUME J.-F., « Personnes publiques, service public, droit administratif, compétence du juge administratif dans le régime juridique de la gestion de La Poste et des télécommunications issu de la loi du 2 juillet 1990 », *Etudes offertes à J.-M. Auby*, Dalloz 1992.

LAGRANGE, «L'évolution du droit de la domanialité publique, *R.D.P.*, 1974, p. 5.

LAIDIE Y., « Brèves observations sur les difficultés de la dévolution du contentieux de la concurrence », *R.F.D.A.*, 2000, p. 567.

LAMSON A. «Les concesssions d'endigage et l'utilisation du domaine public maritime», *Gaz. Pal.* 1978, p. 312.

LANGAVANT, «Le littoral, les mesures de protection et de mise en valeur», *R.A.*, 1976, p.25

LARRIEU J., « Le changement de statut de la zone des cinquante pas du Roi dans les D.O.M. », *L.P.A.*, 12 déc. 1997, p. 8.

LAUBADERE A. (de). «Domanialité publique, propriété administrative et affectation », *R.D.P.* 1950, p.24 et s.

LAVIALLE C., « Décentralisation et domanialité », *R.F.D.A.*, 1996, p. 953.

LAVIALLE C., « Avant-propos », in *Les mutations du droit domanial et le régime des infrastructures de transport en France et en Espagne,* dir. C. Lavialle, L'Harmattan/P.U.P., 2001, p.9.

LAVIALLE C., « Délégation de service public et domanialité publique, état de la question », *D.A.*, fév. 1998, n°3.

LAVIALLE C., « Des liens entre la souveraineté nationale et le droit de propriété », *L.P.A.*, 1989, p. 84.

LAVIALLE C., « Domaine public. Critères de distinction des domaines public et privé. Biens appartenant à EDF. », *R.D.I.,* 1999, p. 75.

LAVIALLE C., « Du domaine public comme fiction juridique », *J.C.P.*, 1994, I, 3766.

LAVIALLE C., « L'imprescriptibilité du domaine public », *R.F.D.A.*, 1989, p. 27.

LAVIALLE C., « L'ouverture minoritaire du capital de France Télécom au secteur privé, le domaine public et la propriété privée », *R.F.D.A.*, 1996, p. 1124.

LAVIALLE C., « La loi du 13 février 1997 créant « Réseau ferré de France » et le nouveau régime des domaines et transports ferroviaires », *R.F.D.A.*, 1997, p. 768.

LAVIALLE C., « Le domaine public, une catégorie juridique menacée ? A propos de l'arrêt Assemblée, 23 octobre 1998, EDF », *R.F.D.A.*, 1999, p. 578.

LAVIALLE C., « Services publics et activités industrielles et commerciales implantées sur le domaine public affecté aux transports en France », in *Les mutations du droit domanial et le régime des infrastructures de transport en France et en Espagne,* dir. C. Lavialle, L'Harmattan/P.U.P., 2001, p. 13.

LAVIALLE C., «Des rapports entre la domanialité publique et le régime de fondations», *R.D.P.*, 1990, p. 470 et s.

LAVIALLE C., «La constitution de droits réels sur le domaine public de l'Etat», *R.F.D.A.,* 1994, p.1106 et s.

LAVIALLE C., «L'article 13 de la loi du 5 janvier 1988» *C.J.E.G.*, 1988, p. 163.

LAVIALLE C., « Les conventions de financement des équipements publics de sécurité intérieure et la loi n°2002-1094 du 20 août 2002 », *Contrats et marchés publics*, chron. 11 novembre 2002, p. 4.

LE CORNEC E., « Loi sur les 50 pas géométriques dans les DOM : loi de protection ou loi de développement ? », *Droit de l'environnement*, 1997, n°48, p. 8.

LE CORRE L., « Apports de la loi du 27 février 2002 relative à la démocratie de proximité, à la protection et la gestion de la nature », *Environnement*, 2002, chron. n°11, p. 8.

LEBRETON J.-P., «Le domaine public», *Documents d'études, Droit administratif*, sous la direction de J.L. Corail, La Documentation française, n° 2-12, 1988.

LECERF M., BLANC G., « Entreprises privées et domaine public : comment gérer les contraintes de la domanialité relatives aux opérations de cession des ouvrages réalisés par les occupants ? », *J.C.P.* Ed. N., 1998, 1120.

LECERF M., BLANC G., « Le financement par crédit-bail des ouvrages construits par les entreprises occupant le domaine public (1ère partie) », *Option Finance*, 1998, n°494, p. 28.

LECERF M., BLANC G., « Le financement par crédit-bail des ouvrages construits par les entreprises occupant le domaine public (2e partie) », *Option Finance*, 1998, n°495, p. 32.

LECERF M., BLANC G., *« Marchés d'intérêt national et occupation du domaine public », Rev. Dr. Rur.* , 1998, n° 259, p. 38.

MAISL H., « La nouvelle réglementation des télécommunications », *A.J.D.A.*, 1996, p. 762.

MAMONTOFF C., « L'évolution de l'hypothèque sur le domaine publique en France, in *Les mutations du droit domanial et le régime des infrastructures de transport en France et en Espagne,* dir. C. Lavialle, L'Harmattan/P.U.P., 2001, p.89.

MAMONTOFF C., « Les relations entre petits commerces et grande distribution. Aspects de droit public », *R.D.I.*, 1998, p. 29.

MAMONTOFF C., «Les évolutions de la domanialité publique du littoral» in *Le littoral : l'Etat régulateur, droit domanial et stratégie politique,* Collection Propos, Editeurs Institut Océanographique/Ifremer, mars 1996.

MARCEAU A., « Police administrative et droit public de la concurrence », *A.J.D.A.*, 2002, p. 190.

MAUGÜE C., TERNEYRE P., « Le droit de la concurrence s'impose-t-il aux personnes publiques dans la gestion du domaine public qui leur est affecté ? », *Bulletin juridique des contrats publics*, 1999, n°5, p. 462.

MAZERES J.-A., «L'un et le multiple dans la dialectique marché-nation», in *Marché et Nation Regards croisés,* sous la direction de Brigitte Stern, Montchrestien, 1995, p. 85 et s.

MINER M.-C., «L'aquaculture : le régime juridique de l'exploitation aquacole», in *Le droit du littoral et de la mer côtière*, Economica 1991, p. 300.

MODERNE F., « La forêt publique, les principaux problèmes d'exploitation », *A.J.D.A.*, 1979, p. 26.

MORAND-DEVILLER J., « Domaine public, affectation, copropriété », *R.D.I.,* 1995, p. 457.

MORAND-DEVILLER J., « L'occupation du jardin des Tuileries par les forains », *L.P.A.*, sept. 1994, n°107, p. 9.

MORAND-DEVILLER J., « La valorisation économique du patrimoine public », in *Mélanges en hommage à Roland Drago*, Economica, 1996, p. 273.

MORAND-DEVILLER J., « Les concessions de plages naturelles ; réflexions sur la délivrance des titres d'occupation domaniale », *A.J.D.A.,* 2002, p. 481.

MORAND-DEVILLER J., « Plaidoyer pour les docteurs angéliques », *Rapport public 1995, Conseil d'Etat,* Etudes et documents n°49, La Documentation française, p. 511.

MORAND-DEVILLER J., « Service extérieur des pompes funèbres et droit de la concurrence », *Le Quotidien Juridique,* 1998, n°44, p. 8.

NICOLAS-VUILLERME L., « Débats autour des règles de la compétence en droit de la concurrence », *Contrats-conc.-cons.*, 1998, n°6, p. 4

NZALOUSSOU C., « A propos des redevances d'utilisation des fréquences UMTS en France », *Rev. Int. Dr. Econ.*, n°2, 2001, p. 225.

PANSIER F.-J., C. CHARBONNEAU, « Présentation de la loi Murcef du 11 décembre 2001 », *L.P.A.*, 2001, n° 251, p. 4

PAULIAT H. « Droit réel et propriété publique : une conciliation délicate », *ALD*, 1995, 12e cahier, p. 93.

PETRELLA R., «Le retour des conquérants», in *Le monde diplomatique,* mai 1995, pp 20 et 21.»

PEYRICAL J.-M., « A propos de la création de l'entreprise nationale France Télécom : réflexions sur le devenir du statut de ses biens immobiliers », *R.D.P.*, 1997, p. 783 et s.

PIGNON S., « Le Conseil d'Etat au service du droit de la concurrence : les enseignements du rapport annuel », *L.P.A.*, 25 juin 2002, n°126, p. 8.

PRIET F., « Le nouveau régime de la zone des cinquante pas géométriques dans les départements d'outre-mer », *R.F.D.A.*, 1997, p. 1167.

QUERRIEN M., «Protection, redéploiement, partenariat, *Etudes foncières,* 1994, n° 62, p. 13.

RAMONET I., «Pouvoirs fin de siècle», in *Le monde diplomatique,* mai 1995, p. 19.»

RAPP L. « La domanialité publique peut être virtuelle », *Droit et Patrimoine*, 1997, n°55, p. 82 et s.

RAPP L., « La réforme du régime juridique des télécommunications en France », *R.F.D.A.*, 1991, p. 243.

RAPP L., « Le droit public, l'économie et la régulation : l'exemple des télécommunications », *L.P.A.*, 3 juin 2002, p. 50.

REZENTHEL R., « L'avenir du bail commercial et le déclin de l'exception de la domanialité publique », *J.C.P.* Ed. E., 2001, p. 1807 et s.

REZENTHEL R., « La domanialité publique : du pouvoir régalien à l'économie de marché », *les Annales de la voirie*, 2001, n°60, p. 16.

REZENTHEL R., « La gestion des ports maritimes autonomes : une révolution silencieuse », *NPI*, 30 mars 2000, p. 165

REZENTHEL R., « Le domaine public portuaire face au droit de la concurrence communautaire », in *Les mutations du droit domanial et le régime des infrastructures de transport en France et en Espagne,* dir. C. Lavialle, L'Harmattan/P.U.P., 2001, p.49.

REZENTHEL R., « Le service public portuaire sous l'emprise du droit communautaire », *D.M.F.,* 2001, n°615, p. 420.

REZENTHEL R., « Vers une meilleure protection contre la précarité de l'occupation du domaine public », *A.J.D.A.*, 2001, p. 1025.

REZENTHEL R., «Le fonds de commerce et la domanialité publique», *Le quotidien juridique,* 22 décembre 1987, p. 2.

REZENTHEL R., «Le service public portuaire», *Annuaire de droit maritime,* 1995, tome XIII, p. 61.

RICHER L., « Le juge économiste », *A.J.D.A.*, 2000, p. 703.

ROMI R., « La loi sur la démocratie de proximité, un renouveau du droit de l'environnement ? » *R.D.P.*, 2002, p. 867.

ROUAULT M.-C., «Commentaire du décret n° 95-595 du 6 mai 1995 complétant le code du domaine de l'Etat relatif à la constitution de droits réels sur le domaine public», *D.I.,* 1995, p. 518.

ROUAULT M.-C., «La constitution de droits réels sur le domaine public- Loi du 25 juillet 1994»,*D.I.,* 1995, p. 27.

SABLIERE P. «A propos de quelques arrêts récents : réflexions sur les critères et le régime de la domanialité publique», *C.J.E.G.*, novembre 1989, p. 357.

SAVATIER R. « Beati possidentes!», *D.*, 1937, chr. p. 61.

SCHOETTL, J.-E. « La loi des finances pour 2001 devant le Conseil constitutionnel » *L.P.A.*, 4 janv. 2001, n° 3, p. 13.

SECTION DU RAPPORT ET DES ETUDES DU CONSEIL D'ETAT, *Le droit des propriétés publiques,* 31 octobre 1986.

SIMON G., « Application du droit de la concurrence dans le cadre d'une convention d'occupation du domaine public », *Revue Lamy Droit des affaires*, 1999, n°16, p. 31.

SIMONIAN-GINESTE H., « L'avenir du principe d'inaliénabilité du domaine public », *R.D.I.*, 1989, p. 169.

SIORAT L., «La notion d'affectation en matière domaniale», *R.D.P.* 1958, p. 867.

SOCIETE FRANCAISE POUR LE DROIT DE L'ENVIRONNEMENT, colloque sept. 1987 Montpellier sur *la loi littoral,* Economica 1987.

STORRER P., « Champ d'application du droit de la concurrence et personnes publiques », *Lamy droit économique*, 1998, n°102, p. 1.

STORRER P., « Le Conseil d'Etat, juge de la concurrence (à propos des arrêts Eda, Interbrew et Coca-Cola) », *Lamy droit économique*, 1999, n°117, p. 1.

TAILLEFET A., « Les biens d'EDF n'appartiennent pas au domaine public », *D.A.,* déc. 1998, n° 368.

TAVERNIER P., «Les concessions d'endigage», *A.J.D.A.* 1973, p. 564.

TAVERNIER P., « La création du conservatoire de l'espace littoral et des rivages lacustres, commentaire de la loi du 10 juillet 1975 et du décret du 11 décembre 1975 », *A.J.D.A.* 1976, p. 331.

TERNEYRE P., «Conditions de l'appartenance d'un bien au domaine public», *R. A.*, 1987 p. 549

TERNEYRE, P. « La compétence du juge administratif », *A.J.D.A.*, 2000, p. 697 et s.

VERPAUX M., « Décision 96-380 D.C. du 23 juillet 1996, loi relative à l'entreprise nationale France Télécom », *L.P.A.* 11 juin 1997, n° 70, p. 19.

WARDE Ibrahim, «La tyrannie de l'économiquement corret», in *Le monde diplomatique,* mai 1995, p. 20 et 21.»

WEINGARTEN F., « La théorie des infrastructures essentielles et l'accès des tiers aux réseaux en droit communautaire », *C.J.E.G.*, 1998, p. 461.

4 – CONCLUSIONS

ARRIGHI DE CASANOVA J. concl., C.E., Ass., 23 oct. 1998, *EDF, A.J.D.A.*, 1998, p. 1017. ; *C.J.E.G.,* 1998, p. 490.

ARRIGHI DE CASANOVA J., concl., C.E., 13 octobre 1999, *Compagnie nationale Air France c/ ADP*, , *A.J.D.A.*, 2000, p. 86.

AUSTRY S., C.E., concl., avis, 22 nov. 2000, *Société L&P Publicité, D.A.*, 2001, n°5, *R.F.D.A.*, 2001, p. 872.

BERNARD A., concl., C.E., 13 juillet 1961, *Compagnie fermière du Casino municipal de Constantine contre Ville de Constantine, R.D.P.* 1961, p. 1086

BERTRAND M., concl., C.E., 26 fév. 1965, *Société du Vélodrome du Parc des Princes, R.D.P.* 1965, p. 506.

BONICHOT J.-C., concl., C.E., 18 déc. 1985, *M. Sylvain Legendre, A.J.D.A.* 1986, II, p. 112.

FRANC M., concl., C.E., section, 22 avril 1977, Michaud, *A.J.D.A.* 1977, p. 441.

GALMOT M., concl., C.E., 5 fév. 1965, *Société Lyonnaise de Transports, R.D.P.* 1965, p. 493.

GENEVOIS B., concl., C.E., section, 20 février 1981, *Association pour la protection su site du vieux Pornichet, A.J.D.A.* 1981, p. 260.

GENTOT M., concl., C.E. Ass. 12 oct. 1973, *Kreitmann et Ministre de l'Aménagement du Territoire, R.D.P.* 1974, p. 1150.

GENTOT M., concl., C.E., section, 5 mard 1976, *Société halles aux cuirs de Paris et autres, A.J.D.A.* 1976, p. 622.

GUILLAUME G., concl., C.E., Ass. 30 mars 1973, *Ministre de l'Equipement, du Territoire c/ Comité pour l'extension touristique de la Favière,R.A.,* 1974, p. 511.

HENRY M., concl., C.E., 22 avril 1960, *Sieur Berthier, R.D.P.* 1960, p. 1223.

KAHN J., concl., C.E., Ass. 12 janvier 1968, *Ministre de l'Economie et des Fonances c/Dame Perrot, A.J.D.A.* 1968, p. 179.

KAHN J., concl., C.E., section, 23 déc. 1970, *Préfet du Val-d'Oise et Ministre de l'intérieur c. Commune de Montmagny, R.D.P.* 1971, p. 249.

LABETOULLE, concl., C.E., Section, 10 mars 1978, *O.P.H.L.M. de la ville de Nancy, A.J.D.A.* 1978, p. 401.

LATOURNERIE, concl., C.E., 28 juin 1935, *Mougamadousadagnetoullah,* dit *Marécar S.* 1937 III, 43.

LONG M., concl., C.E., section, 19 oct. 1956, *Société Le Béton, R.D.P.* 1957, p. 310.

MAYRAS, concl., C.E., 18 déc. 1959, *Delansorme, A.J.D.A.* 1960, p. 213.

SCHWART M., concl. T.C., 18 octobre 1999, *Préfet de la région d'Ile-de-France, préfet de Paris c/Cour d'appel de Paris (Aéroports de Paris et Air France c/TAT Européen Airlines), C.J.E.G.*, 2000, p. 18.

STAHL J.-H., concl., C.E., Sect. 3 nov. 1997, *Million et Marais, Leb.* p. 395 ; *R.F.D.A.*, 1997, p. 1228 ; *R.J.D.A.*, 1998, p. 87 ; *C.J.E.G.*, 1997, n°538, p. 441 ; *A.J.D.A.* 1998, p. 247.

STAHL J.-H., concl., C.E., sect., 26 mars 1999, *Eda, Leb.* p. 98 ; *C.J.E.G.*, 1999, n°556, p. 264 et s. *D.A.*, 1999, n° 130. *A.J.D.A.* 1999, p. 427.

STIRN B., concl., T.C. 6 juin 1989, *Préfet de la région d'Ile-de-France, Préfet de Paris c/ Cour d'appel de Paris, (SAEDE), Leb.* 293 ; *R.F.D.A.*, 1989, p. 457. *Gaz. Pal.*, 1989.2.582.

THERY J., concl., C.E., Ass. 29 mars 1968, *ville de Bordeaux c/ Société Menneret et Cie, A.J.D.A.* 1968, p. 348.

VERPILLIERE Ch. (de la), concl., C.E., 19 oct. 1990, *R.D.P. 1990*, p. 1874.

5 – NOTES, OBSERVATIONS, CHRONIQUES ET COMMENTAIRES DE JURISPRUDENCE

BAZEX M., note sous T.C. 6 juin 1989, *préfet de la région d'Ile-de-France, préfet de Paris c/ Cour d'appel de Paris, Sté d'exploitation et de distribution d'eau, A.J.D.A.* 1989, p. 467 et s.

BAZEX M., note T.C.,18 octobre 1999, *Préfet de la région d'Ile-de-France, préfet de Paris c/Cour d'appel de Paris (Aéroports de Paris et Air France c/TAT Européen Airlines), A.J.D.A.*, 1999, p. 1029.

BAZEX M., note C.E., sect., 26 mars 1999, *Eda, A.J.D.A.* 1999, p. 427.

BIDEGARAY C. note C.E., Ass., 13 juin 1975, *Pajanaiandy, D.* 1977.J.74.

BRIARD Y., note T.C, 15 janvier 1979, *Payan,, J.C.P.*, 1980, II, 453.

CAPITANT R., note C.E.17 fév. 1933, *Commune de Barran, D.* 1933. 3. 49.

CAUDERT A., REZENTHEL R., note C.E., 5 nov. 1982, *Wladimir Schwetzoff, A.J.D.A.* 1983, p. 363.

CHEROT J.-Y., note Conseil constitutionnel, 22 août 2002, n° 2002 – 460 DC, Loi d'orientation et de programmation sur la sécurité intérieure, « La commande publique et le partenariat public/privé à nouveau devant le Conseil constitutionnel », *A.J.D.A.*, 2002, p. 1059 et plus particulièrement p. 1063 et s.

CHEVENOY M., obs. T.A. Nice, 16 mars 1982, *S.A. Notre-Dame des Fleurs* et C.E. 25 janvier 1985, *Ville de Grasse et autres, J.C.P.* 1985, II-20515.

DELPIROU D., note CE., Ass., 23 oct. 1998, *EDF, C.J.E.G.*, 1998, p. 490.

D.J., note T.A.Paris, 19 avril 1961, *Fédération nationale des syndicats des commerçants non sédentaires c/ préfet de la Seine,A.J.D.A.* 1962, II, p. 244.

D.J., obs. C.E. 6 janvier 1967, *Epoux Berthot, A.J.D.A.* 1967, p. 417.

DARCY G. obs. C.E., 22 avril 1977, *Michaud,R.A.*, 1977, p. 376.

DELVOLVE P., note C.E., 23 février 1979, *Gourdain, D.S.*, 1979 inf. rap. p. 263.

DUFAU J., note C.E. 18 mars 1963, *Cellier, A.J.D.A.* 1963, II, p. 485.

DUFAU J., note C.E., 24 Janvier 1973,*sieur Spiteri et époux Krehl A.J.D.A.* 1973 II p. 497.

DUFAU J., note C.E., 24 juin 1972, *Eidel, A.J.D.A.* 1973, p.495.

FATOME E., MOREAU J., note sous C.E., 6 mai 1985, *Association Eurolat, A.J.D.A.*, 1985, p. 620.

FATOME E., TERNEYRE Ph., note sous C.E., 25 fév. 1994, S.A. SOFAP-Marignan Immobillier, « Bail emphytéotique, domanialité publique et financement privé d'un ouvrage public » *C.J.E.G.*, 1994, p. 569.

FOMBEUR P. ET GUYOMAR M. chron. T.C.,18 octobre 1999, *Préfet de la région d'Ile-de-France, préfet de Paris c/Cour d'appel de Paris (Aéroports de Paris et Air France c/TAT Européen Airlines), A.J.D.A.*, 1999, p. 996.

FRANC ET BOYON, chron. C. E., Ass., 12 octobre 1973, *Kreitmann, A.J.D.A.* 1973 p. 586.

GAUDEMET Y., note sous C.E., Sect. 3 nov. 1997, *Million et Marais, R.D.P.*, 1998, p. 256.

GAUDEMET Y., note T.C. 6 juin 1989, *Préfet de la région d'Ile-de-France, Préfet de Paris c/ Cour d'appel de Paris, R.D.P.*, 1989, p. 1780.

GILLI J.P. note T.A. Nice, 16 mars 1982, *S.A. Notre-Dame des Fleurs, D.S.*, 1982, p. 570.

GIRARDOT T. X., Raynaud F., chron. C.E., Sect. 3 nov. 1997, *Million et Marais A.J.D.A.*, 1997, p. 945.

GODFRIN P., note T.A, Paris, 21 avril 1971, *ville de Paris /Ribette, A.J.D.A.*, 1972, 164.

GODFRIN P., obs. C.E., section, 21 novembre 1969, *Sieurs André et Manuel Koeberlin, A.J.D.A.* 1970, p. 160.

GONZALEZ G. obs. C.E, sect., 26 mars 1999, *Sté Eda, Lamy droit public des affaires, Bull. d'actualité* 1999, n°27.

GONZALEZ G. obs. C.E., avis, 22 novembre 2000, *Soc. L & P Publicité SARL, D.*, 2001, p. 1235.

GUEZOU O., note C.E., Sect. 3 nov. 1997, *Million et Marais, A.J.D.A.* 1998, p. 247.

HONORAT E., BAPTISTE E., chron. T.C. 6 juin 1989, *Préfet de la région d'Ile-de-France, Préfet de Paris c/ Cour d'appel de Paris AJ.D.A.*, 1989, p. 431.

L.P. note C.E., 27 fév. 1942, *Mollet, S.*,1942.5.45.

LABETOULLE et CABANNES, note C.E. 17décembre 1971, *sieur Véricel et autres, A.J.D.A.*, 1972, p.124.

LAPORTE P., obs. C.E., 12 mai 1963, *Sieurs Georges et Emile Turbet, A.J.D.A* 1964, p. 44.

LAPORTE P., obs. C.E., 29 janvier 1964, *Sieur Caillon-Société Montparnasse-pressing, A.J.D.A.*, 1964, p. 377.

LARRIEU J., note sous Commission de vérification des titres de la Martinique, 17 sept. 2001, *D.*, 2002, n° 39, p. 2977 et s.

LAUBADERE A. (de) note C.E., 22 avril 1977, *Michaud, A.J.D.A.* 1977, p. 441.

LAUBADERE A. (de) note T.A. Paris, 8 juin 1971 *Ville de Paris c/ sieur Kergo, A.J.D.A.*, 1972, p. 169.

LAUBADERE A. (de), obs. C.E., 2 mai 1969, *Société Affichage Giraudy, A.J.D.A.* 1970, p. 110.

LAUBADERE A. (de), obs. T.A. Marseille 10 Juillet 1968, *Comune d'Avignon c/ Consorts Couston-Bouchet, A.J.D.A.* 1968, p. 584.

LAVIALLE C., note C.E., 23 juin 1995, *Ministère de la Culture et de la Francophonie, Revue Française de la Décentralisation*, 1996, n°3, p. 95.

LAVIALLE C., note sous C.E. 2 déc. 1994, Dpt de la Seine-Saint-Denis, *« La désaffectation des biens domaniaux mis à la disposition des collectivités territoriales », R.F.D.A.*, 1995, p. 655.

LAVIALLE C., obs. C.E., sect., 26 mars 1999, *Eda, R.D.I.*, 1999, p. 630.

LIET-VAUX G. obs. C.E., 28 janvier 1970, *Consorts Philip-Bingisser,* «Hypertrophie pathologique de la notion de domaine public» *R.A.* 1970, p. 360.

LIET-VAUX G., «Domaine maritime et concessions portuaires», note C.E., Ass. 30 mars 1973, *Ministre de l'Equipement, du Territoire c/ Comité pour l'extension touristique de la Favière,R.A.*, 1974, p. 511.

LLORENS F., note C.A.A. de Paris, plénière, 20 juin 1989, *Ministre de l'Economie et des Finances c/ Société La préservatrice Foncière, R.D.P.* 1990, p. 555 et s.

LOMBARD M., note C.E., 25 fév. 1994, *Sofap Marignan Immobilier, D.S.*, 1994, p. 550.

MABROUK M., note C.E., 2 avril 1965, *Syndicat du commerce des fruits et légumes du marché des Capucins de Bordeaux, D.S.*, 1966, p. 269.

MALAURIE-VIGNAL M., commentaire C.A., Paris 30 juin 1998, *SARL Heli-Inter Assistance, Contrats-conc.-cons.*, 1998, n° 162, p. 11 et s.

MALAURIE-VIGNAL M., note Cass. com., 19 novembre 2002, *S.A. Au Lys d France/Aéroports de Paris, Cont. - conc. - cons.*, fév. 2002, p.16, n° 24.

MALAURIE-VIGNAL M., note Cons. conc., décis. n° 2000-D-41, 20 sept. 2000, *Sté Lys de France, Contrats-conc.-consom.*, 2001, p. 17, n° 24,

MANSON S., note C.E., sect., 26 mars 1999, *Sté Eda, R.D.P.*, p. 1545.

MARKUS J.-P., note C.E., sect., 26 mars 1999, *Sté Eda, D.*, 2000, p. 204.

M. J.-G., note Cass. com., 19 novembre 2002, *S.A. Au Lys d France/Aéroports de Paris, Gaz. Pal.*, n° 24, 24 janv. 2003, p. 21 et s.

MOULIE P., note C.E, section, 14 oct. 1970, *Ville de Cavaillon, A.J.D.A.* 1970, p. 41.

PERINET-MARQUET H., note C.E., 25 fév. 1994, *Sofap Marignan Immobilier, A.J.D.A.* 1994, p. 550.

POLLOT-PERUZETTO S., note C.J.E.C., 24 nov. 2002, *Aéroports de Paris c/ Commission et Alfa Flight Services,* aff C-82/01 P, *Cont. - conc. - cons.*, janv. 2003, p. 15, n° 11.

POUYAUD D. note C.E., sect., 26 mars 1999, *Eda, R.F.D.A.*, 1999, p. 977.

PRETOT X., note C.E., 7 janvier 1987, *Ville de Bordeaux, A.J.D.A.* 1987, p. 428.

PRETOT X., obs. C.E., 11 mars 1987, *Nivose, A.J.D.A.* 1987, p. 548.

REZENTHEL R. et PITRON F., note C.E., 27 juillet 1984, *Ministre de la Mer c/ Mme Galli et autres, A.J.D.A.* 1985.

REZENTHEL R., note C.E., 26 mars 1983, *S.A. Marine Côte d'Argent, « Lorsque la domanialité publique et le droit de propriété s'affrontent, le droit de l'urbanisme perd de sa neutralité», D.* 1983-J-129.

RICHER L. obs., Cons. conc., 2 déc. 1998, décision n° 98-MC-13, *relative à la situation de la concurrence sur les marchés des locaux et espaces nécessaires aux activités des sociétés de location de véhicules sans chauffeur mis à leur disposition par ADP sur les aéroports d'Orly et de Roissy, A J.D.A*, 1999, p. 534.

ROUSSEAU, note C.E., 24 mai 1934, *Thireaut, S.* 1936 III. 1.

SABLIERE P., note C.A.A. d'Appel de Paris, plénière, 6 juin 1989, *S.A. Le Pavillon Royal, C.J.E.G.*, 1989, p. 366.

SABLIERE P., note C.E., 11 fév. 1994, *Compagnie d'assurances préservatrice foncière,C.J.E.G.*, 1994, p. 197 et s.

SELINSKY V., note C.A. Paris, 31 oct. 1991, *Mme Parouty c/SNCF, D.*, 1992, p. 312.

SOTO (de) J., note C.E., 12 mai 1976, *Epoux Leduc, R.D.P.* 1977, p. 206 et s.

TEBOUL G., obs. C. E. 26 juillet 1991, *Crts Lecuyer, A.J.D.A.* 1992, p.92.

TERNEYRE P., obs. T.C. 6 juin 1989, *Préfet de la région d'Ile-de-France, Préfet de Paris c/ Cour d'appel de Paris, J.C.P.*, éd. G., 1990, II, 21395.

THERON J.-P., note C.E., 5 mars 1976, *Sté des halles et cuirs de Paris, D.S.*, 1976, p. 659.

TRUCHET D., « Réseaux câblés, service public et convention de délégation », note sous T.A. de Versailles (ordonnance), 21 nov. 1994, *Préfet de Seine-et-Marne, R.F.D.A.*, 1995, p. 567.

VOGEL L., note sous C.E., Sect. 3 nov. 1997, *Million et Marais, Contrats-conc.-cons.*, 1998, n°4, p. 12.

WALINE M., note C.E, sect. 23 fév. 1979, *Ministre de l'Equipement c. Association des amis des chemins de ronde, R.D.P.* 1979, p. 1157 et s.

WALINE M., note C.E. 17 mars 1967, *Rancho, R.D.P.* 1967, p. 180.

WALINE M., note C.E., 1 oct. 1971, *Société nouvelle foncière du cap Ferrat, R.D.P.* 1972, p. 687 et s.

WALINE M., note C.E., 13 juillet 1961, *Lauriau, A.J.D.A.* 1961 pp. 469 et 492 ; *R.D.P.* 1962,p.530.

WALINE M., note C.E., 20 mai 1977, *Paoli, R.D.P.* 1978, p. 517 et s.

WALINE M., note C.E., 28 juin 1935, *Mougamadousadagnetoullah,* dit *Marécar D.* 1936, III, 1.

WALINE M., note Cons. de Préf.13 juillet 1950, *Leroy c. Ville de Lille, D.* 1950, p. 588.

INDEX

R

S

T

U

Z

TABLE DES MATIERES

www.ingramcontent.com/pod-product-compliance
Lightning Source LLC
LaVergne TN
LVHW050052061026
849532LV00001BA/86
* 9 7 8 2 7 4 7 5 4 9 2 4 0 *